유학심리학의 체계 III

-인간 삶의 목표 추구와 보편심리학의 꿈

조긍호 저

학지사

책머리에

이 책은 필자가 세 권으로 계획하고 진행해 온 '유학심리학의 체계' 시리즈의 마지막 권이다. 필자는 전남대학교에서 서강(西江)으로 옮긴 1984년 이래 지난 40년 가까운 세월 동안, 동·서의 문화차를 이론적으로 분석하고 정리하는 문제와 그러한 동·서의 문화차를 야기한 사상적 배경에 관해 고찰하고 탐색하는 문제에 관심을 쏟아 공부하면서, 그 내용을 네 가지 방향으로 정리하여 발표해 왔다. 이 가운데 위의 두 가지는 앞으로의 전개를 위한 이론적 및 방법론적인 서론에 해당되는 것이고, 그다음 두 가지는 이를 현실적으로 펼치는 본론에 해당되는 것이다.

그 첫 번째는 동·서의 문화차는 두 지역에서 인간을 파악하는 관점의 차이에 귀결지어 이해할 수 있다는 전제에서 두 지역의 인간관의 차이로부터 문화차를 개관하는 비교의 틀을 도출한 다음, 이러한 비교의 틀에 비추어 현대 문화비교심리학의 연구들에서 밝혀진 동아시아인과 서구인의 제반 심성(인지·정서·동기)과 행동의 차이를 개관하고, 여기에서 찾아낸 동아시아인의 심성과 행동의 현재적인 특징들이 모두 유학사상에서 도출되는 사회인지·정서·동기에 관한 이론의 내용과 일관되는 정합성을 가지고 있다는 사실을 밝히는 작업이었다. 이를 통해 현대 동아시아인의 심성과 행동이 이 사회를 오랫동안 지배해 온 유학사상의 영향을 받아 조성되었다는 상식적인 사실을 실증적인 자료와 이론적인 고찰을 통해 확인할 수 있었다. 이러한 내용들은 『한국인 이해의 개념틀』(2003년, 나남출판)과 『동아시아 집단주의의 유학사상적 배경: 심리학적 접근』(2007년, 지식산업사)에 정리되어 있다.

이렇게 동아시아인의 심성과 행동을 조형해 온 유학사상은 인간에게 본유적인 심성의 내용에 관한 논리체계인 인성론(人性論), 인간이 지향해야 할 이상적 인간상의 모습을 제시한 이론체계인 군자론(君子論), 이러한 군자의 사회적인 삶의 모습을 펼쳐 보인 사색의 체계인 도덕실천론(道德實踐論), 현실적 인간이 이상적 인간의 상태에 도달하기 위한 방법론의 체계인 수양론(修養論)의 네 체계로 정리할 수 있으며, 이들 유학의 네 체계로부터 각각 심리구성체론(心理構成體論), 이상적 인간형론(理想的 人間型論), 사회관계론(社會關係論), 자기발전론(自己發展論)의 연구 문제를 도출해 낼 수 있다. 이것이 필자가 1984년 이후 유학 경전의 심리학적 독서 작업에 몰두하면서 얻게 된 지론으로, 두 번째 작업의 내용이다. 이러한 생각은 필자의 첫 저술인 『유학심리학: 맹자 · 순자 편』(1998년, 나남출판)과 그 10년 후에 출간한 『선진유학사상의 심리학적 함의』(2008년, 서강대학교출판부)에 진술되어 있다.

이와 같은 유학의 네 체계와 그로부터 도출되는 심리학적 연구 문제 각각에 대해 유학의 관점과 서구심리학의 연구 내용을 비교해 봄으로써, 유학사상에 내재되어 있는 인간 이해의 이론체계를 현대심리학의 관점에서 정리해 보고자 하는 것이 필자의 세 번째 작업이었다. 필자는 이를 '동 · 서 비교' 시리즈로 정리해 왔는데, 2006년에 『이상적 인간형론의 동 · 서 비교: 새로운 심리학의 가능성 탐색 I』(지식산업사), 2012년에 『사회관계론의 동 · 서 비교: 새로운 심리학의 가능성 탐색 II』(서강대학교출판부), 2017년에 『심리구성체론의 동 · 서 비교: 새로운 심리학의 가능성 탐색 Ⅲ—도덕심리학의 새 지평』(서강대학교출판부)을 발표하고, 2021년에 『자기발전론의 동·서 비교: 새로운 심리학의 가능성 탐색 Ⅳ』(서강대학교출판부)를 마무리하여 이 시리즈를 완성하였다.

필자가 구상해 온 네 번째 작업은 '유학심리학의 체계' 시리즈이다. 이는 유학의 네 체계로부터 도출되는 심리학의 내용을 서구심리학의 그것과 비교하여 고찰한 결과를 바탕으로 유학심리학의 체계를 구성하여, 유학사상과 심리학의 관계를 전체적으로 정리해 보고자 하는 것이었다. 그 내용은 지금까지 『유학심리학의 체계 Ⅰ: 유학사상과 인간 심리의 기본구성체』(2017년, 서강대학교출판부)와 『유학심리학의 체계 Ⅱ: 사회적 존재로서의 인간의 삶』(2021년, 학지사)이 발표되고, 이번에 그 마지막 권으로 『유학심리학의 체계 Ⅲ: 인간 삶의 목표 추구와 보편심리학의 꿈』을 출간하게 되었다.

그러니까 이 책은 필자가 학문적 소명(召命)으로 삼고 살아왔던 '동아시아 유학사상의 심리학적 함의(含義)를 정리하는 일'의 끝을 맺는 성과물인 셈이다. 그동안 이런저런 우여곡절이 참으로 많았다. 이번 책의 집필은 이렇게 40년 가까이 지속해 온 작업에 종지부(終止符)를 찍는 일이었던 만큼 감회가 남다르지 않을 수 없다. 돌이켜 보면 저작물이 꽤 여러 권 되지마는, 이렇다 하고 내놓을 만한 것은 찾아보기 어려우니, 자괴감(自愧感)이 앞설 따름이다. 시원하고 섭섭하고 또 부끄러워 도대체 제대로 갈피를 잡기가 힘들다!

'유학심리학의 체계' 시리즈의 제1권 『유학심리학의 체계 Ⅰ: 유학사상과 인간 심리의 기본구성체』에서는 이 시리즈 전체의 서론이라 할 '유학사상과 현대심리학의 접목의 문제'에 이어서, 유학의 '인성론에서 도출되는 심리구성체론의 문제'를 다루었다. 제1부 서론은 세 개의 장으로 구성되어 있는데, 우선 제1장에서는 서구 현대심리학이 나오게 된 바탕인 자유주의사상의 인간관을 살펴보고, 이어서 이러한 인간 파악의 입장을 배경으로 배태된 현대 서구심리학의 문제점에 대해 논의하였다. 다음 제2장에서는 동아시아 사회를 오랫동안 지배해 온 유학사상에서 인간을 이해하는 관점을 살펴보고, 이어서 이러한 인간관에 기초해서 구축될 유학심리학이 비전으로 삼아야 할 지향처를 제시하였다. 마지막으로 제3장에서는 유학의 네 이론체계(인성론 · 군자론 · 도덕실천론 · 수양론)로부터 도출되는 심리학의 문제를 간단히 정리하여, 앞으로 전개될 이 시리즈의 내용을 전망하여 제시하였다.

다음으로 제2부에서는 유학의 인성론의 체계로부터 심리구성체론을 도출하여, 유학심리학이 기본 연구 문제로 삼아야 할 인간의 네 가지 본성 각각에 대한 유학자들의 논의를 살펴보았다. 제4장에서는 인간의 욕구에 대한 선진유학자들의 관점과 성리학자들의 인심도심설(人心道心說)을 기반으로 하여, 유학자들의 욕구이론을 살펴보았다. 제5장에서는 인간의 정서에 대한 선진유학자들의 관점과 성리학자들의 사단칠정설(四端七情說)을 통해, 유학의 정서이론을 정리하였다. 제6장에서는 주로 선진유학자들의 논의를 통해, 유학의 인지심리학의 내용을 정리하였다. 제7장에서는 인간 심성의 중심체계로서의 도덕성의 인간 본유성과 통합성에 대해 논의하였다. 여기에서는 특히 도덕성을 인지발달과 성격발달 또는 행동학습 과정의 부속체계 및 단일체계라고 보는 전통적인 서구의 관점과 대비하여 유학의 도덕 본유설과 통합설을 정리하고, 이어서 최근 서구심리학에서 밝혀지고 있는 도덕의 본유성과 통합성에 관한 연구 내용을 통해 도덕성의 문제에 접근하는 동 · 서의 회통(會通) 가능성에 대해 살펴보았다.

이 시리즈의 제2권 『유학심리학의 체계 II: 사회적 존재로서의 인간의 삶』에서는 유학의 군자론과 도덕실천론에서 도출되는 심리학의 연구 문제에 대해 다루었다. 유학의 인성론이 인간 존재의 현실태(現實態)를 제시하고 있다면, 군자론은 가능태(可能態)를 진술하여 인간 삶의 목표를 구체화하고 있는 체계이고, 도덕실천론은 인간 삶의 목표 상태로서의 군자의 실제적인 삶의 양상을 제시하고 있는 이론체계이다. 이러한 두 체계에는 인간 존재를 사회성과 도덕성의 가치를 주축으로 하여 파악하는 유학사상의 특징이 잘 드러나 있다. 즉 인간의 삶을 인간의 사회적 존재 특성으로부터 연역하여 제시하고 있는 것이 군자론과 도덕실천론인 것이다. 이러한 까닭에 이 책의 부제(副題)가 '사회적 존재로서의 인간의 삶'이 되었다.

이 책의 제1부에서는 군자론에서 도출되는 심리학적 연구 문제를 두 가지로 정리하였다. 그 하나는 동·서의 이상적 인간형의 대비로부터 유추되는 정신건강의 기준 및 부적응자의 치료와 관계되는 문제로, 제1장의 주제로 다루었다. 서구에서 제시되고 있는 이상적 인간형은 이성 주체로서의 개체가 갖추고 있는 잠재력을 현실 세계에서 최대한 성취하는 자기실현인이고, 유학사상의 이상적 인간형인 군자는 스스로가 도덕 주체임을 인식하여 실생활 장면에서 다른 사람을 보살피고 사회적 책무를 자임하는 데로 넓혀 가는 존재확대인이다. 이러한 이상적 인간상에 대한 입론의 차이는 정신건강과 부적응의 기준을 다르게 하고, 결과적으로 심리치료의 과정에서 추구하고 강조해야 할 점을 다르게 만든다는 것이 제1장의 주제였다. 군자론에서 유도되는 또 다른 연구 문제는 이러한 이상적 인간상에 도달하는 과정에 관한 문제이다. 이는 성격발달과 관련되는 문제인데, 위에서 본 바와 같이 이상적 인간상의 모습에서 나타나는 동·서의 관점의 차이는 곧바로 이에 도달하는 과정에서의 차이로 귀결되고 있다는 논의가 제2장의 주제로 다루어지고 있다.

제2권의 제2부에서는 유학의 사회관계론이라 할 도덕실천론에서 제시되고 있는 인간 삶의 사회적 양상에 관해 살펴보고, 이로부터 도출되는 사회 및 조직심리학의 연구 문제들에 대해 다루었다. 제2부는 모두 네 개의 장으로 구성되어 있는데, 제3장에서는 서구 사회교환이론과 유학의 도덕실천론에서 제시하는 사회관계론을 대비하여 보고, 이를 토대로 하여 유학사상에서 도출되는 사회관계 유지의 제1규범으로서의 사회적 역할(役割)의 인식과 수행의 문제를 정리하여 제시하였다. 서구의 사회과학계에서는 역할이란 사회형성 이후에 갖추어지는 사회제도의 하나라고 개념화하여 받아들이므로, 이는 심리학의 대상이 아니라 사회학의 연구 문제라고 여기는 것이 전통적인 관점이었다. 그러나 유학사상에서는 모든 사회적 역할의 모태(母胎)는 부모-자식이나 형-아우 같은 가족관계에서 찾을 수 있다는 전제에서, 각 개인이 수행해야 할 역할은 태어날 때부터 갖추어져 있는 것이므로, 이는 사회적으로 구성되는 것이 아니라 인간 삶의 조건에 본유하고 있는 것이라 여긴다. 이러한 관점에서면, 역할의 문제는 사회학의 문제가 아니라 심리학의 연구 주제가 된다. 이러한 맥락에서 제3장에서는 유학의 역할심리학의 문제에 대해 다루었다.

다음 제4장에서는 유한한 사회의 자원이나 공동작업의 성과를 성원들이 공정하게 나누어 쓰는 문제, 곧 분배정의(分配正義) 문제에 대해 정리하였다. 제5장에서는 작업동기(作業動機)와 보상(報償)체계에 대한 유학자들의 관점을 정리하여 제시하였다. 이 두 장의 논의를 통해 유학자들이 인간의 사회적인 삶의 목표를 조화로운 사회관계를 이루는 일에 두고 있다는 사실을 확인할 수 있었다. 마지막 제6장에서는 도덕 주체로서의 인간이 스스로가 도덕성을 본유적으로 갖추고 있다는 사실에 대한 인식과 이렇게 인식한 도덕성을 일상생활에서 실천하는 문제에 대해 다루었다. 유학은 기본적으로 성덕(成德)을 지향하는 체계이므로, 이러한 도덕 인식과 그 실천의 문제는 유학적 사회관계론의 핵심이 되는 주제라는 관점에서 이를 제2권의 마지막 장으로 설정하였다.

이 책 『유학심리학의 체계 III: 인간 삶의 목표 추구와 보편심리학의 꿈』은 '유학심리학의 체계' 시리즈의 마지막 권이다. 이 책의 제1부에서는 유학의 수양론에서 도출되는 심리학의 연구 문제를 다루고, 제2부에서는 이 시리즈 전체의 결론으로서 필자가 지난 40년 가까운 세월 동안 꿈꾸어 온 동·서 심리학의 회통 가능성에 대해 살펴보았다.

유학은 인간 삶의 목표를 군자가 되는 일에서 찾는다. 수양론은 이러한 인간 삶의 목표를 추구하는 자세와 그 방법론을 제시하고 있는 이론 체계이다. 즉 생물체적이고 개체적이며 미성숙한 존재에서 도덕적이고 사회적이며 성숙한 존재로의 확대를 지향해 가는 과정에 관한 입론이 곧 유학의 수양론인 것이다. 인간 삶의 목표 추구 과정에 개재하는 심리학의 연구 문제를 다루는 제1부에서는 우선 유학의 인간관과 군자론으로부터 인간 삶의 목표를 추론해 내고, 이를 추구하는 방법론으로서의 수양론의 이론적 가치에 대하여 살펴본(제1장) 다음, 선진유학자들의 공부론(工夫論)과 성리학자들의 거경론(居敬論)을 통해 유학자들이 제시하는 수양의 자세에 대해 고찰해 보고(제2장), 이어서 수양이 필요한 배경과 그 가능성의 근거(제3장)를 바탕으로 하여, 수양의 구체적인 방법론으로서의 자기억제와 자기성찰(제4장) 및 수양의 성과로서의 도덕적 승화와 자기개선(제5장)의 문제들에 대해 살펴보았다.

다음으로 이 시리즈 전체의 결론인 제2부에서는 우선 유학의 네 이론체계에서 이끌려 나오는 심리학의 내용들을 요약하여 제시하였다. 제6장에서는 제1권에서 제시된 유학의 심리구성체론, 제2권에서 제시된 이상적 인간형론과 사회관계론, 그리고 이 책 제3권에서 제시된 자기발전론의 내용들을 간단히 요약 · 정리하고, 서구심리학의 해당 내용과 대비하여 양자의 차이를 개괄하였다. 마지막 제7장에서는 서구의 토착심리학인 현대심리학과 동아시아의 토착심리학인 유학심리학 체계의 결합을 통해 보편심리학을 구성해 보려는 필자의 오래된 꿈을 간단하게나마 그려 보려 하였다.

이 책의 집필에 착수한 작년(2020년) 10월 초순에도 연초부터 몰아닥친 역병(疫病)이 여전히 기세를 떨치는 중이어서, 사회적 거리두기가 강조되고 있었다. 따라서 예년처럼 친구들과 어울려 정기적으로 해 오던 대로 바닷가를 걷거나 단풍으로 물든 산에 오르는 등으로 가을을 즐긴다거나 술 한잔 나누면서 늙은이의 괜한(?) 감상(感傷)에 빠지는 일은 생각도 할 수 없는 상황이었으므로, 다만 책상 앞에 다가앉는 일밖에는 할 수 있는 것이 하나도 없었다. 그리하여 그동안 미루어 두었던 두 권의 책을 연초부터 시작하여 마무리한 피로감에도 불구하고, 두 번째 책(『자기발전론의 동 · 서 비교: 새로운 심리학의 가능성 탐색 Ⅳ』)을 마치자마자 이 책의 준비에 돌입하여 책상 위를 다시 정리해야만 하였다.

그러나 책의 집필에만 몰두하였음에도 생각만큼 작업의 속도가 붙지는 않아, 이 책을 마무리 짓는 데 지난 가을과 겨울의 전부와 올봄의 절반 가까이를 온통 바쳐야 하였다. 늙어서 힘이 달리는 데다가 이 책이 필자의 학문적 삶을 마무리 짓는 결론서이기도 하고, 게다가 서구와 동아시아라는 두 지역 토착심리학의 회통을 통하여 보편심리학의 기반을 마련해 보려는 꿈을 제시한다는 일이 그리 녹록한 작업은 아니었기 때문이다. 역량(力量)의 부족을 이번만큼 절실하게 느낀 적도 없었다!

40년에 가까운 세월 동안 필자가 전개해 온 작업은 여러 토착심리학의 통합을 통해 글자 그대로의 보편심리학을 구축하는 일의 서론(緖論)에 불과하다는 사실을 잘 알고 있다. 필자는 이 일이 언제가 되든지 후대의 누구인가는 반드시 본격적으로 이루어 내야 할 작업이라고 믿는다. 이러한 작업을 떠맡는 사람이 동아시아인이든 서구인이든 상관은 없겠지만, 익혀야 할 언어 등의 문제 때문에 아마도 서구인보다는 동아시아인이 더욱 적임자일 것으로 짐작되고, 기왕에 그렇다면 그가 한국인이었으면 좋겠다는 생각이다. 그래야 필자의 앞선 작업들을 찾아 살펴보기라도 할 테니까…… 보잘 것은 없지만 필자의 작업이 후인(後人) 중 누구인가가 해야 할 이러한 '심리학의 보편성을 담보하려는 작업'의 한 모서리돌을 놓는 기반이 되기를 빌어 마지않는다.

역병 이후 출간한 첫 책(『유학심리학의 체계 II: 사회적 존재로서의 인간의 삶』)의 서문에 동방규(東方叫)의 소군원(昭君怨)에 나오는 춘래불사춘(春來不似春)의 시구를 인용하여 그 책을 쓰던 당시의 심정을 표현하였는데, 이 책을 마친 올해도 역시 필자에게는 "봄이 왔는데도 봄이 전혀 봄 같지 않다." 옛 시인은 "오랑캐 땅에는 꽃과 풀이 없으니, 봄이 와도 봄 같지 않다"[胡地無花草 春來不似春]고 노래했지만, 필자에게 올봄이 봄 같지 않은 것은 주위에 꽃이 없기 때문은 아니다. 영춘화, 산수유, 생강, 매화, 살구, 목련, 진달래, 개나리, 벚, 개복사가 지천이더니, 이제 막 수수꽃다리와 철쭉 그리고 모란과 돌배꽃이 한창 필 즈음 작업을 마쳤으니까…… 3차 대유행의 파고가 채 가라앉기도 전에 4차 유행의 조짐을 키워 가고 있는 역병이 기승을 부리는 상황도 그렇지만, 한평생 꿈꾸어 왔던 오래된 미래의 작업을 끝마치고 났음에도 이루어 놓은 일이 생각했던 바에 크게 미치지 못하니, 쥐구멍에라도 숨고 싶을 만큼 부끄러운 까닭이다. 그래서 올해에도 필자의 봄은 여전히 봄 같지 않다!

그래도 역시 봄은 봄인지라 제대로 살펴볼 새도 없이 온갖 꽃이 앞다투어 피고 진다. 이맘때면 친구인 해재(海齋) 이창복(李昌馥) 교수의 별서(別墅)인 평창(平昌) 거은재(居隱齋)에 있는 우람한 돌배나무 회문리(懷文梨)가 화사하게 꽃을 피우는데…… 혹시라도 못 볼까 봐 무던히도 조바심을 내었는데, 때 놓치지 않고 집필을 마치게 되니 다행이다. 오래 계획해 왔던 작업을 일단 끝낸 기념으로, 그 주인을 꾀어내어 회문리 밑에서 한잔하는 호사를 누려보아야겠다! 연이어 이태나 못했던 탐매(探梅) 여행에 대한 보상으로라도……

약관(弱冠)이었던 1967년 문리과대학(文理科大學) 심리학과에 입학한 이후 사십년 가까이 필자의 학문적 틀을 오늘날의 모습으로 조형해 주신 분은 잊을 수 없는 스승, 이인(里仁) 정양은(鄭良殷) 선생님이셨다. 선생님께서는 심리학의 내용과 방법론에 대해 가르쳐 주셨을 뿐만 아니라, 학문하는 자세의 엄격함과 인생을 대하는 태도의 진지함을 통해 학자로서의 전형(典型)을 몸소 실증해 보여 주셨다. 우리 제자들은 선생님의 묘비명(墓碑銘)에 "그 존재 자체로 심리학이셨던 우리들의 큰 스승"이라고 새겨 넣었는데, 이는 조금도 과장된 표현이 아니었다. 우리에게 선생님은 그야말로 심리학의 화신(化身)이셨으므로, 우리가 구체적인 존함을 넣지 않고 부르는 "선생님"이란 호칭은 언제나 이인 선생을 지칭하는 고유명사였던 것이다. 선생님을 생각할 때마다 고마움과 함께 떠오르는 것은 끝없는 죄송함이다. 청어람(靑於藍)하지 못했다는 죄책감과 더불어서……

필자의 유학사상의 심리학적 함의 정리 작업에 있어 선생님은 기획자이자 추진자이셨다. 선생님께서는 필자의 첫 저술(『유학심리학: 맹자 · 순자 편』)을 당신이 회원으로 계시는 학술원에 추천하셔서, 필자에게 '대한

민국 학술원상'의 영광을 안겨 주셨다. 이 일은 필자가 유학심리학의 정립 작업에 더욱 몰두하는 계기가 되었다. 필자는 이 작업을 하는 도중 막히거나 애를 먹으면 선생님께 찾아뵙고 상의드리거나 투정(?)을 부리곤 하였는데, 그때마다 선생님께서는 조용히 웃으면서 술을 따라 주시거나 드문드문 당신의 의중을 말씀해 주시곤 하셨다. 가끔 듣는 선생님의 말씀은 그야말로 폐부에 스며드는 우레성이었다. 이제 선생님 떠나신 지 17년! 일단 작업을 끝낸 걸 보시면 선생님께서는 무어라고 하실까? "잘했다!"라는 말씀을 듣고 싶지만, "겨우 이거냐!" 하는 꾸중을 받지나 않으려나……

선생님과 함께 영곡(靈谷) 이수원(李秀遠) 형도 잊을 수 없다. 두 분은 호학(好學)과 회인불권(誨人不倦)이 공부하는 사람의 기본자세임을 일깨워 주셨다. 필자는 평생 '배우기를 좋아하는 일'과 '가르치기를 게을리하지 않는 일'에서 두 분을 따라 배우려고 무던히도 애를 써 왔지만, 두 분은 아무리 열심히 따라가려고 해도 저만치 앞에 떨어져 계셔서, 도무지 필자의 힘으로는 미칠 수 없는 큰 산일 뿐이었다. 마치 안연(顔淵)이 스승인 공자(孔子)의 도를 따르고자 하나 너무 높아 어디에서부터 시작해야 할지 막막해했던 것처럼(如有所立卓爾 雖欲從之 末由也已, 『論語』, 子罕 10)…… 두 분께 송구하고 죄스러울 따름이다. 그러나 어찌하랴! 필자도 이미 이렇게 속절없이 늙어 버렸으니……

선생님의 직전(直傳) 및 재전(再傳) 제자들의 모임인 두륜회(頭崙會)의 도반(道伴)들, 심리학계의 여러 어른과 선후배 여러분, 전남대와 서강의 친구들과 학생들, 그리고 고등학교 시절 이래 한결같이 삶의 동반자가 되어 주고 있는 우보행(又步行)의 친구들, 모두에게 감사드린다. 이분들과의 인연이 아니었다면, 필자의 삶은 공허함 그 자체였을 것이다. 그저 모두 고맙고 또 고마울 따름이다!

많은 어려움 속에서도 필자가 하고 싶은 일을 하도록 허용하고 밀어주신 부모님과 아내, 그리고 아이들과 여러 가족의 가없는 희생에 대해서는 무어라 드릴 말씀이 없다. 나만 좋자고 눈 꾹 감았던 일인지라, 그들의 희생은 절대로 고맙다는 말 한마디로 갚아질 수 있는 것이 아님을 잘 알고 있다. 그래서 더욱 막막해진다. 책이 나오면 한 권 들고 부모님 묘소에 가서 한바탕 크게 울어야겠다!

앞에서 얘기했듯이, 이 책은 필자가 지난 사십 년 가까운 세월 동안 계획해 왔던 '유학사상의 심리학적 함의 추출 작업'의 마지막을 장식하는 열세 번째의 성과물이다. 이는 필자의 학문 생활의 한 획을 긋는 저술이라는 점에서, 이의 출판은 필자에게는 유달리 감회가 새로운 일이다. 이 책을 요즈음같이 어려운 상황에서도 앞선 두 권(2019년의 『문화, 유학사상 그리고 심리학』과 2021년의 『유학심리학의 체계 II: 사회적 존재로서의 인간의 삶』)을 출간한 학지사에서 내어주니 고맙기 그지없다. 김진환 사장님을 비롯하여 김순호 이사님과 편집진 여러분께 깊은 감사의 말씀을 드린다.

2021년(辛丑) 사월 곡우(穀雨) 무렵에
지이재(止耳齋) 서실(書室)에서
퇴촌(退邨) 조긍호(趙兢鎬) 삼가 적다

유학심리학의 체계

제1권
유학심리학의 체계 I — 유학사상과 인간 심리의 기본구성체

제 1 부 서론: 유학사상과 현대심리학의 접목

제 2 부 인성론과 심리구성체론: 인간의 본성과 심리학의 기본 연구문제

제2권
유학심리학의 체계 II — 사회적 존재로서의 인간의 삶

제 1 부 군자론과 이상적 인간형론: 인간 삶의 목표와 심리학의 문제

제 2 부 도덕실천론과 사회관계론: 사회적 삶의 양상과 심리학의 문제

제3권
유학심리학의 체계 III — 인간 삶의 목표 추구와 보편심리학의 꿈

제 1 부 수양론과 자기발전론: 삶의 목표 추구와 심리학의 문제

제 2 부 결론: 보편심리학의 구축을 위한 동 · 서 심리학의 회통

차례

◆ 책머리에 3

제1부

수양론과 자기발전론: 삶의 목표 추구와 심리학의 문제

제1장 인간 삶의 목표와 그 추구: 존재확대와 수양 27

1. 유학사상의 인간관: 인간 이해의 유학적 지향점 / 28

1) 사회성 강조: 개체적 존재에서 사회적 존재로의 지향 / 30

2) 도덕성 강조: 생물체적 존재에서 도덕적 존재로의 지향 / 35

3) 가변성 강조: 미성숙한 존재에서 성숙한 존재로의 지향 / 41

2. 인간 삶의 목표 설정: 군자론 / 47

1) 이상적 인간상의 세 특징 / 49

2) 세 특징의 통합과 인간의 존재확대 / 54

3) 유학의 인간관과 존재확대의 의의 / 57

3. 수양론: 존재확대의 방법론 / 61
1) 자기억제와 도덕적 승화 / 64
2) 자기성찰과 자기개선 / 66
3) 수양의 목표: 도덕적 승화와 자기개선을 통한 존재확대 / 68

제 2 장 수양의 자세: 유학의 공부론과 거경론 71

1. 『소학』에서 제시되는 공부와 수양의 자세 / 73
1) 『소학』에서 가르치고자 하는 요체: 명륜(明倫) / 75
2) 배움의 의지와 자세: 입교(立敎) / 76
3) 도덕실천의 마음가짐과 몸가짐: 경신(敬身) / 77
4) 『소학』의 핵심: 입교와 경신 / 78
2. 선진유학의 공부론(工夫論)과 그 자세 / 83
1) 공자: 호학(好學)과 시습(時習) / 84
2) 맹자: 자득(自得)과 전심치지(專心致志) / 88
3) 순자: 소적(所積)과 전심일지(專心一志) / 91
4) 선진유학의 배움의 자세: 자강불식(自彊不息) / 94
3. 성리학의 거경론(居敬論) / 98
1) 성리학적 배움의 바탕: 거경(居敬) / 100
2) 거경의 구체적인 요목: 주의집중과 동기활성화 / 105

제 3 장 자기수양의 필요성과 가능성 113

1. 인간의 향악(向惡) 가능성 / 114
   1) 생물적 이기적 욕구와 향악 가능성 / 115
   2) 자기중심적 정서와 향악 가능성 / 120
2. 향악의 근원 1: 생존 및 이기적 욕구의 추구 / 123
   1) 재외자(在外者) 욕구와 재기자(在己者) 욕구 / 124
   2) 재외자 욕구의 추구와 그것이 몰고 오는 폐단 / 128
3. 향악의 근원 2: 자기중심적 정서의 추구 / 132
   1) 재외자 정서와 재기자 정서 / 132
   2) 재외자 정서의 추구와 그것이 몰고 오는 폐단 / 136
4. 수양이 가능한 근거: 도덕적 지향성 / 138
   1) 덕성 주체로서의 인간의 고유성: 도덕성의 본유성 / 139
   2) 도덕성의 작용 양상: 도덕적 지향성 / 143
   3) 도덕 지향성의 통합성과 덕성우월주의 / 156
   4) 도덕적 지향성: 자발적 자기통제의 원천 / 161

제 4 장 자기수양의 방안 167

1. 수양의 방안 1: 향악 가능성의 억제 / 169
   1) 선진유학: 극기(克己) · 과욕(寡欲) · 절욕(節欲) / 170
   2) 성리학: 향악 가능성과 알인욕(遏人欲) / 183

2. 수양의 방안 2: 자기성찰과 자기반성 / 189

1) 선진유학: 자기성찰과 책임의 자기귀인 / 191

2) 성리학: 거경(居敬)과 존천리(存天理) / 203

제 5 장 자기수양의 성과와 지향 213

1. 자기억제의 성과: 도덕적 승화 / 214

1) 욕구의 도덕적 승화 / 216

2) 정서의 도덕적 승화 / 227

3) 도덕적 승화와 인간의 존재확대 / 237

2. 자기성찰의 성과: 자기개선 / 239

1) 자기 단점과 잘못의 확인 및 수정 / 240

2) 자기개선과 인간의 존재확대 / 257

3. 자기수양의 목표: 존재확대 / 259

1) 존재확대의 점진성: 자기중심성의 탈피와 타인지향성의 추구 / 263

2) 유학적 인간상과 인간의 존재확대 / 266

제2부

결론: 보편심리학의 구축을 위한 동·서 심리학의 회통(會通)

제6장 동·서 심리학의 대비 273

1. 인성론과 심리구성체론 / 275
   1) 동·서의 심리구성체론: 삼분체계론과 사분체계론 / 276
   2) 동·서 심리구성체론에서 도출되는 연구의 특징과 그 차이 / 280
   3) 동·서 심리구성체 연구의 특이점과 양자의 회통 필요성 / 305
2. 군자론과 이상적 인간형론 / 307
   1) 동·서의 이상적 인간상: 자기실현인과 존재확대인 / 307
   2) 동·서 이상적 인간형론에서 도출되는 연구의 특징과 그 차이 / 316
   3) 동·서 이상적 인간형 연구의 특이점과 양자의 회통 필요성 / 335
3. 도덕실천론과 사회관계론 / 338
   1) 동·서의 사회관계론: 사회교환론과 관계융합론 / 338
   2) 동·서 사회관계론에서 도출되는 연구의 특징과 그 차이 / 349
   3) 동·서 사회관계론 연구의 특이점과 양자의 회통 필요성 / 370
4. 수양론과 자기발전론 / 373
   1) 동·서의 통제대상론: 환경통제론과 자기통제론 / 373
   2) 동·서 자기발전론에서 도출되는 연구의 특징과 그 차이 / 378
   3) 동·서 자기발전론 연구의 특이점과 양자의 회통 필요성 / 390

제 7 장 동 · 서 관점의 회통과 보편심리학 393

1. 동 · 서 인간관의 통합과 보편심리학의 연구 방향 / 395

1) 인간의 존재의의의 출처: 개체성과 사회성의 통합 / 396

2) 인간의 고유특성: 이성과 도덕성의 통합 / 399

3) 인간의 존재 양상과 변이가능성: 안정성과 가변성의 통합 / 402

4) 보편심리학 연구의 방향 / 406

2. 동 · 서 관점의 회통가능성: 몇 가지 예시 / 413

1) 문화와 자기 관련 연구: 연구 태도의 중립화와 통합 / 414

2) 문화와 동기 연구: 기존 연구 내용의 이론적 확장 / 430

3) 이상적 인간형과 정신건강 연구: 연구 관점의 보완과 통합 / 439

4) 지-행 합일의 문제: 객관적 연구 방법의 도입과 세련화 / 446

5) 도덕성의 본유성과 통합성 연구: 새로운 연구 문제의 발굴 / 455

3. 결론: 과연 보편심리학의 구축은 가능한가 / 475

1) 유학사상과 동아시아 집단주의 문화 / 479

2) 생활 양식의 변화와 문화다중성의 확산 / 494

3) 문화의 혼융화: 동 · 서 접근의 회통 / 503

◆ 참고문헌 510

◆ 찾아보기 545

제1부

수양론과 자기발전론: 삶의 목표 추구와 심리학의 문제

제1장 인간 삶의 목표와 그 추구: 존재확대와 수양
제2장 수양의 자세: 유학의 공부론과 거경론
제3장 자기수양의 필요성과 가능성
제4장 자기수양의 방안
제5장 자기수양의 성과와 지향

유학은 사회성 · 도덕성 · 가변성의 가치를 주축으로 하여 인간을 이해하고, 이 세 다리의 견실한 기반 위에 인간의 삶을 정립(鼎立)하려는 사상체계이다. 유학자들은 인간의 존재의의를 사회성에서 찾으며, 여타 동물과 다른 인간의 고유특성을 도덕성이라 여기고, 인간은 무한히 변화할 수 있는 가변성을 갖추고 있는 존재라고 받아들인다. 곧 인간은 사회적 관계체(關係體)로서 도덕 주체이며, 가변적 과정적 존재라는 것이 유학적 인간관의 핵심이다.

이러한 인간관으로부터 유학사상의 이상적 인간상인 군자(君子)의 특징이 도출된다. 군자는 스스로의 도덕적 인격의 완성에 그치지 않고, 주위 사람들을 배려하고 그들과 조화를 이루며, 자기에게 주어지는 사회적 책무를 자임(自任)하여 완수하려는 사람이다. 이러한 군자의 특징을 한마디로 묶어내면 '존재확대인'(存在擴大人)이라 할 수 있다. 즉 군자는 개체적 존재를 넘어서 사회적 존재로(사회성), 생물체적 존재를 넘어서 도덕적 존재로(도덕성), 미성숙한 존재를 넘어서 성숙한 존재로(가변성) 변화하여 존재확대를 이룬 사람인 것이다.

유학은 이렇게 존재확대를 이루는 일을 인간 삶의 목표로 설정하고 추구하는 이론체계이다. 이러한 삶의 목표는 군자론에 정립되어 있고, 이에 도달하는 길은 수양론에 제시되어 있다. 그러니까 군자론은 인간 삶의 목표를 정립하고 있는 사색의 체계이고, 수양론은 이러한 목표를 추구하는 과정에서 인간이 해야 할 일을 제시하고 있는 방법론의 체계인 셈이다.

공자는 연령 단계에 따른 스스로의 발달 과정에 대해 제시하면서, 맨 마지막 단계를 "마음에 하고 싶은 대로 해도 도리에 어긋나지 않는 상태"[從心所欲 不踰矩]라고 언급하고 있는데, 이 단계에서 이루어진 상태가 곧 자기수양의 종착지이다. 공자가 일흔 살에 이루었다고 고백한 이 상태는 이기적 욕구와 사적 감정을 억제하고 도덕적 승화를 이룸으로써 인격적으로 성숙한 상태에 이르러, 사람으로서 해야 할 일만을 하고 싶어진 단계를 말한 것이다.

이렇게 종심소욕(從心所欲)의 상태에 이르는 일이 바로 유학적 수양의 요체이다. 유학자들이 내세우는 이러한 수양의 길은 두 가지로 요약할 수 있다. 그 하나는 생물체적 이기적 욕구와 자기지향의 사적 감정을 억제하고, 욕구와 감정의 도덕적 승화(昇華)를 이루는 일이다. 또 하나는 항상 자기를 돌아보고, 이 과정에서 자기의 단점을 찾아내어 이를 고침으로써 도덕적 인격에 한 걸음씩 다가가는 일이다. 성리학에서는 이 두 가지를 알인욕(遏人欲)·존천리(存天理)라는 말로 요약하여 표현하고 있다.

여기에서는 우선 유학적 인간관과 이로부터 도출되는 군자의 사람됨에 대한 고찰을 통해 수양론이 유학의 체계에서 차지하는 이론적 가치(제1장)에 대해 살펴본 다음, 선진(先秦)유학의 공부론(工夫論)과 성리학의 거경론(居敬論)을 통해 수양의 기본자세(제2장)에 대해 고찰해 보고, 이어서 수양이 필요한 배경과 그 가능성의 근거(제3장)를 바탕으로 하여, 수양의 구체적인 방법론으로서의 자기억제와 자기성찰(제4장)에 대해 살펴본 다음, 수양의 성과로서의 도덕적 승화와 자기개선(제5장)의 문제에 대해 정리해 보았다.

제1장 인간 삶의 목표와 그 추구: 존재확대와 수양

개체성 · 합리성 · 안정성의 가치를 기반으로 하여 인간을 이해하려는 서구 자유주의 사상가들은 인간의 존재의의를 개인 존재로서의 인간의 개체성에서 찾고, 여타 동물과 다른 인간의 고유특성을 합리성의 근거인 이성이라 여기며, 인간은 모든 행위의 근거인 안정적인 내적 속성들을 완비하여 갖추고 있는 실체적 존재라고 간주한다.

이렇게 서구인들은 인간의 존재의의가 개인의 개체성에 내재해 있다고 생각하므로, 스스로의 삶을 설계하고 추구할 수 있는 자유와 권리가 천부적으로 개인 존재에게 주어져 있다고 여겨, 개인 존재의 독립성과 자율성 그리고 독특성을 중시한다. 또한 다른 동물과 구별 짓는 인간의 중핵특성을 합리적인 선택과 판단의 근거인 이성의 능력이라 보므로, 이성의 주체로서 자기 자신에게 가장 적합한 삶의 방식은 자기 자신이 가장 잘 알고 있다고 인식하여, 적극적인 자기이익 추구와 자기주장을 당연한 것으로 받아들인다. 게다가 특유의 능력과 특성이 스스로에게 완비되어 있다고 여기므로, 이러한 내적 속성들의 안정성과 일관성을 중시하고, 스스로가 갖추고 있는 제반 장점들을 찾아 이를 발전시킴으로써 자기향상이 이루어질 수 있는 것으로 간주한다.

이와 같이 서구인들은 자유의 보유자로서의 개인이 이성의 능력을 동원하여 스스로에게 갖추어져 있는 특유의 잠재력을 최대한 발현함으로써 자기실현(自己實現)을 이루는 일을 삶의 목표로 설정하고 추구한다. 이렇게 서구인들이 추구하는 이상적 인간상은 그들이 중시하고 추구하는 가치와 이에서 도출되는 인간 파악의 기본 관점으로부터 직접 도출되는 것이다.

동아시아 사회를 오랫동안 지배해 온 유학사상이 추구하고 있는 가치는 서구 자유주의 사조의 그것과는 매우 다르다. 그러므로 유학사상에서 인간을 파악하는 관점과 이로부터 도출되는 이상적 인간상의 모습은 서구의 그것과는 차이가 있을 수밖에 없다. 이 장에서는 유학사상에서 파악하는 인간관과 이에서 도출되는 인간 삶의 목표로서의 이상적 인간상의 모습을 서구의 그것과 대비하여 살펴보고, 이러한 삶의 목표를 이룰 수 있는 방법론의 체계인 수양론이 유학사상에서 차지하는 위상에 대해 간단히 정리해 봄으로써, 다음 장들에서 유학적 수양의 자세와 그 구체적인 방법을 전개하는 기초로 삼으려 한다.

1. 유학사상의 인간관: 인간 이해의 유학적 지향점

서구 자유주의 사조가 개체성 · 합리성 · 안정성의 가치를 중시하여 인간을 이해하려는 데 비해, 동아시아 유학사상에서는 사회성 · 도덕성 · 가변성의 가치를 기반으로 하여 인간을 파악하려 한다.[1)] 무엇보다

1) 동 · 서 인간관의 차이에 대해서는 졸저(조긍호, 2006, pp. 297-352, 426-441; 2007a, pp. 87-134; 2008, pp. 43-92; 2012, pp. 109-136; 2017a, pp. 49-60, 99-120; 2019, pp. 107-134; 2021a, pp. 32-42; 2021b, pp. 81-94, 176-204) 참조.

도 먼저 유학사상은 인간의 존재의의가 인간 존재의 사회적 특성에서 나오는 것으로 인식한다는 점에서 이를 개개인의 개체성에서 찾으려는 서구 자유주의 사조와는 다르다. 유학은 인간 개개인을 사회적 관계체(關係體)라고 보아, 가족이나 친구 및 제반 사회 장면에서 사람들이 맺는 사회적 관계를 사회구성의 기본단위라고 인식하여, 인간의 사회성을 중시하고 강조한다.

그뿐만 아니라 유학은 여타 동물과 다른 인간의 고유특성을 도덕성이라고 간주한다는 점에서 이를 합리적 판단과 선택의 능력인 이성이라고 여기는 서구 자유주의 사조와 다르다. 인간을 도덕 주체(道德主體)라고 간주하는 유학자들은 인간 삶의 과정에서 이기적인 자기이익의 추구보다는 자기억제와 관계상대방에 대한 관심과 배려를 앞세우는 일을 중시하고, 따라서 사회관계에서의 조화와 융합을 강조한다.

게다가 개인이 보유한 능력과 성격 같은 내적 속성이 안정적이고 불변적이라고 인식하는 서구 자유주의 사조와는 달리, 유학사상은 인간 존재의 가변성을 추호도 의심하지 않고 받아들인다. 인간은 무한한 가능성을 갖춘 가변체(可變體)로서, 자기의 행위를 되돌아보고 스스로의 잘못과 단점을 찾아 일상생활의 과정에서 이를 고쳐 나가는 자기개선을 통해 이상적 인간상인 군자(君子)의 상태에 도달할 수 있다는 것이 유학자들의 주장이다.

이와 같이 인간을 사회적 관계체, 도덕 주체, 그리고 가변체라고 개념화하여 받아들이는 것이 유학사상의 핵심이다. 곧 인간은 고립적 존재가 아니라 다른 사람들과 어울려 살아야 하는 사회적 존재로서, 스스로가 다른 사람에 대한 관심과 배려의 체계를 갖추고 있다는 사실을 자각하고 이를 일상생활의 과정에서 발현함으로써, 자기몰입적인 소인(小人)

의 상태에서 관계지향적인 군자의 상태로 발전해 나가야 하는 존재라는 논리를 기반으로 하여 성립하고 있는 것이 바로 유학사상이다. 한마디로 유학은 개체적 존재에서 사회적 존재로, 생물체적 존재에서 도덕적 존재로, 그리고 미성숙한 존재에서 성숙한 존재로 지향해 가는 인간의 존재확대(存在擴大)를 도모하고 있는 삶의 철학인 것이다.

1) 사회성 강조: 개체적 존재에서 사회적 존재로의 지향

인간은 생존의 과정을 혼자서 겪으며 살아가는 개체적 존재이자 부모 형제와의 관계 속에서 태어나서 다른 사람들과의 관계 속에서 살아가는 사회적 존재이다. 서구인들은 인간의 이러한 상호배타적인 이중적 속성, 곧 개체성과 사회성 가운데 개체성을 중시하여, 이로부터 인간의 존재의의를 도출하려 한다. 이에 비해 동아시아인들은 개체성보다 사회성을 중시하여, 여기에서 인간의 존재의의를 찾으려는 경향을 띤다. 이러한 배경에서 유학사상에서는 개인 존재를 사회적 관계체(關係體)라고 개념화하여 인식한다. 이는 공자 · 맹자 · 순자 같은 창시자들로부터 이어지는 유학의 전통이다.

> 군자는 근본적인 일에 힘을 써야 하나니, 근본이 서면 사람이 지켜야 할 도(道)가 스스로 이에서 나오게 되는 법이다. 어버이에게 효도하고, 형제 사이에 우애가 있게 하는 것, 이것이 바로 인(仁)을 행하는 근본인 것이다.[2)]

---

2) 君子務本 本立而道生 孝弟也者 其爲仁之本與(『論語』, 學而 2): 이는 朱熹의 『論語集註』의 편차에 따른 學而篇 2장을 가리킨다. 앞으로 『論語』의 인용은 이 예를 따른다.

> 사람들은 일반적으로 배불리 먹고 따뜻하게 입으며 편안하게 살면서 가르침이 없으면, 새나 짐승과 같아질 수밖에 없게 된다. 성인이 이를 걱정하여, 설(契)에게 가르치는 직책을 맡겨, 사람의 도리[人倫]를 가르치게 하였다. 이는 부모와 자식 사이에는 친애함이 있어야 하고[父子有親], 군주와 신하 사이에는 의로움이 있어야 하며[君臣有義], 남편과 아내 사이에는 할 일의 나뉨이 있어야 하고[夫婦有別], 어른과 아이 사이에는 순서가 있어야 하며[長幼有序], 친구 사이에는 믿음이 있어야 한다[朋友有信]는 다섯 가지이다.[3]

> 군신 · 부자 · 형제 · 부부의 관계는 처음이자 마지막이고, 마지막이자 처음으로서, 천지와 더불어 이치를 같이 하고, 만세를 통하여 영구히 지속되는 것으로, 무릇 이를 일러 '위대한 근본'[大本]이라 한다.[4]

첫 번째 인용문에서 공자는 사람으로서 해야 할 근본적인 도리는 부모와 자식 사이의 관계와 형과 아우 사이의 관계 같은 가족관계에서 나오는 효도와 우애라고 진술하여, 모든 사회관계의 원형인 가족관계가 인간이 마땅히 해야 할 일이 도출되는 기반이라 보고 있다. 공자는 자기 사상의 핵심인 인(仁)을 "자기가 바라지 않는 것을 남에게 베풀지 않는 일"[5]

---

3) 人之有道也 飽食暖衣 逸居而無教 則近於禽獸 聖人有憂之 使契爲司徒 教以人倫 父子有親 君臣有義 夫婦有別 長幼有序 朋友有信(『孟子』, 滕文公上 4): 이는 朱熹의 『孟子集註』의 편차에 따른 滕文公上篇 4장을 가리킨다. 앞으로 『孟子』의 인용은 이 예를 따른다.

4) 君臣父子兄弟夫婦 始則終 終則始 與天地同理 與萬歲同久 夫是之謂大本(『荀子』, 王制 19-20): 이는 富山房本 漢文大系 卷十五 『荀子集解』의 王制篇 pp. 19-20을 가리킨다. 앞으로 『荀子』의 인용은 이 예를 따른다.

5) 仲弓問仁 子曰……己所不欲 勿施於人(『論語』, 顏淵 2); 子貢問曰 有一言而可以終

또는 “남을 사랑하는 일”[6]이라거나, “자기가 서고자 하면 남을 먼저 세워 주고, 자기가 이루고자 하면 남이 먼저 이루게 해 주는 일”[7]로서, “자기의 사적 감정과 사욕을 억제하고, 예(禮)의 규범체계로 돌아가는 것이 인을 행하는 일”[8]이라 제시하여, 타인에 대한 관심과 배려가 인의 핵심이라 보고 있다. 이러한 사실은 공자가 인간의 사회성을 인간 존재의 핵심으로 규정하고 있음을 드러내는 것이다.

두 번째 인용문에서 맹자는 부자·부부·형제(장유)의 가족관계를 군신과 붕우까지로 확장하여 이러한 사회관계가 인간이 해야 할 일[人倫]의 바탕이 됨을 논술하고 있다. 그는 “인(仁)의 핵심은 어버이를 모시는 것이고, 의(義)의 핵심은 형을 따르는 것이며, 지(智)의 핵심은 이 두 가지를 깨달아 이를 버리지 않는 것이고, 예(禮)의 핵심은 이 두 가지를 조절하고 아름답게 꾸미는 것”[9]이라고 보아, 인간 행위의 당위적 규범인 인의예지(仁義禮智)의 핵심을 바로 어버이를 친애하는 친친(親親)과 어른을 공경하는 경장(敬長)에서 구함으로써, 인간 존재의 사회성을 강조하고 있다.

세 번째 인용문에서 순자는 군신·부자·형제·부부의 사회관계가 시·공간상에서 영구히 지속되는 기본적인 뿌리라고 진술하여, 사회구성의 기본단위가 사회관계라는 사실을 강조함으로써 인간 존재의 사회성에 특별한 중요성을 부여하고 있다. 그는 “도(道)는 하늘의 도도 아니

身行之者乎 子曰 其恕乎 己所不欲 勿施於人(衛靈公 23)

6) 樊遲問仁 子曰 愛人(顔淵 22)

7) 夫仁者 己欲立而立人 己欲達而達人(雍也 28)

8) 顔淵問仁 子曰 克己復禮爲仁(顔淵 1)

9) 仁之實 事親是也 義之實 從兄是也 智之實 知斯二者弗去是也 禮之實 節文斯二者是也(『孟子』, 離婁上 27)

고, 땅의 도도 아니며, 사람이 행해야 할 바로서 군자가 따르는 것"[10]이라는 인도론(人道論)을 펼쳐 보임으로써, 사람이 해야 할 도의 근거를 인간의 사회성에서 찾고 있다.

인간의 사회성에서 도출되는 사람의 도리는 각각의 사회관계에 내재하고 있는 질서와 조화를 이루는 일로 집약된다. 이러한 관점이 가장 잘 드러나고 있는 것이 유명한 맹자의 오륜설(五倫說)이다. 오륜설을 통해 맹자가 주장하고 있는 요체는 사회구성의 기본단위는 사람들 사이의 관계라는 사실과 각각의 사회관계에서 질서와 조화가 이루어져야 관계의 융합과 사회의 평화가 달성된다는 사실이다. 사회를 구성하는 부자 · 군신 · 부부 · 장유 · 붕우의 다섯 관계에서 이루어져야 할 질서는 각각 친애함[親] · 의로움[義] · 분별성[別] · 차례[序] · 믿음직함[信]이다.

이러한 관계의 조화를 이루는 길은 각 관계에 내재되어 있는 각자의 역할을 충실하게 수행하는 일이다. 공자는 이러한 관점을 정명론(正名論)의 체계로 정리하여, 이에 관한 유학적 이론의 전통을 열고 있다.

> 제(齊)나라 경공(景公)이 정치하는 방법에 대해 묻자, 공자께서는 "군주는 군주의 역할을 다하고 신하는 신하의 역할을 다하며, 부모는 부모의 역할을 다하고 자식은 자식의 역할을 다하는 것입니다"라고 대답하셨다. 그러자 경공이 "좋은 말씀입니다. 진실로 군주가 군주의 역할을 다하지 못하고 신하는 신하의 역할을 다하지 못하며, 부모가 부모의 역할을 다하지 못하고 자식은 자식의 역할을 다하지 못한다면, 비

10) 道者非天之道 非地之道 人之所以道也 君子之所道也(『荀子』, 儒效 9-10): 楊倞은 『荀子注』에서 人之所以道也를 人之所行之道也로 풀고 있으며, 王先謙도 『荀子集解』에서 人之所以道也의 道를 行의 誤字로 보고 있다.

록 경제적으로 풍족하다고 해도 제가 그것을 누릴 수 있겠습니까?"라고 말했다.[11]

공자는 제자인 자로(子路)와의 문답에서 이렇게 각자가 자기의 역할을 충실히 수행하는 것이 사회에 질서와 조화를 가져오는 정사의 근본이기 때문에, 자기에게 정사를 맡겨준다면 "반드시 이름을 바로 잡는 일[正名]부터 하겠다"고 말하여,[12] 정명(正名: 각자에게 주어진 역할을 충실히 수행하는 일)이 사회관계의 융합과 사회의 평화를 가져오는 첩경임을 밝히고 있다. 이러한 관점을 맹자는 진도론(盡道論)으로 이어받고[13] 순자는 수분론(守分論)으로 이어받아,[14] 유학적 역할 수행론의 전통을 열고 있다.

이와 같이 유학의 창시자인 공자로부터 이미 인간을 기본적으로 타인에 대한 관심과 배려를 지닌 존재로 보기 시작했으며, 모든 사회행위의 원동력을 사회관계 속에 주어진 쌍무적인 역할에서 찾음으로써 인간 존재의 사회성을 강조하였다. 바로 이렇게 인간을 사회적 관계체로 파악하는 것이 유학사상에서 인간을 파악하는 가장 기본적인 관점이다.

---

11) 齊景公問政於孔子 孔子對曰 君君 臣臣 父父 子子 公曰 善哉 信如君不君 臣不臣 父不父 子不子 雖有粟 吾得而食諸(『論語』, 顏淵 11)

12) 子路曰 衛君待子而爲政 子將奚先 子曰 必也正名乎(子路 3)

13) 欲爲君 盡君道 欲爲臣 盡臣道 二者皆法堯舜而已矣 不以舜之所以事堯事君 不敬其君者也 不以堯之所以治民治民 賊其民者也 孔子曰 道二 仁與不仁而已矣(『孟子』, 離婁上 2)

14) 請問爲人君 曰 以禮分施 均徧而不偏 請問爲人臣 曰 以禮待君 忠順而不懈 請問爲人父 曰 寬惠而有禮 請問爲人子 曰 敬愛而致恭 請問爲人兄 曰 慈愛而見友 請問爲人弟 曰 敬詘而不悖 請問爲人夫 曰 致功而不流 致臨而有辨 請問爲人妻 曰 夫有禮則柔從聽侍 夫無禮 則恐懼而自竦也 此道也 偏立而亂 俱立而治 其足以稽矣(『荀子』, 君道 5)

이상에서 보듯이, 유학사상에서는 인간의 사회생활과 사회행위의 원동력을 사회관계 속의 역할과 의무에서 찾고 있는데, 여기에서 바로 개체로서의 개인 존재를 '역할 · 의무 · 배려의 복합체'로 간주하는 관점이 대두된다. 그리하여 개인이 수행하는 사회행위의 원동력을 이러한 관계에 내재하고 있거나 이러한 관계가 요구하고 있는 역할과 의무 및 타인에 대한 배려에서 찾으려 하게 되며, 사회행위의 목표를 다른 사람 및 내집단과 원만하고 평화로운 관계를 맺고 유지하는 것에 두게 된다. 그러므로 오랫동안 인간 존재의 사회성을 앞세우는 유학사상을 삶의 철학으로 받아들여 온 동아시아 사회인들은 개체로서의 개인의 독립성과 자율성 및 독특성의 추구보다는, 사회관계에서의 '연계성'의 확립과 '조화성' 및 '유사성'의 추구를 강조하는 집단주의적인 행동 양식을 드러낸다.

이와 같이 개체적 존재 특성보다는 사회적 존재 특성에서 인간의 존재의의를 찾아, 개인으로서의 개체에 국한된 범위를 넘어 타인과 사회를 자기 안에 받아들임으로써 개체적 존재로부터 사회적 존재로의 확대를 지향해 나가는 것, 이것이 바로 유학사상에서 인간을 파악하는 제일의 특징이다.

2) 도덕성 강조: 생물체적 존재에서 도덕적 존재로의 지향

서구인들은 인간을 인간답게 만드는 인간의 고유특성 가운데 가장 중요한 것을 합리적 선택과 판단의 근거인 이성이라고 본다. 이에 비해 동아시아인들은 인간의 가장 중요한 고유특성은 다른 사람에 대한 관심과 배려의 체계인 도덕성이라고 본다. 인간 존재의 개체성을 강조하는 서구인들이 도덕성보다 개인적 능력의 체계인 이성을 중시하고, 반대로 인간 존재의 사회성을 강조하는 동아시아인들이 개체적 특성인 이성보다 사회관계적 특성인 도덕성을 중시하는 것은 당연한 논리적 귀결이다.

인간의 고유특성을 이성이라고 보는 서구에서는 도덕성을 이성과 감성의 부속체계이어서 후천적으로 발달되거나 학습되는 것이라 간주하였지만,[15] 유학사상에서는 초창기부터 도덕성의 인간 본유설을 간직하여 왔다. 이는 공자 · 맹자 · 순자의 다음과 같은 진술에 잘 드러나 있는 유학사상의 전통이다.

> 공자께서 "인(仁)이 내 몸 밖 멀리에 있는가? 그렇지 않다. 내가 인을 행하고자 하면 내 몸속 깊이에서 인이 당장 나오는 법이다"라고 말씀하셨다.[16]

> 사람은 누구나 남에게 차마 모질게 하지 못하는 마음을 갖추고 있다 …… 사람이 누구나 남에게 차마 모질게 하지 못하는 마음을 갖추고 있다는 사실은, 누구든지 마침 어떤 어린아이가 우물에 빠지게 된 것을 보았다면, 깜짝 놀라 불쌍하게 여기는 마음을 가지게 된다는 데서 드러난다 …… 이로 보건대, 불쌍히 여기는 마음[惻隱之心]이 없으면

15) 서구 철학에서의 도덕성이론[고대 그리스 철학자들 및 칸트(Kant, I.) 같은 근대 이성주의자들의 의무론(義務論), 흄(Hume, D.) 같은 근대 경험주의자의 정념론(情念論), 벤담(Bentham, J.)과 밀(Mill, J. S.) 같은 공리주의(功利主義)자들의 결과론(結果論)]과 이들 유파의 영향을 받은 현대심리학의 도덕성이론[피아제(Piaget, J.)와 콜버그(Kohlberg, L.) 같은 인지능력발달론자들의 이론, 프로이트(Freud, S.) 같은 정신역동론자들의 이론, 행동주의(行動主義)자들의 학습이론]에서는 도덕성을 인간에게 본유적인 것이 아니라 이성과 감성의 부속체계로서 후천적으로 학습되는 것이라고 본다. 이에 대해서는 졸저(조긍호, 2017a, pp. 551-572; 2017b, pp. 204-266) 참조.

16) 子曰 仁遠乎哉 我欲仁 斯仁至矣(『論語』, 述而 29)

사람이 아니요, 자기의 옳지 않음을 부끄러워하고 남의 옳지 않음을 미워하는 마음[羞惡之心]이 없으면 사람이 아니요, 사양하는 마음[辭讓之心]이 없으면 사람이 아니요, 옳고 그름을 가리려는 마음[是非之心]이 없으면 사람이 아니다. 불쌍히 여기는 마음은 인의 시초[仁之端]요, 부끄러워하고 미워하는 마음은 의의 시초[義之端]요, 사양하는 마음은 예의 시초[禮之端]요, 옳고 그름을 가리려는 마음은 지의 시초[智之端]이다. 사람이 이 네 가지 시초[四端]를 갖추고 있다는 사실은 마치 사람에게 사지(四肢)가 갖추어져 있는 것과 마찬가지다 …… 무릇 나에게 갖추어져 있는 네 가지 시초를 모두 넓혀서 채울 줄 알게 되면, 마치 불이 처음 타오르고 샘물이 처음 흘러내리듯 할 것이니, 진실로 이를 채울 수 있으면 사해(四海)를 보전하고도 남음이 있을 것이지만, 진실로 이를 채우지 못하면 부모를 섬기기에도 부족할 것이다.[17]

물과 불은 기(氣)는 가지고 있으나 생명[生]은 없다. 초목은 생명은 있으나 지각[知]은 없다. 새와 짐승은 지각은 있으나 도덕적 올바름[義]은 없다. 사람은 기도, 생명도, 지각도 가지고 있을 뿐만 아니라, 또한 도덕적 올바름을 가지고 있다. 그러므로 천하에서 가장 귀한 존재가 되는 것이다.[18]

---

17) 人皆有不忍人之心……所以謂人皆有不忍人之心者 今人乍見孺子將入於井 皆有怵惕惻隱之心……由是觀之 無惻隱之心 非人也 無羞惡之心 非人也 無辭讓之心 非人也 無是非之心 非人也 惻隱之心 仁之端也 羞惡之心 義之端也 辭讓之心 禮之端也 是非之心 智之端也 人之有是四端也 猶其有四體也……凡有四端於我者 知皆擴而充之矣 若火之始然 泉之始達 苟能充之 足以保四海 苟不充之 不足以事父母(『孟子』, 公孫丑上 6)

18) 水火有氣而無生 草木有生而無知 禽獸有知而無義 人有氣有生有知 亦且有義 故最爲天下貴也(『荀子』, 王制 20)

첫 번째 인용문에서 공자는 도덕성의 핵심인 인(仁)이 인간에게 본유적으로 갖추어져 있는 것이라는 사실을 확실히 하고 있다. 그는 다른 곳에서 “인의 실천은 오로지 자신에게 달린 일이지 다른 사람에게 달린 일이 아니다”[19]라거나 “무릇 인이란 자기가 서고자 하면 남을 먼저 세워 주고, 자기가 이루고자 하면 남이 먼저 이루게 해 주는 일인데, 능히 가까이 자기 몸에서 취해 남에게까지 미루어 나갈 수 있으면 인을 행하는 방도가 된다고 볼 수 있다”[20]라고 하여, 도덕성의 인간 본유설을 설파하고 있다.

두 번째 인용문에서 맹자는 유명한 사단설(四端說)을 통해 도덕성의 인간 본유설을 밝히고 있다. 이러한 사실을 그는 다른 곳에서 “사람이면 누구나 측은지심 · 수오지심 · 공경지심 · 시비지심을 갖추고 있다. 측은지심은 인이고, 수오지심은 의이며, 공경지심(이는 사양지심과 같은 것이다)은 예이고, 시비지심은 지이다. 인의예지의 도덕성은 외부로부터 사람에게 스며들어온 것이 아니고, 사람이 본디부터 갖추고 있는 것이다. 다만 이러한 사실을 깨닫지 못하고 있을 뿐이다”[21]라고 진술하여, 인의예지(仁義禮智) 같은 도덕성이 인간에게 본유적으로 갖추어져 있는 것임을 분명히 하고 있다.

세 번째 인용문에서 순자도 공자를 본받아 도덕 본유성에 대한 유학적 전통을 잇고 있다. 그는 다른 곳에서 “사람이 사람된 까닭은 동물과는 달

---

19) 爲仁由己 而由人乎哉(『論語』, 顔淵 1)

20) 夫仁者 己欲立而立人 己欲達而達人 能近取譬 可謂仁之方也已(雍也 28)

21) 惻隱之心 人皆有之 羞惡之心 人皆有之 恭敬之心 人皆有之 是非之心 人皆有之 惻隱之心 仁也 羞惡之心 義也 恭敬之心 禮也 是非之心 智也 仁義禮智非由外鑠我也 我固有之也 弗思耳矣(『孟子』, 告子上 6)

리 다만 두 다리로 서고, 몸에 털이 없다는 사실에서 연유하는 것은 아니다. 이는 사람이 도덕적 변별력[辨]을 가지고 있다는 데에서 연유하는 것이다. 무릇 새나 짐승도 부모와 자식의 관계는 있지만 부모-자식 사이의 친애함은 없고[父子之親], 암컷과 수컷은 있지만 남-녀의 직분에 대한 분별[男女之別]은 없다. 그러므로 옳고 그름을 가려 도덕적으로 행동하는 것은 사람의 본성이므로, 사람의 도리에 옳고 그름을 가려 행동하지 않을 수 없는 것이다"[22]라고 하여, 올바른 행위 능력[義]과 도덕적 변별력[辨] 같은 도덕성이 인간에게 본유적으로 내재하고 있다는 사실에서 바로 인간을 인간답게 하는 근거가 도출된다고 주장한다.

이렇게 유학자들이 태어날 때부터 인간에게 본유하고 있는 것으로 간주하는 도덕성은 곤경에 빠진 사람을 불쌍히 여기며 남에게 양보하거나 남을 공경하는 것과 같이,[23] 다른 사람에 대한 관심을 가지고 그들을 우선적으로 배려하는[24] 올바른 원칙과 이를 변별하여 선택할 수 있는 심

---

22) 故人之所以爲人者 非特以其二足而無毛也 以其有辨也 夫禽獸有父子 而無父子之親 有牝牡 而無男女之別 故人道莫不有辨(『荀子』, 非相 9-10)

23) 맹자는 이를 측은지심(惻隱之心)과 사양지심(辭讓之心) 또는 공경지심(恭敬之心)이라 표현하면서 "이는 누구에게나 본유적으로 갖추어져 있으므로"(惻隱之心 人皆有之……恭敬之心 人皆有之, 『孟子』, 告子上 6) "이러한 마음이 없으면 사람이 아니다"(無惻隱之心 非人也……無辭讓之心 非人也, 公孫丑上 6)라고 단정적으로 진술하여, 남을 고려하는 도덕성의 인간 본유성을 분명히 하고 있다.

24) 공자는 "인이란 자기가 서고자 하면 남을 먼저 세워 주고, 자기가 이루고자 하면 남이 먼저 이루게 해 주는 것"(夫仁者 己欲立而立人 己欲達而達人 能近取譬 可謂仁之方也已, 『論語』, 雍也 28)이나 "자기가 바라지 않는 일을 남에게 베풀지 않는 것"(己所不欲 勿施於人, 衛靈公 23; 顔淵 2)과 같이 "남을 사랑하는 일"(樊遲問仁 子曰 愛人, 顔淵 22)이라고 하여, 도덕성이란 타인에 대한 관심과 배려의 체계라는 사실을 명백히 드러내고 있다.

성의 체계이다.[25] 이와 같이 도덕성은 자기보다 타인을 우선적으로 배려하는 체계로서, 자기 자신의 생존을 우선적으로 추구하는 생물체적인 욕구와 이의 충족에 의해 유발되는 사적 감정을 억제할 수 있게 하는 심성과 행동의 바탕이 된다.

이상에서 보듯이, 공자 · 맹자 · 순자 같은 유학의 선구자들은 모두 인간을 다른 동물과 구별짓는 고유한 속성은 인간만이 다른 사람과 사회에 대한 관심과 배려의 체계인 도덕성을 갖추고 있다는 사실에서 찾는다. 이렇게 인간을 도덕의 주체로 간주하는 동아시아인들에게서는 인간을 합리적 판단과 선택의 근거인 이성의 주체로 파악하는 서구인들과는 달리, 집단주의적인 심성과 행동 양식이 두드러진다.

서구인들이 인간의 고유특성이라고 중시하는 이성은 "본질적으로 자기이익을 가장 효과적으로 추구할 수 있는 계산 능력"[26]을 말하는 것이다. 그러므로 인간을 도덕의 주체가 아니라 이성의 주체라고 간주하는 서구 사회에서는 자기이익의 최대화를 위해 적극적으로 자기를 드러내고 주장하는 개인주의적인 행동 양식을 높이 평가한다. 이에 비해 인간을 이성의 주체라기보다는 도덕성의 주체라고 여기는 동아시아 사회에서는 자기이익의 추구보다는 다른 사람에 대해 관심을 가지고 그들을 우선적으로 배려하는 일을 높이 평가하므로, 자기이익 추구 경향의 억제와 겸양 그리고 자기은폐와 같은 집단주의적인 행동 양식을 강조한다.

---

25) 순자는 도덕 원칙[義]과 도덕적 변별력[辨]이 인간을 다른 생물체와 구별 짓는 근거(故人之所以爲人者……以其有辨也, 『荀子』, 非相 9-10; 人有氣有生有知 亦且有義 故最爲天下貴也, 王制 20)라고 하여, 도덕성이 여타 생물체와 다른 인간의 고유특성임을 확실히 하고 있다.

26) 노명식, 1991, p. 41.

유학사상에서는 이렇게 인간의 도덕적 주체성을 강조하므로, 개체로서의 개인을 덕성의 주체, 곧 '도덕의 인식과 실천자'로 간주하게 된다. 결과적으로 이러한 유학사상을 기본 철학으로 삼고 살아온 동아시아인들은 삶의 과정에서 적극적인 자기주장보다는 '자기억제'와 '타인에의 배려'를 강조하는 집단주의적인 삶의 태도를 발전시켜 왔다. 개인적인 욕구와 감정의 자유로운 표출은 사회와 그 기본 단위인 내집단의 조화를 깨치게 되기 쉬우며, 이는 관계를 맺고 있는 타인에 대한 관심과 배려를 앞세우는 덕성 주체로서의 삶의 자세에도 어긋나게 되는 까닭이다.

이와 같이 생물체적 욕구의 존재로서보다는 타인에 대한 양보와 배려를 앞세우는 도덕적 존재로서 인간의 고유성을 정립하여, 자기이익을 적극적으로 추구하고 주장하기보다는 자기의 이기적 욕구와 사적 감정의 억제를 통해 타인을 우선적으로 배려하고 그들에게 양보함으로써 생물체적 존재로부터 도덕적 존재로의 확대를 지향해 가는 것, 이것이 바로 유학사상에서 인간을 파악하는 두 번째 특징인 것이다.

3) 가변성 강조: 미성숙한 존재에서 성숙한 존재로의 지향

인간은 자기이익을 우선적으로 추구하는 자기중심적이고 자기몰입적인 소인(小人)의 상태로 태어난다. 태어난 이후에도 이러한 미성숙한 상태에서 벗어나기 위해 스승과 법도를 찾아 열심히 노력하지 않으면, 아무리 나이를 먹는다고 해도 소인의 상태에서 벗어나지 못한다.[27] 그러나 태어난 이후에 스스로에게 태어나면서부터 도덕의 근거가 갖추어져

---

27) 人之生固小人 無師無法 則惟利之見耳 人之生固小人 又以遇亂世 得亂俗 是以小重小也 以亂得亂也(『荀子』, 榮辱 32)

있다는 사실을 깨달아 부지런히 인격수양을 하면, 이상적 인간상인 군자(君子)의 상태에 도달할 수 있다는 것이 유학자들의 관점이다. 이렇게 인간이 무한한 가능성을 보유하고 있는 가변체(可變體)라는 관점은 소인과 군자를 대비하여 제시한 유학자들의 논의에서 잘 드러난다.[28] 유학의 창시자인 공자는 『논어(論語)』에서 군자와 비교하여 소인은 세 가지 측면에서 대비되는 심성과 행동 특징을 보이는 것으로 제시하고 있다.

우선 소인은 이기적인 욕구에 몰두하지만, 군자는 스스로가 도덕 주체임을 깨달아 인격 수련을 이룬 사람으로 제시된다. 곧 소인은 사적인 이익에 밝아서 항상 몸의 편안함과 이기적인 욕구 추구에 열심이지만, 군자는 의(義)에 밝아서 항상 덕(德)과 도덕 기준에 관심을 기울인다.[29] 소인은 아래로 욕구 추구에 열중하므로 날로 퇴보하지만, 군자는 위로 천리(天理)에 통달하므로 인격 수련을 이루게 된다.[30] 그리하여 소인은 항

28) 유학의 핵심 경전인 『논어』에서는 18개 장에서 24회에 걸쳐(『論語』, 爲政 14; 里仁 11, 16; 雍也 11; 述而 36; 顔淵 16, 19; 子路 23, 25, 26; 憲問 7, 24; 衛靈公 1, 20, 33; 季氏 8, 陽貨 4, 23) 군자와 소인을 대비하여 제시하고 있으며, 『맹자』에서는 12개 장에서 14회에 걸쳐 소인이 제시되고 있으나(『孟子』, 公孫丑下 12; 滕文公上 2, 4; 滕文公下 1, 5; 離婁上 1; 離婁下 22, 24; 萬章下 7; 告子上 14, 15; 告子下 3) 여기에서는 3개 장(滕文公上 2; 告子上 14, 15)에서만 군자와 대비하여 인격적 수양이 이루어지지 않은 사람으로 그려지고 있을 뿐, 나머지들에서는 '일반 백성'이나 '하찮은 사람' 또는 자기의 겸칭으로 쓰이고 있다. 『순자』에서는 議兵·彊國·正名·君子·成相·法行·堯問의 7개 편만 제외하고 25개 장에서 82회에 걸쳐 군자와 소인이 대비적으로 제시되고 있다. 이는 『論語引得』(Harvard-Yenching Institute, 1940), 『孟子引得』(Harvard-Yenching Institute, 1940), 『荀子引得』(Harvard-Yenching Institute, 1950) 참조.

29) 子曰 君子喩於義 小人喩於利(『論語』, 里仁 16); 子曰 君子義以爲上(陽貨 23); 子曰 君子懷德 小人懷土 君子懷刑 小人懷惠(里仁 11); 子曰 君子固窮 小人窮斯濫矣(衛靈公 1)

30) 子曰 君子上達 小人下達(憲問 24)

상 근심과 걱정에 싸여 있거나 교만함에 빠지게 되는데 반해, 군자는 정서적 안정을 이루고 살아간다.[31] 군자는 스스로가 도덕 주체임을 확실히 인식하고 있기 때문에 모든 일의 책임을 스스로가 지려 하지만, 소인은 모든 일의 책임을 남 탓으로 돌린다.[32] 이렇게 자기개선에 노력하여 인격수양을 이루고 있는 군자와는 달리, 항상 자기이익에만 집착하여 도덕 원칙을 무시하며 인격수양을 이루지 못하고 미성숙한 상태에 머무는 것, 이것이 공자가 제시하는 소인의 제일의 특징이다.

다음으로 소인은 자기이익에만 집중하여 자기중심적이지만, 군자는 널리 사람들을 사랑하여 대인관계에서 조화를 이루는 사람으로 제시된다. 곧 소인은 이익만 좇을 뿐 다른 사람들과 조화를 이루지 못하거나 이익을 같이하는 사람과만 편당(偏黨)을 짓기를 좋아하지만, 군자는 대인관계에서 조화를 추구할 뿐 이익은 붙좇지 않으며 널리 사람들을 사랑한다.[33] 이렇게 도를 배워 널리 사람들을 사랑함으로써 대인관계에서 조화를 추구하는 군자[34]와는 달리, 이익 추구와 편당을 짓는 일에 몰두하는 자기중심적인 상태에 머무는 것, 이것이 공자가 제시하는 소인의 제이의 특징이다.

이어서 소인은 자기 자신에만 몰두함으로써 남의 장점은 무시하고 단점만을 파고들지만, 군자는 주변 사람만이 아니라 모든 사람이 도덕 주체임을 깨달아 스스로가 갖추고 있는 아름다운 덕성을 이루고 나쁜 점은

---

31) 子曰 君子坦蕩蕩 小人長戚戚(述而 36); 子曰 君子泰而不驕 小人驕而不泰(子路 26)

32) 子曰 君子求諸己 小人求諸人(衛靈公 20)

33) 子曰 君子和而不同 小人同而不和(子路 23); 子曰 君子周而不比 小人比而不周(爲政 14)

34) 君子學道則愛人(陽貨 4)

개선하도록 도와주는 사람으로 제시된다.[35] 곧 소인은 소소한 일에 집중하느라고 온 천하에 대한 걱정을 짊어지는 책임을 맡지는 못하지만, 군자는 모든 소소한 일을 다 알지는 못해도 천하 사람들을 선(善)으로 이끄는 책임을 맡을 수 있다.[36] 이렇게 사회적인 책임을 자임(自任)하는 군자와는 달리, 사회적인 책임을 저버리고 자기몰입적인 상태에 머무는 것, 이것이 공자가 제시하는 소인의 제삼의 특징이다.

이상에서 보듯이, 자기수양을 이루지 못하고 사적인 이익의 추구에 몰두하고 있는 사람, 대인관계에서 조화를 이루지 못하고 자신에만 몰입되어 있는 사람, 그리고 사회에 대한 책임을 지려 하지 않고 이를 방기(放棄)해 버리는 사람이 곧 유학사상에서 제시되는 소인의 특징이다. 말하자면, 유학사상에서는 존재확대를 이루지 못하고 자기중심적이고 자기몰입적인 미성숙한 상태에 머물러 있는 사람이 곧 소인이라고 보는 것이다.

이렇게 소인으로 태어난 사람이 군자로 변화할 수 있게 만드는 것은 배움과 이를 통한 자기수양이다. 유학사상만큼 배움과 가르침을 강조하고 있는 사상체계도 드물다. 유학자들의 교육에 대한 강조는 유학적 이상이 현실적으로 실현된 소강(小康)사회[37]에서부터 이미 군주가 해야 할

---

35) 子曰 君子成人之美 不成人之惡 小人反是(顔淵 16)

36) 子曰 君子不可小知而可大受也 小人不可大受而可小知也(衛靈公 33)

37) 유학에서 그리는 이상(理想)사회의 전형은 대동(大同)사회이다. 이는 고대 중국 최초의 왕조인 하(夏, B.C. 21~16세기)가 설립되기 이전의 요(堯)·순(舜) 시대로 "대도(大道)가 행해져 천하가 공공의 것인 천하위공(天下爲公)의 시대"(大道之行也 天下爲公, 『禮記』, 禮運 290)로, 아직 사유(私有)가 시작되지 않아 사람들 사이에 경쟁이 없었던 완전한 평화의 시대였다. 그 이후 우(禹)·탕(湯)·무왕(武王)에 의해 설립된 하(夏)·은(殷, B.C. 16세기~1046)·주(周, B.C. 1046~256)의 삼대(三代) 시대(보통은 周 설립 초기까지)를 소강(小康)사회라 하는데, 이때는

중요한 일로 교육이 제시되고 있다는 사실에서 드러난다. 『예기(禮記)』 「예운(禮運)」 편에서는 소강사회를 설명하면서 "우(禹)·탕(湯)·문(文)·무(武)·성왕(成王)·주공(周公)의 여섯 군자들은 …… 예를 삼가지 않은 사람이 없었다. 그들은 예를 삼감으로써 의를 밝히고, 신(信)을 이루고, 허물을 밝히고, 인(仁)을 모범으로 삼고, 겸양을 가르쳐서, 백성들에게 떳떳한 법도를 보여 주었다"[38]고 진술하여, 백성들에게 인의도덕을 교육하는 일이 군주의 의무이어서, 교육이 소강사회를 이루는 첩경임을 진술하고 있다.

이렇게 유학자들이 가르치고 배우는 일을 중시하였다는 사실은 유학의 창시자인 공자가 스스로를 "배우기를 좋아하는 사람"[好學者][39] 및 "가르치기를 게을리하지 않는 사람"[誨人不倦者][40]이라고 자평하여, 가르치고 배우는 일의 중요성을 강조하고 있다는 사실에서 잘 드러난다. 『논어』는 "배우고 항상 이를 익히면, 또한 기쁘지 아니하겠는가?"[41]라고 하여,

---

"대도가 이미 숨어 천하가 개인의 집안처럼 된 천하위가(天下爲家)의 시대"(今大道旣隱 天下爲家, 『禮記』, 禮運 290)로, 사유와 경쟁이 보편화되어 교육(教育)과 법(法)에 의한 통치가 필요해진 시대였다. 그러나 이 사회도 대체로 교육과 법에 의해 평화가 이루어지던 시대로, 후대의 유학자들이 본받으려 한 사회였다. 이렇게 "유가는 완벽한 이상으로는 '천하위공'의 '대동'을 설정하지만, 자·타의 구별이 존재하는 현실에서 실제로 실현 가능한 이상으로는 '소강'을 추구"(이상익, 2001, p. 91)하였다고 볼 수 있다. 유학자들이 그리는 이상사회에 대해서는 졸저(조긍호, 2012, pp. 541-556) 참조.

38) 禹湯文武成王周公……此六君子者 未有不謹於禮者也 以著其義 以考其信 著有過 刑仁講讓 示民有常(『禮記』, 禮運 290): 이는 王夢鷗 註譯(1969) 『禮記今註今譯』(臺北: 臺灣商務印書館)의 禮運篇 p. 290을 가리킨다. 앞으로 『禮記』의 인용은 이 예를 따른다.

39) 子曰 十室之邑 必有忠信如丘者焉 不如丘之好學也(『論語』, 公冶長 27)

40) 子曰 若聖與仁 則吾豈敢 抑爲之不厭 誨人不倦 則可謂云爾已矣(述而 33)

배움[學]이란 말로 시작되고 있다. 교육을 강조하는 공자의 입장은 맹자와 순자에게 있어서도 마찬가지이다. 맹자는 “천하의 꽃다운 재주꾼들을 얻어서 이들을 가르치고 기르는 일은 군자의 세 가지 즐거움 가운데 하나로서, 천하를 지배하고 다스리는 일은 군자의 즐거움에 들지 못한다”[42]고 진술하여, 교육을 왕천하(王天下)하는 일보다 높이 평가하고 있다. 순자도 그의 저술인 『순자(荀子)』의 첫머리를 “배움이란 멈출 수 없는 것”[43]이라는 말로 시작함으로써, 교육은 완성된 인격체인 성인이 되는 과정으로서 잠시라도 버려둘 수 없는 것임을 강조하고 있다.[44]

이렇게 가르치고 배우는 일이 가능한 것은 인간이 무한한 가소성(可塑性)을 지닌 가변체이기 때문이다. 바로 이렇게 무한한 가변체로서의 인간 이해의 입장으로부터 전통적으로 유학자들이 교육 활동에 대해 높은 가치를 부여해 온 근거를 찾을 수 있다. 가르침[教]은 남을 변화시키기 위해 베푸는 활동이고, 배움[學]은 스스로의 변화를 염두에 두고 남의 가르침을 받아들이는 일이므로, 모든 교육 활동은 인간의 변화가능성을 전제로 하고 있기 때문이다. 바로 여기에서 자기억제를 핵으로 하는 유학의 수양론이 우선적으로 그들의 교육론으로부터 도출되는 근거를 만날 수 있다.

이와 같이 개체로서 개인은 불변적인 속성을 갖춘 고정적 실체가 아니

---

41) 子曰 學而時習之 不亦說乎(學而 1)

42) 孟子曰 君子有三樂而王天下不與存焉 父母俱存 兄弟無故 一樂也 仰不愧於天 俯不怍於人 二樂也 得天下英才而教育之 三樂也 君子有三樂而王天下不與存焉(『孟子』, 盡心上 20)

43) 君子曰 學不可已(『荀子』, 勸學 1)

44) 學惡乎始 惡乎終 曰 其數則始乎誦經 終乎讀禮 其義則始乎爲士 終乎爲聖人 眞積力久則入 學至乎沒而後止也 故學數有終 若其義則不可須臾舍也 爲之人也 舍之禽獸也(勸學 12)

라, 가르침과 배움 그리고 자기성찰과 자기개선을 통하여 자기향상을 이룰 수 있는 '가변적이고 과정적인 존재'라고 유학자들은 인식한다. 이렇게 개인은 가변적이고 과정적인 존재이지, 절대로 불변적이거나 고정적인 존재로 볼 수 없다는 유학사상의 관점에서는 자기가 가지고 있는 단점을 확인하고 수용하며, 배움을 통해 이를 개선함으로써 자기향상을 이룰 수 있다고 보아, '단점의 확인'과 '자기개선'을 강조한다. 따라서 유학사상의 영향을 강하게 받은 동아시아 사회인들은 상황에 따른 행위가변성을 중시하고, 자기의 단점을 수용하고 고침으로써 자기발전을 도모하려는 특징을 강하게 드러내는 것이다.

바로 이렇게 자기중심적이고 자기몰입적인 소인적 존재로 태어나는 미성숙한 인간이 배움과 수양을 통해 타인과 사회를 자기 안에 받아들여 그들을 우선적으로 고려하는 타인/사회중심적인 이상적 인격체인 군자로 변모함으로써 성숙한 존재로의 확대를 지향해 가는 것, 이것이 바로 유학사상에서 인간을 파악하는 세 번째 특징인 것이다.

2. 인간 삶의 목표 설정: 군자론

이상에서 보듯이, 유학은 사회성 · 도덕성 · 가변성의 가치를 주축으로 하여 인간을 이해하려는 체계이다. 이러한 유학의 인간관은 기본적으로 유학사상을 구성하는 모든 이론체계의 바탕에 깔려 있다. 유학은 본질적으로 인간의 인간다운 삶을 비전으로 하는 인간론의 체계이기 때문이다.

유학자들은 개체성보다 사회성을 강조함으로써 개체적 존재로부터 사회적 존재로의 확장을, 이성보다 도덕성을 강조함으로써 이기적 존재로부터 도덕적 존재로의 확장을, 그리고 고정성보다 가변성을 강조함으로써 미성숙한 존재로부터 성숙한 존재로의 확장을 통해 인간의 존재확대를 도모하는 일을 인간 삶의 목표로 삼고 추구한다. 이러한 사실은 군자(君子)와 성인(聖人)을 주축으로 하는 유학자들의 이상적 인간형론에 잘 드러나 있다.[45)]

---

45) 유학의 경전들에서 인간 삶의 목표 상태로서의 이상적 인간에 대해서는 대인(大人)·대장부(大丈夫)·대유(大儒)·성인(成人)·지인(至人)·현인(賢人)·현자(賢者)·군자(君子)·성인(聖人) 같은 다양한 용어로 표현되고 있으나, 그중에서 가장 널리 쓰이는 대표적인 것은 군자와 성인(聖人)이다. 『論語』·『孟子』·『荀子』에 국한해서 이들 용어들이 출현하는 횟수를 살펴보면(『論語引得』·『孟子引得』·『荀子引得』 참조), '대인'(大人)은 『論語』에서 2회(季氏 8), 『孟子』에서 12회(滕文公上 4; 離婁上 20; 離婁下 6, 11, 12; 告子上 14, 15; 盡心上 19, 33; 盡心下 34), 『荀子』에서는 2회(解蔽 14; 成相 9) 출현하고, '대장부'(大丈夫)는 『孟子』에서만 3회(滕文公下 2) 보일 뿐이며, '대유'(大儒)는 『荀子』에서만 14회(儒效 1, 4, 27, 28, 32, 38; 成相 5) 나온다. 그리고 '성인'(成人)은 『論語』에서 4회(憲問 13), 『荀子』에서 1회(勸學 22) 나오고 있고, '지인'(至人)은 『荀子』에서만 3회(天論 23; 解蔽 21-22) 나올 뿐이다. '현'(賢) 또는 '현인'(賢人)이나 '현자'(賢者)가 이상적 인간을 지칭하는 것으로 나오는 경우는 『論語』에서 11회(學而 7; 里仁 17; 述而 14; 子路 2; 憲問 39; 衛靈公 13; 子張 3, 22), 『孟子』에서 34회(梁惠王上 2, 7; 梁惠王下 4, 16; 公孫丑上 1, 4, 5; 滕文公上 4; 離婁上 7; 離婁下 7, 17, 20; 萬章上 6, 9; 萬章下 3, 6, 7; 告子上 10; 告子下 6, 7; 盡心上 31, 46; 盡心下 12, 20, 24), 『荀子』에서는 25개 편(修身·非相·非十二子·仲尼·儒效·王制·富國·王覇·君道·臣道·致仕·議兵·彊國·天論·正論·解蔽·性惡·君子·成相·賦·大略·宥坐·子道·哀公·堯問)에서 106회 제시되고 있다.

'군자'(君子)는 『論語』의 20개 전편(全篇)에서 모두 107회(學而 1, 2, 8, 14; 爲政 12, 13, 14; 八佾 7, 24; 里仁 5, 10, 11, 16, 24; 公冶長 2, 15; 雍也 3, 11, 16, 24, 25; 述而 25, 30, 32, 36; 泰伯 2, 4, 6; 子罕 6, 13; 鄕黨 6; 先進 1, 20, 25; 顔淵 4, 5, 8, 16, 19, 24; 子路 3, 23, 25, 26; 憲問 6, 7, 24, 28, 29, 30, 45; 衛靈公 1, 6, 17, 18, 19, 20, 21, 22, 31, 33, 36; 季氏 1, 6, 7, 8, 10, 13; 陽貨 4, 7, 21, 23, 24; 微子 7, 10; 子張 3, 4, 7, 9, 10, 12, 20, 21, 25; 堯曰 2, 3)나 나오고,

1) 이상적 인간상의 세 특징

공자는 제자인 자로(子路)와의 군자의 사람됨에 대한 문답을 통해 이상적 인간의 특징을 세 가지 측면의 존재확대로 개념화하는 유학사상의 전통을 제시하고 있다.

『孟子』의 告子下를 제외한 13개 편에서 81회(梁惠王上 7; 梁惠王下 14, 15; 公孫丑上 8, 9; 公孫丑下 1, 3, 7, 9, 13; 滕文公上 2, 3; 滕文公下 3, 4, 5, 7, 8; 離婁上 1, 18, 26; 離婁下 2, 14, 18, 19, 22, 27, 28, 33; 萬章上 2, 4; 萬章下 4, 6, 7; 告子上 6, 8, 10, 12, 14; 盡心上 13, 20, 21, 24, 32, 37, 40, 41, 45; 盡心下 18, 24, 27, 29, 32, 33, 37), 『荀子』의 32개 전편(全篇)에서 279회나 제시되고 있다. '성'(聖) 또는 '성인'(聖人)은 이보다 좀 적어서, 『論語』의 6개 장(雍也 28; 述而 25, 33; 子罕 6; 季氏 8; 子張 12)에서 8회, 『孟子』의 17개 장(公孫丑上 2; 公孫丑下 9; 滕文公上 4; 滕文公下 9; 離婁上 1, 2; 離婁下 1; 萬章上 7; 萬章下 1; 告子上 7; 盡心上 23, 24, 38; 盡心下 15, 24, 25, 38)에서 45회, 『荀子』의 23개 편(勸學·修身·不苟·榮辱·非相·非十二子·仲尼·儒效·王制·富國·君道·天論·正論·樂論·解蔽·正名·性惡·君子·成相·賦·大略·哀公·堯問)에서 102회 제시되고 있다.

현(賢)·현인(賢人)·현자(賢者)란 용어도 다른 용어에 비해 비교적 많이 사용되고 있으나, 이들은 '도(道)를 자각한 어질고 지혜로운 사람'이라는 제한된 뜻을 강하게 담고 있다는 점에서, 다양한 측면의 인간됨을 모두 포괄하는 용어로 사용되고 있는 군자(君子)나 성인(聖人)과 다르다. 이는 '군자'의 대칭 개념이 주로 '소인'(小人)으로 쓰이는 데(예: 『論語』, 爲政 14; 里仁 11, 16; 雍也 11; 述而 36; 顔淵 16, 19; 子路 23, 25, 26; 憲問 7, 24; 衛靈公 1, 20, 33; 季氏 8; 陽貨 4, 23; 『孟子』, 滕文公上 2; 滕文公下 5; 離婁下 22) 반해, '현'(賢)의 대칭 개념이 '불초'(不肖)로 쓰이고 있다(예: 『孟子』, 離婁下 7; 萬章上 6; 告子下 6)는 사실이나, '현' 또는 '현자'가 직접 '지'(智)의 의미로 쓰이기도 한다는 사실(예: 挾賢而問, 『孟子』, 盡心上 43; 智之於賢者也, 盡心下 24)에서 잘 드러난다. 이러한 맥락에서 여기에서는 군자(君子)와 성인(聖人)을 유학적 이상적 인간의 전형으로 삼아 논의를 진행시키기로 한다.

> 자로(子路)가 군자에 대해 여쭙자, 공자는 "군자는 자기를 닦음으로써 삼가는 사람이다"[修己以敬]라고 대답하셨다. 자로가 "그것뿐입니까?"라고 여쭙자, 공자는 "군자는 자기를 닦음으로써 사람들을 편안하게 해 주는 사람이다"[修己以安人]라고 대답하셨다. 자로가 거듭 "그것뿐입니까?"라고 여쭙자, 공자는 "군자는 자기를 닦음으로써 온 백성들을 편안하게 해 주는 사람이다[修己以安百姓]. 자기를 닦음으로써 온 백성들을 편안하게 해 주는 일은 요(堯)나 순(舜) 같은 성인도 이를 오히려 어렵게 여겼다"라고 대답하셨다.[46]

이 인용문에서 공자는 군자를 '자기를 닦음으로써 삼가는 사람'[修己以敬], '자기를 닦음으로써 주위 사람들을 편안하게 해 주는 사람'[修己以安人], 그리고 '자기를 닦음으로써 온 천하 사람들을 편안하게 해 주는 사람'[修己以安百姓]이라고 묘사하고 있다. 여기서 '수기이경'(修己以敬)은 자기수양을 통해 미성숙한 소인의 상태에서 성숙한 인격체로의 존재확대를, '수기이안인'(修己以安人)은 자기중심성에서 탈피하여 타인에 대한 관심을 가지고 그들을 우선적으로 배려하는 도덕 주체로의 존재확대를, 그리고 '수기이안백성'(修己以安百姓)은 이기적인 자기 개체성의 추구에서 벗어나 사회적인 책무를 자임(自任)하는 사회적 관계체로의 존재확대를 말하는 것이다.

이렇게 공자는 군자를 미성숙하고 자기중심적인 개체적 차원에서 탈피하여 성숙하고 타인지향적이며 사회적인 차원으로 확장하여 존재확대를 이룬 사람으로 개념화하고 있다. 이와 같이 존재확대인을 이상적

---

46) 子路問君子 子曰 修己以敬 曰 如斯而已乎 曰 修己以安人 曰 如斯而已乎 曰 修己以安百姓 修己以安百姓 堯舜其猶病諸(『論語』, 憲問 45)

인간형으로 설정하는 것은 이후 유학사상의 전통으로 이어졌다. 맹자는 백이(伯夷)·유하혜(柳下惠)·이윤(伊尹)을 비교하면서,[47] 성인의 유형을 다음과 같이 정리하고 있다.

> 백이(伯夷)는 성인 중에서 가장 순수하고 깨끗한 분이고[聖之淸者], 이윤(伊尹)은 성인 중에서 가장 사회적인 책임을 다한 분이며[聖之任者], 유하혜(柳下惠)는 성인 중에서 가장 융화를 도모한 분이다[聖之和者].[48]

이 인용문에서 맹자는 이상적 인간의 특징은 백이의 순수함과 깨끗함[聖之淸], 유하혜의 대인관계에서의 조화[聖之和] 및 이윤의 사회에 대한 관심과 책임의 완수[聖之任]에서 찾을 수 있다고 진술하고 있다. 이 세 가

47) 백이(伯夷)는 은(殷)나라 말기 고죽군(孤竹君)의 아들로, 주(周) 무왕(武王)이 은의 주왕(紂王)을 정벌하려는 것을 말리다가 뜻을 이루지 못하자, 동생인 숙제(叔齊)와 함께 수양산(首陽山)에 숨어 들어가 고사리를 캐어 먹으며 청빈하게 살다가 굶어 죽었다 한다. 유하혜(柳下惠)는 춘추(春秋) 시대 노(魯)나라의 대부로, 큰 관직이나 작은 관직이나 가리지 않고 맡아 자기의 책임을 다함으로써, 주위 사람들과 친화를 이루었다. 이윤(伊尹)은 탕왕(湯王)을 도와 하(夏)나라의 걸왕(桀王)을 물리치고 은(殷)나라가 천하를 통일하는 데 큰 공을 세운 재상이다. 『孟子』 전편을 통하여 백이는 8개 장(公孫丑上 2, 9; 滕文公下 9; 離婁上 13; 萬章下 1; 告子下 6; 盡心上 22; 盡心下 15), 유하혜는 5개 장(公孫丑上 9; 萬章下 1; 告子下 6; 盡心上 28; 盡心下 15), 그리고 이윤은 8개 장(公孫丑上 2; 公孫丑下 2; 萬章上 6, 7; 萬章下 1; 告子下 6; 盡心上 31; 盡心下 38)에서 산견된다. 이 중 백이와 유하혜를 비판한 公孫丑上 9장(孟子曰 伯夷隘 柳下惠不恭 隘與不恭 君子不由也)을 제외하고는, 대체로 백이는 성지청(聖之淸)의 전형으로, 유하혜는 성지화(聖之和)의 전형으로, 그리고 이윤은 성지임(聖之任)의 전형으로 표현되고 있어, 맹자가 이 세 사람을 얼마나 높이 평가했는지를 잘 알 수 있다.

48) 伯夷聖之淸者也 伊尹聖之任者也 柳下惠聖之和者也(『孟子』, 萬章下 1)

지는 각각 공자의 수기이경, 수기이안인, 그리고 수기이안백성의 상태와 통하는 것이다.

이렇게 이상적 인간의 특징을 세 가지로 입론하는 유학자들의 관점은 군자가 되는 길을 정리하여 제시하고 있는 『대학(大學)』에 잘 드러나고 있다. 『대학』 첫머리의 삼강령(三綱領)에는 큰 배움[大學]의 도를 다음과 같이 세 가지로 제시함으로써, 이상적 인간이 지향해야 할 바를 세 가지로 정리하고 있다.

> 대학의 도는 자기가 갖추고 태어난 본래의 착한 덕을 온 천하에 드러내어 밝히는 데[明明德] 있고, 사람들을 친애하는 데[親民] 있으며, 지극한 선에 머무르는 데[止於至善] 있다.[49)]

이렇게 『대학』에서는 대학의 도를 깨우쳐서 실천하는 이상적 인간의

---

49) 大學之道 在明明德 在親民 在止於至善(『大學』, 經): 이는 朱熹의 『大學章句』의 편차에 따른 經을 가리킨다. 앞으로 『大學』의 인용은 이 예를 따른다; 여기서 둘째 구절을 '친민'(親民)이라 읽은 것은 고주(古註)와 『대학(大學)』 고본(古本) 및 왕양명(王陽明)의 독법(小島毅, 2004, pp. 124-137)을 따른 것이다. 주희(朱熹)의 신주(新註)에서는 정자(程子)의 전통을 따라 이를 '신민'(新民)이라 읽어, "백성들을 새롭게 한다"라고 풀이하고 있다. 그러나 왕양명의 주장에 따라 '친민'이 옳다고 하는 측에서는 ⅰ) 원본에 따라 '친민'으로 읽어도 문의(文義)에 어긋남이 없다, ⅱ) 이것은 『대학』 삼강령(三綱領)의 첫머리에 나오는 중요한 부분인데, 첫머리부터 틀린 글자를 쓸 리가 없다 등의 전거를 대고 있다(권덕주, 1998, p. 16). 필자는 이러한 논리 이외에 이를 이상적 인간의 특징을 진술한 문장으로 볼 경우, 이는 공자의 '수기이안인'(修己以安人)에 해당하는 것으로 보는 것이 타당하다는 입장에서, 이를 '친민'으로 읽고자 한다. 또한 여기서의 민(民)을 신주(新註)에서는 '백성'의 뜻으로 풀고 있으나, 필자는 『詩經』 「大雅 生民」篇의 厥初生民 時維姜嫄의 예를 따라 보통의 여러 '사람'을 가리키는 뜻으로 풀어, '수기이안인'의 인(人)과 같은 뜻으로 보고자 한다.

특징을 지어지선(止於至善)·친민(親民)·명명덕(明明德)의 세 가지로 들고 있다. 여기서 '지어지선'은 도덕적 인격적 수양을 이룬 상태를 말하는 것으로, 이상적 인간의 여러 특징의 기초가 되는 것이다. 이는 공자가 말하는 수기이경(修己以敬)의 상태에 해당되는 것이라 볼 수 있다. 이어서 '친민'은 일상생활에서 지선(至善)에 머물러 도덕적 인격적 완성을 이룬 다음, 이를 주변 사람들에게 확대하고 베풂으로써, 그들과의 사이에 친애함과 조화를 이룬 상태를 말하는 것이라 해석할 수 있다. 이렇게 본다면, 이는 공자가 말하는 수기이안인(修己以安人)의 상태를 의미하는 것이라 생각할 수 있다. 다음으로 '명명덕'은 자기의 착한 본심을 미루어 밝게 드러냄으로써, 온 천하의 사람들로 하여금 도덕 및 모든 일의 기초가 스스로에게 내재되어 있음을 깨달아 알도록 하는 상태를 말하는 것이라 해석할 수 있다.[50] 따라서 이는 공자의 수기이안백성(修己以安百姓)에 해당되는 특징이라 볼 수 있다.

이상에서 본 바와 같이 유학자들은 이상적 인간을 인격의 수양을 통해 성숙한 인격체(人格體)에 이른 사람[修己以敬·聖之清·止於至善], 인격적 수양을 바탕으로 하여 다른 사람에 대해 관심을 가지고 그들을 우선적으

---

50) 신주(新註)에서는 '명명덕'(明明德)을 스스로의 지덕(至德)을 닦아 일신을 수양하는 일, 즉 공자의 '수기이경'(修己以敬)을 가리키는 것으로 해석하고 있다. 그러나 여기서는 이를 온 천하의 사람들로 하여금 스스로의 지덕을 밝게 깨달아 알도록 인도하는 '수기이안백성'(修己以安百姓)의 상태를 가리키는 것으로 보고자 한다. 이는 이 구절에 이어 팔조목(八條目)을 제시하는 구절이 "古之欲明明德於天下者 先治其國 欲治其國者 先齊其家……"로 시작되어, 명명덕(明明德)이 치국(治國)보다 넓은 평천하(平天下)를 대신하는 말로 쓰이고 있다는 점에서 그 근거를 찾을 수 있다. 이 구절에 이어서 팔조목을 제시한 구절은 "……家齊而后國治 國治而后天下平"으로 끝나고 있는데, 이는 앞의 古之欲明明德於天下者가 곧 古之欲平天下者의 뜻임을 알 수 있게 하는 증거가 되는 것이다.

로 배려하여 도덕 주체(道德主體)로서 대인관계의 조화를 이룬 사람[修己以安人 · 聖之和 · 親民], 그리고 이기적인 개체성에서 벗어나 사회적인 책무를 자임(自任)하는 성숙체(成熟體)에 이른 사람[修己以安百姓 · 聖之任 · 明明德]으로 그려 내고 있다.[51] 한마디로 이들은 자기중심적이고 자기몰입적이며 미숙한 소인(小人)의 상태에서 탈피하여, 타인중심적이며 사회지향적인 성숙한 군자(君子)의 상태로 존재확대를 이룬 사람이라 할 수 있는 것이다.[52]

2) 세 특징의 통합과 인간의 존재확대

이상적 인간의 이러한 세 가지 특징은 각각 서로 다른 사람의 특징이 아니라, 한 사람 안에서 통합되는 것이라는 사실을 주목해야 한다. 맹자는 백이(伯夷)의 순수함과 깨끗함[淸], 유하혜(柳下惠)의 대인관계의 인화[和], 이윤(伊尹)의 사회적 책무의 자임[任]에 대해 차례로 언급한 후에, 공자에 대해서 "공자(孔子)는 성인 중에서 가장 시중(時中)을 취하신 분으로[聖之時者], 그는 백이 · 유하혜 · 이윤의 청(淸) · 화(和) · 임(任)을 모두 모

---

51) 이상적 인간을 이 세 가지 특징의 인물로 설정하는 것은 순자도 마찬가지이다. 그는 군자를 故君子之於禮(a) 敬而安之 其於事也(b) 徑而不失 其於人也(c) 寡怨寬裕而無阿 其爲身也(d) 謹修飭而不危 其應變故也(e) 齊給便捷而不惑 其於天地萬物也(f) 不務說其所以然 而致善用其材 其於百官之事 技藝之人也(g) 不與之爭能 而致善用其功 其待上也(h) 忠順而不懈 其使下也(i) 均徧而不偏 其交遊也(j) 緣義而有類 其居鄕里也(k) 容而不亂(『荀子』, 君道 6-7)이라 그리고 있는데, 여기에서 a · b · d · e · f는 자기수양과 관련된 군자의 특징을, c · j · k는 대인관계와 관련된 군자의 특징을, 그리고 g · h · i는 사회적인 책무와 관련된 군자의 특징을 나타낸다.

52) 군자와 성인의 세 가지 특징에 대한 자세한 내용은 졸저(조긍호, 2006, pp. 381-411; 2008, pp. 208-256; 2021a, pp. 48-78) 참조.

아서 크게 이루신 분이다"[53]라고 표현함으로써, 성인의 세 가지 특징이 한 사람 안에서 통합될 수 있음을 분명히 하고 있다. 백이 · 이윤 · 유하혜가 어느 한쪽으로 편벽된 성인의 한 측면만을 이룬 것이라면, 공자는 이들을 모두 모아서 크게 이루어[集大成], 시의에 맞게 중용(中庸)을 취한 성인의 전형이라는 것이다.

여기서 맹자는 이상적 인간의 세 가지 특징이 모두 인의(仁義)에 근거하고 있다고 보며, 따라서 이들의 세 가지 특징은 이러한 인의가 각자 처하고 있는 상황과 처지에 따라 달리 표현되는 것이라고 본다는 점에 주목해야 한다. 이러한 사실은 "백이 · 유하혜 · 이윤의 세 사람은 비록 그 길이 같지는 않았지만, 그 지향하는 바는 한 가지였다. 그 한 가지는 바로 인(仁)이었으며, 이렇게 군자는 역시 인일뿐이다. 어찌 반드시 똑같겠는가?"[54]라는 맹자 자신의 진술에서 잘 드러나고 있다.

인의의 도(道)를 체득한 사람들은 비록 상황에 따라 그 처신이 달랐지만 "처지를 바꾸면 똑같을 것이다"[易地則皆然]라는 맹자의 생각은 이 이외에도 순(舜)과 문왕(文王)의 비교,[55] 우(禹) · 직(稷) · 안회(顔回)의 비교,[56] 이윤의 행실에 대한 세인의 비판에 대해 그를 두둔하여 서술한 곳[57] 등에 그대로 표현되고 있다. 이렇게 이들은 "뜻을 얻으면 백성들과

---

53) 伯夷聖之淸者也 伊尹聖之任者也 柳下惠聖之和者也 孔子聖之時者也 孔子之謂集大成(『孟子』, 萬章下 1)

54) 三子者不同道 其趨一也 一者何也 曰 仁也 君子亦仁而已矣 何必同(告子下 6)

55) 孟子曰 舜生於諸馮 遷於負夏 卒於鳴條 東夷之人也 文王生於岐周 卒於畢郢 西夷之人也 地之相去也千有餘里 世之相後也千有餘歲 得志 行乎中國 若合符節 先聖後聖其揆一也(離婁下 1)

56) 禹稷當平世 三過其門而不入 孔子賢之 顔子當亂世 居於陋巷 一簞食 一瓢飮 人不堪其憂 顔子不改其樂 孔子賢之 孟子曰 禹稷顔回同道 禹思天下有溺者 由己溺之也 稷思天下有飢者 由己飢之也 是以如是其急也 禹稷顔子易地則皆然(離婁下 29)

함께 도를 따르고, 뜻을 얻지 못하면 혼자서라도 그 도를 실행하는"[58] 자유자재한 사람들로서, 이들의 세 가지 특징은 각각 별개의 것이 아니라 상황과 처지에 따라 달리 표출될 뿐이라는 것이다.

공자도 이상적 인간의 세 가지 특징[修己以敬·修己以安人·修己以安百姓]이 모두 수기(修己)를 바탕으로 하고 있다고 보아, 이러한 사실을 강조하고 있다. 이러한 수기의 기초는 바로 인의(仁義) 같은 도덕성이고, 따라서 이상적 인간은 모두 이러한 도덕성을 자각하여 체득했다는 공통점을 가지고 있다는 것이다. 그러므로 그들의 세 가지 특징은 이러한 인의가 상황에 따라 달리 표출되고 있을 뿐이다. 이러한 사실은 정(鄭) 나라의 대부인 자산(子産)의 인물됨을 평가한 다음과 같은 진술에서 잘 드러나고 있다.

> 공자께서 자산(子産)에 대해 평하여 말씀하셨다: "그는 군자의 도 네 가지를 간직하고 있었으니, 몸가짐은 공손하고, 윗사람을 섬김에는 공경스러웠으며, 백성을 기름에는 은혜로왔고, 백성들에게 일을 시킴에는 의로웠다."[59]

여기서 몸가짐이 공손한 것은 '수기이경', 윗사람을 공경하는 것은 '안인'에 속하는 일이라면, 백성들을 은혜로 기르고 의롭게 일 시키는 것은

---

57) 聖人之行不同也 或遠或近 或去或不去 歸潔其身而已矣(萬章上 7)

58) 得志 與民由之 不得志 獨行其道(滕文公下 2)

59) 子謂子産 有君子之道四焉 其行己也恭 其事上也敬 其養民也惠 其使民也義(『論語』, 公冶長 15): 여기서의 자산(子産)은 공자보다 약간 연상인 춘추(春秋) 시대 정(鄭)나라의 대부로, 40여 년 동안 정(鄭)나라의 국정(國政)에 참여하여 치적이 많았던 인물이다.

'안백성'에 속하는 일이라 할 수 있을 것이다. 이 인용문에서 공자는 자산이 이러한 세 가지 특징을 완비하여 갖추고 있는 사람으로 평가하여, 군자의 세 가지 특징을 공유하는 일이 어렵기는 하지만[60] 이 세 가지가 한 사람에게서 어우러질 수 있는 특징임을 분명히 하고 있다. 이렇게 군자는 수기의 바탕을 도덕적 인격의 완성, 대인관계에서의 조화의 달성, 그리고 사회적 책무의 자임과 완수로 확대하여 가는 사람인 것이다.

3) 유학의 인간관과 존재확대의 의의

군자와 성인 같은 이상적 인간이 이러한 세 가지 특징을 통합하여 간직하고 있다는 사실은 그들에게 있어서 인간의 존재확대가 이루어지고 있음을 의미하는 것이다. 자기수양을 통해 개체로서의 인격 수련이 이루어진 위에, 대인관계에서의 조화를 이룸으로써 사회관계를 맺고 함께 살아가는 사람들을 자신 속에 받아들여 주변의 타인들에게로 존재확대가 이루어지고, 이어서 사회인으로서 가지는 사회적 책무를 자임하고 이를 완수하려 노력함으로써 더불어 삶을 영위하고 있는 공동체까지도 자신에게로 받아들여 사회로까지 존재확대를 이루고 있는 사람이 곧 이상적 인간상이라는 입론이 유학사상의 관점인 것이다.

앞에서 보았듯이, 유학은 사회성 · 도덕성 · 가변성의 가치를 근거로

---

60) 공자는 제자인 자공(子貢)이 "만일 널리 백성들에게 베풀고 능히 많은 사람들을 구제한다면, 인자(仁者)라고 할 수 있겠습니까?"라고 여쭙자, "어찌 인자에만 머물겠느냐? 이러한 사람은 반드시 성인(聖人)일 것인데, 이는 요(堯)와 순(舜) 같은 고대의 성인도 오히려 어렵게 여겼던 경지였다"고 대답하여(子貢曰 如有博施於民而能濟衆 何如 可謂仁乎 子曰 何事於仁 必也聖乎 堯舜其有病諸, 雍也 28), 사회적 책무를 자임(自任)하고 완수하는 일의 어려움에 대해 논술하고 있다.

하여 인간을 이해하고자 하는 사상체계이다. 인간은 부모와 형제 같은 가족관계 속에서 태어나고, 또한 인간의 삶은 다른 사람들과의 상호의존적인 관계 속에서 이루어질 수밖에 없으므로, 개체로서의 존재 특성에서 인간 삶의 의미를 찾을 수는 없고, 이는 오로지 사회관계 속에 드러날 수밖에 없다는 것이 유학자들의 의견이다. 따라서 그들은 사람의 존재의의를 인간 존재의 사회적 특성에서 찾아, 인간을 '사회적 관계체'로 개념화하여 인식한다.

이렇게 유학사상에서는 인간의 존재의의를 사회성으로부터 찾으려 하기 때문에, 이상적 인간상의 특징을 개체적 존재 특성의 실현에서가 아니라 사회적 존재 특성의 실현에서 연유하는 것으로 인식하는 관점이 도출된다. 즉 인간 존재의 사회성에 대한 강조는 유학자들로 하여금 개체적 특성에 대한 자기몰입의 상태에서 벗어나, 사회적 존재로서의 사회적 책무의 자임(自任)과 완수를 지향해 가는 일을 이상적 인간상의 특징으로 중시하게 만드는 것이다.

이렇게 유학사상에서는 인간의 존재의의를 사회성에서 찾기 때문에 도덕성을 중시하여, 이를 인지 · 정서 · 욕구와 함께 인간의 심성을 구성하는 기본적인 구성 요소로 간주하는 사분체계의 심리구성체론을 제시한다. 이러한 맥락에서 유학자들은 인간 삶의 과정에서 중핵적인 요소는 도덕성으로서, 인간의 심성을 구성하는 인지나 정서 및 욕구 같은 다른 요소들은 도덕성에 의해 조절되고 통제되어야 바른 삶을 영위할 수 있다고 여겨, 인간을 '도덕 주체'로 받아들인다. 이렇게 유학사상에서는 덕성중심주의의 기치를 높이 드러내는데, 이러한 관점은 인간의 존재의의를 사회성에서 찾는 입장에서 직접 도출되는 것이다.

유학사상에서는 이와 같이 여타 동물과 구별되는 인간의 고유특성을 도덕성이라고 보기 때문에, 이상적 인간상의 특징을 생물체적 욕구적 특성에서가 아니라 다른 사람에 대한 관심과 배려라는 도덕적 특성을 기반으로 하여 인식하는 관점이 도출된다. 즉 인간 존재의 도덕성에 대한 강조는 유학자들로 하여금 이기적 욕구 추구의 자기중심성에서 벗어나, 타인 우선적인 도덕성을 지향해 가는 일을 이상적 인간상의 기본 특성으로 중시하게 만드는 것이다.

이렇게 사회성과 도덕성을 중시하는 유학자들의 생각은 곧바로 인간을 무한한 가변성을 갖추고 있는 가능체라고 인식하는 자세와 연결된다. 곧 도덕의 근거를 본유적으로 갖추고 있는 인간은 스스로가 도덕 주체라는 사실을 인식하고 일상생활에서 도덕성을 실천함으로써, 소인(小人)의 상태에서 벗어나 군자(君子)의 상태에 이를 수 있는 '무한한 가능체'라는 것이 유학자들의 기본 논지이다.

유학사상에서는 이와 같이 인간을 무한한 가변체로 받아들이기 때문에, 이상적 인간상의 특징을 태어날 때의 미성숙한 소인적 특성에서가 아니라 성숙한 인격체로서 완성된 군자적 특성에서 찾으려 하는 관점이 도출된다. 즉 인간 존재의 가변성에 대한 강조는 유학자들로 하여금 태어날 때의 자기중심적이고 자기몰입적인 미성숙성에서 탈피하여, 타인과 사회중심적인 성숙성을 지향해 가는 일을 이상적 인간상의 특징으로 강조하게 만드는 것이다.

이상에서 보듯이, 유학사상은 사회성 · 도덕성 · 가변성의 가치를 축으로 해서 인간 존재를 파악하고, 또 이러한 세 가지 가치를 핵심으로 삼아 인간이 지향해야 할 삶의 양식을 제시하고 있는 철학체계이다. 이렇게 보면, 유학은 근본적으로 인간의 존재확대를 도모하는 사상체계라고 정리할 수 있다. 유학자들은 인간이 인간된 까닭에 관한 관점을 통해 존재확대의 가능성[人性論]을 따져보고, 존재확대의 이상적 모형을 제시함으로써 이를 삶의 목표로 설정[君子論]한 다음, 그 목표를 이루기 위한 방법[道德實踐論 · 修養論]을 제시하고 있는 것이다. 이러한 인간의 존재확대에 대한 강조는 유학사상에서 추구하는 가치들로부터 직접 도출된다.

우선 '사회성'의 강조를 통해 유학자들은 '개체적 존재로부터 사회적 존재로의 확대'를 도모하고 있는 것이다. 개체로서의 자기에 대한 관심과 배려를 관계를 맺고 있는 타인과 사회에 대한 관심과 배려로 확대하는 일이 올바른 삶의 자세라는 주장이 군자론 · 도덕실천론 · 수양론의 이론적 핵심이다. 이렇게 개체성보다 사회성을 중시하는 유학사상의 관점은 바로 사회적 책무의 자임과 완수를 이상적 인간의 특징이라고 보는 입장을 낳는다.

다음으로 '도덕성'의 강조를 통해 유학자들은 '생물체적 존재로부터 도덕적 존재로의 확대'를 꾀한다고 볼 수 있다. 도덕성을 통해 인간은 욕구적 존재에서 인간적이고 도덕적인 존재로 변모하게 되는데, 유학사상의 이론적 기반인 인성론에서부터 이러한 논리체계가 부각되고 있다. 이렇게 자기이익의 추구보다는 타인에 대한 우선적인 관심과 배려의 체계인 도덕성을 중시하는 유학사상의 관점은 바로 사회관계에서의 조화의 추구를 이상적 인간의 특징이라고 여기는 입장을 낳는다.

마지막으로 '가변성'의 강조를 통해 유학자들은 '미성숙한 존재에서 성숙한 존재로의 확대'를 꿈꾼다고 볼 수 있다. 교육과 배움을 통해 스스로가 도덕 주체라는 사실을 인식하고, 이를 바탕으로 한 자기성찰과 자기반성을 함으로써 자기개선을 이루어, 소인의 상태에서 벗어나 군자가 될 수 있다는 것이 수양론의 체계이다. 곧 인간은 도덕성의 씨앗을 가지고 태어나지만, 후천적으로 교육과 수양을 통해 본유적으로 갖추고 있는 도덕성의 씨앗을 활짝 꽃피울 수 있는 가능성을 가지고 있으며, 이를 통해 동물적이고 욕구적인 미성숙 개체로부터 사회적이고 도덕적인 성숙한 인간으로 발전할 수 있다는 것이 수양론에서 전개하는 존재확대론의 논리적 근거이다.

이렇게 유학사상에서 제시하는 존재확대의 길은, 타인에 대한 관심을 가지고 그들을 배려하여, 자기 자신뿐만 아니라 다른 사람들도 군자의 경지에 이르도록 도와줌으로써, 인간이 추구해야 할 도(道) 속에서 다른 사람과 자신의 일체화(一體化)를 이루는 일이다. 이렇게 타인에 대한 관심과 배려, 곧 도덕성을 인간 삶의 기본적 동인으로 삼는 유학사상은 역사적으로 이를 기본 철학으로 삼고 살아왔던 동아시아 사회에 집단주의적인 삶의 양식이 꽃피게 한 사상적 배경이었던 것이다.

3. 수양론: 존재확대의 방법론

이상에서 보듯이, 유학사상에서 그리는 이상적 인간상은 개체로서의 이기적이고 자기몰입적인 소인의 상태에서 벗어나 사회적인 관계체로서의 타인중심적이고 사회지향적인 군자의 상태로의 존재확대를 이룬 사람이다. 이러한 존재확대를 이루는 일, 이것이 바로 유학사상에서 추구하는 인간 삶의 목표로서, 이는 유학의 군자론을 구성하고 있는 주제이다. 이러한 삶의 목표로서의 군자의 상태에 이르는 방법론을 제시하고 있는 것이 수양론이다. 그러므로 수양론은 인성론과 이에 기반을 둔 군자론의 논리적 확장판이다.

유학사상의 특징은 인간론을 중심으로 하고 있다는 것인데, 인간론의 문제 가운데서도 "철학적 성격을 띤 인성론보다는 실천적인 수양론이 핵심을 이루고 있다 …… [선진유학사상에서는] 인간은 누구나 천부적인 덕을 닦음으로써 군자와 성인이 되어야 한다는 것을 배움의 첫째 목표로 제시하였고, 이 면에서 공자 · 맹자 · 순자의 가르침은 완전히 일치하고 있다."[61] 이는 유학이 기본적으로 지행합일(知行合一)을 통한 성덕(成德)을 지향하는 이론체계라는 점에서 쉽게 이해될 수 있는 사실이다.

공자는 군자의 세 가지 특징[修己以敬 · 修己以安人 · 修己以安百姓]이 모두 자기수양, 곧 수기(修己)를 기반으로 하고 있음을 천명하여, 유학적 수양론의 초석을 놓고 있다. 이러한 수기는 이기적 욕구와 사적인 감정을 억제하고[克己] 예의 체계로 돌아가 자기의 단점을 찾아 고침으로써[復禮],[62] 사회관계 안에서 자기를 다하는 충(忠)과 자기를 남에게까지 미루어 가는 서(恕)를 통해[63] 인간에게 본유적으로 갖추어져 있는 덕을 높이고 존숭하는 일[崇德[64]]이라는 것이 공자의 수기론의 요체이다.

맹자는 이기적 욕구를 절제하고[寡欲][65] 자기를 돌아보아[反求諸己][66]

---

61) 김승혜, 1990, p. 328.

62) 顔淵問仁 子曰 克己復禮爲仁 一日克己復禮 天下歸仁焉(『論語』, 顔淵 1)

63) 子曰 參乎 吾道一以貫之 曾子曰 唯 子出 門人問曰 何謂也 曾子曰 夫子之道 忠恕而已矣(里仁 15); 子貢問曰 有一言而可以終身行之者乎 子曰 其恕乎 己所不欲 勿施於人(衛靈公 23)

64) 子曰 主忠信 徙義 崇德也(顔淵 10): 김승혜(1990, pp. 106-107)는 수기(修己)는 숭덕(崇德)을 목적으로 하는 것이라고 여겨 숭덕을 수양의 효과 또는 목표로 보고, 이를 공자의 수양론의 핵심으로 진술하고 있다.

65) 養心莫善於寡欲 其爲人也寡欲 雖有不存焉者寡矣 其爲人也多欲 雖有存焉者寡矣(『孟子』, 盡心下 35)

66) 愛人不親 反其仁 治人不治 反其智 禮人不答 反其敬 行有不得者 皆反求諸己 其身正 而天下歸之(離婁上 4)

잘못을 바로잡음으로써[反身],[67] 본유적으로 갖추고 있는 도덕성을 잃지 말고 마음속에 간직하여[存心] 스스로가 해야 할 일을 밝게 깨달아[明道] 도덕적 내면성을 확충하는 일[68]을 수양의 방법으로 강조하고 있다.

순자는 이기적 욕구의 충족을 절제하고[節欲] 욕구가 올바른 방향을 잡도록 인도하며[道欲][69] 항상 자기를 돌아보아 잘못을 고쳐서,[70] 인도의 표준인 예를 밝게 깨닫고[察道] 이를 일상생활에서 실천하여[行道] 예와 일체가 됨으로써[體道],[71] 결과적으로 인간의 욕심과 감정이 예에 의하여 바르게 방향을 잡아 편안하게 되는 일[情安禮[72]]을 수양의 방법으로 중시하였다.

선진유학자들이 제시하는 이러한 수양론에서는 공통적으로 자기의

---

67) 萬物皆備於我矣 反身而誠 樂莫大焉(盡心上 4)

68) 孟子曰 盡其心者 知其性也 知其性 則知天矣 存其心 養其性 所以事天也(盡心上 1): 김승혜(1990, p. 328)는 '진심'(盡心)을 "자기의 마음에 본유적인 인의예지(仁義禮智)의 실마리를 보존하여 모든 일 속에서 이루어지게 함으로써 도덕적 내면성을 확충하는 일"이라 보고, 이를 맹자의 수양론의 핵심이라 논술하고 있다.

69) 凡語治而待去欲者 無以道欲 而困於有欲者也 凡語治而待寡欲者 無以節欲 而困於多欲者也(『荀子』, 正名 19-20)

70) 君子博學 而日參省乎己 則智明而行無過矣(勸學 2): 『荀子集解』에 인용된 兪樾은 본문 중 省乎 두 글자는 본래는 없었던 것으로, 후대인들이 參을 三으로 읽어 『論語』 學而 4장의 吾日三省吾身에 의거하여 잘못 첨가한 것으로 보고 있다. 따라서 그는 參을 驗의 뜻으로 보아, 參己를 "자기에게 참험하여 살펴본다" 또는 "자기에게 비추어 살펴본다"의 의미로 풀이하고 있다. 또한 그는 智도 知의 오자로 보아 智明을 知明으로 풀이하고 있다. 여기서는 이러한 兪說을 따랐다.

71) 心知道 然後可道 可道然後能守道 以禁非道……知道察 知道行 體道者也(解蔽 11-13)

72) 禮者所以正身也……無禮何以正身……禮然而然 則是情安禮也(修身 36-37): 김승혜(1990, p. 328)는 "인간의 욕심과 감정이 예(禮)에 의해 바르게 방향을 잡아 편안하게 되는 정안례(情安禮)"를 성인이 이루어 놓은 예를 체현하는 문화교육의 길이라고 보아, 이를 순자의 수양론의 핵심이라 논술하고 있다.

이기적인 욕구를 억누르는 자기억제와 항상 자기를 돌아보아 잘못을 고치는 자기성찰의 두 가지를 핵심으로 삼고 있다. 이렇게 사적 욕구와 감정을 억제하고 스스로를 반성하여 잘못을 고치는 일은 스스로가 도덕의 주체라는 사실을 인식하고, 스스로 도덕적 승화와 자기개선을 이루어 존재확대를 이루는 기초이다. 이를 기반으로 하여 개인은 스스로에게 갖추어져 있는 덕의 근거를 존숭하고(공자), 사람으로서 해야 할 일을 명확히 알고 행하며(맹자), 스스로 도와 일체를 이루어 편안해지는(순자) 인격적 완성의 상태에 이르게 된다는 것이 선진유학자들의 수양론에서 주장하는 핵심이다.[73)]

1) 자기억제와 도덕적 승화

수양의 방법으로서의 자기억제는 개인이 갖추고 있는 생물체적 이기적 욕구의 추구를 절제하는 일이다. 여기에는 이러한 욕구의 충족 또는 욕구 충족의 실패에 따르는 기쁨 · 슬픔 · 아쉬움 · 분노 같은 사적 감정을 억제하는 일도 포함된다. 이렇게 이기적 욕구의 추구와 그에 따라 발생하는 사적 감정을 억제하는 일이 수양의 중요한 방안이 되는 까닭은 무엇인가? 말하자면, 자기수양의 과정에서 이기적 욕구와 사적 감정을 통제해야 하는 필요성은 어디에서 나오는 것인가?

유학자들은 생물체적 이기적 욕구와 칠정(七情)과 같은 자기중심적 정서는 인간을 악으로 이끌게 되는 원천이라고 여긴다.[74)] 이러한 향악(向

73) 선진유학의 수양론에 대해서는 졸저(조긍호, 2008, pp. 407-457; 2021b pp. 174-267) 참조.

74) 子曰 鄙夫可與事君也與哉 其未得之也 患得之 旣得之也 患失之 苟患失之 無所不至

惡)의 근거는 이러한 생물체적 이기적 욕구의 충족 여부는 자기가 하기에 따라 달려 있는 것[在己者 · 在我者]이 아니라 외적 조건이나 다른 사람에게 달려 있는 것[在天者 · 在外者 · 在人者]이고, 자기중심적 정서의 유발도 자기의 수양 여부에 달려 있는 것[在己者]이 아니라 외적 조건에 달려 있는 것[在外者]이어서, 개인의 도덕적 지향성에 따라 통제될 수 없기 때문이다.75)

이렇게 스스로 통제할 수 없는 생물체적 이기적 욕구의 추구와 사적 감정의 표출은 사람을 악으로 이끎으로써 결과적으로 사회관계의 조화를 깨뜨릴 위험이 다분하기 때문에, 인간에게 본유적으로 갖추어져 있는 도덕적 지향성을 통해 이를 절제하거나 억제할 필요성이 도출된다. 이러한 자기억제를 통해 욕구와 정서의 승화를 이루어 스스로에게 본유하고 있는 도덕성의 근거를 확실히 하는 것, 이것이 바로 유학의 수양론이 갖는 인간론적인 가치인 것이다.

矣(『論語』, 陽貨 15); 苟爲後義而先利 不奪不厭也(『孟子』, 梁惠王上 1); 天下害生縱欲(『荀子』, 富國 2); 甚哉 慾之害人也 人之爲不善 欲誘之也 誘之而弗知 則至於滅天理而不反(『栗谷全書 一』, 聖學輯要, 修己中 矯氣質章 467): 이는 成均館大學校 大東文化硏究院 刊(1971) 『栗谷全書』 제1권의 聖學輯要 중 修己中의 矯氣質章 p. 467을 가리킨다. 앞으로 栗谷의 인용은 이 예를 따른다.

75) 死生有命 富貴在天(『論語』, 顔淵 5); 口之於味也 目之於色也 耳之於聲也 鼻之於臭也 四肢之於安佚也 性也 有命焉 君子不謂性也(『孟子』, 盡心下 24); 爵列尊 貢祿厚 形勢勝 上爲天子諸侯 下爲卿相士大夫 是榮之從外至者也 夫是之謂勢榮(『荀子』, 正論 29); 情之發也 有爲道義而發者 如欲孝其親 欲忠其君 見孺子入井而惻隱 見非義而羞惡 過宗廟而恭敬之類 是也 此則謂之道心 有爲口體而發者 如飢欲食 寒欲衣 勞欲休 精盛思室之類 是也 此則謂之人心(『栗谷全書 一』, 說, 人心道心圖說 282)

2) 자기성찰과 자기개선

자기억제 이외에 수양의 또 하나의 방법으로 제시되고 있는 자기성찰은 일상생활을 하는 동안에 자기반성을 통하여 자기의 잘못을 찾아내고 이를 고침으로써, 인격적 완성의 길로 한 걸음씩 다가가는 일이다. 이러한 자기성찰을 통한 자기개선이 수양의 또 한 가지 중요한 방안이 되는 근거는 무엇인가?

유학사상에서는 인간에게 태어날 때부터 본유적으로 도덕성이 갖추어져 있다고 보지만, 이는 도덕성의 기초가 인간에게 갖추어져 있어서 착하게 될 가능성을 갖추고 있다는 말이지, 인간이 완선(完善)의 상태로 태어난다는 의미는 아니다. 맹자는 "도덕성의 기초인 사단(四端)이 인간에게 갖추어져 있다는 사실을 깨달아 이를 넓혀서 채울 수 있다면 마치 불이 처음 타오르고 샘이 처음 솟아나듯 할 것이니, 만일 능히 이를 채운다면 온 천하를 보전하고도 남음이 있을 것이지만, 이를 채우지 못하면 부모를 섬기에도 부족할 것"[76]이라 진술하여, 그의 성선설(性善說)이 인간이 선하게 될 가능성을 갖추고 있다는 의미이지[77] 완선의 상태로 태어난다는 말이 아님을 밝혔다. 순자도 도덕 원칙[義]과 도덕적 변별력[辨]이 인간에게 갖추어져 있다는 사실은 인간을 여타 동물과 구별 짓는 소이일 뿐[78] 인간이 완전한 선의 상태로 태어나는 것은 아님을 밝히고 있다.

---

76) 凡有四端於我者 知皆擴而充之矣 若火之始然 泉之始達 苟能充之 足以保四海 苟不充之 不足以事父母(『孟子』, 公孫丑上 6)

77) 孟子曰 乃若其情則可以爲善矣 乃所謂善也(告子上 6)

78) 故人之所以爲人者 非特以其二足而無毛也 以其有辨也 夫禽獸有父子 而無父子之親 有牝牡 而無男女之別 故人道莫不有辨(『荀子』, 非相 9-10); 人有氣有生有知 亦且有義 故最爲天下貴也(王制 20)

바로 여기에서 자기성찰과 자기개선을 통한 수양의 필요성이 도출된다. 순자는 이러한 사실을 다음과 같이 표현하고 있다.

> 사람은 본디 소인으로 태어난다. 그러니 스승의 감화와 법의 이끎이 없으면, 오로지 자기이익만 좇을 뿐이다. 이렇게 본디 소인으로 태어나는 인간이 교육과 인륜이 없는 어지러운 세상을 만나 어지러운 시속에 물들면, 소인의 상태가 더욱 굳어지고 어지러운 세상이 더욱 어지럽게 되는 것이다.[79]

이와 같이 본디 미숙한 상태로 태어나는 인간이 자기에게 갖추어져 있는 도덕성의 싹을 잘 간직하고 이를 발전시키기 위해서는 일상생활에서 항상 자기를 돌아보고, 만일 자기의 잘못이 발견되면 이를 고치기를 주저하지 말아야 한다. 이와 같이 자기를 돌아보아 잘못이 있으면 지체없이 이를 고치는 자기성찰과 자기개선은 유학자들이 한결같이 중시한 수양의 방법이었다.[80]

이렇게 본래 미숙하고 자기몰입적인 소인으로 태어나는 인간이 일상

---

79) 人之生固小人 無師無法 則惟利之見耳 人之生固小人 又以遇亂世 得亂俗 是以小重小也 以亂得亂也(榮辱 32)

80) 子曰 德之不修 學之不講 聞義不能徙 不善不能改 是吾憂也(『論語』, 述而 3); 曾子曰 吾日三省吾身 爲人謀而不忠乎 與朋友交而不信乎 傳不習乎(學而 4); 過則勿憚改(學而 8; 子罕 24); 愛人不親 反其仁 治人不治 反其智 禮人不答 反其敬 行有不得者 皆反求諸己 其身正 而天下歸之(『孟子』, 離婁上 4); 君子以仁存心 以禮存心……有人於此 其待我以橫逆 則君子必自反也 我必不仁也 必無禮也……我必不忠(離婁下 28); 萬物皆備於我矣 反身而誠 樂莫大焉(盡心上 4); 君子博學 而日參省乎己 則智明而行無過矣(『荀子』, 勸學 2); 見善 修然必以自存也 見不善 愀然必以自省也(修身 22); 同遊而不見愛者 吾必不仁也 交而不見敬者 吾必不長也……失之己 而反諸人 豈不亦迂哉(法行 21-22)

생활의 과정에서 항상 자기를 돌아보고 잘못이 있을 경우 이를 고쳐 나감으로써, 스스로에게 갖추어져 있는 도덕성의 근거를 주체적으로 인식하고, 이를 실생활에서 실천하여 성숙한 군자의 상태로 발전할 수 있게 된다. 이와 같이 자기반성과 잘못의 수정을 거쳐 조금씩 자기발전을 이루어 나가는 것, 이것이 바로 자기성찰과 자기개선이 갖는 수양론적 가치인 것이다.

3) 수양의 목표: 도덕적 승화와 자기개선을 통한 존재확대

공자는 스스로의 경험에 비추어 인간의 발달 과정을 연령의 함수로 보는 매우 독특한 이론을 제시하고 있다.

> 나는 열다섯에 배움에 뜻을 두었고[志于學], 서른에 도에 굳건히 설 수 있게 되었으며[而立], 마흔에는 외부 사물에 의해 미혹되지 않게 되었고[不惑], 쉰에는 천명을 알게 되었으며[知天命], 예순에는 어떤 것을 들어도 저절로 깨닫게 되었고[耳順], 일흔에는 무엇이나 마음에 하고자 하는 바를 좇아도 도리에 어긋나지 않게 되었다[從心所欲 不踰矩].[81)]

이 인용문의 각 연령 수준에서 공자가 도달했다고 밝힌 단계들이 심리학적으로 어떤 의미를 갖는가 하는 점에 대해서는 많은 논란이 있을 수 있지만, 대체로 이립(而立)은 자아정체성(自我正體性, ego-identity)의 확립과, 불혹(不惑)은 정서적 안정과, 지천명(知天命)은 통일된 인생관의 확립

---

81) 吾十有五而志于學 三十而立 四十而不惑 五十而知天命 六十而耳順 七十而從心所欲 不踰矩(『論語』, 爲政 4)

과, 이순(耳順)은 자기객관화와, 그리고 종심소욕 불유구(從心所欲 不踰矩)는 자기의 존재확대와 관계가 있는 것으로 해석해 볼 수 있을 것이다.

이 인용문에서 공자는 연령 단계에 따른 자기수양의 과정을 진술하고 있다고 볼 수 있다. 이러한 연령 단계 중 지학(志學)으로부터 불혹(不惑)까지는 인격수양과 밀접한 관계가 있는 특징들을 나타낸다. 이에 비해 지천명(知天命)은 자기만이 해야 할 역할의 인식과 관련이 있다. 이는 자기 인생의 존재의의가 현실 정치에 참여하는 데 있는지, 아니면 교육을 통한 도(道)의 전수(傳授)에 있는지를 확실하게 이해하는 것을 의미한다. 이순(耳順)은 대체로 어떤 것을 들어도 저절로 깨우치게 되는 특징, 즉 지식의 확충으로 풀이하고 있으나, 이는 자기객관화를 통한 편안하고 조화로운 상태를 이루는 단계로 볼 수도 있다. 지천명(知天命)을 통해 확인한 자기의 고유 역할을 실제 사회생활을 통해 펼치고, 그 결과 타인들과 조화로운 관계를 유지하는 자기객관화를 귀가 순조로워지는 이순의 핵심이라 볼 수 있을 것이다. 그리고 종심소욕(從心所欲)의 상태는 이제 인간적으로 완성되어 항상 어떤 일을 하든지 사람의 도리에 맞는 삶의 경지에 도달한 상태, 즉 자기수양과 대인관계의 조화뿐만 아니라 사회적 책임도 다함으로써 이루어진 완성된 삶의 상태를 지칭하는 것이라 생각할 수 있다.

이 연령단계론에서 핵심은 공자가 최종 단계로 설정한 종심소욕 불유구(從心所欲 不踰矩)의 상태이다. 이 단계는 자기억제를 통한 도덕적 승화와 자기성찰을 통한 자기개선이 함께 이루어진 수양의 최종 상태를 의미한다. "무엇이든지 마음에 하고자 하는 바를 좇아도 사람의 도리에 어긋나지 않게 되었다"는 것은 무엇이든지 사람의 도리에 어긋나지 않는 것만 하고 싶어진 상태로 도덕적 승화와 자기개선이 이루어진 종착지를 가리키는 것이라 볼 수 있다.

바로 이렇게 자기억제와 자기성찰을 통한 자기수양을 거쳐 도덕적 승화와 자기개선이 이루어짐으로써 인간의 존재의의가 최대한도로 확대되는 것, 이것이 바로 유학의 수양론이 추구하고 있는 최종적인 가치이자 목표인 것이다.

제 2 장 수양의 자세: 유학의 공부론과 거경론

유학사상에서는 인간이란 무한한 가능성을 갖춘 가변적 과정적 존재라고 인식한다. 즉 인간은 자기중심적이고 자기몰입적이며 미숙한 소인의 상태로 태어나지만, 태어난 이후의 노력에 따라 타인중심적이고 사회지향적이며 성숙한 군자의 상태로 지향해 갈 수 있는 가변체(可變體)라는 것이다. 바로 이러한 인간 존재의 가변성에 대한 신념이 유학사상을 구성하는 핵심 이론체계로서의 수양론이 성립할 수 있는 논리적 기반이다.

이러한 가변성의 기치 위에 배움과 가르침을 강조하는 유학의 이론체계가 놓여 있다. 배움이란 스스로가 도덕 주체임을 자각하고 일상생활에서 덕을 이루는 성덕(成德)을 목표로 하여 스스로의 변화를 도모하는 일이고, 가르침이란 다른 사람의 발전을 위해 그의 변화를 도와주는 일이다. 그러므로 배움과 가르침은 마치 동전의 양면과 같이 아무리 떼어내려 해도 결코 떨어질 수 없는 활동이다.

인류의 모든 종교와 철학 사상 가운데 배움과 가르침을 중시하지 않는 것은 거의 없겠지만, 유학사상만큼 교육을 강조하고 있는 철학 체계도 드물 것이다. 유학자들이 배움[學]과 가르침[敎]을 얼마나 중시했는가 하는 점은 '학'(學)과 '교'(敎)라는 글자가 『논어』·『맹자』·『순자』에 각각 64회와 12회, 32회와 39회, 그리고 81회와 44회나 쓰이고 있다는 사실에서 잘 드러난다. 동아시아 사회에서 유학은 오래전부터 국가의 통치이념으로 군림해 왔으므로 정치사상으로 이해하기 쉬우나, 이 세 경전에서 '정'(政)은 42, 54, 85회 출현하여, 교육 활동을 나타내는 글자[敎]의 출현 횟수(각각 76, 71, 125회)보다 크게 적다는 사실은 유학사상에서 교육론이 차지하는 위상을 잘 드러내 준다.[1)]

유학 최고의 경전인 『논어』는 '배움'[學]이란 말로 시작하고 있는데,[2)] 이는 공자와 그 제자들이 '가르치고 배우는 일'을 얼마나 중시하였는지에 대한 단적인 증거이다. 공자는 스스로를 "배우기를 좋아하는 사람"[好學者][3)] 및 "가르치기를 게을리하지 않는 사람"[誨人不倦者][4)]이라고 자평하여, 가르치고 배우는 일을 중시하고 있다. 공자에 이어 선진(先秦)유학의 체계를 완성한 맹자는 군자의 세 가지 즐거움 가운데 하나를 "천하의 꽃다운 재주꾼들을 얻어서 이들을 가르쳐 기르는 것"으로 잡으면서, "천하의 권세를 잡아서 왕 노릇하는 것은 이러한 군자의 즐거움에 들지 못한다"고 하여,[5)] 교육의 중요성을 강조하고 있다. 『순자』도 "배움이란 그칠 수 없는 것"이란 말로 시작하여,[6)] 맹자에 이어 순자도 삶의 과정에서

---

1) 『論語引得』·『孟子引得』·『荀子引得』 참조: '가르칠 교'(敎)가 출현한 횟수에는 '가르칠 회'(誨)가 출현한 각각 5, 4, 2회가 합산되어 있다.

2) 子曰 學而時習之 不亦說乎(『論語』, 學而 1)

3) 子曰 十室之邑 必有忠信如丘者焉 不如丘之好學也(公冶長 27)

4) 子曰 若聖與仁 則吾豈敢 抑爲之不厭 誨人不倦 則可謂云爾已矣(述而 33): 述而편 2장에서 공자는 스스로를 반성하는 요목으로 默而識之 學而不厭 誨人不倦을 들고 있는데, 이 두 장을 합쳐 살펴보면 그가 '배움'과 '가르침'을 자기 삶의 소명(召命)으로 여기고 있었음을 알 수 있다.

5) 君子有三樂 而王天下不與存焉 父母俱存 兄弟無故 一樂也 仰不愧於天 俯不怍於人 二樂也 得天下英才而敎育之 三樂也 君子有三樂 而王天下不與存焉(『孟子』, 盡心上 20)

6) 君子曰 學不可已(『荀子』, 勸學 1)

교육 활동이 갖는 중요성에 대해 피력하고 있다.

이러한 배움과 가르침은 인간 존재가 갖추고 있는 가변성의 바탕 위에서 사회성과 도덕성을 실현하는 일이다. 이렇게 유학사상의 토대를 이루고 있는 세 기반(사회성 · 도덕성 · 가변성)의 통합은 가변성의 다리를 바탕으로 해서 가능해진다. 이것이 유학사상 전체에서 교육과 수양론이 가지는 이론적인 가치이다.

유학사상에서 배움과 가르침의 목표는 군자가 되어 존재확대를 이룸으로써 성덕하는 데 있다. 이는 군자론에서 제시하고 있는 인간 삶의 비전이다. 수양론은 이러한 성덕의 과정에서 인간이 해야 할 일을 정리하여 제시하고 있는 이론체계이다. 이러한 수양의 구체적인 방법은 이기적인 욕구 및 감정의 억제 그리고 자기 잘못의 확인과 개선의 두 가지로 정리될 수 있지만, 수양론에서 이보다 더욱 중요한 것은 배움과 수양의 자세를 확립하는 일이다. 이러한 자세가 제대로 확립되어야 수양의 방법들을 구체적으로 실천할 수 있을 것이기 때문이다.

1. 『소학』에서 제시되는 공부와 수양의 자세

배움과 수양의 자세에 대해서는 『소학(小學)』에 잘 드러나 있다. 『소학』은 신유학(新儒學) 곧 성리학(性理學)의 집대성자인 남송(南宋) 시대 주희(朱熹, 호 晦庵, 1130~1200)가 제자인 유청지(劉淸之, 1139~1195)와 함께 아동들이 일상생활에서 실행해야 할 행실과 대인관계에서 실천할 내용들을 기존의 유학 경전들에서 가려내어 하나의 책으로 편찬한 유학 최고의 아동교육서이다. 조선조의 이이(李珥, 호 栗谷, 1536~1584)는 『소학집주(小學集註)』를 편찬하여 『소학』을 아동교육에 활용하기 쉽게 주석하였을 뿐만 아니라, 이를 사서(四書)와 함께 오서(五書)라 칭하여 아동교육을 위한 핵심 교재로 존숭하였다.[7]

주희는 『소학』의 내용을 간추려서 진술한 「소학제사(小學題辭)」에서 "『소학』의 교육 목표는 물 뿌리고 쓸며, 부름에 응하고 물음에 답하는 것, 그리고 집에 들어와서는 효도하고 밖에 나가서는 공손한 것 같은 일상적 행실이 조금도 예의에 어긋남이 없게 하고자 하는 데에 있다. 그러고 나서도 남는 힘이 있으면 시를 외우고 책을 읽으며 노래와 춤을 통해 음악을 배워, 생각이 바른 도리에서 벗어나지 않도록 해야 한다"[8]고 하여, 학문을 하기 전에 우선 일상적 행실이 예의에 어긋나지 않고[動無悖] 생각이 바른 도리에서 어긋나지 않게[思無逾] 하는 데 있음을 역설하고 있다. 이렇게 『소학』은 공부와 수양의 자세를 확립하는 데 우선적인 목표를 두고 있는 경전이다.

이와 같이 『소학』은 일상적 도덕실천을 통해 행실과 생각이 예의와 도리에 어긋나지 않도록 하는 것을 목표로 삼고 있는 아동교육서이다. 『소학』에서 제시하고 있는 일상적 도덕실천의 내용은 배움의 의지를 굳건히 하고 그 태도를 익히는 일[立教], 사람의 다섯 가지 도리[五倫]를 실천하는 세목을 익히는 일[明倫], 그리고 인륜을 실천하기 위해 경건한 몸가짐을 간직하는 일[敬身]의 세 강목을 주축으로 구성되어 있다.[9]

---

7) 凡讀書者……先讀小學……次讀大學・論語・孟子・中庸……次讀詩經・禮經・書經・易經・春秋……五書五經 循環熟讀(『栗谷全書 二』, 擊蒙要訣, 讀書章 84-85)

8) 小學之方 灑掃應對 入孝出恭 動罔或悖 行有餘力 誦詩讀書 詠歌舞蹈 思罔或逾(『小學』, 小學題辭): 이는 栗谷의 『小學集註』의 편차에 따른 朱熹의 小學題辭를 가리킨다. 앞으로 『小學』의 인용은 이 예를 따른다.

9) 『小學』은 세 강목[立教・明倫・敬身]을 제1권에서 제3권까지 제시하고, 제4권에서

1) 『소학』에서 가르치고자 하는 요체: 명륜(明倫)

『소학』에서 가르치고자 하는 요체는 제2권인 「명륜(明倫)」에 제시되어 있는 오륜의 세목들이다. 제2권은 자식으로서 부모를 모시는 세목을 설명한 명부자지친(明父子之親)의 39개 장(1~39장), 신하로서 군주를 섬기는 세목을 제시한 명군신지의(明君臣之義)의 20개 장(40~59장), 남편과 아내 사이의 직분의 구별과 내외 예절에 관한 세목을 가려 뽑은 명부부지별(明夫婦之別)의 9개 장(60~68장), 아랫사람으로서 형과 어른을 공경하는 예절에 관한 세목을 정리한 명장유지서(明長幼之序)의 20개 장(69~88장), 그리고 벗들 사이의 관계에서 지켜야 할 행동의 세목을 내놓고 있는 명붕우지교(明朋友之交)의 11개 장(89~99장)을 주축으로 하고, 맨 마지막에 오륜 사이의 관계와 각각의 실천 사이의 관련성을 제시하고 있는 9개 장(100~108장)의 통론(通論)으로 구성되어 있다.

이와 같이 『소학』의 두 번째 강목인 「명륜」에서는 대인관계에서 지켜야 할 다섯 가지 도리[五倫]와 관련된 세부 행동 지침을 오륜(五倫) 각각에 대해 상세히 제시하고 있다. 즉 「명륜」에서는 오륜 각 항목을 실천하기 위한 행동의 세목에 대해 논의하고 있다. 이는 고대로부터 학교를 설립하여 가르친 가장 핵심적인 내용이었다.[10] 이러한 맥락에서 「명륜」에서는 사회를 구성하는 기초 단위로서의 제반 대인관계에서 지켜야 할 기본 세목을 제시함으로써, 다섯 가지 기초적인 관계에서의 조화와 질서의 달

제6권까지 고대의 도[稽古]와 아름다운 말[嘉言] 및 착한 행실[善行]을 통하여 이 세 강목을 다시 설명하고 실증하는 중층적인 구조로 되어 있다. 이 절의 『小學』과 관련된 내용은 졸저(조긍호, 2012, pp. 673-686) 참조.

10) 孟子曰 設爲庠序學校 以教育之 皆所以明人倫也(『小學』, 明倫 序)

성이 인간 삶의 바탕임을 논술하여, 『소학』 교육의 목표를 진술하고 있다.

2) 배움의 의지와 자세: 입교(立敎)

인간 삶의 바탕을 이루는 이러한 오륜을 가르치고 배우는 자세에 대해 진술하고 있는 것이 『소학』의 제1권인 「입교(立敎)」이다. 여기에서는 가르침에 대한 방침과 가르침을 받는 태도가 제대로 세워져야 교육이 제대로 이루어질 수 있다는 생각에 기초해서, "스승의 측면에서는 가르치는 자세를, 그리고 제자의 측면에서는 배우는 자세"[11]를 제시하고 있다.

『소학』의 첫 강목인 「입교」에서는 태교(胎敎)할 때 유의할 점(1장)으로부터 시작하여, 가정교육에서 가르쳐야 할 내용과 주의할 점(2~3장)에 이어, 공식적인 학교 교육에서 아동에게 가르쳐야 할 내용(4~8장)과 제자가 익혀야 하는 올바른 배움의 태도와 행실(9~13장)이 기술되고 있다. 제4권 「계고(稽古)」의 통론에서는 "입교가 명륜의 바탕이 된다"[立敎以明倫]는 사실을 사례를 들어 제시함으로써,[12] 올바른 배움의 태도와 행실을 갖추고 있어야 사람의 도리를 밝게 깨우칠 수 있음을 논의하고 있다. 이렇게 『소학』의 「입교」에서는 유학적 교육의 목표인 인륜을 배우는 자세와 태도의 확립에 대해 논술함으로써, 배움의 목표는 그 자세와 태도의 확립을 전제로 하여 이루어지는 것임을 확실히 하고 있는 것이다.

---

11) 俾爲師者知所以敎 而弟子知所以學(『小學』, 立敎 序)

12) 首章言敎以義方 論立敎也 又言六順六逆 則論立敎以明倫也(『小學』, 小學集註總目, 稽古 通論)

3) 도덕실천의 마음가짐과 몸가짐: 경신(敬身)

제2권인 「명륜」을 통해 배운 오륜을 실천하는 몸가짐과 마음가짐에 대해 진술하고 있는 것이 『소학』의 제3권인 「경신(敬身)」이다. 제3권은 마음가짐의 요체에 대해 제시하고 있는 명심술지요(明心術之要) 12개 장(1~12장), 조심스럽고 위엄 있는 행동거지의 원칙에 관해 정리하고 있는 명위의지칙(明威儀之則) 21개 장(13~33장), 옷차림의 법식에 관해 설명하고 있는 명의복지제(明衣服之制) 7개 장(34~40장), 그리고 음식을 먹고 마시는 예절에 관한 조목인 명음식지절(明飮食之節) 6개 장(41~46장)으로 이루어져 있다. 이렇게 「경신」에서는 대인관계의 도리를 실천하는 몸가짐과 마음가짐에 대해 제시하여, 사람의 도리를 밝게 실천하는 일은 삼가 올바른 마음가짐과 몸가짐을 갖춤으로써 이루어지는 것임을 논의하고 있는 것이다.

이와 같이 세 번째 강목인 「경신」에서는 '몸가짐과 마음가짐을 삼가 바로 하는 일'의 세목이 상세히 제시되고 있다. 『소학』 제3권인 「경신」의 서(序)에서는 "군자는 삼가지[敬] 않을 수 없는데, 삼가야 할 일 중에서 '몸가짐과 마음가짐을 삼가 바로 하는 것'[敬身]이 가장 큰 일이다. 내 몸은 부모의 가지이니, 감히 삼가지 않을 수 있겠는가? 자기 몸을 삼가지 못하면 이는 부모를 상하게 하는 것이요, 부모를 상하게 하면 이는 그 근본(뿌리)을 상하게 하는 것이니, 그 뿌리가 상하게 되면 가지 또한 따라서 망하게 될 것"[13]이라면서 경신(敬身)의 중요성을 부각시키고 있다. 곧

---

13) 孔子曰 君子無不敬也 敬身爲大 身也者 親之枝也 敢不敬與 不能敬其身 是傷其親 傷其親 是傷其本 傷其本 枝從而亡(『小學』, 敬身 序)

'삼가 올바른 마음가짐과 몸가짐을 가지는 일'[敬身]은 '사람의 도리를 밝게 실천'[明倫]하는 근거가 된다는 관점[14]에서 명륜은 경신의 바탕 위에서 실행될 수 있다는 것이 『소학』의 입장인 것이다.

4) 『소학』의 핵심: 입교와 경신

이상에서 보듯이, 『소학』은 이를 통해 배워야 할 내용[明倫]을 가운데 놓고, 이를 배우는 자세[立教]와 이를 실천하는 마음가짐과 몸가짐[敬身]을 앞뒤에 배치하는 구조로 이루어져 있는 책이다. 즉 아동들로 하여금 배움의 의지를 굳건히 하고 그 올바른 자세를 확립하고 난 다음, 인간 삶의 과정에서 가장 중요한 일인 오륜의 세목을 배워 익히고, 마지막으로 일상생활에서 이를 실천하는 마음가짐과 몸가짐을 갖추게 하고자 하는 것이 바로 『소학』의 교육이 추구하고자 하는 것이다.

이렇게 『소학』은 배움과 수양의 바람직한 태도와 자세를 갖추어 확립하는 일을 중심으로 하고 있는 책이라는 점에서, 유학의 공부론과 수양론의 토대를 제시하고자 하는 경전이라고 할 수 있다. 여기서 『소학』의 교육은 모든 교육이 이루어지는 가장 초기에 이루어지는 것이라는 사실을 주목해 보아야 한다.

주희는 『대학장구(大學章句)』 서(序)에서 "과거 하 · 은 · 주의 삼대가 융성하였을 때에 교육의 법이 점점 갖추어졌는데, 그러한 연후에 왕궁과 국도(國都)로부터 시골 마을에 이르기까지 학교(學校)가 설치되지 않은 곳이 없었다. 모든 사람이 나이 8세가 되면, 왕공의 자식으로부터 서인

14) 又言君臣上下至朋友 則論敬身以明倫也(『小學』, 小學集註總目, 稽古 通論)

의 자손에 이르기까지 모든 아이가 초등교육 기관인 '소학'에 입학하여 배웠다"[15]고 진술하여, 8세경의 어렸을 때부터 교육이 시행되었음을 밝히고 있다.

율곡(栗谷)은 한 걸음 더 나아가 『소학집주』 총론(總論)에서 "옛사람들은 아이들이 밥을 먹고 말을 시작할 때부터 가르쳤다. 그러므로 『소학』의 법은 미리 예비함을 우선으로 삼는 것이다"[16]고 하여, 누구에게나 유아 시기부터 교육을 실시하여야 함을 진술하고 있다. 이와 같이 유학자들은 인간을 무한한 가능체로 간주하고, 누구나 교육의 대상으로 삼아야 함을 역설하고 있다. 누구나 일상생활에서 도덕을 실천해야 하는 존재들이기 때문이다.

성리학의 대두 이후 유아교육의 핵심 교재는 『소학』이었다. 그런데 앞에서 보았듯이 『소학』 교육의 주안점은 배움의 자세 확립[立敎]과 도덕실천의 마음가짐과 몸가짐의 익힘[敬身]에 있었다. 율곡은 『소학집주』 총론에서 이를 "사람이 어릴 때에는 지식과 생각의 근본이 서 있지 않으므로, 마땅히 날마다 올바른 말과 지극한 의논을 어린이 앞에서 말하여, 귀에 차고 배에 가득하게 하여야 한다. 오랫동안 이렇게 함으로써 편안하고 익숙해져서 마치 본래부터 알고 있었던 것처럼 되면, 나중에 비록 나쁜 말의 동요와 유혹이 있더라도 마음속에 들어오지 못할 것"[17]이라 표현하여, 공부의 자세와 도덕실천의 몸가짐을 확립하는 것이 우선적인

15) 三代之隆 其法寖備 然後 王公國都 以及閭巷 莫不有學 人生八歲 則自王公以下 至於庶人之子弟 皆入小學(『大學』, 大學章句 序)

16) 程子曰 古之人 自能食能言而敎之 是故 小學之法 以豫爲先(『小學』, 小學集註 總論)

17) 蓋人之幼也 知思未有所主 則當以格言至論 日陳於前 使盈耳充腹 久自安習 若固有之者 後雖有讒說搖惑 不能入也(『小學』, 小學集註 總論)

『소학』 교육의 목표임을 밝히고 있다.

주희는 「소학제사」에서 "『소학』 교육의 목표는 …… 일상적 행실이 예의에 어긋나지 않고 …… 생각이 바른 도리에서 어긋나지 않게 하는 데 있다"[18]고 진술하고 있다. 『소학』의 편찬 목적을 제시한 「소학서제(小學書題)」에서 주희는 이러한 『소학』 교육의 목표를 구체적으로 다음과 같이 논술하고 있다.

> 옛날에 초등교육 기관인 '소학'에서 아동들을 가르치되, "물 뿌리고 청소하며, 부름에 응답하고 물음에 대답하며, 나아가고 물러나는 예절과, 어버이를 사랑하고 어른을 공경하며, 스승을 존숭하고 벗을 친애하는 방도"로써 하였으니, 이들은 모두 고등교육 기관인 '태학'에서 가르치는 바의 "자기 몸을 닦고 집안을 가지런히 하며, 나라를 다스리고 천하를 평안하게 하는 일"의 근본이 되기 때문이다. 이러한 일상적 행실을 어릴 때에 가르쳐 익히게 한 것은, 그 익힘이 지혜와 더불어 자라며[習與智長] 교화가 본래의 착한 마음과 더불어 이루어지게[化與心成] 함으로써, 혹시 성장한 후에 익힌 바를 거슬려 감당하지 못하는 일이 있지 않을까 하는 걱정을 없애고자 한 것이다.[19]

주희는 이 인용문에서 세 가지 점을 밝히고 있다. 우선 초등교육 기관과 고등교육 기관에서 가르치는 내용이 다르다는 것이다. 초등교육 기관에서는 『소학』을 교재로 하여 일상생활의 기본 행동거지와 몸가짐을

18) 小學之方……動罔或悖……思罔或逾(『小學』, 小學題辭)

19) 古者小學 教人以灑掃應對進退之節 愛親敬長隆師親友之道 皆所以爲修身齊家治國平天下之本 而使其講而習之於幼穉之時 欲其習與智長 化與心成 而無扞格不勝之患也(『小學』, 小學書題)

익히게 하는 일을 위주로 하고, 고등교육 기관에서는 『대학』을 비롯한 여러 경전을 통하여 수기치인(修己治人)의 학(學)을 가르친다는 것이 주희의 생각이다. 즉 아동교육에서는 일상적인 몸가짐과 행동거지의 습관 형성을 위주로 하는 반면, 성인교육에서는 수기치인의 도를 밝게 깨닫는 도덕인식을 위주로 한다는 것이다.

다음으로 어렸을 때 익히는 바른 마음가짐과 몸가짐 및 행동거지는 성인이 된 후에 수기치인의 도를 깨우치는 바탕이 된다는 것이다. 바른 마음가짐과 몸가짐 및 행동거지를 충실히 익히지 않으면, 성인이 된 후에 수기치인의 도를 바르게 인식할 수 없다는 것이 주희의 의견이다. 즉 어렸을 때 바른 습관을 길러놓지 않으면, 성인이 된 후에 깨우쳐야 할 수기치인의 도를 인식할 근거가 막혀, 이를 감당하지 못하게[扞格而不勝] 될 위험이 있다는 것이다.

마지막으로 『소학』 교육의 목적은 이를 통해 익히게 되는 바른 습관을 근거로 해서 도덕적 인식이 자라나게 하는 '습여지장'(習與智長)과 외적 행동의 변화를 통해 내적으로 갖추고 있는 본래의 선심(善心)이 이루어지기를 도모하는 '화여심성'(化與心成)에 있다는 사실이다. 위의 두 가지 논점과 결부시켜 보면, 이 말은 아동교육을 통해 길러지고 이루어지는 바른 습관[習]과 외적인 몸가짐의 변화[化]가 기초가 되어, 성인교육과 함께 명징(明澄)한 도덕인식[智]과 본래의 선성[心]의 성장[習與智長]과 실현[化與心成]이 이루어지게 된다는 의미로 풀이할 수 있다.

여기서 선진유학자들이나 성리학자들 모두 도덕인식과 그 실천을 교육의 목표로 설정하고 있다는 사실을 상기해 볼 필요가 있다. 이렇게 보면, 주희가 말하는 '습여지장'과 '화여심성'은 유학자들에게 있어 모든 교육 활동이 지향하는 목표가 된다. 다만 습(習)과 화(化), 곧 도덕실천의 자세와 몸가짐은 『소학』을 통한 아동교육에서 지향하는 제일의 목표인 반면, 지(智)와 심(心), 곧 도덕인식은 『대학』을 통한 청년기 이후의 성인 교육에서 지향하는 제일의 목표가 되는 것으로, 이 둘이 함께 자라고[長] 실현되는[成] '습여지장'과 '화여심성', 이것이 바로 쉬지 않고 이루어져야 하는 모든 교육 활동이 지향하는 목표로 부각되는 것이다.

앞에서 『소학』의 세 강목 가운데 '입교'와 '경신'이 핵심임을 논의하였다. 이렇게 "『소학』 교육은 경(敬)의 태도를 확립함으로써 이후의 학습이 이에 근거하도록 하였고, 『대학』 교육은 『소학』에서 확립된 삼가고 조심하는 경의 태도를 견지하면서 학습과 실천을 확대해 나간다. 이러한 점에서 『소학』의 교육적 의의를 '근본배양'(根本培養)이라고 할 수 있다."[20] 이렇게 『소학』에서 지향하는 교육이 '근본배양'이라는 사실은 『소학』은 '사람을 만드는 틀'이라고 보는 주희의 견해,[21] "덕성을 기르고 근본을 세우는 일은 『소학』에 달려 있다"는 이황(李滉, 호 退溪, 1501~1570)의 관점,[22] "『소학』의 가르침을 아동 초기에 베풀면, 양지(良知)를 계발하여 나아갈 방향을 드러내고 아동을 바르게 길러 근본을 배양해서, 모든 일과 행위에 있어 남보다 앞서 바르게 하도록 함으로써, 가정에서 일상생활을 하는 데 도리가 아닌 것이 없게 된다"는 성혼(成渾, 호 牛溪, 1535~1598)의 견해[23] 등에서 그 근거를 찾을 수 있다.

---

20) 신동은, 2002, p. 54: 『小學』의 교육 목표가 근본배양이라는 사실에 대해서는 신동은(2002, pp. 53-57) 참조.

21) 朱子曰 後生初學 且看小學書 那箇是做人底樣子(『小學』, 小學集註 總論)

22) 養德性而立根本 在乎小學 廣規模而達幹支 在乎大學(『退溪全書 二』, 記, 開寧鄕校聖殿重修記 368): 이는 成均館大學校 大東文化硏究所 간(1997) 『退溪全書』 제2권의 記 중 開寧鄕校聖殿重修記의 p. 368을 가리킨다. 앞으로 退溪의 인용은 이 예를 따른다.

이렇게 『소학』은 ‘유교적 인격주의’의 요체를 가장 잘 드러낸 일종의 자기수양서라고 볼 수 있다.[24] 배움의 자세를 확립하는 ‘입교’와 자기 몸가짐을 삼가고 조심하는 ‘경신’을 통해 인격수양의 근본을 배양한 다음, 가족을 비롯한 대인관계에서 사람의 도리를 실천함으로써[명륜] 자기에게 갖추어져 있는 본래의 착한 마음과 지혜를 실현하고 자라나게 하는 근거를 이루게 하는 것이 바로 『소학』에서 추구하는 아동교육의 목표인 것이다.

2. 선진유학의 공부론(工夫論)과 그 자세

유학은 배우고 가르치는 일을 그 무엇보다 중시하는 수양의 체계이다. 인간에게는 도덕성의 근원이 본유적으로 갖추어져 있기는 하지만, 배움을 통해 이러한 사실을 깨달아 이를 일상생활 속에서 구현하지 않으면, 인간은 평생 자기중심적인 소인(小人)의 상태에 머무를 수밖에 없다는 것이 유학자들의 관점이다. 이렇게 배움과 가르침을 중시하는 것은 그 창시자인 공자로부터 이어져 온 유학의 전통이었다.[25]

---

23) 小學之教 加之幼穉之初 發良知而示趨向 正蒙養而培本原 先諸事爲 無非家庭日用之常(『小學』, 小學集註跋)

24) de Bary, 1983/1998, pp. 67-74 참조.

25) 공자는 소인으로부터 군자의 상태로 변화해 가는 데에 배움[學]과 함께 사고[思]를 강조하여, “배우기만 하고 생각하지 않으면 이치에 어두워서 이를 터득하지 못하게 되고, 생각하기만 하고 배우지 않으면 해야 할 일을 익히지 못해 위태롭게 된다”(子曰 學而不思則罔 思而不學則殆, 『論語』, 爲政 15)고 본다. 그러나 공자는 이 두 가지 중에서 배움을 사고보다 중시하여 “내가 일찍이 하루 내내 밥도 먹지 않고 밤새도록 잠도 자지 않으면서 생각해 보아도 얻는 것이 아무것도 없어, 잠시라

인성론에서 정위한 바의 현실적 인간이 군자론에서 설정한 바의 이상적 인간상에 이르는 수양의 과정은 가변체로서의 인간이 스스로에게 도덕성의 근원이 본유적으로 갖추어져 있다는 사실을 깨닫고, 이를 일상생활 속에서 실천할 수 있는 방안을 배워 가는 일이다. 이렇게 배우고 가르치는 일은 수양의 핵심인데, 수양의 과정에서 배우는 내용보다 더욱 중요한 일은 올바른 배움의 자세를 확립하는 일이다. 이는 『소학』의 「입교」 편에서부터 강조해 온 아동교육의 핵심이었던 것이다.

1) 공자: 호학(好學)과 시습(時習)

『논어』의 제일 첫머리가 '학'(學)이란 글자로 시작되고 있다는 사실은 공자가 배움을 얼마나 중시하고 있는지를 잘 드러내 준다. 『논어』에는 공자가 스스로에 대해 자평하거나[26] 스스로를 반성하는[27] 내용이 많이 나오는데, 다음 두 구절은 이 중 배움과 관련하여 대표적인 것들이다.

> 공자께서 "열 집쯤 사는 작은 마을에라도 반드시 나만큼 자기를 다하고 남에게 믿음직한 사람은 있을 테지만, 나만큼 배우기를 좋아하는[好學] 사람은 없을 것이다"라고 말씀하셨다.[28]

도 배우는 것만 못하였다"(子曰 吾嘗終日不食 終夜不寢 以思 無益 不如學也, 衛靈公 30)고 진술함으로써, 배움을 강조하는 유학의 전통을 열고 있다. 순자도 같은 의견을 "내가 일찍이 하루 내내 생각을 해 보아도 잠깐 동안이나마 배우는 것만 못하였다"(吾嘗終日而思矣 不可須臾之所學也, 『荀子』, 勸學 4)고 피력하고 있다.

26) 예: 『論語』, 公冶長 27; 述而 1, 18, 19, 33 등.

27) 예: 述而 2, 3, 32 등.

28) 子曰 十室之邑 必有忠信如丘者焉 不如丘之好學也(『論語』, 公冶長 27)

공자께서 "내 감히 성자(聖者)나 인자(仁者)라고 자처할 수는 없지만, 성과 인의 길을 배워 행하기를 싫어하지 않고, 이를 남에게 가르쳐 주기를 게을리하지 않는다고는 말할 수 있다"라고 말씀하셨다.[29)]

첫 번째 인용문에서 공자는 스스로를 '배우기를 좋아하는 사람'[好學者]이라 자평하고 있다. 두 번째 인용문에서는 배우기를 좋아할 뿐만 아니라 '가르치기를 게을리하지 않는 사람'[誨人不倦者]이라 자평하고 있다. 여기서 남을 가르치기를 게을리하지 않는 일은 곧 스스로 배우기를 게을리하지 않는 일과 통한다. 그렇다면 바로 이 두 가지, 곧 배우기를 좋아하고 게을리하지 않는 일이 곧 공자가 중시하는 배움의 자세라 할 수 있을 것이다.[30)]

이렇게 배우기를 좋아하는 일, 곧 호학(好學)이 공자가 강조하는 배움의 제일의 자세이다. 공자는 이러한 호학에 대해 『논어』에서 자주 언급하여,[31)] 배움의 제일의 자세는 호학임을 강조하고 있다. 위의 두 번째 인용문에서는 호학을 위지불염(爲之不厭), 곧 "도덕적 행위 원칙(聖과 仁)을 배우고 실행하기를 싫어하지 않는 일"이라 표현하고 있으며, 또 다른 곳에서는 스스로를 반성하는 요목으로 "배운 바를 드러내지 않고 마음속

29) 子曰 若聖與仁 則吾豈敢 抑爲之不厭 誨人不倦 則可謂云爾已矣(述而 33)

30) 공자가 이 두 가지(好學과 教不倦)로 자처하였다는 사실은 맹자도 이를 인정하고 있듯이(公孫丑問曰……然則夫子旣聖矣乎 曰 惡 是何言也 昔者子貢問於孔子曰 夫子聖矣乎 孔子曰 聖則吾不能 我學不厭而教不倦也 子貢曰 學不厭智也 教不倦仁也 仁且智 夫子旣聖矣 夫聖 孔子不居 是何言也……吾未能有行焉 乃所願則學孔子也, 『孟子』, 公孫丑上 2) 유학의 정설이 되어 있다.

31) 『論語』에는 '호학'(好學)이란 말이 8개 장에 걸쳐 16회(學而 14; 公冶長 14, 27; 雍也 2; 泰伯 13; 先進 6; 陽貨 8; 子張 5)나 출현하고 있다.

에 간직하는 일"[黙而識之], "배우기를 싫어하지 않는 일"[學而不厭], "남을 가르치기를 게을리하지 않는 일"[誨人不倦]을 들고 있는데,[32] 이 중 배우기를 싫어하지 않는 학이불염(學而不厭)은 호학을 의미하는 것이다.

호학이란 그 알지 못하던 것을 알고, 이를 마음속에 간직하여 잊지 않음으로써,[33] 이기적 욕구를 억제하고, 해야 할 일을 민첩하게 행하며, 자기를 반성하여 올바른 길로 나아가는 일을 말한다.[34] 이렇게 호학은 자기억제와 자기개선이라는 수양의 두 가지 방안을 익히는 근간이 되는 일이다. 이러한 점은 공자의 다음 진술문에 잘 드러나 있다.

> 노(魯)나라의 군주인 애공(哀公)이 공자께 "제자 중에 누가 배우기를 좋아합니까?"라고 물었다. 이에 대해 공자께서는 "안회(顔回)라는 제자가 배우기를 좋아하여, 노여운 감정을 함부로 옮겨 드러내지 않고[不遷怒], 같은 잘못을 두 번 저지르지 않았습니다[不貳過]. 그러나 불행히도 명(命)이 짧아 이미 죽고 지금은 없으니, 그 후로는 배우기를 좋아하는 사람[好學者]이 있다는 말을 듣지 못하였습니다"라고 대답하셨다.[35]

이 인용문에서 공자는 호학의 효험을 '불천노'(不遷怒)와 '불이과'(不貳過)의 두 가지로 진술하고 있다. 여기서 노여움을 다른 곳에 옮겨 드러내지 않는다는 '불천노'는 자기중심적인 감정을 가벼이 표출하지 않는다는

---

32) 子曰 黙而識之 學而不厭 誨人不倦 何有於我哉(述而 2)

33) 子夏曰 日知其所亡 月無忘其所能 可謂好學也矣(子張 5)

34) 子曰 君子食無求飽 居無求安 敏於事而愼於言 就有道而正焉 可謂好學也已(學而 14)

35) 哀公問 弟子孰爲好學 孔子對曰 有顔回者好學 不遷怒 不貳過 不行短命死矣 今也則亡 未聞好學者也(雍也 2)

것으로, 여기에는 「학이(學而)」편 14장에서 말한 바의 이기적 욕구의 억제[食無求飽 居無求安]가 포괄되고 있다고 보면, 이는 넓게 보아 수양의 한 항목인 자기억제를 의미하는 것이라 볼 수 있다. 또한 같은 잘못을 두 번 저지르지 않는다는 '불이과'는 「학이」편 14장에서 말한 자기를 반성하여 올바른 길로 나아가는 일[就有道而正焉]이라고 보면, 이는 수양의 또 다른 항목인 자기개선을 의미하는 것이라 볼 수 있다. 이렇게 보면, 호학은 수양의 구체적인 방안을 이루는 기본 요건이라 할 수 있을 것이다.

공자가 강조하는 배움의 또 다른 자세는 끊임없이 부지런하게 배움에 임하는 것이다. 호학과 함께 공자가 스스로를 자평하여 진술했던 회인불권(誨人不倦), 곧 "가르치기를 게을리하지 않았다"는 말 속에는 "배우기를 게을리하지 않아야 한다"는 공자의 신념이 잘 드러나 있다. 『논어』의 제일 첫머리에 나오는 "배우고 이를 항상 익히면, 또한 즐겁지 아니하겠는가?"[36]라는 구절에 드러나고 있는 "배운 바를 항상 익힌다"는 시습(時習)은 이러한 부지런한 배움의 자세를 강조하고 있는 것이다.

공자는 스스로가 부지런한 배움의 자세를 견지하고 있음을 말하여, "모르는 것이 있으면 이를 배우려고 분발하여 먹는 것도 잊어버리고, 이치를 깨달으면 근심을 잊어 늙음이 장차 닥쳐오는지도 모르는 사람"[37]이라고 자평하고 있다. 이런 맥락에서 공자는 부지런히 배우지 않고 게으른 것을 매우 싫어한다. 재여(宰予)라는 제자에 대한 꾸지람에서 공자의 이러한 태도가 잘 드러나 있다.

---

36) 子曰 學而時習之 不亦說乎(學而 1)

37) 葉公問孔子於子路 子路不對 子曰 女奚不曰 其爲人也 發憤忘食 樂以忘憂 不知老之將至云爾(述而 18)

재여가 낮잠을 자자, 공자께서 "썩은 나무에는 조각을 할 수 없고, 거름흙으로 거칠게 쌓은 담장에는 흙손질을 할 수 없는 법이다. 재여에 대해서는 꾸짖을 가치도 없구나. 내가 처음에는 남에 대하여 그의 말을 듣고 그의 행실을 믿었으나, 이제는 남에 대하여 그의 말을 듣고 나서도 다시 그의 행실을 살펴보게 되었다. 나는 재여 때문에 이 버릇을 고치게 되었노라" 하고 꾸짖으셨다.[38]

공자는 다른 곳에서 쉬지 않고 흐르는 물에 비유하여 부지런한 배움의 자세를 논의하기도 하였다.[39] 이와 같이 공자는 끊임없이 부지런하게 싫증내지 않고 배우기를 좋아하여 즐기는 태도를 가지고 배움에 임함으로써, 자기의 이기적인 욕구와 사적인 감정을 억제하고 자기의 잘못을 찾아 고쳐 나가는 일이 곧 수양의 기본자세라고 보고 있는 것이다.

2) 맹자: 자득(自得)과 전심치지(專心致志)

맹자는 배움의 목표는 스스로가 도덕 주체라는 사실과 실생활 속에서 도덕실천을 하는 방안을 스스로 깨닫는 일[自得]에 있다고 여긴다. 이러한 관점은 맹자의 다음 진술문에 잘 드러나 있다.

군자가 올바른 방법으로 깊이 탐구하여 나아가는 것은 스스로 깨달아 얻고자[自得] 하는 것이다. 스스로 깨달아 도를 얻으면 이에 처하는 것

38) 宰予晝寢 子曰 朽木不可雕也 糞土之墻不可杇也 於予與何誅 子曰 始吾於人也 聽其言而信其行 今吾於人也 聽其言而觀其行 於予與改是(公冶長 9)

39) 子在川上曰 逝者如斯夫 不舍晝夜(子罕 16)

이 안정되고, 그렇게 되면 도를 활용하는 데 더욱 깊이가 있게 된다. 이렇게 도를 활용하는 데 깊이가 있게 되면, 자기의 좌우 가까이에서 항상 그 근원을 파악하게 된다. 그러므로 군자는 도를 깨달아 스스로 얻고자 하는 것이다.[40]

그러나 이렇게 스스로 깨닫는 자득(自得)의 목표를 이루는 일은 그리 쉬운 일이 아니다. 이러한 까닭은 본래의 도의심을 잃어버리거나[失心] 놓쳐 버리기[放心] 때문이다.[41] 그러므로 맹자는 '놓쳐 버린 마음을 되찾는 것'[求放心]이 배움의 요체라고 명시하고 있다.

맹자는 "인(仁)은 사람의 본유적인 마음[人心]이고, 의(義)는 사람이 걸어야 할 바른길[人路]이다. 그런데도 사람들이 그 바른길을 버리고 따르지 않으며 그 본래의 마음을 놓쳐 버리고도 찾을 줄 모르니, 애석한 일이다. 사람들은 기르던 닭이나 개를 잃으면 이를 찾을 줄 알지만, 그 본유적인 마음을 놓쳐 버리고는 이를 찾을 줄 모른다. 배움의 길이란 다른 것이 아니라, 그 놓쳐 버린 마음을 다시 찾는 일[求放心]일 뿐이다"라고 가르쳤다.[42]

---

40) 君子深造之以道 欲其自得之也 自得之 則居之安 居之安 則資之深 資之深 則取之左右逢其原 故君子欲其自得之也(『孟子』, 離婁下 14)

41) 이러한 사실에 대해서는 『孟子』의 여러 곳(離婁上 9; 告子上 8, 12 등)에서 진술하고 있는데, 離婁下 12장에서는 "이상적 인간상에 이른 대인(大人)이란 타고난 본래의 마음[赤子之心]을 잃어버리지 않고 있는 사람이다"(孟子曰 大人者 不失其赤子之心者也)라고 하여, 실심(失心)과 방심(放心)이 수양이 이루어지지 못하게 만드는 핵심 요인임을 논술하고 있다.

42) 孟子曰 仁 人心也 義 人路也 舍其路而不由 放其心而不知求 哀哉 人有鷄犬放 則知求之 有放心而不知求 學問之道無他 求其放心而已矣(告子上 11)

이렇게 놓쳐 버린 본래의 마음을 되찾는 구방심(求放心)이 배움의 바른길이다. 이러한 구방심을 하는 데에는 '마음과 뜻을 한결같이 하는 일', 곧 전심치지(專心致志)의 자세를 유지하는 일이 중요하다. 맹자는 "비록 바둑과 같은 작은 술수라도 마음과 뜻을 한결같이 하지 못하면 이를 배우지 못한다"[43]고 하여, 마음과 뜻을 한결같이 하는 전심치지가 배움의 가장 기본적인 자세임을 강조하고 있다.

이렇게 전심치지하여 "그 마음을 다하는 사람은 그 본성을 깨달아 알게 되고, 그렇게 되면 하늘의 도리를 알 수 있게 된다."[44] 그러므로 오로지 자기 마음속에 본래 갖추어져 있는 "도덕성[仁義]에만 뜻을 두고 지향해야"[45] 도덕 주체로서의 자각을 이룰 수 있게 된다는 것이 배움의 자세에 대한 맹자의 생각이다.

이러한 전심치지는 곧 부지런히 노력하고 쉬지 않는 일을 전제로 하는 것이다. 이에 대해 맹자는 항상 쉬지 않고 흐르는 물을 자주 예로 들어 설명하고 있다.

> 제자인 서자(徐子)가 맹자에게 "공자께서는 자주 물을 보시고 '물이여! 물이여!' 하고 찬탄하셨는데, 물에서 무엇을 취하신 것입니까?"라고 여쭈었다. 이에 대해 맹자는 "근원 깊이 솟아나는 샘물은 세차게 흘러 밤낮을 쉬지 않으면서, 웅덩이를 채우고 나서는 다시 앞으로 나아가 마침내는 사방의 바다로 흘러든다. 근본이 서 있는 사람도 이와 같으니, 공자께서는 이를 취하신 것이다"라고 대답하였다.[46]

---

43) 今夫奕之爲數也 小數也 不專心致志 則不得也(告子上 9)

44) 孟子曰 盡其心者 知其性也 知其性 則知天矣(盡心上 1)

45) 何謂尙志 日 仁義而已矣(盡心上 33)

곧 샘이 깊은 물이 쉬지 않고 흘러내리듯이 마음과 뜻을 한결같이 하여 쉬지 않고 노력하는 것, 이것이 바로 자기를 닦는 사람의 자세라는 사실을 맹자는 여기서 지적하고 있는 것이다. 그는 이러한 끊임없이 부지런한 배움의 자세에 대해 "산 중에 있는 샛길도 사람들이 줄곧 밟고 다니면 큰 도로가 되지만, 한동안 버려두면 다시 잡초에 막히고 만다"[47]라고 표현하고 있기도 하다. 이렇게 맹자는 "흐르는 물은 웅덩이를 채우지 않고는 앞으로 나아가지 않는다. 마찬가지로 군자가 성인의 도에 뜻을 둔 이상 꾸준히 노력하여 자기의 도덕 수양이 빛을 발휘할 정도가 되지 못하면, 높은 경지에 도달하지 못한 것이므로,"[48] 전심치지하여 부지런히 노력하는 일이 수양의 요체라고 보고 있는 것이다.

3) 순자: 소적(所積)과 전심일지(專心一志)

유학자들 가운데 누구보다도 순자는 인간의 지적 능력을 강조하여,[49] 인간을 '도덕 주체'로서만이 아니라 '지성 주체'로도 파악함으로써,[50] 배

---

46) 徐子曰 仲尼亟稱於水曰 水哉 水哉 何取於水也 孟子曰 原泉混混 不舍晝夜 盈科而後進 放乎四海 有本者如是 是之取爾(離婁下 18): 이 인용문에서 공자께서 물을 보고 찬탄하신 일화는 『論語』 子罕편 16장(子在川上曰 逝者如斯夫 不舍晝夜)에 나온다.

47) 山徑之蹊間 介然用之而成路 爲間不用 則茅塞之矣(盡心下 21)

48) 流水之爲物也 不盈科不行 君子之志於道也 不成章不達(盡心上 24)

49) 지적 능력의 체계를 가리키는 '지'(知)라는 용어는 『論語』에서 118회, 『孟子』에서 114회 나오는 데 비해 『荀子』에서는 482회나 출현하고 있는데(『論語引得』, 『孟子引得』, 『荀子引得』 참조), 이를 보면 순자가 인간의 지적 능력의 체계를 얼마나 중시했는지 알 수 있다.

50) 牟宗三, 1979, pp. 224-225; 蔡錦昌, 1989, pp. 82-86; 蔡仁厚, 1984, pp. 405-

움과 가르침을 무엇보다도 중시하고 있다. 그는 “성인(聖人)은 사람이 해야 할 모든 일의 표준”51)인데, 이러한 “성인은 태어날 때부터 성인이 아니라 배움을 쌓아서[所積] 이루어지는 것”52)이므로, “배움이란 본래 성인이 되는 길을 배우는 것”53)이라 본다. 그러므로 “따라 배울 스승과 법도가 있는 것은 사람에게 최대의 보배요, 스승과 법도가 없는 것은 사람에게 가장 큰 재앙”54)이라는 것이다.

그러면 이러한 배움을 이루는 기본적인 자세를 순자는 무엇이라고 보는가? 이에 대한 순자의 관점은 다음 두 인용문에 잘 드러나 있다.

> 배움이란 어디에서 시작되어 어디에서 끝나는가? 배움의 순서로 말하자면 경(經)을 외우는 것으로부터 시작하여 예(禮)를 익히는 것으로 끝나지만, 그 목적으로 말하자면 사(士)가 되는 것에서 시작하여 성인이 되는 데에서 끝난다. 진실로 오랫동안 힘써 쌓으면 성인의 길로 들어갈 수 있으니, 배움이란 생명이 다한 다음에야 그치는 것이다. 그러므로 배움의 순서에는 끝이 있으나, 그 목적을 이루기 위해서는 잠시라도 중지해서는 안 된다. 이렇게 끊임없이 배우면 사람이 되지만, 이를 버리면 새나 짐승이 되고 마는 것이다.55)

409; 黃公偉, 1974, pp. 454-458: 이에 대해서는 졸고(조긍호, 1995, pp. 2-18; 1998, pp. 210-245) 참조.

51) 聖人者 道之極也(『荀子』, 禮論 14); 聖人備道全美者也 是縣天下之權稱也(正論 6)

52) 涂之人百姓 積善而全盡 謂之聖人 彼求之而後得 爲之而後成 積之而後高 盡之而後成 故聖人也者 人之所積也(儒效 36); 聖人者 人之所積而致也(性惡 14)

53) 故學者固學爲聖人也(禮論 14)

54) 故有師法者 人之大寶也 無師法者 人之大殃也(儒效 34)

55) 學惡乎始 惡乎終 曰 其數則始乎誦經 終乎讀禮 其義則始乎爲士 終乎爲聖人 眞積力久則入 學至乎沒而後止也 故學數有終 若其義 則不可須臾舍也 爲之人也 舍之禽獸

> 이제 보통 사람들로 하여금 도에 따르고 배움을 일삼아, 마음을 집중하고 뜻을 한결같이 하여[專心一志] 사색하고 깊이 살피며, 오랫동안 선을 쌓아 쉬지 않게 하면, 하늘과 땅의 신령[神明]에 통하고 천지의 화육에 참여할 수 있게 될 것이다. 이와 같이 성인이란 사람이 배움을 쌓아 이루어질 뿐이다.[56]

이 두 인용문에서 강조하고 있듯이, 배움이란 마음을 집중하고 뜻을 한결같이 하여 끊임없이 쉬지 않아야 성인이 되고자 하는 목표에 도달할 수 있다는 것이 순자의 생각이다. 이러한 사실은『순자』제1편인「권학(勸學)」편의 첫머리가 "배움이란 쉬지 말고 해야 한다"[57]는 말로 시작하고 있다는 데에서 잘 드러나고 있다.

이렇게 마음을 집중하고 뜻을 한결같이 하는 전심일지(專心一志)의 구체적인 세목으로 순자는 조금씩 조금씩 착실하게 쌓아 크게 이루는 일[積小成大]을 들고 있다. 이렇게 조금씩 쉬지 않고 쌓아 가는 일의 효과에 대해 순자는 다음과 같이 진술하고 있다.

> 흙이 조금씩 쌓여 산이 만들어지면 거기서 비바람이 일고, 물이 조금씩 모여 큰 연못이 만들어지면 거기에 용이 살 듯이, 선(善)을 조금씩 쌓아 덕을 이루면 스스로 하늘과 땅의 신령함을 얻어 성인의 마음이 갖추어지게 마련이다. 그러므로 반걸음씩이라도 쌓지 않으면 천 리같이 먼 목표에 이를 수 없고, 흐르는 작은 물들을 모으지 않으면 강과 바

也(勸學 12)

56) 今使塗之人伏術爲學 專心一志 思索孰察 加日縣久 積善而不息 則通於神明 參於天地矣 故聖人者 人之所積而致也(性惡 14)

57) 君子曰 學不可以已(勸學 1)

다도 이루어지지 않는다 …… 배움의 효과는 쉬지 않고 배우는 데에서 나타나는 법이다. 자르다가 그만두면 썩은 나무라도 벨 수 없지만, 쉬지 않고 칼질을 반복하면 쇠나 돌멩이라도 뚫을 수 있는 것이다.[58]

이렇게 조금씩 조금씩 쉬지 않고 배우면 성인의 상태에 도달할 수 있으므로, 마음과 뜻을 한결같이 하여 부지런히 노력하는 일이 배움의 기본자세라는 것이 순자의 관점이다.

4) 선진유학의 배움의 자세: 자강불식(自彊不息)

유학자들은 인간은 누구나 사람으로서 해야 할 일을 배워서 익히면 군자와 성인의 상태에까지 이를 수 있다고 보아, 인간 존재의 무한한 가능성을 인정하고 받아들인다. 공자는 "타고난 성품은 누구나 서로 비슷하지만, 그 배우고 익히는 바에 따라 서로 크게 달라진다"[59]고 진술하여, 교육을 통한 인간의 변화가능성을 분명히 하고 있다. 맹자도 스스로에게 갖추어져 있는 선단(善端)을 깨달아 이를 넓혀서 채우면,[60] "누구나 다 요 · 순 같은 성인이 될 수 있는 가능성을 가지고 있음"[61]을 밝히고 있으며, 순자도 누구나 본유적으로 갖추고 있는 도덕적 인식과 실행의 능

---

58) 積土成山 風雨興焉 積水成淵 蛟龍生焉 積善成德 而神明自得 聖心備焉 故不積蹞步 無以至千里 不積小流 無以成江海……功在不舍 鍥而舍之 朽木不折 鍥而不舍 金石可鏤(勸學 8-9)

59) 子曰 性相近也 習相遠也(『論語』, 陽貨 2)

60) 凡有四端於我者 知皆擴而充之矣 若火之始然 泉之始達 苟能充之 足以保四海 苟不充之 不足以事父母(『孟子』, 公孫丑上 6)

61) 曹交問曰 人皆可以爲堯舜 有諸 孟子曰 然(告子下 2)

력을 발휘하여 도의 최고 규범인 예를 배우고 익히면 성인의 상태에 도달할 수 있는 가능성을 갖추고 있다고 본다.[62]

이상에서 보듯이 유학의 창시자들은 인간 존재의 가변성에 대한 신념을 전제로 하여, 소인의 상태로 태어난 인간이 배움을 통해 이상적 인간상인 군자와 성인의 상태에 이를 수 있는 것으로 개념화하고 있다. 그러므로 인간 삶의 목표, 곧 이상적 인간상인 군자와 성인의 상태에 도달하기 위해서는 배우는 일을 좋아하여[好學] 계속 쌓아나감으로써[所積] 스스로가 도덕 주체임을 깨달아야 한다[自得]는 것이다. 이것이 선진유학자들의 공부론의 요지이다.

그렇다면 이러한 목표에 도달하기 위해서는 어떠한 자세로 배움에 임해야 하는가? 『논어』에서 공자의 제자인 자하(子夏)는 "날마다 그 모르던 것을 배워 알며, 그 새롭게 알게 된 것을 세월이 지나도 잊지 않는 것이 배움을 좋아하는 일"[63]이라고 진술하여, 꾸준히 배우고 배운 바를 익히는 일이 호학(好學)의 기본자세임을 밝히고 있다. 이는 『대학』에서 이른바 "진실로 어느 날 모르는 것을 배우고 익혀 새롭게 되었거든, 나날이 배우고 익혀 새롭게 하고 또 날로 새롭게 하라"[64]라고 한 배움의 자세이다. 공자는 호학을 "배우기를 싫증 내지 않는 일"[學而不厭][65]이라고 설명

---

62) 이러한 입장은 『荀子』 전체에서 산견되는 순자의 인성론과 수양론의 핵심이다. 예를 들면, 榮辱 31-32(可以爲堯禹……在注錯習俗之所積耳), 儒效 36(故聖人者 人之所積也……故人知謹注錯 愼習俗 大積靡 則爲君子矣), 性惡 2-3(今之人化師法 積文學 道禮義者 爲君子), 性惡 13-14(塗之人可以爲禹……今使塗之人伏術爲學 專心一志 思索孰察 加日縣久 積善而不息 則通於神明 參於天地矣 故聖人者 人之所積而致也) 등에서 이러한 논지가 구체적으로 드러나고 있다.

63) 子夏曰 日知其所亡 月無忘其所能 可謂好學也矣(『論語』, 子張 5)

64) 湯之盤銘曰 苟日新 日日新 又日新(『大學』, 傳 2)

65) 子曰 黙而識之 學而不厭 誨人不倦 何有於我哉(『論語』, 述而 2); 子曰 若聖與仁 則

하고 있는데, 배우기를 싫증 내지 않을 뿐만 아니라 "배운 것을 부지런하게 항상 익히는 일"[66] 곧 시습(時習)이 배움의 기본자세임을 『논어』의 첫머리에서 천명하고 있다.

배우기를 싫증 내지 않고 부지런하게 항상 익히는 일을 배움의 기본자세로 강조하는 공자와 마찬가지로, 맹자는 스스로가 도덕 주체임을 깨닫는 자득(自得)을 이루는 데에는 "마음을 오로지 한 데 모으고 뜻을 한결같이 하는 일" 곧 전심치지(專心致志)가 필요하다고 하여, 이를 배움의 기본자세로 내세우고 있다.

> 바둑의 술수는 비록 작은 것일지라도, 마음을 오로지하고 뜻을 다하지 않으면 터득하지 못한다. 혁추(奕秋)는 온 나라에서 바둑을 가장 잘 두는 사람인데, 그로 하여금 두 사람에게 바둑을 가르치게 하였다고 생각해 보자. 이때 한 사람은 마음을 모으고 뜻을 다하여 오로지 혁추의 말만을 듣는 반면, 다른 사람은 비록 듣기는 하나 마음으로는 오로지 장차 기러기나 고니가 날아오면 활과 주살을 당겨 맞힐 궁리만 하고 있다면, 이 두 사람이 비록 같은 스승에게 함께 배울지라도 후자는 전자에게 미치지 못할 것이다. 이것은 이 두 사람의 지혜가 같지 않기 때문이 아니라, 배우는 자세가 다르기 때문인 것이다.[67]

이렇게 마음을 오로지 배우는 내용에 모으고 뜻을 다하여 부지런히 하

吾豈敢 抑爲之不厭 誨人不倦 則可謂云爾已矣(述而 33)

66) 子曰 學而時習之 不亦說乎(學而 1)

67) 今夫奕之爲數 小數也 不專心致志 則不得也 奕秋通國之善奕者也 使奕秋誨二人奕 其一人專心致志 惟奕之爲聽 一人雖聽之 一心以爲有鴻鵠將至 思援弓繳而射之 雖與之俱學 弗若之矣 爲是其智弗若與 曰 非然也(『孟子』, 告子上 9)

는 것, 이것이 스스로가 도덕 주체임을 깨닫는 자득의 기본자세인 전심치지라는 것이 맹자의 관점이다.

순자도 배움이란 끊임없이 쌓아 가는 작업[所積]으로서, "배움의 효과는 쉬지 않고 쌓아 감에 따라 나타나므로"[功在不舍][68] 마음과 뜻을 한결같이 하여 조금씩 조금씩 쌓아 가는 자세가 필요하다고 보아, 다음과 같이 진술하고 있다.

> 반걸음씩이라도 쉬지 않고 걸으면 절름발이 자라도 천 리에 이를 수 있고, 한 줌씩이라도 쉬지 않고 흙을 모으면 높은 산도 만들 수 있다 …… 그러나 하루에 천 리를 가는 천리마라 할지라도 한 발은 나아가는데 다른 발은 물러나고, 한 발은 오른쪽으로 가는데 다른 발은 왼쪽으로 가면, 길에 나설 수도 없을 것이다 …… 절름발이 자라는 천 리를 가는데, 천리마는 길에도 나가지 못하는 것은 다른 이유 때문이 아니라, 전자는 쉬지 않고 노력하는데 후자는 그렇지 않기 때문이다.[69]

이와 같이 유학의 창시자들은 마음과 뜻을 한결같이 하여 쉬지 않고 부지런히 노력하는 일[自彊不息]을 배움의 자세로서 강조하고 있다. 이러한 맥락에서 순자는 "어려서 열심히 배우지 않아 늙어서 남을 가르칠 일이 없는 것, 이것이 나의 부끄러움"[70]이라고 진술하고 있다.

이렇게 자강불식(自彊不息)을 통해 날로 발전하는 일은 하늘의 부름에 부응하는 일이라는 것이 유학자들의 입론이다. 공자는 "하늘이 사람을

68) 功在不舍 鍥而舍之 朽木不折 鍥而不舍 金石可鏤(『荀子』, 勸學 9)

69) 故蹞步而不休 跛鼈千里 累土而不輟 丘山崇成……一進一退 一左一右 六驥不致……然而跛鼈致之 六驥不致 是無他故焉 或爲之 或不爲爾(修身 35)

70) 幼不能彊學 老無以敎之 吾恥之(宥坐 8)

사랑한다면, 그 몸을 수고롭게 하여 배우도록 하지 않겠는가? 진실되게 대하고자 한다면, 가르치지 않을 수 있겠는가?"[71]라 진술하여, 이러한 관점을 드러내고 있다. 이러한 관점을 맹자는 다음과 같이 더 적극적인 표현으로 진술하고 있다.

> 하늘이 순(舜)과 같은 사람에게 장차 큰 임무를 맡기려고 하면, 반드시 먼저 그 마음과 뜻을 괴롭게 하고, 그 근육과 뼈대를 수고롭게 하며, 그 몸을 굶주림에 시달리게 하고, 그의 몸을 헐벗게 하며, 또 그의 하는 일을 어긋나게 만든다. 이는 하늘이 그에게 시련을 주어 마음을 분발시키고 인내성을 키워서, 그가 전에는 하지 못하던 경지까지 그 능력을 키워 주겠다는 배려인 것이다.[72]

이렇게 전심치지하여 자강불식의 자세를 유지하여야 배우는 소기의 목적을 달성할 수 있다는 것이 선진유학자들의 한결같은 주장이다.

3. 성리학의 거경론(居敬論)

송(宋, 960~1279)대 주돈이(周敦頤, 호 濂溪, 1017~1073)와 장재(張載, 호 橫渠, 1020~1077), 그리고 주돈이의 제자인 정호(程顥, 호 明道, 1032~1085)와 정이(程頤, 호 伊川, 1033~1107) 형제를 이어받아 주희(朱熹, 호 晦

71) 子曰 愛之 能勿勞乎 忠焉 能勿誨乎(『論語』, 憲問 8)

72) 故天將降大任於是人也 必先苦其心志 勞其筋骨 餓其體膚 空乏其身 行拂亂其所爲 所以動心忍性 曾益其所不能(『孟子』, 告子下 15)

庵, 1130~1200)가 집대성한 유학의 새로운 유파를 신유학(新儒學, Neo-Confucianism)이라 한다.

진(秦, B.C. 221~207) 통일 이전인 선진(先秦) 시대에 공자(孔丘, B.C. 551~479)·맹자(孟軻, B.C. 372~289)·순자(荀況, B.C. 298~238?) 같은 걸출한 사상가에 의해 창시되고 발전된 유학(儒學)은 본래 윤리학(倫理學)의 색채가 짙은 학문체계였는데, 남북조(南北朝, 420~589) 시대 중국에 유입된 불교와의 경합 과정에서 형이상학(形而上學)의 체계가 부족하여 논리적으로 밀릴 수밖에 없었던 상황에서, 주희가 선배 송유(宋儒)들의 논의를 집대성하여 이기론(理氣論)과 성정론(性情論)을 기반으로 한 형이상학의 체계를 구축함으로써 유학의 체계를 일신하여 제시한 것이 신유학이다.

신유학은 주희가 정이를 계승하여 창시한 성리학(性理學, 일명 理學, 程朱學 또는 朱子學)과 정호를 이어 육구연(陸九淵, 호 象山, 1139~1193)과 명(明, 1368~1644)의 왕수인(王守仁, 호 陽明, 1473~1529)이 완성한 심학(心學, 일명 陽明學, 陸王學)으로 나뉘어 발전하였다.[73] 이 중 고려 시대 말기에 우리나라에 유입되어 조선조에 이르러 국가경영의 최고이념으로 떠받들여진 것은 성리학이었다.

성리학은 선진유학을 배척하는 것이 아니라, 주희가 집대성한 형이상학 체계(이기론·성정론)를 기반으로 하여 선진유학의 경전들을 새로이

---

73) 馮友蘭, 1948/1977, p. 357: 성리학은 "모든 사물이 본래부터 갖추고 있는 성(性)이 그 존재 이치인 리(理)이다"[性卽理]라고 주장하는 유파이고, 양명학은 "모든 사물의 이치는 인간의 마음속에 갖추어져 있다"[心卽理]라고 주장하는 유파이다. 두 유파의 간단한 차이에 대해서는 馮友蘭/정인재(1977, 23~26장, pp. 341-400) 참조.

해석하고자 하는 것을 학문적 주안점으로 삼고 있는 유파이다. 조선조에 들어와 이러한 성리학은 국학(國學)으로 숭상되었으며, 불교와 도교 같은 다른 철학의 체계들, 심지어는 신유학의 한 갈래인 양명학(陽明學)까지도 사문난적(斯文亂賊)이라 하여 철저히 배격하는 교조주의적인 성격을 띠게 되었다.

조선조에서는 유학의 체계, 곧 성리학의 체계를 성인이 되고자 하는 학문이라는 의미에서 '성학'(聖學)이라 부르고, 이를 따라 배움으로써 이상적 인격의 상태에 이르는 일을 학문의 목표라 여겼다. 조선조의 성리학자들은 이러한 성학을 배우는 기본자세를 경(敬) 상태에 머무르는 일, 곧 '거경'(居敬)이라 보고 있다. 즉 거경을 통한 인격의 함양(涵養)이 수양의 요체라는 것이다.

1) 성리학적 배움의 바탕: 거경(居敬)

조선조의 성리학자들은 이기적 욕구에 물든 인심(人心)을 버리고[遏人欲], 천리를 간직한 도심(道心)을 지향해 나가는 것[存天理]이 사람의 할 일이라고 여기고, 이러한 알인욕(遏人欲)·존천리(存天理)가 마음을 다잡는 공부의 목표가 된다고 보고 있다. 이러한 사실을 퇴계(退溪)는 다음과 같이 지적하였다.

> 대체로 마음을 다잡는 공부[心學]의 방법은 비록 많지만, 그 요점을 종합해서 말하면 사람의 욕구를 억제하고[遏人欲] 천리를 보존하는[存天理] 두 가지에 불과하다 …… 무릇 욕구를 억제하는 일은 인심(人心)의 측면에 속하는 것이고, 천리를 보존하는 일은 도심(道心)에 속하는 것

이라 할 수 있다.[74]

이것이 유명한 퇴계의 '알인욕(遏人欲)·존천리(存天理)'의 입장인데, 율곡도 같은 관점을 다음과 같이 피력하고 있다.

> 대체로 인심은 마구 자라나도록 해서는 안 되며, 이를 절제하고 단속하는 일을 중히 여겨야 하고, 도심은 마땅히 간직하고 길러내야 하며, 이를 미루어 나가고 넓히는 일을 아름답게 여겨야 한다.[75]

여기서 인심(人心)은 생물적 이기적 욕구를 말하고, 도심(道心)은 도덕적 욕구를 말하는 것이지만, 인심에는 자기지향적인 사적 감정인 칠정(七情)이 포함되고, 도심에는 타인지향적 감정인 사단(四端)이 포함되는 것으로 볼 수 있다.[76] 그러므로 '알인욕'은 생물적 이기적 욕구와 사적

---

74) 大抵心學雖多端 總要而言之 不過遏人欲存天理兩事而已……凡遏人欲事當屬人心一邊 存天理事當屬道心一邊 可也(『退溪全書 二』, 書, 答李平叔 259)

75) 大抵人心不可滋長 而節約爲貴 道心宜保養 而推廣爲美也(『栗谷全書 二』, 語錄上 232)

76) 退溪와 栗谷은 도심(道心)이 곧 순선(純善)인 사단(四端)이라고 본다는 점에서는 생각이 같다. 그러나 양자의 인심(人心)과 칠정(七情)의 관계에 대한 생각은 다르다. 즉 退溪는 人心은 곧 七情이라고 보는 데 반해(人心七情是也 道心四端是也, 『退溪全書 二』, 書, 答李宏仲問目 226; 人心爲七情 道心爲四端……二者之爲七情四端固無不可, 『退溪全書 二』, 書, 答李平叔 259), 栗谷은 七情에는 본래 四端이 포함되므로, 따라서 이에는 人心과 道心이 섞여 있다고 본다(四端不能兼七情 而七情則兼四端, 『栗谷全書 一』, 書, 答成浩原 192; 若七情則已包四端在其中 不可謂四端非七情 七情非四端也……七情之外 更無四端矣 然則 四端專言道心 七情合人心道心而言之也, 『栗谷全書 一』, 書, 答成浩原 199; 七情則人心道心善惡之摠名也……四端卽道心及人心之善者也……論者或以四端爲道心 七情爲人心 四端固可謂之道心矣 七情豈可只謂之人心乎 七情之外無他情 若偏指人心 則是擧其半 而遺其

감정을 억제하는 일을 말하고, '존천리'는 도덕적 욕구와 타인지향적 감정을 간직하여 도덕성을 회복하는 일을 말하는 것이다. 이렇게 보면, 성리학은 이기적 욕구와 사적 감정의 억제[遏人欲]를 초점으로 하여, 도덕성의 회복[存天理]을 통해 이상적 인격[君子 · 聖人]에 이르는 일을 목표로 삼고 있는 이론체계라 할 수 있을 것이다.

이렇게 사람이 해야 할 도리의 인식과 실천의 길을 배우는 것이 곧 성리학으로, 이러한 도의 인식과 실천의 공부는 거경(居敬)의 기초 위에서 이루어져야 한다는 것이 성리학자들의 한결같은 입장이다. "경(敬)은 마음의 주재로서, 온갖 일의 근본이 되는 것"[77]이어서, "경은 성인이 되고자 하는 학문[聖學]의 처음이자 마지막"[78]이 되는 요체라는 데에 퇴계와 율곡 등 조선조 성리학자들의 생각이 일치하고 있다. 경 상태에 머물러 도를 실천하는 '거경'은 사물의 이치를 깊이 탐구하는 '궁리'(窮理)의 근본이자[79] 도를 실천하는 '역행'(力行)의 바탕이 되기 때문에,[80] 거경은 성

半矣,『栗谷全書 一』, 說, 人心道心圖說 283). 이러한 양자의 차이에 대해서는 한덕웅(1994, pp. 123-127; 1999, pp. 197-204, 218-222) 참조.

77) 敬者一心之主宰 而萬事之本根也(『退溪全書 一』, 聖學十圖, 大學圖 203); 蓋心者一身之主宰 而敬又一心之主宰也(『退溪全書 一』, 聖學十圖, 心學圖說 208); 爲學莫如先立其主宰 曰 何如可以能立其主宰乎 曰 敬可以立主宰(『退溪全書 四』, 言行錄一, 論持敬 175)

78) 敬爲聖學之始終 豈不信哉(『退溪全書 一』, 聖學十圖, 敬齋箴 210); 敬之一字 豈非聖學始終之要也哉(『退溪全書 一』, 聖學十圖, 大學圖 203); 敬者聖學之始終也(『栗谷全書 一』, 聖學輯要, 修己上 收斂章 431)

79) 敬以爲主 而事事物物 莫不窮其所當然與其所以然之故……至如敬以爲本 而窮理以致知 反躬以踐實 此乃妙心法 而傳道學之要(『退溪全書 一』, 疏, 戊辰六條疏 185-186); 持敬是窮理之本 未知者 非敬無以知(『栗谷全書 一』, 聖學輯要, 修己上 收斂章 431); 大抵敬字 徹上徹下 格物致知 乃其間節次進步處 又曰 今人皆不肯於根本上理會 如敬字只是將來說 更不做將去 根本不立 故其他零碎工夫無湊泊處(『栗谷全

학(聖學)의 처음이자 마지막이 된다는 것이다. 이러한 사실을 율곡은 주자와 정자를 인용하면서, 다음과 같이 단언하고 있다.

> 경은 성학의 처음이자 마지막이 되는 요체이다. 주자(朱子)는 "경 상태를 간직하는 것은 사물의 이치를 탐구하는 궁리의 근본이다. 아직 도를 깨닫지 못한 사람이 경 상태를 말미암지 않고 도를 깨달을 수는 없다"고 하였으며, 정자(程子)는 "도에 들어가는 데에는 경만한 것이 없다. 사물의 이치를 모두 깨달은[致知] 사람치고 경 상태에 머물지 않았던 사람은 없었다"고 말하였다. 이는 경이 배움의 처음이 됨을 말한 것이다. 또한 주자는 "이미 도를 깨우친 사람은 경을 말미암지 않고는 도를 간수할 수 없다"고 하였으며, 정자는 "경과 의가 이루어져야 덕이 외롭지 않게[德不孤] 되는데, 성인까지도 또한 경에 머무르실 뿐이었다" 고 말하였다. 이는 경이 배움의 마지막이 됨을 말한 것이다.[81]

이 인용문에서 명백하게 드러나듯이, '거경'을 통한 도덕 지향의 마음가짐은 '치지'(致知)를 통한 도의 인식 및 덕을 널리 실천하여 외롭지 않게 되는 '덕불고'(德不孤)의 도덕실천보다 우선해야 할 일이라는 것이 율곡의 주장이다. 같은 생각을 퇴계는 다음과 같이 진술하고 있다.

書 一』, 聖學輯要, 修己上 收斂章 433-434)

80) 其於致知之方 力行之功 亦可謂其始矣(『退溪全書 一』, 疏, 戊辰六條疏 185)

81) 敬者聖學之始終也 故朱子曰 持敬是窮理之本 未知者 非敬無以知 程子曰 入道莫如敬 未有能致知而不在敬者 此言敬爲學之始也 朱子曰 已知者 非敬無以守 程子曰 敬義立而德不孤 至于聖人亦止如是 此言敬爲學之終也(『栗谷全書 一』, 聖學輯要, 修己上 收斂章 431)

> 경을 근본으로 하여 궁리함으로써 완전한 도덕인식에 이르고, 경을 근본으로 하여 자기 몸을 돌이켜 봄으로써 실천함에 이르는 일, 이것은 마음을 다잡는 법을 이루고 도학을 세상에 퍼뜨리는 요체이다 …… 도를 진정으로 깨닫는 일[眞知]과 이를 실제로 실행하는 일[實踐]은 차의 두 바퀴와 같아, 하나라도 없어서는 안 된다. 이는 마치 사람의 두 다리가 서로 의지하여 앞으로 나아갈 수 있는 것과 같은 것이다. 그러므로 정자는 "완전한 도덕인식에 이른 사람치고 경 상태에 머물지 않았던 사람은 없었다"고 말하였고, 주자는 "몸소 실천하는 공부를 하지 않으면 또한 궁리하는 공부도 없다"고 하였다. 이것은 이 두 가지 공부는 합해서 말하면 서로 처음과 끝이 되고, 나누어서 말하면 각각이 또 처음과 끝을 가지고 있다는 말이다.[82]

이 두 인용문에서 율곡과 퇴계는 거경(居敬)은 궁리(窮理)를 통한 치지(致知), 곧 도의 인식과 역행(力行)을 통한 도의 실천의 바탕이 됨을 분명히 하고 있다. 즉 "도를 인식하는 치지의 방법과 도를 실천하는 역행의 공부는 경 상태에 머무르는 거경에서 시작된다고 말할 수 있다"[83]는 것이 퇴계의 입장이며, 율곡도 "삼가 몸가짐을 바르게 하는 거경으로 그 근본을 삼아, 이치를 궁구하는 궁리를 통해 착한 본성을 밝게 깨달으며, 힘써 실행하는 역행을 통해 그 실상을 실천해야 한다"[84]고 하여, '거경'을

82) 至如敬以爲本 而窮理以致知 反躬以實踐 此乃妙心法 而傳道學之要……抑眞知與實踐 如車兩輪 闕一不可 如人兩脚 相待互進 故程子曰 未有致知而不在敬者 朱子曰 若躬行上未有工夫 亦無窮理處 是以二者之功 合而言之 相爲始終 分而言之 則又各自有始終焉(『退溪全書 一』, 疏, 戊辰六條疏 186)

83) 其於致知之方 力行之功 亦可謂其始矣(『退溪全書 一』, 疏, 戊辰六條疏 185)

84) 居敬以立其本 窮理以明乎善 力行以踐其實(『栗谷全書 一』, 擊蒙要訣, 持身章 84)

'궁리'와 '역행'의 바탕으로 보고 있다.[85]

이렇게 '거경'은 도덕인식[窮理]과 도덕실천[力行]의 바탕이 되는 마음가짐과 몸가짐 및 행동거지를 삼가고 추스르는 일이다. 여기서 한 가지 살펴볼 것은 도덕인식과 도덕실천, 곧 궁리와 역행의 바탕으로서 경(敬)을 중시하는 것은 성리학자들만의 관점은 아니라는 사실이다. 공자는 이미 군자의 사람됨에 대한 자로(子路)의 물음에 대해 "군자는 자기를 닦음으로써 삼가게 된 사람[修己以敬]"[86]이라고 하여, 자기를 닦는 것은 경을 기반으로 할 뿐만 아니라 경 상태로 끝맺음을 하는 일임을 밝히고 있는 것이다.

2) 거경의 구체적인 요목: 주의집중과 동기활성화

성리학자들이 이렇게 궁리를 통한 도덕인식과 역행을 통한 도덕실천의 기본적인 바탕으로 제시하는 것이 경 상태에 머무르는 거경(居敬)이다. 그렇다면 구체적으로 어떻게 해야 경 상태에 머무를 수 있게 되는가? "유학에서 경이라는 개념이 본격적으로 내세워져 문제시된 것은 송대의 정이(程頤)부터"[87]인데, 그와 그의 제자들은 거경의 구체적인 방법

---

85) 栗谷은 제자들과의 문답에서 이러한 사실을 거듭 밝히고 있다. 예를 들면 問 輯要存德性道問學章下通論曰 居敬窮理力行三者 於此章略發其端 愚意以爲尊德性兼居敬力行 而道問學只是窮理也 曰 然 力行兼於尊德性中矣 窮理則專屬於道問學(『栗谷全書 二』, 語錄上 240) 및 問 輯要所論居敬窮理力行三者 似未明白 曰 尊德性是居敬 博學於文是窮理 約之以禮是力行 但約禮於力行意似未足(『栗谷全書 二』, 語錄上 255) 같은 데에서 栗谷의 이러한 입장이 잘 드러나고 있다.

86) 子路問君子 子曰 修己以敬 曰 如斯而已乎 曰 修己以安人 曰 如斯而已乎 曰 修己以安百姓 修己以安百姓 堯舜其猶病諸(『論語』, 憲問 45)

87) 김성태, 1989, p. 5.

을 다음과 같이 네 가지로 제시하고 있다.

> 어떤 사람이 "경 상태를 이루려면 어떻게 힘을 써야 합니까?"라고 물었다. 이에 대해 주희는 "정자(程子)는 일찍이 '마음을 하나에 집중시켜서 다른 곳으로 흩어지지 않도록 해야 한다'[主一無適]고 하였고, 또한 '몸가짐을 정돈하여 가지런히 하고, 마음을 엄숙하게 지녀야 한다'[整齊嚴肅]고도 하였다. 그리고 그 문하생인 사씨(謝氏)는 '항상 밝게 사람의 도리를 지키는 일'[常惺惺法]이라 말하였고, 또한 윤씨(尹氏)는 '마음을 거두어들여 다른 생각이 그 속에 들어오지 못하게 하는 일'[其心收斂 不容一物]이 그 요체라고 말하였다"라고 대답하였다. 요컨대, 경(敬)이란 한 마음의 주재자요, 만사의 근본인 것이다. 그 힘써 행해야 할 방도[居敬의 방도]를 알게 되면, 『소학』이 경(敬)에 바탕을 두지 않고는 배움의 처음이 될 수 없음을 깨닫게 되고, 『소학』이 경을 바탕으로 하기 때문에 배움의 처음이 된다는 사실을 깨닫게 되면, 『대학』이 경을 바탕으로 해서라야 배움의 마지막이 된다는 사실을 알게 될 것이다. 그러니 경이란 그 하나로서 배움의 처음과 끝을 꿰뚫고 있다는 사실을 의심하지 말아야 한다.[88]

이 인용문에서는 주일무적(主一無適)·정제엄숙(整齊嚴肅)·상성성법(常惺惺法)·불용일물(不容一物)의 네 가지가 대표적인 경 공부의 방법으

---

88) 或曰 敬若何以用力耶 朱子曰 程子嘗以主一無適言之 嘗以整齊嚴肅言之 門人謝氏之說 則有所謂常惺惺法者焉 尹氏之說 則其心收斂 不容一物者焉云云 敬者一心之主宰 而萬事之本根也 知其所以用力之方 則知小學之不能無賴於此以爲始 知小學之賴此以始 則夫大學之不能無賴於此以爲終者 可以一以貫之而無疑矣(『退溪全書 一』, 聖學十圖, 大學經 203)

로 제시되고 있다. 퇴계는 이 밖에도 여러 곳에서 이 네 가지 경 공부의 방법에 대해 언급하고 있으며,[89] 율곡도 이 네 가지 경 공부의 방법을 받아들이고 있다.[90]

이러한 거경의 상태는 앞에서 보았듯이, 궁리의 근본이어서 사물의 이치를 올바로 이해하게 하는 기능과 함께 이렇게 깨달은 도를 일상생활에서 실천하여 도덕적 완성을 이루게 하는 등 다양한 기능을 갖는다. 이에 대해 퇴계와 율곡은 각각 다음과 같이 언급하고 있다.

> 경을 간직하는 것[持敬]은 생각과 배움을 함께 달성하고[兼思學], 움직이거나 정지해 있는 기거동작이 일관되며[貫動靜], 마음과 행동이 합일되고[合內外], 드러난 것과 숨어 있는 것이 일치하게[一顯微] 만드는 도이다.[91]

> 대개 도(道)의 묘한 것은 헤아릴 수가 없고 정해진 바가 없으나, 오직 경(敬)하면 능히 엉겨 모여서 이 이치가 항상 있게 된다. 마음을 경하게 하면 능히 엉겨 모여서 덕이 마음에 있게 되고, 용모를 경하게 가지

89) 蓋心者一身之主宰 而敬又一心之主宰也 學者熟究於主一無適之說 整齊嚴肅之說 與夫其心收斂 常惺惺之說 其工夫也盡而優 入於聖域而不難矣(『退溪全書 一』, 聖學十圖, 心學圖說 208); 敬之爲說者多端 何如不陷於忘助之病乎 曰 其爲說雖多 而莫切於程謝尹朱之說矣(『退溪全書 四』, 言行錄一, 論持敬 175)

90) 程子又曰 主一之謂敬 無適之謂一……程子曰 整齊嚴肅則心自一 一則無非僻之干矣 嚴威儼恪 非敬之道 但敬須從此入 上蔡謝氏曰 敬是常惺惺法 和靖尹氏曰 敬者 其心收斂 不容一物之謂 或問 三先生言敬之異 朱子曰 譬如此室 四方皆入得 若從一方入至此 則三方入處皆在其中矣(『栗谷全書 一』, 聖學輯要, 修己中 正心章 476)

91) 持敬者 又所以兼思學 貫動靜 合內外 一顯微之道也(『退溪全書 一』, 箚, 進聖學十圖箚 197)

면 능히 엉겨 모여서 덕이 용모에 있게 되며, 귀·눈·코·입에 이르기까지 모두 그렇지 않은 것이 없다. 그러나 경하지 않으면 마음이 방일하여 온몸이 해이하게 이지러져서, 비록 사람의 형체를 갖추고 있다 해도 실제로는 혈기를 가진 살덩어리일 뿐으로, 사물과 전혀 다를 바가 없게 된다. 이렇게 경이란 덕을 모으는 근본이고, 인간의 본성을 완성하고 실천하는[踐形盡性] 요체인 것이다.[92]

이렇게 퇴계와 율곡은 거경(居敬)의 기능을 유학적 도덕실천론의 핵심 위치에 올려놓고 있다. 한마디로 경 상태는 흐트러짐 없는 주의집중의 인지적 기능[主一無適·不容一物][93]과 함께, 실생활에서 몸가짐과 마음가짐을 엄숙히 정돈하여 도에 합치하는 목표를 선택하고 이에 적합한 행동을 활성화하는 동기적 기능[整齊嚴肅·常惺惺法][94]도 지니는 심적 행동적 자기조절의 전체 과정에 해당한다고 볼 수 있다.

(1) 도덕인식과 주의집중

앞에서 성리학자들이 제시한 네 가지 경 공부의 요목[主一無適·整齊嚴肅·常惺惺法·不容一物] 가운데 주일무적(主一無適)과 불용일물(不容一物)은 스스로가 도덕 주체라는 사실과 사회관계에서 추구해야 할 도덕성의 내용을 깨닫는 궁리(窮理)의 기반이 되는 것으로서, 거경이 갖는 주의집

92) 蓋道妙莫測 靡有攸定 惟敬則能凝聚得此理常在 如心敬則能凝聚得德在心上 貌敬則能凝聚得德在貌上 以至耳目口鼻之類 無不皆然 或有不敬 則心君放逸 而百體解弛 雖曰有人之形 而其實塊然血氣之軀 與物無以異矣 此敬之一字 乃聚德之本 而爲踐形盡性之要也(『栗谷全書 一』, 聖學輯要, 修己中 正心章 477)

93) 김성태, 1989, pp. 160-181.

94) 한덕웅, 1994, pp. 91-96.

중의 인지적 기능을 말한다.

주희는 『중용장구(中庸章句)』「서(序)」에 붙인 『서경(書經)』「대우모(大禹謨)」편의 해설에서 이를 다음과 같이 "정밀하게 살피고 마음을 한결같이 하는 일[精一]"에서 찾고 있는데, 이러한 정일(精一)이 곧 거경의 주의집중 기능에 해당된다.[95]

> "인심(人心) 곧 이기적 욕구는 인간을 악으로 이끌기 때문에 오로지 위험하고, 도심(道心) 곧 인간에게 본유적인 도덕성은 잘 드러나지 않기 때문에 오로지 은미하니, 오로지 정밀하고 오로지 한결같이 함으로써, 진실로 그 중도(中道)를 잡으라"는 것은 순(舜)이 우(禹)에게 전수하신 말씀이다 …… 여기서 정밀함[精]은 이 두 가지[人心 · 道心]를 잘 살펴서 서로 뒤섞이지 않게 하는 것이고, 한결같음[一]은 그 본성의 올바름을 지켜서 이에서 벗어나지 않게 하는 것이다.[96]

이와 같이 정밀하게 살피고 마음을 한결같이 하여 본성에 갖추어져 있는 도덕성을 찾아 이를 깨우치는 일이 거경의 인지적 기능이다. 이렇게 거경은 궁리(窮理)의 바탕이 된다는 점에서 도덕인식의 근거이다. 이러한 사실을 율곡은 다음과 같이 진술하고 있다.

> 대개 경(敬)은 위아래로 두루 통하는데, 격물치지(格物致知)는 이 경 안에서 차례를 밟아 나아가야 한다. 지금 사람들은 모두 근본적으로

---

95) 윤사순, 1997, pp. 267-271.

96) 人心惟危 道心惟微 惟精惟一 允執厥中者 舜之所以授禹也……精則察夫二者之間而不雜也 一則守其本心之正而不離也(『中庸章句』, 序): 주희의 『中庸章句』의 편차에 따른 序를 가리킨다. 앞으로 『中庸』의 인용은 이 예를 따른다.

이해하기를 즐겨 하지 아니하고, 경을 입으로만 떠들 줄 알고 이를 붙들어 매어둘 줄을 알지 못한다. 그리하여 근본이 서 있지 않기 때문에 기타 사소한 공부는 어디에 힘을 쏟아야 할지 모르게 된다.[97]

이렇게 거경은 궁리를 통해 치지를 이루는 도덕인식의 바탕이라는 것이 성리학자들의 공통된 견해이다. 즉 도덕인식[窮理]은 경 상태에 머무르는 거경을 통하지 않고는 이루어질 수 없다는 것이 성리학자들의 한결같은 입장인 것이다.

(2) 도덕실천과 동기활성화

앞에서 성리학자들이 제시한 네 가지 경 공부의 요목 가운데 정제엄숙(整齊嚴肅)과 상성성법(常惺惺法)은 몸가짐과 마음가짐을 가지런하고 엄숙하게 하며 항상 각성 상태에 머물러 도덕실천을 위한 노력을 경주하는 행동적 자기조절의 기능을 말하는 것이다. 즉 거경은 도덕인식을 위한 주의집중의 인지적 기능뿐만 아니라, "인간의 목표 추구 활동을 활성화하고 행동적 표출을 자신의 판단에 일치시키도록 방향 지워 주는 동기적 기능도 지닌다"[98]는 것이다.

거경(居敬)의 기능을 이렇게 심적 행동적 자기조절의 전체 과정이라고 보면, 경이 생물적 이기적 동기[人心]를 제어하고 도덕적 동기[道心]를 발양시키는 기능을 한다는 사실은 쉽게 이해된다. 이를 율곡은 다음과 같

97) 大抵敬字 徹上徹下 格物致知 乃其間節次進步處 又曰 今人皆不肯於根本上理會 如敬字只是將來說 更不做將去 根本不立 故其他零碎工夫無湊泊處(『栗谷全書 一』, 聖學輯要, 修己上 收斂章 433-434)

98) 한덕웅, 1994, p. 93.

이 진술하고 있다.

> 경 상태에서는 안으로 욕구가 싹트지 않고, 밖으로 사물의 유혹이 들어오지 못한다 …… 경은 사람의 욕구[人欲]를 대적하는 방도로서, 사람이 항상 경 상태에 있게 되면, 천리가 스스로 밝아지고, 사람의 욕구는 위로 떠오르지 못하게 되는 것이다.[99]

이렇게 경(敬)에 힘입어 생물적 이기적 욕구[人欲]를 제어할 수 있기 때문에 "악을 버리고 선을 따르는 일은 역시 경을 위주로 하는 일[主敬]과 도에 대한 올바른 이해[明理]에 달려 있을 수밖에 없는 것이다."[100] 이렇게 욕구 통제의 기능을 통해 "경은 온갖 사악함을 다 이기게 되므로,"[101] 거경(居敬)은 곧 도심을 발양하고 인심을 억제하여 본유적인 도덕성을 회복하는 직접적인 방도가 된다는 것이 바로 조선조 성리학자들의 입장이었던 것이다. 이러한 점에서 거경은 도덕실천의 근거이다.

이상에서 보았듯이, 사람은 거경을 통해 도덕인식의 지극함에 이르고, 나아가 이를 통해 생물적 이기적 욕구의 근원인 인심을 제어하고, 도덕적 동기의 근원인 도심을 확충함으로써, 인심이 도심의 명령을 따라 도심의 상태로 변모되는[102] 동기의 승화, 곧 도덕실천의 지극함에 이를 수

---

99) 敬則內欲不萌 外誘不入……敬所以抵敵人欲 人常敬則天理自明 人欲上來不得(『栗谷全書 一』, 聖學輯要, 修己中 正心章 476)

100) 其欲去惡而從善 亦在主敬與明理而已(『退溪全書 二』, 書, 答金而精 94)

101) 敬勝百邪(『栗谷全書 一』, 聖學輯要, 修己中 正心章 476)

102) 人心之名 已與道心相對而立 乃屬自家體段上私有底 蓋既曰私有 則已落在一邊了 但可聽命於道心而爲一(『退溪全書 二』, 書, 答李平叔 259); 是故人心道心不能相兼而相爲終始焉……今人之心 直出於性命之正 而或不能順而遂之 間之以私意 則是

있는 존재라는 것, 그리고 이러한 동기의 승화가 곧 수양과 자기개선의 바탕이라는 것이 성리학자들의 핵심 주장이다.

이렇게 거경을 통해 인심이 도심으로 변화됨으로써 동기의 승화가 이루어질 수 있다는 유학자들의 생각은, 인간을 항상 자기개선을 지향하는 과정 속의 존재, 곧 '무한한 가능체'로 파악하는 관점에서 직접 도출되는 것이다. '도덕 주체'이자 '사회적 관계체'인 인간의 완성은 그가 갖추고 있는 도덕실천력, 곧 '가능체'로서의 존재 특성에서 연유하는 것으로, 이는 거경을 통한 자기성찰과 자기개선의 동기활성화를 거쳐 이루어진다는 것이 성리학자들의 관점인 것이다.

始以道心 而終以人心也 或出於形氣 而不咈乎正理 則固不違於道心矣 或咈乎正理 而知非制伏 不從其欲 則是始以人心 而終以道心也(『栗谷全書 一』, 書, 答成浩原 192); 治心者 於一念之發 知其爲道心 則擴而充之 知其爲人心 則精而察之 必以道心節制 而人心常聽命於道心 則人心亦爲道心矣(『栗谷全書 一』, 說, 人心道心圖說 282-283)

제 3 장 자기수양의 필요성과 가능성

유학의 인성론(人性論)에서는 인간도 다른 동물들과 마찬가지로 생존 및 이기적 욕구 같은 다양한 욕구를 가지고 있으며, 또한 이러한 욕구의 충족 여부에 따라 유발되는 감정들을 갖추고 있다고 본다. 이 이외에 인간은 다른 동물들과는 달리 도덕성을 갖추고 있으며, 이 점이 인간을 다른 동물과는 다른 고유한 존재로 만드는 원천이라고 여긴다. 인간에게 이러한 도덕성이 본유적으로 갖추어져 있다는 사실에서 여타 동물과는 다른 인간 삶의 고유성과 독특성이 나오게 된다는 것이다.

이렇게 인간은 욕구와 감정의 주체이면서 동시에 덕성의 주체이기도 하다는 것이 유학자들의 인간 파악의 관점인데, 이 두 가지 특성은 인간에게서 서로 다른 원동력으로 작용한다. 이 가운데 욕구와 감정은 인간이 선(善)에서 벗어나 악(惡)으로 지향하는 원동력으로 작용한다. 곧 인간의 향악(向惡) 가능성은 도덕성 이외에 생물체로서의 인간에게 본유적으로 갖추어져 있는 생물적 이기적 욕구와 자기중심적인 사(私)적 감정으로부터 나온다는 것이 유학자들의 관점이다.

이에 비해 인간만이 고유하게 갖추고 있는 도덕성은 본질적으로 선(善)에 대한 지향성으로 작용함으로써, 인간 삶의 과정에서 기본적으로 두 가지 중요한 기능을 수행한다고 볼 수 있다. 그 하나는 인간이 본유적인 선에서 벗어나 악을 지향할 가능성을 제어하는 자기억제의 기능이다. 또 하나는 일상생활에서 자기의 행위를 돌이켜 보고 반성함으로써, 잘못을 고치고 선으로 지향하는 자기성찰의 기능이다.

도덕적 지향성으로부터 발원하는 수양의 핵심은 이렇게 인간을 악으로 이끌기 쉬운 생물적 이기적 욕구와 사적 감정을 억제하는 일과 자기성찰을 통해 잘못을 고쳐 선으로 나아가는 일의 두 가지 방안으로 이루어진다는 것이 유학적 수양론의 주장이다. 이러한 수양의 최종 목적은 함께 삶을 영위하고 있는 다른 사람들에 대해 관심을 가지고 그들을 우선적으로 배려함으로써, 그들과 일체화를 이루어 조화로운 사회관계를 형성하고 유지하는 존재확대의 이상을 이루는 일이다.

이 장에서는 유학자들이 제시하는 구체적인 수양의 방안에 들어가기 전에 우선 유학적 수양론의 배경으로서 수양이 필요한 원천과 그 가능한 근거에 관해 고찰해 보기로 하겠다. 여기서 수양의 필요성은 욕구와 감정의 주체로서의 인간의 향악(向惡) 가능성을 기반으로 하여 살펴보고, 수양이 가능한 근거는 덕성 주체로서의 인간의 도덕 본유성과 이에 대한 지향성에 관한 논의를 중심으로 하여 도출해 보기로 하겠다.

1. 인간의 향악(向惡) 가능성

생물체로서의 인간은 여타 동물과 마찬가지로 이기적인 생존 욕구와 사적인 감정의 체계를 갖추고 있는 존재라는 것이 유학자들의 관점이다. 이렇게 인간이 갖추고 있는 이기적 욕구와 사적인 감정의 체계는 인간을 악으로 향하게 하는 근거가 된다는 것이 유학자들의 주장이다. 그러므로 유학적 수양의 제일의 요체는 이러한 향악(向惡) 가능성으로서의 이기적 욕구와 사적 감정을 억제하고, 이를 타인을 우선적으로 고려하고 배려하는 타인지향적 욕구와 감정의 수준으로 끌어올려 승화(昇華)시키는 일이다.

태어나면서부터 본유적인 착한 본성(도덕성)을 갖추고 있는 인간이 악하게 될 수 있는 것은 이기적 생존 욕구와 사적인 감정을 추구함으로써, 이들이 몰고 오는 폐단으로 말미암아 본래 인간에게 갖추어져 있는 도덕성을 잃거나 놓쳐 버리기 때문이다. 즉 생물체로서의 생존과 이기적인 욕구의 충족을 도모하는 과정에서, 그리고 개인중심적인 사적인 정서가 유발되는 과정에서 본래의 도덕성을 잃어버리거나[失心] 놓쳐 버림으로써[放心] 필연적으로 악에 물들게 된다는 것이다.

1) 생물적 이기적 욕구와 향악 가능성

유학사상에서 제시되고 있는 욕구 또는 동기이론을 살펴보기 위해서는 우선 선진(先秦) 시대 유학자들의 경전에서 '욕'(欲)이라는 글자가 어떠한 함의를 가지고 어떻게 사용되고 있는지 하는 점[1]과 식(食) · 색(色) · 생(生) · 부(富) · 귀(貴) · 이(利) 같이 그 추구 대상이 분명히 욕구 또는 동기적인 함축을 가지고 있는 내용에 대한 진술들을 찾아보아야 한다. 이와 더불어 성리학에서는 인심도심설(人心道心說)이라는 명확한 동기이

1) '욕'(欲)이란 글자는 『論語』에 45회, 『孟子』에 93회, 『荀子』에 242회 출현하는데 (『論語引得』 · 『孟子引得』 · 『荀子引得』 참조), 이 중 그 추구 대상이 비교적 분명하게 기술되어 있어 동기적 함축이 분명하므로 이 논의에서 분석 대상이 된 것은 각각 32회, 50회, 171회이다.

론을 제시하고 있으므로, 이 내용도 살펴보아야 할 것이다.[2)]

공자를 비롯한 맹자와 순자 같은 선진유학자들이 직접적으로 제시하고 있거나 암묵적으로 인정하고 있는 인간의 욕구 또는 동기의 종류는 상당히 다양한데, 다음 네 가지 유형의 욕구가 인간에게 모두 갖추어져 있다는 사실에 대해서는 이들 유학자들의 생각이 일치하고 있다.

첫째는 생물체로서의 생존 욕구이다. 여기에는 배고픔[食], 목마름[飮], 성욕[色], 편안하게 거처함[居], 생명 유지[生 · 壽], 감각적 쾌락 및 편안함의 추구[安佚] 같은 욕구들이 포함된다. 이들은 모두 생물체로서의 생존과 관련되는 욕구들이거나, 감각적 쾌락을 추구하려는 욕구들이다. 이러한 생존 욕구의 본유성에 대한 유학자들의 생각은 다음의 인용문에 잘 드러나 있다.

> 무릇 사람에게는 한 가지로 똑같은 바가 있다. 굶주리면 배불리 먹기를 바라고, 추우면 따뜻해지기를 바라며, 피로하면 휴식을 취하기를 바란다 …… 이것은 사람이 태어나면서부터 갖추고 있는 바로서, 그렇게 되기를 기다려서 그러한 것이 아니다. 이는 성인인 우(禹)나 악인인 걸(桀)이나 똑같다.[3)]

> 무릇 같은 종(種)끼리는 모두 서로 비슷한 법이다. 어찌 다만 사람에게서만 그렇지 않다고 의심할 수 있겠는가? …… 입으로 즐기는 맛에는 똑같이 좋아하는 것이 있고, 귀로 즐기는 소리에도 똑같이 좋아하는

---

2) 유학의 욕구이론에 대해서는 졸저(조긍호, 2017a, pp. 258-334) 참조.

3) 凡人有所一同 飢而欲食 寒而欲煖 勞而欲息……是人之所生而有也 是無待而然者也 是禹桀之所同也(『荀子』, 榮辱 31): 非相 8-9에도 凡人有所一同을 제외한 똑같은 구절이 나온다.

> 소리가 있으며, 눈으로 즐기는 아름다움에도 똑같이 좋아하는 아름다움이 있는 법이다.[4]

둘째는 자기의 이익을 추구하고자 하는 이기적 욕구이다. 여기에는 부자가 되는 것[富], 귀하게 되는 것[貴], 이익 추구[利], 빈천(貧賤) 회피 및 탐욕[慾 · 得] 같은 욕구들이 포함된다. 이들은 모두 개체로서의 자기의 이익을 다른 사람의 이익보다 앞세우고 먼저 추구하고자 하는 욕구들이다. 이러한 이기적 욕구가 인간에게 갖추어져 있다는 사실을 유학자들은 다음과 같이 진술하고 있다.

> 무릇 귀(貴)하기로는 천자(天子)가 되고 싶고, 부(富)하기로는 천하를 소유하고 싶은 것, 이는 사람의 본성으로 모두 똑같이 바라는 것이다.[5]

> 부(富)와 귀(貴)는 사람들이 누구나 바라는 바이다. 그러나 올바른 도(道)로써 얻은 것이 아니면, 이에 머무르지 말아야 한다.[6]

셋째는 사회적 존재로서 다른 사람과의 관계에서 비롯되는 사회적 경쟁의 욕구이다. 여기에는 자기표현과 자랑[言 · 辭 · 伐], 투쟁[勝人 · 很 · 鬪爭], 지배[王 · 制人], 지위 추구[爵], 명예 추구[功名], 친애와 모임[群] 및 타인의 인정 추구 같은 욕구들이 포함된다. 이들은 사회관계에서 자기

---

4) 凡同類者 擧相似也 何獨至於人而疑之……口之於味也 有同耆焉 耳之於聲也 有同聽焉 目之於色也 有同美焉(『孟子』, 告子上 7)

5) 夫貴爲天子 富有天下 是人情之所同欲也(『荀子』, 榮辱 39)

6) 富與貴 是人之所欲也 不以其道得之 不處也(『論語』, 里仁 5)

를 표현하고 제시함으로써 타인으로부터의 수용을 추구하거나, 사회적 자원에 대해 타인과 직접 경쟁하고 있는 장면에서 작용하는 욕구들이다. 이러한 사회적 욕구의 본유성에 대해서는 다음 인용문에 잘 드러나 있다.

> 맹자는 "땅을 넓히고 백성의 수를 불리는 일은 군자가 바라는 바이나, 즐거워함은 여기에 있지 않다"고 말하였다.[7]

> 뜻이 굽고 사사로우면서도 남들이 자기를 공평하다고 인정해 주기를 바라고, 행실이 더럽고 방탕하면서도 남들이 자기를 도덕적인 수양이 이루어졌다고 인정해 주기를 바라며, 어리석고 비루하면서도 남들이 자기를 지혜롭다고 인정해 주기를 바라는 것, 이것이 바로 보통 사람들이다.[8]

넷째는 동물과 달리 인간을 진실로 인간답게 하는 근거로서의 도덕적 지향성의 욕구이다. 여기에는 선(善)에의 지향[欲仁 · 欲義 · 欲禮 · 欲善], 도덕 체득 및 실천, 역할 수행, 인정(仁政)을 펼침 같은 욕구들이 포함된다. 이들은 동물들과는 달리 인간만이 본유적으로 갖추고 있는 도덕성을 체득하고, 이를 실생활 장면에서 실천하려는 의지를 낳는 욕구들이다. 이러한 도덕적 지향성 욕구의 본유성에 관한 공자 · 맹자 · 순자의 주장은 다음 인용문에 잘 드러나고 있다.

---

7) 孟子曰 廣土衆民 君子欲之 所樂不存焉(『孟子』, 盡心上 21)

8) 志不免於曲私 而冀人之以己爲公也 行不免於汙漫 而冀人之以己爲脩也 其愚陋溝瞀 而冀人之以己爲知也 是衆人也(『荀子』, 儒效 37)

인(仁)이 멀리 있는가? 그렇지 않다. 내가 인을 행하고자 하면, 마음속으로부터 곧바로 인이 떠오르는 법이다.[9)]

군자가 인간의 성품이라고 여기는 것은 사람의 마음속에 뿌리박고 있는 도덕적 지향성[仁義禮智]이다.[10)]

의[義: 도덕적 욕구]와 이[利: 이기적 욕구]는 사람이 함께 가지고 있는 것이다. 비록 요(堯)와 순(舜) 같은 성인도 사람들의 이익 추구 욕구를 다 없앨 수는 없지만, 이익 추구 욕구가 의를 좋아하는 마음, 곧 도덕적 욕구를 이기지 못하게 할 수는 있다.[11)]

이러한 욕구 가운데 도덕적 지향성의 욕구는 선(善)을 지향하는 행동의 근거이지만, 나머지 세 가지 욕구(생물체적 생존 욕구, 자기이익 추구의 이기적 욕구, 사회적 경쟁의 욕구)는 인간을 악(惡)으로 이끌 위험성이 큰 욕구들이라는 것이 선진유학자들의 의견이다. 성리학자들은 생존 욕구와 이기적 욕구 및 사회적 경쟁의 욕구는 인간을 악으로 이끄는 인심(人心)인 반면, 도덕적 지향성의 욕구는 인간 선성(善性)의 근거인 도심(道心)이라는 인심도심설(人心道心說)을 통해 선진유학자들과 같은 욕구이론을 제시하고 있다.

인간에게 갖추어져 있는 욕구는 이렇게 향악 가능성이 큰 생존 및 이기적 욕구[人心]와 인간을 선으로 이끄는 도덕적 지향성의 욕구[道心]로

---

9) 子曰 仁遠乎哉 我欲仁 斯仁至矣(『論語』, 述而 29)

10) 君子所性 仁義禮智根於心(『孟子』, 盡心上 21)

11) 義與利者 人之所兩有也 雖堯舜 不能去民之欲利 然而能使其欲利不克其好義也(『荀子』, 大略 20)

대별할 수 있다는 것이 모든 유학자의 논지이다. 그러므로 삶의 과정에서 인간을 악으로 이끌 가능성이 큰 생존 및 이기적 욕구, 곧 인심은 가능한 한 억제하고, 자기보다 우선 다른 사람을 배려하는 선한 행동의 근거가 되는 도덕적 지향의 욕구, 곧 도심은 적극적으로 권장해야 한다는 주장이 성덕(成德)을 인간 삶의 목표라고 간주하는 유학자들이 제시하는 동기이론의 뼈대를 이룬다.

2) 자기중심적 정서와 향악 가능성

유학의 체계에서 인간의 향악 가능성은 인간이 생존 욕구와 이기적 욕구, 곧 인심을 갖추고 있다는 사실에서만 연유하는 것은 아니다. 인간이 외부의 대상 또는 스스로에 대해서 경험하는 감정 상태도 인간을 악의 상태로 이끌 수 있다는 것이다. 유학사상에서 감정(정서) 상태에 관한 이론을 도출하기 위해서는 우선 선진유학의 경전들에서 오늘날 정서 상태를 지칭하는 '정'(情)이라는 용어[12]와 기쁨[喜]·노함[怒]·슬픔[哀]·두려

12) '정'(情)이란 글자는 『論語』에 두 번 나오고(子路 4; 子張 19), 『孟子』에는 네 번 나오는데(滕文公上 4; 離婁下 18; 告子上 6, 8), 모두 진심·진실·본질·본성의 뜻으로 쓰일 뿐, 오늘날과 같은 정서 또는 감정의 의미는 없다. 선진유학의 경전들 가운데 '정'(情)이 유개념(類概念)으로서의 정서의 의미로 쓰이는 것은 『荀子』에서가 처음이다. '정'(情)이란 글자는 『荀子』에 모두 118회나 나오고 있는데, 이 가운데 대부분(91회)은 정(情) 한 글자만으로 의미를 가지는 것이고, 성정(性情, 2회)·정성(情性, 18회)·정욕(情欲, 4회)·천정(天情, 3회)과 같이 두 글자가 연합해서 쓰임으로써 의미를 갖게 되는 경우가 27회나 된다(『論語引得』·『孟子引得』·『荀子引得』 참조). 『荀子』에서 쓰이는 정(情)도 대부분은 『論語』나 『孟子』에서와 마찬가지로 진실·진정·진실된 마음 등의 뜻을 가진다. 그러나 『荀子』에서 '정'(情)은 인간이 태어나면서부터 갖추고 있는 생물적 욕구와 정서적인 측면을 포괄하는 용어로 쓰이는 경우가 많다는 점이 특이한 사실이다. 대체로 성정·정

움[懼] · 즐거움[樂] · 좋아함[好] 같이 감정 상태를 표현하는 용어가 어떠한 함의를 가지고 어떻게 사용되고 있는가 하는 점을 살펴보아야 할 것이다. 이와 더불어 성리학에서는 사단칠정설(四端七情說)이라는 명확한 정서이론을 제시하고 있으므로, 이 내용도 살펴보아야 할 것이다.13)

유학의 경전들에서 나타나는 이러한 정서 관련 용어의 분석을 근거로 삼으면, 공자 · 맹자 · 순자 등 유학자들이 직접적으로 제시하고 있거나 암묵적으로 인정하고 있는 인간의 정서의 종류는 상당히 다양한데, 이들은 자기를 1차적인 참조대상으로 하는 것과 타인 및 도덕 규범을 1차적인 참조대상으로 하는 것의 두 가지 유형으로 나눌 수 있다.

유학자들이 제시하는 정서 가운데 자기를 1차적인 참조대상으로 하는

성 · 정욕이라고 연용되어 쓰일 때는 생물적 욕구 체계를 가리키는 의미를 갖지만, 천정(天情)으로 연용되어 쓰일 때와 정(情) 한 글자로만 쓰이는 몇몇의 경우에는 [예: "사람의 육체가 갖추어지고 정신이 생겨나면, 여기에는 좋아함〔好〕 · 미워함〔惡〕 · 기쁨〔喜〕 · 성냄〔怒〕 · 슬픔〔哀〕 · 즐거움〔樂〕이 갖추어져 있는데, 이를 '자연적 정서'〔天情〕라고 한다"(形具而神生 好惡喜怒哀樂臧焉 夫是之謂天情, 天論 24); "사람의 본성에 갖추어져 있는 좋아함〔好〕 · 미워함〔惡〕 · 기쁨〔喜〕 · 성냄〔怒〕 · 슬픔〔哀〕 · 즐거움〔樂〕을 일러 '정'(情)이라 한다"(性之好惡喜怒哀樂 謂之情, 正名 2)] 개별적인 감정 반응을 포괄하는 유개념으로서의 정서를 가리키는 의미로 사용되고 있다. 이러한 예들에서 보면, 순자는 '정'(情)에 정서의 의미를 부여하고 있으며, 따라서 선진유학자들 가운데 '정'(情)을 정서의 유개념으로 사용하는 것은 순자가 효시를 이룬다. 『禮記』에서는 유학자들이 억제해야 할 감정으로 개념화하는 대표적인 정서인 '칠정'(七情)이 처음으로 언급되어(何謂人情 喜怒哀懼愛惡欲 七者弗學而能……故聖人之所以治人七情 脩十義 講信脩睦 尙辭讓 去爭奪 舍禮何以治之, 禮運 301), '정'(情)이 유개념으로서의 정서 또는 감정의 의미로 쓰이고 있다. 이러한 예들에서 보면, 『荀子』와 『禮記』의 기자는 '정'(情)에 정서의 의미를 부여하고 있으며, 따라서 선진유학자들 가운데 '정'(情)을 정서의 유개념으로 사용하는 것은 『荀子』와 『禮記』의 기자가 효시를 이룬다.

13) 유학의 정서이론에 대해서는 졸저(조긍호, 2017a, pp. 336-398) 참조.

정서가 '자기중심적 정서'이다. 이는 외부 대상이나 조건이 개인의 감정적 흥분을 촉발하여 경험되는 것으로서, 개인 자신에 대한 지향성이 큰 정서이다. 애(哀)와 애(愛)를 제외한 대부분의 칠정(七情)으로 대표되는 것이 자기중심적 정서이다.

이들 자기중심적 정서에는 칠정 중 '기쁨'[喜], '성냄'[怒], '두려움'[懼], '미워함'[惡]의 정서와 그밖에 '성내고 원망함'[慍], '걱정하고 근심함'[患], '근심하고 괴로워함'[憂], '원망함'[怨], '두려워함'[畏], '겁내고 무서워함'[恐], '싫어함'[疾], '분하게 여겨 화냄'[忿], '슬프게 여기고 걱정함'[戚], '자기를 내세우고 자랑함'[伐] 등이 포함된다. 유학자들에게 이들은 부정적으로 평가되어, 대체로 내적으로 통제하고 조절해야 할 정서로 제시되고 있다.

유학자들이 제시하는 정서 가운데 자기 이외의 타인과 도덕 규범을 일차적인 참조대상으로 하는 정서가 '타인 · 규범중심적 정서'이다. 이는 도덕적 지향성 또는 인의를 체득한 군자의 마음속으로부터 우러나오는 것이라는 점에서 '규범중심적 정서'이면서, 타인 및 사회에 대한 관심과 배려를 바탕으로 하는 것이라는 점에서 '타인지향적 정서'이기도 하다. 이는 측은 · 수오 · 사양 · 시비의 사단(四端)으로 대표된다.

이들 타인 · 규범중심적 정서에는 칠정 중 '슬퍼함'[哀], '아끼고 사랑함'[愛]과 그 밖에 '마음속으로부터 우러나오는 기쁨'[悅 · 說], '마음속으로부터 좋아함'[好], '마음속으로부터 즐거워함'[樂], '부끄러워함'[恥 · 羞惡], '불쌍히 여김'[矜 · 惻隱], '좋아함'[樂 · 喜好] 등이 포함된다. 유학자들에게 이들은 긍정적으로 평가되어, 대체로 수양의 과정에서 권장되는 정서들이다.

이러한 정서들 가운데 타인 및 규범지향적 정서는 선(善)을 지향하는 행동을 유발할 수 있는 근거이지만, 자기중심적 정서는 인간을 악(惡)으로 이끌 위험성이 큰 정서들이라는 것이 선진유학자들의 의견이다. 성리학자들은 전자의 대표를 칠정(七情), 후자의 대표를 사단(四端)이라고 보는 사단칠정설(四端七情說)을 통해 선진유학자들과 같은 정서이론을 제시하고 있다.

인간에게 갖추어져 있는 정서는 이렇게 향악 가능성이 큰 자기중심적 정서[七情]와 인간을 선으로 이끄는 도덕적 지향성의 정서[四端]로 대별할 수 있다는 것이 모든 유학자의 논지이다. 그러므로 삶의 과정에서 인간을 악으로 이끌 가능성이 큰 자기중심적 정서, 곧 칠정은 가능한 한 억제하고, 자기보다 우선 다른 사람을 배려하는 선한 행동의 근거가 되는 도덕 및 규범 지향의 정서, 곧 사단은 적극적으로 권장해야 한다는 주장이 인간 삶의 목표를 성덕이라고 간주하는 유학자들이 제시하는 정서이론의 기본 골자이다.

2. 향악의 근원 1: 생존 및 이기적 욕구의 추구

이렇게 인간에게 본유적인 욕구들 중 생존 욕구와 이기적 욕구, 그리고 다양한 정서 중 자기중심적인 정서가 인간에게 고유한 도덕심을 잃게 만들어 인간을 악으로 이끌게 되는 근원은 무엇인가? 다양한 욕구들은 그 충족 조건이 타인이나 외부 환경에 달려 있는 것[在外者 · 在人者 · 在天者]과 스스로가 하기에 달려 있는 것[在己者 · 在我者]으로 나눌 수 있으며, 다양한 정서들도 그 유발 조건이 타인이나 외부 환경에 달려 있는 것[在外者 · 在人者 · 在天者]과 스스로가 하기에 달려 있는 것[在己者 · 在我者]으로 나눌 수 있는데, 이중 전자를 과도하게 추구하는 것이 인간을 악으로 이끄는 근원이 된다는 것이 유학자들의 기본 관점이다.

1) 재외자(在外者) 욕구와 재기자(在己者) 욕구

앞에서 보듯이, 유학자들은 인간에게는 누구에게나 생물학적 생존 욕구, 이기적 욕구, 사회적 경쟁 욕구 및 도덕적 지향성 욕구의 네 가지가 본유적으로 갖추어져 있다는 사실에 대해 견해가 일치하고 있다. 그런데 이 네 가지 욕구들은 그 충족 조건에서 차이가 있다는 것이 유학자들의 생각이다. 곧 이러한 욕구들은 욕구 당사자 외부의 환경 조건이나 상황 또는 타인에 의해 그 충족 여부가 결정되는 것들[在外者 · 在人者 · 在天者]과 욕구 당사자 스스로가 하기에 따라 그 충족 여부가 결정되는 것[在己者 · 在我者]의 두 종류로 나뉜다는 것이다. 유학자들의 욕구이론은 이러한 욕구 충족 조건의 차이에 관한 기본 전제에서 출발한다.

위의 네 가지 욕구들 가운데 생물학적인 생존 욕구, 이기적인 자기이익 추구 욕구, 그리고 사회적인 경쟁 욕구의 세 가지는 모두 외적인 조건에 의해 그 충족 여부가 결정되는 재외자(在外者)들이라는 것이 유학자들의 생각이다. 다음 인용문은 그들의 이런 관점을 잘 드러내고 있다.

> 생명 유지의 문제[死 · 生]는 외적 조건[命]에 달려 있고, 부(富)와 귀(貴)도 외적 조건[天]에 달려 있다.[14)]

> 입의 맛에 관한 것, 눈의 색깔에 관한 것, 귀의 소리에 관한 것, 코의 냄새에 관한 것, 사지의 안일에 관한 것, 이들은 누구에게나 갖추어져 있

14) 死生有命 富貴在天(『論語』, 顔淵 5)

> 는 타고난 본성[性]이기는 하다. 그러나 이들은 외적 조건[命]에 의해 충족 여부가 결정되는 것이니, 군자는 이를 인간에게만 고유한 본성이라 일컫지 않는다.[15)]

> 높은 지위에 올라 공물(貢物)과 봉록(俸祿)을 많이 받고, 위세(威勢)가 당당하며, 위로는 천자(天子)나 제후(諸侯)가 되고, 아래로는 재상의 지위에 오르는 것, 이것은 자기의 외부로부터 오는 영예(榮譽)로, 이를 외부 조건적 영예[勢榮]라고 한다.[16)]

이에 비해 도덕적 지향성 욕구는 개인 스스로의 수양 정도에 따라 그 충족 여부가 결정되는 재기자(在己者)이다. 이러한 사실은 다음 인용문에 잘 드러나 있다.

> 인(仁)을 행하는 것은 자기에게 달려 있는 일이지, 어찌 남에게 달려 있는 일이겠는가?[17)]

> 인(仁)의 부자(父子)에 관한 것, 의(義)의 군신(君臣)에 관한 것, 예(禮)의 손님과 주인에 관한 것, 지(智)의 현명한 사람에 관한 것, 성인(聖人)의 천도(天道)에 관한 것, 이들은 하늘이 부여해 준 것[命]이다. 거기에는 사람이 고유하게 할 일[性]이 있으므로, 군자는 이를 외적인 근

---

15) 口之於味也 目之於色也 耳之於聲也 鼻之於臭也 四肢之於安佚也 性也 有命焉 君子不謂性也(『孟子』, 盡心下 24)

16) 爵列尊 貢祿厚 形勢勝 上爲天子諸侯 下爲卿相士大夫 是榮之從外至者也 夫是之謂勢榮(『荀子』, 正論 29)

17) 爲仁由己 而由人乎哉(『論語』, 顏淵 1)

거를 갖는 일이라 일컫지 않는다.[18]

하고자 하는 바[志意]가 훌륭하게 닦이고, 덕의 행실[德行]이 두터워지며, 지혜와 사려[知慮]가 명석해지는 것, 이것은 모두 자기 자신의 내부로부터 우러나온 영예(榮譽)로, 이를 도덕적 영예[義榮]라고 한다.[19]

이렇게 사람의 욕구에는 그 충족 여부가 외부 상황이나 환경 또는 다른 사람 같은 외적 조건에 달려 있는 재외자와 그 충족 여부가 스스로가 하기에 달려 있는 재기자의 두 가지가 있는데, 전자는 아무리 열심히 추구하더라도 충족하지 못하는 경우가 다반사이지만, 후자는 열심히 추구하기만 하면 항상 충족할 수 있다는 것이 유학자들의 의견이다.

충족 여부가 스스로에게 달려 있는 것[在我者]은 구하면 얻어지고, 내버려두면 없어지는 것이어서, 애써 노력하면 반드시 얻어지게 마련이지만, 충족 여부가 외적 조건에 달려 있는 것[在外者]은 구하는 데 방법이 따로 있고, 또 얻어지느냐의 여부는 외적 조건[命]에 달려 있으므로, 애써서 구하려 해도 별로 잘 얻어지지 않는다.[20]

그러나 재외자 대신 재기자를 추구하는 것은 사람에게 있어 그리 쉬운 일이 아니다. 이는 도덕적 수양을 이룬 군자에게서나 가능한 일이다. 이

18) 仁之於父子也 義之於君臣也 禮之於賓主也 智之於賢者也 聖人之於天道也 命也 有性焉 君子不謂命也(『孟子』, 盡心下 24)

19) 志意修 德行厚 知慮明 是榮之由中出者也 夫是之謂義榮(『荀子』, 正論 28-29)

20) 求則得之 舍則失之 是求有益於得也 求在我者也 求之有道 得之有命 是求無益於得也 求在外者也(『孟子』, 盡心上 3)

러한 사실은 다음과 같은 지적에서 잘 드러나고 있는데, 바로 이 점이 유학적 욕구이론의 토대가 되는 논점이다.

> 비루한 사람들은 이기적 욕구를 충족하지 못하면 어떻게 하면 이를 충족할 수 있을까 걱정하고, 이미 충족하고 나면 혹시 이를 잃어버리지 않을까 걱정한다. 그들이 이렇게 한번 얻은 것을 잃어버리지 않을까 걱정하게 되면, 아무 짓이나 마구 하게 된다.[21]

> 군자(君子)는 그 충족 여부가 자기에게 달려 있는 것[在己者]을 삼가 행하고, 외적 조건에 달려 있는 것[在天者]에 연연해하지 않는다. 그렇기 때문에 군자는 날로 발전한다. 이에 비해 소인(小人)은 그 충족 여부가 자기가 하기에 달려 있는 것은 버려두고, 외적 조건에 달려 있는 것에 연연해한다. 그렇기 때문에 소인은 날로 퇴보하는 것이다. 그러므로 군자가 날로 발전하고, 소인이 날로 퇴보하는 이치는 한 가지로서, 군자와 소인의 차이가 큰 것은 바로 여기에 그 까닭이 있는 것이다.[22]

성리학에서도 "인심(人心)은 곧 사(私)적인 욕구에서 나오는 것이고 …… 도심(道心)은 곧 도덕적 지향성[義理]에서 기원하는 것이다 …… 실로 사람의 겉으로 드러난 신체 조건에서 나오면 모두 인심이 아닐 수 없

---

21) 其未得之也 患得之 既得之也 患失之 苟患失之 無所不至矣(『論語』, 陽貨 15): 여기서의 其는 鄙夫를 가리킨다.

22) 故君子敬其在己者 而不慕其在天者 小人錯其在己者 而慕其在天者 君子敬其在己者 而不慕其在天者 是以日進也 小人錯其在己者 而慕其在天者 是以日退也 故君子之所以日進 與小人之所以日退一也 君子小人之所以相縣者在此耳(『荀子』, 天論 28-29)

고, 사람의 내적인 도덕적 지향성에 근원을 두게 되면 곧 도심이 된다"[23] 거나 "사람의 마음이 발동할 때에는 도덕적 지향성(효성 · 충성심 · 측은지심 · 수오지심 · 공경지심 등)에 따라 발동하는 경우가 있는데 …… 이를 도심이라 하고, 신체 조건(배고픔 · 추위 · 피로감 · 성욕 등) 때문에 발동되는 경우가 있는데 …… 이를 인심이라 한다"[24]고 하여, 인심에 속하는 생존 욕구, 이기적 욕구, 사회적 경쟁 욕구 등은 외적 조건에 의해 유발되는 욕구이고, 도덕적 지향성은 개인 내적 근원에 의해 유발됨을 분명히 하고 있다.

이와 같이 유학사상에서는 인간의 욕구 또는 동기는 그 충족 여부가 외적 조건에 달려 있어서 개인이 어찌하기 힘든 욕구들(생존 욕구, 이기적 욕구, 경쟁 욕구)과 그 충족 여부가 개인의 수양 여부에 달려 있어서 개인이 하기에 따라 달라지는 욕구(도덕적 지향성의 욕구)의 두 유형으로 나누어진다고 보고 있는 것이다.

2) 재외자 욕구의 추구와 그것이 몰고 오는 폐단

이상에서 보듯이, 유학사상에서는 생물체로서의 생존 욕구, 자기이익 추구의 이기적 욕구 및 사회생활에서의 경쟁 욕구 들은 그 충족의 여부가 개인이 어찌할 수 없는 외적 조건에 달려 있다고 본다. 바로 이러한

---

23) 人心卽覺於欲者……道心卽覺於義理者……實以生於形氣 則皆不能無人心 原於性命 則所以爲道心(『退溪全書 一』, 聖學十圖, 心學圖說 208)

24) 情之發也 有爲道義而發者 如欲孝其親 欲忠其君 見孺子入井而惻隱 見非義而羞惡 過宗廟而恭敬之類 是也 此則謂之道心 有爲口體而發者 如飢欲食 寒欲衣 勞欲休 精盛思室之類 是也 此則謂之人心(『栗谷全書 一』, 說, 人心道心圖說 282)

까닭에 이러한 욕구들을 무한정 추구하다 보면, 도덕적 지향성의 욕구를 잃어버릴 뿐만 아니라 여러 가지 폐단에 빠져, 결국 악으로 흐를 가능성이 높아진다는 것이 유학자들의 주장이다.

공자는 재외자에 속하는 욕구들은 사람이 그 충족의 여부를 스스로 통제할 수 없기 때문에, 이러한 욕구에 가리어지면 강직하지 못하게 되거나,[25] 사물의 이치에 어두워 의혹에 사로잡히게 되거나,[26] 무엇이든지 하지 않는 일이 없이 마구 덤비게 되거나,[27] 다른 사람의 원망을 많이 받게 되거나,[28] 일이 제대로 이루어지지 않거나,[29] 인륜을 크게 어지럽히는[30] 폐단에 빠지게 된다고 본다.

맹자도 도덕적 욕구를 제외한 나머지 욕구들은 사람이 스스로 통제할 수 없기 때문에, 이러한 욕구에 가리어지면 욕구의 바름[正]을 잃게 된다고 본다. 그리하여 이러한 생물적 이기적 욕구에 가리어지게 되면, 아무것이나 마구 먹고 마시거나,[31] 방탕 · 편벽 · 사악 · 사치한 일을 마구 저지르게 되고,[32] 또한 남의 것을 빼앗지 않으면 만족하지 못한다.[33] 이렇게 도덕적 욕구를 미루어 두고 이기적 생물적 욕구만을 추구하다 보면, 마음의 걱정거리를 풀어버리지 못하여,[34] 인생과 국가를 망치기도 한

25) 子曰 棖也慾 焉得剛(『論語』, 公冶長 10)

26) 愛之欲其生 惡之欲其死 旣欲其生 又欲其死 是惑也(顔淵 10)

27) 其未得之也 患得之 旣得之也 患失之 苟患失之 無所不至矣(陽貨 15)

28) 子曰 放於利而行 多怨(里仁 12)

29) 無見小利……見小利 則大事不成(子路 17)

30) 欲潔其身而亂大倫(微子 7)

31) 飢者易爲食 渴者易爲飮(『孟子』, 公孫丑上 1); 飢者甘食 渴者甘飮 是未得飮食之正也 飢渴害之(盡心上 27)

32) 苟無恒心 放僻邪侈 無不爲已(梁惠王上 7; 滕文公上 3)

33) 苟爲後義而先利 不奪不饜也(梁惠王上 1)

다.[35] 이와 같이 이기적 생물적 욕구만을 추구하는 것은 사물에 가려서 이에 이끌림으로써,[36] 자기의 도덕적 수양에 방해가 될 뿐만 아니라 삶의 전체 과정을 그르치는 폐단에 빠지게 되는 것이다.

순자도 생존 욕구, 이기적 욕구 및 사회적 경쟁 욕구들은 도덕적 욕구와는 달리 스스로 통제할 수 없는 욕구들이기 때문에, 이러한 욕구들을 제한 없이 추구하면, 천하의 온갖 폐해가 이로부터 일어나게 된다고 본다.[37] 이기적 욕구를 앞세우고 도덕적 욕구를 뒤로 돌리는 것은 치욕을 불러오는 일이며,[38] 이렇게 되면 욕구에 가리어 큰 이치에 어둡게 됨으로써,[39] 의혹에 빠진 채 무슨 일을 해도 즐겁지 않고,[40] 무엇이 화(禍)인지 복(福)인지도 모르게 된다.[41] 또한 사물의 노예가 되어[以己爲物役][42] 날로 퇴보하게 됨으로써,[43] 인륜도 저버리고,[44] 아무 일이나 마구 하는 소인이 되고 마는 것이다.[45] 그리하여 만일 군주가 이렇게 이기적 욕구만을 추구하면 난세가 되고,[46] 나라를 상하게 하여,[47] 결국에는 망하게

---

34) 人悅之 好色 富貴 無足以解憂者 惟順於父母 可以解憂(萬章上 1)

35) 是君臣父子兄第 終去仁義 懷利而相接 然而不亡者 未之有也(告子下 4)

36) 耳目之官 不思而蔽於物 物交物 則引之而已矣(告子上 15)

37) 天下害生縱欲(『荀子』, 富國 2)

38) 先利而後義者辱(榮辱 25)

39) 蔽於一曲 闇於大理(解蔽 1)

40) 以欲忘道 則惑而不樂(樂論 7)

41) 離道而內自擇 則不知禍福之所託(正名 25)

42) 故欲養其欲 而縱其情……夫是之謂以己爲物役(正名 26-27)

43) 小人錯其在己者 而慕其在天者 是以日退也(天論 29)

44) 人情何如……妻子具 而孝衰於親 嗜欲得 而信衰於友 爵祿盈 而忠衰於君 人之情乎 人之情乎 甚不美 又何問焉(性惡 15)

45) 唯利所在 無所不傾 如是則可謂小人矣(不苟 17)

46) 故義勝利者爲治世 利勝義者爲亂也(大略 20)

된다고 순자는 보고 있다.[48]

성리학자들은 이러한 재외자인 욕구를 인심이라 하여, 사람의 생물적 특징[形氣]에서 나오는 이기적[私]인 욕구의 근원이라고 본다. 이를 퇴계는 "인심이란 사람 욕구[人欲]의 근본이고, 인욕(人欲)이란 인심이 흘러내린 것"[49] 또는 "인심이란 말은 이미 도심과 상대해서 성립되는 것으로, 자기 몸의 이기적 측면에 속하는 것"[50]이라고 하여, 인심이 생물적 욕구와 이기적 욕구의 근원임을 확실히 하고 있다.

이렇게 인심은 생물적 이기적 욕구의 근원으로서, 이를 추구하면 여러 가지 폐단에 빠지게 된다는 것이 인심도심설의 주장이다. "사람이 착하지 못하게 되는 것은 욕구의 꾀임을 받게 되기 때문인데, 욕구의 꾀임에 빠졌음에도 이를 알지 못하면, 천리(天理: 도덕적 지향성)가 모두 없어져도 돌아올 줄 모르거나"[51] "그 본심을 잃어서 뜻을 빼앗기는 지경"[52]에 빠지고 마는 것이다.

이상에서 보듯이, 선진유학자들이나 성리학자들 모두 생물적 이기적 욕구는 그 충족 여부가 외적 조건에 달려 있으므로, 이를 제한 없이 추구하다 보면 여러 가지 폐단에 빠질 뿐만 아니라 개인이 본유하고 있는 도

---

47) 大國之主也 而好見小利 是傷國(王霸 33)

48) 挈國以呼功利 不務張其義 齊其信 唯利之求……如是則……國不免危削 綦之以亡(王霸 5-6)

49) 人心者 人欲之本 人欲者 人心之流(『退溪全書 二』, 書, 答僑姪問目 307)

50) 人心之名 已與道心相對而立 乃屬自家體段上私有底(『退溪全書 二』, 書, 答李平叔 259)

51) 甚哉 慾之害人也 人之爲不善 欲誘之也 誘之而弗知 則至於滅天理而不反(『栗谷全書 一』, 聖學輯要, 修己中 矯氣質章 467)

52) 欲如口鼻耳目四肢之欲 雖人之所不能無 然多而不節 未有不失其本心者……凡百玩好皆奪志(『栗谷全書 一』, 聖學輯要, 修己中 養氣章 469)

덕적 지향성까지 잃어버리게 되어, 결국에는 악으로 흐를 수밖에 없다고 주장한다. 곧 인간의 향악성의 하나의 근원은 생물적 이기적 욕구의 무제한적인 추구에 있다는 것이다.

3. 향악의 근원 2: 자기중심적 정서의 추구

앞에서 보듯이, 유학자들은 자기를 참조대상으로 하는 자기중심적 정서와 타인 및 규범을 참조대상으로 하는 타인·규범중심적 정서가 인간에게 갖추어져 있다는 사실에 대해 견해가 일치하고 있다. 그런데 이 두 가지 정서는 그 유발 조건에서 차이가 있다는 것이 유학자들의 생각이다. 곧 이러한 정서들은 감정을 느끼는 당사자 외부의 환경 조건이나 상황 또는 타인에 의해 유발되는 정서[在外者]와 감정을 느끼는 당사자의 도덕적 지향성에 근거를 두고 있어서 타인에 대한 관심과 배려 또는 감정 당사자의 도덕적 수양 수준에 따라 유발되는 정서[在己者]의 두 종류로 나뉜다는 것이다. 유학자들의 정서이론은 그들의 욕구이론과 마찬가지로 이러한 정서 유발 조건의 차이에 관한 기본 전제에서 출발한다.

1) 재외자 정서와 재기자 정서

희(喜)·노(怒)·구(懼)·오(惡) 등의 칠정과 그밖에 온(慍)·환(患)·우(憂)·원(怨)·외(畏)·공(恐)·질(疾)·분(忿)·척(戚)·벌(伐) 같은 자기중심적 정서들은 '타인이나 외적 조건에 의해 유발되는 감정'[예: 喜·懼·怨·怒·惡·疾·畏·恐 등]이거나 '자기의 욕구나 기대 및 포부의 충족이나 봉쇄로 말미암아 유발되는 감정'[예: 慍 · 患 · 憂 · 伐 등]들이다. 이는 외적인 조건에 따라 개인이 느끼는 긍정적 또는 부정적인 감정, 곧 재외자(在外者)로서의 정서들이다. 다음과 같은 구절들에서 이러한 예들을 볼 수 있다.

> 남이 나를 알아주지 않는다고 해서 성내고 원망하지[慍] 않는다면, 또한 군자다운 일이 아니겠는가?[53]

> 공손한 사람은 남을 업신여기지 않고, 검소한 사람은 남의 것을 빼앗지 않는다. 남을 업신여기고 남의 것을 빼앗는 군주는 오로지 남들이 자기에게 순종하지 않을까 염려하고 두려워한다[恐].[54]

> 소인은 유능하면 거만하고 잘난 체하며 편벽되고 사특한 일을 하여 교만하게 남을 업신여기지만, 유능하지 못하면 시기하고 미워하며 원망하고 헐뜯어서 남을 거꾸러뜨린다.[55]

위의 첫 인용문에서는 '성내고 원망하는 감정'[慍]이 남이 나를 알아주지 않는 일, 곧 외적인 조건에 의해 유발됨을 지적하고 있다. 두 번째 인용문에서는 '두려운 감정'[恐]의 유발 조건이 남의 불순종이라는 외적 상황에 있음을 드러내고 있다. 그리고 세 번째 인용문에서는 시기 · 미움 · 원망 · 헐뜯음[妬嫉怨誹]이 모두 남을 전복시키려는 목적, 곧 외적인

53) 人不知而不慍 不亦君子乎(『論語』, 學而 1)

54) 恭者不侮人 儉者不奪人 侮奪人之君 惟恐不順焉(『孟子』, 離婁上 16)

55) 小人能則倨傲僻違 以驕溢人 不能則妬嫉怨誹 以傾覆人(『荀子』, 不苟 4)

목표에서 유발됨을 말하고 있다. 이와 같이 자기중심적 정서는 모두 외적 조건에 의해 유발되는 재외자라는 것이 유학자들의 관점이다.

이에 비해, 측은(惻隱)과 수오(羞惡) 같은 사단의 정서 그리고 열(悅·說)·호(好)·락(樂)·치(恥)·긍(矜)·요(樂·喜好) 같은 타인·규범중심적 정서들은 '마음속으로부터 우러나오는 감정'[예: 說·好·樂·恥·羞惡 등]이거나 '타인에 대한 관심과 배려에서 우러나오는 감정'[예; 矜·哀·愛·惻隱 등]들이다. 이는 개인의 내적인 수양 정도와 도덕적인 지향성에 따라 개인이 느끼는 긍정적 또는 부정적인 감정, 곧 재기자(在己者)로서의 정서들이다. 다음과 같은 구절들에서 이러한 예들을 볼 수 있다.

> 자공(子貢)이 "가난하면서도 아첨하지 않고, 부유하면서도 교만하지 않으면 어떻습니까?"라고 여쭙자, 공자께서는 "괜찮다. 그러나 가난하면서도 즐거워하고[樂], 부유하면서도 예(禮)를 좋아하는 것[好]만은 못하다"라고 대답하셨다.[56)]

> 이제 어떤 어린애가 막 우물에 빠지려는 것을 어떤 사람이 보았다면, 누구나 놀라고 불쌍히 여기는 마음[惻隱之心]을 가질 것이다. 이런 감정이 생겨나는 까닭은 그 어린애의 부모와 교제를 트려 해서도 아니고, 같은 마을에 사는 친구들에게서 칭찬을 받으려 해서도 아니며, 도와주지 않았을 때 듣게 될 비난을 두려워해서도 아니다. 이는 사람이라면 누구에게나 자연스러운 일인 것이다.[57)]

---

56) 子貢曰 貧而無諂 富而無驕 何如 子曰 可也 未若貧而樂 富而好禮者也(『論語』, 學而 15)

57) 今人乍見孺子將入於井 皆有怵惕惻隱之心 非所以內交於孺子之父母也 非所以要譽於鄉黨朋友也 非惡其聲而然也(『孟子』, 公孫丑上 6)

> 군자는 스스로 귀하게 될 수는 있어도 남이 반드시 자기를 귀하게 여기도록 만들 수는 없으며, 스스로 유용한 사람이 될 수는 있어도 남이 반드시 자기를 기용하도록 만들 수는 없다. 그러므로 군자는 자기수양이 이루어지지 않은 것을 부끄러워하지, 남에게서 치욕을 받는 것을 부끄러워하지 않는다. 스스로가 신뢰롭지 못한 것을 부끄러워하지, 남에게서 신뢰받지 못하는 것을 부끄러워하지 않는다. 또 스스로 능력이 없는 것을 부끄러워하지, 남에게 쓰임 받지 못하는 것을 부끄러워하지 않는다. 이렇기 때문에 군자는 명예의 꾀임을 받지 않고, 남의 헐뜯음을 두려워하지 않으며, 도를 따라 행하여 단정하게 자기를 바르게 함으로써, 외부 사물이나 타인에 의해 넘어지거나 비뚤어지지 않는다. 무릇 이러한 사람을 일러 '참된 군자'[誠君子]라고 부른다.[58]

앞의 첫 인용문에서는 즐거움[樂]과 좋아함[好]이 외적 조건과는 상관없이 도덕적 수양에서 유발됨을 지적하고 있다. 두 번째 인용문에서는 곤경에 빠진 사람을 불쌍하게 여기는 마음[惻隱之心]이 외적 요인에 의해서가 아니라 도덕적 지향성에서 나오는 것임을 분명히 하고 있다. 그리고 세 번째 인용문에서는 부끄러움[恥]이 다른 사람의 평가 같은 외적 요인에 의해 유발되는 것이 아니라 자기의 도덕적 수양의 정도에 따라 유발되는 것이라는 사실을 언급하고 있다. 이와 같이 타인 · 규범중심적 정서는 자기의 수양 정도나 도덕적 지향성에 따라 유발되는 재기자라는 것이 유학자들의 관점이다.

---

58) 君子能爲可貴 不能使人必貴己 能爲可信 不能使人必信己 能爲可用 不能使人必用己 故君子恥不脩 不恥見汙 恥不信 不恥不見信 恥不能 不恥不見用 是以不誘於譽 不恐於誹 率道而行 端然正己 不爲物傾側 夫是之謂誠君子(『荀子』, 非十二子 36)

2) 재외자 정서의 추구와 그것이 몰고 오는 폐단

이상에서 보듯이, 유학사상에서는 칠정과 같은 자기중심적 정서들은 타인 등 외적 조건이나 외적 기준에 맞추어 자기의 현 상태를 비교해 봄으로써 개인이 느끼는 긍정적 또는 부정적인 감정, 곧 재외자(在外者)로서의 정서들이어서, 그 유발의 여부가 개인이 어찌할 수 없는 외적 조건에 달려 있다고 본다. 바로 이러한 까닭에 이러한 감정들을 추구하거나 이에 휘둘리다 보면, 사단과 같은 도덕적 지향성의 감정을 잃어버릴 뿐만 아니라 여러 가지 폐단에 빠져, 결국 악으로 흐를 가능성이 높아진다는 것이 유학자들의 주장이다.

공자는 사단과 같은 타인·규범중심적 정서는 군자가 느끼는 것이고, 자기중심적 정서는 소인이 느끼는 것이라고 표현하여, 이러한 관점을 밝히고 있다. 이를 그는 "군자는 마음이 넓고 편안하되, 소인은 항상 걱정이 많다"[59]거나 "군자는 태연하되 교만하지 않지만, 소인은 교만하고 태연하지 못하다"[60]라고 표현하고 있다. 이렇게 '자기중심적 정서'들은 외적 조건 그 자체나 외적 조건과 자신의 현 상태(포부·욕구·원망)의 일치 여부에 따라 유발되는 재외자에 속하는 정서들이어서, 스스로의 노력에 따라 유발될 수 없을 뿐만 아니라 도덕적 수양에 방해가 되거나 집단의 조화를 해칠 수 있다는 것이다.[61]

자기중심적 정서의 향악성에 대해 집중적으로 고찰하고 있는 사람은 순자이다. 그는 자기 자신이 하기에 달린 도덕적 수양에서 오는 즐거움

59) 君子坦蕩蕩 小人長戚戚(『論語』, 述而 36)

60) 君子泰而不驕 小人驕而不泰(子路 26); 君子……泰而不驕(堯曰 2)

61) 子曰 放於利而行 多怨(里仁 12); 顔淵曰 願無伐善 無施勞(公冶長 25)

과 이에 미치지 못하는 데서 오는 치욕을 '도의적 즐거움'[義榮]과 '도의적 치욕'[義辱]이라 하여, 외적 조건에서 유발되는 '조건적 즐거움'[勢榮]과 '조건적 치욕'[勢辱]과 구분하면서, 이들 사이의 관계를 다음과 같이 진술하고 있다.

> 그러므로 군자는 조건적 치욕[勢辱]을 받을 수는 있어도 도의적 치욕[義辱]은 받지 않는다. 소인은 조건적 즐거움[勢榮]은 누릴 수 있어도 도의적 즐거움[義榮]은 누리지 못한다.[62]

이렇게 순자는 유발 조건이 외적 대상이나 상황에 달려 있는 재외자(在外者)인 정서는 조건적 즐거움[勢榮]이나 조건적 치욕[勢辱]을 가져오게 된다고 본다. 따라서 그 유발 조건이 밖에서 주어지는 이러한 자기중심적 정서들은 대체로 사람의 마음을 가려 도를 올바로 인식하지 못하게 하고,[63] 결과적으로 사람을 악으로 인도하는 원천이 된다는 것이 순자의 생각이다.

성리학자들은 칠정은 재외자에 속하는 자기중심적 정서의 대표로서, 선악이 혼재해 있어서 악으로 흐르기 쉬운 것이라고 본다는 점에서는 일치된 견해를 보이고 있다. 퇴계는 "칠정은 외부 사물의 자극에 따라 발동"[64]되는 정서로서, "선악이 정해지지 않은 것"[65]이거나 "본래는 선하

62) 是榮之由中出者也 夫是之謂義榮……是榮之從外至者也 夫是之謂勢榮……是辱之由中出者也 夫是之謂義辱……是辱之由外至者也 夫是之謂勢辱……故君子可以有勢辱而不可以有義辱 小人可以有勢榮 而不可以有義榮(『荀子』, 正論 29-30)

63) 胡爲蔽 欲爲蔽 惡爲蔽……凡萬物異 則莫不相爲蔽 此心術之公患也(解蔽 3)

64) 喜怒哀懼愛惡欲 何從而發乎 外物觸其形而動於中 緣境而出焉爾(『退溪全書 一』, 書, 答奇明彦 406)

지만 악으로 흐르기 쉬운 것"[66]이라 보고 있다. 칠정의 발동이 중도에 맞지 않아 그 이치[理]를 잃게 되면 악하게 된다는 것이다. 곧 성리학자들은 인간이 악하게 되는 원천 가운데 하나가 칠정이 그 이치를 잃는 것에 있다고 보는 것이다.

4. 수양이 가능한 근거: 도덕적 지향성

이상에서 보듯이, 생물적 이기적 욕구와 자기중심적 정서는 외적 조건에 따라 그 충족과 유발의 여부가 달려 있는 재외자이기 때문에, 이를 제한 없이 추구하거나 이에 휘둘리다 보면 여러 가지 폐단에 빠지거나 잘못을 범하는 등 악으로 향할 가능성이 높아진다는 것이 유학자들의 주장이다. 그러므로 이러한 이기적 욕구와 자기중심적 정서를 억제하고 인간에게 본유적으로 갖추어져 있는 도덕적인 본성을 회복하여야 사회관계의 조화를 유지할 수 있을 뿐만 아니라, 이상적 인격을 이룬 군자나 성인의 상태에 이를 수 있다는 것이다. 이렇게 사적 욕구와 감정을 억제하고 자기 잘못을 고침으로써 본래의 선성(善性)을 회복하고자 하는 것이 유학적 수양론의 핵심이다.

그렇다면 이러한 향악 가능성에도 불구하고 선성을 회복하고자 하는 수양이 가능한 근거는 어디에서 연유하는가? 이는 인간에게 생물적 이기적 욕구와 자기중심적인 감정 이외에 도덕성이 본유적으로 갖추어져 있기 때문이다. 그런데 단지 인간에게 도덕성이 갖추어져 있다는 사실

---

65) 七情善惡未定也(『退溪全書 一』, 書, 答奇明彦 406)

66) 七情本善而易流於惡(『退溪全書 一』, 書, 答奇明彦 412)

그 자체에서 자기억제와 자기성찰 행위가 나오는 것인가? 말하자면, 이러한 본유적인 도덕성은 어떠한 기제를 거쳐 수양의 근거로 작용하게 되는가?

1) 덕성 주체로서의 인간의 고유성: 도덕성의 본유성

유학자들은 인간은 태어날 때부터 사회관계의 조화를 추구하고 사회관계를 맺고 있는 다른 사람에 대해 관심을 가지고 배려하는 도덕성을 본유적으로 갖추고 있다고 여긴다. 인간에게 본유적으로 도덕성이 갖추어져 있다고 보는 것은 공자로부터 비롯되는 유학사상의 기본 논지이자 전통이다.

> [인(仁)은 사람 마음속에 간직되어 있으므로] 인(仁)을 행하는 것은 자기 자신에게 달려 있는 일이지, 어찌 남에게 달려 있는 일이겠는가?[67)]

> 측은지심(惻隱之心)을 사람이면 누구나 가지고 있고, 수오지심(羞惡之心)을 사람이면 누구나 가지고 있으며, 공경지심(恭敬之心)을 사람이면 누구나 가지고 있고, 시비지심(是非之心)을 사람이면 누구나 가지고 있다. 측은지심은 인(仁)이고, 수오지심은 의(義)이며, 공경지심은 예(禮)이고, 시비지심은 지(智)이다. 이러한 인의예지의 도덕성은 외부로부터 사람에게 스며들어온 것이 아니고, 사람이 본디부터 갖추고 있는 것이다. 다만 이러한 사실을 깨닫지 못하고 있을 뿐이다.[68)]

---

67) 爲仁由己 而由人乎哉(『論語』, 顔淵 1)

68) 惻隱之心 人皆有之 羞惡之心 人皆有之 恭敬之心 人皆有之 是非之心 人皆有之 惻

> 사람이 사람된 까닭은 다른 동물과는 달리 다만 두 다리로 서고, 몸에 털이 없다는 사실에서 연유하는 것은 아니다. 이는 사람이 옳고 그름을 분별하는 도덕성[辨]을 가지고 있다는 데서 연유하는 것이다. 무릇 새와 짐승에게도 부모와 자식 사이의 관계는 있지만 부모와 자식 사이의 친애함은 없고, 암컷과 수컷은 있지만 암컷과 수컷 사이의 도덕적 분별은 없다. 그러므로 사람의 도리에 옳고 그름을 가려 행동하는 도덕성[辨]이 없을 수는 없다.[69]

앞의 첫 번째 인용문에서는 도덕성의 인간 본유성에 대한 공자의 입장이 잘 드러나 있다. 여기서 공자는 자기의 도인 인(仁)은 사람의 마음속에 본유적으로 갖추어져 있다는 사실을 분명히 하고 있다. 이러한 공자의 관점은 "인(仁)이 멀리 있는 것이 아니라 자기 마음속에 들어 있어서, 스스로 인을 행하고자 하면, 곧바로 인이 마음속으로부터 올라와 이르게 된다"[70]라거나, "무릇 인(仁)이란 자기가 서고자 하면 남을 먼저 세워 주고, 자기가 이루고자 하면 남이 먼저 이루게 해 주는 일이다. 능히 가까이 자기 몸에서 취해 남에게 미루어 갈 수 있으면, 인을 행하는 방도라고 이를 만하다"[71]는 진술들에서 잘 드러나고 있다.

두 번째 인용문에서 맹자는 인의예지의 도덕성을 사람이면 누구나 갖

隱之心 仁也 羞惡之心 義也 恭敬之心 禮也 是非之心 智也 仁義禮智非由外鑠我也 我固有之也 弗思耳矣(『孟子』, 告子上 6): 여기서의 恭敬之心은 公孫丑上 6장의 辭讓之心과 같은 것이다.

69) 故人之所以爲人者 非特以其二足而無毛也 以其有辨也 夫禽獸有父子 而無父子之親 有牝牡 而無男女之別 故人道莫不有辨(『荀子』, 非相 9-10)

70) 仁遠乎哉 我欲仁 斯仁至矣(『論語』, 述而 29)

71) 夫仁者 己欲立而立人 己欲達而達人 能近取譬 可謂仁之方也已(雍也 28)

추고 있다고 하여 도덕성의 인간 본유성을 확실히 하고 있다. 맹자에는 이 외에도 "측은지심 · 수오지심 · 사양지심 · 시비지심이 없으면 사람이 아니다"라면서 "사람이 이러한 사단(四端)을 갖추고 있다는 사실은 그가 팔 · 다리를 가지고 있는 것과 같이 자연스러운 일"이라고 본다.[72] 이렇게 맹자는 도덕성의 인간 본유성에 대해 공자보다 더 구체적인 사례를 들어 설명하고 있다.

이어서 세 번째 인용문에서 순자는 다른 동물과의 차별성을 예로 들어 도덕성이 인간을 인간답게 하는 특성임을 주장하고 있다. 이러한 입장은 무생물 · 식물 · 동물과의 비교로 범위를 넓혀도 마찬가지라고 순자는 본다. 즉 "무생물은 생명력[生]은 없이 기(氣)만 가지고 있을 뿐이고, 식물은 생명력과 기는 가지고 있지만 지각력[知]은 없으며, 동물은 이 두 가지 외에 지각력[知]도 가지고 있지만 도덕성[義]은 가지고 있지 않은데 반해, 사람은 이 세 가지 이외에 도덕성도 가지고 있기에 천하에서 가장 귀한 존재가 된다"[73]는 것이다.

이와 같이 공자 · 맹자 · 순자 같은 선진유학자들은 모두 다른 생물체들과는 달리 인간에게는 도덕성이 본유적으로 갖추어져 있으며, 이 점이 바로 인간을 인간답게 하는 근거라고 본다. 성리학자들은 인간에게 갖추어져 있는 이러한 본유적인 도덕성을 도심(道心)이라 하여, 선진유학자들과 마찬가지로 도덕성의 인간 본유성을 이론 전개의 바탕으로 삼고

72) 無惻隱之心 非人也 無羞惡之心 非人也 無辭讓之心 非人也 無是非之心 非人也 惻隱之心 仁之端也 羞惡之心 義之端也 辭讓之心 禮之端也 是非之心 智之端也 人之有是四端也 猶其有四體也(『孟子』, 公孫丑上 6)

73) 水火有氣而無生 草木有生而無知 禽獸有知而無義 人有氣有生有知 亦且有義 故最爲天下貴也(『荀子』, 王制 20)

있다. 이러한 주장은 퇴계와 율곡 같은 조선조 성리학자들의 기본 논지이다.

> 도심은 도덕성[義理]을 밝게 깨우친 것이다 …… 도심은 하늘로부터 부여받은 사람의 바른 본성[性命之正]에 뿌리를 두고 있다.[74)]

> 사람의 정(情)이 발동할 때에는 도의(道義)를 위해서 발동하는 경우가 있다. 예를 들면, 어버이에게 효도하려 하거나, 군주에게 충성하려 하거나, 어린아이가 우물에 빠지려는 것을 보고 측은해하거나, 옳지 않은 일을 보고 부끄러워 싫어하거나, 조상의 사당 앞을 지나면서 공손하고 삼가는 것 등이 이런 종류로서, 이를 도심이라 한다.[75)]

이와 같이 성리학자들, 특히 조선조의 성리학자들은 인간에게 본유하고 있는 도심이 곧 도덕성이라고 보아, 도덕성의 인간 본유성을 강조한다. 바로 이러한 도덕성이 인간의 향악성을 제어할 수 있는 근거로 작용하게 되는 것이다.

이러한 도덕성은 여타 동물과는 달리 인간에게만 고유한 특성이라는 것이 유학자들의 의견이다. 욕구나 감정은 특히, 그리고 지각과 같은 인식능력도 인간을 포함한 모든 동물이 공통적으로 갖추고 있는 특성이지만, 도덕성은 인간에게만 갖추어져 있는 인간의 고유특성이라는 것이다. 그러므로 인간은 덕성의 주체이며, 이 점이 바로 인간을 인간답게 만드

---

74) 道心卽覺於義理者……原於性命 則所以爲道心(『退溪全書 一』, 聖學十圖, 心學圖說 208)

75) 情之發也 有爲道義而發者 如欲孝其親 欲忠其君 見孺子入井而惻隱 見非義而羞惡 過宗廟而恭敬之類 是也 此則謂之道心(『栗谷全書 一』, 說, 人心道心圖說 282)

는 핵심 요인이다. 이러한 도덕성의 인간 본유성, 여기에서 인간에게서만 가능한 자기수양의 근거가 도출된다는 것이 유학적 수양론의 기본적인 논지이다.

2) 도덕성의 작용 양상: 도덕적 지향성

이렇게 인간에게 태어날 때부터 도덕성의 근거가 갖추어져 있다는 사실 자체가 인간을 착한 존재로 만드는 것인가? 그렇지는 않다. 맹자는 사단설(四端說)을 제시하면서, 이러한 사단을 갖추고 있다는 사실 자체가 아니라, 이를 확충하여 실천하여야 도덕적 선(善)에 이를 수 있다는 사실을 다음과 같이 제시하고 있다.

> 사람에게 인의예지의 근거가 되는 측은 · 수오 · 사양 · 시비지심의 사단(四端)이 갖추어져 있다는 사실은 마치 사람이 팔 · 다리를 갖추고 태어나는 것과 마찬가지로 자연스러운 일이다. 이러한 사단을 갖추고 있으면서도 "나는 도덕성을 실천할 능력이 없다"고 말하는 것은 스스로를 해치는 일이고, "우리 군주는 도덕성을 실천할 능력이 없다"고 말하는 것은 자기 군주를 해치는 일이다. 무릇 자기에게 갖추어져 있는 사단을 다 넓혀서 채울 줄 알면, 마치 불이 처음 타오르고 샘물이 처음 솟아나오는 것과 같을 것이니, 진실로 이를 채울 수 있다면 온 천하라도 보전할 수 있을 것이지만, 이를 채우지 못한다면 가까이 자기 부모도 섬기지 못할 것이다.[76]

76) 人之有是四端也 猶其有四體也 有是四端而自謂不能者 自賊者也 謂其君不能者 賊其君者也 凡有四端於我者 知皆擴而充之矣 若火之始然 泉之始達 苟能充之 足以保四海 苟不充之 不足以事父母(『孟子』, 公孫丑上 6)

이 인용문에서 맹자는 도덕성의 근거[四端]가 인간에게 갖추어져 있다는 사실 자체에서가 아니라, 이를 일상생활에서 확충하여 실천하는 데에서 인간 존재의 선함이 드러나게 된다고 주장한다. 즉 그가 말하는 성선(性善)이란 도덕성에의 지향과 추구를 통해 인간 존재의 선(善)함이 실현된다는 의미인 것이다.

여러 성설(性說)에 대한 공도자(公都子)라는 제자와의 문답에서 맹자는 "만약 그 실정을 말하자면 '선을 지향하여 착하게 될 수 있다는 것', 이것이 내가 말하는 성선(性善)의 의미이다"[77]라고 말하여, 선에의 지향과 추구가 성선의 근거임을 분명히 하고 있다. 여기서 "선이란 그렇게 되고 싶은 상태, 곧 바라서 지향하고 싶은 상태"[78]를 의미하는 것이라는 맹자의 진술을 참고해 보면, 사단과 같은 도덕의 본유성에 대한 자각을 통하여 누구나가 지향하여 바라는 상태인 선을 이룰 수 있다는 것[可以爲善], 이것이 바로 맹자가 말하는 성선의 근본적인 의미임을 알 수 있다.

인간에게 갖추어져 있는 도덕성이 이를 지향하고 추구하는 도덕적 지향성으로 작용한다는 사실은 공자로부터 이어지는 유학의 전통이다. 공자는 제자인 안연(顔淵)에게 "이기적 욕구와 사적 감정을 억제하고[克己] 도덕적 본성을 회복하는 것[復禮]이 인(仁)을 행하는 일"이라고 설명한 다음, 안연이 인을 행하는 세목에 대해 여쭙자 다음과 같이 대답하여, 도덕성의 인간 본유성은 도덕적 지향성을 통해 드러난다는 사실을 함축적으로 제시하고 있다.

예(禮)가 아니면(도덕성에 맞지 않으면) 보지도 말고, 예가 아니면 듣

---

77) 孟子曰 乃若其情則可以爲善矣 乃所謂善也(告子上 6)

78) 可欲之謂善(盡心下 25)

지도 말며, 예가 아니면 말하지도 말고, 예가 아니면 움직이지도 말아라.[79]

이 인용문에 제시된 유명한 사물론(四勿論)을 통해 공자는 인간이 본유하고 있는 도덕성은 도덕적 지향성을 통해 인간 삶을 통제한다는 사실을 강조하고 있다. 『순자』에도 똑같은 진술이 나오고 있는데,[80] 이러한 논의들을 보면 유학자들이 모두 도덕성의 본질을 도덕적 지향성에서 추출하고 있다는 사실을 알 수 있다.

이러한 도덕성의 본질로서의 도덕적 지향성은 인간 삶의 제반 영역에서의 도덕적 지향과 추구로 드러난다. 유학은 성덕(成德)을 지향하는 이론체계로서, 인간의 심성을 구성하는 요소들 가운데 덕성이 핵심적으로 중요하며, 이에 의해 나머지 심성의 요소들이 통제되어야 한다는 덕성우월주의를 근간으로 하고 있다. 그러므로 유학에서 추구하는 성덕은 곧 도덕성에 의한 인간 삶의 제반 활동, 그중에서도 특히 향악 가능성이 큰 욕구 및 정서 활동의 통제를 통해 이루어지는 것으로 볼 수 있다.

이렇게 보면, 도덕적 지향성이란 도덕성이 심성의 다른 요소들에 대한 통제력을 그 자체 속에 내포하고 있거나 또는 심성의 다른 요소들이 그 자체 내에 도덕적인 지향성을 갖추고 있는 것으로 개념화할 수 있다. 유학사상은 이러한 도덕적 지향성의 통합성을 전제로 하고 있으며, 이것이 유학적 덕성우월주의의 논리적 기반이 되고 있다고 볼 수 있다.[81]

---

79) 子曰 非禮勿視 非禮勿聽 非禮勿言 非禮勿動(『論語』, 顔淵 1)

80) 使目非是無欲見也 使耳非是無欲聞也 使口非是無欲言也 使心非是無欲慮也(『荀子』, 勸學 21): 여기서의 是는 사람의 正道, 곧 禮를 말하는 것이다.

81) 이 부분은 졸저(조긍호, 2017a, pp. 502-513)의 내용에 약간의 수정을 가하여 거

(1) 욕구 충족 차원의 도덕적 지향성

공자를 비롯한 유학자들은 다른 생물체들과는 달리 인간을 진실로 인간답게 하는 근거는 곧 인간만이 도덕적 지향성의 욕구를 갖추고 있다는 사실에서 찾을 수 있다고 여긴다. 이러한 도덕적 지향성의 욕구에는 선(善)에의 지향[欲仁·欲義·欲禮·欲善], 도덕 체득 및 실천, 역할 수행, 인정(仁政)을 펼침 같은 욕구들이 포함된다.[82] 이들은 동물들과는 달리 인간만이 본유적으로 갖추고 있는 도덕성을 체득하고, 이를 실생활 장면에서 실천하려는 의지를 낳는 욕구들이다.

이러한 도덕적 지향성 욕구에 의해 다른 욕구들을 통제하는 것이 바른 삶의 자세라는 것이 유학자들의 주장인데, 이러한 가능성에 대해 순자는 다음과 같이 진술하고 있다.

> 의(義: 도덕적 욕구)와 이(利: 이기적 욕구)는 사람이 함께 가지고 있는 것이다. 비록 요·순 같은 성인도 사람들의 이익 추구 욕구를 다 없앨 수는 없지만, 이익 추구 욕구가 의를 좋아하는 도덕적 욕구를 이기지 못하게 할 수는 있다.[83]

의 그대로 옮겨 왔다.

82) 『論語』, 公冶長 9; 雍也 28; 述而 29; 子罕 17; 顏淵 2, 19; 衛靈公 9, 12, 23, 31, 37; 堯曰 2; 『孟子』, 梁惠王上 1; 梁惠王下 5, 9, 12; 滕文公下 9; 離婁上 2, 9; 離婁下 19, 27; 告子上 7, 8, 10, 16; 告子下 1, 4; 盡心上 21; 盡心下 24; 『荀子』, 修身 33, 40; 榮辱 25; 王霸 11; 君道 4, 9, 21; 彊國 8, 20; 禮論 5; 性惡 7-8, 18; 大略 20; 『禮記』, 禮運 301; 學記 477 등.

83) 義與利者 人之所兩有也 雖堯舜 不能去民之欲利 然而能使其欲利不克其好義也(『荀子』, 大略 20)

성리학자들은 이러한 도덕적 지향의 욕구를 도심(道心)이라 하여, 이를 적극적으로 키움으로써 생물적 이기적 욕구인 인심(人心)의 영향력에서 벗어나도록 하는 일이 군자가 되는 일의 핵심이라 보고 있다. 여기서 인심은 사람의 생물적 특성에서 나오는 이기적 욕구[形氣之私]의 근거이고, 도심은 사람의 본성에 뿌리를 두고 있는 바른 도덕성[性命之正]의 근거이다. 이러한 사실을 퇴계는 "인심은 욕구에 눈을 뜬 것이고, 도심은 의(義)와 리(理)에 눈을 뜬 것"이라고 하여, 인심은 생물적 욕구와 이기적 욕구의 근원이고, 도심은 도덕적 욕구 또는 도덕성 자체의 근원임을 주장하고 있다.[84]

유학자들이 도덕적 지향 욕구[道心]에 의해 생물적 이기적 욕구[人心]를 억제해야 한다고 주장하는 근거는 전자는 개인이 스스로 하기에 따라 그 충족 여부가 달라지는 재기자(在己者)이지만, 후자는 외적 조건이나 다른 사람에게 그 충족 여부가 달려 있는 재외자(在外者)이기 때문이다. 그러므로 재외자인 이기적 생물적 욕구의 충족을 위해 개인이 노력할 것은 아무것도 없으므로 이를 무리하게 추구하게 되면 여러 폐단이 따르게 되지만, 재기자인 도덕적 지향의 욕구는 개인의 노력 정도에 따라 충족 여부가 결정되므로 이의 충족을 위해 부단히 노력하는 일이 바른 삶의 자세라는 것이 유학자들의 공통된 의견이다.[85] 이러한 배경에서 유학적 덕성우월주의가 나오게 되는 것으로 추론할 수 있는 것이다.

여기서 한 가지 고찰해 보아야 할 것은 도덕적 지향의 욕구가 과연 다

---

84) 人心卽覺於欲者……道心卽覺於義理者……實以生於形氣 則皆不能無人心 原於性命 則所以爲道心(『退溪全書 一』, 聖學十圖, 心學圖說 208)

85) 『論語』, 顔淵 5; 陽貨 15; 『孟子』, 盡心上 3; 盡心下 24; 『荀子』, 天論 28-29; 正論 28-29.

양한 욕구의 한 유형인지 아니면 다만 인성에 본유한 심리구성체로서의 도덕성이 발동되는 양상일 뿐인지 하는 점이다. 인심이 이기적 욕구의 근원이라는 사실에 대해서는 성리학자들의 의견이 일치한다.[86] 그러나 도심에 대한 의견은 퇴계와 율곡 사이에 다른 측면이 보인다. 항상 그렇다고는 볼 수 없지만, 퇴계는 대체로 도심은 인의예지의 도덕성 그 자체라고 보는 경향이 강하고,[87] 율곡은 대체로 도심이 도덕적 지향의 욕구라고 보는 경향이 강하다.[88]

이 두 관점 중 어느 쪽을 택하든지 간에, 중요한 것은 유학자들이 도덕적 지향에서 나오거나 이에 의해 충족되는 욕구를 타인이나 외적 조건에 의해 충족되는 욕구보다 중시하여 권장하고 있다는 점에는 변함이 없다는 사실이다. 유학사상이 덕성우월주의를 근간으로 하는 배경을 이러한 점에서 찾아볼 수 있다.

(2) 정서 유발 차원의 도덕적 지향성

초기 유학자들은 인간이 체험하는 정서를 외적 대상에 의해 유발되어

---

86) 人心卽覺於欲者……道心卽覺於義理者(『退溪全書 一』, 聖學十圖, 心學圖說 208); 有爲口體而發者 如飢欲食 寒欲衣 勞欲休 精盛思室之類 是也 此則謂之人心(『栗谷全書 一』, 說, 人心道心圖說 282); 夫聲色臭味之類 所謂人心也(『栗谷全書 一』, 聖學輯要, 修己上 窮理章 453)

87) 實以生於形氣 則皆不能無人心 原於性命 則所以爲道心(『退溪全書 一』, 聖學十圖, 心學圖說 208); 道心以心言 貫始終而通有無 四端以端言 就發見而指端緖(『退溪全書 二』, 書, 答李平叔 259)

88) 情之發也 有爲道義而發者 如欲孝其親 欲忠其君 見孺子入井而惻隱 見非義而羞惡 過宗廟而恭敬之類 是也 此則謂之道心 有爲口體而發者 如飢欲食 寒欲衣 勞欲休 精盛思室之類 是也 此則謂之人心(『栗谷全書 一』, 說, 人心道心圖說 282); 忠於君 孝於親之類 道心也 飢欲食 寒欲衣之類 人心也(『栗谷全書 二』, 語錄上 231)

자기를 일차적인 참조대상으로 하는 '자기중심적 정서'와 자기 이외의 타인과 도덕 규범을 일차적인 참조대상으로 하는 '타인 · 규범중심적 정서'로 나누고, 전자보다 후자를 중시하고 권장하는 정서이론을 제시하고 있다. 유학자들에 따르면 후자는 도덕적 지향성 또는 인의를 체득한 군자의 마음속으로부터 우러나오는 것이라는 점에서 '규범중심적 정서'이면서, 타인 및 사회에 대한 관심과 배려를 바탕으로 하는 것이라는 점에서 '타인지향적 정서'이기도 하다.[89]

이러한 타인 · 규범중심적 정서는 측은 · 수오 · 사양 · 시비의 사단(四端)으로 대표된다. 성리학자들은 사단(四端)을 칠정(七情)과 대비하여 사단칠정설의 정서이론을 제시하고 있는데, 이러한 사단칠정설의 맥락에서 보면, 맹자가 제시하는 측은 · 수오 · 사양 · 시비의 사단은 사회관계에서 타인 또는 도덕 규범을 참조대상으로 하여 촉발되는 '사회 및 규범지향 정서'라 볼 수 있다.[90] 이렇게 보면, 맹자는 정서와의 통합성을 중심으로 도덕성을 이론화하는 특징을 띠고 있다고 할 수 있다.

---

89) 『論語』, 學而 1, 2, 13, 14, 15; 爲政 3; 八佾 20; 里仁 2, 3, 6, 9, 22; 公冶長 5, 6, 14, 24, 27; 雍也 2, 9, 10, 18, 21, 26; 述而 1, 10, 11, 15, 18, 19; 泰伯 10, 13; 子罕 17, 23, 26; 先進 3, 6, 12; 顔淵 20; 子路 4, 15, 16, 20, 24, 25; 憲問 1, 14, 29, 44; 衛靈公 12, 16, 21, 27; 季氏 5; 陽貨 1, 5, 8, 16, 21; 子張 3, 5, 19; 堯曰 1; 『孟子』, 梁惠王上 2, 3, 5; 梁惠王下 1, 3, 4, 5, 10, 11; 公孫丑上 1, 2, 3, 4, 5, 6, 7, 8; 公孫丑下 2, 7, 8, 11, 12; 滕文公上 2, 4; 滕文公下 5, 9; 離婁上 3, 7, 8, 9, 12, 22, 27, 28; 離婁下 2, 7, 18, 20, 27, 29, 30; 萬章上 1, 7, 8, 9; 萬章下 5, 6, 7; 告子上 4, 6, 7, 8, 16; 告子下 4, 5, 8, 13, 14, 15; 盡心上 4, 6, 7, 8, 9, 19, 20, 21, 31, 35; 盡心下 4, 11, 23, 24, 37; 『荀子』, 勸學 4; 修身 30; 非十二子 36, 38, 39; 儒效 11; 彊國 6; 禮論 20; 大略 21, 22; 宥坐 8; 法行 20 등.

90) 정양은, 1970/2005b, pp. 198-200; 惻隱羞惡辭讓是非 何從而發乎 發於仁義禮智之性焉爾 喜怒哀懼愛惡欲 何從而發乎 外物觸其形而動於中 緣境而出焉爾(『退溪全書 一』, 書, 答奇明彦 406)

유학자들은 자기중심적 정서인 칠정을 억제하고, 타인 · 규범중심적 정서인 사단을 권장하는 정서이론을 제시한다. 여기서 후자는 그 촉발 요인이 도덕적 지향성과 도덕적 수양의 정도에 의존하는 재기자(在己者)이고, 전자는 그 촉발 요인이 개인이 어찌할 수 없는 외적 요인인 재외자(在外者)이기 때문에, 전자를 추구하게 되면 여러 폐단에 빠져 날로 후퇴할 수밖에 없지만, 후자를 추구하게 되면 도덕적 통합을 이루어 날로 발전하게 된다는 것이다.[91] 이러한 입론도 덕성우월주의가 도출되는 논거의 하나로 볼 수 있다.

여기서 맹자가 제시하는 측은 · 수오 · 사양 · 시비의 사단을 도덕성 그 자체라고 볼 것인지[92] 아니면 타인을 일차적인 참조대상으로 하거나[측은 · 사양] 도덕적 표준을 참조대상으로 하는[수오 · 시비] 정서, 곧 '타인지향적 정서' 또는 '규범지향적 정서'라고 볼 것인지[93] 하는 문제를 고찰해 볼 필요가 있다. 후자의 관점을 택하면, 맹자는 도덕성의 바탕을 정서에서 찾고 있는 셈이 된다. 이는 맹자가 도덕성의 근거를 인간에게 본유적으로 내재해 있는 타인에 대한 관심과 배려라는 자연스러운 정감(情感)에 있다고 본다는 사실을 의미한다.[94]

주희는 이미 「공손추상(公孫丑上)」편 6장의 주(註)에서 "인의예지는 마음속에 갖추어져 있는 원리인 성(性)이고, 측은 · 수오 · 사양 · 시비는 그러한 마음의 원리가 작용하여 발동된 정(情)"[95]이라고 보아, 사단을 정서

91) 『論語』, 學而 1, 14; 『孟子』, 公孫丑上 6; 離婁上 16; 『荀子』, 不苟 4; 非十二子 36.

92) 惻隱之心 仁也 羞惡之心 義也 恭敬之心 禮也 是非之心 智也 仁義禮智非由外鑠我也(『孟子』, 告子上 6)

93) 惻隱之心 仁之端也 羞惡之心 義之端也 辭讓之心 禮之端也 是非之心 智之端也 人之有是四端也 猶其有四體也(公孫丑上 6)

94) 蒙培元, 1990/1996, p. 67.

로 해석할 수 있는 계기를 제공했다. 또한 율곡은 사단은 칠정에 포함되지만 그중 착한 정서만을 따로 떼어 말하는 것이라고 보아, 사단이 칠정과 마찬가지로 정서라는 점을 분명히 하고 있다.[96] 심리학자인 정양은도 "사단은 인간관계에서 일어나는 정"[97]이라고 하여, 사단이 정서의 체계에 속하는 심성의 내용임을 논의하고 있다. 그러나 퇴계는 사단은 인의예지의 도덕성에서 발동되는 도덕성 그 자체로 볼 수 있다는 견해를 제시하기도 하였다.[98]

여기서 중요한 것은 이 두 관점 중 어느 쪽을 택하든지 간에, 유학자들이 도덕적 지향에 근거를 두고 촉발되는 정서를 타인이나 외적 조건에 의해 촉발되는 정서보다 중시하여 권장하고 있다는 점에는 변함이 없다는 사실이다. 이 점이 바로 유학사상이 덕성우월주의를 근간으로 하는 주장을 펴는 이론적 기반인 것이다.

(3) 인식의 내용과 도덕적 지향성

유학의 경전들에서 '지'(知)라는 글자는 대체로 인식 능력과 인식 작용

---

95) 惻隱羞惡辭讓是非 情也 仁義禮智 性也……因其情之發 而本然之性可得而見(『孟子集註』, 公孫丑上 6): 물론 여기서 주희(朱熹)가 말하는 정(情)은 '성(性)이 발동된 이후의 상태'를 가리키는 것으로, 딱히 '감정'을 지칭하는 것이라고는 볼 수 없다. 그러나 사단(四端)의 경우, 이를 성(性)이 발동되어 느껴지는 감정의 상태를 지칭하는 것으로 보아도 별 무리는 없을 것이다.

96) 情有喜怒哀懼愛惡欲七者而已 七者之外無他情 四端只是善情之別名言 七情則四端在其中矣……七情之外更無四端矣 然則四端專言道心 七情合人心道心而言之也(『栗谷全書 一』, 書, 答成浩原 199)

97) 정양은, 1970/2005b, p. 198.

98) 惻隱羞惡辭讓是非 何從而發乎 發於仁義禮智之性焉爾 喜怒哀懼愛惡欲 何從而發乎 外物觸其形而動於中 緣境而出焉爾(『退溪全書 一』, 書, 答奇明彦 406)

및 그 대상을 지칭하는 용법으로 사용된다. 지(知)가 『논어』·『맹자』·『순자』에서 이러한 용법으로 사용되는 경우는 각각 95회, 96회, 385회인데,[99] 이러한 용례들의 분석을 통해서 인식 능력이 인간에게 본유적인 심리구성체라는 사실과 인식 작용에 대해 확인할 수 있다. 그런데 이 경전들에서 인식 대상을 명시하여, 이러한 대상에 대한 인식의 의미로 지(知)라는 용어가 사용되는 경우는 『논어』·『맹자』·『순자』에서 각각 64회, 63회, 156회나 된다.

선진 시대 경전들에서 이러한 인식의 대상으로는 자기와 타인의 본성과 역할, 인의예지 같은 도덕성, 천명과 시간 같은 자연현상의 이치, 그리고 기타 여러 가지 구체적 사실 등이 제시되고 있다. 이 중 전자의 두 가지(사람의 본성·역할과 도덕성)에 대한 인식은 도덕적 인식이라 볼 수 있는데, 『논어』에서는 39회(60.3%), 『맹자』에서는 26회(41.3%), 『순자』에서는 76회(48.7%), 곧 세 경전을 합하면 전체의 약 50% 정도가 이렇게 도덕성과 관련되는 대상에 대한 인식의 문제를 다루고 있다. 이러한 사실은 본유적인 인식 능력을 통해 인간이 인식해야 할 핵심은 스스로가 도덕의 주체라는 사실과 스스로가 태어날 때부터 갖추고 있는 도덕성의 내용들이라고 보는 것이 선진유학으로부터 이어져 내려오는 유학사상의 전통임을 확실히 드러내 주고 있는 것이다.

초기 유학자들, 그중에서도 특히 맹자와 순자는 인간이 외부의 대상세계를 받아들이는 기관에는 오관(五官)의 감각기관과 마음[心]의 두 기관이 있다고 본다. 이 중 전자의 오관은 대상의 존재 여부에 대한 감각과 감각한 내용들의 동이(同異) 여부에 대한 변별을 주 기능으로 하는 기관

99) 『論語引得』·『孟子引得』·『荀子引得』 참조.

이고, 후자의 심(心)은 대상에 대한 감각 이후의 전체 인지 작용, 곧 이해 · 개념형성 · 판단 · 기억을 담당하는 기관이다.[100)]

이러한 인식 작용 가운데 유학자들이 공통적으로 마음[心]의 기능으로서 중시하는 것이 도덕적 판단의 작용이다. 이는 덕성 주체로서의 인간이 덕을 지향하는 과정에서 인식의 내용을 도덕성에 맞추어 조율하거나 통제하는 작용이다. 공자는 이러한 도덕 판단을 '미혹을 분별하여 도덕적으로 옳고 그름을 판단하는 일'[辨惑]이라 보아, '도덕을 높이는 일'[崇德]과 연결하여 진술하고 있다.[101)] 공자에게 있어 미혹됨을 판단하는 것은 도덕적인 기준에 따라 마음의 의혹을 판단하는 것으로, 성덕을 이루는 일, 곧 숭덕의 한 방편인 것이다.

맹자도 공자와 마찬가지로 마음의 미혹을 판단하는 기준은 개인의 본성에 갖추어져 있는 도덕성의 인식에서 나오는 것이라 보고 있다. 맹자는 의혹을 판단하는 기준을 도덕성의 연유 근거인 하늘에서 구하고 있어서, 그에게 있어서도 인식의 판단 작용은 도덕성에 의해 마음의 미혹됨과 흔들림을 제거하는 첩경임을 알 수 있다.[102)]

순자도 공자나 맹자와 마찬가지로 도덕적 기준에 의한 판단을 외부 상황과 대상을 인식하는 기능의 한 가지로 보고 있다. 그는 사람이 사람된 까닭은 두 다리로 걷거나 몸에 털이 없는 것 같은 동물과의 외적인 차이

---

100) 『孟子』, 告子上 7, 15; 盡心下 24; 『荀子』, 天論 24-25; 解蔽 10-15; 正名 6-8.

101) 子張問崇德辨惑 子曰 主忠信 徙義 崇德也 愛之欲其生 惡之欲其死 旣欲其生 又欲其死 是惑也(『論語』, 顔淵 10); 樊遲從遊於舞雩之下 曰 敢問崇德修慝辨惑 先事後得 非崇德與 攻其惡 無攻人之惡 非修慝與 一朝之忿 忘其身 以及其親 非惑與(顔淵 21)

102) 孟子曰 盡其心者 知其性也 知其性 則知天矣 存其心 養其性 所以事天也(『孟子』, 盡心上 1)

에 그 근거가 있는 것이 아니라, 도덕적인 기준에 따라 옳고 그른 일을 판단하여 성덕을 지향하는 데에 있다는 점을 지적하고,103) 도덕적인 판단이 사람이 해야 할 일을 행하는 근거가 된다고 주장한다.104)

이러한 논의들에 비추어 보면, 본유적인 인식 능력을 발휘하여 인간이 인식해야 할 핵심은 곧 도덕성이라는 것이 유학자들의 주장이다. 여기서 도덕적 인식이 도덕성이라는 대상에 대한 인식 작용의 한 측면인지 아니면 도덕적 인식은 인간에게 본유적인 심리구성체로서의 도덕성이 겉으로 드러나는 하나의 양상일 뿐인지 하는 문제를 고찰해 볼 필요가 있다. 이 문제와 관련해서는 맹자의 양지(良知)·양능(良能)의 본유설의 관점에서 도움을 받을 수 있다.

> 사람에게는 배우지 않고서도 실천할 수 있는 도덕적 실천 능력이 있으니 그것이 바로 본유적인 양능(良能)이며, 또한 생각하지 않고서도 인식할 수 있는 도덕적 인식 능력이 있으니 그것이 바로 본유적인 양지(良知)이다. 어린아이는 누구나 다 자연히 자기 어버이를 사랑할 줄 알게 마련이고, 점차 자라나게 되면서는 자연히 어른을 공경할 줄 알게 마련이다. 어버이를 친해하는 것[親親]이 바로 인이고, 어른을 공경하는 것[敬長]이 바로 의이다. 인과 의 같은 도덕성은 다른 것이 아니라, 바로 이러한 친친과 경장의 마음을 천하의 다른 사람에게까지 넓혀 가는 일인 것이다.105)

103) 故人之所以爲人者 非特以其二足而無毛也 以其有辨也 夫禽獸有父子 而無父子之親 有牝牡 而無男女之別 故人道莫不有辨(『荀子』, 非相 9-10)

104) 道者非天之道 非地之道 人之所以道也 君子之所道也(儒效 9-10); 天能生物 不能辨物也 地能載人 不能治人也 宇中萬物生人之屬 待聖人然後分也(禮論 24-25)

105) 人之所不學而能者 其良能也 所不慮而知者 其良知也 孩提之童 無不知愛其親也 及

주희는 양지 · 양능에서 "양(良)이란 것은 본래 잘하는 것을 말한다"면서, 정자(程子)의 말을 인용하여, "양지와 양능은 모두 후천적인 작위의 근거가 없는 것이니, 이는 바로 선천적으로 갖추어진 것이지, 후천적인 인위(人爲)에 달려 있는 것은 아니다"[106]라고 해석하고 있다. 후한(後漢, 25~220) 시대 조기(趙岐, ?~201)는 양(良)을 "참으로"[甚]라고 풀어, 양능을 "인간 본성에 참으로 실천할 수 있는 것", 양지를 "인간 본성에 참으로 알 수 있는 것"이라 해석하여, 양지 · 양능은 인성에 본유하는 인식 능력과 행위 능력이라는 주장을 펴고 있다.[107] 그러므로 생각하지 않고도 알 수 있는 능력인 양지는 선천적인 도덕적 인식 능력을 말하는 것이고, 배우지 않고도 실천할 수 있는 능력인 양능은 선천적인 도덕적 실천 능력을 말하는 것이라 볼 수 있다. 이러한 관점에서 보면 도덕적 행위 능력인 양능은 별도로 치더라도, 도덕적 인식 능력인 양지는 도덕성을 대상으로 인식할 수 있는 능력을 말하는 것이지, 도덕성 그 자체를 말하는 것은 아니라고 볼 수 있다.

그러나 앞의 인용문에서 맹자는 이러한 양지와 양능이 부모를 친애하고 어른을 공경하는 도덕성을 통해 발휘된다고 본다. 곧 양지와 양능에 따라 친친과 경장을 이룰 수 있다는 것이다. 이와 같은 맥락에서 생각해 보면, 맹자가 말하는 선천적인 도덕적 인식 능력[良知]과 도덕적 실천 능력[良能]은 곧 본유적인 도덕성을 의미하는 것이라고 추론할 수 있다. 말하자면, 도덕성이란 스스로가 도덕 주체임에 대한 자각과 스스로가 갖추고 있는 도덕성의 일상적 실천에 의해 그 본유성의 여부가 드러나는 인

其長也 無不知敬其兄也 親親 仁也 敬長 義也 無他 達之天下也(盡心上 15)

106) 良者本然之善也 程子曰 良知良能 皆無所由 及出於天 不繫於人(『孟子集註』)

107) 不學而能 性所自能 良甚也 是人之所能甚也 知亦猶是能也(『孟子章句』)

간 본성의 일부라는 것이다.

여기서 중요한 것은 이 두 관점 중 어느 쪽을 택하든지 간에, 유학자들이 스스로가 도덕 주체라는 사실에 대한 인식과 각 도덕 원칙의 내용과 그 실천의 필요와 당위에 대한 인식을 중시하고 있다는 사실이다. 즉 도덕성의 인식은 모든 인식 가운데 가장 중요한 것이어서, 여타 인식은 필히 도덕적 인식에 의해 통어되어야 한다는 것이 유학자들의 주장인 것이다. 이 점이 바로 유학사상이 덕성우월주의를 근간으로 삼는 이론적 기반인 것이다.

3) 도덕 지향성의 통합성과 덕성우월주의

이상에서 보듯이, 인간의 심성을 구성하는 욕구 · 감정 및 인식의 체계들은 모두 도덕적 지향성의 통제를 받고 있으며, 또 그래야 한다는 것이 유학자들의 관점이다. 이러한 관점은 덕성우월주의의 경향을 낳고 있는데, 이는 공자로부터 이어지는 유학사상의 전통이다.[108]

공자는 인간의 본성을 이루는 덕 · 지 · 정 · 의 네 체계 가운데 도덕성에 의해 나머지 요소들이 조절되고 제어되어야 한다는 덕성우월주의의 관점을 강하게 제시하고 있다. 이는 다음과 같은 인용문에서 잘 드러나고 있는 공자의 핵심적인 주장이다.

> 부(富)와 귀(貴)는 사람들이 바라는 것이지만, 그 도(道)로써 얻은 것이 아니라면, 이에 머무르지 말아야 한다.[109]

---

108) 이 부분은 졸저(조긍호, 2017b, pp. 135-140)의 내용에 약간의 첨삭을 가하여 거의 그대로 옮겼다.

> 군자는 걱정하거나 두려워하지 않는다 …… 안으로 살펴보아 잘못이 없는데, 무엇을 걱정하며 또 무엇을 두려워하겠는가?[110]

> 군자는 도덕성의 실천[道]을 도모하지, 생물체로서 가지는 욕구의 충족[食]을 도모하지 않는다 …… 군자는 도덕성의 실천 여부에 대해 걱정하지, 생물체로서 가지는 욕구 충족의 여부에 대해 걱정하지 않는다.[111]

> 지적 능력이 충분하더라도 도덕성이 능히 이를 지켜주지 못하면, 비록 일시적으로 지식을 얻거나 어떤 지위를 차지할 수는 있을지라도, 머지않아 반드시 잃게 될 것이다.[112]

위의 첫 번째 인용문에서는 생존 및 자기이익 추구의 욕구가 도덕적 지향성에 의해 제어되어야 함을 말하고 있고, 두 번째 인용문에서는 도덕성이 외부 대상에 의해 유발되는 자기중심적 정서 반응을 제어해야 함을 강조하고 있다. 이러한 사실을 세 번째 인용문에서 종합적으로 확인할 수 있다. 그리고 네 번째 인용문에서는 지적 활동도 도덕성의 통제를 받아야 함을 역설하고 있다. 이렇게 공자는 지 · 정 · 의 같은 인성의 요소들이 도덕적 지향성에 의해 통제되어야 한다는 덕성우월주의의 기치를 드높이고 있는 것이다.

이렇게 덕성이 지 · 정 · 의 같은 다른 요소들보다 우월한 까닭을 공자

---

109) 富與貴 是人之所欲也 不以其道得之 不處也(『論語』, 里仁 5)

110) 君子不憂不懼……內省不疚 夫何憂何懼(顔淵 4)

111) 君子謀道 不謀食……君子憂道 不憂貧(衛靈公 31)

112) 知及之 仁不能守之 雖得之 必失之(衛靈公 32)

는 자기의 도가 덕성으로 통합되어 있기 때문이라 보고 있다. 이러한 사실은 『논어』에 다음과 같이 진술되어 있다.

> 공자께서 "삼(參)아! 나의 도는 하나의 이치로 관통되어 있다"고 말씀하시자, 증자(曾子)가 "예"라고 대답하였다. 그런 다음 공자께서 방에서 나가시자, 제자들이 "무슨 말씀입니까?"라고 증자에게 물었다. 이에 대해 증자는 "선생님의 도는 '자기를 다하는 일'[忠]과 '자기를 미루어 남에게 미치게 하는 일'[恕]일 뿐이다"라고 대답하였다.[113)]

여기서 자기를 다하는 충(忠)은 인, 곧 자기에게 본유적인 도덕성의 자각과 체득을 의미하는 것이고, 자기를 미루어 남에게까지 미루어 가는 서(恕)는 이러한 도덕성의 실천을 말하는 것이다.[114)] 이렇게 자기를 다하고 또 자기를 남에게까지 미루어 가는 '충'과 '서'를 도덕성의 중추인 인의 본질로 보는 관점은, 공자 자신이 "인이란 개인의 사욕과 감정을 억제하고[克己] 사회생활의 규범체계(도덕성의 체계)로 돌아가는 것[復禮]"[115)] 이라고 한 설명에서 뚜렷이 드러난다. 여기서 '극기'(克己)는 자기억제로서, 도덕적 주체성을 체득하여 자기를 다하게 되는 '충'을 말하는 것이고, '복례'(復禮)는 사람들과 맺는 관계 안에서 예에 맞는 바를 실천하는 일로서, 자기를 미루어 남에게까지 미치도록 실천하는 '서'와 같은 것으로 볼 수 있다. 이렇게 보면, "충 · 서와 극기 · 복례는 자기에게서 시작되어 남에

---

113) 子曰 參乎 吾道一以貫之 曾子曰 唯 子出 門人問曰 何謂也 曾子曰 夫子之道 忠恕而已矣(里仁 15)

114) 盡己之謂忠 推己之謂恕(『論語集註』, 里仁 15)

115) 克己復禮爲仁(顔淵 1)

게로 확대되는 인의 사회적 성격을 드러낸다"[116]고 볼 수 있다.

이렇게 인의 실천, 곧 극기와 복례를 행하는 요체는 스스로에게 갖추어져 있는 도덕성을 통해 감각과 지각뿐만 아니라 삶의 모든 언행을 통제하는 일이라는 것이 공자의 생각이다. 이러한 사실은 제자인 안연(顔淵)과의 다음과 같은 문답에 잘 드러나 있는데, 이 문답을 통해 공자는 덕성 우월주의의 기치를 드높이고 있는 것이다.

> 안연이 인(仁)에 대해 여쭙자, 공자께서는 "자기의 사적인 욕구와 감정을 이기고[克己] 도덕성의 체계로 돌아가는 것[復禮]이 바로 인을 행하는 길이다. 하루라도 극기복례를 하게 되면, 천하가 모두 인으로 돌아가게 될 것이다. 인을 행하는 것은 도덕 주체인 자기에게 달려 있는 일이지, 어찌 남에게 달려 있는 일이겠느냐?"고 대답하셨다. 이어서 안연이 "인을 행하는 세목에 대해 여쭙겠습니다"고 말씀드리자, 공자께서는 "예가 아니면(도덕성에 어긋나는 일이라면) 보지도 말고, 예가 아니면 듣지도 말며, 예가 아니면 말하지도 말고, 예가 아니면 행동하지도 말아야 하느니라"고 말씀하셨다. 그러자 안연이 "제가 비록 불민(不敏)하오나, 반드시 이 말씀을 따르겠습니다"고 말씀드렸다.[117]

이 인용문에서 "예가 아니면, 보지도 듣지도 말하지도 행동하지도 말라"고 한 것은, 예 곧 도덕성에 따라 감각과 지각 및 일상생활의 언동을 통제하는 것이 도덕성의 일상적 실천의 지름길임을 말하고자 한 것이라

116) 김승혜, 1990, p. 113.

117) 顔淵問仁 子曰 克己復禮爲仁 一日克己復禮 天下歸仁焉 爲仁由己 而由人乎哉 顔淵曰 請問其目 子曰 非禮勿視 非禮勿聽 非禮勿言 非禮勿動 顔淵曰 回雖不敏 請事斯語矣(顔淵 1)

고 볼 수 있다. 즉 도덕성에 따라 삶의 모든 측면을 통어하는 일이 도덕 인식과 실천을 통해 성덕에 이르는 유일한 방법이라는 것이 공자의 주장이다.

이와 같이 도덕적 지향성은 곧 도덕적 본유성의 인식과 체득, 그리고 이의 일상적 실천을 의미하는 것이다. 유학은 바로 이러한 과정을 통해 성덕에 이르고자 하는 이념체계라는 점에서, 도덕적 지향성이 인성의 가장 중핵적인 요소가 되어야 한다는 논리가 도출되는 것이다. 이러한 맥락에서 공자는 "자기가 하고자 하지 않는 것을 남에게 베풀지 않는 일, 곧 인의 실천은 사람이 일생을 통해 굳게 지녀야 하는 유일한 행동 원칙"[118]이라고 역설하고 있다. 그에 따르면, 도덕적 지향성은 누구에게나 본디부터 갖추어져 있는 본성이기 때문에, 도덕성 곧 인을 실천하는 데에 힘이 부족한 사람은 있을 수 없다.[119] 그러므로 공자는 "군자가 인을 떠나서는 그 이름을 이룰 수 없는 법이다. 따라서 군자는 밥을 먹는 짧은 동안에도 인을 떠나서는 안 되고, 경황 중이나 위급한 때에도 반드시 인을 행해야 한다"[120]고 하여, 도덕적 지향성이 인간의 모든 생활의 중심이 되어 인성의 다른 요소들(지 · 정 · 의)을 통어해야 한다는 덕성중심주의를 제창하고 있는 것이다.

이렇게 도덕적 본유성을 자각하고, 이를 일상생활에서 실천하는 사람이 인간 삶의 이상적 상태, 곧 성덕(成德)에 이른 군자이다. 이들은 "생물적 이기적 욕구에만 밝은 소인과는 달리 도덕적 지향성에 밝게 되고,"[121]

118) 子貢問曰 有一言而可以終身行之者乎 子曰 其恕乎 己所不欲 勿施於人(衛靈公 23)
119) 有能一日用其力於仁矣乎 我未見力不足者(里仁 6)
120) 君子去仁 惡乎成名 君子無終食之間違仁 造次必於是 顚沛必於是(里仁 5)
121) 君子喩於義 小人喩於利(里仁 16)

뿐만 아니라 "덕을 닦지 않은 것, 배움을 연마하지 못한 것, 의(義)를 듣고도 이를 몸소 체현하지 못한 것, 그리고 착하지 않은 점을 고치지 못한 것을 항상 반성하고 걱정하는 태도"122)를 지니며 살고 있다. 이렇게 성덕에 이른 군자의 삶은 도덕적 지향성에 의해 지 · 정 · 의 같은 심성의 요소들이 조절되고 통합되어, 도덕인식과 도덕실천이 삶의 중추적 동인이 되어 있는 상태로서, 이것이 바로 모든 사람의 삶의 이상이라는 주장이 『논어』에서 도출되어 이후 모든 유학자가 이어받고 있는 덕성중심주의의 핵심 요지인 것이다.

4) 도덕적 지향성: 자발적 자기통제의 원천

앞에서 살펴본 바와 같이, 도덕성이 인간 심성의 중핵적 요소이어서, 생물적 이기적 욕구와 자기중심적 정서 반응의 체계 및 외계 인식의 체계 등 인간의 심성을 구성하는 여타 체계들이 도덕성에 의해 통제받아야 하는 근거는 도덕성이 각각의 심성 체계 안에서 도덕적 지향성으로 작용하기 때문이다. 이와 같이 도덕적 지향성으로 작용하는 도덕성은 스스로에 대한 자발적 통제의 원천으로 작용하고, 바로 여기에서 인간에게 본유적인 도덕성이 자기수양의 근거가 되는 까닭을 만날 수 있다. 그렇다면, 지 · 정 · 의 같은 심성 체계, 그중에서도 특히 생물적 이기적 욕구와 사적 감정 반응의 체계가 도덕성의 체계에 의해 통제받아야 하는 까닭은 무엇인가? 이를 유학자들은 두 가지 근거에서 찾고 있다.123)

---

122) 子曰 德之不修 學之不講 聞義不能徙 不善不能改 是吾憂也(述而 3)

123) 이 부분은 졸저(조긍호, 2021b, pp. 389-393)의 내용에 약간의 첨삭을 가하여 거의 그대로 옮겼다.

그 하나는 도덕성의 인식과 실천은 본인이 하기에 달려 있는 것, 곧 스스로 통제할 수 있는 것[在己者]이지만, 생물체적 욕구의 충족과 감정 반응의 유발 조건은 외부 상황의 요인에 달려 있는 것, 곧 본인이 스스로 통제할 수 없는 것[在外者]이기 때문이다. 앞 절에서 보았듯이, 재기자인 도덕적 지향의 욕구와 감정의 추구는 자기가 하기에 따라서 그 충족의 여부가 달라지지만, 재외자인 생물적 이기적 욕구와 자기중심적 정서는 아무리 열심히 추구한다고 해도 얻어지지 않는다[124]는 것은 유학적 욕구이론과 정서이론의 기본 논지이다.

또 하나는 생물적 이기적 욕구와 사적 감정 반응의 관장 기관은 눈·코·입·귀·피부 같은 감각기관[五官]이지만, 도덕성의 관장 기관은 마음[心]으로서, 마음은 사람의 한가운데 자리 잡고 있어서 감각기관을 다스리는 군주가 되기 때문이다. 마음이 가지는 이러한 통제력에 대해서는 맹자와 순자에게서 중요한 논거를 찾아볼 수 있다.

> 공도자(公都子)가 "누구나 다 똑같은 사람인데, 어떤 사람은 대인(大人)이 되고 또 어떤 사람은 소인(小人)이 되는 까닭은 무엇입니까?"라고 여쭙자, 맹자께서 "사람 몸에 있는 큰 것[心]을 따르면 대인이 되고, 작은 것[耳目之官]을 따르면 소인이 된다"라고 대답하셨다. 공도자가 다시 "똑같은 사람인데, 누구는 큰 것을 따르고 또 누구는 작은 것을 따르는 까닭은 무엇입니까?"라고 여쭙자, 맹자께서 "눈과 귀 같은 감각

124) 求則得之 舍則失之 是求有益於得也 求在我者也 求之有道 得之有命 是求無益於得也 求在外者也(『孟子』, 盡心上 30); 若夫心意修 德行厚 知慮明 生於今而志乎古則是在我者也 故君子敬其在己者 而不慕其在天者 小人錯其在己者 而慕其在天者 君子敬其在己者 而不慕其在天者 是以日進也 小人錯其在己者 而慕其在天者 是以日退也(『荀子』, 天論 28-29)

기관은 생각하지 못하고 외부의 사물에 가려진다. 감각기관[耳目之官]이 외부 사물과 교접하면, 거기에 이끌려 버릴 뿐이다. 그러나 마음의 기관[心]은 생각을 한다. 마음으로 생각을 하면, 스스로가 도덕 주체라는 사실을 인식할 수 있고, 생각하지 않으면 그렇지 못하다. 이 두 가지 기관은 하늘이 나에게 부여해 준 것이니, 우선 그 큰 것을 확고하게 세우면 그 작은 것이 이 자리를 빼앗을 수 없는데, 이런 사람만이 대인이 된다"라고 대답하셨다.125)

귀 · 눈 · 코 · 입 · 몸의 오관(五官)은 각각 특유하게 외부 사물에 접하여 이를 받아들일 뿐 서로의 기능을 바꾸어 할 수는 없는데, 이를 일러 '자연적인 기관'[天官]이라 한다. 마음[心]은 사람의 한가운데에 자리 잡고 있어서 오관을 다스리는 것으로, 이를 일러 '자연적인 군주'[天君]라고 한다.126)

마음[心]은 몸[五官]의 군주이고, 정신활동의 주인이다. 마음은 명령을 내리기는 하지만 명령을 받지는 않으며, 스스로 금하고 스스로 시키며, 스스로 빼앗고 스스로 취하며, 스스로 행하고 스스로 그친다.127)

이 인용문들에서는 욕구와 감정의 담당기관은 이(耳) · 목(目) · 구(口) ·

---

125) 公都子問曰 鈞是人也 或爲大人 或爲小人 何也 孟子曰 從其大體爲大人 從其小體爲小人 曰 鈞是人也 或從其大體 或從其小體 何也 曰 耳目之官不思而蔽於物 物交物 則引之而已矣 心之官則思 思則得之 不思則不得也 此天之所與我者 先立乎其大者 則其小者不能奪也 此爲大人而已矣(『孟子』, 告子上 15)

126) 耳目鼻口形能 各有接而不相能也 夫是之謂天官 心居中虛 以治五官 夫是之謂天君(『荀子』, 天論 24-25)

127) 心者形之君也 而神明之主也 出令而無所受令 自禁也 自使也 自奪也 自取也 自行也 自止也(解蔽 14-15)

비(鼻) 같은 감각기관[耳目之官 · 五官]이고 도덕인식과 실천의 기관은 마음(心)이라는 사실, 그리고 마음은 감각기관을 제어할 수 있는 통제력을 갖추고 있다는 사실이 공통적으로 제시되고 있다. 여기서 마음이 도덕성의 주관 기관이고 감각기관은 욕구와 정서의 주관 기관인데, 마음이 감각기관에 대한 통제력을 가지고 있다는 말은 곧 도덕성이 욕구와 감정에 대한 통제력을 갖추고 있다는 얘기가 된다.

이렇게 유학사상에서는 자기중심적인 생물적 이기적 욕구와 사적 감정에 대한 절제와 제어력은 인간에게 본유적인 도덕적 지향성에서 찾을 수 있다고 본다. 곧 유학사상에서는 자발적인 자기통제력의 원천을 개인이 도덕성을 본유적으로 갖추고 있는 덕성 주체라는 사실에서 나오는 것으로 파악하는 것이다.

바로 이러한 맥락에서 유학자들은 인간 심성의 중핵 요소인 도덕성이 그 하위요소들, 특히 욕구와 정서에 대해 통제력을 행하는 장치로서 도덕적 지향성의 욕구와 정서를 상정하여 각각 생물적 이기적 욕구와 사적 감정을 제어하도록 하고 있다.

유학의 욕구이론에서는 도덕적 지향성의 욕구가 인간에게 본유적으로 갖추어져 있다고 보고, 이러한 도덕적 지향성의 욕구를 인간의 중핵적 욕구로 설정하여, 이에 여타 욕구를 통제할 수 있는 가능성을 열어 놓고 있다.[128] 또한 유학의 정서이론에서는 사단과 같은 타인 및 규범지향적 정서(도덕지향적 정서)가 본유적으로 갖추어져 있다고 보고, 이러한 도덕지향적 정서를 인간의 중핵적 정서로 설정하여, 이에 칠정과 같은 여

128) 이에 대해서는 졸저(조긍호, 2017a, pp. 272-273, 278-285, 306-309)의 내용 참조.

타 욕구를 통제할 수 있는 가능성을 부여하고 있다.129) 말하자면, 유학 사상에서는 인간을 악으로 이끌 가능성이 있는 생물적 이기적 욕구와 사적 감정을 억제하여 이에 통제력을 행사할 수 있는 원동력을 인간에게 본유적인 도덕성에 근거를 두고 있는 도덕적 지향성에서 찾고 있는 것이다.130)

이러한 이론적 배경을 바탕으로 하여 선진유학자들은 강한 덕성중심주의의 견해를 굳게 간직하고 있으며, 이러한 태도는 이후 전개된 모든 유학사상의 전통이 되어 왔던 것이다. 이와 같이 인간 심성을 구성하는 구성체들 가운데 도덕성이 핵심이라는 덕성우월론의 관점에 서게 되면, 심성을 구성하는 요소들 사이의 관계도 도덕성의 요소를 중핵으로 하고, 나머지 요소들, 특히 욕구와 감정의 체계는 도덕성에 지배되는 하위 체계라고 볼 수밖에 없다. 바로 여기에서 유학적 수양론의 이론적 근거가 도출되고 있는 것이다.

지금까지의 고찰에서 분명하여졌듯이, 유학의 수양론은 사람에게 덕 · 지 · 정 · 의의 네 가지 요소들이 본유적으로 갖추어져 있다는 인간 심성의 사분체계론을 기반으로 하는 인성론의 체계로부터 인간의 향악 가능성을 도출해 낸 다음, 이러한 사분체계론의 바탕이 되고 있는 덕성우월주의로부터 인간의 자기통제력의 단초를 찾아냄으로써, 인간 존재의 선화(善化)와 성덕(成德)의 가능성을 이끌어 내고 있는 이론체계이다. 유학의 인성론에서는 인간의 심성을 구성하는 네 구성체(인식 · 감성 · 욕구 · 도덕성) 가운데 도덕성의 요소에 최고의 자율성을 부여하여, 인간의

129) 이에 대해서는 졸저(조긍호, 2017a, pp. 346-347, 353-362, 379-383)의 내용 참조.

130) 이에 대해서는 졸저(조긍호, 2021b, pp. 335-398, 399-450) 참조.

자기발전과 존재확대의 근거를 마련하고 있다. 도덕성이 갖는 이러한 자율성은 도덕적 지향성으로 작용하여, 나머지 심성 요소들이 향악 가능성을 탈피하고 도덕적 승화를 이루는 바탕이 된다. 이 점이 바로 수양론이 가지는 인간론으로서의 가치인 것이다.

제 4 장 자기수양의 방안

배움과 수양을 통해 스스로가 도덕 주체라는 사실과 도덕 주체로서 해야 할 일의 내용을 깨우치고[도덕인식] 이를 일상생활에서 실행함으로써[도덕실천], 자기몰입적인 소인(小人)의 상태로부터 타인 및 사회중심적인 군자(君子)의 상태로 지향해 가는 존재확대를 이루는 일, 이것이 유학사상에서 개념화하는 인간 삶의 목표이다. 이러한 배움과 수양은 생각을 여러 곳에 흩뜨리지 말고 주의를 한결같이 집중하며, 몸가짐과 마음가짐을 엄숙히 정돈하여 도덕적 완성을 위한 동기를 활성화하는 심적 자기조절을 통하여 소기의 목표를 이룰 수 있다는 것이 선진(先秦)유학으로부터 신(新)유학으로 이어지는 유학사상의 기본적인 소론(所論)이다.

유학의 수양론은 사회성 · 도덕성 · 가변성을 기반으로 하여 인간을 파악하는 유학사상의 기본 입장으로부터 직접적으로 도출되는 것이다. 인간은 사회관계 속의 존재로서 다른 사람들과 조화로운 관계를 유지해야 하고(사회성), 그러기 위해서는 조화를 해칠 가능성이 큰 자기의 욕구와 감정을 억제하고 조절할 필요가 있으며(도덕성), 이를 통해 자기의 단점을 찾아 고치는 자기개선을 이루어 존재확대라는 수양의 목표를 달성할 수 있다(가변성)는 것이 유학자들의 자기통제론, 곧 수양론의 요지이다. 이렇게 인간 존재의 사회성을 중시하는 유학자들의 입장은 자기통제의 논리적 배경(사회관계의 조화 유지)을 형성하고, 도덕성을 중시하는 관점은 자기통제의 내용(욕구와 감정의 억제 및 자기성찰과 단점의 확인 · 수정)을 제시하며, 가변성을 중시하는 견해는 자기통제를 거쳐 이루려는 목표(존재확대)를 규정하고 있는 것이다.

이러한 유학자들의 입장은 그들의 수양론에 잘 반영되어 있다. 공자의 수양론은 자기의 사적인 욕구와 감정을 극복하고 예(禮), 곧 도덕성의 체계로 돌아가 자기발전을 이루는 일이 수양의 핵심이라는 수기론(修己論)이다. 맹자의 수양론은 마음의 생각하는 기능을 다하여 스스로에게 갖추어져 있는 도덕성의 근거를 명확히 깨달아 자기개선을 이룸으로써, 도덕 주체로서의 인식과 해야 할 일의 다짐을 명확히 하는 존심론(存心論)이 핵심이다. 순자의 수양론은 인도의 표준인 예를 인식한 다음, 이에 자세히 통달하여 예의 체계를 체득함으로써 자기발전을 이루는 체도론(體道論)이 중심이다.

이렇게 유학자들의 수양론은 모두 욕구와 감정의 억제 및 자기성찰을 그 핵심으로 하고 있다. 수양의 과정에서 통제해야 할 대상은 바로 자기 자신이지 외부 대상이 아니라는 것이 유학자들의 관점이다. 공자 · 맹자 · 순자는 모두 자기의 사적 욕구와 감정을 절제하고, 자기성찰을 통해 도덕적 지향성을 굳건하게 견지하는 일이 바로 수양의 요체라고 보고 있는 것이다. 같은 맥락에서 성리학자들은 수양의 요체를 이기적 욕구와 사적 감정을 억제하는 알인욕(遏人欲)과 자기 잘못의 개선을 통해 본유적인 도덕성을 잃지 않고 간직하는 존천리(存天理)라고 요약하여 제시하고 있다.[1]

---

1) 유학의 수양론에 대해서는 졸저(조긍호, 2008, pp. 407-457; 2021b, pp. 215-267) 참조.

이와 같이 유학적 수양론의 핵심은 개인의 이기적인 욕구와 사적 감정을 억제하는 일과 자기성찰을 통해 자기 잘못을 수정하는 일의 두 가지로 집약된다. 이기적 욕구와 감정의 억제를 통해 도덕적 승화를 이루고, 자기를 돌아보아 잘못을 확인하고 수정하여 자기개선을 도모함으로써, 소인의 상태로부터 군자의 상태로 나아가 존재확대를 이룰 수 있다는 것이 유학자들이 제시하는 수양론의 이론적 요체인 것이다.

1. 수양의 방안 1: 향악 가능성의 억제

부귀를 탐하는 것 같이 이기적 욕구를 무분별하게 추구하거나 남에게 버럭 화를 내는 것 같이 자기중심적 정서를 함부로 표출하게 되면, 마음의 안정을 잃고 본래의 선심(善心)을 내치게 되어 여러 가지 폐단에 빠지게 된다는 것이 유학적 욕구이론과 정서이론의 주장이다. 그러므로 유학적 수양의 제일의 요체는 이렇게 실심(失心) 또는 방심(放心)을 가져오는 생존 및 이기적 욕구와 자기중심적인 사적 감정을 억제하고 본래의 선심을 회복하는 데에 두게 된다.

이러한 유학자들의 입장은 그들의 수양론에 잘 반영되어 있다. 공자의 수양론은 자기의 사적인 욕구와 감정을 극복하고[克己] 예(禮), 곧 도덕성의 체계로 돌아가는 일이 수양의 핵심이라는 수기론(修己論)이다. 맹자의 수양론은 마음의 생각하는 기능을 다하여 욕구를 절제함으로써[寡欲] 스스로에게 갖추어져 있는 도덕성의 근거를 명확히 깨달아 도덕주체로서의 인식을 명확히 하는 존심론(存心論)이 핵심이다. 순자의 수양론은 욕구를 절제하고[節欲] 제대로 올바른 자리를 잡도록 인도함으로써[道欲] 도리의 표준인 예를 인식한 다음, 이에 자세히 통달하여 예의 체계를 체득하는 체도론(體道論)이 중심이다. 성리학적 수양론의 핵심도 욕구가 잘못 발현되는 것을 막고[遏人欲] 본래의 선성(善性)을 간직하게[存天理] 하자는 것이다.

이렇게 유학자들의 수양론은 모두 자기통제를 그 핵심으로 하고 있다. 곧 유학적 수양론의 요체는 통제의 대상이 바로 자기 자신이지 외부 대상이 아니라고 여기는 것이다. 공자 · 맹자 · 순자는 물론 성리학자들의 관점은 모두 자기의 사적 욕구와 감정을 절제하고 통제함으로써, 도덕적 지향성을 굳건하게 견지하는 일이 바로 수양의 요체라고 보고 있는 것이다.[2)]

1) 선진유학: 극기(克己) · 과욕(寡欲) · 절욕(節欲)

이와 같이 선진유학자들이 제시하는 수양론에서는 공통적으로 자기의 이기적인 욕구와 사(私)적인 감정을 억제하는 일을 핵심으로 삼고 있는데, 공자는 이를 극기(克己)라 표현하고 있고, 맹자는 과욕(寡欲)이라 제시하고 있으며, 순자는 절욕(節欲)과 도욕(道欲)이라 정리하고 있다. 이렇게 선진유학자들은 통제의 대상은 자기 자신이라는 관점에서 자기를 통제하여 사회와 주변 사람들에게 맞추어 가는 일을 강조하고 있는 것이다.

---

2) 유학의 자기억제론에 대해서는 졸저(조긍호, 2021b, pp. 335-398) 참조. 특히 이 책 가운데 pp. 366-382의 해당 부분은 대체로 그대로 옮겨 왔다.

(1) 공자의 극기론(克己論)

공자는 가장 아끼던 제자인 안연(顔淵)의 인(仁)에 대한 물음에 다음과 같이 대답하여, 유학적 수양론의 초석을 놓고 있다.

> 안연이 인(仁)에 대해 여쭙자, 공자께서 "자기의 사적 욕구와 감정을 극복하고[克己] 예의 체계를 회복하는 것[復禮]이 바로 인을 행하는 길이다. 단 하루라도 자기를 이기고 예의 체계를 회복한다면, 천하가 인으로 돌아올 것이다. 이렇게 인을 행하는 것은 자기가 하기에 달려 있는 일이지, 남에게 달려 있는 일이 아닌 법이다"라고 대답하셨다. 이 말씀을 듣고 안연이 이렇게 인을 행하는 세목에 대해 여쭙자, 공자께서 "예가 아니면 보지도 말고, 예가 아니면 듣지도 말며, 예가 아니면 말하지도 말고, 예가 아니면 행동하지도 말아야 하느니라"라고 대답하셨다. 이를 듣고 안연이 "제가 비록 명민하지는 못하오나, 청컨대 이 말씀을 일삼아 지켜나가겠습니다"라고 말씀드렸다.[3]

여기서 자기를 이기는 극기(克己)는 자기에게 갖추어져 있는 생존 및 이기적 욕구와 사적인 자기중심적 정서 상태를 억제하는 일을 말하고, 예의 체계를 회복한다는 복례(復禮)는 예로 대표되는 도덕성이 자기에게 본유적으로 갖추어져 있다는 사실을 깨닫고[도덕인식] 이를 일상생활에서 실천함[도덕실천]을 말하는 것이다. 공자는 이 인용문에서 수양은 생존 및 이기적 욕구와 사적 감정을 억제하는 자기억제[克己]로부터 비롯되

3) 顔淵問仁 子曰 克己復禮爲仁 一日克己復禮 天下歸仁焉 爲仁由己 而由人乎哉 顔淵曰 請問其目 子曰 非禮勿視 非禮勿聽 非禮勿言 非禮勿動 顔淵曰 回雖不敏 請事斯語矣(『論語』, 顔淵 1)

는 것이라 제시함으로써, 유학적 수양의 제일의 요체는 자기통제임을 분명히 하고 있다.

생존 및 이기적 욕구의 억제 공자는 생존 욕구[死 · 生]와 이기적 욕구[富 · 貴]의 충족 여부는 외적 조건에 달려 있어서 스스로 통제할 수 없는 것임을 분명히 하여,[4] 도덕적 욕구 이외의 나머지 욕구들이 스스로의 통제 범위를 벗어나는 욕구라는 사실을 밝히고 있다. 이렇게 도덕적 지향의 욕구 이외의 욕구들은 내재적인 통제 가능성이 없어서, 이를 그대로 방치하거나 함부로 추구할 경우 여러 가지 폐단에 빠지게 되기 때문에, 이들을 절제하고 제어할 필요가 있다는 것이 공자의 생각이다. 이러한 외적 조건의 통제를 받는 욕구의 절제와 제어에 관한 공자의 논지는 다음과 같은 진술에서 엿볼 수 있다.

> 부(富)가 구해서 얻어질 수 있는 것이라면, 비록 마부 같은 천한 일이라도 마다 않고 하겠지만, 구해서 얻어질 수 있는 것이 아니라면, 나는 내가 좋아하는 일(도덕적 지향 욕구의 추구)을 따르겠다.[5]

> 군자는 먹는 데서 배부르기를 구해서는 안 되고, 거처하는 데서 편안하기를 구해서는 안 된다.[6]

> 부(富)와 귀(貴)는 사람들이 바라는 바이다. 그러나 그 도(道)로써 얻

---

4) 死生有命 富貴在天(顔淵 5)

5) 子曰 富而可求也 雖執鞭之士 吾亦爲之 如不可求 從吾所好(述而 11)

6) 子曰 君子食無求飽 居無求安(學而 14)

은 것이 아니면, 이에 머무르지 말아야 한다.[7]

군자에게는 경계해야 할 일이 세 가지가 있다. 젊었을 때에는 혈기가 안정되어 있지 않으므로 여색[色]을 경계해야 하고, 장년기에 이르러서는 혈기가 바야흐로 강하므로 싸움[鬪: 남을 이기려는 욕구]을 경계해야 하며, 노년기에 이르러서는 혈기가 이미 쇠잔했으므로 탐욕[得]을 경계해야 한다.[8]

앞의 첫 번째와 두 번째 인용문은 생존 욕구의 절제를 강조하고 있고,[9] 세 번째 인용문에서는 이기적 욕구의 제어를 논술하고 있으며,[10] 그리고 마지막 인용문에서는 생존 욕구[色], 사회적 욕구[鬪] 및 이기적 동기[得]의 세 가지는 인생의 청년기, 장년기 및 노년기에 특히 삼가고 제어해야 한다고 보는 흥미 있는 견해를 밝히고 있다. 각 시기의 신체적인 에너지[血氣]의 성쇠에 따라 제어 또는 절제해야 할 욕구가 달라진다는 것이다.

이와 같이 생물적 이기적 욕구는 그 충족 여부가 외적 조건에 달려 있어서 스스로가 통제할 수 있는 욕구가 아닐 뿐만 아니라, 이러한 욕구를 무분별하게 추구하다 보면 도덕적 수양, 대인관계, 외계 인식 및 일 처리

7) 富與貴 是人之所欲也 不以其道得之 不處也(里仁 5)

8) 孔子曰 君子有三戒 少之時 血氣未定 戒之在色 及其壯也 血氣方剛 戒之在鬪 及其老也 血氣旣衰 戒之在得(季氏 7)

9) 『論語』에서 생존 욕구의 절제에 대해서는 이 밖에도 子路 8; 憲問 11; 衛靈公 8, 31, 37; 季氏 7 등에서 언급되고 있다.

10) 이기적 욕구의 제어에 대해서는 이 밖에도 學而 15; 述而 15; 泰伯 13; 子路 17; 憲問 13; 季氏 7 등에서 언급되고 있다.

같은 삶의 전체 과정에서 많은 문제를 일으키는 폐단에 빠지게 된다. 그러므로 이러한 욕구들은 될 수 있는 대로 제어하고 통제하는 것이 바른 삶의 자세라는 주장이 『논어』에서 도출되는 욕구이론의 특징이다.

자기중심적 정서의 억제 공자는 칠정 가운데 외적 조건에 따라 유발되는 성격이 강한 '기쁨'[喜]·'성냄'[怒]·'두려움'[懼]·'미워함'[惡] 같은 정서와 그 밖에 이들과 유사한 '성내고 원망함'[慍], '걱정하고 근심함'[患], '근심하고 괴로워함'[憂], '원망함'[怨], '두려워함'[畏], '겁내고 무서워함'[恐], '싫어함'[疾], '분하게 여겨 화냄'[忿], '슬프게 여기고 걱정함'[戚], '자기를 내세우고 자랑함'[伐] 같은 정서를 억제하고 배척한다.

공자는 이러한 자기중심적 정서는 외적 조건에 따라, 또는 외적 조건이 자신의 포부나 바람 및 욕구와 일치하거나[喜·欲·伐] 불일치하기[怒·懼·惡·慍·患·憂·怨·畏·恐·疾·忿·戚] 때문에 나타나는 것이라 보고 있다. 이러한 사실은 다음 진술에서 잘 드러나고 있다.

> 군자는 도(道)를 도모하지 먹을 것을 도모하지 않는다 …… 군자는 도를 걱정하지 가난함을 걱정하지 않는다.[11]

> 사람들이 나를 알아주지 않더라도 성내고 원망하지 않는다면, 또한 군자답지 아니하겠는가?[12]

첫 번째 인용문은 군자의 걱정거리는 도를 이루는 일이지 외적 조건인

---

11) 子曰 君子謀道 不謀食……君子憂道 不憂貧(衛靈公 31)

12) 人不知而不慍 不亦君子乎(學而 1)

가난이나 호구지책에 있지 않음을 말하여, 도덕적 수양을 이루지 못한 사람들의 특징인 자기중심적 정서가 외적 조건에 의해 유발됨을 말하고 있다. 또한 두 번째 인용문에서는 외적 조건과 자신의 포부가 일치하지 않는 것(사람들이 나의 가치를 제대로 인정해 주지 않는 것)이 자기중심적 정서의 유발 조건이 될 수 있음을 말하고 있다.

이렇게 '자기중심적 정서'는 외적 조건 그 자체나 외적 조건과 자신의 현 상태(포부 · 욕구 · 원망)의 일치 여부에 따라 유발되는 재외자에 속하는 정서이어서, 스스로의 노력에 따라 유발될 수 없을 뿐만 아니라 도덕적 수양에 방해가 되거나 집단의 조화를 해칠 수 있기 때문에 통제하고 억제해야 한다고 공자는 보고 있는 것이다.

(2) 맹자의 과욕론(寡欲論)

맹자도 공자를 이어받아 생존 및 이기적 욕구와 자기중심적 정서를 절제하는 일을 강조하고 있는데, 그는 이를 욕심을 줄이는 과욕(寡欲)이라 하여, 수양의 방안으로 중시하고 있다.

> 마음을 기르는 데는 욕심을 줄이는 것[寡欲]보다 더 좋은 방법이 없다. 그 사람됨이 욕심이 적으면, 본래 착한 마음을 간직하지 못하는 바가 있다고 하더라도 그런 경우는 드물게 마련이고, 반대로 그 사람됨이 욕심이 많으면, 어쩌다가 본래의 착한 마음을 간직하는 수가 있다고 하더라도 그런 경우 또한 드물게 마련이다.[13)]

---

13) 養心莫善於寡欲 其爲人也寡欲 雖有不存焉者寡矣 其爲人也多欲 雖有存焉者寡矣 (『孟子』, 盡心下 35)

주희(朱熹)는 여기서의 "욕(欲)은 입과 코와 귀와 눈과 팔다리의 욕심과 같은 것"으로, 이렇게 "욕심내는 것은 굳이 여기에 빠지지 않더라도 다만 이를 마음속에 간직하여 바라기만 해도 바로 이를 가지고자 하는 것"[14]이라 하여, 욕구만이 아니라 그 충족에 따르는 감정 상태도 지칭하는 것임을 시사하고 있다. 이렇게 맹자는 공자와 마찬가지로 마음을 기르는 일[養心] 곧 수양의 제일의 요체는 생존 및 이기적 욕구와 이의 충족에 따르는 감정을 줄이는 일이라 보고 있는 것이다.

생존 및 이기적 욕구의 억제 맹자도 도덕적 욕구를 제외한 나머지 욕구들은 사람이 스스로 통제할 수 없기 때문에,[15] 이러한 생존 및 이기적 욕구에 가리어지면 욕구의 바름[正]을 잃게 된다고 본다. 이러한 폐단에서 벗어나는 길은 사적 욕구를 줄이는 수밖에 없다는 것이다.

맹자는 이러한 이기적 욕구의 폐단에서 벗어나는 일은 욕구를 줄이는 일에만 그쳐서는 안 되고, 한 걸음 더 나아가 도덕적 지향성에 의해 제반 욕구들을 제어하도록 해야 한다고 본다. 다음 진술문은 이러한 관점을 잘 드러내고 있다.

> 삶[生: 생존 욕구] 또한 내가 바라는 것이고, 의[義: 도덕적 지향성] 또한 내가 바라는 것이다. 그런데 이 두 가지를 함께 얻을 수 없다면, 삶(생존 욕구)을 버리고 의(도덕적 지향성)를 취해야 한다. 삶 또한 내가 바라는 것이지만, 삶보다 더 간절하게 바라는 것[義]이 있으므로, 구차하

14) 欲 如口鼻耳目四支之欲……所欲 不必沈溺 只有所向 便是欲(『孟子集註』, 盡心下 35)
15) 求則得之 舍則失之 是求有益於得也 求在我者也 求之有道 得之有命 是求無益於得也 求在外者也(盡心上 3)

게 삶을 얻고자 하지 않는 것이다 …… 이렇게 삶보다 더 간절하게 바라는 것이 있는데 …… 오직 어진 사람만이 이러한 마음을 갖는 것은 아니다. 사람은 누구나 다 이러한 마음을 가지고 있지만, 오직 어진 사람만이 이런 마음을 잃지 않고 간직하는 것이다.[16)]

이 인용문에서는 도덕적 지향성에 의한 생존 욕구의 제어에 대해 논술하고 있다. 그런데 이렇게 욕구를 절제하거나 제어할 수 있는 것은 마음이라는 기관의 생각하는 기능 때문이다. 곧 "눈과 귀 같은 감각기관은 생각하지 못하고 외부의 사물에 가려진다. 감각기관이 외부의 사물과 만나면 거기에 이끌려 버릴 뿐이지만, 마음의 기관은 생각을 한다. 이렇게 생각을 하면 욕구의 바름을 얻고 생각하지 못하면 얻지 못하는데, 이것은 하늘이 사람에게 부여해 준 능력으로, 먼저 그 큰 것(도덕적 지향성의 주관자인 마음)을 바로 세우면 그 작은 것(생물체적 이기적 욕구의 주관자인 감각기관)이 큰 것의 자리를 빼앗을 수 없는 것이다."[17)] 그러므로 마음에 갖추어져 있는 생각하는 기능을 통해 이기적 욕구 추구의 폐해를 인식하여, 이를 억제하여야 수양의 목표를 이룰 수 있다는 것이 맹자의 주장인 것이다.

자기중심적 정서의 억제 맹자에게서도 칠정을 비롯하여, '걱정하고 근심함'[患], '근심하고 괴로워함'[憂], '원망함'[怨], '두려워함'[畏], '겁내고

16) 生亦我所欲也 義亦我所欲也 二者不可得兼 舍生而取義者也……是故所欲有甚於生者……非獨賢者有是心也 人皆有之 賢者能勿喪耳(告子上 10)

17) 耳目之官 不思而蔽於物 物交物 則引之而已矣 心之官則思 思則得之 不思則不得也 此天之所與我者 先立乎其大者 則其小者不能奪也(告子上 15)

무서워함'[恐]과 같이 자기 자신을 참조대상으로 하는 자기중심적 정서는 대체로 부정적으로 평가되어, 통제되고 억제되어야 할 정서로 인식되고 있다. 이러한 자기중심적 정서가 억제되고 통제되어야 하는 까닭은 이들이 외부 대상이나 조건에 의해 유발되는 재외자에 속하는 정서이기 때문이다. 이들이 재외자에 속하는 정서라는 사실은 다음과 같은 진술에서 드러난다.

> 손가락이 남보다 못하면 이를 싫어할[惡] 줄 알지만, 마음이 남보다 못하면 이는 싫어할 줄 모른다.[18]

> 가르치는 사람은 반드시 올바른 길로써 하는데, 올바른 길로써 가르치는데도 행해지지 않으면, 이어서 성을 내게[怒] 된다.[19]

여기서 첫 번째 인용문에서는 남보다 못한 손가락이라는 외부 대상에 의해 싫어하는 감정[惡]이 유발되고 있다. 두 번째 인용문에서는 자기가 올바른 길로 가르치는데도 상대방이 이를 받아들이지 않으므로, 외적 조건과 자기의 기대가 일치하지 않기 때문에 성을 내는 감정[怒]이 유발되고 있다. 이와 같이 '자기중심적 정서'는 외부 대상이나 조건 자체 또는 외부 대상에 대해 개인이 가지고 있는 기대가 일치하느냐의 여부에 따라 유발되는 정서이다. 따라서 이러한 정서의 유발에는 도덕 주체로서 개인의 능동성이나 주도성이 전혀 개입되지 못하여, 도덕적 수양에 도움이 되지 않으므로 통제되거나 억제되어야 한다고 맹자는 주장하는 것이다.

---

18) 指不若人 則知惡之 心不若人 則不知惡(告子上 12)

19) 教者必以正 以正不行 繼之以怒(離婁上 18)

(3) 순자의 절욕론(節欲論)

순자도 생존 욕구, 이기적 욕구 및 사회적 경쟁의 욕구들은 도덕적 욕구와는 달리 스스로 통제할 수 없기 때문에, 이러한 욕구들을 제한 없이 추구하면 천하의 온갖 폐해가 이로부터 일어나게 된다고 본다. 이러한 폐단에서 벗어나는 길은 생물적, 이기적 및 사회적 경쟁 욕구의 추구를 절제하는 수밖에 없다고 보는 점에서도 순자는 공자·맹자와 같은 입장이다. 이러한 입장은 다음과 같은 진술에 잘 드러나 있다.

> 무릇 수양[治]에 대해 말하면서 사람들의 욕구가 모두 없어지기를 기다리는 것은 욕구를 지도해 줌[道欲]이 없이 욕구가 있다는 사실에 곤란해하는 것이다. 무릇 수양에 대해 말하면서 사람들의 욕구가 적어지기를 기다리는 것은 욕구를 절제하는 법[節欲]을 가르쳐 줌이 없이 욕구가 많다는 사실에 곤란해하는 것이다 …… 욕구는 충족되든 그렇지 못하든 간에 일어나게 마련이지만, 사람이 구하는 것은 가능한 바를 좇는다. 충족되지 못할지라도 욕구가 일어나는 것은 하늘[天]로부터 자연적으로 받은 바이기 때문이고, 가능한 바를 좇는 것은 마음[心]으로부터 나온 것이기 때문이다 …… 마음이 가능하다고 여기는 것이 이치에 맞으면, 비록 욕구가 많다고 해도 수양이 잘 이루어지는 데 무슨 해가 되겠는가? …… 마음이 가능하다고 여기는 것이 이치에 맞지 않으면, 비록 욕구가 적다고 해도 어찌 혼란스러움[亂]에만 그칠 것인가? 그러므로 수양이 잘 이루어지느냐 아니면 그렇지 못하느냐 하는 것[治亂]은 마음이 가능하다고 여기는 것이 무엇이냐에 달려 있는 일이지, 사람이 본성적으로 바라는 바가 얼마나 많으냐에 달려 있는 일이 아니다 …… 욕구란 비록 다 채우지는 못할지라도 이에 가까이 갈 수는 있고, 다 없애지는 못할지라도 구하는 바를 절제할 수는 있는 것이다.[20]

이 인용문에서는 생물적, 이기적 및 사회적 경쟁 욕구의 절제[節欲]와 도덕적 욕구에 의한 이러한 욕구의 제어[道欲]를 욕구 추구의 폐단에서 벗어나는 방법으로 제시하고 있다.[21] 이렇게 욕구를 줄이는 절욕(節欲)과 욕구를 올바르게 인도하는 도욕(道欲)을 통해 욕구의 바름을 얻고, 그럼으로써 혼란에서 벗어나 바른 몸가짐의 상태로 나아가는 것, 이것이 군자가 되는 지름길이라는 것이 순자가 제시하는 수양론의 특징이다.

생존 및 이기적 욕구의 절제 순자에게 있어서도 수양의 필요성은 인간의 향악성(向惡性)에서 직접 도출된다. 몸과 마음을 두기를 삼가고 일삼아 익히는 것을 신중히 하지 않고, 타고난 생물적 욕구를 방자하게 따르기만 한다면 악으로 빠질 수밖에 없으므로,[22] 수양을 통해 예의의 도를 체득함으로써 성위지합(性僞之合)을 이루도록 노력해야 한다는 것이다.[23]

---

20) 凡語治而待去欲者 無以道欲 而困於有欲者也 凡語治而待寡欲者 無以節欲 而困於多欲者也……欲不待可得 而求者從所可 欲不待可得 所受乎天也 求者從所可 所受乎心也……心之所可中理 則欲雖多 奚傷於治……心之所可失理 則欲雖寡 奚止於亂 故治亂在於心之所可 亡於情之所欲……欲雖不可盡 可以近盡也 欲雖不可去 求可節也(『荀子』, 正名 19-22)

21) 이 밖에도 修身 29, 40; 不苟 4; 榮辱 37, 39; 儒效 19; 王制 7; 彊國 7; 正論 32 등에서 절욕(節欲)과 도욕(道欲)에 대해 논술하고 있다.

22) 居楚而楚 居越而越 居夏而夏 是非天性也 積靡使然也 故人知謹注錯 愼習俗 大積靡 則爲君子矣 縱情性而不足問學 則爲小人矣(儒效 36)

23) 사람에게 있는 특성을 본유적으로 갖추고 있는 자연적인 '성'(性)과 후천적으로 배우고 익히는 '위'(僞)로 나누고[性僞之分], 이러한 근거 위에서 양자의 보완적인 통합을 통해 사회관계에서는 조화와 질서를 이루고, 개인적으로는 완성된 인격체[君子・聖人]를 지향해야 한다[性僞之合]는 것이 순자의 인간론의 핵심이다. 여기서 성위지합(性僞之合)이란, 사람에게 본유한 자연적이고 질박한 재질[性]과 후천적

순자는 생물적 이기적 욕구를 제한 없이 추구하면, 천하의 온갖 폐해가 이로부터 일어나게 된다고 본다.24) 이기적 욕구를 앞세우고 도덕적 지향성을 뒤로 돌리는 것은 치욕을 불러오는 일이며,25) 이렇게 되면 욕구에 가려 큰 이치에 어둡게 됨으로써,26) 의혹에 빠진 채 무슨 일을 해도 즐겁지 않고,27) 무엇이 화인지 복인지도 모르게 된다.28) 또한 사물의 노예가 되어[以己爲物役]29) 인륜도 저버리고,30) 아무 일이나 마구 하는 소인이 되고 마는 것이다.31)

이고 인위적인 노력과 그 결과[僞]가 분명히 나누어진[性僞之分] 바탕 위에서 이 둘의 통합을 이루어 냄으로써, 인간이 인간된 근거를 완성시키는 것을 말한다. 따라서 '무한한 가능체'로서 가지는 인간의 존재 특성은 이러한 성위지합의 체계에서 최대로 드러난다고 볼 수 있다.

이렇게 성위지합이 이루어지는 데는 후천적인 노력인 '위'가 더욱 중요하다. 곧 '성'과 '위'의 관계가 상보적이기는 하지만, 이러한 상보적 관계에서 성위지합이 이루어지는 데는 인위적인 노력인 '위'가 더 중추적인 역할을 하는 것이다. 순자는 "성(性)이란 사람이 일삼아 할 수는 없는 것이지만, 변화시킬 수는 있는 것이다. 적(積: 여기서는 積이 곧 僞를 가리킨다)이란 사람이 본래 갖추고 있는 것은 아니지만, 노력해서 이룰 수 있는 것이다. 몸과 마음을 올바르게 두고, 옳은 바를 익히는 것[注錯習俗: 이것은 積의 핵심 내용이다], 이것이 바로 화성(化性)의 방법이다"(性也者 吾所不能爲也 然而可化也 情也者 非吾所有也 然而可爲也 注錯習俗 所以化性也, 儒效 35; 楊倞의 『荀子注』에서는 情也者의 情을 積의 誤字로 보고 있다)라고 진술하여, 이러한 사실을 분명히 하고 있다. 이에 대해서는 졸저(조긍호, 2017a, pp. 469-473) 참조.

24) 天下害生縱欲(富國 2)

25) 先利而後義者辱(榮辱 25)

26) 蔽於一曲 闇於大理(解蔽 1)

27) 以欲忘道 則惑而不樂(樂論 7)

28) 離道而內自擇 則不知禍福之所託(正名 25)

29) 故欲養其欲 而縱其情……夫是之謂以己爲物役(正名 26-27)

30) 人情何如……妻子具 而孝衰於親 嗜欲得 而信衰於友 爵祿盈 而忠衰於君 人之情乎 人之情乎 甚不美 又何問焉(性惡 15)

이러한 폐단에서 벗어나는 길은 생물적 이기적 욕구의 추구를 절제하는 수밖에 없다고 보는 것이 순자의 입장이다. 순자는 앞의 인용문에서 기술하고 있듯이, 이러한 욕구는 인간에게 본유적으로 갖추어져 있으므로 줄이거나 없앨 수는 없고, 다만 그 추구 방법을 절제하고[節欲], 욕구가 올바른 방향을 잡도록 인도해야[道欲] 한다고 본다. 곧 욕구의 추구 방안을 제어하고, 욕구 자체를 올바르게 인도하는 것이 바로 인위적인 수양이라는 것이다.

자기중심적 정서의 억제 공자·맹자와 마찬가지로 순자도 칠정과 원(怨)·공(恐)·환(患)·우(憂) 같은 외적 조건에 의해 유발되는 자기중심적 정서의 억제를 강조한다. 그는 유발 조건이 외적 대상이나 상황에 달려 있는 이런 재외자(在外者)인 정서는 조건적 즐거움[勢榮]이나 조건적 치욕[勢辱][32]을 가져오게 된다고 본다. 따라서 그 유발 조건이 밖에서 주어지는 이러한 자기중심적 정서는 대체로 사람의 마음을 가려 도를 올바로 인식하지 못하게 하고, 결과적으로 사람을 악으로 인도하는 원천이 된다는 것이 순자의 생각이다.

그렇기 때문에 순자는 대부분의 정서는 통제되고 조절되어야 한다고 본다. 이러한 사실을 『순자』에서는 『서경(書經)』을 인용하여, 다음과 같이 제시하고 있다.

『서경』에 이르기를 "자기대로의 좋아하는 감정을 억누르고, 오직 옛

---

31) 唯利所在 無所不傾 如是則可謂小人矣(不苟 17)

32) 故君子可以有勢辱 而不可以有義辱 小人可以有勢榮 而不可以有義榮 有勢辱無害爲堯 有勢榮無害爲桀(正論 29-30)

> 성왕이 정하신 법을 따르며, 또 자기대로의 싫어하는 감정을 나타내지 말고, 반드시 옛 성왕의 법을 따르라"고 하였으니, 이것은 군자가 공의(公義)로써 사욕(私欲)을 이겨야 함을 말한 것이다.[33]

이렇게 좋아함과 싫어함 같은 대부분의 개인적인 감정은 철저히 통제되고 억제되어야 한다는 것이 바로 순자의 생각이다. 이와 같이 순자도 공자나 맹자와 마찬가지로 자기중심적 정서의 폐단을 밝혀서 정서의 통제와 억제의 근거를 분명히 제시하고 있는데, 이는 그의 수양론의 근간을 이루는 논리체계가 되고 있다.

2) 성리학: 향악 가능성과 알인욕(遏人欲)

성리학의 욕구이론은 인심도심설(人心道心說)이 중심이고, 정서이론은 사단칠정설(四端七情說)이 중심이다. 인심도심설에서 도심(道心)은 재기자(在己者)인 도덕적 지향성을 말하고, 인심(人心)은 재외자(在外者)인 생물적 이기적 욕구를 가리킨다. 사단칠정설에서 사단(四端)은 재기자인 도덕적 정서, 곧 타인·규범중심적 정서를 말하고, 칠정(七情)은 재외자인 자기중심적 정서를 가리킨다. 성리학자들도 재외자인 인심과 칠정은 향악의 근거가 되므로 적극적으로 억제하여야 한다고 보며, 이를 알인욕(遏人欲)이라는 말로 표현하여 성리학적 수양론의 핵심으로 잡고 있다.[34]

---

33) 書曰 無有作好 遵王之道 無有作惡 遵王之路 此言君子之能以公義勝私欲也(修身 40; 天論 37)

34) 大抵心學雖多端　總要而言之　不過遏人欲存天理兩事而已……凡遏人欲事當屬人心

말하자면, 성리학에서는 인심을 억제하는 것이 자기억제의 핵심이라고 보는 것이다. 여기서 인심(人心)은 생물적 이기적 욕구를 말하고, 도심(道心)은 도덕적 욕구를 말하는 것이지만, 인심에는 자기지향적인 사적 감정인 칠정(七情)이 포함되고, 도심에는 타인지향적 감정인 사단(四端)이 포함되는 것이다.[35] 그러므로 '알인욕'은 생물적 이기적 욕구와 사적 감정을 억제하는 일을 말한다.[36]

이러한 성리학의 '알인욕'의 관점은 생물적 이기적 욕구와 자기중심적 정서의 억제를 강조하는 선진유학의 입장과 같다. 그러나 성리학자들은 선진유학자들보다 생물적 이기적 욕구와 칠정의 향악성(向惡性)을 더욱 강조함으로써, 도덕적 지향성에 의한 이의 철저한 통제를 중시하는 엄격한 자세를 굳게 지니고 있었던 것으로 보인다.

선진유학자들이 생물적 이기적 욕구의 향악성을 전제하고, 이러한 바탕 위에서 도덕적 욕구에 의한 제어를 주장한다는 점은 지금까지 보아온 바와 같다. 그러나 그들은 생물적 욕구나 이기적 욕구가 생물체로서의 존재인 인간에게 어쩔 수 없는 필요악이어서, 이를 철저히 배격해야 한다는 입장을 취하지는 않는다. 그들은 "생존 욕구의 충족은 도덕적 욕구의 충족과 마찬가지로 사람의 삶에서 소중한 것"[37]이라고 보아, 욕구가 많은 것[多欲]을 경계하여 욕구를 줄일 것[寡欲][38]과 욕구의 추구를 절제

一邊 存天理事當屬道心一邊 可也(『退溪全書 二』, 書, 答李平叔 259)

35) 人心七情是也 道心四端是也(『退溪全書 二』, 書, 答李宏仲問目 226); 人心爲七情 道心爲四端(『退溪全書 二』, 書, 答李平叔 259); 四端專言道心 七情合人心道心而言之也(『栗谷全書 一』, 書, 答成浩原 199)

36) 이 부분은 졸저(조긍호, 2021b, pp. 376-382)의 내용을 그대로 옮겨 왔다.

37) 所重 民食喪祭(『論語』, 堯曰 1)

38) 『孟子』, 盡心下 35.

하고[節欲] 욕구가 올바른 방향으로 자리를 잡도록 인도하는 일[道欲][39]을 주장했지, 욕구를 모두 없앨 것[無欲]과 제거할 것[去欲]을 주장하지는 않았던 것이다. 곧 생물적 욕구나 자기이익을 보전하려는 욕구, 그리고 타인과의 경쟁 관계에서 빚어지는 사회적 욕구들은 생존을 위해 필요한 것이므로, 이런 욕구를 가지고 있다는 사실 자체가 아니라, 이런 욕구가 많아서[多欲] 이에 이끌림으로써[40] 이의 노예가 되는 것[以己爲物役][41]이 위험한 일이라는 것이다.

그러므로 욕구 추구에서 오는 이해득실을 잘 숙고해서,[42] 바랄 것[所欲]과 바라지 않을 것[所不欲], 해야 할 일[所爲]과 하지 않을 일[所不爲]을 분별함으로써,[43] 항상 바랄 일만을 바라고 할 일만을 행하는 것[44]이 바로 욕구 조절과 억제[克己 · 寡欲 · 節欲 · 道欲]의 요체라고 선진유학자들은 보고 있는 것이다. 인간의 욕구에 대해 가지는 선진유학자들의 이러한 유연함은 욕구의 완전한 배격[遏人欲]을 주장하는 성리학의 엄격한 경직성과는 다소 거리가 있는 것으로 보인다.

그러나 이러한 거리가 양자의 이론 사이의 근본적인 차이를 가져오는 것은 아니고, 다만 정도의 차이만이 있을 뿐이다. 인간 욕구의 철저한 부

---

39) 『荀子』, 正名 19-22.

40) 耳目之官 不思而蔽於物 物交物 則引之而已矣(『孟子』, 告子上 15)

41) 故欲養其欲 而縱其情……夫是之謂以己爲物役(『荀子』, 正名 26-27)

42) 見其可欲也 則必前後慮其可惡也者 見其可利也 則必前後慮其可害也者 而兼權之 熟計之 然後定其欲惡取舍 如是則常不失陷矣(不苟 17)

43) 聖人淸其天君 正其天官……養其天情 以全其天功 如是則知其所爲 知其所不爲矣(天論 25)

44) 人有不爲也 而後可以有爲(『孟子』, 離婁下 8); 無爲其所不爲 無欲其所不欲 如此而已矣(盡心上 17)

정을 강조하는 도교·불교와 경합하면서 유학적 형이상학(形而上學) 체계의 정립에 몰두했던 성리학자들이 이러한 엄격성을 지향했던 것은 시대적 요청에 부응했던, 어찌 보면 당연한 논리적 귀결이라 볼 수 있을 것이다.

(1) 인심의 억제

인심도심설에 따르면, 인심이란 사람의 생물적 특징[形氣]에서 나오는 이기적[私]인 욕구의 근원이다. 이렇게 인심은 생물적 이기적 욕구의 근원으로서, 이를 추구하면 여러 가지 폐단에 빠지게 되므로,[45] 이를 억제하고 도덕적 욕구의 근원인 도심을 보존하도록 해야 한다는 것이 인심도심설의 주장이다. 퇴계는 이를 다음과 같이 간결하게 표현하고 있다.

> 대체로 마음을 다잡는 공부[心學]의 방법은 비록 많지만, 그 요점을 종합해서 말하면, 사람의 욕구를 억제하고[遏人欲] 천리를 보존하는[存天理] 두 가지에 불과하다 …… 여기서 욕구를 억제하는 일은 인심의 측면에 속하는 것이고, 천리를 보존하는 일은 도심에 속하는 것이라 할 수 있다.[46]

이것이 퇴계의 유명한 '알인욕(遏人欲)·존천리(存天理)'의 입장인데,

---

45) 甚哉 慾之害人也 人之爲不善 欲誘之也 誘之而弗知 則至於滅天理而不反(『栗谷全書 一』, 聖學輯要, 修己中 矯氣質章 467); 欲如口鼻耳目四肢之欲 雖人之所不能無 然多而不節 未有不失其本心者……凡百玩好皆奪志(『栗谷全書 一』, 聖學輯要, 修己中 養氣章 469)

46) 大抵心學雖多端 總要而言之 不過遏人欲存天理兩事而已……凡遏人欲事當屬人心一邊 存天理事當屬道心一邊 可也(『退溪全書 二』, 書, 答李平叔 259)

이는 본래 『성학십도(聖學十圖)』의 '심학도설(心學圖說)'에서 제시된 것이다.[47] 율곡도 "평상시에 엄숙하고 삼가함으로써 자신을 지켜서, 생각이 떠오를 때마다 그것이 어디에서 연유하고 있는지를 잘 살펴야 한다. 그래서 만일 그것이 생물적 이기적 욕구[人心]에서 발동되었음을 알게 되면, 힘을 다하여 이를 이기고 다스려서 이것이 자라나지 않도록 해야 한다. 그런데 만일 그것이 인의예지[道心]에서 발동되었음을 알게 되면, 한결같이 이를 간직하고 지켜서 변하거나 옮겨가지 않도록 해야 한다"[48]라고 말하여, 똑같은 견해를 밝히고 있다. 이러한 관점을 그는 "대체로 인심은 마구 자라나도록 해서는 안 되며, 이를 절제하고 단속하는 일을 중히 여겨야 하고, 도심은 마땅히 간직하고 길러내야 하며, 이를 미루어 나가고 넓히는 일을 아름답게 여겨야 한다"[49]라고 표현하고 있기도 하다.

이상과 같이, 생물적 이기적 욕구가 인간을 불선으로 이끄는 원천이고, 따라서 불선의 근원인 인심은 실생활에서 억제되어야 이상적 인간상에 도달할 수 있다는 인심도심설의 주장[遏人欲]은 선진유학자들이 내세우는 '생물적 이기적 욕구의 억제'라는 욕구이론의 교의와 맥을 같이하는 것이다.

---

47) 自精一擇執以下 無非所以遏人欲而存天理之工夫也 愼獨以下 是遏人欲處工夫 戒懼以下 是存天理處工夫(『退溪全書 一』, 聖學十圖, 心學圖說 208)

48) 惟平居 莊敬自持 察一念之所從起 知其爲聲色臭味而發 則用力克治 不使之滋長 知其爲仁義禮智而發 則一意持守 不使之變遷(『栗谷全書 一』, 聖學輯要, 修己上 窮理章 453)

49) 大抵人心不可滋長 而節約爲貴 道心宜保養 而推廣爲美也(『栗谷全書 二』, 語錄上 232)

(2) 칠정의 억제

성리학자들은 칠정은 선악이 혼재해 있는 정서로서, 악으로 흐르기 쉬운 것이라고 본다. 퇴계는 "칠정은 외부 사물의 자극에 따라 발동"[50]되는 정서로서, "선악이 정해지지 않은 것"[51]이거나 "본래는 선하지만 악으로 흐르기 쉬운 것"[52]이라 보고 있다. 칠정의 발동이 중도에 맞지 않아 그 이(理)를 잃게 되면, 악하게 된다는 것이다. 곧 인간이 악하게 되는 원천 가운데 하나가 칠정이 그 이치를 잃는 것에 있다고 퇴계는 본다.

율곡도 사단은 순선이지만, 칠정에는 선·악이 혼재해 있다고 본다. 그는 "사단은 오로지 착한 마음[道心]만을 가리켜 말하지만, 칠정은 이기적인 마음[人心]과 착한 마음을 합하여 말하는 것이다"[53]라고 하여, 이러한 견해를 표명하고 있다. 이렇게 선·악이 혼재해 있는 칠정이 악으로 흐르게 되는 것은, 희(喜)·노(怒)·애(哀)·구(懼)·애(愛)·오(惡)·욕(欲)을 마땅히 느껴야 할 때[所當]와 느끼지 말아야 할 때[所不當]를 분명히 구분하지 못하고 혼동하기 때문이다.[54]

---

50) 喜怒哀懼愛惡欲 何從而發乎 外物觸其形而動於中 緣境而出焉爾(『退溪全書 一』, 書, 答奇明彦 406)

51) 七情善惡未定也(『退溪全書 一』, 書, 答奇明彦 406)

52) 七情本善而易流於惡(『退溪全書 一』, 書, 答奇明彦 412)

53) 四端專言道心 七情合人心道心而言之也(『栗谷全書 一』, 書, 答成浩原 199)

54) 夫人之情 當喜而喜 臨喪而哀 見所親而慈愛 見理而欲窮之 見賢而欲齊之者(已上 喜哀愛欲 四情) 仁之端也 當怒而怒 當惡而惡者(怒惡 二情) 義之端也 見尊貴而畏懼者(懼情) 禮之端也 當喜怒哀懼之際 知其所當喜 所當怒 所當哀 所當懼(此屬是) 又知其所不當喜 所不當怒 所不當哀 所不當懼者(此屬非 此合七情 而知其是非之情也) 智之端也 善情之發 不可枚擧 大槪如此 若以四端準于七情 惻隱屬哀 羞惡屬惡 恭敬屬懼 是非屬于其當喜怒與否之情也 七情之外更無四端矣(『栗谷全書 一』, 書, 答成浩原, 199)

이렇게 성리학자들은 칠정이 사람을 악으로 흐르게 할 수 있는 가능성이 있기 때문에, 이는 될 수 있는 대로 억제되어야 한다고 본다. 이러한 칠정이 악으로 흐를 가능성이 높아지는 것은, 이것이 외부 대상에 의해 유발되는 타율적인 정서라는 점, 그리고 포부 · 기대 · 욕구 같은 자기의 현재 상태를 기준으로 하여 유발되는 자기중심적 정서인 만큼 이기적 욕구와 결합될 가능성이 높아진다는 점 때문이다. 그러므로 이러한 자기중심적인 타율적 정서는 성덕을 지향하는 과정에서 방해가 되거나 부정적인 영향을 미치므로, 철저히 통제하고 조절해야 한다는 것이 성리학자들의 공통된 견해인 것이다.

이상에서 보듯이, 선악 미정인 칠정은 인간을 불선으로 이끄는 원천이고, 따라서 불선의 근원인 칠정은 실생활에서 억제되어야 이상적 인간상에 도달할 수 있다는 사단칠정설의 입론은 선진유학자들이 내세우는 자기중심적 정서의 억제라는 정서이론의 주장과 맥을 같이하는 것이다.

2. 수양의 방안 2: 자기성찰과 자기반성

유학의 수양론은 생물적 이기적 욕구와 사적 감정에서 나오는 인간의 향악성(向惡性)을 억제 또는 제거하고 도덕성의 근거를 보존하는 데에 초점을 두고 있다. 그러므로 이들의 수양론은 기본적으로 앞 절에서 살펴본 바와 같은 사적 욕구와 감정을 억제하는 일을 근간으로 하고 있으며, 이러한 맥락에서 유학자들의 수양론은 곧 자기억제론으로 연결되기 십상이다.

이러한 맥락에서 보면, 유학자들의 수양론이 인간의 억제에만 초점을 맞추고 있는 것으로 파악되기 쉽다. 그러나 유학자들의 수양론을 논의할 때는 필히 이들이 인간의 도덕적 지향성과 도덕적 자각을 강조하고 있다는 사실을 염두에 두어야 한다. 인간은 스스로에게 갖추어져 있는 도덕적 지향성을 인식하고, 이를 일상생활에서 키워냄으로써 자기개선을 이루어, 이상적 인격(군자와 성인)의 상태에 도달할 수 있는 존재라는 것이 이들의 기본 관점이다.

유학사상에서 통제는 자발적으로 자기발전을 도모하는 자기주도적인 도덕실천을 이끄는 의미를 갖는 행위이다. 이러한 자기통제를 통해 스스로가 갖추고 있는 도덕적 지향성을 올바로 인식하게 되고, 이에 비추어 자기를 성찰하여 봄으로써 자기의 잘못을 고쳐 나갈 수 있게 된다는 것이 유학자들의 공통적인 주장이다. 수양의 과정에서 이러한 자기통제는 이기적 욕구와 사적 감정의 억제와 함께 자기를 반성하여 스스로의 단점과 잘못을 깨달아 이를 고쳐 나가는 일로 통합된다.

이와 같이 유학의 수양론에서 자기통제는 스스로의 향악성을 제어하는 일, 곧 자기억제의 의미만을 가지는 것은 아니다. 자기성찰을 통해 자기의 단점과 잘못을 반성하고 이를 고쳐 적극적으로 자기개선에 이르는 것, 이것도 수양의 과정에서 이루어지는 자기통제의 또 한 가지 요체이다. 이렇게 자기통제의 효과는 스스로의 욕구와 감정을 통제하여 도덕적 승화를 이루고, 자기성찰을 통해 단점과 잘못을 고쳐 자기개선을 이룸으로써 도덕적으로 바람직한 사람이 되는 것, 이것이 유학자들이 수양론의 체계를 통해 주장하려는 기본 논지인 것이다.

1) 선진유학: 자기성찰과 책임의 자기귀인

유학은 배우고 가르치는 일을 그 무엇보다 중시하는 수양의 체계이다. 공자는 스스로를 '배우기를 좋아하는 사람'[好學者]과 '가르치기를 게을리하지 않는 사람'[誨人不倦者]이라고 자평하여, 배우고 가르치는 일을 중시하는 유학의 전통을 열고 있다.[55] 유학자들이 이토록 배움을 중시하는 것은 배움이 바로 자기수양의 길이기 때문이다. 이러한 사실은 호학(好學)에 대한 공자의 다음 진술에 잘 드러나 있다.

> 공자께서 "군자가 먹는 데 배부름을 구하지 아니하고, 거처하는 데 편안하기를 구하지 아니하며, 해야 할 일을 민첩하게 행하고 말을 하는 데에는 신중하게 하며, 도가 있는 데 나아가 스스로를 바르게 한다면, 가히 배우기를 좋아한다고 이를 만하다"고 말씀하셨다.[56]

이 인용문에서 전반부(배부름과 편안함을 추구하지 않는 것)는 생존 및 이기적 욕구의 억제를 의미하고, 후반부(말을 신중히 하며 스스로를 바르게 하는 일)은 자기반성과 자기개선을 의미하는 것이다. 이렇게 호학은 자기를 억제하고 스스로를 돌아보아 바르게 되는 일, 곧 수양의 근원이 된

---

55) 子曰 十室之邑 必有忠信如丘者焉 不如丘之好學也(『論語』, 公冶長 27); 子曰 若聖與仁 則吾豈敢 抑爲之不厭 誨人不倦 則可謂云爾已矣(述而 33): 맹자도 "공자께서는 '나는 성인의 경지에는 미치지 못한다. 다만 나는 배우기를 싫어하지 않고, 가르치기를 게을리하지 않을 뿐이다'라고 말씀하셨다"(孔子曰 聖則吾不能 我學不厭而教不倦也, 『孟子』, 公孫丑上 2)고 하여, 공자가 이 두 가지로 스스로 자평하고 있음을 분명히 하고 있다.

56) 子曰 君子食無求飽 居無求安 敏於事而愼於言 就有道而正焉 可謂好學也已(『論語』, 學而 14)

다는 것이 공자의 관점이다.

공자는 다른 곳에서 제자인 안연(顔淵)만이 호학하는 사람이라 평하면서, 그 조건을 "분노를 옮겨 표출하지 않는 일"[不遷怒]과 "같은 잘못을 두 번 저지르지 않는 일"[不貳過]로 들고 있는데,[57] 여기서 불천노(不遷怒)는 자기중심적 정서의 억제를 말하고, 불이과(不貳過)는 자기반성을 통한 자기개선을 의미하는 것이다. 이렇게 유학자들이 중시하는 배움은 자기억제와 자기성찰의 길로, 곧 자기수양의 두 가지 방안을 말하는 것으로 볼 수 있다. 이렇게 자기성찰과 자기반성은 자기억제 이외에 유학자들이 제시하는 자기수양의 또 한 가지 방안인 것이다.

(1) 공자: 자성(自省)과 구저기론(求諸己論)

공자는 가르침과 배움을 인간이 되는 길의 가장 기본적인 요체로 강조하고 있는데, 그 까닭은 배움이란 배우는 사람으로 하여금 자기를 돌아보고 반성하는 자기성찰로 이끌기 때문이라고 보았다. 『논어』에서는 이러한 자성(自省)은 배운 바를 익히고 이를 대인관계에 적용하여 실천함으로써 자기발전을 이루는 원천이라 보아, 자주 언급하고 있다.

> 공자께서 "나의 걱정거리는 '덕을 닦지 못하고 있는 것은 아닌지?', '배우고도 익히지 않은 것은 없는지?', '의로운 일에 대해 듣고도 이를 실천하지 못하고 있지는 않은지?', '내게 있는 착하지 못한 점을 고치지 못한 것은 없는지?' 하는 것이다"라고 말씀하셨다.[58]

---

57) 哀公問 弟子孰爲好學 孔子對曰 有顔回者好學 不遷怒 不貳過 不行短命死矣 今也則亡 未聞好學者也(雍也 2)

58) 子曰 德之不修 學之不講 聞義不能徙 不善不能改 是吾憂也(述而 3)

> 공자께서 "사람의 도를 묵묵히 깨달아 마음속에 새겨두는 일, 배우기를 싫증 내지 않는 일, 그리고 남을 가르치기를 게을리하지 않는 일, 이들 가운데 내가 남보다 나은 것이 있는가?"라고 말씀하셨다.[59]

> 증자(曾子)가 "나는 매일 세 가지로 나의 몸을 살펴보노니, 그것은 '남을 위해 어떤 일을 도모하되 나의 진심을 다하지 못한 점은 없는지?', '친구들과 사귀되 미덥지 못하게 한 점은 없는지?', '배우고 나서 배운 바를 익히지 못한 것은 없는지?' 하는 것이다"라고 말하였다.[60]

이렇게 공자는 삶의 과정에서 항상 자기를 살펴보고 반성하는 자세를 견지하고 있다.[61] 이때 자기를 성찰하는 내용은 배운 바를 익히고 연찬하여 자기 것으로 만들고 있는지, 배운 바를 다른 사람에게 전달해 주어 그도 역시 사람이 해야 할 일을 익히도록 도와주고 있는지, 그리고 일상생활의 과정에서 주위 사람들에게 배운 바 사람의 도를 제대로 실천하고 있는지 하는 것이다.

자기성찰은 이렇게 내가 배운 내용을 익히고 실천하여 다른 사람의 모범이 되는 데 그치지 말고, 다른 사람을 관찰하여 그의 착함과 잘난 점을 본받으려 노력하는 일까지 넓혀 가야 한다는 것이 공자의 관점이다. 그는 이를 다음과 같이 표현하고 있다.

---

59) 子曰 黙而識之 學而不厭 誨人不倦 何有於我哉(述而 2)

60) 曾子曰 吾日三省吾身 爲人謀而不忠乎 與朋友交而不信乎 傳不習乎(學而 4)

61) 위의 인용문 이외에도 述而 32(子曰 文莫吾猶人乎 躬行君子 則吾未之有得)나 憲問 30(君子道者三 我無能焉 仁者不憂 知者不惑 勇者不懼 子貢曰 夫子自道也) 같은 곳에서 공자의 일상생활이 얼마나 자기성찰로 가득 차 있었는지를 알 수 있다.

> 공자께서 "어진 사람의 행동을 보고는 이를 본받음으로써 그와 같아지기를 생각하고, 어질지 못한 사람의 행동을 보고는 나에게는 그러한 점이 없는지 안으로 스스로 살펴보아야 한다"고 말씀하셨다.[62]

이 인용문에서는 일상생활의 과정에서 다른 사람의 행동을 관찰한 다음, 이를 자기성찰의 도구로 삼아 자기반성을 해야 한다고 강조한다. 이와 같이 공자에게 있어 자기성찰은 자기억제와 함께 항상 잊지 않고 실천해야 할 자기수양의 핵심 방안인 것이다.

생존 및 이기적 욕구와 사적 감정을 제어하는 자기억제의 경우에도 마찬가지이지만, 이러한 자기성찰은 도덕적 지향성으로 작용하는 본유적인 도덕성에 원천을 두고 있다. 곧 인간은 태어날 때부터 본유적으로 도덕성을 갖추고 있는 도덕 주체라는 사실에서 자기성찰과 자기반성의 가능성이 나오는 것이다. 이러한 자기성찰을 통해 깨달아야 할 것은 덕성의 주체로서의 자기가 스스로 행하는 모든 일의 근본적인 원천이라는 사실인 것이다. 이렇게 책임의 자기귀인(歸因)이 자기성찰을 통해 갖추어야 할 삶의 지혜로서 수양의 핵심 요인이라는 사실은 공자로부터 이어지는 유학적 수양론의 기본 논지이다. 『논어』에는 모든 일의 책임이 스스로에게 있다는 사실에 대한 인식이 군자와 소인의 차이 중의 하나라고 하여, 여러 번에 걸쳐 강조하고 있다.

> 공자께서 "군자는 모든 책임을 스스로에게서 찾으려 하지만, 소인은 모든 책임을 남에게 미룬다"고 말씀하셨다.[63]

---

62) 子曰 見賢思齊焉 見不賢而內自省也(里仁 17)

63) 子曰 君子求諸己 小人求諸人(衛靈公 20)

> 공자께서 "바라던 지위를 얻지 못함을 걱정하지 말고, 어떻게 하면 그러한 지위에 설 수 있겠는지를 걱정해라. 아무도 나를 알아주지 않는다고 걱정하지 말고, 남에게 알려질 수 있는 방안을 찾아 그렇게 되도록 노력해라"라고 말씀하셨다.[64]

앞의 첫 번째 인용문에서 공자는 군자란 스스로에게서 모든 일의 원인과 책임을 찾는다고 하여, 이를 '구저기'(求諸己)의 태도라 부르고 있다. 공자는 『논어』 첫머리에서부터 "남이 나의 진면목을 알아주지 않는다고 해서 이를 괘념치 않는다면, 또한 군자답지 아니하겠는가?"라고 찬탄하여,[65] 모든 책임을 도덕 주체인 자기에게 돌려 구하는 구저기 태도의 자기수양적 가치를 높이 평가하고 있다.

두 번째 인용문에서는 누구나 스스로 노력하여 다른 사람들이 인정하는 유능하고 덕스러운 사람이 되도록 노력할 뿐, 공연히 남이 자기를 인정해 주기를 바라서는 안 된다고 하여, 구저기론(求諸己論)의 관점을 예를 들어 제시하고 있다. 이러한 자기성찰의 요체로서의 구저기에 대해서 공자는 이 인용문 이외에도 자주 피력하고 있다.[66]

자기성찰을 거쳐 이렇게 모든 책임을 자기에게서 찾는 태도의 함양이, 곧 욕구와 감정의 억제와 함께 공자가 제시하는 자기수양의 핵심적인 방안이다. 바로 이러한 책임의 자기귀인, 곧 구저기의 태도는 자기의 단점과 잘못을 찾아내어 고치는 자기개선의 효과를 유발함으로써 유학적 자

---

64) 子曰 不患無位 患所以立 不患莫己知 求爲可知也(里仁 14)

65) 子曰……人不知而不慍 不亦君子乎(學而 1)

66) 子曰 不患人之不己知 患不知人也(學而 16); 子曰 不患人之不己知 患其不能也(憲問 32); 子曰 君子病無能焉 不病人之不己知(衛靈公 18)

기발전론의 요체가 된다.

(2) 맹자: 자반(自反)과 반구저기론(反求諸己論)

자기성찰에 대해 맹자는 "자기를 돌이켜 살펴본다"는 뜻에서 자반(自反) 또는 "자기 몸에 돌이켜 살펴본다"는 뜻에서 반신(反身)이라 불렀다.

> 옛날에 증자(曾子)가 제자인 자양(子襄)에게 이르기를 "너는 용감한 것을 좋아하느냐? 내가 일찍이 선생님(공자를 가리킴)에게서 큰 용기[大勇]에 대해 들었나니, '스스로를 돌이켜 보아[自反] 내가 옳지 못하다면 비록 헐렁한 넓은 옷을 걸친 미천한 사람 앞에서라도 두려움을 느끼지 않겠는가마는, 스스로를 돌이켜 보아 내가 옳다면 비록 천만 사람 앞이라도 당당하게 갈 수 있다'고 하셨다"라고 말하였다.[67]

> 맹자가 "모든 일의 원천이 나에게 갖추어져 있으니, 자기 몸을 돌이켜 보아[反身] 참되다면 즐거움이 이보다 더 클 수가 없고, 자기를 미루어 남에게까지 미쳐가는 서(恕)를 힘써 행한다면 인(仁)을 구하는 일이 이보다 더 가까울 수는 없다"라고 말하였다.[68]

앞의 첫 번째 인용문은 증자가 자기 제자인 자양에게 했다는 공자의 말씀을 맹자가 인용한 것이다. 이 두 인용문에서 맹자는 도덕 기준에 비추어 스스로가 바르고 참된 행위를 하고 있는지를 항상 돌이켜 보고 반

---

67) 昔者曾子謂子襄曰 子好勇乎 吾嘗聞大勇於夫子矣 自反而不縮 雖褐寬博 吾不惴焉 自反而縮 雖千萬人 吾往矣(『孟子』, 公孫丑上 2)

68) 孟子曰 萬物皆備於我矣 反身而誠 樂莫大焉 强恕而行 求仁莫近焉(盡心上 4)

성하는 자세를 갖추어야 함을 강조하고 있다.

이렇게 항상 자기성찰의 자세를 견지해야 하는 까닭은 두 번째 인용문에서도 밝히고 있듯이, 모든 일의 원천이 자기에게 갖추어져 있기[萬物皆備於我] 때문이다. 그렇기 때문에 맹자도 공자와 마찬가지로 자기성찰은 필연적으로 '모든 일의 책임을 자기에게 돌이켜 찾는 자세'[反求諸己]를 유발할 수밖에 없다고 간주한다. 다음 인용문은 맹자의 이러한 반구저기론(反求諸己論)을 잘 드러내 주고 있다.

> 맹자는 "남을 사랑하는데도 그가 친해 오지 않으면 나의 사랑[仁]이 부족하지 않은지 돌이켜 보고, 남을 다스리는데도 잘 다스려지지 않으면 나의 지혜[智]가 부족하지 않은지 돌이켜 보며, 남에게 예로 대했는데도 그가 예로 답해 오지 않으면 나의 공경함[敬]이 부족하지 않은지 돌이켜 보아야 한다. 어떤 일이든지 행하고 난 후에 제대로 된 효과를 얻지 못하거든, 그 원인을 모두 나에게 돌이켜 찾아보아야 한다[反求諸己]. 나의 몸이 바르다면, 천하가 나에게 돌아오게 되는 법이다"라고 말하였다.[69]

> 맹자가 "군자가 일반인과 다른 점은 그가 자기 마음을 잘 살펴보기 때문이다. 군자는 인(仁)으로써 자기 마음을 살펴보고(자기 마음속에 인이 간직되어 있는지 살펴보고), 예(禮)로써 자기 마음을 살펴본다. 어진 사람은 남을 사랑하고, 예가 있는 사람은 남을 공경하는데, 남을 사랑하는 사람, 그를 남들도 항상 사랑해 주고, 남을 공경하는 사람, 그를 남들도 항상 공경해 주는 법이다. 예를 들어, 어떤 사람이 나를 도리에

69) 孟子曰 愛人不親 反其仁 治人不治 反其智 禮人不答 反其敬 行有不得者 皆反求諸己 其身正而天下歸之(離婁上 4)

> 어긋나게 대한다면, 군자는 반드시 그 까닭을 자기에게 돌이켜 찾아보아, '내가 반드시 어질지 못하고, 또 예를 지키지 못했나 보다. 그렇지 않다면, 이런 일이 있을 수 없다'고 반성해야 한다. 스스로 돌이켜 보아 어질고 예를 다했는데도 상대방이 계속 무도하게 대한다면, 군자는 자기가 진심을 다했는지[忠] 반성해 본다 …… 그러므로 군자에게는 죽을 때까지 마음속에 간직할 걱정거리는 있을지언정, 일시적인 근심은 없는 것이다. 군자가 평생 지속해야 할 걱정거리는 '순(舜)임금 같은 성인(聖人)도 사람이고 나도 역시 사람인데, 순임금은 천하에 모범이 되어 그 덕이 후세에까지 전해지는데, 나는 아직도 평범한 일개의 마을 사람에 불과하구나' 하는 것이니, 이는 참으로 걱정스러운 일이다. 이를 걱정한다면 어떻게 해야 하겠는가? 오직 순임금처럼 덕이 높은 사람이 되고자 수양을 쌓을 따름일 뿐이다"라고 말하였다.[70)]

앞의 첫 번째 인용문에서는 맹자의 유명한 반구저기론의 관점이 잘 드러나 있다. 두 번째 인용문에서는 이를 이어받아 스스로 살펴보아야 할 일에 대해 예를 들어 자세히 언급하고 있다. 특히 두 번째 인용문의 후반

---

70) 孟子曰 君子所以異於人者 以其存心也 君子以仁存心 以禮存心 仁者愛人 有禮者敬人 愛人者 人恒愛之 敬人者 人恒敬之 有人於此 其待我以橫逆 則君子必自反也 我必不仁也 必無禮也 此物奚宜至哉 其自反而仁矣 自反而有禮矣 其橫逆由是也 君子必自反也 我必不忠……是故 君子有終身之憂 無一朝之患也 乃若所憂則有之 舜人也 我亦人也 舜爲法於天下 可傳於後世 我由未免爲鄕人也 是則可憂也 憂之如何 如舜而已矣(離婁下 28): 후한(後漢) 조기(趙岐)의 『孟子章句』와 남송(南宋) 주희(朱熹)의 『孟子集註』에서는 존심(存心)의 존(存)을 재(在)로 보아 이를 "마음속에 간직한다"(在心)로 풀이하고 있으나, 청(淸) 초순(焦循)은 『孟子正義』에서 존(存)을 찰(察)로 보아 이를 "그 마음을 살펴본다"(省察其心)로 풀이하고 있다. 여기서는 뒤에 이어지는 자반(自反)의 내용을 근거로 하여, 초설(焦說)이 더 타당하다고 보아, 이를 따랐다.

부에서는 사람들이 돌이켜 살펴보아야 할 일은 스스로의 도덕적 완성의 여부라는 사실을 논의하고 있다. 즉 순임금 같은 성인이나 보통 사람이나 똑같이 도덕성의 근원을 갖추고 있는 도덕 주체이며, 양자 사이의 유일한 차이는 수양을 쌓았느냐(순임금) 아니면 그렇지 못하느냐(보통 사람)에 달려 있으므로, 누구나 수양을 통해 도덕적 완성을 이루도록 노력해야 한다는 것이다.

이렇게 누구나 수양을 통해 성인의 경지에 이를 수 있는 것은 모든 일이 행위 당사자의 책임이라는 유학자들의 입장에서 나오는 당연한 논리적인 귀결이다. 이를 맹자는 "모든 일의 근원은 모두 개인에게 갖추어져 있다"[71]거나 "화와 복은 모두 자기 스스로가 초래하지 않은 것이 없다"[72]고 표현하고 있다. 따라서 "무릇 사람들은 스스로가 먼저 스스로를 모멸한 다음에 남이 그를 모멸하게 되는 법"[73]이므로, 행위자 자신이 모든 일의 주체이고 모든 일은 스스로의 책임이기 때문에, 모든 일의 원인을 스스로에게 돌이켜 찾아야 한다[反求諸己]는 것이다.

(3) 순자: 참기(參己)와 실지기론(失之己論)

"타고난 그대로를 성(性)이라 하고 …… 사려를 쌓고 행위 능력을 익힌 다음에 이루어지는 것을 위(僞)라 한다"[74]는 성위지분(性僞之分)의 관점

71) 萬物皆備於我矣(盡心上 4)

72) 禍福無不自己求之者(公孫丑上 4)

73) 夫人必自侮然後 人侮之(離婁上 8)

74) 生之所以然者 謂之性 性之和所生 精合感應 不事而自然 謂之性……心慮而能爲之動 謂之僞 慮積焉 能習焉 而後成 謂之僞(『荀子』, 正名 2): 여기서의 '위'(僞)는 '거짓'이나 '속임'의 뜻이 아니라 '사람이 만든 것' 곧 '인위'(人爲)의 뜻이다. 이곳에서뿐만 아니라, 『荀子』 전체에서 위(僞)는 항상 인위(人爲)의 뜻으로 쓰이고 있다.

에서, 인위(人爲)적인 배움과 수양인 '위'(僞)를 통해 태어날 때부터 갖추고 있는 '성'(性)과의 합일, 곧 성위지합(性僞之合)을 이룸으로써 완성된 인격체[君子 · 聖人]의 상태에 도달할 수 있다는 주장이 순자의 인간론의 핵심이다. 여기서 성위지합이란 사람에게 본유한 자연적이고 질박한 재질[性]과 후천적이고 인위적인 노력과 그 결과[僞]가 분명히 나누어진[性僞之分] 바탕 위에서 이 둘의 통합을 이루어 냄으로써, 인간이 인간된 근거를 완성시키는 것을 말한다. 이러한 '성'과 '위'의 관계에 대해 순자는 다음과 같이 정리하고 있다.

> '성'(性)이란 본래 처음부터 인간에게 갖추어져 있는 질박한 재질의 본성이고, '위'(僞)란 후천적 노력에 의해 문채와 이치가 크게 융성하게 된 것이다. 그러므로 본성이 없다면 인위적인 노력을 가할 곳이 없어지고, 인위적인 노력이 가해지지 않으면 본성이 스스로 아름답게 될 수가 없는 법이다. 따라서 이상적 인격체인 성인(聖人)의 이름을 이룰 수 있으려면, 본유적인 본성과 인위적인 노력이 합해져야 하는 것[性僞合]이다.[75]

이 인용문에서 순자는 성위지합이 이루어지는 데에는 본성보다 인위적인 노력이 더 중요함을 시사하고 있다. 곧 인간의 삶의 목표인 이상적 인간상의 꿈을 성취하기 위해서는 타고난 본성에 후천적인 배움과 수양의 성과가 합해져 통일을 이루어야 한다는 것이다. 이렇게 순자에게 있어서 '무한한 가능체'로서 가지는 인간의 존재 특성은 이러한 성위지합

75) 性者本始材朴也 僞者文理隆盛也 無性則僞之無所加 無僞則性不能自美 性僞合 然後成聖人之名(禮論 24)

의 체계에서 최대로 드러난다고 볼 수 있으며, 이는 순자 수양론의 논리적 근거를 이룬다.

순자의 인간론에서 배움과 수양의 가치가 얼마나 중시되고 있는가 하는 사실은 『순자』 32편 가운데 제1편과 제2편이 각각 「권학(勸學)」편과 「수신(修身)」편이라는 점에 잘 드러나 있다. 다음 첫 인용문에서 순자는 수양의 방안으로서의 자기성찰을 "자기에게 참험하여 살펴본다" 곧 '참기'(參己)라 표현하고 있으며, 두 번째 인용문에서는 이렇게 자기성찰[參己]할 내용을 구체적인 예를 들어 제시하고 있다.

> 군자는 널리 배우고[博學], 배운 바를 매일 자기 몸에 참험하여 살펴보아야 한다[參己]. 그렇게 되면 도덕인식이 밝아지고[知明], 행실에 잘못이 없게 된다[行無過].[76]

> 남의 선행을 보면 마음을 가다듬어 반드시 스스로 나 자신을 돌이켜 보고, 남의 착하지 못함을 보면 걱정이 되어 나에게도 혹시 그러한 결점이 없는지 반드시 살펴보아야 한다. 또한 나에게 만일 선행이 있거든 반드시 굳건히 지녀 스스로 기뻐할 것이요, 착하지 못한 점이 나에게 있거든 반드시 재앙을 당한 듯이 싫어해야 한다.[77]

---

76) 君子博學 而日參省乎己 則智明而行無過矣(勸學 2): 王先謙의 『荀子集解』에 인용된 兪樾은 본문 중 성호(省乎) 두 글자는 본래는 없었던 것으로, 후대인들이 참(參)을 삼(三)으로 읽어 『論語』 學而 4장의 "나는 매일 나 자신을 세 가지로 살펴본다"(吾日三省吾身)에 의거하여 잘못 첨가한 것으로 보고 있다. 따라서 그는 참(參)을 험(驗)의 뜻으로 보아, 참기(參己)를 "자기에게 참험하여 살펴본다" 또는 "자기에게 비추어 살펴본다"의 의미로 풀이하고 있다. 또한 그는 지(智)도 지(知)의 오자로 보아 지명(智明)을 지명(知明)으로 풀이하고 있다. 여기서는 이러한 유설(兪說)을 따랐다.

두 인용문에서 드러나듯이, 배움의 내용이나 다른 사람의 행동, 심지어는 나의 행동까지도 모두 살펴서 자기반성의 자료로 삼음으로써 "행실에 잘못이 없도록 해야 한다"[行無過]는 것이 순자가 참기론을 통해 주장하려고 하는 바이다.

순자도 공자 및 맹자와 마찬가지로 이렇게 항상 자기를 돌아보고 반성해야 하는 까닭을 "마음에 지향하는 바를 닦고, 덕행을 두터이 하며, 인식과 판단을 명확히 하고, 오늘날에 태어났지만 예로부터 내려오는 규범과 도덕에 뜻을 두는 것, 이들은 모두 자신이 하기에 달려 있는 것이어서, 군자는 삼가 자기에게 달려 있는 것을 힘써 행할 뿐이지 외적 조건에 달려 있는 것을 애써 구하려 해서는 아니 된다"[78]는 사실에서 찾고 있다. 이렇게 모든 일의 원인을 스스로에게서 찾아야 한다는 관점을 순자는 다음과 같이 진술하고 있다.

> 날마다 반성하여 자기 자신을 잘 아는 사람은 결코 남을 원망하지 않고, 자기의 천명을 깨달은 사람은 결코 하늘을 원망하지 않는다. 남을 원망하는 사람은 어떤 일을 하든지 막히게 마련이고, 하늘을 원망하는 사람은 세상사를 하나도 깨닫지 못하게 마련이다. 도대체 잘못은 자기가 저질러 놓고도[失之己] 도리어 그 책임은 남에게 돌리고 있으니[反之人], 그 얼마나 어리석은 일이란 말인가?[79]

---

77) 見善 脩然必以自存也 見不善 愀然必以自省也 善在身 介然必以自好也 不善在身 菑然必以自惡也(修身 22-23): 王先謙의 『荀子集解』에 인용된 王念孫은 첫 구절의 자존(自存)의 존(存)을 성(省)이라 보아, 이를 자성(自省)이라 풀이하고 있다. 여기서는 뒷 구절의 자성(自省)을 따라 이를 옳다고 여겨, 왕설(王說)을 따랐다.

78) 若夫心意修 德行厚 知慮明 生於今而志乎古 則是其在我者也 故君子敬其在己者 而不慕其在天者……是以日進也(天論 28-29)

> 서로 교유하며 즐기는 사이이면서 상대방에게서 사랑을 받지 못한다면 반드시 내게 어질지 못한 점이 있었기 때문일 것이고, 서로 왕래하며 사귀면서도 공경을 받지 못한다면 반드시 내가 어른스럽지 못한 점이 있었기 때문일 것이며, 재물과 관련된 문제에서 신임을 받지 못한다면 반드시 내가 미덥지 못한 점이 있었기 때문일 것이다. 이 세 가지는 모두 나에게 원인이 갖추어져 있으니, 상대방을 원망할 게 무엇이 있겠는가? 남을 원망하는 사람은 어떤 일을 하든지 막히게 마련이고, 하늘을 원망하는 사람은 세상사를 하나도 깨닫지 못하게 마련이다. 도대체 잘못은 자기가 저질러 놓고도[失之己] 도리어 그 책임은 남에게 돌리고 있으니[反之人], 그 얼마나 어리석은 일이란 말인가?[80]

순자는 이 두 인용문에서 모든 일의 원인과 책임은 모두 도덕 주체로서의 자기에게 있으므로, "잘못이 있다면 그 책임은 모두 자기가 져야 한다"는 실지기(失之己)의 태도를 반복해서 강조하고 있다. 이러한 순자의 '실지기론'은 공자의 '구저기론' 및 맹자의 '반구저기론'과 마찬가지로 유학적 자기성찰론이 성립하는 논리적 근거인 것이다.

2) 성리학: 거경(居敬)과 존천리(存天理)

성리학의 수양론은 앞에서 살펴본 대로 인간을 악으로 이끄는 이기적 욕구와 사적 감정을 억제하는 알인욕(遏人欲) 이외에, 거경(居敬)을 통하

---

79) 自知者不怨人 知命者不怨天 怨人者窮 怨天者無志 失之己 反之人 豈不迂乎哉(榮辱 25)

80) 同遊而不見愛者 吾必不仁也 交而不見敬者 吾必不長也 臨財而不見信者 吾必不信也 三者在身 曷怨人 怨人者窮 怨天者無識 失之己 反之人 豈不迂乎哉(法行 21-22)

여 삶의 기본자세를 함양하고 스스로를 성찰함으로써 타고난 본래의 선한 본성을 회복하여 간직하는 존천리(存天理)가 핵심을 이룬다.[81] 이렇게 존천리는 알인욕과 함께 성리학적 수양 방안의 양대 축을 형성하는데, 유학이 성인이 되는 길에 대한 학문이자 수기치인(修己治人)의 도를 가르치는 제왕학(帝王學), 곧 성학(聖學)이라는 관점에서 보면, 성리학자들은 알인욕보다는 존천리의 수양 공부를 더욱 중시한 것으로 보인다. 이러한 사실은 조선조 성리학적 수양론을 집대성한 퇴계 이황의 『성학십도(聖學十圖)』와 율곡 이이의 『성학집요(聖學輯要)』에 잘 드러나 있다.

『성학십도』는 1568년 68세의 노학자 퇴계가 즉위한 지 1년 남짓 된 17세의 어린 군주 선조(宣祖)에게 학문과 수양의 핵심과 요령을 열 개의 그림[圖]으로 간명하게 정리하여 올린 작은 책자이다. 이는 송(宋)대 이래 정주학파(程朱學派)의 저술 속에서 선택한 일곱 개의 도상(圖象)에다가 퇴계 스스로가 그린 세 개의 도상을 첨가한 다음, 이에 대한 주희(朱熹)를 비롯한 성리학자들과 자신의 해설을 덧붙여 편찬한 것이다.[82] 이 책을 군주에게 바치면서 퇴계는 "제가 나라에 보답할 것은 오직 이 도(圖)뿐입니다"[83]라고 할 만큼, "『성학십도』는 성학의 방법과 체계를 가장 집약적이고 함축적으로 구성한 것이자, 퇴계가 만년에 성취한 원숙한 학문

81) 大抵心學雖多端 總要而言之 不過遏人欲存天理兩事而已(『退溪全書 二』, 書, 答李平叔 259); 自精一擇執以下 無非所以遏人欲而存天理之工夫也(『退溪全書 一』, 聖學十圖, 心學圖說 208)

82) 於是謹就其中 揀取其尤著者得七焉……其三者圖雖臣作 而其文其旨條目規畫 一述於前賢而非臣創造 合之爲聖學十圖 每圖下輒亦僭附謬說 謹以繕寫投進焉(『退溪全書 一』, 箚, 進聖學十圖箚 196)

83) 李滉進箚上聖學十圖……爲此圖以進曰 吾之報國 止此圖而已(『宣祖修正實錄』, 卷2, 元年12月朔 乙亥條: 금장태, 2001, p. 303에서 재인용)

적 결실"[84]이다.

『성학집요』는 1575년 40세의 율곡이 즉위한 지 8년 된 24세의 청년 군주 선조에게 학문과 수양 및 치국의 핵심을 정리하여 바친 여덟 권짜리 방대한 저술이다. 이는 유학 경전과 사서(史書)에서 젊은 군주가 자기를 닦고 나라를 다스리는 데 유용할 내용을 추리고, 이에 송대 이후의 여러 성리학자들과 율곡 자신의 해설을 담아 작성한 것이다. 율곡은 이 책을 올리는 글[進箚]에서 젊은 군주에 대한 신랄한 비판을 가함으로써, 젊은 군주를 훈계하는 충정을 드러내고 있다. 다음은 율곡이 젊은 군주인 선조를 비판하는 내용의 일부이다.

> 다만 전하의 문제점을 말씀드리자면, 영특한 기질을 너무 드러내려 하고 선한 것을 받아들이는 도량이 넓지 못하여, 쉽게 화를 내고 남을 이기려는 사사로운 마음을 극복하지 못하였다는 것입니다. 이런 단점을 극복하지 못하면 참으로 도에 들어가는 데 방해가 되고, 결국은 이 때문에 온순한 말과 겸손한 말을 하는 사람을 가려 많이 채용하고, 바른 말을 하고 면전에서 잘못을 지적하는 사람은 거슬리다고 반드시 내쳐지게 될 것입니다. 이는 자신을 비우고 남을 따르던 고대의 거룩하고 현명한 제왕들의 도가 아니어서, 걱정이 됩니다.[85]

이 외에도 『성학집요』의 진차(進箚)에는 젊은 군주의 성격상 단점과 일 처리 과정에서의 문제점들을 들어 조목조목 비판함으로써, 이 책을

---

84) 금장태, 2001, p. 303.

85) 第論病痛 則英氣太露 而受善之量未弘 天怒已發 而好勝之私未克 此病不除 實妨入道 是故溫言巽辭者 多蒙採納 直言面折者 必至違忤 恐非聖帝明王虛己從人之道也 (『栗谷全書 一』, 聖學輯要, 進箚 418-419)

바탕으로 항상 자기를 닦고 스스로를 돌아보는 수양을 이루어, 군주로서의 직책을 훌륭하게 수행하는 기틀을 마련하기를 바라는 염원을 밝히고 있다.

이렇게 『성학십도』와 『성학집요』는 일차적으로 군주가 수기치인의 도를 깨우치게 하는 데 그 저술의 목적이 있지만, 이러한 치국의 도는 자기의 인격을 닦아 본래의 선성(善性)을 회복하는 존천리를 기반으로 하고 있다는 점에서, 이 두 책은 조선조를 통틀어 배우는 사람 누구나가 존천리하는 수양의 방안[86]으로서 존숭되어 왔다. 그러므로 존천리하는 성리학적 수양의 요체는 이 두 책을 살펴보면 잘 드러난다.

이 두 저술에서 조선조 최고의 성리학자인 퇴계와 율곡이 제시하고 있는 수양의 요체는 경(敬) 상태에 머물러 유지하는 일, 곧 거경(居敬) 또는 지경(持敬)이다. 그들은 도덕 주체로서의 인간이 스스로 본유하고 있는 도덕성을 인식하고[窮理] 이를 일상생활에서 실천하는 일[力行]의 근본은 경 상태에 머무르는 거경에 있다고 보아,[87] 경을 성인이 되고자 하는 공부, 곧 성학(聖學)의 처음이자 마지막이 되는 일이라 하여 중시하였다.[88]

---

86) 此書雖主於人君之學 而實通乎上下 學者之博覽而泛濫無歸者 宜收功於此 以得反約之術 失學而孤陋寡見者 宜致力於此 而定向學之方 學有早晚 皆獲其益(『栗谷全書 一』, 聖學輯要, 進箚 422)

87) 敬以爲主 而事事物物 莫不窮其所當然與其所以然之故……至如敬以爲本 而窮理以致知 反躬以踐實 此乃妙心法 而傳道學之要……抑眞知與實踐 如車兩輪 闕一不可 如人兩脚 相待互進 故程子曰 未有致知而不在敬者 朱子曰 若躬行上未有工夫 亦無窮理處 是以二者之功 合而言之 相爲始終 分而言之 則又各自有始終焉(『退溪全書 一』, 疏, 戊辰六條疏 185-186); 敬者聖學之始終也 故朱子曰 持敬是窮理之本 未知者 非敬無以知 程子曰 入道莫如敬 未有能致知而不在敬者 此言敬爲學之始也 朱子曰 已知者 非敬無以守 程子曰 敬義立而德不孤 至于聖人亦止如是 此言敬爲學之終也(『栗谷全書 一』, 聖學輯要, 修己上 收斂章 431)

이렇게 경은 궁리의 근본이어서 사물의 이치를 올바로 이해하게 하는 기능과 함께 이렇게 깨달은 도를 일상생활에서 실천하여 도덕적 완성을 이루게 하는 등 다양한 기능을 갖는다. 퇴계와 율곡은 『성학십도』를 올리는 글[進聖學十圖箚]과 『성학집요』의 「수기(修己)」편에서 경 상태를 유지하는 일의 중요성을 다음과 같이 진술하고 있다.

> 경을 간직하는 것[持敬]은 생각과 배움을 함께 달성하고[兼思學], 움직이거나 정지해 있는 기거동작이 일관되며[貫動靜], 마음과 행동이 합일되고[合內外], 드러난 것과 숨어 있는 것이 일치하게[一顯微] 만드는 도입니다. 이러한 도를 실행하는 방안은 반드시 마음을 삼가고 엄숙하며 고요하고 전일한 가운데에 두어, 배우고 묻고 생각하고 변별하고 할 때에 그 이치를 궁구하는 것입니다. 그리하여 보이지 않고 들리지 않는 곳에서도 경계하고 두려워하기를[戒懼] 더욱 엄숙하고 더욱 공경하게 하며, 숨어 있어서 잘 보이지 않는 곳과 홀로 있는 곳에서도 자기를 돌아보기를[省察] 더욱 자세하고 엄밀하게 해야 합니다.[89]

> 대개 도(道)의 묘한 것은 헤아릴 수가 없고 정해진 바가 없으나, 오직 경(敬)하면 능히 엉겨 모여서 이 이치가 항상 있게 된다. 마음을 경하게 하면 능히 엉겨 모여서 덕이 마음에 있게 되고, 용모를 경하게 가지면 능히 엉겨 모여서 덕이 용모에 있게 되며, 귀 · 눈 · 코 · 입에 이르

88) 敬爲聖學之始終 豈不信哉(『退溪全書 一』, 聖學十圖, 敬齋箴 210); 敬之一字 豈非聖學始終之要也哉(『退溪全書 一』, 聖學十圖, 大學圖 203); 敬者聖學之始終也(『栗谷全書 一』, 聖學輯要, 修己上 收斂章 431)

89) 持敬者 又所以兼思學 貫動靜 合內外 一顯微之道也 其爲之之法 必也存此心於齋莊靜一之中 窮此理於學問思辨之際 不睹不聞之前 所以戒懼者 愈嚴愈敬 隱微幽獨之處 所以省察者 愈精愈密(『退溪全書 一』, 箚, 進聖學十圖箚 197)

기까지 모두 그렇지 않은 것이 없다. 그러나 경하지 않으면, 마음이 방일하여 온몸이 해이하게 이지러져서, 비록 사람의 형체를 갖추고 있다 해도 실제로는 혈기를 가진 살덩어리일 뿐으로, 사물과 전혀 다를 바가 없게 된다. 이렇게 경이란 덕을 모으는 근본이고, 인간의 본성을 완성하고 실천하는[踐形盡性] 요체인 것이다.[90]

이와 같이 성리학적 수양론은 경 상태에 머무르는 일[居敬]을 위주로 하고 있다. 전통적으로 이러한 거경의 방법으로는 마음을 한군데 모으고 흩어지지 않게 하는 주일무적(主一無適), 몸가짐을 정돈하여 가지런히 하고 마음을 엄숙하게 지니는 정제엄숙(整齊嚴肅), 항상 똑똑하게 각성 상태에 머무르는 상성성법(常惺惺法), 그리고 마음을 거두어들여 다른 생각이 그 속에 들어오지 못하게 하는 기심수렴(其心收斂)의 네 가지가 대표적인 것으로 제시되고 있다.[91] 퇴계는 이 밖에도 여러 곳에서 이 네 가지 경 공부의 방법에 대해 언급하고 있으며,[92] 율곡도 이 네 가지 경 공

90) 蓋道妙莫測 靡有攸定 惟敬則能凝聚得此理常在 如心敬則能凝聚得德在心上 貌敬則能凝聚得德在貌上 以至耳目口鼻之類 無不皆然 或有不敬 則心君放逸 而百體解弛 雖曰有人之形 而其實塊然血氣之軀 與物無以異矣 此敬之一字 乃聚德之本 而爲踐形盡性之要也(『栗谷全書 一』, 聖學輯要, 修己中 正心章 477)

91) 或曰 敬若何以用力耶 朱子曰 程子嘗以主一無適言之 嘗以整齊嚴肅言之 門人謝氏之說 則有所謂常惺惺法者焉 尹氏之說 則其心收斂 不容一物者焉云云 敬者一心之主宰 而萬事之本根也 知其所以用力之方 則知小學之不能無賴於此以爲始 知小學之賴此以始 則夫大學之不能無賴於此以爲終者 可以一以貫之而無疑矣(『退溪全書 一』, 聖學十圖, 大學經 203)

92) 蓋心者一身之主宰 而敬又一心之主宰也 學者熟究於主一無適之說 整齊嚴肅之說 與夫其心收斂 常惺惺之說 其工夫也盡而優 入於聖域而不難矣(『退溪全書 一』, 聖學十圖, 心學圖說 208); 敬之爲說者多端 何如不陷於忘助之病乎 曰 其爲說雖多 而莫切於程謝尹朱之說矣(『退溪全書 四』, 言行錄一, 論持敬 175)

부의 방법을 받아들이고 있다.[93] 한마디로 경 상태는 흐트러짐 없는 주의집중의 인지적 기능[主一無適 · 其心收斂][94]과 함께, 실생활에서 몸가짐과 마음가짐을 엄숙히 정돈하여 도에 합치하는 목표를 선택하고 이에 적합한 행동을 활성화하는 동기적 기능[整齊嚴肅 · 常惺惺法][95]도 지니는 심적 행동적 자기조절의 전체 과정에 해당한다고 볼 수 있다.

이렇게 주의를 집중하여 마음을 흩뜨리지 않고, 마음가짐과 행동거지를 엄숙히 하여 스스로를 살펴보는 일이 거경의 핵심인데, 퇴계와 율곡은 이의 전형을 남송(南宋) 시대 진백(陳柏, 자 茂卿, 호 南塘)이 지은 "새벽 일찍부터 밤늦게까지 경계하는 글"[夙興夜寐箴]에서 찾고 있다. 퇴계는 이를 그림으로 그려 『성학십도』의 마지막 그림인 제10도[夙興夜寐箴圖]로 편입시키고 있으며, 율곡은 이를 『성학집요』의 「수기상(修己上)」편 수렴(收斂)장에서 "신이 생각하건대, 남당(南塘) 진백이 지은 『숙흥야매잠(夙興夜寐箴)』은 배우는 사람이 매우 절실하게 받아들여야 할 것이므로, 아래에 조심스럽게 기록합니다. 이는 마음을 거두어들이는 데 가장 큰 힘이 될 것입니다"[96]라며 인용하고 있다. 이 잠명(箴銘)의 전문은 다음과 같다.

새벽녘 닭이 울어 잠에서 깨어나면 생각이 점차 어지럽게 일어나니,

---

93) 程子又曰 主一之謂敬 無適之謂一……程子曰 整齊嚴肅則心自一 一則無非僻之干矣 嚴威儼恪 非敬之道 但敬須從此入 上蔡謝氏曰 敬是常惺惺法 和靖尹氏曰 敬者 其心收斂 不容一物之謂 或問 三先生言敬之異 朱子曰 譬如此室 四方皆入得 若從一方入至此 則三方入處皆在其中矣(『栗谷全書 一』, 聖學輯要, 修己中 正心章 476)

94) 김성태, 1989, pp. 160-181.

95) 한덕웅, 1994, pp. 91-96.

96) 臣按南塘陳柏所作夙興夜寐箴 甚切於學者受用 故謹錄于左 收斂最有力(『栗谷全書 一』, 聖學輯要, 修己上 收斂章 434)

바로 그즈음에 어찌 마음을 고요하게 가다듬지 않겠는가? 때로는 지난 허물을 반성하기도 하고, 때로는 새로 터득한 것을 통합하기도 하여, 차례에 맞게 조리를 세워 환하게 속으로 깨달을 일이다. (이상은 일찍 깨어남[夙寤]에 대해 말한 것이다.) 근본이 이미 섰으면, 동트기 전에 일어나 세수하고 머리 빗고 옷을 입고 관을 쓰고 반듯하게 앉아서 몸가짐을 가지런히 하며, 마음을 끌어 모으기를 마치 돋는 해처럼 밝게 하여, 엄숙하고 가지런하며 비어 있고 밝으며 고요하고 한결같이 하여야 한다. (이상은 새벽에 일어남[晨興]에 대해 말한 것이다.) 이어서 책을 펼쳐 성현을 대하게 되면, 공자께서 자리에 앉아 계시고 안자(顔子)와 증자(曾子)가 앞뒤에 서 있는 듯하게 되니, 거룩한 스승 공자의 말씀을 친밀하고 절실하게 여겨 경건하게 들으며, 제자들이 묻고 변론한 것을 돌이켜 거듭 참고하여 바로잡을 일이다. (이상은 책 읽기[讀書]에 대해 말한 것이다.) 일이 생기면 반응하여 행동으로 증험하되 환하게 밝은 하늘의 명령이 늘 눈앞에 있는 듯이 여기고, 일에 대한 반응이 끝나고 나면 이전과 달라진 것이 없으니 다시 마음을 맑게 하여 정신을 모으고 그 일에 대한 생각을 그쳐야 한다. (이상은 일에 반응함[應事]에 대해 말한 것이다.) 움직였다 고요해졌다 돌고 도는 이 마음을 들여다보면서, 고요해지면 보존하고 움직이면 살펴서 두 갈래 세 갈래로 갈라지지 않게 하고, 글을 읽고 남는 시간에는 틈틈이 마음을 한가롭게 하여, 정신을 펴서 누그러뜨리고 감정과 본성을 편안히 기를 일이다. (이상은 낮 동안 부지런함[日乾]에 대해 말한 것이다.) 날이 저물면 사람이 피곤해져서 어지러운 기운이 올라오기 쉬우니, 공손하고 삼가며 가지런하고 엄숙한 몸가짐으로 정신을 밝게 떨쳐 일으키고, 밤이 깊어 잠자리에 들면 손과 발을 가지런히 모으고, 생각을 하지 말며 마음과 정신이 돌아가 잠들게 해야 한다. (이상은 저녁에도 조심함[夕惕]에 대해 말한 것이다.) 밤의 기운[夜氣]으로 함양하여 마음이 곧게[貞] 되면

> 근본으로 회복될 것이니[復元], 늘 이를 생각하고 살펴서 밤낮으로 힘쓸 일이다. (이상은 일찍 일어나고 늦게 자는 것을 겸하여[兼夙夜] 말한 것이다.)[97]

이『숙흥야매잠』은 하루하루 살아가는 삶의 모습이 항상 주의를 산만하게 흩뜨리지 않고, 마음가짐과 행동거지가 신중하고 엄숙하여, 안정된 생활을 하는 데 도움을 주는 구체적인 것들이 지적되고 있다. 새벽에 잠을 깨서부터 지녀야 할 마음가짐과 실천사항에서 시작하여 하루 일과를 신중히 처리하고 밤늦게 잠자리에 들어갈 때까지 지켜야 할 모든 것을 자세히 설명하여 주고 있다.

퇴계는『숙흥야매잠』에 대한 해설에서 "대체로 도(道)라고 하는 것은 일상생활을 하는 동안에 항상 흐름을 타서 운행하는 것으로서, 어느 곳 어느 자리에나 이치가 없는 곳이 없으니 어디서인들 공부를 그만둘 수가 있으며, 잠깐 사이라도 정지함이 없어서 단 한순간도 이치가 지배하지 않는 곳이 없으니 어느 때인들 공부를 하지 않을 수가 있겠는가?"[98]라면

---

97) 雞鳴而寤 思慮漸馳 盍於其間 澹以整之 或省舊愆 或紬新得 次第條理 瞭然默識(右言夙寤) 本旣立矣 昧爽乃興 盥櫛衣冠 端坐斂形 提掇此心 皦如出日 嚴肅整齊 虛明靜一(右言晨興) 乃啓方册 對越聖賢 夫子在坐 顔曾後先 聖師所言 親切敬聽 弟子問辨 反復參訂(右言讀書) 事至斯應 則驗于爲 明命赫然 常目在之 事應旣已 我則如故 方寸湛然 凝神息慮(右言應事) 動靜循環 惟心是監 靜存動察 勿貳勿參 讀書之餘 間以游泳 發舒精神 休養情性(右言日乾) 日暮人倦 昏氣易乘 齋莊整齊 振拔精明 夜久斯寢 齊手斂足 不作思惟 心神歸宿(右言夕惕) 養以夜氣 貞則復元 念玆在玆 日夕乾乾(右兼夙夜而言) (『退溪全書 一』, 聖學十圖, 夙興夜寐箴 210;『栗谷全書 一』, 聖學輯要, 修己上 收斂章 434): 이 인용문에서 괄호 속의 설명은 퇴계의『성학십도(聖學十圖)』중 숙흥야매잠(夙興夜寐箴)에는 없으나, 퇴계가 이를 도해(圖解)한 제십도인 숙흥야매잠도(夙興夜寐箴圖)에는 나와 있으며, 율곡의『성학집요(聖學輯要)』「수기상(修己上)」편 수렴장(收斂章)에는 여기에 인용한 것처럼 제시되어 있다.

서, 언제 어디서나 경(敬) 상태에 머물러 마음을 간직하여 기르고[存養] 스스로를 살펴보는 것[省察]에 바로 성인이 되는 요체가 갖추어져 있다고 하여,[99] 거경을 통한 존양성찰(存養省察)이 수양의 핵심이라는 사실을 강조하고 있다.

율곡도 수렴장에서 『숙흥야매잠』을 인용하고 난 후에 "비록 천만 사람 가운데 있더라도 항상 자기를 닦고 지켜야 한다는 사실을 깨닫고 있으면, 처리할 일이 없을 때는 텅 비고 고요하여 마음의 본체[體]를 기를 수 있고, 처리할 일이 있을 때는 밝게 살펴서 마음의 쓰임[用]을 바르게 할 수 있다. 성인이 되는 배움[聖學]의 근본은 바로 여기에 달려 있는 법이다"[100]라고 말하여, 거경을 통한 존양과 성찰이 스스로에게 본유하고 있는 도덕성을 잃지 않고 간직하는[存天理] 요체라는 사실을 분명히 하고 있다.

---

98) 夫道之流行於日用之間 無所適而不在 故無一席無理之地 何地而可輟工夫 無頃刻之或停 故無一息無理之時 何時而不用工夫(『退溪全書 一』, 聖學十圖, 夙興夜寐箴 210-211)

99) 此一動一靜 隨處隨時 存養省察 交致其功之法也 果能如是 則不遺地頭 而無毫釐之差 不失時分 而無須臾之間 二者並進 作聖之要 其在斯乎(『退溪全書 一』, 聖學十圖, 夙興夜寐箴 211)

100) 雖在千萬人中 常知有己 則無事而虛寂 可養其體 有事而照察 可正其用 聖學根本於斯立矣(『栗谷全書 一』, 聖學輯要, 修己上 收斂章 434)

제5장 자기수양의 성과와 지향

유학의 수양론은 인성론(人性論)에서 정위한 바의 현실적인 인간이 군자론(君子論)에서 설정한 바의 이상적 인간상에 이를 수 있는 방법론의 양상을 정리한 이론체계이다. 인성론에서는 인간에게 수양이 필요한 배경과 수양이 가능한 근거를 찾을 수 있다. 군자론에서는 수양이 지향하는 인간 삶의 목표를 도출할 수 있다. 이러한 맥락에서 보면, 수양론은 인성론과 군자론을 이어 주는 다리의 역할을 떠맡고 있는 셈이다.

인성론에서 유학자들은 사분체계론에 입각해서, 인간의 심성에는 지 · 정 · 의에 해당되는 인지 · 감정 · 욕구 이외에 도덕성의 요소가 본유적으로 갖추어져 있다고 여긴다. 인간은 인식의 주체, 감정의 주체, 욕구의 주체이자 도덕의 주체이기도 한 복합적인 존재라는 것이다. 인간이 갖추고 있는 욕구와 감정 가운데에는 그 충족과 유발의 여부가 외적 조건에 달려서 개인 스스로가 통제할 수 없는 것들이 있는데, 이 때문에 인간은 악으로 향해 나아갈 가능성이 있으며, 바로 이러한 향악 가능성에서 수양의 필요성이 도출된다는 것이 유학자들의 관점이다.

인간에게 갖추어져 있는 본유적인 도덕성은 인간을 도덕적인 존재로 이끄는 도덕적 지향성으로 작용할 뿐만 아니라, 인간 삶의 목표를 설정하는 근원이 된다고 유학자들은 간주한다. 바로 이러한 도덕적 지향성으로부터 인간의 향악 가능성을 통제하고, 인간이 도덕적 존재로 거듭나게 유도하는 수양의 근거가 도출된다는 것이다.

이러한 맥락에서 보면, 유학의 체계에서는 수양의 방안으로 두 가지 활동이 제시되고 있다는 사실이 분명히 드러난다. 그 하나는 인간을 악으로 이끌 가능성이 있는 생물적 이기적 욕구와 사적 감정을 억제함으로써 향악 가능성 자체를 통제하는 방안이다. 또 하나는 자기의 행동을 돌아보고 스스로를 반성함으로써 스스로가 도덕 주체라는 사실을 확고히 하는 방안이다. 이는 모든 유학자의 공통적인 관점인데, 특히 성리학자들은 이를 알인욕(遏人欲)·존천리(存天理)라 하여 유학적 수양의 요체로 부각시키고 있다.

인간은 이러한 자기억제와 자기성찰을 통해 자기이익을 우선적으로 추구하는 소인(小人)의 상태로부터 타인을 우선적으로 배려하여 그들을 자신 속에 끌어안는 군자(君子)의 상태로 확대해 갈 수 있는 존재라는 것이 군자론의 관점이다. 인간이 이렇게 존재확대를 이룰 수 있는 바탕은 어디에서 연유하는 것인가? 유학의 수양론에서는 자기수양의 두 방안이 가져오는 성과에서 그 기반을 찾고 있다. 곧 자기억제를 통한 욕구와 감정의 도덕적 승화와 자기성찰을 통한 잘못의 수정과 자기개선이 이러한 존재확대를 이룰 수 있는 두 가지 요인으로 작용한다고 보는 것이 유학적 수양론의 이론적 골자인 것이다.

1. 자기억제의 성과: 도덕적 승화

유학의 경전들에서는 생물학적 생존 욕구, 자기이익 추구의 이기적 욕구, 사회적 장면에서의 경쟁 욕구 및 도덕적 지향성의 욕구들과 칠정 같은 자기중심적 정서와 사단을 비롯한 규범지향적 정서 등 현대심리학에서 다루는 거의 모든 욕구들과 정서들이 언급되고 있다. 이러한 욕구와 정서들 가운데 유학자들이 가장 중요하게 여겨 권장하는 것은 도덕적 지향성의 동기와 규범지향적 정서 들이다.

유학자들은 이러한 도덕적 지향성의 욕구와 규범지향적 정서는 재기자(在己者)에 속하는 것이어서, 그 충족과 유발의 여부가 개인의 수양 수준에 달려 있다고 본다. 곧 도덕적 지향 욕구는 그 충족 조건이 개인의 노력의 정도에 달려 있고, 규범지향적 정서의 유발 여부도 개인의 함양 정도에 달려 있어서 실생활에서 사람이 스스로 통제할 수 있기 때문에, 유학자들이 중시하고 권장하는 것이다. 이러한 재기자 욕구와 정서의 권장이 유학적 욕구이론과 정서이론의 제1의 교의(敎義)를 이룬다.

유학자들에 따르면, 도덕적 지향 욕구와 규범지향적 정서 이외의 다른 욕구와 감정들은 모두 그 충족과 유발 여부가 외적 조건에 달려 있는 재외자(在外者)들이다. 그러므로 이는 개인이 노력한다고 해서 충족되거나 유발되는 것이 아닐 뿐만 아니라, 이러한 외적 욕구와 감정은 인간이 올바른 길에서 벗어나 악으로 향하게 만들 수 있기 때문에 억제하고 조절해야 한다고 유학자들은 본다. 이것이 유학적 욕구이론과 정서이론의 제2의 교의가 된다.

유학의 욕구이론과 정서이론은 이렇게 재기자인 도덕적 지향 욕구와 감정을 적극 권장하고, 재외자인 그 밖의 욕구와 감정을 억제해야 한다는 주장을 중심으로 성립되고 있다. 이러한 욕구와 감정의 통제와 조절은 자기수양의 요체로서, 자기개선과 자기향상을 이루어 군자가 되는 길에서 중핵적인 과제가 된다는 것이 유학의 경전들에서 도출되는 욕구이론과 정서이론의 핵심 내용인 것이다.

그러나 유학자들은 이러한 욕구와 감정의 통제가 유학적 수양의 최종 목표가 될 수는 없다고 여긴다. 이러한 욕구와 감정의 제어와 조절은 자기수양을 이루기 위한 전제일 뿐, 자기수양이 이에서 머물러서는 안 된다는 것이다. 욕구와 정서에 관한 유학의 이론들에서는 제2의 교의를 재외자(생물적 이기적 욕구와 자기중심적 정서)의 억제로 잡고 있지만, 이는 재기자(도덕적 욕구와 규범중심적 정서)를 권장하는 제1의 교의에 이어, 재외자를 재기자의 수준으로 승화하여 본유적인 도덕성을 보존 · 양성해야 한다는 제3의 교의를 성취하기 위한 전제일 뿐이다.[1)]

유학이 성덕(成德)을 지향하는 체계라는 점에 비추어 볼 때 이는 당연한 논리적 귀결이다. 이러한 맥락에서 유학적 수양이 지향하는 목표는 개인이 갖추고 있는 모든 욕구와 감정이 도덕성의 지도를 받아 도덕적 수준으로의 승화를 이룸으로써 이상적 인격의 상태에 이르는 일이다. 즉 유학적 수양의 한 가지 목표는 이렇게 욕구와 정서의 억제와 승화를 통해 이상적 인격의 상태를 이루는 데 있는 것이다.[2)]

1) 욕구의 도덕적 승화

이와 같이 유학사상에서는 재기자에 속하는 도덕적 지향성의 욕구는 적극 권장하는 대신, 재외자에 속하는 생존 욕구와 이기적 및 사회적 경

---

1) 이에 대해서는 졸저(조긍호, 2007a, pp. 275-320, 364-418; 2017a, pp. 277-319, 351-387) 참조.

2) 욕구와 정서의 도덕적 승화에 대한 논의는 졸저(조긍호, 2017a, pp. 293-301, 312-319, 367-377, 385-387; 2021b, pp. 419-444)의 내용을 참조하여 구성하였다.

쟁의 욕구는 적극 억제해야 한다는 자세를 굳게 지니고 있다. 이렇게 욕구를 통제하고 조절함으로써, 욕구의 폐해에서 벗어나 마음의 평온과 선함을 유지하는 일은 도덕적 수양을 통해 존재확대를 이루는 전제 조건이다. 따라서 통제와 조절을 통해 항상 도덕적 욕구가 생물적 이기적 욕구에 대해 통제력을 갖도록 하는 욕구의 승화를 이루는 일이 바로 군자의 경지에 이를 수 있는 핵심이라고 유학자들은 보는 것이다.

(1) 선진유학의 종심론(從心論)

도덕적 지향성의 욕구가 여타 욕구들에 대해 통제력을 행사함으로써 도덕적 지향성 욕구가 삶의 중심 욕구로 승화되는 일에 대해 공자는 유명한 연령단계발달론에서 이미 밝힌 바 있다. 공자는 "일흔 살에 이르러, 무엇이든지 마음에 하고자 하는 대로 행해도 도리에 어긋나지 않게 되었다"[3]고 진술하여, 발달의 최고 단계로 설정하고 있다. 공자는 일흔 살이 되어서야 비로소 마음에 떠오르는 것은 무엇이든지 도덕 규범[規矩]에 어긋나지 않는 상태에 이르게 되었다고 하여, 욕구의 도덕적 승화가 이루어졌다고 스스로 자평하고 있는 것이다. 공자에 이어 이후의 유학자들은 이러한 욕구의 도덕적 승화가 이루어져, 도덕 규범에 비추어 옳은 것만 하고 싶어지는 상태에 이른 사람이 이상적 인격을 이룬 군자와 성인이라고 여기는 전통을 형성하였다.

공자의 복례론(復禮論) 공자는 도덕적 지향성의 욕구 이외의 나머지 욕구들은 내재적인 통제 가능성이 없기 때문에, 이를 그대로 내버려 둘

3) 七十而從心所欲 不踰矩(『論語』, 爲政 4)

경우 여러 가지 폐단에 빠지므로, 이를 적극적으로 억제하고 조절할 필요가 있다고 보는 유학적 욕구이론의 서막을 열고 있다. 그런데 이러한 욕구들은 최종적으로 도덕적 지향성의 욕구에 따라 제어되어야 한다는 것이 『논어』에서 제시되고 있는 입장이다. 다음 진술문은 이러한 관점을 잘 피력하고 있다.

> 자공(子貢)이 정사(政事)에 대해 여쭙자, 공자께서 "경제적인 풍요를 이루어 생존 및 이기적 욕구를 충족시키고[足食], 국가 안보를 튼튼히 하며[足兵], 도덕적 수양이 이루어져 백성들 사이에 믿음이 있도록 해야 한다[民信之]"라고 대답하셨다. 자공이 "만일 부득이 이 셋 중에서 하나를 버려야 한다면, 무엇을 먼저 버려야 합니까?"라고 여쭙자, 공자께서는 "국가 안보를 버려야 한다"라고 대답하셨다. 자공이 다시 "만일 부득이 나머지 둘 중에 하나를 버려야 한다면, 무엇을 먼저 버려야 합니까?"라고 여쭙자, 공자께서는 "경제적인 풍요(생존 및 이기적 욕구의 충족)를 버려야 한다. 옛날부터 사람은 누구나 다 죽었으나, 백성들 사이에 신의가 없으면(도덕적 지향 욕구가 충족되지 않으면) 사람으로서 스스로 존립할 수가 없는 법이다"라고 대답하셨다.[4]

그러나 생존 욕구[食]의 충족은 도덕적 욕구[喪祭]의 충족과 마찬가지로 사람들의 삶에서 소중한 것[5]이고, 어떤 면에서 생존 욕구는 도덕적 욕구보다 더 강한 것[6]이기 때문에, 도덕적 욕구에 의한 나머지 욕구의

---

4) 子貢問政 子曰 足食 足兵 民信之矣 子貢曰 必不得已而去 於斯三者何先 曰 去兵 子貢曰 必不得已而去 於斯二者何先 曰 去食 自古皆有死 民無信不立(顔淵 7)

5) 所重民食喪祭(堯曰 1)

6) 吾未見好德如好色者也(子罕 17; 衛靈公 12)

제어는 상당히 어려워진다. 더욱이 이러한 도덕적 욕구는 그 자체로 실현하기 어렵다는 사실이 욕구 제어와 승화의 문제를 더욱 복잡하게 만드는 요인이 된다. 도덕적 욕구의 충족이 어렵다는 사실은 인(仁)의 실현 또는 성인이 되는 일의 어려움을 논술한 여러 곳에서 제시되고 있다.[7] 그러나 이러한 도덕적 욕구는 내재적으로 통제 가능한 동기이기 때문에, 스스로의 노력에 따라 충족되는 것이다.[8]

평생토록 힘써야 할 이러한 욕구 억제의 핵심은 이를 통해 욕구 자체가 도덕적인 수준으로 승화되는 일이다. 이를 공자는 "자기의 사욕을 극복하고[克己] 도덕성의 체계를 회복하는 일[復禮]"이라고 표현하고 있다. 여기서 도덕성의 체계를 회복한다는 것은 곧 도덕적인 수준으로 욕구의 승화가 이루어지는 일을 의미한다. 그러므로 공자는 "단 하루라도 사욕을 이겨 도덕성의 체계를 회복한다면, 천하가 인(仁)으로 돌아오게 될 것"[9]이라고 단언하고 있는 것이다.

이렇게 복례[復禮]를 통해 도덕적 승화를 이룬 사람이 바로 이상적인 인간이다. 공자는 스스로의 경험에 비추어, 이렇게 되면 바라는 것이 모두 사람의 도리에 맞는 것뿐이어서, 언제나 마음이 바라는 바대로 행하여도 도리에 어긋나지 않는[從心所欲 不踰矩] 궁극적인 이상적 인간의 경지에 이를 수 있다고 본다. 곧 이러한 이상적 인간의 상태는 모든 욕구가 도덕적 지향성에 따라 제어되어 도덕적 욕구의 상태로 승화된 경지인 것이다.

---

7) 子貢曰 如有博施於民而能濟衆 何如 可謂仁乎 子曰 何事於仁 必也聖乎 堯舜其猶病諸(雍也 28); 克伐怨欲 不行焉 可以爲仁矣 子曰 可以爲難矣 仁則吾不知也(憲問 2) 등.

8) 夫仁者 己欲立而立人 己欲達而達人 能近取譬 可謂仁之方也已(雍也 28); 爲仁由己而由人乎哉(顔淵 1) 등.

9) 克己復禮爲仁 一日克己復禮 天下歸仁焉(顔淵 1)

맹자의 지성론(知性論) 맹자는 생존 욕구와 이기적 욕구의 폐단에서 벗어나는 일은 욕구를 줄이는 일[寡欲][10]에만 그쳐서는 안 되고, 한 걸음 더 나아가 도덕적 욕구에 의해 다른 욕구들을 제어해야 한다고 본다. 다음 진술문은 이러한 관점을 잘 드러내고 있다.

> 삶[生: 생존 욕구] 또한 내가 바라는 것이고, 의[義: 도덕적 욕구] 또한 내가 바라는 것이다. 그런데 이 두 가지를 함께 얻을 수 없다면, 삶(생존 욕구)을 버리고 의(도덕적 욕구)를 취해야 한다. 삶[生] 또한 내가 바라는 것이지만, 삶보다 더 간절하게 바라는 것[義]이 있으므로, 구차하게 삶을 얻고자 하지 않는 것이다 …… 이렇게 삶보다 더 간절하게 바라는 것이 있는데 …… 오직 어진 사람만이 이러한 마음을 갖는 것은 아니다. 사람은 누구나 다 이러한 마음을 가지고 있지만, 오직 어진 사람만이 이런 마음을 잃지 않고 간직하는 것이다.[11]

이 인용문에서는 도덕적 욕구에 의한 생존 욕구의 제어에 대해 논술하고 있다. 그런데 이렇게 욕구를 절제하거나 제어할 수 있는 것은 마음이라는 기관의 생각하는 기능 때문이라고 맹자는 본다. 곧 "눈과 귀 같은 감각기관은 생각하지 못하고 외부의 사물에 가린다. 감각기관이 외부의 사물과 만나면 거기에 이끌려 버릴 뿐이지만, 마음의 기관은 생각을 한다. 이렇게 생각을 하면 욕구의 바름을 얻고, 생각하지 못하면 얻지 못하는데, 이것은 하늘이 사람에게 부여해 준 능력으로, 먼저 그 큰 것(도덕적

---

10) 養心莫善於寡欲(『孟子』, 盡心下 35)

11) 生亦我所欲也 義亦我所欲也 二者不可得兼 舍生而取義者也……是故所欲有甚於生者……非獨賢者有是心也 人皆有之 賢者能勿喪耳(告子上 10)

동기의 주관자인 마음)을 바로 세우면, 그 작은 것(생물적 이기적 욕구의 주관자인 감각기관)이 큰 것의 자리를 빼앗을 수 없는 것이다."[12]

그러나 욕구의 절제나 도덕적 지향 욕구에 의한 나머지 욕구의 제어가 그렇게 쉬운 일은 아니다. 생존 욕구나 이기적 욕구가 충족되지 않은 채로 도덕적 지향 욕구를 추구하는 바른 마음을 가진다는 것은 아주 어려운 일로, 보통 사람들은 생존 욕구나 이기적 욕구가 충족되지 않으면 도덕적 지향의 욕구를 추구하지 못하는 것이다.[13] 그렇지만 도덕적 지향 욕구는 자발적인 통제가 가능한 것[在我者]이므로, "그 마음을 다하여 추구하면[盡心] 스스로에게 갖추어져 있는 도덕적 동기의 본성을 깨달아 알게[知性] 되는데, 이렇게 도덕적 동기의 본성을 깨달아 아는 일은 곧 도덕성뿐만 아니라 모든 것의 존재 근거인 하늘을 아는 일[知天]이 된다"[14]는 것이다.

이러한 상태는 바로 욕구의 승화가 이루어진 상태라고 할 수 있는데, 그렇게 되면 '해야 할 일'[所爲]과 '해서는 안 될 일'[所不爲] 및 '바라야 할 것'[所欲]과 '바라서는 안 될 것'[所不欲]을 잘 구별하게 된다. 곧 "사람은 하지 않는 일이 있게 된 후에야 해야 할 일을 이룰 수 있게 되므로,"[15] 소위(所爲)와 소불위(所不爲), 소욕(所欲)과 소불욕(所不欲)[도덕적 욕구와 그 밖의 욕구들]을 잘 구별하여야 "할 일만을 행하고 해서는 안 될 일은 하지 않으며, 바랄 것만을 바라고 바라서는 안 될 것은 바라지 않는 경지"[16]에

---

12) 耳目之官 不思而蔽於物 物交物 則引之而已矣 心之官則思 思則得之 不思則不得也 此天之所與我者 先立乎其大者 則其小者不能奪也(告子上 15)

13) 無恒産 而有恒心者 惟士爲能 若民則無恒産 因無恒心(梁惠王上 7); 民之爲道也 有恒産者 有恒心 無恒産者 無恒心(滕文公上 3)

14) 孟子曰 盡其心者 知其性也 知其性 則知天矣(盡心上 1)

15) 人有不爲也 而後可以有爲(離婁下 8)

이르게 된다. 이것이 바로 욕구의 승화가 이루어진 상태이다. 이렇게 되면 "인의[仁義: 도덕적 동기]에 배가 불러서 맛있는 음식(생물적 이기적 욕구)을 더 이상 바라지 않게"[17] 된다는 것이다.

순자의 도욕론(道欲論) 앞에서 보았듯이, 순자는 생물적 이기적 욕구의 폐해에서 벗어나는 방안으로 욕구를 줄이고 절제하는 일[節欲]뿐만 아니라, 이러한 욕구를 올바른 방향으로 인도하는 일[道欲]을 들고 있다.[18] 여기서 욕구를 절제하는 절욕(節欲)은 욕구 충족의 억제를 말하는 것이고, 욕구를 인도하는 도욕(道欲)은 욕구가 도덕성의 지도를 받아 올바른 방향을 잡도록 지도하는 일, 곧 도덕적인 수준으로 욕구를 승화시키는 일을 의미하는 것이다.

그렇다면 이러한 절욕(節欲)과 도욕(道欲)의 기준은 무엇인가? 순자는 "무릇 사람이 어떤 것을 취할 때에 항상 순수하게 좋아하는 것만 들어오는 것은 아니며, 어떤 것을 버릴 때에 순수하게 싫어하는 것만 나가는 것은 아니므로, 사람은 언제나 바로 재어 볼 수 있는 저울을 갖추어야[權具] 한다"[19]고 보고 있다. 그리하여 이 저울에 욕구의 실상을 잘 달아 보는 것이 욕구 통제의 방법이라는 것이 바로 순자의 생각이다.

여기서 저울이란 바로 도(道)로서, 따라서 절욕(節欲)과 도욕(道欲)을 위해서는 그 기준이 되는 도를 먼저 인식하지 않을 수 없게 된다.[20] 그런

16) 無爲其所不爲 無欲其所不欲 如此而已矣(盡心上 17)
17) 飽乎仁義也 所以不願人之膏粱之味也(告子上 17)
18) 凡語治而待去欲者 無以道欲 而困於有欲者也 凡語治而待寡欲者 無以節欲 而困於多欲者也(『荀子』, 正名 19-20)
19) 凡人之取也 所欲未嘗粹而來也 其去也 所惡未嘗粹而往也 故人無動而不與權具(正名 24)

데 사람에게 이 도는 곧 예(禮)이므로,[21] 예에 따른 욕구의 조절이 곧 절욕과 도욕이라고 보아, 순자는 다음과 같이 말하고 있다.

> 눈으로 하여금 예(禮)가 아니면 보려 하지 않게 하고, 귀로 하여금 예가 아니면 들으려 하지 않게 하며, 입으로 하여금 예가 아니면 말하려 하지 않게 하고, 마음으로 하여금 예가 아니면 생각하지 않게 해야 한다.[22]

이렇게 되면, 예를 무엇보다도 좋아하게 된다[23]고 순자는 보고 있는데, 이것이 바로 욕구의 승화가 이루어진 상태라고 볼 수 있다. 순자는 이렇게 예를 무엇보다 좋아하도록 욕구의 승화가 이루어지면, 덕을 지키는 굳은 의지[德操]가 갖추어져서,[24] 소위와 소불위, 소욕과 소불욕을 잘 분별하게 되며,[25] 항상 즐겁고 혼란하지 않을 뿐만 아니라[26] 날로 발전하게 되어,[27] 자기를 소중히 여겨 사물을 부리는 상태[重己役物]가 이루

---

20) 何謂衡 曰 道 故心不可以不知道(解蔽 10)

21) 禮者人道之極也(禮論 13)

22) 使目非是無欲見也 使耳非是無欲聞也 使口非是無欲言也 使心非是無欲慮也(勸學 21): 여기서의 是는 사람의 正道, 곧 禮를 말하는 것인데, 이는 『論語』, 顔淵 1장의 非禮勿視 非禮勿聽 非禮勿言 非禮勿動과 같은 입장이다.

23) 及至其致好之也 目好之五色 耳好之五聲 口好之五味 心利之有天下(『荀子』, 勸學 21): 여기서의 之는 禮를 가리킨다.

24) 是故權利不能傾也 群衆不能移也 天下不能蕩也 生乎由是 死乎由是 夫是之謂德操(勸學 21)

25) 聖人淸其天君 正其天官……養其天情 以全其天功 如是則知其所爲 知其所不爲矣(天論 25)

26) 以道制欲 則樂而不亂(樂論 7)

27) 君子敬其在己者 而不慕其在天者 是以日進也(天論 29)

어진다고 본다.[28] 본시 예란 욕구를 기르려는 것이지 없애고자 하는 것은 아니어서,[29] 이렇게 도덕적 지향의 욕구[禮]에 따른 여타 욕구의 제어가 곧 욕구의 승화가 된다는 것이 바로 순자의 예론(禮論)에 전개된 욕구 이론의 핵심인 것이다.

(2) 성리학의 도심주재론(道心主宰論)

성리학자들은 생물적 이기적 욕구의 근원인 인심의 폐단에서 벗어나는 일은 단순히 이를 억제하거나 절제하는 일에만 머물러서는 안 되고, 도심으로 이를 제어함으로써 도심의 주재가 이루어지도록 해야 한다고 주장한다. 퇴계는 "인심이란 도심과 상대해서 성립하는 것으로, 사람 몸의 이기적 측면에 속한 것이어서, 이렇게 인심은 이미 이기적인 한 방향에 떨어져 있는 것이기 때문에, 다만 도심의 명령을 들어서, 도심과 하나가 되도록 해야 한다"[30]라는 말로 이러한 논점을 전개하고 있다. 율곡은 이러한 주장을 다음과 같이 좀 더 적극적으로 표현하고 있다.

> 마음을 다스리는 사람은, 어떤 생각이 발동할 때 이것이 도심임을 알게 되면, 이를 넓혀서 채워야 한다. 그러나 이것이 인심임을 알게 되면,

---

28) 心平愉 則色不及備 而可以養目 聲不及備 而可以養耳……故無萬物之美 而可以養樂 無勢列之位 而可以養名 如是而加天下焉 其爲天下多 其私樂少矣 夫是之謂重己役物(正名 27-28)

29) 禮起於何也 曰 人生而有欲 欲而不得 則不能無求 求而無度量分界 則不能不爭 爭則亂 亂則窮 先王惡其亂也 故制禮義以分之 以養人之欲 給人之求 使欲必不窮乎物 物必不屈於欲 兩者相持而長 是禮之所起也 故禮者養也(禮論 1)

30) 人心之名 已與道心相對而立 乃屬自家體段上私有底 蓋旣曰私有 則已落在一邊了 但可聽命於道心而爲一(『退溪全書 二』, 書, 答李平叔 259)

> 정밀하게 잘 살펴서 반드시 도심을 가지고 이를 제어함으로써, 인심이 항상 도심의 명령을 따르도록 해야 한다. 이렇게 되면, 인심도 또한 도심이 될 것이다.[31]

율곡은 이렇게 인심이 도심에 의해 제어되어 도심과 하나가 되면, "이와 의[理義: 도덕적 욕구]가 항상 보존되고, 물욕(物欲: 생물적 이기적 욕구)이 뒤로 물러날 것이니, 이로써 만사를 응대하면, 중도[中]에 맞지 않는 일이 없게 될 것"[32]이라고 주장하고 있다.

이렇게 도심에 따른 인심의 제어가 이루어져서 인심 또한 도심이 될 수 있는 것은 인심과 도심이 서로 다른 두 마음이 아니기 때문이다. 퇴계는 이를 "인심은 욕구에 눈을 뜬 것이고 …… 도심은 의리(義理)에 눈을 뜬 것이지만, 이는 두 가지 종류의 마음이 있다는 말은 아니다"[33]라고 표현하고 있다. 이렇게 인심과 도심은 선악(善惡)혼재이냐 아니면 순선(純善)이냐 하는 정도의 차이를 나타낼 뿐이어서,[34] 순선인 도심 상태로 승화되는 일이 가능한 것이다. 이러한 사실을 율곡은 다음과 같이 진술하고 있다.

---

31) 治心者 於一念之發 知其爲道心 則擴而充之 知其爲人心 則精而察之 必以道心節制 而人心常聽命於道心 則人心亦爲道心矣(『栗谷全書 一』, 說, 人心道心圖說 282-283)

32) 夫如是則理義常存 而物欲退聽 以之酬酌萬變 無往而非中矣(『栗谷全書 一』, 聖學輯要, 修己上 窮理章 453)

33) 人心卽覺於欲者……道心卽覺於義理者 此非有兩樣心 實以生於形氣 則皆不能無人心 原於性命 則所以爲道心(『退溪全書 一』, 聖學十圖, 心學圖說 208)

34) 道心純是天理 故有善而無惡 人心也 有天理也 有人欲 故有善有惡(『栗谷全書 一』, 說, 人心道心圖說 282)

> 이러므로 인심과 도심은 서로를 겸할 수 없고[不能相兼: 인심이면서 동시에 도심일 수는 없고], 서로 처음과 끝이 되는 것이다[相爲終始: 인심이었다가 도심으로 바뀔 수도 있고, 도심이었다가 인심으로 바뀔 수도 있다] …… 직접 성명(性命)의 바름에서 나온 도심일지라도, 이것을 따라 선(善)으로 완성시키지 못하고 여기에 이기적인 욕구[私意]가 개재되면, 처음에는 도심이었다 하더라도 끝내는 인심이 되고 말 것이다. 이에 비해 신체적 조건[形氣]에서 나온 인심이라 하더라도, 바른 이치[正理]를 거스르지 않으면, 도심과 어그러지지 않을 것이다. 이때 혹시 바른 이치를 거스르는 일이 있다고 하더라도, 잘못을 알아서 제압함으로써 그 욕구를 따르지 않게 되면, 처음에는 인심이었다 하더라도 끝내는 도심이 되는 것이다.[35]

여기서 인심과 도심이 "서로 처음과 끝이 된다"는 것은 이 둘 사이의 위계구조를 말한 것이다. 따라서 도심에 따라 인심을 제어하게 되면, "자아중심적 · 개체지향적인 인심"이 "상호의존적 · 대인관계지향적인 도심"[36]으로 통합되는 욕구의 승화가 이루어진다는 것이 퇴계와 율곡의 주장인 것이다.

성리학자들이 이렇게 사람의 욕심을 버리고[遏人欲] 천리를 보존함으로써[存天理] 욕구의 승화를 이루는 방법으로 제시하는 것이 경 상태에 머무르는 거경(居敬)이다. 말하자면, 거경은 인심을 제어하고[遏人欲] 도

---

35) 是故人心道心不能相兼 而相爲終始焉……今人之心 直出於性命之正 而或不能順而遂之 間之以私意 則是始以道心 而終以人心也 或出於形氣 而不咈乎正理 則固不違於道心矣 或咈乎正理 而知非制伏 不從其欲 則是始以人心 而終以道心也(『栗谷全書 一』, 書, 答成浩原 192)

36) 한덕웅, 1994, p. 37.

심을 보존함으로써[存天理] 욕구의 승화를 이루는 구체적인 방법인 것이다.

2) 정서의 도덕적 승화

유학사상에서는 재기자에 속하는 사단과 같은 타인과 규범지향적 정서는 적극 권장하는 대신, 재외자에 속하는 칠정과 같은 자기중심적 정서는 적극 억제해야 한다는 자세를 굳게 지니고 있다. 이렇게 정서를 통제하고 조절함으로써, 정서의 폐해에서 벗어나 마음의 평온을 유지하는 일은 도덕적 수양을 이루는 전제 조건이다. 따라서 유학자들은 자기중심성을 제어함으로써 항상 타인 및 규범지향적 정서가 자기중심적 정서에 대해 통제력을 갖도록 하는 정서의 승화를 이루는 일이 바로 수양의 핵심이라고 본다.

(1) 선진유학의 유치론(有恥論)

사단을 중심으로 하는 타인·규범중심적 정서의 권장과 칠정을 중심으로 하는 자기중심적 정서의 억제는 유학적 수양의 핵심 과정 가운데 하나이다. 이러한 정서의 조절을 통해 개인적 욕구나 자기 집착으로부터 벗어나서, 사단이 정서 체험의 중심이 되는 정서의 승화를 이룰 수 있고, 따라서 도덕적 완성의 경지[成德]에까지 나아갈 수 있다는 것이 유학적 수양론의 대지라고 볼 수 있다. 이러한 자기수양을 통한 정서의 조절과 승화의 강조가 유학사상에서 도출되는 정서이론의 특징이다.

선진유학자들이 공통적으로 권장하고 있는 감정은 '부끄러움'[恥]이다. 공자에 따르면, 치(恥)는 도의 체득과 관련된 상황[37] 및 도의 일상적 실천과 관련된 상황[38]에서 느껴지는 감정이다. 특히 공자는 행동이 말을 따르지 못할 때, 곧 언행일치가 이루어지지 않을 때 부끄러워해야 한다는 점을 강조하여, 도의 체득과 실천을 강조하고 있다.[39] 이렇게 부끄러워함은 도덕적 관심에서 나오는 정서로, 승화된 정서의 표본이다. 이러한 점을 가리켜 맹자는 "부끄러움이란 인간에게 있어서 매우 큰 일"[40]이라 표현하고 있으며, 순자도 부끄러움은 스스로의 도덕적 수양이 이루어지지 않은 데서 느껴지는 감정이라 지적하여,[41] 부끄러움이 도덕적으로 승화된 정서임을 드러내고 있다.

공자의 불환론(不患論) 공자는 외적 조건이나 상황에 의해 유발되는 자기중심적 정서는 개인 스스로가 관장할 수 있는 것이 아니므로 내적으로 통제하고 조절해야 하지만, 인의(仁義)의 체득 및 실천과 관련된 타인 및 규범지향적 정서는 개인의 도덕적 수양 여부에 따라 유발되는 정서, 곧 재기자들이어서 개인의 노력 여하에 따라서 달라지게 마련이므로, 이를 일상생활에서 잘 지키고 키워 나가도록 권장해야 한다고 보아, 유학적 정서이론의 초석을 놓고 있다.

군자는 이러한 정서의 조절과 통제를 이룬 사람이기 때문에 "걱정하지도 않고 두려워하지도 않으며,"[42] "항상 착한 사람을 기리고 능력이 없는 사람을 불쌍히 여기며,"[43] "남과 경쟁하지 않고,"[44] "도를 걱정할

---

37) 『論語』, 里仁 9; 公冶長 14; 子罕 26; 子路 20.

38) 學而 13; 爲政 3; 公冶長 24; 泰伯 13; 憲問 1.

39) 子曰 古者言之不出 恥躬之不逮也(里仁 22); 子曰 君子恥其言之過其行也(憲問 29)

40) 孟子曰 恥之於人大矣(『孟子』, 盡心上 7)

41) 幼不能彊學 老無以教之 吾恥之(『荀子』, 宥坐 8)

42) 君子不憂不懼……內省不疚 夫何憂何懼(『論語』, 顔淵 4)

43) 君子……嘉善而矜不能(子張 3)

뿐 부귀나 빈천에 대해 걱정하지 않는다."[45] 그렇기 때문에 "군자는 태연하되 교만하지 않지만, 소인은 교만하고 태연하지 못하며,"[46] "군자는 마음이 넓고 편안하되, 소인은 항상 걱정이 많은 것이다."[47] 이렇게 자기의 감정을 조절하여 평온한 마음을 가져야 군자의 경지에 나아갈 수 있다고 공자는 보고 있는 것이다.

이러한 감정의 통제와 조절은 군자가 언행을 일치시키거나,[48] 자기 잘못을 고쳐,[49] 자기개선을 이루는 근본이 된다.[50] 이는 공자의 다음과 같은 진술에서 잘 드러난다.

> 사마우(司馬牛)가 군자에 대해 여쭙자, 공자께서 "군자는 걱정하거나 두려워하지 않는다"고 대답하셨다. 사마우가 다시 "걱정하지도 않고 두려워하지도 않으면, 그런 사람을 군자라 부를 수 있단 말씀입니까?" 라고 여쭙자, 공자께서는 "안으로 살펴보아 잘못이 없는데, 무엇을 걱정하며 또 무엇을 두려워하겠느냐?"라고 대답하셨다.[51]

---

44) 君子矜而不爭(衛靈公 21)

45) 君子憂道不憂貧(衛靈公 31)

46) 君子泰而不驕 小人驕而不泰(子路 26); 君子……泰而不驕……君子無衆寡 無小大無敢慢 斯不亦泰而不驕乎(堯曰 2)

47) 君子坦蕩蕩 小人長戚戚(述而 36)

48) 子貢問君子 子曰 先行 其言而後從之(爲政 13); 古者言之不出 恥躬之不逮也(里仁 22); 君子恥其言之過其行也(憲問 29)

49) 子曰 德之不修 學之不講 聞義不能徙 不善不能改 是吾憂也(述而 3)

50) 不患無位 患所以立 不患莫己知 求爲可知也(里仁 14); 不患人之不己知 患其不能也(憲問 32); 君子病無能焉 不病人之不己知也(衛靈公 18)

51) 司馬牛問君子 子曰 君子不憂不懼 曰 不憂不懼 斯謂之君子矣乎 子曰 內省不疚 夫何憂何懼(顔淵 4)

이렇게 자기중심적 정서에 얽매이지 않으면 마음이 평온해져서 정서적 안정이 이루어지므로, 걱정할 것도 없고 두려워할 것도 없게 된다고 공자는 보고 있는 것이다.

이상에서 보듯이, 그 유발의 조건이 자기의 수양에 달려 있는 타인·규범중심적 정서를 권장하고, 유발 조건이 상황이나 타인에게 달려 있는 자기중심적 정서의 억제를 강조하며, 이러한 정서의 조절과 통제를 통해 결과적으로 정서적 안정을 취하는 일이 군자가 되는 지름길이라는 것이 바로 공자가 제시하는 정서이론의 핵심인 것이다.

맹자의 불가무치론(不可無恥論) 맹자는 도덕성의 근거가 되는 사단(四端)의 정서를 적극적으로 권장하여, 이를 일상생활에서 잘 길러야 한다는 관점을 제시하고 있다. 이는 타인을 일차적인 참조대상으로 하거나[惻隱·辭讓] 도덕적 표준을 참조대상으로 하는[羞惡·是非] 정서, 곧 '타인지향적 정서' 또는 '규범지향적 정서'이다. 맹자는 이러한 정서에서 도덕성의 바탕을 찾고 있다. 곧 그는 도덕의 근거가 인간에게 본유적으로 내재해 있는 타인에 대한 관심과 배려라는 자연스러운 정감(情感)에 있다고 보는 것이다.[52]

사단 이외에 그가 또 중시하여 권장하는 정서는 '부끄러워함'[恥]이다. 부끄러움의 정서는 자기의 도덕적 수양이 미흡하다는 사실에서 나오는 것으로, 그 자체가 도덕적으로 승화된 정서이기 때문이다. 이러한 사실은 맹자 자신의 다음과 같은 진술에 드러나 있다.

52) 蒙培元, 1990/1996, p. 67.

> 사람은 부끄러움을 느끼지 않을 수 없다. 스스로 부끄러워하지 않음을 부끄러워하게 되면, 부끄러운 일이 없어질 것이다.[53]

> 부끄러워하는 것은 사람에게 매우 큰 일이다. 임기응변의 공교로운 짓을 하는 사람은 부끄러워할 줄 모른다. 자기가 남보다 못하다는 사실을 부끄러워하지 않는다면, 남보다 나은 일이 무엇이 있겠는가?[54]

이렇게 자기가 남보다 못하다거나 자기의 행위가 도덕 원칙에 어긋남을 부끄러워하는 일을 강조하고 권장함으로써, 맹자는 도덕적 수양의 근거를 인간의 자연스러운 타인지향적 정서에서 찾는 관점을 드러내고 있는 것이다.

맹자는 이렇게 도덕성의 근거가 인간에게 본래부터 갖추어져 있는 자연스러운 심리적 정감에 있다고 보고, 이를 함양하여 기름으로써 도덕적 자각을 이루고, 이를 일상생활에서 실천하는 것이 바른 삶의 태도라고 보고 있다. 곧 다른 사람에 대한 관심과 배려에 근거를 두고 있는 '타인지향적 정서'와 바른 삶을 지향하는 '규범지향적 정서'는 모든 도덕성의 연원으로서, 자기중심적 정서를 적극 억제하는 까닭은 이를 타인 및 규범지향적 정서의 수준으로 승화시키려는 데에 근본적인 목적이 있는 것이다.

순자의 의영·의욕론(義榮義辱論) 순자도 또한 정서, 특히 인간을 악으로 향하게 할 가능성이 있는 자기중심적 정서의 통제와 억제를 주장한

53) 孟子曰 人不可以無恥 無恥之恥 無恥矣(『孟子』, 盡心上 6)

54) 孟子曰 恥之於人大矣 爲機變之巧者 無所用恥焉 不恥不若人 何若人有(盡心上 7)

다. 그러나 이러한 정서는 사람이 선천적으로 갖추고 있는 자연스러운 것[天情][55]으로서, 이를 모두 멸식시킬 수는 없는 일이다. 그렇다면 어떻게 해야 하는가? 이러한 문제에 대해 순자는 다음과 같은 의견을 제시하고 있다.

> 좋아서 하고 싶을 만한 것을 보거든 반드시 앞뒤로 싫어할 만한 점이 없는지 생각해 보고, 이로울 만한 것을 보거든 반드시 앞뒤로 해로울 만한 점이 없는지 생각해 보아서, 양자를 함께 달아 보고[兼權] 잘 살펴 본 다음에, 접근할 것인지 아니면 피할 것인지를 정해야 한다.[56]

이 인용문에서 보듯이, 바람직하지 못한 정서의 폐해에서 벗어나는 일은 호·오(好·惡), 희·노(喜·怒) 같은 서로 반대되는 감정을 촉발하는 조건들을 함께 고려하여[兼權], 어느 한쪽으로 치우치지 않고 중용을 취하는 일이다.

정서 통제의 문제와 관련하여 한 가지 지적해야 할 것은, 순자도 공자나 맹자와 마찬가지로 모든 정서의 통제를 주장하는 것이 아니라, 도덕적 수양에 긍정적인 영향을 미치는 정서는 적극적으로 권장하고 있다는 사실이다. 이러한 대표적인 정서가 '부끄러워함'[恥]이다. 순자는 치(恥)가 도덕적 수양의 원동력이 될 수 있음을 지적하고 있다. 이러한 사실은 다음과 같은 진술에 잘 드러나고 있다.

---

55) 形具而神生 好惡喜怒哀樂臧焉 夫是之謂天情(『荀子』, 天論 24); 性之好惡喜怒哀樂謂之情(正名 2)

56) 見其可欲也 則必前後慮其可惡也者 見其可利也 則必前後慮其可害也者 而兼權之熟計之 然後定其欲惡取舍(不苟 17)

> 군자는 자기의 덕이 닦이지 않은 것을 부끄러워하지 남에게 오욕을 받는 일을 부끄러워하지 않으며, 스스로 아직 신임이 부족하여 남에게 믿음을 받지 못하는 것을 부끄러워하지 남이 자기를 믿어 주지 않음을 부끄러워하지 않으며, 아직 능력이 부족하여 남이 등용해 주지 않음을 부끄러워하지 남이 자기를 기용해 주지 않음을 부끄러워하지 않는다. 그러므로 군자는 헛된 명예나 남의 비난에 휘둘리지 말고, 스스로 도에 따라 실천하고 단정하게 자기수양을 함으로써, 외부 사물에 마음이 흔들리지 않도록 해야 한다. 이러한 사람이 '진정한 군자'[誠君子]인 것이다.[57]

이와 같이 순자는 '부끄러워함'이라는 정서는 자기수양의 계기를 제공해 주는 정서이므로, 이를 통해 자기 덕을 닦음으로써, 신임이 두텁고 능력이 뛰어난 사람이 되도록 노력해야 한다고 보았다. 곧 부끄러움은 자기수양과 자기개선의 밑바탕이 되는 심적 경험이어서, 도덕적 수준으로 승화된 정서라는 것이다.

이와 같이 재외자인 자기중심적 정서를 억제하고 재기자인 타인 및 규범지향적 정서를 권장함으로써, 재외자 정서를 재기자 정서의 수준으로 승화시키는 일은 매우 힘든 일이다. 순자는 자기 자신이 하기에 달린 도덕적 수양에서 오는 즐거움을 '마음속으로부터 나오는 도의적 즐거움'[義榮], 이기적이고 사적인 욕구의 충족에서 오는 즐거움을 '밖으로부터 주어지는 조건적 즐거움'[勢榮], 도덕적 수양이 미흡하여 사람의 도리를 못하기 때문에 받게 되는 치욕스러움을 '마음속으로부터 나오는 도의적 치

57) 故君子恥不脩 不恥見汙 恥不信 不恥不見信 恥不能 不恥不見用 是以不誘於譽 不恐於誹 率道而行 端然正己 不爲物傾側 夫是之謂誠君子(非十二子 36)

욕'[義辱], 다른 사람의 근거 없는 모욕이나 업신여김 때문에 받게 되는 치욕스러움을 '밖으로부터 주어지는 조건적 치욕'[勢辱]이라 부르고, 이들 사이의 관계를 다음과 같이 진술하고 있다.

> 그러므로 군자는 조건적 치욕[勢辱]을 받을 수는 있어도 도의적 치욕[義辱]은 받지 않는다. 소인은 조건적 즐거움[勢榮]은 누릴 수 있어도 도의적 즐거움[義榮]은 누리지 못한다. 조건적 치욕을 받는다고 해도 요(堯)임금 같은 성인이 될 수 있고, 조건적 즐거움을 아무리 많이 누린다고 해도 걸(桀) 같은 폭군이 될 수 있는 것이다.[58]

앞에서 본 부끄러움 같은 정서는 도의적 즐거움인 의영(義榮)이나 도의적 치욕인 의욕(義辱)을 가져오는 정서들이다. 여기서 도의적 즐거움과 도의적 치욕은 개인의 도덕적 수양에 그 유발 여부가 달린 재기자(在己者)이고, 조건적 즐거움과 조건적 치욕은 외적 조건에 따라 유발 여부가 결정되는 재외자(在外者)이다. 따라서 인간은 의영과 의욕을 가져오는 자기수양에 힘써야 하고, 결국 이러한 의영과 의욕에 따라 유발되는 '타인지향적 정서' 또는 '규범지향적 정서'를 권장하는 것이 순자의 정서이론의 요체인 것이다.

---

58) 是榮之由中出者也 夫是之謂義榮……是榮之從外至者也 夫是之謂勢榮……是辱之由中出者也 夫是之謂義辱……是辱之由外至者也 夫是之謂勢辱……故君子可以有勢辱而不可以有義辱 小人可以有勢榮 而不可以有義榮 有勢辱無害爲堯 有勢榮無害爲桀(正論 29-30)

(2) 성리학의 자기조절론(自己調節論)

선진유학에서는 사회관계의 상황에서 유발되는 타인 또는 규범중심적인 정서는 적극적으로 추구하고 확충해야 하지만, 외부 사물과 맺는 관계에서 유발되어 개인의 이기적인 욕구를 부추기는 정서는 적극적으로 조절하고 통제해야 한다고 보는 이중 기준으로 정서 문제에 접근해 왔다. 성리학자들은 전자(타인 및 규범지향적 정서)는 사단(四端)을 가리키고, 후자(자기중심적 정서)는 칠정(七情)을 가리킨다는 사단칠정설을 통해 정서의 문제에 접근하고 있는데, 이 중에서 사단을 확충하고 칠정을 조절하는 것이 수양의 핵심이라고 보아, 선진유학과 같은 관점을 제시하고 있다.

이와 같이 칠정을 비롯한 여러 자기중심적 정서를 억제하고, 사단을 비롯한 타인 및 규범지향적 정서를 권장하는 것이 유학적 정서이론의 핵심이다. 이러한 정서의 통제와 조절을 통해 자기수양을 하고, 그럼으로써 자기개선을 이룰 수 있다. 성리학, 나아가서 유학의 근본 목적은 사람의 욕심을 버리고, 천리를 보존함으로써[遏人欲 · 存天理] 성인의 길을 배우는 데 있다.[59] 곧 이기적인 욕구에 물든 마음[人心]과 이에서 유발되는 감정[七情]을 버리고, 천리를 간직한 마음[道心]과 이에서 유발되는 감정[四端]을 지향해 나아가는 것이 사람의 도리라고 보는 이론체계가 바로 성리학인 것이다. 여기서 사람의 욕심을 버리고, 천리를 보존하는 방법으로 제시되는 것이 바로 경(敬) 상태에 머무르는 거경(居敬)이다. 이는 "경 상태를 이루는 심적 조절 방법"[60]인데, 이러한 "경은 성학(聖學)의

59) 大抵心學雖多端 總要而言之 不過遏人欲存天理兩事而已(『退溪全書 二』, 書, 答李平叔 259)

60) 한덕웅, 1994, p. 76.

처음이자 마지막이 되는 요체"[61]라고 퇴계와 율곡은 보고 있다. "경은 마음의 주재로서, 온갖 일의 근본이 되는 것"[62]이기 때문이다.

한덕웅은 거경을 '심적 자기조절'의 전 과정과 연관시키고 있다. 그에 의하면, "경 상태는 주의분산 없는 주의집중의 기능과 관련해서 사물 지각이나 판단에서의 주관적 오류를 극복하도록 하는 인지적 기능도 지니지만, 인간의 목표 추구 활동을 활성화하고, 행동적 표출을 자신의 판단에 일치시키도록 방향 지워 주는 동기적 기능도 지닌다. 그리고 행동 결과를 목표 설정에서 마련된 기준과 비교함으로써 환류하는 기능도 지닌다. 따라서 경은 심적 자기조절이 이루어지는 전 과정에서 영향을 미친다."[63]

이렇게 거경을 '심적 자기조절'이 이루어지는 전 과정이라고 보면, 인간에게 정서의 조절과 통제는 거경을 통해 이루어진다고 볼 수 있을 것이다. 유학의 기본 논지에 따르면, 거경 상태에서 이루어지는 이러한 정서의 조절과 통제는 "선악 미정"[64]이거나 "본래는 선하지만 악으로 흐를 가능성이 있는"[65] 칠정(七情)에 대한 조절과 통제가 된다. 곧 이는 인간의 삶에서 칠정의 작용을 억제하여 선한 방향으로 이끌어 감으로써, 정서를 승화시키는 것을 의미한다. 정양은은 이때 사회적 정인 사단(四端)의 역할이 중요하다고 보고 있다. 곧 인간관계에서 칠정이 생겨나더라도, 사단의 작용이 강하게 되면, 칠정이 자연히 약화될 것이라는 주장이다. 다시 말하면, 타인의 물리적인 존재에 반응[七情]하지 말고, 사회적 자극

61) 敬爲聖學之始終 豈不信哉(『退溪全書 一』, 聖學十圖, 敬齋箴 210); 敬者 聖學之始終也(『栗谷全書 一』, 聖學輯要, 修己上 收斂章 431)

62) 敬者 一心之主宰 而萬物之根本也(『退溪全書 一』, 聖學十圖, 大學經 203)

63) 한덕웅, 1994, p. 93.

64) 七情善惡未定也(『退溪全書 一』, 書, 答奇明彦 406)

65) 七情本善而易流於惡(『退溪全書 一』, 書, 答奇明彦 412)

인 심적 속성에 반응[四端]하도록 하는 것이다.[66] 이렇게 유학에서는 인간관계에서 언제나 칠정보다는 사단이 작용함으로써 정서의 승화가 이루어지는 것을 중요시하는데, 그 방법이 바로 거경인 것이다.

이상과 같이, 인간을 불선으로 이끄는 원천인 칠정을 거경의 과정을 통해 철저히 억제하여 사단이 지배적인 정서가 되도록 노력함으로써, 사단의 선한 정서가 개인의 삶 전체를 지배하도록 해야 한다는 사단칠정설의 입장은 선진유학자들이 내세우는 '조절과 통제를 통한 정서의 승화'라는 정서이론의 주장과 맥을 같이하는 것이다.

3) 도덕적 승화와 인간의 존재확대

이렇게 도덕적 욕구 및 규범지향적 정서의 권장과 생물적 이기적 욕구 및 자기중심적 정서의 억제는 유학적 수양의 핵심 과정이다. 이러한 욕구와 정서의 통제와 조절을 통해 도덕적 욕구와 감정이 모든 욕구와 감정의 유발과 그 충족의 중심이 되는 욕구와 감정의 승화가 이루어질 수 있고, 따라서 이러한 욕구와 감정의 승화를 통해 도덕적 완성의 경지[成德]에 도달할 수 있다는 것이 유학적 수양론의 기본 관점이라 볼 수 있다. 성리학자들은 한 걸음 더 나아가 이러한 욕구 및 감정 승화의 방법론으로서 거경, 곧 자기조절을 제시하고 있다. 곧 사람은 거경을 통해 생물적 이기적 욕구의 근원인 인심과 칠정을 제어하고, 도덕적 욕구의 근원인 도심과 사단을 확충함으로써, 인심과 칠정이 도심과 사단의 명령을 따라 도심의 상태로 변모되는 욕구 및 감정의 승화를 이룰 수 있는 존재

66) 정양은, 1970/2005b, pp. 198-200.

이며, 이러한 욕구와 감정의 승화가 곧 자기수양의 목표 가운데 하나라는 것이 성리학자들의 핵심 주장인 것이다.

생물적 이기적 욕구와 사적 감정의 통제를 거쳐 모든 욕구와 감정이 도덕적 차원으로 승화됨으로써, 하고자 하는 일마다 모두 도덕 규범에 맞는 상태[從心所欲 不踰矩]에 이르는 일이 인간발달의 최종 단계라고 보는 것이 공자의 발달단계론의 요지이다.[67] 이렇게 욕구와 감정의 도덕적 차원으로의 승화가 이루어지는 일은 공자 자신도 일흔 살에 비로소 가능했다고 보고하고 있을 정도로 매우 힘든 일이다. 그러므로 이는 "자기를 닦음으로써 온 천하의 사람들은 편안하게 해 주는 일"[修已以安百姓] 만큼이나 힘든 일이라는 것이 공자의 생각이다.

여기서 "자기를 닦음으로써 온 천하 사람들을 편안하게 해 주는 일"은 "자기를 닦음으로써 스스로 삼가게 되는 일"[修已以敬]과 "자기를 닦음으로써 주위 사람들을 편안하게 해 주는 일"[修已以安人]에 이어지는 군자의 단계로서, 인간이 이룰 수 있는 최대한도로 존재확대가 이루어진 상태를 말하는 것이다.[68] 이렇게 보면, 개인이 가지고 있는 모든 욕구와 감정을 도덕적 차원으로 승화하여 도덕적 욕구와 감정이 그의 삶을 전반적으로 지배하는 상태가 바로 인간의 존재확대가 최대한도로 이루어진 상태가 되는 셈이다.

앞에서 유학사상에서는 생물적 이기적 욕구와 자기중심적 정서는 외적 조건에 의해 그 충족이나 유발의 여부가 달려 있으므로, 기본적으로

67) 子曰 吾十有五而志于學 三十而立 四十而不惑 五十而知天命 六十而耳順 七十而從心所欲 不踰矩(『論語』, 爲政 4)

68) 子路問君子 子曰 修己以敬 曰 如斯而已乎 曰 修己以安人 曰 如斯而已乎 曰 修己以安百姓 修己以安百姓 堯舜其猶病諸(憲問 45)

인간을 악으로 이끄는 향악(向惡)의 원천이 된다고 여긴다는 사실을 고찰하였다. 따라서 이러한 사적 욕구와 감정을 아무런 제한 없이 추구하다 보면, 여러 가지 폐단에 빠져 인간에게 본유적인 도덕적 지향성을 잃게 되므로, 결국 악으로 빠지게 만든다는 것이다. 그러므로 이를 적극적으로 억제하고 인간에게 본유되어 있는 선성(善性)을 회복하여, 욕구와 감정이 도덕적 차원으로 승화가 이루어지도록 해야 하는 일이 인간의 삶의 목표라고 유학자들은 간주한다.

2. 자기성찰의 성과: 자기개선

유학자들이 인간 향악성의 근거인 생물적 이기적 욕구와 사적 감정의 억제를 통하여 욕구와 감정의 도덕적 승화를 이루는 일 이외에 수양의 또 다른 방안으로 제시하는 것이 일상생활에서 항상 자기를 돌아보고 반성하여 도덕 주체로서의 책임감을 확인하는 일이다. 이렇게 인간의 향악성을 억제하고 스스로를 성찰하는 일은 인간에게 도덕성의 체계가 갖추어져 있기 때문에 가능한 일이라는 것이 유학자들의 관점이다.

인간이 태어날 때부터 본유적으로 갖추고 있는 도덕성은 각 인성 요소들의 경우에 각각 그 특유의 도덕적 지향성의 형태를 띠게 된다는 것이 유학자들의 견해이다. 말하자면, 욕구의 경우에는 선(善)을 추구하는 도덕적 지향성의 욕구로, 정서의 경우에는 규범중심적인 도덕적 지향성의 정서로 작용한다는 것이다. 성리학자들은 이러한 관점을 그들의 욕구이론인 인심도심설(人心道心說)과 정서이론인 사단칠정설(四端七情說)로 구체화하여 제시하고 있다. 즉 인간에게 본유적인 도덕적 지향성이 욕구의 경우에는 도심(道心)으로 작용하고, 정서의 경우에는 사단(四端)으로 작용하여, 순선(純善)에 대한 지향성을 유발한다는 것이다.

수양의 제일 방안인 자기억제가 도덕적 지향성을 통해 도덕적 승화를 이루듯이, 수양의 또 다른 방안인 자기성찰과 자기반성 활동이 도덕적 지향성의 지도를 받으면 스스로가 도덕 주체라는 사실을 분명히 깨달아 모든 책임을 스스로에게서 찾게 됨으로써, 자기의 단점과 잘못을 확인하고 이를 고쳐 나갈 수 있게 된다는 것이 유학적 수양론의 대지이다. 곧 자기성찰과 책임의 자기 귀인은 결과적으로 자기개선이라는 열매를 맺게 하는 원천이 된다는 것이다.

1) 자기 단점과 잘못의 확인 및 수정

자기를 돌아보고 스스로를 반성하는 일은 윗사람이나 스승의 가르침을 받을 때뿐만 아니라, 일상생활을 하는 동안 어느 때 어느 곳에서나 이루어져야 할 수양 활동의 일환이라는 점은 유학자들이 거듭 강조하고 있는 사실이다. 이러한 논의를 공자는 다음과 같이 유명한 삼인행(三人行)의 구절을 통해 분명히 밝히고 있다.

> 공자께서 "나를 포함해서 세 사람이 함께 길을 가면 그 가운데 반드시 나의 스승될 만한 사람이 있으니, 그중에서 착한 사람을 가려서 따르고, 착하지 못한 사람을 가려 나의 잘못을 고쳐야 한다"고 말씀하셨다.[69)]

---

69) 子曰 三人行 必有我師焉 擇其善者而從之 其不善者而改之(『論語』, 述而 21)

이 인용문에서 공자는 누구와 어울리더라도 남과 자기를 비교하여 스스로를 돌아보아, 자기보다 나은 사람이 있으면 이를 본받아 같아지려 하고, 자기보다 못한 사람이 있으면 자기는 과연 그런 잘못이 없는지 되돌아보아 스스로의 잘못을 고쳐야 한다고 충고하고 있다.

이렇게 유학자들은 일상생활에서 항상 자기를 돌아보아 스스로의 잘못을 고침으로써 선(善)을 지향해야 한다는 사실에 대해 자주 언급하여, 수양을 통해 이루어야 할 자기발전의 근거로 언급하고 있다. 이와 같이 삶의 과정에서 항상 자기를 돌아보고 반성하여 스스로의 단점과 잘못을 찾아 이를 고쳐 나가는 일은 공자로부터 이어져 전통이 되어 온 유학적 자기발전론의 핵심 요체였던 것이다.

(1) 선진유학의 개과론(改過論)

누구나 세상을 살아가면서 자기를 돌아보는 일에는 자기의 단점과 잘못을 찾아 이를 고쳐 나가는 데 그 목적이 있다는 사실은 유학자들의 공통적인 주장이다. 공자는 "나의 걱정거리는 덕을 닦지 못한 점, 옳은 일을 실천하지 못한 점, 잘못을 고치지 못한 점"[70]이라고 고백하여, 자기성찰의 목적은 자기 잘못을 찾아 이를 고침으로써 자기개선(自己改善)을 이루는 데 있다는 유학적 개과론(改過論)의 서막을 열고 있다.

공자의 불이과론(不貳過論) 공자는 수양의 기본자세를 '배우기를 좋아하는 일'[好學]이라 보고, 이러한 호학의 조건을 다음과 같이 자기 욕구와 감정을 억제하는 일(자기억제)과 잘못을 고치는 일(자기개선)에서 찾고 있다.

---

70) 子曰 德之不修 學之不講 聞義不能徙 不善不能改 是吾憂也(述而 3)

> 노(魯)나라 군주인 애공(哀公)이 공자께 "제자 가운데 누가 배우기를 좋아합니까?"라고 여쭈었다. 이에 대해 공자께서는 "안회(顔回)란 제자가 있어 배우기를 좋아하였는데, 그는 노여움을 다른 데로 옮겨 드러내지 않고[不遷怒], 같은 잘못을 두 번 거듭하지 않았습니다[不貳過]. 그런데 불행히도 명이 짧아 일찍 죽고 지금은 없으니, 그 이후로는 배우기를 좋아하는 사람은 보지 못하였습니다"라고 대답하셨다.[71]

이 인용문에서 '노여움을 다른 데로 드러내지 않는 일' 곧 불천노(不遷怒)는 자기 욕구와 감정을 억제하는 일을 말하고, '같은 잘못을 두 번 거듭하지 않는 일' 곧 불이과(不貳過)는 스스로를 돌아보고 반성하여 자기 개선을 이룸을 지적하는 것이다. 이는 수양의 두 가지 기본 요목을 통괄하여 지적한 것으로, 배우기를 좋아하는 호학(好學)이 바로 수양 활동의 핵심이라는 공자의 관점을 그대로 드러내고 있다.

이러한 맥락에서 공자는 잘못이 있으면 이를 감추려 하지 말고, 적극적으로 드러내어 고치려 노력해야 한다는 사실을 강조한다. 진(陳)나라 사패(司敗) 벼슬을 하는 어떤 사람이 자기 군주의 잘못을 두둔하는 공자의 잘못을 지적하자, 공자는 스스로의 잘못을 곧장 시인하면서 "내게 잘못이 있으면, 사람들이 반드시 알려 주니, 나는 참 다행이다"라고 표현하여,[72] 잘못을 고치는 일이 바로 스스로를 개선하는 첩경이 됨을 역설하고 있다. 자기의 잘못을 시인하고 이를 고치는 일의 중요성에 대한 이러

---

71) 哀公問 弟子孰爲好學 孔子對曰 有顔回者好學 不遷怒 不貳過 不幸短命死矣 今也則亡 未聞好學者也(雍也 2)

72) 陳司敗問 昭公知禮乎 孔子曰 知禮 孔子退 揖巫馬期而進之 曰 吾聞君子不黨 君子亦黨乎 君取於吳 爲同姓 謂之吳孟子 君而知禮 孰不知禮 巫馬期以告 子曰 丘也幸 苟有過 人必知之(述而 30)

한 공자의 강조는 그대로 그 제자들에게까지 이어지고 있다.

> 자공(子貢)이 "군자의 허물은 일식 · 월식과 같아서, 잘못이 있으면 사람들이 모두 알아보고, 잘못을 고치게 되면 사람들이 모두 우러러보는구나!"라고 찬탄하였다.[73)]

이렇게 공자는 항상 자기를 성찰하여 스스로의 잘못을 확인하고 고치는 일을 중시하여 수양의 원칙으로 내세운다. 그는 "잘못을 하고도 이를 고치지 않고 그대로 두는 일, 이것이 바로 잘못"[74)]이라고 보아, "잘못이 있으면 고치기를 꺼리지 말아야 한다"[75)]고 주장한다.

그러나 이렇게 스스로의 잘못을 찾아 이를 고치는 일이 매우 어려운 것임은 공자 자신도 인정하는 일이다. 이러한 사실은 "아아! 자신의 허물을 보고서 마음속으로 스스로를 자책(自責)하는 사람을 찾아보기 힘들구나!"[76)]라는 공자의 탄식에 잘 드러나 있다. 이러한 관점에서 공자는 군자와 소인의 차이는 바로 잘못을 인식하고도 이를 즉각 고치느냐 그렇지 않느냐 하는 데 있다고까지 본다. 그는 "사람의 잘못은 각기 그 사람의 도덕적 수양에 따라 다른 법이다. 따라서 어떤 사람이 범하는 잘못과 이에 대한 대처 방안을 보면, 그 사람이 어진 사람인지 그렇지 못한 사람인지를 알 수 있다"[77)]고 하여, 이러한 관점을 피력하고 있다.

---

73) 子貢曰 君子之過也 如日月之食焉 過也 人皆見之 更也 人皆仰之(子張 21)

74) 子曰 過而不改 是謂過矣(衛靈公 29)

75) 過則勿憚改(學而 8; 子罕 24)

76) 子曰 已矣乎 吾未見能見其過而內自訟者也(公冶長 26)

77) 子曰 人之過也 各於其黨 觀過 斯知仁矣(里仁 7)

이러한 공자의 관점을 이어받아 그 제자인 자하(子夏)는 "소인은 잘못을 하고 나서 이를 고칠 생각은 하지 않고, 반드시 핑계를 댄다"[78]고 진술하고 있으며, 자로(子路)는 남이 지적해 준 잘못을 고쳐 행할 수 있기 전에는 행여 다른 잘못에 대해 듣게 될까 두려워하였던 것이다.[79] 이러한 삶의 태도에 대해 공자는 "어진 사람의 행동을 보고는 그와 같아지기를 생각하고, 어질지 못한 사람의 행동을 보고는 내게 그러한 점이 없는지 안으로 스스로를 살펴보아야 한다"[80]고 표현하고 있다. 이와 같이 자기를 성찰하여 스스로의 잘못을 확인하고 이를 고침으로써 자기개선을 이루려 노력하는 자세가 바로 수양이 이루려는 인격 완성의 바탕이 된다는 주장이 공자 수양론의 대지인 것이다.

맹자의 속이론(速已論) 맹자의 교육론과 수양론의 요체가 스스로에게 도덕성의 기초가 갖추어져 있으므로 자기 자신이 도덕 주체라는 사실을 깨닫는 데 있음은 계속 논의해 온 바이다. 그는 이를 "군자가 올바른 방법으로 깊이 탐구하여 나가는 것은 스스로가 덕성 주체라는 사실을 깨달아 얻고자[自得] 하는 것이다. 스스로 깨달아 도를 얻으면 이에 처하는 것이 안정되고, 그렇게 되면 도를 활용하는 데 더욱 깊이가 있게 되어, 무슨 일을 하든지 자기 몸 가까이에서 그 근원을 파악하게 된다"[81]고 피

---

78) 子夏曰 小人之過也 必文(子張 8)

79) 子路有聞 未之能行 唯恐有聞(公冶長 13): 맹자는 "자로는 남들이 그에게 잘못이 있다고 말해 주면 고칠 기회를 주었다고 하여 기뻐하였다"고 말하여(孟子曰 子路人告之以有過則喜, 『孟子』, 公孫丑上 8), 이러한 사실을 증명하고 있다.

80) 子曰 見賢思齊焉 見不賢而內自省也(『論語』, 里仁 17)

81) 君子深造之以道 欲其自得之也 自得之 則居之安 居之安 則資之深 資之深 則取之左右逢其原 故君子欲其自得之也(『孟子』, 離婁下 14)

력하고 있다.

본래 인간의 본유적인 도덕성은 매우 미약하므로, 이를 잘 간직하고 기르기가 어렵다는 것이 맹자의 관점이다. 여기에서 바로 인간이 본래 선성(善性)을 갖추고 있음에도 교육과 수양이 필요한 까닭을 만날 수 있다. 곧 "진실로 잘 기르게 되면 어떤 것도 자라지 않는 것이 없고, 진실로 잘 기르지 못하면 어떤 것도 소멸하지 않는 것이 없으므로,"[82] 자기에게 갖추어져 있는 도덕성의 기초인 사단(四端)을 다 넓혀서 채워야 본래 갖추고 있는 선을 실현할 수 있고, 그렇지 못하면 부모를 모시는 것 같은 사람의 기본적인 도리도 수행할 수 없다[83]는 것이 맹자 성선설(性善說)의 요지이다.

이러한 교육과 수양의 필요성에 관한 논의에 따라 유추해 보면, 사람은 누구나 자기반성을 거쳐 자기의 단점과 잘못을 찾아 고침으로써 본래의 착한 본성을 회복하거나 잃지 않고 간직할 수 있는 가능성을 갖춘 존재라는 사실이 분명히 드러난다. 맹자는 이를 "아무리 못생긴 사람이라 하더라도 목욕재계하고 몸과 마음을 단정하게 가다듬으면, 하늘을 모시는 제사를 지내게 될 수도 있다"[84]고 우회적으로 표현하고 있다.

이러한 자기성찰과 반성은 '인(仁)과 의(義) 같은 도덕성을 통해 자신을 살펴보는 일'인데, 이러한 자기성찰을 통해 "자기의 단점과 잘못을 바로잡아 본심을 간직함으로써, 군자는 보통 사람보다 뛰어난 사람이 된다"[85]고 맹자는 주장한다. 이렇게 자기반성을 통해 자기개선을 하게 되

82) 苟得其養 無物不長 苟失其養 無物不消(告子上 6)

83) 凡有四端於我者 知皆擴而充之矣 若火之始然 泉之始達 苟能充之 足以保四海 苟不充之 不足以事父母(公孫丑上 6)

84) 雖有惡人 齊戒沐浴 則可以祀上帝(離婁下 25)

는 일이 세상 사람들의 모범이 되는 일이라는 사실에 대해 맹자는 공자와 같은 생각을 드러내고 있다.

> "옛날의 진정한 군자들은 잘못을 하고 나면 이를 속히 고쳤는데, 오늘날의 겉만 번지르르한 군자들은 잘못을 하고도 이를 그대로 따르는도다. 옛날 진정한 군자의 허물은 일식이나 월식과 같아서 백성들이 모두 그것을 보았고, 그 잘못을 고침에 이르러서는 모두 이를 우러러보았으나, 오늘날의 겉만 번지르르한 군자는 잘못을 고치기는커녕 이를 계속 따를 뿐만 아니라, 이어서 변명까지도 하는구나!"[86)]

이와 같이 삶의 과정에서 자기의 행동을 돌아보아 잘못이 있을 때 이를 고쳐 자기개선을 하는 것은 본래의 착한 성품을 회복하거나[復性] 도덕심을 간직하는[存心] 일의 바탕이 되므로, 잘못을 알게 되자마자 곧바로 고치도록 해야 한다는 것이 유학자들의 생각이다. 맹자는 이를 다음과 같은 비유를 들어 논의하고 있다.

> 맹자가 "여기 그 이웃 사람의 닭을 매일 한 마리씩 훔쳐 먹는 사람이 있는데, 어떤 사람이 그에게 '이는 군자의 도리가 아닙니다'라고 하자, 그가 대답하기를 '그렇다면 그 수를 줄여서 한 달에 한 마리씩 훔쳐 먹다

---

85) 孟子曰 君子所以異於人者 而其存心也 君子以仁存心 以禮存心(離婁下 28): 이 구절 중 以仁存心 以禮存心의 존(存)은 초순(焦循)의 『孟子正義』에 따라 찰(察)로 보아 이를 "그 마음을 살펴본다"(省察其心)로 풀이하였다. 이에 대해서는 제4장의 주 70 참조.

86) 且古之君子 過則改之 今之君子 過則順之 古之君子 其過也 如日月之食 民皆見之 及其更也 民皆仰之 今之君子 豈徒順之 又從而爲之辭(公孫丑下 9)

가, 내년이 되면 그만두겠습니다'라고 하였다. 이게 될 말이겠는가? 남의 닭을 훔쳐 먹는 일이 옳지 않음을 알자 마자 속히 이를 그만두어야지[速已], 어찌 내년까지 기다릴 일이겠는가?"라고 말하였다.[87]

이 인용문에서 지적하고 있듯이, 자기성찰과 반성을 통해 잘못이 있음을 알게 되면, 이를 즉각 고쳐 자기개선을 이루는 일이 본래의 착한 본성을 회복하여 간직하는 첩경이라는 관점이 맹자 수양론의 대지인 것이다.

순자의 화성론(化性論) 인간에게 본유적으로 갖추어져 있는 '성'(性)과 후천적으로 쌓아서 익히는 '위'(僞)를 나눈[性僞之分] 근거 위에서, 양자의 보완적 통합을 통해 사회관계에서는 조화와 통합을 이루고, 개인적으로는 완성된 인격체[君子 · 聖人]를 지향해야 한다는 것이 순자 인간론의 대지이다. 이때 양자의 보완적 통합 과정에는 인위적인 노력인 '위' 또는 '적'(積)[88]이 본래부터 인간에게 갖추어져 있는 질박한 재질인 '성'보다 더 중요하다는 것이 순자의 입장이다. 즉 "본성이 없다면 인위적인 노력이 가해질 곳이 없기는 하지만, 인위적인 노력이 가해지지 않으면 본성이 스스로 아름답게 될 수가 없는 법"이어서, 후천적 노력인 '위'가 본성적 재질인 '성'과 합해져야[性僞之合] 수양의 목표가 이루어진다는 것이다.[89]

이렇게 성위지합(性僞之合)이 이루어지는 데에는 태어날 때부터 갖추

87) 孟子曰 今有人 日攘其鄰之鷄者 或告之曰 是非君子之道 曰 請損之 月攘一鷄 以待來年然後已 如知其非義 斯速已矣 何待來年(滕文公下 8)

88) 涂之人百姓 積善而全盡 謂之聖人 彼求之而後得 爲之而後成 積之而後高 盡之而後成 故聖人也者 人之所積也(『荀子』, 儒效 36); 聖人者 人之所積而致也(性惡 14)

89) 性者本始材朴也 僞者文理隆盛也 無性則僞之無所加 無僞則性不能自美 性僞合 然後成聖人之名(禮論 24)

고 있는 자연적인 '성'(性)이 후천적인 노력과 쌓음의 체계인 '위'(僞)를 통해 변화되는 화성(化性)이 중요하다는 사실을 순자는 거듭 강조하고 있다. 다음은 이러한 진술의 한 예이다.

> 무릇 눈은 아름다운 색을 좋아하고, 귀는 아름다운 소리를 좋아하며, 입은 맛있는 것을 좋아하고, 마음속으로는 이익을 좋아하며, 몸으로는 편안함을 좋아한다. 이는 모두 사람의 '정'(情)과 '성'(性)에서 생겨난 것으로, 외부 사물에 감응하여서 스스로 그러한 것이지, 반드시 노력함을 기다려서 얻어진 것은 아니다. 그러나 무릇 외부 사물에 감응하여서 스스로 그러하지 못하고, 반드시 노력함을 기다린 다음에야 그렇게 되는 것이 있는데, 이를 '위'(僞)라고 한다. 이것이 바로 '성'과 '위'가 생겨난 바탕이 같지 않은 점이다. 그러므로 성인이 '성'을 변화시켜서 '위'를 일으켰는데[化性而起僞]. '위'를 일으키니 예의가 생겨났고, 예의가 생겨나니 법도가 제정되었다. 그러므로 예의와 법도는 성인이 만들어 낸 것이다. 따라서 성인이 보통 사람들과 같고 그들과 다르지 않은 점은 바로 타고난 '성' 때문이고, 보통 사람들과 달리 뛰어난 점은 바로 후천적인 노력인 '위' 때문인 것이다.[90]

이 인용문에서 보듯이 성위지합의 궁극적인 의미는 화성기위(化性起僞)하여 인도(人道)의 표준인 예의[91]를 생성하는 것이라 볼 수 있다. 여

---

90) 若夫目好色 耳好聲 口好味 心好利 骨體膚理好愉佚 是皆生於人之情性者也 感而自然 不待事而後生之者也 夫感而不能然 必且待事而後然者 謂之生於僞 是性僞之所生 其不同之徵也 故聖人化性而起僞 僞起而生禮義 禮義生而制法度 然則禮義法度者 是聖人之所生也 故聖人之所以同於衆 其不異於衆者 性也 所以異而過衆者 僞也(性惡 6-7)

91) 禮者人道之極也(禮論 13)

기서 본성을 변화시키는 화성은 곧 자기개선을 의미하는 것이다. 이러한 까닭에 자기개선을 통한 "화성기위야말로 순자가 정면으로 주장하려고 한 바로서"92) 순자 사상의 중심이라 볼 수 있다.

그런데 앞 인용문에서도 드러나듯이, 이렇게 화성기위하여 성위지합이 이루어지는 데는 후천적인 노력인 '위'가 더욱 중요하다. 곧 '성'과 '위'의 관계가 상보적이기는 하지만, 이러한 상보적 관계에서 성위지합이 이루어지는 데는 인위적인 노력인 '위'가 더 중추적인 역할을 한다는 것이다. 이를 순자는 다음과 같이 단적으로 표현하고 있다.

> 성(性)이란 사람이 일삼아 할 수 없는 것이지만, 변화시킬 수는 있는 것이다. 적(積: 여기서는 積이 곧 僞를 가리킨다)이란 사람이 본래 갖추고 있는 것은 아니지만, 노력해서 이룰 수 있는 것이다. 몸과 마음을 올바르게 두고, 옳은 바를 익히는 것[注錯習俗: 이것은 積의 핵심 내용이다], 이것이 바로 화성(化性)의 방법이다.93)

이렇게 후천적인 주조습속(注錯習俗)의 '적'(積)이 본성을 변화시켜 성위지합을 이루는 방법인 것이다. 곧 성인이 '성'을 변화시키고 '위'를 일으켜서 '위'의 핵심인 예의를 만들었으므로, 근본적으로 사람은 이 예의에 몸과 마음을 두고 이를 익혀서 쌓음으로써 성위지합을 이루어야 한다는 것이 순자의 입장인 것이다. 이를테면, 주체적이고도 능동적인 노력을 통해 스스로 본유적으로 갖추고 있는 가능태(可能態)인 '성'을 인위적인 노

92) 蔡仁厚, 1984, p. 392.

93) 性也者 吾所不能爲也 然而可化也 情也者 非吾所有也 然而可爲也 注錯習俗 所以化性也(儒效 35): 『荀子注』에서는 情也者의 情을 積의 誤字로 보고 있다.

력인 '위'를 통해 현실태(現實態)로 전화(轉化)시키는 것, 이것이 바로 화성기위 곧 성위지합의 요체라고 보는 것이 순자 인간론의 핵심인 것이다.

이렇게 화성기위하는 인위적인 노력의 핵심은 바로 일상생활에서 자기를 참험하여 살펴봄으로써 지혜가 밝아지고 행실에 잘못이 없게 하는 자기개선이다.[94] 순자는 이를 "행실에는 잘못이 없게 하는 것보다 더 큰 일은 없다"[95]고 표현하고 있다. 이러한 맥락에서 순자는 후천적인 노력을 통한 자기개선의 여부가 군자와 소인의 기본적인 차이를 만드는 근본적인 원천이 된다고 여긴다.

> 소인들은 목을 길게 늘어뜨리고 발꿈치를 들고 바라보면서 원하기를 "나의 지능과 재능이 부디 현인(賢人)과 같았으면 좋겠다"라고 하는데, 이는 본래 현인과 자기가 아무런 차이가 없다는 사실을 모르는 것이다. 다만 몸과 마음을 올바르게 두고 옳은 바를 익히면 군자가 되지만, 몸과 마음을 잘못 두고 옳지 못한 바를 익히면 소인이 되고 마는 것이다. 그러므로 소인의 지혜와 재능을 자세히 살펴보면, 군자가 하는 일을 하고도 남음이 있을 만큼 갖추어져 있다는 사실을 알 수 있는 것이다.[96]

이렇게 배움과 수양을 통해 악으로 흐르기 쉬운[向惡] 본성을 교정하고 순화함으로써 행실에 잘못이 없게 하는 것[行無過], 이것이 바로 삶의 이

---

94) 君子博學 而日參省乎己 則智明而行無過矣(勸學 2)

95) 行莫大乎無過(議兵 15)

96) 小人莫不延頸擧踵而願曰 知慮材性 固有以賢人矣 夫不知其與己無以異也 則君子注錯之當 而小人注錯之過也 固熟察小人之知能 足以知其有餘可以爲君子之所爲也(榮辱 29-30)

상적인 자세라는 관점이 순자가 수양론을 통해 주장하고자 하는 요체인 것이다.

(2) 성리학의 본성회복론(本性回復論)

성리학의 학문적 목표는 알인욕(遏人欲)과 존천리(存天理)에 있다.[97] 여기서 알인욕은 이기적 욕구와 사적 감정을 억제하여 욕구와 감정을 도덕적으로 승화하는 일을 말하고, 존천리는 자기성찰과 자기개선을 통해 스스로에게 갖추어져 있는 도덕적 본성을 회복하는 일을 말하는 것으로, 성리학적 수양의 두 가지 요체이다. 이러한 점을 퇴계는 『성학십도』의 '제8 심학도(心學圖)'의 해설에서 밝히고 있다.

> 인심(人心)은 곧 욕구에 눈이 뜨인 마음이고 …… 도심(道心)은 곧 도덕성[義理]에 눈이 뜨인 마음이다. 이 두 가지는 인간에게 있는 두 가지 종류의 서로 다른 마음이 아니라, 실제로 신체적인 기질[形氣]에서 나오면 인심으로 나타나게 되고, 천명으로 부여받은 본성[性命]에 근원을 두게 되면 도심이 될 뿐이다. 이 심학도의 정일택집(精一擇執: 정밀하게 살피고 마음을 한결같이 하여, 선을 택하고 확고하게 붙잡는 일) 이하는 알인욕하고 존천리하는 공부가 아닌 것이 없으니, 홀로 있을 때에도 삼가는 신독(愼獨)으로부터 사십부동심(四十不動心)까지는 욕구와 감정을 억제하는 알인욕의 공부에 해당되는 것이고 …… 경계하고 두려워하여 마음가짐과 몸가짐을 바르게 하는 계구(戒懼)로부터 칠십

---

97) 大抵心學雖多端　總要而言之　不過遏人欲存天理兩事而已……凡遏人欲事當屬人心一邊 存天理事當屬道心一邊 可也(『退溪全書 二』, 書, 答李平叔 259); 大抵人心不可滋長 而節約爲貴 道心宜保養 而推廣爲美也(『栗谷全書 二』, 語錄上 232)

이종심(七十而從心)까지는 도덕적인 본성을 회복하여 간직하는 존천리의 공부에 해당하는 것이다.[98]

이 인용문에서 신체적인 기질인 형기(形氣)는 사람마다 서로 다르게 부여받은 성품(性品), 곧 기질지성(氣質之性)을 말하는 것이고, 천명으로 부여받은 본성인 성명(性命)은 모든 사람이 똑같이 부여받은 도덕적 성품, 곧 본연지성(本然之性)을 말하는 것이다.

퇴계는 『성학십도』의 '제6 심통성정도(心統性情圖)'를 해설하면서, 이는 원(元)대의 임은(林隱) 정복심(程復心)이 그린 '심통성정도'를 상도(上圖)로 하고, 거기에 자신이 본연지성과 사단을 위주로 한 중도(中圖)와 기질지성과 칠정을 위주로 한 하도(下圖)를 그려 첨가하여 구성하였음을 밝히고 있다.[99] 퇴계는 경연(經筵) 자리에서 '심통성정도'에 대한 선조의 물음에 대하여 "본연지성은 이(理)를 위주로 하여 이르는 것이고, 기질지성은 이와 기(氣)를 겸하여 이르는 것입니다. 이때 성(性)이 발동하여 정(情)으로 드러난 것을 가지고 말하자면, 이치를 따라 발동하는 것은 사단이 되고, 이와 기를 합하여 발동하는 것은 칠정이 됩니다. 맹자와 정자 · 주자가 모두 이를 나누어 말한 바 있습니다. 그러므로 '심통성정도'의 중도(中圖)는 본연지성으로써 사단을 위주로 하여 그린 것이고, 하도(下圖)는 기

98) 人心卽覺於欲者……道心卽覺於義理者 此非有兩樣心 實以生於形氣 則皆不能無人心 原於性命 則所以爲道心 自精一擇執以下 無非所以遏人欲而存天理之工夫也 愼獨以下 是遏人欲處工夫……戒懼以下 是存天理處工夫(『退溪全書 一』, 聖學十圖, 心學圖說 208)

99) 右三圖上一圖 林隱程氏作 自有其說矣 其中下二圖 臣妄竊推原聖賢立言垂敎之意而作 其中圖者 就氣稟中 指出本然之性 不雜乎氣稟而爲言……下圖者 以理與氣合而言之……張子所謂氣質之性(『退溪全書 一』, 聖學十圖, 心統性情圖說 205)

질지성으로써 칠정을 위주로 하여 그린 것입니다”[100]라고 대답하였다. 말하자면 “본연지성은 사람마다 각기 부여받은 기품(氣稟)에 뒤섞이지 않은 순선(純善)의 상태를 말하는 것으로 …… 이것이 드러나 정(情)으로 발동되면 사단과 같은 모두 선한 것을 가리켜 말하는 것이고 …… 사람이 각기 부여받은 기질지성은 이(理)와 기(氣)를 합하여 말하는 것으로(본연지성인 이와 기질지성인 기를 합하여 말하는 것으로) …… 겉으로 드러나 정으로 발동되면 이와 기가 서로 따르거나 혹 서로 해를 끼쳐 칠정과 같이 선악혼재인 상태를 말하는 것”[101]이라는 의미이다.

이러한 맥락에서 볼 때 퇴계가 ‘심학도설’에서 말하는 존천리의 공부는 선악혼재(善惡混在)인 기질지성에 근원을 두고 있는 악의 원천을 제거하고, 본연지성의 순선(純善) 상태를 회복하는 것을 의미한다고 볼 수 있다. 물론 이렇게 기질지성의 잘못을 개선하고 본연지성을 회복하는 데에는 경(敬) 상태를 유지함으로써 주의를 한군데로 모아 동기적 활성화를 하여야 한다는 것이 퇴계의 주장이다.

> 배우는 사람은 진실로 한결같이 경 상태를 유지[持敬]함으로써, 이치와 욕구의 분별을 명확하게 하고, 이를 놓치지 않도록 노력하여야 한다. 그리하여 본성이 발동하지 않았을 때에는 존양(存養)의 공부가 더욱 깊어지게 하고, 본성이 이미 발동한 뒤에는 성찰(省察)하는 습성을 더

100) 本然之性 主於理而言 氣質之性 兼理氣而言 以情言之 則循理而發者爲四端 合理氣而發者爲七情 孟子程朱皆分而言之 故中圖以本然之性主四端而爲之 下圖以氣質之性主七情而爲之(『退溪全書 四』, 言行錄, 告君陳誠 212)

101) 中圖者 就氣稟中 指出本然之性 不雜乎氣稟而爲言……故其發而爲情 亦皆其善者而言……下圖者 以理與氣合而言之……故其發而爲情 亦以理氣之相須 或相害處言(『退溪全書 一』, 聖學十圖, 心統性情說 205)

욱 익혀야 할 것이다. 이렇게 노력하기를 오래하여 쉬지 않으면, 이른 바 정밀하고 한결같이 중도를 잡아 지키는[精一擇中] 성학과 본체를 잘 간직하고[存體] 이를 현실생활에 응용하는 심법(心法)이 모두 밖에서 구할 것 없이 여기에서 달성될 것이다.[102]

율곡도 퇴계와 마찬가지로 기질지성으로 말미암는 잘못을 개선하고, 순선인 본연지성을 회복하는 것이 수양의 목표가 된다는 사실에 동의하고 있다. 율곡은 "사람이 하늘의 명령으로 인의예지신(仁義禮智信)의 이치를 얻어 마음에 갖추게 된 순선(純善)의 본성을 본연지성(本然之性),"[103] "기가 모여서 신체를 이룰 때 본성이 기질에 얽매여서 순수함과 잡박함, 치우침과 바름의 차이가 있게 되는 것이 이른바 기질지성"이라면서, "사람이 능히 옳은 방법으로 스스로를 돌이킬 수만 있으면 천지지성(天地之性: 이는 본연지성을 가리킨다)을 회복하여 다시 온전해진다. 그러므로 군자는 기질지성을 사람의 본성이라 여기지 않으며, 기질의 편벽됨을 따르지 말고 본연의 선함을 회복하려 해야 한다"[104]고 주장한다.

율곡은 『성학집요』의 「수기중(修己中)」편에 교기질(矯氣質)장을 설정하고, 그 서두에 "배우는 데 있어 성실하고 난 다음에는 반드시 기질의

102) 學者誠能一於持敬 不昧理欲 而尤致謹於此 未發而存養之工 已發而省察之習 眞積力久而不已焉 則所謂精一執中之聖學 存體應用之心法 皆可不待外求 而得之於此矣(『退溪全書 一』, 聖學十圖, 心統性情圖說 205-206)

103) 人之稟命 而得仁義禮智信之理 與心俱生 所謂性也(『栗谷全書 一』, 聖學輯要, 修己上 窮理章 449)

104) 天地之性 專指理而言 氣質之性 則以理雜氣而言……氣聚成形 性爲氣質所拘 有純駁偏正之異 所謂氣質之性也 人能以善道自反 則天地之性復全矣 故氣質之性 君子不以爲性 蓋不循乎氣質之偏 必欲復其本然之善(『栗谷全書 一』, 聖學輯要, 修己上 窮理章 452)

편벽됨을 고쳐서 본연지성을 회복하여야 한다"[105]고 진술하여, 기질지성의 편벽됨을 고치고 본연지성의 순선 상태로 회복하는 방안에 대해 집중적으로 논의하고 있다.

이 장에서 우선 율곡은 "기질을 바로잡는 방안을 배우는 데는 모름지기 각자의 기질을 따라 그 치우친 바와 지극하지 못한 것을 살펴서, 가장 절실한 것을 택하여 힘을 써야 한다"[106]고 하여, 사람마다 기질이 다르므로 이를 고치는 데는 각각 그 방법이 달라야 한다는 사실을 밝히고 있다.[107] 다음으로 율곡은 『논어』의 「안연(顔淵)」편 1장[108]을 인용하여 기질의 편벽됨을 고치는 일의 핵심은 스스로의 행동을 돌이켜 살펴보아 이기적인 사사로움을 이기는 일에 있음을 밝히고 있는데,[109] "이렇게 자기의 사사로움을 이겨 나간다는 것은 반드시 기질이 편벽되어 극복하기 어려운 곳에서부터 시작하여 그것을 이겨 나가야 함을 말하는 것"[110]이라 하여, 극기(克己)의 핵심은 기질지성을 교정하는 일임을 분명히 하고 있다.

또 율곡은 기질의 편벽됨을 고치는 일의 성과는 힘써 노력하는 데[勉强] 달려 있다는 사실[111]을 선유(先儒)의 말을 인용하여, 다음과 같이 상세하게 언급하고 있다.

---

105) 旣誠於爲學 則必須矯氣質之偏以復本然之性(『栗谷全書 一』, 聖學輯要, 修己中 矯氣質章 465)

106) 爲學 須隨其氣質 察其所偏與其所未至 擇其最切者 而用吾力(『栗谷全書 一』, 聖學輯要, 修己中 矯氣質章 465)

107) 右言 氣質不同 而矯之各有法(『栗谷全書 一』, 聖學輯要, 修己中 矯氣質章 466)

108) 顔淵問仁 克己復禮爲仁 一日克己復禮 天下歸仁焉 爲仁由己 而由人乎哉(『論語』, 顔淵 1)

109) 右言 矯氣質之法 在克己(『栗谷全書 一』, 聖學輯要, 修己中 矯氣質章 467)

110) 克己 須從性偏難克處 克將去(『栗谷全書 一』, 聖學輯要, 修己中 矯氣質章 466)

111) 右言 矯氣質之功 在勉强(『栗谷全書 一』, 聖學輯要, 修己中 矯氣質章 468)

> 군자가 배우는 까닭은 자기의 기질을 변화시키기 위함일 뿐이다. 수양의 성과인 덕(德)으로 기질을 눌러 이기면, 어리석은 사람도 가히 명석해질 수 있고 유약한 사람도 가히 강해질 수 있겠지만, 덕이 기질을 이기지 못하면, 비록 배움에 뜻을 두고 있다 하더라도 어리석은 사람은 명석해지지 못하고 유약한 사람은 혼자 설 수도 없게 될 뿐이다. 대저 고루 선할 뿐 악이 조금도 없는 것은 본연의 성으로, 이 점에서는 사람이면 누구나 똑같지만, 어둡고 밝고 강하고 약한 기품이 고르지 않은 것은 부여받은 기질의 성으로, 이 점에서는 사람은 누구나 서로 다른 법이다. 성실히 노력하는 것만이 본연지성의 같음을 회복하고, 서로 다름을 변화시킬 수 있는 유일한 방안이다. 대저 아름답지 못한 기질을 가지고 변화하여 아름답게 되고자 한다면, 그 노력을 백배나 기울이지 않고는 구하는 성과를 이루기 어려울 것이다.[112]

이와 같이 자기성찰과 자기반성을 통해 자기의 잘못과 단점을 고치는 자기개선을 이룸으로써, 각자가 다르게 부여받고 태어나는 기질지성의 편벽됨에서 벗어나 누구나 똑같은 순선(純善)인 본연지성을 회복할 수가 있으며, 이것이 바로 존천리하는 길이라는 논의가 퇴계와 율곡 같은 성리학자들의 한결같은 주장이다.

---

112) 君子所以學者 爲能變化氣質而已 德勝氣質 則愚者可進於明 柔者可進於强 不能勝之 則雖有志於學 亦愚不能明 柔不能立而已矣 蓋均善而無惡者 性也 人所同也 昏明强弱之稟不齊者 才也 人所異也 誠之者 所以反其同 而變其異也 夫以不美之質求變而美 非百倍其功 不足以致之(『栗谷全書 一』, 聖學輯要, 修己中 矯氣質章 468)

2) 자기개선과 인간의 존재확대

이상에서 본 바와 같이, 선진 시대의 유학으로부터 성리학에 이르기까지 유학자들은 일상생활에서 자기의 행동을 살펴보고 잘못된 점이 없는가 반성하여, 만일 조금이라도 잘못된 점이 있거나 스스로에게 허물이 있다면 그 책임이 모두 자기 자신에게 있음을 깨달아, 이를 고치는 자기개선을 이루는 일을 자기억제와 함께 수양의 또 한 가지 요체로 중시하고 있다. 즉 자기성찰을 통해 모든 일의 책임을 스스로에게서 찾음으로써 잘못과 허물을 반성하고 이를 고치는 것, 이것이 기질지성의 편벽됨을 교정하고 본연지성의 순선으로 회복하여 존천리하는 바탕이 된다는 것이 유학자들의 한결같은 주장인 것이다.

이러한 자기성찰을 통한 자기개선의 과정은 철두철미하게 거경(居敬)에 의존해야 한다는 것이 유학자들, 특히 성리학자들의 관점이다. 경이란 마음을 한군데 집중하여 주의를 흩뜨리지 않는 주의집중의 기능[主一無適 · 其心收斂]과 마음가짐과 몸가짐을 정돈하여 엄숙하게 하고 사람의 도리를 밝게 지키는 동기적 활성화의 기능[整齊嚴肅 · 常惺惺法]을 갖는 수양의 기본 요목이라는 것이 정이(程頤)로부터 이어지는 성리학의 전통이다.[113] 퇴계는 이러한 거경은 자기수양의 요체로서 잠시라도 이에서 벗

113) 或曰 敬若何以用力耶 朱子曰 程子嘗以主一無適言之 嘗以整齊嚴肅言之 門人謝氏之說 則有所謂常惺惺法者焉 尹氏之說 則其心收斂 不容一物者焉云云 敬者一心之主宰 而萬事之本根也 知其所以用力之方 則知小學之不能無賴於此以爲始 知小學之賴此以始 則夫大學之不能無賴於此以爲終者 可以一以貫之而無疑矣(『退溪全書 一』, 聖學十圖, 大學經 203); 蓋心者一身之主宰 而敬又一心之主宰也 學者熟究於主一無適之說 整齊嚴肅之說 與夫其心收斂 常惺惺之說 其工夫也盡而優 入於聖域而不難矣(『退溪全書 一』, 聖學十圖, 心學圖說 208); 敬之爲說者多端 何如不陷於

어날 수 없는 것이라면서, 다음과 같이 강조하고 있다.

> 대저 마음[心]은 몸을 주재하는 것이고, 경(敬)은 또한 마음을 주재하는 것이다. 수양의 길을 배우는 사람이 주일무적(主一無適: 마음을 하나로 모으고 흩뜨리지 않는 일)의 설과 정제엄숙(整齊嚴肅: 마음가짐과 몸가짐을 단정하고 엄숙하게 하는 일)의 설 및 기심수렴(其心收斂: 마음을 통합하여 다른 사물이 마음속에 들어오지 못하게 하는 일)의 설과 상성성법(常惺惺法: 항상 사람의 도리를 밝게 지키는 일)의 설이 무엇을 의미하는지를 자세히 궁구하여 익히면, 그 수양의 공부가 충분히 이루어져서 성인의 경지에 들어가는 것 또한 그리 어렵지 않을 것이다.[114]

이렇게 경 상태에 머무르는 일을 통해 주의를 집중하고 군자와 성인이 되려는 동기를 다잡음으로써, 자기개선을 이루어 본래의 선성(善性)을 회복할 수 있게 된다는 것이 성리학자들의 주장이다.

퇴계는 『성학십도』의 '제8 심학도(心學圖)'의 해설에서 "경계하고 두려워하는 계구(戒懼)로부터 시작하여 공자가 일흔에 도달한 단계인 종심[七

忘助之病乎 曰 其爲說雖多 而莫切於程謝尹朱之說矣(『退溪全書 四』, 言行錄一, 論持敬 175); 程子又曰 主一之謂敬 無適之謂一……程子曰 整齊嚴肅則心自一 一則無非僻之干矣 嚴威儼恪 非敬之道 但敬須從此入 上蔡謝氏曰 敬是常惺惺法 和靖尹氏曰 敬者 其心收斂 不容一物之謂 或問 三先生言敬之異 朱子曰 譬如此室 四方皆入得 若從一方入至此 則三方入處皆在其中矣(『栗谷全書 一』, 聖學輯要, 修己中正心章 476)

114) 蓋心者一身之主宰 而敬又一心之主宰也 學者熟究於主一無適之說 整齊嚴肅之說 與夫其心收斂 常惺惺法之說 則其爲工夫也盡而優 入於聖域亦不難矣(『退溪全書 一』, 聖學十圖, 心學圖說 208)

十而從心: 무엇이든지 마음에 하고자 하는 바대로 하여도 도리에 어긋나지 않음]에 도달하는 것이 존천리의 공부"[115]라고 밝히고 있다. 이러한 존천리의 공부는 자기성찰을 통해 자기개선과 본성의 회복을 이루는 요체라는 것이 유학자들의 관점이다.

공자는 수양의 과정을 연령의 함수로 제시하면서, 이기적 욕구와 사적 감정의 통제를 거쳐 모든 욕구와 감정이 도덕적 차원으로 승화되어, 하고자 하는 일마다 모두 도덕 규범에 맞는 순선의 상태[從心所欲 不踰矩]에 이르는 일이 인간발달의 최종 단계라고 밝히고 있다.[116] 공자가 일흔 살에 도달했다고 밝힌 칠십이종심(七十而從心)의 단계는 인간으로서 도달할 수 있는 완전한 상태를 말하는 것이다. 이로 미루어 보면, 자기억제를 통한 도덕적 승화와 자기성찰을 통한 자기개선 및 본성의 회복은 완전한 존재확대가 이루어진 상태로서, 유학적 수양의 최종 목표로서의 경지라고 할 수 있을 것이다.

3. 자기수양의 목표: 존재확대

인간을 악으로 이끌기 쉬운 생물체적 이기적 욕구와 자기중심적 정서를 억제하여 향악의 가능성을 제거하고, 일상생활의 과정에서 자기를 돌아보고 살펴보아서 인간에게 본래 갖추어져 있는 도덕적 지향성이 제대로 기능을 하도록 유도하는 두 가지를 기반으로 하고 있는 것이 유학의

115) 戒懼以下 是存天理處工夫 必至於從心(『退溪全書 一』, 聖學十圖, 心學圖說 208)

116) 子曰 吾十有五而志于學 三十而立 四十而不惑 五十而知天命 六十而耳順 七十而從心所欲 不踰矩(『論語』, 爲政 4)

수양론이다. 유학적 인간론의 바탕에 이러한 수양론이 놓여 있다는 맥락에서 보면, 이러한 두 가지 수양의 방안이 가져올 성과가 바로 유학의 이상적 인간상인 군자가 지향하는 바의 삶의 목표로 부각된다고 할 수 있다.

지금까지 살펴본 대로, 이기적 욕구와 사적 감정을 절제하는 자기억제의 목표는 도덕적인 수준으로 욕구와 감정이 승화되도록 하는 데 있다. 그리고 항상 자기의 행동을 돌아보고 반성하는 자기성찰의 목표는 모든 잘못의 원인을 스스로에게서 찾아 스스로의 잘못과 허물을 고치도록 하는 데 있다. 곧 욕구와 감정의 승화와 자기개선이 유학적 수양론이 이루기를 기대하는 성과인 것이다. 바로 이러한 두 가지가 자기중심적인 소인으로 태어났지만, 타인과 사회를 자기 속으로 끌어들여 스스로의 범위를 넓히는 존재확대인, 곧 군자가 되는 길의 요체라는 관점이 유학적 수양론의 핵심이다.

서구 개인주의 사회인들은 인간의 존재의의를 누구나 개인으로서 가지는 개체적 특성에서 찾고, 동물과 다른 인간의 고유성을 합리적 계산능력인 이성이라 여기며, 인간은 제반 사회행위의 원동력인 내적 속성(성격 · 능력 · 의도 등)을 완비하여 갖추고 있는 고정적 실체라고 본다. 바로 이렇게 개체성 · 합리성 · 실체성을 기반으로 하여 인간을 자유의 보유자, 이성의 주체, 완비적 실체로 이해하려 하므로, 서구인들은 독립적이고 독특한 개체로서 갖추고 있는 능력과 잠재력을 현실세계에서 최대한도로 발휘하는 '자기실현인'을 전형적인 이상적 인간상으로 부각시킨다. 그리하여 서구인들은 과도하게 긍정적인 자기개념을 가지고 있으며, 스스로의 장점을 과장하여 인식하는 경향이 강할 뿐만 아니라, 부끄러움 같은 부정적 감정보다 행복감 같은 긍정적 감정을 더욱 규범적인 감정이라 여겨 지나치게 추구하는 경향이 강하다.[117] 그러므로 서구 개인주의 사회에서 특징적으로 나타나는 '자기화'(self-making)의 경향은 자기 개체성의 견고화와 자기고양에 있으며, 따라서 그들은 장점의 확충을 통해 자기향상을 하려고 하는 경향이 강하다.[118]

이에 비해 유학을 사상적 기반으로 하고 있는 동아시아 사회인들은 인간의 존재의의를 사회적 특성에서 찾고, 동물과 다른 인간의 고유특성을 다른 사람에 대한 관심과 배려의 체계인 도덕성이라 여기며, 인간은 소인의 상태에서 군자의 상태로 변화할 수 있는 가변적 과정 속의 존재라고 본다. 이렇게 사회성 · 도덕성 · 가변성을 기반으로 하여 인간을 사회적 관계체, 덕성의 주체, 과정적 가변체로 이해하려 하므로, 동아시아인들은 자기중심적 소인의 상태에서 벗어나 타인과 공동체를 자신 속에 끌어들여 넓고 크게 스스로를 확장한 '존재확대인' 곧 군자/성인을 이상적 인간상의 전형으로 인식한다.

그리하여 동아시아인들은 자신의 부정적 특성을 찾아 이를 고쳐 나가는 데에서 보람을 느끼고, 부끄러움 같은 부정적 정서는 자기발전의 원동력을 제공한다고 여겨 중시한다.[119] 그러므로 동아시아 집단주의 사회에서 특징적으로 나타나는 '자기화'의 경향은 자기중심성에서 벗어나 타인과의 연계성과 상호의존성을 증진하는 일을 강조하며, 자기의 단점과 허물의 원인을 스스로에게서 찾아 이를 개선하는 일을 가치롭게 여긴다.[120]

---

117) 서구 개인주의 사회인들의 지나치게 긍정적인 자기상 추구 경향에 대한 연구 결과는 졸저(조긍호, 2021b, pp. 79-173) 참조.

118) 이에 대해서는 졸저(조긍호, 2021a, pp. 112-117) 참조.

119) 서구 개인주의 사회인과 다른 동아시아인들의 자기 관련 행동에 대해서는 졸저(조긍호, 2021b, pp. 5-72) 참조.

120) 이에 대해서는 졸저(조긍호, 2021a, pp. 117-120) 참조.

유학의 수양론은 인간이 자기중심성에서 벗어나 이러한 존재확대를 이루는 방법론을 제시하고 있는 이론체계이다. 이기적이고 사적인 욕구와 감정의 억제를 통해 자기중심성에서 벗어나 도덕적 승화를 이루고, 실생활의 과정에서 항상 자기를 돌아보고 반성하여 자기개선을 이룸으로써 스스로가 타고난 도덕성을 회복하는 것이 바로 수양론에서 지향하는 일이고, 그런 점에서 수양은 자기중심성에서 탈피하여 타인/공동체 지향의 삶의 자세를 견지함으로써 존재확대를 이루는 첩경인 것이다.

유학자들은 수양을 통한 존재확대의 가능성에서 인간만의 고유한 독자성을 찾고 있다. 다음은 이러한 관점을 분명히 한 율곡의 진술이다.

> 천지는 만물의 생성 원료인 기(氣) 가운데 지극히 바르고 지극히 막힘이 없는 것을 얻었으므로, 본성이 안정되고 고정되어 있어 변화하지 않는다. 동물과 식물 등 사물들은 편벽되고 막힌 기를 얻었으므로, 또한 고정되어 있어 변화하지 못한다. 이런 까닭에 천지와 사물들은 스스로를 수양할 수 없는 것이다. 오직 사람은 천지와 유사하게 바르고 막힘이 없는 기를 갖추고 있지만, 사람은 또한 맑고 탁하고 순수하고 잡박한 기를 얻어 각자가 다 다르게 태어나므로 천지의 순일함과는 다르다. 다만 사람의 마음은 허령(虛靈)하고 통철(洞徹)하여 모든 이치를 구비하고 있으므로, 탁한 것은 맑은 것으로 변화시킬 수 있고, 잡박한 것은 순수한 것으로 변화시킬 수 있다. 그러므로 수양을 하는 공부는 오로지 사람만이 할 수 있으며, 이러한 수양의 극치는 천지를 제대로 자리 잡게 하고 뭇 사물들을 화육하는 것이니, 그런 연후에야 사람이 할 일을 마치게 되는 것이다.[121]

---

121) 天地得氣之至正至通者 故有定性而無變焉 萬物得氣之偏且塞者 故亦有定性而無變

1) 존재확대의 점진성: 자기중심성의 탈피와 타인지향성의 추구

공자는 수양의 방안은 "개인의 이기적 욕구와 사적 감정을 이기고[克己], 자기개선을 통해 도덕 규범의 체계[禮]를 회복하는 일[復禮]"에 있다는 극기복례론(克己復禮論)을 제시하고 있다.[122] 여기서 공자가 본유적인 도덕성을 회복하는 복례(復禮)를 이기적 사적 욕구와 감정을 극복하는 극기(克己)보다 뒤에 두고 있다는 것은 이 두 수양 방안의 순서를 설정한 것으로 볼 수 있다.

이 유명한 극기복례론에서 공자는 극기를 통해 욕구와 감정의 자기중심성에서 탈피하는 일이 도덕적인 본성을 회복하는 일보다 선행하는 일이라고 주장한다. 즉 공자는 극기를 통해 도덕적 승화를 이룸으로써 자기중심성에서 탈피한 다음에라야, 복례를 통해 도덕성의 회복이라는 타인지향성의 추구로 나아갈 수 있다는 점진적 확대론을 제시하고 있다. 말하자면 인간의 존재확대는 자기중심성의 탈피로부터 시작하여 타인지향성의 추구로 점차 확대되어야 한다는 입장이 공자의 주장인 것이다.

공자의 이러한 점진적 확대론은 그의 유명한 연령단계론[123]에 잘 드러나 있다. 각 연령 단계의 특징을 스스로의 경험에 비추어 제시한 연령

焉 是故天地萬物更無修爲之術 惟人也 得氣之正且通者 而淸濁粹駁 有萬不同 非若天地之純一也 但心之爲物 虛靈洞徹 萬理具備 濁者可變而之淸 駁者可變而之粹 故修爲之功 獨在於人 而修爲之極 至於位天地育萬物 然後吾人之能事畢矣(『栗谷全書 一』, 書, 答成浩原壬申 197)

122) 顔淵問仁 子曰 克己復禮爲仁 一日克己復禮 天下歸仁焉 爲仁由己 而由人乎哉 顔淵曰 請問其目 子曰 非禮勿視 非禮勿聽 非禮勿言 非禮勿動 顔淵曰 回雖不敏 請事斯語矣(『論語』, 顔淵 1)

123) 吾十有五而志于學 三十而立 四十而不惑 五十而知天命 六十而耳順 七十而從心所欲 不踰矩(爲政 4)

단계론에서 공자는 마흔 살에 이르러 "외적인 욕구와 감정에 휘둘리지 않게 되었다"[不惑]고 하여 욕구와 감정의 억제를 통한 도덕적 승화가 이루어졌음을 밝히고, 마지막 일흔의 단계에서는 "무엇이든지 하고 싶은 대로 해도 도리에 어긋나지 않았다"[從心所欲 不踰矩]고 하여 도덕적 본성의 회복이 이루어졌음을 분명히 하고 있다. 여기서 구체적인 연령 단계를 받아들이지 않는다고 해도, 욕구와 감정의 도덕적 승화를 기반으로 해서라야 도덕적 본성의 회복이 이루어질 수 있다는 점진적 확대론이 공자가 제시하려 한 요점이라는 사실은 확실히 알 수 있다.[124]

퇴계도 욕구와 감정의 도덕적 승화[遏人欲]를 도덕적 본성의 회복[存天理]보다 먼저 이루어야 하는 것으로 제시함으로써, 공자의 점진적 확대론을 이어받고 있다. 다음은 『성학십도』의 '심학도설(心學圖說)'에 제시되어 있는 퇴계의 설명이다.

> 정밀하게 살피고 한결같이 하여 선을 택하고 이를 확고하게 붙잡아 지키는 일[精一擇執]로부터 그다음은 알인욕(遏人欲)하고 존천리(存天理)하는 공부가 아닌 것이 없다. 홀로 있을 때를 삼가는 신독(愼獨)으로부터는 욕구와 감정을 억제하는 알인욕의 공부로서, 이는 반드시 마음이 함부로 움직이지 않게 된 마흔의 상태에 이르러서라야[四十不動心] …… 도에 밝고 덕이 이루어지게 되며, 경계하고 두려워하는 계구(戒懼) 이하는 도덕적 본성을 회복하여 간직하는 존천리의 공부로서,

124) 공자의 이러한 점진적 확대론은 군자의 발달 과정을 '자기 인격의 함양[修己以敬] → 대인관계의 조화[修己以安人] → 사회적 책임의 자임과 수행[修己以安百姓]'의 3단계로 정리한 군자론(子路問君子 子曰 修己以敬 曰 如斯而已乎 曰 修己以安人 曰 如斯而已乎 曰 修己以安百姓 修己以安百姓 堯舜其猶病諸, 憲問 45)에서도 잘 드러나고 있다.

> 이는 반드시 무엇이든지 마음에 하고 싶은 대로 하여도 도리에 어긋나지 않게 된 일흔의 상태에 이르러서라야[七十而從心] …… 억지로 생각하지 않고도 이치에 환하고 노력하지 않아도 중도에 들어맞게 되는 것이다.[125)]

이 인용문에서 퇴계는 자기억제 곧 알인욕이 지향하는 욕구와 감정의 도덕적 승화는 마흔 살에 마음이 함부로 움직이지 않는 부동심(不動心)의 상태에서 이루어지고, 자기성찰을 통한 자기개선 곧 존천리가 지향하는 도덕적 본성의 회복은 일흔 살에 무엇을 하든지 도리에 어긋나지 않은 종심(從心)의 상태에서 이루어지는 것이라 보고 있다.

이와 같이 선진유학자들이나 성리학자들 모두 자기억제를 통한 욕구와 감정의 승화를 기반으로 하여 자기성찰과 자기개선을 통한 도덕적 본성의 회복이 이루어지는 것으로 개념화한다. 곧 자기중심성에서 탈피하여 타인과 공동체를 자신 속에 받아들임으로써, 이들과 일체화하여 타인/공동체 지향의 삶을 이루는 존재확대는 한꺼번에 이루어지는 일이 아니라, 점진적 발달 과정을 거쳐 달성되는 일이라는 것이 유학적 수양론의 관점인 것이다.

---

125) 自精一擇執以下 無非所以遏人欲而存天理之工夫也 愼獨以下 是遏人欲處工夫 必至於不動心……可以見其道明德立矣 戒懼以下 是存天理處工夫 必至於從心……可以見不思而得 不勉而中矣(『退溪全書 一』, 聖學十圖, 心學圖說 208): 이 인용문에서 사십부동심(四十不動心)은 『論語』「위정(爲政)」편 4장의 사십이불혹(四十而不惑)과 같은 것으로, 『孟子』「공손추상(公孫丑上)」편 2장에 맹자 스스로 “나는 마흔 살에 이르러 마음이 함부로 움직이지 않았다”(我四十不動心)고 한 데서 따온 것이다. 주희는 『孟子集註』에서 이 구절은 “공자의 사십이불혹과 같은 뜻”(孔子四十而不惑 亦不動心之謂)이라 보고 있다.

2) 유학적 인간상과 인간의 존재확대

지금까지 보아 왔듯이, 유학의 수양론에서는 자기중심성의 탈피와 타인지향성의 추구를 존재확대를 이루어 이상적 인간이 되는 길의 요체라고 여긴다. 여기서 자기중심성의 탈피는 자기억제의 성과로서 이루어지는 도덕적 승화를 통해 갖추어지는 마음 상태이고, 타인지향성의 추구는 자기성찰과 반성의 성과로서 이루어지는 자기개선을 통해 갖추어지는 행동 양식이다. 이렇게 보면 인간의 존재확대는 도덕적 승화와 자기개선이라는 두 통로를 통해 이루어지는 것이라 할 수 있다. 유학적 자기수양이 지향하는 이러한 인간의 존재확대는 바로 유학사상이 강조하는 가치체계로부터 직접적으로 유도되는 이상적 인간상의 모습이다.

유학은 사회성 · 도덕성 · 가변성의 가치를 기반으로 하여 인간을 이해하고자 하는 사상체계이다. 인간은 부모와 형제 같은 다른 사람들과의 관계 속에서 태어나서 친구와 동료 같은 다른 사람들과의 상호의존적인 관계 속에서 살아가는 존재로서, 사회관계가 없이는 삶이 이루어질 수 없는 사회적 관계체이다. 그 결과 유학자들은 각자의 개체적 존재 특성에서 인간의 존재의의를 찾으려는 서구 자유주의 사상가들과는 달리, 사회적 존재 특성에서 인간의 존재의의를 찾으려 한다.

그러므로 유학사상에서는 이상적 인간상을 개인으로서 갖는 개체성의 실현에서가 아니라, 사회적 관계체로서 갖는 사회성의 실현에서 찾으려 한다. 이러한 맥락에서 유학자들은 자기중심적인 개체적 존재로부터 타인지향의 사회적 존재로의 확대를 인간 삶의 이상으로 개념화하여 받아들인다. 유학적 수양론에서 도덕적 승화와 자기개선을 통해 추구하는 존재확대의 첫 번째 의미는 바로 이러한 사회성의 강조로부터 도출되는 사회적 존재로의 확대를 지칭하는 것이다.

유학자들은 여타 동물들과 달리 인간이 고유하게 갖추고 있는 특성은 도덕성이라고 보아, 인간을 덕성의 주체라고 받아들인다. 도덕성은 다른 사람과 공동체에 대한 관심과 배려의 체계로서, 자신보다 타인이나 공동체에 대해 우선적인 관심을 쏟고 배려하는 행동으로 드러난다. 그 결과 유학자들은 인간의 고유한 특성을 합리적 계산 능력인 이성의 체계라고 간주하는 서구 자유주의 사상가들과는 달리, 다른 사람에 대한 관심과 배려의 타인지향성을 인간의 고유한 특성이라 여겨 중시한다.

그러므로 유학사상에서는 합리적 사고와 선택 능력의 발현에서가 아니라, 다른 사람을 나보다 우선적으로 배려하는 타인 배려적 특성의 발현에서 이상적 인간의 핵심적인 측면이 드러난다고 받아들인다. 이러한 맥락에서 유학자들은 이기적이고 자기중심적인 생물체적 존재로부터 타인 배려의 도덕적 존재로의 확대를 인간 삶의 이상이라고 인식한다. 유학적 수양론에서 추구하는 존재확대의 다른 의미는 바로 이러한 도덕성의 강조로부터 도출되는 타인 배려적 존재로의 확대를 말하는 것이다.

사회성과 도덕성을 중시하여 인간을 이해하려는 유학자들의 생각은 곧바로 인간을 무한한 가변성을 갖추고 있는 존재라고 인식하는 자세와 연결된다. 곧 사회적 관계체로서의 인간은 자기 자신보다는 타인을 우선적으로 고려하는 도덕의 주체로서, 일상생활에서 스스로에게 갖추어져 있는 사회성과 도덕성을 펼쳐 나감으로써 무한히 변화할 수 있는 가소성을 갖추고 있다고 여긴다. 그 결과 유학자들은 인간을 고정적 불변적인 실체라고 개념화하여 받아들이는 서구 자유주의 사상가들과는 달리, 개인적인 노력에 따라 무한히 변화할 수 있는 가변체라고 받아들인다.

그러므로 유학사상에서는 실체적 존재로서의 고정성과 안정성의 발현에서가 아니라, 유연한 변화의 과정적 존재로서 갖는 가변적 적응성의 발현에서 이상적 인간의 특징이 드러난다고 받아들인다. 이러한 맥락에서 유학자들은 자기몰입적이고 미성숙한 소인(小人)의 상태로부터 타인 배려적이고 성숙한 군자(君子)의 상태로의 존재확대를 이상적 인간의 특징이라 인식한다. 유학적 수양론에서 추구하는 존재확대의 또 다른 의미는 가변성의 강조로부터 도출되는 이러한 성숙한 존재로의 확대를 가리키는 것이다.

이렇게 유학사상은 근본적으로 인간의 존재확대를 도모하는 사상체계이다. 유학자들은 인간이 인간된 까닭에 관한 관점을 통해 존재확대의 전제를 설정하고(인성론), 존재확대의 이상적 모형을 제시함으로써 이를 삶의 목표로 설정(군자론)한 다음, 그 목표를 이루기 위한 방법론(수양론)을 제시하고 있는 것이다. 그리하여 유학자들은 인간은 개체적 존재로부터 사회적 존재로(사회성), 생물체적 존재로부터 도덕적 존재로(도덕성), 그리고 미성숙한 존재로부터 성숙한 존재로(가변성)의 확대를 지향하며 살아가고 있다고 개념화하여 받아들이며, 이러한 방법론의 체계가 바로 수양론인 것이다.

제2부

결론: 보편심리학의 구축을 위한 동 · 서 심리학의 회통(會通)

제6장 동 · 서 심리학의 대비

제7장 동 · 서 관점의 회통과 보편심리학

유학은 태어날 때부터 갖추어져 있는 인간의 심성에 관한 사색의 체계인 인성론(人性論), 이러한 본성을 갖추고 있는 현실적 인간이 도달 가능한 이상적 인간상을 설정하여 인간 삶의 목표 상태를 제시하고 있는 논리의 체계인 군자론(君子論), 이러한 이상적 인간의 삶의 모습을 정리하여 드러낸 논의의 체계인 도덕실천론(道德實踐論), 그리고 인성론에서 정위한 바의 현실적 인간이 군자론에서 제시한 바의 이상적 인간상에 도달할 수 있는 방법론에 관한 진술의 체계인 수양론(修養論)의 네 이론적 기반을 바탕으로 하여 구축되고 있는 이론체계이다.

이러한 유학은 약 2,500여 년 전 춘추(春秋) · 전국(戰國) 시대 공자 · 맹자 · 순자 같은 사상가에 의해 창시되고 완성되어 전한(前漢, B.C. 206~8) 시대의 초기에 관학(官學)으로 존숭되어 떠받들여져 온 이래, 동아시아에 서구의 문물이 밀어닥친 20세기 초반까지 대략 2,000여 년 동안 동아시아 사회를 지배해 온 사상체계이다. 그러므로 동아시아인들의 심리와 행동의 특징에는 유학의 영향이 짙게 배어 있으며, 따라서 동아시아인을 이해하기 위해서는 그 영향원(影響源)인 유학의 이론체계를 살펴보지 않을 수 없다.

이러한 맥락에서 필자는 지금까지 유학의 네 이론체계로부터 심리학의 연구 문제를 도출하여 '유학심리학의 체계' 시리즈로 정리해 왔다. 이 시리즈의 첫 권(『유학심리학의 체계 I: 유학사상과 인간 심리의 기본구성체』)에서는 우선 이 시리즈 전체의 서론으로 유학사상과 현대심리학의 접목 가능성에 대해 진술한 다음, 유학의 인성론에서 도출되는 심리구성체론의 연구 문제를 이끌어 내었다. 여기에서는 욕구 · 정서 · 인지 및 도덕성에 관한 유학자들의 논의들로부터 각각 유학의 욕구심리학, 정서심리학, 인지심리학 및 도덕심리학의 연구 문제를 정리하여 제시하였다.

이어서 이 시리즈의 둘째 권(『유학심리학의 체계 II: 사회적 존재로서의 인간의 삶』)에서는 유학의 군자론과 도덕실천론에서 도출되는 이상적 인간형론과 사회관계론의 연구 문제를 정리하여 보았다. 유학의 군자론으로부터는 이상적 인간형론의 문제가 이끌리는데, 제2권의 제1부에서는 이로부터 유학의 정신건강심리학과 성격발달심리학의 연구 문제를 정리하여 제시하였다. 이어서 제2권의 제2부에서는 도덕실천론에서 도출되는 유학의 사회관계론으로부터 사회 및 조직심리학 분야의 연구 문제를 유학의 역할심리학, 분배정의론, 작업동기와 보상체계론 및 지행합일론으로 정리하여 제시하였다.

이번 책(『유학심리학의 체계 III: 인간 삶의 목표 추구와 보편심리학의 꿈』)의 제1부에서는 유학의 수양론에서 도출되는 자기발전론의 연구 문제를 정리하여, 자기억제와 욕구 및 감정의 도덕적 승화 문제 그리고 자기성찰과 자기개선의 문제로 정리하여 제시하였다. 이제 제2부에서는 이 시리즈 전체를 마무리하는 결론을 겸해서, 우선 지금까지 유도해 낸 유학심리학의 내용들을 서구심리학의 그것과 비교하여 되돌아보고, 이어서 보편심리학의 구축을 위해 필수적으로 요청되는 동·서심리학의 회통(會通)을 위해 가능한 몇 가지 예시를 시론적으로 제안해 보고자 한다.

제 6 장 동 · 서 심리학의 대비

현대 서구인의 개인주의적인 삶을 지배하고 있는 사상적 배경은 자유주의이다. 자유주의는 개인의 자유와 권리, 이성과 진보, 그리고 평등과 존엄성의 가치를 중시하는 인간중심주의의 기반 위에서 개인 존재를 자유의 보유자, 이성의 주체 및 완비적 실체라고 개념화하여 받아들이는 사상체계이다. 이러한 맥락에서 서구 개인주의자들은 인간의 존재의의가 개인의 개체성에서 나오는 것으로 보아 이를 사회적 특성보다 중시하고, 여타 동물과 다른 인간의 고유특성을 합리적 계산 능력인 이성이라고 여겨 인간 삶의 기반을 이성을 통한 합리적 판단과 선택이라고 간주하며, 인간을 제반 사회행위의 원동력인 내적 속성을 완비적으로 갖추고 있는 실체라고 받아들여 그 불변적 안정성에서 인간 삶의 양태가 드러나는 것으로 인식한다.

이렇게 서구인들은 인간의 존재의의를 개체성에서 찾으므로 개체로서의 독립성과 독특성 및 자율성을 무엇보다도 중시하여 추구하고, 인간만이 갖추고 있는 고유특성을 이성이라 간주하므로 합리성과 자기이익 추구 및 적극적인 자기주장을 당연한 것으로 받아들이며, 인간을 완비적 실체라 여기므로 자기고양과 안정성 및 일관성을 바람직한 것으로 여겨 지향하는 개인주의적인 심성과 행동의 경향을 강하게 드러낸다.

이와 같은 사상적 및 실제적 배경에서 출범되어 탐구되고 있는 현대 서구의 심리학은 대체로 개체로서의 개인 존재에서 모든 연구 주제를 도출해 내려는 지나친 개인중심주의, 인간의 심성과 행동의 원인을 외부 환경 자극에 전적으로 환원하여 이해하고자 하는 기계론적 환원주의, 그리고 현재의 심성과 행동의 원천을 과거의 학습이나 이에 의해 조성된 행동 습관이나 내적 속성에 돌려 찾아내고자 하는 결정론적 설명 양식의 추구 경향성을 띠고 있다.[1]

이에 비해 현대 동아시아인의 집단주의적인 삶을 지배하고 있는 철학적 배경은 유학사상이다. 유학은 인간 존재의 사회성, 도덕성 및 가변성을 기반으로 하여, 인간을 사회적 관계체, 덕성의 주체, 그리고 무한한 가변체라고 개념화하여 받아들이는 사상체계이다. 이러한 맥락에서 동아시아 집단주의자들은 인간의 존재의의가 사회적 관계체로서의 사회성에서 나오는 것이라 보아 이를 개인으로서의 개체성보다 중시하고, 인간의 고유특성을 다른 사람에 대한 관심과 배려의 체계인 도덕성이라고 여기며, 인간을 무한한 가소성을 지닌 가변체라고 받아들여 그 변화 과정 속에서 인간 삶의 양태가 드러나는 것으로 간주한다.

이렇게 동아시아인들은 인간의 존재의의를 사회성에서 찾으므로 서로 관계를 맺고 살아가고 있는 다른 사람들과의 상호연계성, 유사성 및 상호의존성을 무엇보다 중요하게 여겨 추구하고, 다른 동물들과는 달리 인간만이 도덕성을 갖추고 있다고 간주하므로 자기를 억제하여 다른 사람과 조화를 유지하는 일을 바람직한 것으로 받아들이며, 가변체로서의

1) 현대 서구심리학의 연구 경향에 대해서는 졸저(조긍호, 2008, pp. 501-513; 2012, pp. 838-859; 2017a, pp. 61-76) 참조.

인간이 스스로의 잘못을 찾아 자기개선을 이루고 새롭게 주어지는 역할과 의무에 유연하게 적응하는 일을 중시하는 집단주의적인 심성과 행동의 경향을 강하게 드러낸다.

이와 같은 사상적 및 실제적 배경에서 배태될 유학적 심리학은 개체중심성에서 탈피하여 사회성을 지향하는 심리학, 기계론적 환원론에서 탈피하여 도덕적 주체성을 지향하는 심리학, 그리고 결정론적 수동성에서 탈피하여 가변적 미래성을 지향하는 심리학이 되어야 한다는 것이 필자의 생각이다.[2)]

여기에서는 이 시리즈의 제1권(유학의 인성론과 이에서 도출되는 새로운 심리구성체론의 문제)과 제2권(유학의 군자론 및 도덕실천론과 이에서 도출되는 새로운 이상적 인간형론 및 사회관계론의 문제) 및 이 책의 제1부(유학의 수양론과 이에서 도출되는 새로운 자기발전론의 문제)의 내용을 현대 서구심리학의 연구 경향과 대비하여 살펴봄으로써, 유학심리학이 정립해야 할 특징적인 연구 방향에 대해 고찰해 보고자 한다.

1. 인성론과 심리구성체론

유학의 인성론은 태어날 때부터 인간의 심성에 갖추어져 있는 본유적인 내용들에 관한 사색의 체계이다. 인간의 본성에 갖추어져 있는 이러한 본유적인 요소 각각은 인간 심리의 구성체로서, 심리학이 탐구해야 할 가장 기본적인 연구의 주제들이 된다. 그러므로 이러한 심리구성체

---

2) 유학심리학의 체계가 지향해야 할 바에 대해서는 졸저(조긍호, 2012, pp. 838-873; 2017a, pp. 120-135) 참조.

론에 대한 관점이 달라지면 심리학에서 탐구해야 할 내용들이 달라지게 마련이다.

1) 동 · 서의 심리구성체론: 삼분체계론과 사분체계론

서구에서는 인간의 존재의의가 개체로서의 존재 특성에서 나오는 것으로 보므로, 기본적인 심리구성체를 이성 · 감성 · 욕구 같은 개체적 특성에서 찾으려 하며, 이들 사이의 관계도 합리적 판단과 계산의 근거인 이성을 중심으로 정리하려 한다. 이에 비해 유학사상에서는 인간의 존재의의가 사회적 관계체로서의 존재 특성에서 나오는 것으로 보므로, 기본적인 심리구성체를 욕구 · 감정 · 인식 같은 개체적 특성뿐만 아니라 도덕성 같은 사회관계적 특성에서 찾으려 하며, 이들 사이의 관계도 다른 사람에 대한 관심과 배려의 체계인 도덕성을 중심으로 정리하려 한다.

서구의 삼분체계론과 이성중심주의 서구 철학의 전통적인 심리구성체론은 인간의 심성을 이성 · 감성 · 욕구의 삼분체계로 파악하는 관점인데, 현대 서구심리학은 이러한 삼분체계론을 바탕으로 하여 성립하였다.[3] 즉 "서양에서는 플라톤(Platon, B.C. 428~348)에서부터 심성을 삼분하는 사상이 발달하여, 칸트(Kant, I., 1724~1804)에 이르러 지 · 정 · 의를 삼분하는 이론이 철학의 형이상학에 우세"[4]하게 되었고, 이러한 전통

---

3) Hilgard, 1980; Parkinson & Colman, 1995.

4) 정양은, 1986, p. 11.(2005b, p. 221.)

에 따라 "지적 체험, 정적 체험, 의지적 체험을 각각 독립된 심적 단위로 구분하여"[5] 연구하는 심리학이 발달하였다.

서구에서 체계적인 삼분체계론을 제시하여 인간의 심성을 파악하는 전통적인 이론으로 정립시킨 사람은 플라톤과 그 제자인 아리스토텔레스(Aristoteles, B.C. 384~322)이다. 플라톤은 영적 갈등 상황(예: 물을 마시고 싶지만, 마셔서는 안 되는 상황)으로부터 연역하여, 인간의 영혼이 욕망 · 열정 · 이성의 상호배타적인 세 부분으로 구성된다고 여겼다. 아리스토텔레스는 플라톤과는 달리 발생적 순서에 따라 영혼의 삼체계 사이에 위계를 부여하여, 식물은 영양혼만을 가지고, 인간을 제외한 동물은 이 이외에 감각혼을 가지지만, 인간은 이 두 가지 영혼에 더하여 이성혼을 갖추고 있다는 위계적 영혼삼분설을 제시하였다. 여기서 영양혼 · 감각혼 · 이성혼은 플라톤의 욕망 · 열정 · 이성에 해당하는 것으로,[6] 이와 같이 아리스토텔레스는 스승인 플라톤의 영혼삼체계설을 그대로 이어받고 있는데, 이들의 삼분체계설은 이후 서구 철학사를 면면히 어어 온 전통이 되어,[7] 현대심리학 태동의 배경이 되었다.[8]

---

5) 정양은, 1970, p. 78.(2005b, p. 186.)

6) Wesley, 1972, p. 58.

7) Russell(1959/2003, p. 84)은 "철학적 문제치고 이 두 철학자(플라톤과 아리스토텔레스)가 조금이나마 가치 있는 발언을 해놓지 않은 문제가 없는 까닭에, 오늘날 이 두 사람의 철학을 무시하고 아예 원점에서부터 독창적으로 시작하는 철학자가 있다면, 그가 누구든 그의 노력이 완전히 헛수고에 그칠 수도 있는 위험을 감수하고 나서야 할 것"이라 공언하고 있다. 이런 관점에서 보면, 심리구성체의 문제에 대해서도 플라톤과 아리스토텔레스의 이론이 이후 전개되는 서구 철학사의 지주가 되고 있는 사실을 이해할 수 있다.

8) 서구 삼분체계론의 역사적 전개 및 현대심리학의 태동 과정에 관해서는 졸저(조긍호, 2017b, pp. 26-73) 참조.

현대심리학에서는 이들 심성의 세 요소를 각각 인지 · 정서 · 동기로 연구해 오고 있으며, 이 세 체계 사이의 관계를 이성중심주의(理性中心主義)의 관점에서 고찰하여,[9] 정서나 동기 체계는 부차적인 체계이거나 인지체계에 힘입어 생겨나는 하위체계라고 보는 입장이 주조를 이루어 왔다.[10] 이러한 이성중심주의의 싹은 이미 플라톤에게서 발견할 수 있는 서구 철학의 전통이었으며,[11] 특히 현대 서구 사회를 형성하고 있는 개인주의의 사상적 배경인 자유주의와 계몽주의는 모두 이성중심주의를 개념적 뼈대로 하여 성립하고 있는 이념체계인 것이다.[12]

동아시아의 사분체계론과 덕성중심주의 유학사상의 인성론에서 전개하고 있는 심리구성체론은 서구의 삼분체계론과는 매우 다르다. 공자(孔子, B.C. 551~479)를 비롯한 유학자들도 인간에게 욕구와 감성 그리고 지성의 요소가 갖추어져 있다고 여긴다. 그러나 유학자들은 이에 덧붙여 도덕성의 바탕이 인간의 심성에 본래 갖추어져 있다고 보아, 덕 · 지 · 정 · 의의 사분체계론으로 인간의 심성을 이해하려 한다. 이러한 인간 존재의 사회성과 도덕성에 대한 강조가 유학적 인성론과 이후 전개되는 모든 유학적 이론체계의 핵심 기조를 이룬다.

공자는 도덕성의 기초를 자신보다 타인을 우선적으로 배려하는 심성

---

9) 정양은, 1970, 1976, 1986; Hilgard, 1980; Mandler, 2007.

10) 예: Lazarus, 1982, 1984; Weiner, 1974.

11) 플라톤은 자기가 제시한 영혼의 세 요소 가운데 이성이 핵심이어서, "정서와 충동은 이성의 다스림을 통해서만 전체로서의 영혼이 일종의 내적 조화를 달성할 수 있다"(Bordt, 1999/2003, pp. 109-110)고 보아, 서구 철학에 이성중심주의의 씨앗을 뿌리고 있다.

12) 노명식, 1991, pp. 37-43; Russell, 1959/2003, pp. 312-321, 342-343.

의 체계인 인(仁)에서 찾고, 이는 인간에게 본유적으로 갖추어져 있다고 보아 유학적 사분체계론의 초석을 놓고 있다.[13] 맹자(孟子, B.C. 372~289)는 유명한 사단설(四端說)을 통해 측은 · 수오 · 사양 · 시비라는 도덕성의 근거가 사람에게 본유적으로 갖추어져 있다고 주장한다.[14] 순자(荀子, B.C. 298~238?)는 심성의 발생위계설을 제시하여 여타 동물과 다른 인간의 특성을 도덕성에서 찾음으로써,[15] 아리스토텔레스와 유사한 논리를 가지고 사분체계설을 제시한다.

유학사상에서는 인간의 심성을 구성하는 이 네 체계 가운데 덕의 요소가 중심으로서, 이에 의해 나머지 심성 요소들(지 · 정 · 의)이 제어되고 통합될 것을 강조하는 덕성중심주의(德性中心主義)의 관점을 굳게 지니고 있다. 공자는 자기의 사상이 도덕성 한 가지로 꿰뚫어져 있다는 일이관지론(一以貫之論)을 통해 이러한 덕성중심주의의 기치를 드높이고 있다.[16] 이는 유학이 성덕(成德)을 지향하는 사상체계라는 사실에서 나오

---

13) 子曰……夫仁者 己欲立而立人 己欲達而達人 能近取譬 可謂人之方也已(『論語』, 雍也 28); 子曰 仁遠乎哉 我欲仁 斯仁至矣(述而 29); 子曰 克己復禮爲仁 一日克己復禮 天下歸仁焉 爲仁由己 而由人乎哉(顔淵 1)

14) 無惻隱之心 非人也 無羞惡之心 非人也 無辭讓之心 非人也 無是非之心 非人也 惻隱之心 仁之端也 羞惡之心 義之端也 辭讓之心 禮之端也 是非之心 智之端也 人之有是四端也 猶其有四體也(『孟子』, 公孫丑上 6); 惻隱之心 人皆有之 羞惡之心 人皆有之 恭敬之心 人皆有之 是非之心 人皆有之 惻隱之心 仁也 羞惡之心 義也 恭敬之心 禮也 是非之心 智也 仁義禮智非由外鑠我也 我固有之也 弗思耳矣(告子上 6)

15) 水火有氣而無生 草木有生而無知 禽獸有知而無義 人有氣有生有知 亦且有義 故最爲天下貴也(『荀子』, 王制 20); 人之所以爲人者 非特以其二足而無毛也 以其有辨也 夫禽獸有父子 而無父子之親 有牝牡 而無男女之別 故人道莫不有辨(非相 9-10)

16) 子曰 參乎 吾道一以貫之 曾子曰 唯 子出 門人問曰 何謂也 曾子曰 夫子之道 忠恕而已矣(『論語』, 里仁 15); 子貢問曰 有一言而可以終身行之者乎 子曰 其恕乎 己所不欲 勿施於人(衛靈公 23)

는 당연한 논리적인 귀결이다. 곧 유학사상에서는 인간이 가진 생물적 이기적 욕구와 감정 체계를 지양하고, 스스로가 도덕 주체임을 깨달아, 일상생활에서 도덕성을 실천하는 것이 인간 삶의 이상이라고 간주하는 것이다.

2) 동 · 서 심리구성체론에서 도출되는 연구의 특징과 그 차이

이와 같이 전통적인 서구 철학과 동아시아 유학사상에서 인간의 심성 요소를 개념화하는 양식은 삼분체계론과 사분체계론으로 서로 달랐으며, 심성 요소들 사이의 관계도 전자는 이성우월주의에 따라 그리고 후자는 덕성우월주의에 따라 정리하고 전개하는 차이를 보여 왔다. 이러한 차이는 그대로 서구심리학과 유학심리학에서 기본적으로 다루어야 할 심성 내용과 이를 다루는 양식에 차이를 유발할 수밖에 없다.

우선 현대심리학은 서구 철학의 삼분체계론에 근거를 두고, 욕구(동기)와 감정(정서) 그리고 인식(인지)의 문제를 심리학의 핵심 영역으로 잡고 있다. 그들에게 있어 도덕성은 이러한 핵심 영역의 하위체계이거나 부산물일 뿐이어서 독자적인 연구 영역으로 부각되지 못하고, 이들 기본 영역의 부차적인 내용 중의 하나로 취급된다. 즉 도덕성은 인지발달의 부차체계(인지발달이론)이거나 성격발달의 부산물(정신역동이론) 또는 학습된 행동 습관의 하나(학습이론)로 취급될 뿐이다.

그러나 인간 심성의 사분체계론을 펴는 유학사상에 따르면, 도덕성은 욕구 · 감정 · 인지와 함께 인간의 심성을 구성하는 핵심 요소이므로, 이는 동기심리학, 정서심리학, 인지심리학과 함께 도덕성의 심리학이라는 독자적인 연구 영역으로 탐구되어야 할 논리적인 필연성이 있다. 이 점이 인성론에 기반을 둔 유학심리학의 가장 기본적인 특징이다.

또한 서구 철학에서는 이성우월주의의 관점에서 인간의 심성을 구성하는 세 체계 가운데 이성의 요소가 가장 중핵이라고 여기므로, 동기와 정서 등 나머지 요소는 인지의 영향을 지대하게 받을 수밖에 없는 것으로 본다. 따라서 현대심리학에서 동기와 정서의 문제를 다룰 때에는 인지 과정과의 관련성을 중요하게 취급하는 경향이 강하게 드러난다.

그러나 유학사상에서는 덕성우월주의의 관점에서 인간의 심성을 구성하는 네 체계 가운데 도덕성의 요소가 가장 중핵이라고 보므로, 동기와 정서 및 인지 같은 나머지 요소는 도덕성에 의해 지배되지 않을 수 없는 것으로 받아들인다. 이러한 인성론에 근거하여 전개되는 군자론 · 도덕실천론 · 수양론 같은 유학의 이론체계들은 모두 인간 본성에 본유적인 도덕성을 중핵으로 하여 논리를 전개한다. 그러므로 유학심리학에서는 동기와 정서 및 인지 등 모든 문제 영역을 다룰 때 항상 도덕성과의 관련성 또는 도덕성에 의한 지배의 양상을 전면에 내세우는 특징을 띠지 않을 수 없다.

(1) 동기의 연구

동기 또는 욕구는 어떤 목표를 향한 특정한 방향으로 유기체의 행동을 활성화하고 지속하게 하는 유기체 내적인 원동력이다.[17] 어떻게 보면 동기 또는 욕구에 관한 연구는 인간 활동의 유기체 내적인 원동력에 대한 연구라고 볼 수 있다. 이러한 동기 또는 욕구 행동의 가장 큰 특징은 목표지향성과 선택성이다. 유기체 내적인 힘에 의해 촉발된 욕구 또는

---

17) Petri, 1996, pp. 5-7; Reeve, 2005, pp. 6-7.

동기를 가장 잘 충족시켜 줄 수 있는 목표 대상을 선택하여 추구하는 활동이 곧 동기 행동인 것이다.

서구심리학의 동기 연구 서구심리학에서 동기에 관한 연구들은 정서 및 인지와 같은 다른 심리구성체들과 동기 사이의 관계의 문제로부터 비롯하여, 동기 및 동기 행동에 영향을 미치는 여러 요인들의 문제, 그리고 동기의 다양한 유형과 각 동기가 작용하는 특징에 관한 문제들을 중심으로 이루어져 왔다.

동기 행동은 목표지향 활동을 활성화하기 때문에 목표에 대한 인지 내용과 관련을 맺지 않을 수 없고, 또 목표 수행의 결과에 따라 각종 정서가 유발되기 마련이므로 정서 반응과도 관련을 맺지 않을 수 없다. 즉 이러한 동기 행동의 과정에는 목표의 가용성 평가, 이에 도달할 수 있는 전략의 고안과 선택 및 진전 정도의 평가와 같은 인지 과정과, 목표 달성 여부에 따른 쾌·불쾌 같은 정서 과정이 필연적으로 개재한다. 곧 이 세 과정(목표 설정, 전략 선택 및 성과 평가)은 분리할 수 없이 상호 연관된 체계인 것이다.[18]

동기 행동에 미치는 정서 등 다른 심성 요인들의 영향에 관한 연구 가운데 가장 중심적인 것은 역시 인지 과정의 영향에 관한 것이었다. 이는 서구 철학의 이성중심적인 경향에서 나오는 당연한 귀결이었다. 특히 1960년대 인지혁명(cognitive revolution)에 의해 인간 행동을 합리적 인지 과정의 결과물로 이해하려는 관점들이 대두되면서, 동기를 인지체계에 부속되는 하위체계로 보려는 시도들이 이어졌던 것이다.[19]

---

18) Geen, 1995a, pp. 2-6.

동기와 다른 심리구성체와의 관련성이나 동기 행동에 영향을 미치는 외적 변인들에 관한 연구 이외에, 역시 동기에 관한 연구의 핵심은 동기 또는 욕구의 유형과 각 욕구가 작용하는 특징의 문제에 관한 것이다. 이 문제에 관한 서구 현대심리학의 일반적인 경향은 인간이 갖추고 있는 다양한 욕구들을 생물체적 존재로서 갖추고 있는 생리적인 욕구(배고픔 · 목마름 · 성욕 등), 인간 본성을 이루고 건전한 발달을 추구하는 과정에 개재하는 심리적 동기(자율성 · 극복 · 역능 동기 등) 및 사회적 존재로서 사회생활 과정에서 습득하는 사회적 동기(성취 · 친화 · 권력 추구 욕구 등)로 나누어 고찰하는 것이다.[20]

이러한 동기들 가운데 생리적 욕구들은 그 작용 및 충족의 기제를 생물체적 생리 과정을 통해 탐구할 수 있는 것이기 때문에, 동기에 관한 문제들 중에서 가장 과학적인 분석이 잘 이루어진 연구의 분야이다. 심리적 동기들은 자율적 선택과 결정을 추구하거나(자율성 동기) 주변 세계를 탐색하고 어려움을 극복하거나(탐색 동기) 개인적인 효능감을 증진하려는(역능 동기) 등 개체로서의 자기실현의 기반이 되는 동기로서, 그 유발이나 충족 조건이 생리적 과정에 달려 있지는 않으나 개인 존재에게 본유적으로 갖추어져 있다고 상정되는 동기들이다. 사회적 동기들은 후천적인 학습 과정을 통하여 학습되는 대상을 추구하려는 행동의 근거라고 간주되는 동기들이다.

---

19) Franken, 1998; Petri, 1996; Weiner, 1974, 1986, 1991.

20) Reeve, 2005, p. 103, Figure 5.1; 이 세 가지 동기 중 생리적 욕구와 심리적 동기는 인간 본성 속에 내재한 것으로서 누구에게나 공통적이지만, 사회적 동기는 성장 과정에서 학습된 것이어서 그 내용이나 강도에 문화 간 및 개인 간에 차이가 있을 수 있다는 것이 동기이론가들의 공통된 의견이다(Reeve, 2005, pp. 103, 71–288).

이렇게 서구심리학에서 동기 행동에 관한 연구들은 인지우월주의의 관점에서 동기 행동에 미치는 인지 과정의 영향을 분석하려는 연구들이 주류를 이루고, 또한 동기 및 욕구의 유형을 나누고 그 유발 및 충족의 조건을 분석하려는 연구들로 이어져 오다가, 1990년대 문화에 대한 관심이 심리학 전반에 고조되면서 문화유형에 따라 주도적인 동기의 유형들이 다를 수 있다는 사실을 인식하게 되면서 동기 행동의 문화구속성에 관한 연구들이 이어지고 있다.[21]

유학사상의 욕구이론 유학사상에서도 서구심리학과 마찬가지로 인간에게 다양한 욕구가 본유적으로 갖추어져 있다고 전제하는 욕구이론을 전개한다. 즉 생물체로서의 생존을 위해 필요한 욕구(배고픔 · 목마름 · 편안함 · 성욕 등), 이기적인 관심에서 연유하는 욕구(부귀 · 이득 · 탐욕 등), 사회적 존재로서 다른 사람과의 경쟁 관계에서 비롯되는 사회적 욕구(자기자랑 · 명예 · 권력욕 등), 그리고 다른 동물들과는 달리 인간을 인간답게 하는 근거로서의 도덕적 지향성의 욕구(도덕실천 · 선행 · 배려욕 등) 등 다양한 욕구들이 인간에게 갖추어져 있다는 것이다.

이러한 사실은 공자 · 맹자 · 순자 같은 선진(先秦) 시대 유학자들로부터 비롯되는 유학사상의 전통이다. 유학자들은 이러한 욕구의 다양한 유형에 관한 파악에 기초하여 유학사상 특유의 욕구이론을 제시하고 있는데, 유학의 욕구이론이 가장 집약적으로 드러나고 있는 것은 성리학자들의 인심도심설(人心道心說)이다.[22] 여기서 인심(人心)은 생물체로서의

21) Pittman, 1998, p. 549.

22) 유학사상의 욕구이론에 대해서는 졸저(조긍호, 2017a, pp. 262-334) 참조.

생존 욕구, 자기이익 추구의 욕구 및 사회적 경쟁의 욕구 등 자기 본위의 이기적 동기체계를, 도심(道心)은 타인에 대한 관심과 배려에서 나오는 도덕적 동기체계를 가리킨다.

유학적 욕구이론의 핵심은 자기본위의 이기적 욕구인 인심은 사회관계의 질서와 조화를 깨뜨릴 위험성이 크다고 보아 이를 억제하고, 타인에 대한 관심과 배려의 체계인 도덕적 지향성의 욕구를 적극 권장한다는 것이다. 이기적 욕구의 억제를 공자는 자기를 이기는 극기(克己), 맹자는 욕구를 줄이는 과욕(寡欲), 순자는 욕구의 추구를 절제하는 절욕(節欲)이라 부르고, 성리학자들은 알인욕(遏人欲)이라 표현하고 있다.

유학의 덕성중심주의의 교의에 비추어 볼 때 이렇게 자기 본위의 이기적 욕구를 억제하고, 도덕적 지향성의 욕구를 적극 권장하는 것은 당연한 논리적인 귀결이다. 그러나 이러한 논의들이 심리학적인 이론으로 구축되기 위해서는 그 구체적인 방법들이 제시되어야 할 텐데, 유학의 욕구이론에서는 이기적 욕구의 억제와 도덕적 지향 욕구 권장의 당연성만이 언급되고 있을 뿐 그 구체적인 방안이 결여되어 있다는 사실이 아쉽다.

그러나 유학의 원류인 진(秦, B.C. 221~207) 통일 이전 시대의 유학, 곧 선진유학은 대체로 2,400~2,500여 년 전의 이론체계이고, 신(新)유학의 주류인 성리학(性理學)은 13세기 후반에 정립된 이론체계이며, 조선조에 퇴계(退溪)와 율곡(栗谷)이 성리학의 관점에서 심성학(心性學)을 발전시킨 것이 16세기 중반이었다는 사실에 비추어 보면, 이들 이론체계로부터 욕구 억제의 구체적 방법론을 찾으려 하는 것은 전혀 얼토당토않은 주문이다. 서구에서도 현대 과학적 심리학은 19세기 후반에 들어서서야 철학적 사색 체계로부터 독립하여 성립될 수 있었던 것이다.

(2) 정서의 연구

정서(emotion)란 매우 복합적이어서 정의하기 힘든 개념이다. 어떤 연구자는 "누구나 잘 알고 있는 것 같지만, 아무도 그것이 정확히 무엇인지 정의할 수 없는 것"[23]이 바로 정서라고 진술하고 있을 정도이다. 정서는 얼굴이 빨개지거나 숨이 가빠지는 것 같은 신체적인 각성(bodily arousal), 기쁨 · 무서움 같은 주관적인 느낌(subjective feeling), 웃음과 얼굴 찌푸리기 같은 사회적 표출(social expression), 그리고 이를 유발한 대상에 다가가거나 회피하는 것 같은 적응 반응(adaptive response) 등을 모두 포괄하는 상태이다.[24] 이러한 정서는 기능적으로 인간의 건강과 생존에 중요한 역할을 한다. 정서 상태에 있을 때 모든 살아 있는 유기체는 그 유발 상황이나 자극에 대한 대처와 준비를 하게 되므로, 정서는 궁극적으로 유기체를 보호하는 기능을 수행하는 것이다.[25]

서구심리학의 정서 연구 서구심리학에서 정서는 미국심리학의 창시자인 윌리엄 제임스(James, W.)가 1884년에 이미 「정서란 무엇인가?」라는 중요한 논문[26]을 썼을 정도로 역사가 오래된 연구 주제이다.[27] 서구심리학에서 이러한 정서에 관한 연구는 정서 상태에서 나타나는 신체적 변화의 내용과 그 기제에 관한 연구,[28] 신체적 변화와 주관적 정서 체험

23) LeDoux, 1996, p. 23.

24) Reeve, 2005, pp. 293-296.

25) Kalat & Shiota, 2007; Lazarus, 1991; Lazarus & Lazarus, 1994; Oatley, Keltner, & Jenkins, 2006.

26) James, 1884.

27) Kalat & Shiota, 2007, p. 3.

28) 뇌파 곧 EEG(electroencephalography, 腦電圖)의 변화(정서 상태에서의 신체활동

사이의 관계의 문제를 둘러싼 정서이론에 관한 연구,[29] 정서의 표출(예: 안면 표정, 눈살 찌푸리기, 웃음, 얼굴 빨개짐, 호흡 가빠짐 등)과 이에 의한 정서 재인(emotional recognition)의 정확성에 관한 연구,[30] 기본적인 정서 차원에 관한 연구,[31] 그리고 기쁨 · 슬픔 · 두려움 · 분노 등 개별 정서의 유발 조건과 표출 양식 등에 관한 연구 들을 중심으로 하여 이루어져 왔다.

서구에서 이러한 정서에 관한 연구는 대체로 인지의 하위체계 또는 부속체계라고 보는 관점에서 이루어져 왔다. 서구 사회에서는 정서를 원시적이고 파괴적이며 의지적 통제가 되지 않는 유아적인 것으로 보고, 이를 이성의 적으로서 경시하거나 불신하는 전통이 있었다. 이러한 태도는 정서란 인간 심성의 하위체계로부터 발생하여 이성을 오도하는 것이기 때문에 믿을 수 없다고 본 플라톤에게서 그 연원을 찾을 수 있는 것으

량의 지표)를 이용한 뇌 활동 측정법(Damasio, 1994, 1999)을 비롯하여, 대뇌에서의 산소 흡수량의 변화(대뇌 활동량의 지표)에 기초해서 뇌 활동을 측정하는 기법인 fMRI(functional Magnetic Resonance Imaging, 기능적 磁氣共鳴映像) 기법(Detre & Floyd, 2001) 등이 정서 상태에서 나타나는 신체 변화의 크기와 이러한 변화가 나타나는 뇌 부위를 특정하는 방안으로 활용되고 있다.

29) 대표적인 것으로 신체 변화가 선행되고 그에 대한 정보가 대뇌에 전달되어 정서 체험이 이루어진다고 보는 제임스-랑게 이론(James-Lange theory: James, 1884, 1894; Lange, 1885/1922), 신체 변화와 정서 체험이 상호 독립적으로 동시에 진행된다고 보는 캐넌-바트 이론(Cannon-Bard theory: Bard, 1934; Cannon, 1927), 그리고 어떤 정서하에서나 두루뭉술하게 비슷한 신체 변화의 원인을 이를 유발한 상황 조건에서 나타난 것으로 귀인(歸因, attribution)한 다음, 이러한 상황에 대한 명명(命名, labeling)에 따라 해당 정서 체험이 이루어진다고 주장하는 샥터-싱어 이론(Schachter-Singer theory: Schachter & Singer, 1962)을 들 수 있다. (Kalat & Shiota, 2007, pp. 18-24 참조.)

30) 예: Darwin, 1872/1999; Russell, 1994, 1997.

31) 예: Russell, 2003; Watson & Tellegan, 1985.

로, 합리적 과학적 우주관 및 세련된 이성을 이상화하여 받아들인 18세기 초 계몽주의 시대에 이르러 그 절정에 달하였다.[32] 또한 다윈(Darwin, C.)은 정서란 절대로 자발적 통제가 되지 않는 생리적이고 신체적인 반응의 일부로서 인간 종(種)의 진화의 잔재이며, 따라서 동물적이고 유아적인 기원을 가지고 있다고 보았다. 그리하여 그는 동물과의 연속선 상에서 인간 종의 진화 과정을 드러내는 한 증거로서 정서를 연구함으로써,[33] 정서를 불신하는 전통적인 태도를 더욱 강화하게 되었다.[34]

이렇게 서구에서는 정서를 부정적이거나 부차적인 관점에서 이해하는 전통이 강했다. 서구에서 이러한 태도는 데카르트(Descartes, R.) 이후 마음–몸, 인지–정서, 사고–감정, 이성–감성, 합리성–비합리성, 의식–무의식, 수의–불수의, 통제가능성–통제불능성의 이분법으로 인간을 이해하는 양식과 맞물리면서 더욱 강화되었다고 볼 수 있다.[35] 이러한 이

32) Harré, 1986; Lazarus & Lazarus, 1994; Levy, 1990; Oatley, 1993; Oatley et al., 2006 등.

33) Darwin, 1872/1999.

34) 물론 서구에서 정서를 긍정적으로 보는 견해가 전혀 없었던 것은 아니다. 18세기 말엽에 대두된 낭만주의 사조는 정서를 개인의 진실한 내면의 발현으로 보고, 이를 개인의 자유의 관념과 결합시켜, 자유로운 정서의 표출을 강조하는 관점을 낳았다. 이러한 시각은 오늘날까지도 남아서, 정서에 대한 불신과 함께 서구인들의 정서에 대한 태도의 한 축을 형성하고 있는 것으로 보인다(Lazarus & Lazarus, 1994; Oatley et al., 2006). 그러나 이러한 두 가지 태도 가운데 정서에 대한 서구인들의 전통적인 믿음의 핵심을 이룬 것은 역시 부정적인 태도였다. 이러한 사실은 물론 예외가 있기는 하였지만(예: Zajonc, 1980, 1984, 1998), 정서에 대한 인지의 우위설이 이 분야 연구의 주류를 차지하고 있었다는 점에서 잘 드러난다(조은경, 1994, 1995; Harré, 1986; Lazarus, 1991; Levy, 1984, 1990; White, 1993, 1994 등).

35) White, 1993, p. 31.

분법적 대비에서는 전통적으로 합리적 인지에 우선권을 두었으며, 이렇게 합리적 인지를 중시하는 태도는 정서의 연구에도 그대로 이어졌다. 특히 1960년대의 인지혁명 이후 이러한 경향은 더욱 심해져서, 결국 정서에 대한 연구는 부차적인 영역으로 밀려나게 되었던 것이다.

유학사상의 정서이론 서구 사회에서와 마찬가지로 동아시아 사회를 지배해 온 유학사상에서도 정서를 불신하는 전통이 강하였다. 이러한 경향은 특히 성리학의 정서이론인 사단칠정설(四端七情說)의 경우에 더욱 심하였다.36)

유학사상에서는 인간의 다양한 정서를 크게 두 가지 유형으로 나누어 받아들인다. 그 하나는 자기를 일차적인 참조대상으로 하는 자기중심적 정서이다. 이에는 기쁨[喜]·성냄[怒]·슬픔[哀]·두려움[懼]·사랑함[愛]·미워함[惡]·원함[欲] 같은 칠정(七情)의 정서들이 대표적으로 포함되는데, 이들은 타인이나 외적 조건에 의해 유발되거나 자기의 욕구나 기대 및 포부가 충족되거나 봉쇄됨으로 말미암아 유발되는 감정들이다.

또 하나는 타인이나 도덕 규범을 일차적인 참조대상으로 하는 타인 및 규범지향적 정서이다. 이에는 곤경에 빠진 사람을 불쌍하게 여기는 측은(惻隱), 자기의 옳지 않음을 부끄러워하고 남의 옳지 않음을 미워하는 수오(羞惡), 어른을 공경하고 우선적으로 대접하는 사양(辭讓), 옳고 그름을 가리려는(옳은 것을 좋아하고 그른 것을 싫어하는) 시비(是非)의 사단(四端)이 대표적으로 포함되는데, 이는 도덕적 지향성을 추구한다는 점에서 규범지향적 정서이면서 타인 및 사회에 대한 관심과 배려에서 나온다는

---

36) 유학사상의 정서이론에 대해서는 졸저(조긍호, 2017a, pp. 336-398) 참조.

점에서 타인지향적 정서이기도 하다.

이 중에서 사단을 중심으로 한 타인 및 규범지향적 정서는 오로지 착하기만 한 순선(純善)의 정서이고, 칠정을 중심으로 한 자기중심적 정서는 선과 악이 뒤섞여 있는 선악혼재(善惡混在)의 정서라는 것이 유학자들의 공통적인 의견이다. 선진유학뿐만 아니라 성리학에서도 타인지향의 선한 정서인 사단(四端)의 정서는 보존하고 키워야 하지만, 자기중심적인 것으로 불선의 근원인 칠정(七情)을 비롯한 대부분의 정서는 기본적으로 고요한 마음을 흩뜨려 놓는 작용을 하는 원천이므로 철저히 통제되고 예(禮)에 맞게 조절되어야 한다고 본다. 특히 성리학자들이 주장하는 수양의 핵심 방법인 거경(居敬)은 대체로 칠정과 같은 외부 사물에 따라 유발되는 정서를 억제하고, 마음을 고요하게 하여 도(道)의 인식이라는 한 가지에 집중하는 일[主一無適]을 말하는 것이다.[37]

동아시아에서는 주희(朱熹) 이래 사단과 칠정의 정서가 각각 이(理) 및 기(氣)와 연결되는 것으로 개념화되면서, 기에 따라 주도되는 칠정을 억제해야 한다는 이론으로 발전했다.[38] 이러한 이분법적 대비에서는 전통

37) 김성태, 1989; 이수원, 1984; 정양은, 1970; 조긍호, 1997, 2003, 2007a, b, 2017a; 한덕웅, 1994, 1999, 2000, 2003.

38) 윤사순, 1992, pp. 7-8; 1997, pp. 192-202; 퇴계는 "사단은 이(理)가 발하여 기(氣)가 따르는 것[理發而氣隨之]이어서, 스스로 온전한 선[純善]이고 악함이 없다 …… 칠정은 기가 발하여 이가 이에 얹히는 것[氣發而理乘之]으로서 본래는 착하지 않음이 없지만, 기의 발동이 중도에 맞지 않아서 이를 멸식시키면, 선함이 내쫓겨서 결국 악하게 된다"(四端之情 理發而氣隨之 自純善無惡……七情之情 氣發而理乘之 亦無有不善 若氣發不中而滅其理 則放而爲惡也, 『退溪全書 一』, 聖學十圖, 心統性情圖說 205)고 주장하여 이러한 관점을 드러낸다. 그러나 율곡은 "퇴계의 이른바 기가 발하여 이가 얹힌다는 것은 옳지만, 이는 칠정만이 그러한 것이 아니라 사단도 역시 기가 발하여 이가 얹히는 것"(退溪因此而立論 曰 四端理發而氣隨之 七情氣發而理乘之 所謂氣發而理乘之者可也 非特七情爲然 四端亦是氣發而理乘之也,

적으로 도덕적 선에 우선권을 두었으며, 이렇게 도덕적 선을 중시하는 덕성중심주의의 태도는 정서의 연구에도 그대로 이어지고 있는 것이다.

(3) 인지의 연구

현대심리학은 인간의 심리구성체를 지 · 정 · 의의 삼분체계로 보는 서구의 철학적 전통 위에 기반을 두고 발전하여 왔다. 이 가운데 정(情)은 현대심리학에서 정서(情緖)로, 의(意)는 동기(動機)로 탐구되어, 인간 행동의 열소적(熱素的) 압력체계 또는 행동동원체계에 대한 연구의 맥을 구성하였다.[39] 이와는 달리, 지(知)는 감각 · 지각 · 학습 · 개념형성 · 기억 · 문제해결 같은 넓은 의미의 인지(認知)의 차원에서 탐구되었다.[40] 이는 인간이 자신과 타인 및 외부 대상 세계를 인식하고, 그 결과로서 지식을 획득하고 축적하여 활용하는 인간 행동의 냉소적(冷素的) 측면에 대한 연구의 맥을 이루었다. 전통적으로 현대심리학은, 특히 1960년대 후반의 인지혁명(cognitive revolution)[41] 이후에는 인지우월주의에 지배되어, 열소적 요인인 정서와 동기는 인간 행동을 설명하는 데 단지 부차적인 가치를 지닌 체계라고 보아, 인지의 부속체계로 간주하는 관점이 주류를 이루었다.[42]

『栗谷全書 一』, 書, 答成浩原 198)이라고 하여 퇴계와 다른 관점을 제시하고 있지만, 사단은 칠정 중의 순선자(純善者)만을 가리키고, 칠정은 그 외의 모든 감정을 포괄하여 말하는 것[七包四]이기 때문에 선악혼재자(善惡混在者)라고 보아(『栗谷全書 一』, 書, 答成浩原 199) 같은 결론에 도달하고 있다.

39) Parkinson & Colman, 1995, p. xi.

40) Hilgard, 1980, p. 107.

41) 1960년대 중반에 실험심리학계에 '인지혁명'의 바람이 몰아친 배경, 과정 및 그 결과에 대해서는 Mandler (2007) 참조.

서구심리학의 인지 연구 인지 과정은 외계를 인식하여 받아들이고, 외계의 대상에 대한 개념과 지식을 획득하며, 환경 자극에 대한 반응을 통해 새로운 학습 습관을 이루어 내고, 외계에 대해 형성한 개념과 지식을 축적하여 기억하며, 새로운 문제 사태에 적용하여 문제해결을 해내고, 언어 활동을 통해 사고를 해내는 등 인식의 전 과정을 포괄하는 심리학의 가장 폭넓은 연구 분야이다. 서구의 철학을 지배해 왔던 인지우월주의의 논지에 따라 인지 과정은 정서나 동기 과정에도 크게 영향을 미치는 것으로 상정되므로, 서구심리학의 연구에서는 인지와 다른 심리구성체(동기와 정서)와의 관계의 문제도 중요하게 다루어지지 않을 수 없었다.

외계 인식의 문제가 인지 과정의 출발 문제이기 때문에 인지심리학 분야는 외계를 인식하는 신체기관에 관한 연구를 포괄하지 않을 수 없다. 이러한 신체기관에는 시각기관인 눈과 청각기관인 귀 같은 다양한 감각기관들이 포함되며, 감각기관에 수용된 감각 내용이 신경로를 따라 대뇌에 수용되어 인식되는 전체 신경생리 과정이 연구의 주제가 된다. 즉 감각기관의 구조, 각 감각기관과 물리 · 화학적인 외부 자극(시각의 경우에는 전자기파, 청각의 경우에는 공기의 압력, 미각의 경우에는 액체 속에 용해되어 있는 화학물질 등) 사이의 관계, 감각기관에 수용된 물리 · 화학적 자극의 전기적 에너지로의 변환과 신경로를 통한 이동, 각 감각이 수용되는 대뇌의 국소 부위, 대뇌에서의 신경충동의 활성화와 작용 등 복잡한 생리학적 문제가 연구의 주제가 된다.

또한 외계에 대해 받아들인 다양한 정보들이 대뇌에서 분석되고 종합

42) Markus & Zajonc, 1985, pp. 139-141, 213-214.

되며 축적되는 전 과정, 곧 복잡한 정보처리과정(information processing)을 탐구하기 위해 컴퓨터 의사(疑似)모형(computer simulation model)을 동원하는 등 컴퓨터과학의 지식도 필수적으로 요청된다. 최근에는 인공지능(artificial intelligence: AI)의 문제도 중요한 연구 주제로 등장되어, 이 분야 연구의 범위와 복잡성이 더욱 늘어나게 되었다.

이러한 배경에서 보면, 현대심리학에서 탐구되는 다양한 연구 분야 가운데 가장 많은 주목을 받아 온 분야가 인지심리학임은 자명한 사실이다. 이렇게 인지심리학은 외부 자극의 탐색과 수용, 이를 통한 지식의 획득과 축적, 그리고 이러한 지식을 새로운 문제 사태에 적용하는 일련의 과정을 다루는 영역이다. 그러므로 각 심리학의 분야(예: 발달심리학, 사회심리학, 조직심리학 등)에서는 그 특유의 대상에 대한 인지 과정이 중요한 문제로 등장하지 않을 수 없다.[43] 이러한 사실도 인지심리학 분야의 연구를 복잡하게 만드는 요인으로 작용한다.

유학사상의 인지이론 유학사상에서는 도덕성과 도덕 의지(도덕적 행위 능력), 인식 능력, 정서, 그리고 욕구의 사분체계로 인간의 심리구성체를 파악하고, 이 네 체계 가운데 도덕성에 의해 나머지 체계들이 통합될 것을 강조하는 덕성우월론(德性優越論)의 관점을 굳게 지니고 있다. 이는

43) 예를 들면, 사회인지(social cognition)는 사회적 자극인 자신과 타인 및 사회적 사건에 대한 인식과 판단 및 평가 과정을 다루는 과정으로, 사회심리학의 가장 핵심적인 문제 영역이다(Fiske & Taylor, 1991, pp. 6-14). 곧 자기와 타인, 그리고 이들과 관련된 사회적 사건을 어떻게 인식하고 판단하고 평가하는지, 자신과 타인의 행동 또는 사회적 사건을 보고 그 원인을 어디에서 찾으려고 하는지, 그리고 이러한 과정에서 어떠한 요인들이 어떻게 영향을 미치는지 하는 과정을 탐구하는 분야가 사회인지 영역인 것이다.

유학의 체계가 성덕(成德)을 지향하는 체계라는 점에서 당연한 논리적인 귀결이다. 곧 유학사상에서는 인간이 지니고 있는 생물적 이기적 욕구와 감정 체계를 지양하고 스스로가 도덕 주체임을 깨달아, 이것을 일상생활에서 실천하는 것을 인간 삶의 이상이라고 본다. 이렇게 스스로에게 갖추어져 있는 도덕성에 대한 인식과 이의 실천이 유학적 삶의 모습이고, 이러한 삶의 이상적 표본이 바로 군자(君子) 또는 성인(聖人)인 것이다.

이러한 맥락에서 보면, 유학자들이 제시하는 인지이론의 핵심적인 모습은 도덕성의 인식과 실천의 통합을 이룬 사람, 곧 군자와 성인의 대인평가와 귀인(歸因)의 양상에서 찾아볼 수 있을 것이다. 그들의 삶이 곧 지행합일을 이룬 경지로, 도덕적 인식과 그 실천이 통합을 이룬 전형이기 때문이다.

따라서 유학의 인지심리학에서는 서구의 전통적인 인지심리학에서 다루어 온 연구 문제보다는 사회심리학에서 다루어 온 사회인지의 문제가 핵심적인 중요성을 갖는 문제 영역으로 대두되어야 하는 까닭을 찾아볼 수 있다. 서구의 인지심리학은 그들의 인지우월론의 관점에서 인지능력과 그 작용 자체에 관심이 집중되어 왔지만, 유학사상은 덕성우월론을 제기하고 있으므로 욕구나 정서의 문제를 다룰 때와 마찬가지로 인지의 문제를 다룰 때에도 다른 사람에 대한 관심과 배려의 체계인 도덕성과의 관계를 축으로 하지 않을 수 없을 것이기 때문이다.

유학의 경전에서 인지 능력 또는 인지 과정과 관련된 내용은 인식 능력과 실천 능력의 본유성과 통합성에 관한 논의,[44] 감각기관과 마음[心]

---

44) 유학의 경전들에서 인식 능력에 관한 논의들을 살펴보면, 인식 능력의 핵심은 도

등 인식기관 및 그 작용의 문제,[45] 인식 결과의 편향과 이에서 벗어나는 방안[解蔽]의 문제,[46] 군자의 사회인지의 양상의 문제[47] 등으로 나누어 정리할 수 있다.[48] 이들은 대체로 현대심리학에서 중요하게 다루어지는 내용에 포괄되는 주제들이다.

(4) 도덕성의 연구

현대 서구심리학에서는 심성에 관한 삼분체계론에 기반을 두고, 도덕성은 인지발달이나 정서발달 또는 학습 과정의 부산물이라고 여겨, 심리학의 기본 연구 내용으로 받아들이지 않는 전통이 강하였다. 그러나 동아시아 유학사상에서는 사분체계론을 주장하여, 도덕성은 인지와 정서 및 동기와 함께 인간의 심성을 구성하는 기본 요소일 뿐만 아니라, 인간 심성의 가장 중핵적인 구성체라고 간주하는 덕성우월주의의 관점을

덕적 인식 능력이고 이는 도덕적 행위 능력과 통합적으로 고찰해야지(예: 孟子曰 人之所不學而能者 其良能也 所不慮而知者 其良知也 孩提之童 無不知愛其親也 及其長也 無不知敬其兄也 親親 仁也 敬長 義也 無他 達之天下也,『孟子』, 盡心上 15; 所以知之在人者 謂之知 知有所合 謂之知 所以能之在人者 謂之能 能有所合 謂之能,『荀子』, 正名 3) 따로 떼어놓고 살펴볼 수 없는 심리구성체라는 관점이 지배적이다. 유학에서 지행합일(知行合一)을 그토록 강조하는 것은 바로 이러한 점에 그 근거가 있다.

45) 감각기관은 감각과 변별[異]의 기능을 수행하고, 마음[心]은 그 이외 전반적 이해[徵知]·개념형성[名]·판단[辨] 및 기억[識·志]의 기능을 수행한다(조긍호, 2017a, pp. 415-432 참조).

46) 이는『荀子』제21편인「해폐(解蔽)」편에 자세히 언급되고 있다(조긍호, 2017a, pp. 432-438 참조).

47) 군자의 대인(對人)평가와 귀인의 특징 등에 관한 논의는『論語』를 비롯한 선진유학의 경전들에서 찾아볼 수 있다(조긍호, 2017a, pp. 439-473 참조).

48) 유학사상의 인지이론에 대해서는 졸저(조긍호, 2017a, pp. 400-487) 참조.

견지하여 왔다. 이러한 맥락에서 보면, 유학사상에서는 도덕성이 인간 심성의 기본구성체이자 핵심적인 요소로서, 동기 · 정서 및 인지와 함께 독립적인 연구 문제로 부각되어야 할 필요성이 도출된다.

서구심리학의 도덕성 연구 서구인들은 인간의 심성을 구성하는 기본적인 요소들은 이성과 감성과 욕구의 체계라고 여기므로, 도덕성은 이러한 기본 구성 요소들과의 관계에서 부차적으로 갖추어지는 것이라고 본다. 이러한 도덕성의 부차요소설은 그들의 이성우월주의의 논지와 결합되어 더욱 강력한 모습으로 유지된다. 또한 서구인들은 도덕성을 이성 또는 감성이라는 단일 요소의 부차적인 결과물이라고 인식하고 접근하는 단일차원설을 편다. 서구심리학의 도덕성이론들도 이러한 부차요소설과 단일차원설을 근간으로 삼고 있다는 공통점을 띠고 있다.[49]

서구의 도덕성에 관한 연구는 칸트(Kant, I., 1724~1804)의 이성주의적인 의무론과 이를 이어받은 피아제(Piaget, J.)와 콜버그(Kohlberg, L.)의 인지능력발달이론, 흄(Hume, D., 1711~1776)의 경험론적 정념론과 이에 기반을 두고 있는 프로이트(Freud, S.)의 정신역동이론, 그리고 벤담(Bentham, J., 1748~1832)의 공리주의적 결과론에서 연유된 행동주의의 학습이론을 중심으로 전개되었다. 이를 통해 삼분체계론과 이성우월주의를 근간으로 하는 서구의 심리구성체론에서 전개하는 도덕성의 위상을 확인할 수 있다.

서구 철학에 면면히 이어져 온 이성주의적 도덕관은 칸트에게 이어지고,[50] 칸트의 이성주의적 도덕관은 피아제와 콜버그 같은 인지발달론자

49) 서구의 도덕성이론에 대해서는 졸저(조긍호, 2017b, pp. 204-266, 335-346) 참조.

에게 이어졌다. 이들 인지발달론자들은 도덕성이란 곧 도덕적인 문제 상황에서의 도덕 판단일 뿐인데, 이는 인지 능력의 발달에 따라 전(前)도덕적인 수준에서 도덕적인 수준으로 발달한다고 보았다. 피아제는 도덕적 비교 판단의 과제[51]에 대한 아동들의 반응을 분석하여, 도덕 판단의 양상은 인지적 발달 단계와 상응하여 발달한다는 이론을 제시하였다. 즉 아동들의 도덕 판단의 양상은 타율적으로 주어지는 상·벌의 결과에 따라 도덕 판단이 이루어지는 단계에서 자율적으로 추론한 의도나 동기를 고려하여 도덕 판단이 이루어지는 단계로 발달하는데, 이는 전적으로 논리적인 조작(操作, operation)적 사고를 할 수 있느냐의 여부와 얼마나

50) 서구 사회에 면면히 이어져 온 도덕성에 관한 접근은 이성주의적 전통이다. 고대 그리스 시대로부터 덕윤리론(virtue ethics)자들은 인간이 추구해야 할 바람직한 덕성을 미리 설정해 놓고, 이의 본질을 논리적인 추론을 통해 규명함으로써 도덕 법칙을 도출하려는 방법으로 도덕의 문제에 접근해 왔다. 도덕의 문제에 이성주의적으로 접근하는 이러한 전통은 칸트에게 이어졌지만, 칸트가 도덕의 문제에 접근하는 방법은 덕윤리론자들과는 매우 달랐다. 칸트는 미리 설정된 덕성에 대한 이성적인 추론을 통해 도덕법칙을 정립하려는 대신에, 논리적인 추론을 통해 도덕 법칙의 형식(形式)을 미리 정립한 다음, 이를 통해 추구해야 할 이상적인 덕성을 도출해야 한다는 형식주의(formalism)를 통해 도덕의 문제에 접근하려 하였다. 칸트는 이성적인 추론을 통해 도달되는 도덕법칙을 정언명법(定言命法, categorical imperative)이라 부르고, 이는 이성에 갖추어져 있는 무조건적인 선으로서의 보편적인 선의지(善意志, good will)가 부과하는 의무(義務)로서의 도덕명령이라고 여겼다. 즉 칸트는 이성에 근거를 두고 있는 정언명법을 준수하는 것은 인간의 의무이며, 이러한 의무를 이행하는 것이 곧 도덕 행위라는 이성주의적 의무론(deontology)을 주장하였던 것이다. 이렇게 도덕성이란 논리적인 추구를 통해 유도되는 이성의 부차적인 산물이라는 것이 칸트의 관점이다(박재주, 2003; Arrington, 1998/2003; Bordt, 1999/2003; Guthrie, 1960/2003; Haidt, 2001; Haidt & Kesebir, 2010; MacIntyre, 1998/2004; Warburton, 1995/2003).

51) 예: "부엌에서 어머니를 도와 드리다가 접시를 5개 깨뜨린 아이 A와 집 안에서 공놀이를 하다가 접시를 1개 깨뜨린 아이 B 가운데 누가 더 착한 아이인가?"

자기중심성(ego-centricity)에서 벗어나서 사고를 할 수 있느냐의 여부에 따라 달라진다고 주장하였다.[52)]

이렇게 도덕성이란 인지 능력 발달의 함수로 달라지는 인지의 부속체계라는 것이 피아제의 관점이었다. 콜버그도 역시 피아제와 마찬가지로 도덕성을 인지 능력 발달의 부속체계로 간주하는 입장을 전개하고 있다. 그는 도덕적 곤경 상황[53)]을 제시해 주고, 이에 대한 판단과 그렇게 생각하는 이유에 대한 반응을 분석하여 도덕 판단의 단계설을 제시하였다.[54)] 이러한 연구를 통해, 콜버그도 피아제와 마찬가지로 도덕 판단은

---

52) Piaget(1926, 1932)는 인간의 인지 능력은 '감각운동기(sensory-motor stage) → 전조작기(preoperational stage) → 구체적 조작기(concrete operational stage) → 형식적 조작기(formal operational stage)'의 네 단계를 거쳐 발달하는데, 이 중 앞의 두 단계는 사고(思考)의 출발점으로 돌아가 가역적 사고(revirsible thinking), 곧 삼단논법적 사고 같은 논리적 조작적 사고를 하지 못하고 자기의 직관에 따라서만 판단하는 자기중심적 사고의 단계이고, 뒤의 두 단계는 자기중심성에서 벗어나 조작적 사고를 할 수 있는 논리적 사고의 단계라고 주장한다. 그에 따르면, 도덕 판단은 전조작기 이전의 타율적 도덕 판단의 단계(B가 더 착한 아이라고 응답)에서 구체적 조작기 이후의 자율적 도덕 판단의 단계(A가 더 착한 아이라고 응답)로 발달한다는 것이다(Kurtines & Gerwitz, 1991, 1995/2004; Lapsley, 1999/2000).

53) 예: "하인츠(Heinz)의 아내가 큰 병에 걸려 죽어 가고 있는데, 그녀를 살릴 수 있는 약을 동네 약국 주인이 최근에 발명하였다. 그런데 그 약값은 매우 비싸서, 온갖 노력을 했으나 하인츠는 약값의 반밖에 마련하지 못했다. 하인츠는 약국 주인에게 나머지 반값은 나중에 갚겠다고 약속하고, 약을 팔라고 사정하였으나 거절당했다. 아내를 살리는 길은 약국에 몰래 숨어 들어가 약을 훔쳐 오는 수밖에 없을 것 같다. 이때 하인츠는 어떻게 해야 할까?"

54) Kohlberg(1981, 1984, 1986)는 도덕 판단의 양상은 도덕적 규칙과 규범이 개인 밖의 외부 권위자(예: 부모나 선생님)에게서 주어져서 처벌을 회피하거나 보상을 추구하는 차원에서 도덕 판단(예: 벌을 받을 테니까 훔치면 안 된다)을 하는 '인습(因習) 이전 수준'(pre-conventional level), 도덕적 규칙과 규범을 내면화하여 이것과 자기 내적 선택이 일치함으로써 사회를 유지하는 법률과 질서 등의 행위원칙을 준수하는 차원에서 도덕 판단(예: 사회 질서가 깨질 테니까 훔치면 안 된다)

인지 능력 발달의 부산물일 뿐이라고 주장한다.

칸트 같은 이성주의자와는 달리, 흄에게 있어서 도덕의 문제는 인식의 문제나 이성의 문제가 아니라, 경험의 문제이며 감정의 문제이다. 이러한 관점에서 흄은 이성적 추론을 통해 얻게 되는 당위를 정당화시키거나 이성적 추론을 통해 보편적인 행위규범을 발견하려 하기보다는, 인간 본성에 대한 경험적인 분석을 통해 도덕 현상을 설명하고자 한다.[55] 이러한 정념론적 도덕이론은 서구심리학계에서는 프로이트에 의해 계승되고 있다.

프로이트는 인간의 성격은 무의식적 욕구의 체계인 원초아(原初我, id), 욕구의 현실적 충족을 담당하는 체계인 자아(自我, ego), 사회적 도덕적으로 욕구를 충족하게 하는 통제력의 체계인 초자아(超自我, super-ego)로 구성되는 것으로 본다. 여기서 도덕 선택과 판단은 초자아의 기능이

을 하는 '인습 수준'(conventional level), 사회 규범을 벗어나서 보편적 인권과 도덕률 등에 기초하여 도덕 판단(예: 생명은 무엇보다 중요하므로 훔쳐도 된다)을 하는 '인습 이후 수준'(post-conventional level)으로 발달해 간다고 주장하고, 피아제와 마찬가지로 아동의 인지 능력이 발달할수록 인습 이전 수준에서 인습 수준의 도덕 판단의 양상이 늘어난다는 점을 밝혀내었다. 그러나 인습 이후 수준의 판단을 하는 경향은 연령과 커다란 상관이 없는 것으로 드러나 이론적 한계를 드러내고 있기도 하다(김진, 2013; Kurtines & Gerwitz, 1991, 1995/2004; Lapsley, 1999/2000).

55) 흄은 경험론적인 심리주의의 바탕 위에서, 인간의 행위를 결정하는 것은 이성이나 이성적 추론이 아니라 대상에 대한 욕구와 혐오 같은 정념(情念, passion)이라고 보고, 도덕의 문제에 대한 정념론을 편다. 즉 도덕 행위는 욕구 대상에 대한 접근과 혐오 대상에 대한 배척이라는 정념의 산물이라는 것이다. 흄은 이렇게 도덕성을 정념의 결과로 여길 뿐만 아니라, 도덕적 일반화의 근거도 타인의 정념과 그 반응에의 공감(共感, sympathy)이라는 감정 반응에서 찾으려는 철저한 감정론의 논지를 전개한다(박재주, 2003; Arrington, 1998/2003; MacIntyre, 1998/2004).

다. 이 세 요소 중에서 인간에게 본유적으로 갖추어져 있는 것은 원초아뿐이고, 자아와 초자아는 성격발달 과정에서 습득되는 것이라고 본다. 이렇게 정신역동이론에서도 도덕성은 후천적으로 발달되는 부속체계라고 여긴다.

프로이트에 따르면, 초자아는 성격발달의 제3기(3~5 · 6세의 남근기) 동안에 나타나는 동성 부모에의 배척과 이성 부모에의 애착이라는 감정 반응에 근거를 두고 발달한다. 이러한 오이디푸스 복합(Oedipus complex: 남자아이의 경우)이나 엘렉트라 복합(Electra complex: 여자아이의 경우)의 결과 아이들은 동성 부모가 연적(戀敵, rival)으로서의 자기에게 해를 끼칠는지도 모른다는 공포감을 갖게 되는데, 이를 해결하기 위한 반작용으로 동성 부모를 닮아가려고 노력하게 된다고 프로이트는 주장한다. 이러한 동일시를 거쳐 아이들은 동성 부모가 가지고 있는 사회 규범과 도덕 가치를 받아들여 내면화하게 되고, 그 결과로 초자아가 발달하게 된다는 것이 정신역동이론가들의 관점이다.[56)]

이렇게 정신역동이론가들은 도덕성이란 철저하게 감정 반응(이성 부모에의 애착감, 동성 부모에의 배척감과 공포감)의 결과 후천적으로 습득되는 부수체계라고 간주한다. 그들은 또한 도덕성은 근본적으로 개인 외적인 근거(동성 부모가 갖추고 있는 외적인 근거를 갖는 사회 규범)가 개인에게 받아들여져 내면화된 결과물이라고 여긴다.

18세기 중 · 후반의 산업혁명 및 미국과 프랑스의 시민혁명이라는 거대한 사회변혁의 격랑 속에서 태동한 것이 벤담의 공리주의였다. 그도

56) 이진숙, 1960/1993; 정옥분 · 곽경화, 2003; 홍숙기, 2004; Eisenberg, Fabes, & Spinard, 2006; Freud, 1933; Hall & Lindzey, 1978/1987; Hjelle & Ziegler, 1981/1983; Kurtines & Gerwitz, 1991, 1995/2004; Phares, 1984/1989; Santrock, 1975.

흄과 마찬가지로 경험론적인 심리주의의 관점에서, 감각 경험의 관찰과 분석을 통하여 인간 행동의 원리를 찾아내어야 인간을 올바로 이해할 수 있다고 주장하였다.57) 이러한 벤담의 쾌락주의적 결과론은 서구심리학에서 행동주의의 학습이론으로 연결되었다.

행동주의자들은 거의 모든 인간의 행동은 과거에 '효과의 법칙'에 따라 학습된 것이라고 본다. 보상을 가져오거나 처벌을 감소시키는 행동, 곧 쾌락을 유발하는 행동은 유기체의 행동목록 속에 유지되고, 보상을 감소시키거나 처벌을 증가시키는 행동, 곧 고통을 유발하는 행동은 행동목록에서 사라진다는 학습의 원리가 곧 '효과의 법칙'이다. 이러한 보상과 처벌은 어떤 행동에 주어지거나 행동 이후에 회수되는 강화의 함수로서 이해할 수 있다. 그러므로 학습의 과정이란 강화를 적절히 조작함으로써

57) 벤담은 경험론적으로 찾을 수 있는 인간 행동의 유일한 원리는 내적인 목적이나 동기 또는 이성적 판단이 아니라, 쾌락의 추구와 고통의 회피라고 보았다. 이러한 맥락에서 벤담은 쾌락을 가져오고 고통을 감소시키는 행동은 선이고, 고통을 유발하고 쾌락을 감소시키는 행동은 악이라고 간주하였다. 이렇게 도덕성은 행위 결과의 함수일 뿐이라는 쾌락주의적 결과론(結果論, consequentialism)이 도덕의 문제에 접근하는 벤담의 기본적인 입장이었다. 이러한 맥락에서 사람들은 자신의 행위를 통하여 쾌락의 양은 최대화하려 하고, 고통은 최소화하려 한다는 유용성의 원리가 보편적인 행위 원리로서 등장하며, 이러한 유용성의 원리는 "최대 다수의 최대 행복"이라는 공리주의(功利主義, utilitarianism)의 모토로 확산된다. 이 점에서 벤담의 쾌락론은 공리주의와 맞닿게 된다. 이러한 맥락에서 벤담은 사람들은 기본적으로 자기 자신의 이익을 증진시키기 위하여, 즉 자신의 쾌락의 총량을 최대화하고, 고통의 총량을 최소화하려는 목표에 도달하기 위해 행위한다고 굳게 믿는다. 더 나아가서 그는 공동체의 성원 모두가 이렇게 자기 행복의 증진을 추구하게 되면, 공동체 전체의 행복도 따라서 확대될 것이라고 믿는다. 공동체는 개인들의 집합일 뿐이므로, 개인들이 모두 각자의 행복의 증진을 위해 노력하면, 최대 다수의 최대 행복이라는 공리주의의 모토가 실현될 것이라는 점이 벤담의 확신이었다(Arrington, 1998/2003; MacIntyre, 1998/2004).

행동의 유발 확률을 증가시키거나 감소시키는 과정을 말한다. 즉 어떤 행동에 이은 쾌락과 고통을 적정화하면, 그 행동의 학습이 이루어진다는 것이 학습이론의 골자이다.58)

이렇게 인간의 모든 행동은 대상에 대한 의도나 동기 같은 내적인 구성물을 가정하지 않고도, 순전히 행동이 가져오는 쾌락과 고통이라는 결과에 의해 이해할 수 있다는 것이 학습이론의 관점이다. 이러한 맥락에서 학습이론가들은 도덕성도 과거 학습을 통하여 특정 상황에서 사회적으로 바람직한 도덕적인 방향으로 행동하는 습관이 형성된 결과로 이해할 수 있다고 주장한다. 구태여 도덕성이란 내적 구성물을 들먹이면서 도덕이론을 구축할 필요가 없다는 것이다. 이렇게 행동주의심리학의 학습이론가들은 도덕성이란 과거 학습의 결과 습득된 특정한(사회적으로 바람직한) 행동습관으로, 학습 과정의 부산물일 뿐이라고 여긴다.

이상에서 보듯이, 서구심리학에서는 도덕성을 인지(인지능력발달이론) 또는 감정 반응(정신역동이론)의 부속체계이거나 학습된 습관체계(학습이론)일 뿐이라고 보아, 모두 도덕성의 인간 본유성을 부정하는 입장을 취한다. 이러한 관점들은 각각의 철학적 배경이 되는 이성주의적 의무론, 경험론적 정념론, 그리고 공리주의적 결과론의 도덕성에 관한 이론적 요지를 그대로 물려받은 데서 나온 결과들이다.

도덕성에 접근하는 이러한 부차요소설적 입장은 결과적으로 서구심리학자들로 하여금 도덕성을 그 뿌리가 되는 기본적인 심성 요소에만 귀결하여 이해하려는 관점(단일차원설)을 유발하는 계기가 되었다. 즉 도덕

58) 김호권, 1969; Bandura, 1986; Kurtines & Gerwitz, 1995/2004; Skinner, 1938; Watson, 1913.

성은 인지(인지능력발달이론)나 정서(정신역동이론) 또는 행동 습관(행동주의자) 같은 단일차원으로 환원하여 이해할 수 있다는 것이다.

유학사상의 도덕성이론 유학사상에서는 도덕성을 욕구·감정·인지 체계와 함께 인간에게 본유적으로 갖추어져 있는 기본 구성 요소라고 보는 도덕성의 본유설과 도덕성에 의해 다른 심성 요소들을 통합하는 것이 바른 삶의 길이라는 도덕성의 통합설을 통해 도덕성의 문제에 접근하여 왔다. 이러한 관점은 사분체계설과 덕성우월주의를 근간으로 하는 유학사상의 심리구성체론으로부터 자연스럽게 도출되는 입장이라고 할 수 있다.[59]

전통적으로 유학사상은 사회성과 도덕성의 가치를 바탕으로 하여 인간을 이해하려는 입장을 견지하여 왔다. 유학자들은 인간은 다른 사람들과의 관계를 떠나서는 존재의의 자체가 사라질 뿐만 아니라, 삶 자체도 영위할 수 없는 존재들이라고 본다. 이렇게 인간을 사회적 관계체라고 보면서, 사회적 존재 특성에서 인간의 존재의의를 찾으려 하는 것이 유학자들의 인간 파악의 가장 기본적인 관점이다.

인간을 이렇게 사회성을 중심으로 하여 이해하기 때문에 유학자들은 인간의 가장 중핵적인 특성은 도덕성이라고 본다.[60] 도덕성이란 기본적으로 다른 사람 및 사회에 대한 관심과 배려의 체계로서, 사회생활을 원만하게 유지하는 규범 및 규칙으로 구체화된다.[61] 그러므로 도덕성은

---

59) 유학사상의 도덕성이론에 대해서는 졸저(조긍호, 2017a, pp. 490-611; 2017b, pp. 268-332, 346-359) 참조.

60) 子曰 參乎 吾道一以貫之 曾子曰 唯 子出 門人問曰 何謂也 曾子曰 夫子之道 忠恕而已矣(『論語』, 里仁 15)

인간의 사회적 존재 특성으로부터 연유하는 것으로, 인간을 사회적 관계체라고 파악하게 되면 다른 동물과 구별되는 인간의 가장 중핵적인 특성을 도덕성이라고 여기는 것은 논리적인 필연인 것이다.[62]

이렇게 인간을 사회성과 도덕성의 주체로 파악하게 되면, 인간의 심성을 구성하는 기본구성체를 개체로서의 특성과 사회적 존재로서의 특성의 두 가지에서 찾으려는 입장이 자연스럽게 도출된다. 이러한 배경에서 유학자들은 인간 심성의 기본적인 요소를 지성 · 감정 · 욕구 같은 개체적 특성에서만 찾지 않고, 여기에 도덕성이라는 사회적 특성을 첨가하여 사분체계론을 기반으로 하여 파악하려 하며, 이 네 체계 사이의 관계도 도덕성을 중핵으로 하여 접근하려는 덕성우월주의의 양태를 띤다.

이와 같이 사분체계론과 덕성우월주의를 근간으로 하는 유학자들의 심리구성체론으로부터 유학사상에서 주장하는 도덕의 본유성과 통합성의 논리적 타당성이 도출된다고 볼 수 있다. 인간은 개체적 특성인 욕구 · 감정 · 인지 체계만이 아니라 도덕성이라는 사회적 특성의 체계도 본유적으로 갖추고 있을 뿐만 아니라, 개체적 특성의 체계(욕구 · 감정 · 인지)들도 그 자체 속에 도덕적 지향성을 갖추고 있다는 것이 유학자들의 관점이다. 이뿐만 아니라 개체적 특성, 그중에서도 욕구와 감정의 체계는 감각기관이 관장하고 도덕성은 마음[心]이 관장하는데, 이 중에서 전자는 후자의 지배를 받는다고 유학자들은 간주한다.[63] 바로 이러한

---

61) 夫仁者 己欲立而立人 己欲達而達人 能近取譬 可謂仁之方也已(雍也 28); 一日克己復禮 天下歸仁焉 爲仁由己 而由人乎哉(顔淵 1)

62) 水火有氣而無生 草木有生而無知 禽獸有知而無義 人有氣有生有知 亦且有義 故最爲天下貴也(『荀子』, 王制 20); 人之所以爲人者 非特以其二足而無毛也 以其有辨也 夫禽獸有父子 而無父子之親 有牝牡 而無男女之別 故人道莫不有辨(非相 9-10)

63) 耳目之官不思而蔽於物 物交物 則引之而已矣 心之官則思 思則得之 不思則不得也

맥락에서 개체적 심성의 체계들이 도덕성에 의해 지배될 뿐만 아니라, 도덕적 지향성으로 통합될 수 있는 가능성이 도출된다는 것이 유학자들의 주장인 것이다.

3) 동 · 서 심리구성체 연구의 특이점과 양자의 회통 필요성

이상에서 보듯이, 현대 서구심리학은 인간 심성에 관한 전통적인 서구철학의 삼분체계론과 이성우월주의를 기반으로 하여 구축되어 왔다. 이러한 맥락에서 서구심리학에서는 동기심리학, 정서심리학 및 인지심리학이 가장 기본적인 연구 문제로 탐구되어 왔으며, 이 삼자 사이의 관계에서도 인지 과정의 우월성을 강조하여 이해하고자 하였으므로, 동기와 정서 과정에 미치는 인지의 영향을 그 반대의 경우보다 더 중시하는 경향이 강하였다. 바로 이러한 삼분체계론의 기반 위에서 도덕성은 독립된 심리구성체로서 탐구되지 못하고, 인지와 정서 같은 기본구성체의 부산물로서 이해하려는 관점이 서구심리학을 지배하고 있었다.

이와는 대조적으로 2,000여 년 동안 동아시아인들의 삶의 과정을 지배하여 왔던 유학사상에서는 인간의 심성을 사분체계론을 통해 이해하려 하며, 이 네 체계 사이의 관계도 도덕성을 위주로 하여 이해하려는 덕성우월주의의 기치를 드높이고 있었다. 바로 이러한 맥락에서 유학심리학에서는 도덕심리학의 문제가 동기, 정서 및 인지심리학의 문제와 함께 기본적인 심리학의 탐구 영역으로 부각될 뿐만 아니라, 가장 중요한 심

此天之所與我者 先立乎其大者 則其小者不能奪也 此爲大人而已矣(『孟子』, 告子上 15); 耳目鼻口形能 各有接而不相能也 夫是之謂天官 心居中虛 以治五官 夫是之謂天君(『荀子』, 天論 24-25); 心者形之君也 而神明之主也(解蔽 14-15)

리학의 내용이 될 수밖에 없다.

따라서 각 심리구성체에 관한 유학심리학의 연구들에서는 각 심리구성체와 도덕적 지향성 사이의 관계의 문제가 핵심적인 탐구 문제로 등장된다. 예를 들면, 유학의 동기심리학에서는 도덕적 지향성의 욕구에 의한 개체중심적인 욕구의 통제 문제가 핵심적인 탐구 주제로 부각되고, 정서심리학에서는 도덕적 지향성의 정서에 의한 자기중심적인 정서의 통제 문제가 중요한 탐구 주제로 부각되는 것이다.

이와 같이 서구에서는 사회의 존재론적인 구성단위를 독립적이고 평등한 개체로서의 개인으로 보아, 개인이 가지고 있는 인지 · 정서 · 동기의 심적 구성체에서 그가 하는 모든 행위의 원동력을 찾으려는 경향이 지배하여 왔다. 그러므로 서구의 사회과학계에서는 인간과 사회의 이해를 위한 분석의 단위를 개인으로 잡고 문제에 접근하는 경향이 현저하게 되었다. 이러한 맥락에서 보면, 서구인들이 인간의 심리 과정의 문제에 접근하면서 개체성을 강조하는 경향을 띠게 된 것은 어쩌면 당연한 논리적인 귀결이었던 것이다.

이에 비해 동아시아 사회에서는 오래전부터 유학사상이 사회를 지배하는 이념체계로 군림해 왔는데, 유학은 인간 삶의 근거를 부모-자식, 남편-아내, 형-아우, 군주-신하, 친구-친구 사이의 관계에서 찾으려는 이론체계이다. 그러므로 유학은 개체로서의 개인보다는 개인들로 이루어진 관계와 이러한 관계들의 집합체인 집단(예: 가족 · 문중 · 족벌 등)을 사회구성의 기본단위라고 보아, 인간과 사회의 이해를 위한 분석의 단위를 이러한 관계와 집단으로 잡고 문제에 접근하는 경향을 띠게 되었다. 그러므로 동아시아인들은 인간의 심리 과정의 문제에 대해서도 개체적 특성이 아니라 사회적 존재 특성(사회성 · 도덕성)을 강조하는 경향을 띨 수밖에 없었던 것이다.

그러나 인간은 개체적 존재만도 아니고 사회적 존재만도 아니다. 그러므로 개체성이나 사회성 어느 한 측면만 보아서는 인간을 제대로 이해했다고 볼 수 없고, 이 두 측면을 함께 고려하여야 온전한 인간 이해에 도달할 수 있을 것이다. 바로 여기에서 개체성 지향의 서구심리학과 사회성 지향의 유학심리학이 통합을 이루어야 할 이론적 필요성이 도출된다.

2. 군자론과 이상적 인간형론

유학의 군자론은 인성론에서 정위한 바의 현실적 인간이 삶의 과정에서 도달할 수 있는 가장 바람직한 이상적인 인간상을 설정하여 제시하고 있는 이론체계이다. 유학이 성덕(成德)을 지향하고 있는 사상체계라는 관점에서 보면, 군자론은 인간 삶의 목표 상태를 그려 내고 있는 사색의 체계라고 볼 수 있다. 군자론에서 제시하고 있는 이상적 인간상에 대한 논의를 거꾸로 뒤집으면 인간 삶의 부적응 상태와 이의 해결을 위한 방안을 도출할 수 있다. 그러므로 군자론에서는 부적응의 기준과 그 치료의 문제와 이상적 인간상에 도달하는 단계에 관한 문제가 중요한 심리학적 연구 주제로 부각된다.

1) 동 · 서의 이상적 인간상: 자기실현인과 존재확대인

동아시아와 서구 사회에서 인간을 파악하는 관점은 매우 다르고, 따라서 각 사회에서 바람직한 것으로 개념화하는 이상적 인간상도 달라지게 마련이다. 서구 자유주의 사상체계에서는 개체성·합리성·안정성의 가치를 축으로 하여 인간을 이해하려 한다. 이에 비해 유학사상에서는 사회성·도덕성·가변성의 가치를 중핵으로 하여 인간을 이해하려 한다. 이러한 중시 가치의 차이로부터 두 사회에서 인간을 파악하는 관점이 달라지고, 삶의 과정에서 추구하는 바람직한 행동의 양식이 달라지며, 결과적으로 이상적으로 설정하여 스스로 되고 싶어 하는 바람직한 인간상의 모습이 달라지는 것이다.

서구의 이상적 인간상: 자기실현인 서구인의 삶의 기반을 형성하고 있는 자유주의 사상체계에서는 인간의 존재의의를 자유롭고 독립적인 개인 존재가 갖추고 있는 개체성에서 찾으려 하고, 여타 동물과 다른 인간의 고유특성을 합리적 선택과 판단의 근거인 이성이라 여기며, 인간은 고정적이고도 잘 변화하지 않는 성격과 능력 같은 내적 속성을 완비하여 갖추고 있는 존재라고 인식한다. 이러한 바탕 위에서 서구인들은 인간을 자유의 보유자, 이성의 주체, 그리고 완비적 실체라고 개념화하여 받아들인다.

이와 같이 서구인들은 자유의 보유자로서의 개인의 개체성에서 인간의 존재의의를 찾으려 하므로, 삶의 과정에서 개인의 독립성과 자율성 그리고 독특성을 매우 중시하고 추구하려 한다. 또한 이성의 주체로서 개인은 합리적인 선택과 판단을 통해 스스로의 이익과 행복을 추구하려 하고, 이를 위해 적극적으로 자기를 드러내고 주장하는 것을 매우 자연스러운 일로 받아들인다. 그리고 개인의 제반 행위의 원동력을 완비적 실체로서 갖추고 있는 변치 않는 내적 속성에서 찾으려 하므로, 성격·

능력 · 인지 · 감정 · 의도 같은 내적 속성들 사이 및 이들과 외적 행동 사이의 안정성과 일관성을 중시하고, 스스로에게 갖추어져 있는 장점들을 확충하여 자기고양을 이룸으로써 스스로의 발전을 도모하려는 경향을 강하게 보인다.

이렇게 서구인들은 삶의 과정에서 독립성과 자율성 및 독특성의 추구, 자기이익 및 행복의 추구와 적극적인 자기주장, 그리고 안정성과 일관성의 추구 및 장점확충과 자기고양의 도모와 같은 개인주의적 경향성을 강하게 드러낸다. 이러한 사실들은 서구인들에게 있어 '자기화'(自己化, self-making)는 자기의 독특성과 수월성을 주축으로 하는 자기만족감을 근거로 하여 이루어지는 것임을 알 수 있게 한다. 그들은 자기완비적이고 독립적이며 자율적인 개체로서의 자기가 갖추고 있는 독특성을 찾아내고 이를 확충함으로써, 점점 더 남들과 확실하게 구분되는 데에서 가치로운 존재로서의 자기의 의미를 찾으려 하는 것이다.[64] 이러한 과정에서 개인은 다른 사람들과 점점 더 견고한 경계를 가지는 '분리된 존재'(separated person)가 되어 가는 것이며, 서구인들은 이러한 자기견고화와 자기고양을 통한 자기만족감의 추구를 이상적 인간이 되는 길의 핵심으로 여기는 것이다.

현대 서구심리학에서 이루어진 이상적 인간상에 관한 연구에서 이러한 사실이 잘 드러나고 있다. 김성태는 현대 서구 성격심리학자들이 제시하고 있는 서구의 이상적 인간상에 관한 연구 내용들을 고찰하여, 이들을 대체로 주체성 · 자기수용 · 자기통일 · 문제중심성 · 따뜻한 대인관계의 다섯 가지 특징으로 종합하여 제시하고 있다.[65] 여기서 주체성

64) 조긍호, 2019, pp. 322-325; 2021a, pp. 113-117; Markus & Kitayama, 1991a.

은 "자기가 타고난 가능성을 실현하고 주체감을 가지며, 자신의 책임과 역할 성취를 충분히 완수"하는 특징을 말한다. 자기수용은 "자기의 현실을 효율적으로 인지하고, 현실 속에서의 자기를 객관화시키며, 현실과 자기 자신을 있는 그대로 받아들이는" 특징을 의미한다. 자기통일은 "확고하고도 타당한 인생 목표를 지니고 살며, 통일된 세계관을 세우고, 이에 맞추어 자주적으로 행동"하는 특징이다. 문제중심성은 "문제를 직접 현실 속에서 해결하는 데 만족을 느끼며, 자기중심적이 아니고 문제중심적으로 일에 열중"하는 특징을 지칭한다. 그리고 따뜻한 대인관계는 "사랑, 이해와 수용적 태도로 타인과 따뜻한 관계를 유지"[66]하는 특징을 가리킨다.

이러한 다섯 가지 특징은 '따뜻한 대인관계'를 제외하고는 모두 개체로서의 개인에 대한 관심에서 도출되는 것이라 볼 수 있다. 곧 자기 자신의 능력과 잠재력에 대한 인식(주체성), 자기를 둘러싸고 있는 현실에 대한 인식과 이의 수용(자기수용), 자기의 진로와 인생 목표의 객관적 정립(자기통일), 일상생활에서 자기의 가능성을 실현하려는 문제중심적인 일 처리와 성취 지향(문제중심성) 등 개체로서 존재하는 개인의 정체성 확립 및 성취와 관련이 깊은 특징들인 것이다. 정체감이란 자신의 능력과 가

65) 김성태, 1976, 1984, 1989: 김성태는 융(Jung, C.), 매슬로(Maslow, A.), 로저스(Rogers, C.)의 자기실현, 아들러(Adler, A.)의 창조적 성격, 올포트(Allport, G.)의 성숙 성격, 에릭슨(Erikson, E.), 로턴(Lawton, T.)의 건전 성격, 프롬(Fromm, E.)의 생산적 성격, 리즈먼(Riesman, D.)의 자주적 성격, 커텔(Cattel, R.), 시먼(Seeman, J.), 엘킨(Elkin, H.)의 통일 성격 등에 관한 이론들에서 이들 성격유형자들의 특징으로 기술되고 있는 52가지의 특성을 찾아내고, 이들을 그 유사성에 따라 군집분석(群集分析)하여 이들이 여기에 제시되고 있는 5가지 군집으로 묶임을 밝혀내었다.

66) 김성태, 1976, pp. 26-27.

능성에 대한 객관적이고도 정확한 이해와 수용, 자기의 현실에 대한 객관적이고도 정확한 이해, 그리고 이 두 가지를 토대로 한 자기의 목표와 진로에 대한 객관적이고도 명확한 설정 등으로 구성되는 자기 동일성과 지속성에 대한 인식이고,[67] 이를 추구하여 현실 속에서 자기의 모든 잠재적 가능성을 성취하는 것이 곧 자기실현이다.[68] 이렇게 서구 개인주의 사회에서는 자기정체성을 확립하고 이를 추구하는 자기실현을 핵심으로 하고, 여기에 대인관계의 원만함을 덧붙여 이상적 인간상을 개념화하고 있는 것으로 볼 수 있다. 즉 서구인들이 개념화하고 있는 이상적 인간상은 한마디로 '자기실현인'(自己實現人)이라 요약할 수 있는 것이다.

동아시아의 이상적 인간상: 존재확대인 동아시아인의 삶을 지배하여 왔던 유학사상에서는 인간의 존재의의를 사회적인 존재로서의 인간의 사회성에서 찾고, 여타 동물과 다른 인간의 고유특성을 타인에 대한 관심과 배려의 체계인 도덕성이라 여기며, 인간은 소인의 상태에서 태어나 군자의 상태로 변화할 수 있는 가변적 과정적 존재라고 인식한다. 이러한 바탕 위에서 동아시아인들은 인간을 사회적 관계체, 덕성의 주체 및 과정적 가변체라고 개념화하여 받아들인다.

이와 같이 동아시아인들은 사회적 관계체로서의 개인의 사회성에서 인간의 존재의의를 찾으려 하므로, 삶의 과정에서 개인 사이의 연계성과 상호의존성 그리고 유사성을 매우 중시하고 추구하려 한다. 또한 덕성의 주체로서 개인은 함께 살아가고 있는 다른 사람을 우선적으로 배려하

---

67) Erikson, 1959.

68) 이부영, 2002, pp. 90-93.

여 그들과 조화로운 관계를 맺으려는 관심에서, 이러한 조화를 깨뜨릴 수 있는 개인의 이기적 욕구와 사적 감정을 억제하는 것을 매우 자연스러운 일로 받아들인다. 그리고 가변체로서의 인간의 가소성을 중시하여 자신의 부정적 특성이나 부정적 감정도 무난히 받아들이고, 자기의 단점과 잘못을 찾아 이를 고쳐 나가는 자기개선을 통해 스스로의 발전을 이루려는 경향을 강하게 보인다.

이렇게 동아시아인들은 삶의 과정에서 상호연계성과 의존성 및 유사성의 추구, 타인에 대한 배려와 사회관계의 조화의 추구 및 자기억제, 그리고 자기 단점의 확인과 자기개선의 도모와 같은 집단주의적 경향성을 강하게 드러낸다. 이러한 사실들은 동아시아인들에게 있어 '자기화'는 관계를 맺고 있는 다른 사람들과의 유사성과 연계성 및 다른 사람에게 수용됨으로써 얻게 되는 관계만족감을 근거로 하는 것임을 드러낸다. 그들은 스스로나 타인을 사회적 관계체로 인식하여 이러한 관계를 조화롭게 유지하려 하며, 그러기 위해서 자기의 단점을 찾아 이를 고쳐 나가는 일을 삶의 과정에서 중요하게 여긴다. 그러므로 그들은 타인과의 유사성을 강조하여 타인을 그들 속에 수용하려 하고, 또 자기 자신도 타인에게 인정받고 받아들여지기 위해 자기개선의 노력을 기울인다. 동아시아인들은 이러한 과정에서 남들과 하나로 어우러진 '조화로운 존재'(ensembled person)가 되어 가며, 이러한 상호연계성의 확대와 자기억제 및 자기개선의 추구를 이상적 인간이 되는 길의 핵심으로 여긴다.

동아시아인들이 바람직한 사람의 모습으로 여기는 이러한 특징들은 동아시아 집단주의의 사상적 배경인 유학사상의 이상적 인간형론에 그대로 드러나 있다. 유학의 체계에서 개념화하는 대표적인 이상적 인간상은 군자(君子)와 성인(聖人)이다. 유학의 경전들에서 군자의 특징은 여러 가지로 제시되고 있으나, 후대의 모든 유학자들의 이상적 인간형론의 기반이 되고 있는 것은 『논어』에 제시되고 있는 다음과 같은 공자의 군자론이다.

> 자로(子路)가 군자에 대해 여쭙자, 공자는 "군자는 자기를 닦음으로써 삼가는 사람이다"[修己以敬]라고 대답하셨다. 자로가 "그것뿐입니까?"라고 여쭙자, 공자는 "군자는 자기를 닦음으로써 다른 사람들을 편안하게 해 주는 사람이다"[修己以安人]라고 대답하셨다. 자로가 거듭 "그것뿐입니까?"라고 여쭙자, 공자는 "군자는 자기를 닦음으로써 온 천하의 사람들을 모두 편안하게 해 주는 사람이다[修己以安百姓]. 그러나 이렇게 자기를 닦음으로써 온 천하의 사람들을 편안하게 해 주는 일은 옛날의 성인인 요(堯)와 순(舜)도 이를 오히려 어렵게 여겼다"라고 대답하셨다.[69]

여기서 '수기이경'(修己以敬)은 군자가 자기의 사적 욕구와 감정을 억제하고, 모든 일에 대한 책임을 남에게 미루지 않으며, 자기개선을 이루어 자기향상을 도모함으로써, 도덕 주체로서의 인식을 확고히 이룬 상태를 말한다. 즉 이는 개체로서의 자기 인격의 완성을 이룬 상태를 말하는 것이라고 볼 수 있다.

'수기이안인'(修己以安人)은 인의를 기초로 자기 몸을 닦아 도덕적 수양을 이룬 이후에 일상생활에서 주위 사람들을 편안하게 이끌어 주는 상태를 말한다. 즉 이는 대인관계에서 조화를 이룬 상태, 곧 관계의 완성을

---

69) 子路問君子 子曰 修己以敬 曰 如斯而已乎 曰 修己以安人 曰 如斯而已乎 曰 修己以安百姓 修己以安百姓 堯舜其猶病諸(『論語』, 憲問 45)

이룬 상태를 말하는 것이라고 볼 수 있다.

'수기이안백성'(修己以安百姓)은 수기를 통해 수양을 이룬 군자가 가족 · 친구 등 주변 사람들만 포용하고 그들과만 조화를 이루고자 하는 것이 아니라 사회에 대한 책무를 스스로 자임(自任)함으로써, 온 천하 사람 곧 사회 전체를 편안하게 이끄는 상태를 말한다. 즉 이는 사회적 책무를 자임하고 이를 완수하기 위해 노력하는 자세를 말하는 것이라고 볼 수 있다.70)

이와 같이 유학자들은 이상적 인간상을 '자기수련을 통한 자기개선과 도덕 주체로서의 확고한 자기인식', '자기억제와 대인관계에서의 조화의 추구', 그리고 '타인과 사회에 대한 관심을 가지고 사회적 책무를 스스로 떠맡아 실생활의 과정 속에서 이를 수행하려는 태도'의 세 측면에서 개념화하고 있다. 이렇게 유학자들은 이상적 인간상을 도덕 주체로서의 스스로의 인격적 성숙에 머무르지 않고, 이러한 자기수련의 결과를 주위 사람에 대한 관심과 배려 및 사회에 대한 책임으로까지 확대함으로써, 사람들과 조화를 이룰 뿐만 아니라 사회에 대한 책무도 스스로 지고 수행하는 사람, 곧 '존재확대인'(存在擴大人)으로 설정하고 있는 것이다. 이러한 존재확대의 이상적 인간상은 유학사상에서 인간을 파악하는 관점에서 직접적으로 도출되는 것이다.

---

70) 이러한 공자의 입장은 맹자 이후 유학자들에게 그대로 이어지고 있다. 한 예로, 맹자는 옛 성인인 백이(伯夷) · 유하혜(柳下惠) · 이윤(伊尹)을 각각 성지청자(聖之淸者) · 성지화자(聖之和者) · 성지임자(聖之任者)라고 진술하여(伯夷聖之淸者也 伊尹聖之任者也 柳下惠聖之和者也 孔子聖之時者也 孔子之謂集大成, 『孟子』, 萬章下 1), 이상적 인간의 특징을 '깨끗한 본성의 견지와 자기수련'[聖之淸], '대인관계의 조화 달성'[聖之和] 및 '사회적 책무의 자임과 완수'[聖之任]의 세 가지로 제시하고 있다.

군자와 성인의 사람됨의 기본 특징인 자기수련은 인간의 '무한한 가능성'에 대한 유학자들의 믿음을 그대로 반영하는 것이다. 이러한 자기수련은 스스로의 노력에 따른 인간의 가소성에 대한 신념을 바탕에 깔고 있다. 이러한 맥락에서 '자기수련을 통한 인격체로서의 자기완성'이라는 군자의 특징은 동아시아 집단주의 사회인이 인간의 변화가능성 차원에서 강조하는 '가변성' 및 '자기개선'과 밀접한 관련성을 갖는 것으로 추론할 수 있다.

이어서 군자와 성인의 사람됨의 또 한 가지 특징인 조화로운 대인관계는 인간 존재를 '도덕 주체'로 파악하여, 모든 도덕적 바탕이 사람에게 본래부터 갖추어 있다는 사실에 대한 주체적 인식에서 비롯되는 것이다. 군자와 성인은 다른 사람들도 자기 자신과 똑같은 도덕성과 욕구 및 기호와 감정을 가지고 있다는 사실을 잘 깨닫고 있기 때문에, 다른 사람들과의 관계에서 '자기를 억제'하고 남들을 먼저 배려할 수 있는 것이다. 이러한 맥락에서 보면, '조화로운 대인관계의 형성과 유지'라는 군자의 특징은 동아시아 집단주의 사회인이 자기표현의 양식 차원에서 강조하는 '자기억제'를 유발함이 명백하다. 그러므로 '대인관계의 조화 추구'라는 군자의 특징은 인간을 도덕 주체로 여기는 인간관에서 도출되는 것이라 볼 수 있다.

그리고 군자와 성인의 사람됨의 핵심적 특징인 사회적 책무의 자임과 수행은 인간 존재를 '사회적 관계체'로 파악하여, 사람을 다른 사람들과 맺는 연계성 속에서 이해하고, 남들과의 사이에 조화를 이룩하려는 삶의 태도에서 비롯되는 것이다. 군자와 성인은 인간의 존재의의가 사람들 사이의 관계 속에서 드러나게 된다고 보아, 살아가는 과정에서 사회성을 강조하고 있다. 따라서 사람들은 항상 남들과 조화로운 연계성을 확보하고 이를 유지하는 삶을 살아야 하며, 이러한 과정에서 부과되는 사회적 책무를 회피하지 말고 수용하여야 한다고 유학자들은 주장하는 것이다. 이러한 맥락에서 보면, '사회적 책무의 자임과 수행'이라는 군자의 특징은 사회성에서 인간의 존재의의를 찾는 동아시아 집단주의 사회인이 주의의 초점 차원에서 강조하는 '연계성' 및 '조화성'의 추구와 깊게 관련되는 것으로 볼 수 있다.

2) 동 · 서 이상적 인간형론에서 도출되는 연구의 특징과 그 차이

이상에서 본 바와 같은 이상적 인간상에 관한 동 · 서의 차이로부터 두 가지 중요한 심리학적 영역의 문제를 도출해 낼 수 있다. 그 하나는 이러한 이상적 인간상에 도달하는 과정의 문제인데, 이는 전통적으로 성격발달심리학의 분야에서 다루어지던 연구의 주제이다. 또 하나는 이상적 인간상을 뒤집으면 부적응의 유발 조건에 관한 시사를 얻을 수 있으므로, 이로부터 정신건강과 심리치료 분야에 접근하는 동 · 서의 차이에 관한 이론체계를 이끌어 낼 수 있다.

(1) 성격발달 과정의 연구

서구에서는 자유주의 사상의 영향으로 사회를 구성하는 기본단위인 개인의 자기실현이 이상적 인간의 핵심 특징으로 부각되지만, 동아시아에서는 유학사상의 결과로 사회적 관계체로서 함께 관계를 형성하는 "타인을 자신 속에 포괄"[71]하는 존재확대가 이상적 인간의 기본 특징으로

---

71) Aron & Aron, 1986, p. 19.

부각된다. 이렇게 이상적 인간의 기본 특징에 관한 관점이 달라지면, 이에 도달하는 단계에 관한 입론의 과정에서 고려해야 할 내용과 강조점들이 달라질 것임은 당연한 일이다.

그러나 비록 이상적 인간의 상태에 도달하는 단계에서 중요하게 고려해야 할 내용과 강조점이 다를 수 있다고 하더라도, 그 이론화 과정 자체가 문화에 따라 달라질 것이라고는 볼 수 없다. 이러한 이론화 과정은 이상적 인간이 갖추어야 할 특징들이 연령 수준에 따라 점차 증가해 가는 단계에 관한 사색과 이상적 인간의 상태에 점차 접근해 가면서 삶의 과정에서 추구하는 욕구의 변화 과정에 관한 사색의 두 가지로 집약된다. 전자는 특성 증가를 통해 이상적 인간상에 점차 접근해 간다는 점성설(漸成說, epigenetic theory) 계열의 이론을 이루고, 후자는 추구하는 욕구의 질적인 변화 과정을 다루는 욕구위계설(欲求位階說, need-hierarchical theory) 계열의 이론을 형성한다.

서구심리학의 이상적 성격발달 연구 서구심리학에서 이상적 인간상에 도달하는 과정에 관한 연구는 크게 두 가지로 나눌 수 있다. 그 하나는 에릭슨의 점성설적 과정론이고, 또 하나는 매슬로의 욕구위계설적 단계론이다.

에릭슨은 인간의 성격은 각 연령 수준에 맞추어 달라지는 신체적 특징, 심리적 특징 및 사회적 특징의 상호작용에 따라 경험하게 되는 심리-사회적 위기(psycho-social crisis)의 극복 여부에 의해, 개인의 성격 체계에 바람직하거나 그렇지 못한 특성이 덧붙여져 점차적으로 형성되어 간다는 점성설적 과정론을 제시하였다.[72] 이렇게 점성설은 "인생 주기의 각 단계는 그것이 우세하게 출현되는 최적의 시간(결정적 시기)이 있고, 그리고 모든 단계가 계획대로 진행될 때 완전한 기능을 하는 성격이 형성됨을 암시한다."[73] 에릭슨은 각각의 심리-사회적 단계는 신체적 심리적 성숙과 변화 및 해당 단계에 있는 개인에게 부과되는 사회적 요구로부터 유발된 개인 생애의 전환점(turning point), 곧 위기가 수반되고, 이의 극복 양상에 따라 해당 단계에서 획득되어야 할 특성이 얻어지게 된다고 보았다. 즉 각 연령 단계마다의 특유한 '발달과업'(developmental task)이 있다는 것이다.

이러한 배경에서 에릭슨은 인생을 여덟 단계(영아기-유아기-놀이 아동기-학령기-청년기-성인 초기-성인기-노년기)로 나누고, 각 단계마다의 고유한 심리-사회적 위기(생존욕구 충족의 완전한 의존성-배변훈련과 자기능력 시범-또래관계 형성-삶의 기본 규칙과 기술의 습득-자기동일성 확립-경제적 정서적 독립-가족에 대한 배려와 보호-은퇴와 삶의 정리)를 제시하고 있는데, 각 단계에서 이를 잘 극복하면 여덟 가지의 바람직한 성격 특성이 갖추어진다고 보아, 사람의 성격은 태어나면서부터 늙어 죽을 때까지 지속적으로 발달한다는 견해를 피력하고 있다. 각 시기의 고유한 심리-사회적 위기를 제대로 극복해서 갖추어지는 성격 특성은 차례대로 '기본적 신뢰감(basic trust)-자율성(autonomy)-주도성(initiative)-근면성(industry)-정체성(identity)-친밀감(intimacy)-생산성(generativity)-자기통정(ego-integrity)'이다.

이와 같이 각 단계마다의 심리-사회적 위기를 극복하고, 이러한 여덟 가지의 바람직한 성격 특성을 갖추어 가는 과정이 바로 이상적 인간상에 도달하는 길이라는 것이 에릭슨의 입장이다.[74] 여기서 이러한 여덟 가

72) 민경환, 2002; Erikson, 1963/1988; Hjelle & Ziegler, 1981/1983; McAdams, 2001.
73) Hjelle & Ziegler, 1981/1983, p. 148.

지 특성 중 영아기와 성인 초기의 위기 극복의 결과 갖추어지는 '신뢰감'과 '친밀감'은 '따뜻한 대인관계'를 유도하는 특성들이고, 나머지는 모두 '개체로서의 정체성의 확립 및 자기 가능성의 성취'와 관련되는 특성들이라고 볼 수 있다. 이렇게 에릭슨의 이론은 독립적인 개체로서의 개인의 독특성의 실현에 초점을 맞추어, 이에 필요한 특성들의 연령 단계별 발달 과정을 제시하고 있는 것이다.

연령 단계에 따른 특성 첨가 과정으로 이상적 인간상의 발달 과정을 정리하는 에릭슨과는 달리, 매슬로는 인간의 욕구가 위계 구조를 가지고 있다는 '욕구위계설'을 제시하고, 그 최상의 목표인 '자기실현욕구'에 의해 개인의 삶이 지배되는 자기실현의 상태를 이상적 인간의 상태로 여기는 입장을 표명하였다.[75] 그는 자기실현을 "자기가 가지고 있는 자질·역량·가능성의 충분한 사용과 개발"[76]이라 보고, 이러한 자기실현인은 "자기 자신을 충분히 성취하여 할 수 있는 최상의 것을 해내는 사람"[77]이라는 관점에서, 이러한 자기실현의 상태에 도달하는 과정을 욕구의 위계질서 속에서 찾으려 하였던 것이다.

매슬로는 인간의 욕구가 '생리적 욕구(physiological needs)-안전욕구(safety needs)-소속과 사랑 욕구(belongingingness and love needs)-자존감욕구(esteem needs)-자기실현욕구(self-actualization needs)'의 위계 구조를 갖는데, 하위 단계의 욕구가 충족되어야 그다음 단계의 욕구가 출현

---

74) 에릭슨의 점성설적 이론에 대해서는 졸저(조긍호, 2006, pp. 265-274; 2021a, pp. 121-125) 참조.

75) 매슬로의 욕구위계설에 대해서는 졸저(조긍호, 2006, pp. 274-278; 2021a, pp. 125-130) 참조.

76) Maslow, 1954, p. 260.

77) 김성태, 1976, p. 13.

하게 된다고 보았다.[78] 매슬로는 하위의 욕구들이 모두 충족된 다음에 나타나는 자기실현욕구는 자기향상(self-enhancement)을 위한 개인의 갈망이며, 잠재력으로 지니고 있는 모든 것을 실현하려는 욕망이다. 간단히 말해서, 자기를 실현한다는 것은 자기가 원하는 종류의 사람이 되는 것, 즉 자신의 잠재력을 최고로 발휘하는 일이다. 그는 이러한 자기실현이 자신의 본성에 진실하고 자신과 조화를 이루는 일이라고 보아, 이를 삶의 목표로 추켜올리고 있다.[79]

매슬로는 욕구위계에서 하위 단계의 네 욕구, 즉 '하위 욕구'는 모두 무엇인가 외적 조건이 결핍되어 나타나는 '결핍동기'(deficiency motives)라고 보았다. 이러한 결핍동기의 작용은 대체로 '긴장감소모형'(tension-reduction model)을 따른다. 이에 비해 최상위의 자기실현욕구는 자기의 성장을 도모하려는 '성장동기'(growth motives)이다. 이는 "그 자체 결핍 상태에서 생겨나기보다는 존재(being) 자체에서 나오며, 긴장감소보다는 긴장증가를 추구한다."[80] 따라서 이를 '존재동기'(being motives)라 하는데, 이는 "개인의 잠재력을 실현하려는 선천적 충동과 연관된 원격의 목표를 추구하여, 경험을 넓힘으로써 삶을 풍요롭게 하고, 그럼으로써 삶의 기쁨을 증가시키려는 것"[81]이다.

매슬로에 따르면, 이렇게 자기실현을 이루어 이상적 인간형의 상태에 도달한 사람은 극소수뿐이어서, "인구의 1% 이하"[82]만이 이러한 상태에

78) Maslow, 1954, 1971.

79) Maslow, 1970, p. 46.

80) 홍숙기, 2004, p. 309.

81) Hjelle & Ziegler, 1981/1983, p. 426.

82) 민경환, 2002, p. 202; Hjelle & Ziegler, 1981/1983, p. 424.

도달한다고 한다. 이렇게 자기실현의 성취는 매우 어려운 일이고, 따라서 이는 인간으로서 이루어야 할 가장 고귀한 목표이며, 이러한 목표를 달성하는 것이 바로 이상적 인간이 되는 길이라고 매슬로는 본다. 이상적 인간이 된다는 이러한 삶의 목표는 욕구 위계에서 하위 욕구들이 모두 충족된 다음에 출현되는 최상위의 욕구인 자기실현욕구에의 상태에서 성취된다는 것, 즉 욕구 위계를 통해 이상적 인간상에 도달하는 단계를 제시하고자 한 것이 바로 매슬로의 욕구위계설의 기본 논지인 것이다.

유학사상의 이상적 성격발달이론 유학사상의 군자론과 성인론에서도 이러한 군자와 성인의 상태에 도달하는 과정에 관한 이론으로 점성설적 특징을 띠는 단계론과 강한 욕구위계설적 특징을 띠는 이론을 찾아볼 수 있다. 전자의 대표적인 이론으로 공자의 연령단계론을 들 수 있고, 후자의 대표적인 이론으로는 『대학』의 팔조목(八條目)론을 들 수 있다.[83]

공자는 스스로의 경험에 비추어, 인간의 발달 과정을 연령의 함수로 보는 매우 독특한 이론을 제시하고 있다.

> 나는 열다섯에 배움에 뜻을 두었고[志于學], 서른에 도에 굳건히 설 수 있게 되었으며[而立], 마흔에는 외부 사물에 의해 미혹되지 않게 되었고[不惑], 쉰에는 천명을 알게 되었으며[知天命], 예순에는 어떤 것을 들어도 저절로 깨닫게 되었고[耳順], 일흔에는 무엇이나 마음에 하고자 하는 바를 좇아도 도리에 어긋나지 않게 되었다[從心所欲 不踰矩].[84]

---

83) 유학의 이상적 인간상의 발달이론에 대해서는 졸저(조긍호, 2006, pp. 411-420; 2021a, pp. 130-146) 참조.

84) 吾十有五而志于學 三十而立 四十而不惑 五十而知天命 六十而耳順 七十而從心所

이 인용문의 각 연령 수준에서 공자가 도달했다고 밝힌 단계들이 심리학적으로 어떤 의미를 갖는가 하는 점에 대해서는 앞으로 많은 연구가 뒤따라야 할 것이다. 예를 들면, 이립(而立)은 자아정체성(自我正體性, ego-identity)의 확립과, 불혹(不惑)은 정서적 안정과, 지천명(知天命)은 통일된 인생관의 확립과, 이순(耳順)은 자기객관화와, 그리고 종심소욕 불유구(從心所欲 不踰矩)는 자기통제 및 존재확대와 관계가 있는 것으로 해석해 볼 수 있을 것이다. 이렇게 공자가 각 연령 단계에서 갖추어야 할 특성을 나열함으로써 이상적 인간에 도달하는 과정을 제시하고 있다는 사실은 공자의 연령단계론이 에릭슨의 점성설적 견해와 같은 논리 구조를 보유하고 있음을 드러낸다.

이러한 연령 단계 중 지학(志學)으로부터 불혹(不惑)까지는 자기수양과 밀접한 관계가 있는 특징들을 나타낸다. 이에 비해 지천명(知天命)은 자기만이 해야 할 역할의 인식과 관련이 있다. 이는 자기 인생의 존재의의가 현실 정치에 참여하는 데 있는지 아니면 교육을 통한 도(道)의 전수(傳授)에 있는지를 확실하게 이해하는 것을 의미한다. 이순(耳順)은 대체로 어떤 것을 들어도 저절로 깨우치게 되는 특징, 즉 지식의 확충으로 풀이하고 있으나, 이는 자기객관화를 통한 편안하고 조화로운 상태를 이루는 단계로 볼 수도 있다. 그리고 종심소욕(從心所欲)의 상태는 이제 인간적으로 완성되어 항상 어떤 일을 하든지 사람의 도리에 맞는 삶의 경지에 도달한 상태, 즉 자기수양과 대인관계의 조화뿐만 아니라 사회적 책임도 다함으로써 이루어진 완성된 삶의 상태를 지칭하는 것이라고 생각할 수 있다.

欲 不踰矩(『論語』, 爲政 4)

이와 같이 지천명으로부터 종심소욕까지는 수기(修己)의 결과를 안인(安人)과 안백성(安百姓)의 경지로 확대한 상태를 의미하는 것이라 볼 수 있다. 이렇게 보면, 공자의 연령단계론은 '수기 → 안인 → 안백성'의 확대론으로 정리할 수 있을 것이다.[85] 이렇게 수기를 거쳐 안인의 상태에 이르고, 안인을 거쳐 안백성의 상태에 이르는 점진적 확대 과정이 이상적 인간상에 도달하는 단계라고 보는 것이 공자의 단계론의 기본 논지이다. 이러한 맥락에서 보면, 공자의 연령단계론은 점성설적 측면만이 아니라 단계론의 특징도 공유하고 있다고 할 수 있을 것이다.[86]

『대학』의 경(經)에서는 매슬로와 같은 논리적 구조를 가지고 이상적 인간상에 도달하는 과정을 욕구위계설로 개념화하여 제시하고 있다.

> 옛날에 자기가 가진 밝은 덕을 온 천하에 밝게 드러내고자 하는 사람은 먼저 자신의 나라를 다스렸고, 자기의 나라를 다스리고자 하는 사

---

85) 공자의 연령단계론을 이와 같이 '수기 → 안인 → 안백성'의 점진적 확대론으로 볼 수 있다는 사실은 제자인 자로(子路)와의 문답 속에 제시된 '수기-안인-안백성'의 군자론에서부터 드러나고 있다. 공자는 제자인 자로의 군자에 대한 거듭되는 물음에 수기-안인-안백성의 순서로 대답한 다음, 맨 마지막에 "수기이안백성은 요·순도 오히려 어렵게 여긴 경지"라고 말하여(子路問君子 子曰 修己以敬 曰 如斯而已乎 曰 修己以安人 曰 如斯而已乎 曰 修己以安百姓 修己以安百姓 堯舜其猶病諸, 憲問 45장), 이러한 확대론을 직접 피력하고 있다.

86) 공자의 연령단계론 이외에 맹자는 '선인(善人)-신인(信人)-미인(美人)-대인(大人)-성인(聖人)'의 다섯 단계론(可欲之謂善 有諸己之謂信 充實之謂美 充實而光輝之謂大 大而化之之謂聖, 『孟子』, 盡心下 25)을 제시하고 있으며, 순자는 '사(士)-군자(君子)-성인(聖人)'의 삼단계론(學惡乎始 惡乎終……其義則始乎爲士 終乎爲聖人, 『荀子』, 勸學 12; 故學者以聖王爲師 案以聖王之制爲法 法其法以求其統類 以務象效其人 嚮是而務士也 類是而幾君子也 知之聖人也, 解蔽 26)을 제시하고 있는데, 양자의 이론 모두 '수기 → 안인 → 안백성'의 점진적 확대론으로 정리할 수 있다(조긍호, 2021a, pp. 136-143).

람은 먼저 자신의 집을 가지런히 하였으며, 자기의 집을 가지런히 하고자 하는 사람은 먼저 자신의 덕을 닦았다. 자기의 덕을 닦고자 하는 사람은 먼저 자신의 마음을 바로잡았고, 자기의 마음을 바로잡고자 하는 사람은 먼저 자신의 뜻을 참되게 하였으며, 자기의 뜻을 참되게 하고자 하는 사람은 먼저 자신의 지식을 넓혔다. 이렇게 지식을 넓히는 것은 사물의 이치를 궁구하는 데 달렸다. 그러므로 사물의 이치를 구명한[格物] 후에야 지식이 극진하게 되고, 지식이 극진하게 된[致知] 후에야 뜻이 참되어지고, 뜻이 참되어진[誠意] 후에야 마음이 바로잡히고, 마음이 바로잡힌[正心] 후에야 덕이 닦이고, 덕이 닦인[修身] 후에야 집이 가지런해지고, 집이 가지런해진[齊家] 후에야 나라가 다스려지고, 나라가 다스려진[治國] 후에야 천하가 화평하여지는[平天下] 것이다.[87)]

이것이 『대학』에 나오는 유명한 '격물(格物) → 치지(致知) → 성의(誠意) → 정심(正心) → 수신(修身) → 제가(齊家) → 치국(治國) → 평천하(平天下)'의 수양의 팔조목이다. 이는 매슬로의 욕구위계설과 같은 논리 구조에 기반을 두고 있는 이론체계이다. 즉 하위 단계의 욕구가 충족되어야 그다음 단계의 욕구가 출현한다는 것이다. 『대학』에서는 사물의 이치를 궁구하는 격물이 가장 하위의 욕구이고, 온 천하를 화평하게 하는 평천하가 최상위의 욕구라고 보는 셈이다.

여기서 '격물욕구'와 '치지욕구'는 사물의 이치를 궁구하여 지혜를 극

87) 古之欲明明德於天下者 先治其國 欲治其國者 先齊其家 欲齊其家者 先修其身 欲修其身者 先正其心 欲正其心者 先誠其意 欲誠其意者 先致其知 致知在格物 物格而后知至 知至而后意誠 意誠而后心正 心正而后身修 身修而后家齊 家齊而后國治 國治而后天下平(『大學』 經)

진하게 하고자 하는 '인지적 동기'라 볼 수 있다. 그다음 '성의욕구'와 '정심욕구' 및 '수신욕구'는 뜻을 참되게 하고, 마음을 바르게 함으로써, 덕을 닦으려 하는 '자기수양의 동기'라고 볼 수 있다. 이어서 '제가욕구'는 집을 정돈하여 집안 사람들과의 올바른 관계, 즉 인륜(人倫)을 다하려는 '관계 조화의 추구 동기'라고 볼 수 있다. 다음으로 '치국욕구'와 '평천하욕구'는 이러한 바탕 위에서 사회의 모든 사람에게 스스로가 도덕 주체로서 명덕(明德)을 보유한 존재임을 밝게 깨닫게 함으로써, 평화로운 사회를 이룩하려는 '사회적 책무의 자임(自任) 동기'라고 볼 수 있다.

이렇게 보면, 『대학』에서 제시되는 욕구들은 '인지적 동기 → 자기수양 동기 → 관계 조화의 추구 동기 → 사회적 책무의 자임 동기'의 위계구조를 가지는 것으로 생각할 수 있을 것이다. 이러한 위계는 공자가 제시하는 '수기 → 안인 → 안백성'의 위계 및 『대학』의 '지어지선 → 친민 → 명명덕'의 위계에서 의미하는 점진적 확대론과 같은 의미 구조를 갖는 것이다.

이렇게 『대학』에서 제시되는 여덟 가지 욕구는 인지적 동기에 해당되는 격물과 치지의 욕구를 제외하고는, 모두 자기를 닦고 다른 사람들에게 덕을 베푸는 것과 관련된 욕구들로서, 도덕적 동기라고 볼 수 있는 것들이다. 따라서 『대학』에서도 인지적 동기와 도덕적 동기의 위계 관계 및 도덕적 동기를 구성하는 요소 동기들(자기수양–관계의 조화–사회적 책무 자임) 사이의 위계 구조를 설정하고 있는 것이라 하겠다. 이렇게 『대학』에서는 도덕적 동기를 상위에 있는 동기로 봄으로써, 사람에게 있어 가장 중핵적 동기는 도덕적 동기가 되어야 한다는 점, 그리고 도덕적 동기 중에서도 사회적 책무 자임의 동기를 가장 상위에 둠으로써, 사회의 모든 사람에게 인의를 베풀고자 하는 강한 책임감이 욕구 승화의 정점이 된다는 사실을 강조하는 입장을 전개하고 있는 것이다.

(2) 정신건강의 기준 연구

서구 자유주의 사상체계에서는 개체성 · 합리성 · 실체성의 가치를 중심으로 하여 인간을 파악하여 개인 존재를 자유의 보유자, 이성의 주체, 그리고 완비적 실체라고 인식함으로써, 삶의 과정에서 개인주의적인 행동 경향을 강하게 드러내는 전통을 형성하여 왔다. 이에 비해 동아시아 유학사상에서는 사회성 · 도덕성 · 가변성의 가치를 중시하여 인간을 파악하여 개인 존재를 사회적 관계체, 덕성의 주체, 그리고 과정적 가변체라고 인식함으로써, 일상생활에서 집단주의적인 행동 양식을 강하게 보이는 경향을 띠어 왔다. 이러한 인간관의 차이는 이 두 사회에서 이상적 인간상을 보는 관점의 차이를 유발하고, 이러한 차이는 그대로 두 사회에서 정신건강의 기준을 서로 다르게 설정하는 차이를 드러내고 있다.[88]

서구심리학에서의 정신건강의 기준 인간의 존재의의를 개체성의 가치를 중심으로 하여 파악함으로써 개인을 자유의 보유자라고 인식하는 서구 개인주의 사회에서는 사회행위의 원동력을 능력 · 성격 · 정서 · 욕구 등 개인의 내적 속성에서 찾음으로써, 개인의 독립성과 자율성 및 독특성을 강조하게 되고, 결과적으로 자기 자신과 그 내적 성향이 주의의 초점으로 부각된다. 따라서 이들은 스스로의 자율성과 독특성을 사실 이상으로 과장하여 지각하고, 행위의 원인을 자기의 내적 속성에서 찾는

88) 동 · 서의 정신건강과 심리치료 분야의 연구에 대해서는 졸저(조긍호, 2006, pp. 555-572; 2021a, pp. 23-110) 참조.

성향(性向)귀인의 양상을 두드러지게 보인다. 또한 이들은 자기의 자율성과 독특성의 추구에 도움이 되는 분화(分化)적 정서를 권장하고, 자기의 주도성을 추구하려는 동기가 강한 경향이 있다.

그러므로 개인주의 사회에서는 일상생활에서 개인의 독립성과 독특성 및 수월성의 추구를 지향하여, 여러 가지 점에서 독립적이고 독특하며 유능한 사람을 바람직하며 정신적으로 건강한 사람이라고 여겨 높이 평가하게 된다. 결과적으로 이들은 독립적이지 못하고 사회 규범이나 남들의 의견에 잘 동조하는 사람, 독특하지 않은 사람, 다른 사람보다 뛰어나지 못한 의견이나 태도를 보유하고 있는 사람, 그리고 여러 가지 점에서 남보다 못한 사람을 정신적으로 건강하지 못한 사람이라고 여겨 배척하게 된다.

이어서 개인을 합리적 이성의 주체로 인식하는 개인주의 사회에서는 외부 환경세계에 변화를 가하여 자기의 욕구를 추구하는 일을 당연하게 생각하여, 통제의 대상을 외부 환경세계라고 본다. 그리하여 서구인들은 개인의 목표를 무엇보다 우선시키고, 그 결과 적극성과 경쟁, 자기 고양 및 솔직한 자기표현을 권장한다. 개인주의 사회의 성원들은 그것이 타인이든 상황 조건이든 간에 외적 대상과의 대립을 자연스러운 것으로 받아들여서 경쟁과 대결을 통한 해결을 선호하며, 대인관계에서도 적극성 · 주도성 · 자발성 · 솔직성 · 외향성 등 자기를 드러내는 특성을 높이 평가한다. 이들은 환경을 자신에게 맞도록 변화시키려는 환경통제의 동기와 자율성을 추구하려는 동기가 강하다.

그러므로 개인주의 사회에서는 자기표현과 자기주장의 솔직성과 적극성을 추구하여 지향하는 과정에서 적극적으로 자기를 드러내고 솔직하게 자기주장을 하는 사람을 바람직하며 정신적으로 건강한 사람이라고 여겨 높이 평가한다. 이 사회인들은 어려서부터 적극적으로 자기를 주장하는 훈련을 받으며, 남들과 함께 있는 장면에서도 남들의 반응에 신경 쓰지 않고 무엇이라도 자기를 드러내도록 권장된다. 결과적으로 이들은 자기를 드러내지 않거나 솔직하게 자기주장을 하지 않는 것은 자신감이 없거나 솔직하지 못한 탓이라고 여겨 회피한다. 이들은 자기의 욕구나 감정을 표출하지 않는 것은 정신건강에 해를 끼치며, 장기적으로는 부적응을 유발하는 근본적인 원인이 되는 것으로 받아들이는 것이다.

게다가 개인주의 사회에서는 개인의 지속적이고도 안정된 고정적 성향이 사회행위의 원동력이라고 여김으로써, 상황과 관계의 변이에도 불구하고 일관된 안정성을 유지할 것을 강조한다. 이들은 개인의 능력과 성격은 비교적 고정적이고 안정적인 실체이어서 쉽게 변화되지 않는다고 보는 경향이 강하다. 따라서 이들은 자기가 갖추고 있는 정적(正的)인 측면에 초점을 맞추어 자기를 규정하려고 하며, 자기향상의 통로를 긍정적인 안정적 속성의 확인과 증진에서 찾으려 한다. 그 결과 이들은 자기의 부정적인 특성과 감정은 가능한 한 무시하거나 부인하려 하고, 반대로 긍정적인 특성과 감정을 추구하고 확충함으로써, 고양된 자기개념을 유지하려는 경향이 강하다. 그리고 이들은 자기의 제반 측면, 예를 들면 태도와 행동 사이, 또는 하나의 상황과 다른 상황에서의 행동 및 생각 사이의 일관성을 추구하려는 동기가 강하다.

그러므로 개인주의 사회에서는 가능한 한 자기의 부정적 특성은 무시하고 긍정적 측면을 확충함으로써 긍정적인 자기상을 유지하려 하며, 이렇게 긍정적인 특성에 기초해서 긍정적인 자기개념을 유지하는 사람을 바람직하며 정신적으로 건강한 사람이라고 여겨 높이 평가하게 된다. 이들은 정서 경험에 있어서도 기쁨 · 자부심 · 유쾌감 등 긍정적인 감정에 민감하고 이를 추구하며, 이러한 긍정적 감정을 많이 체험하는 것을 정신건강의 지표라고 여겨 중시한다. 결과적으로 이들은 부정적인 특성의 확인으로 인해 자기개념이 손상받거나, 부정적 감정의 체험 빈도가 많아지는 것은 정신적인 부적응을 야기하는 첩경이라고 보아 적극 회피하려 한다. 또한 이들은 자기의 내적 속성과 외적 행동 사이에 일치성이 없거나, 상황 조건에 따라 행동이 달라짐으로써 내적 속성의 일관성이 깨지는 것은 심각한 부적응의 증상이라고 보아 적극 회피하고, 이들 사이에 일치성과 일관성을 유지하기 위해 온갖 노력을 경주한다.

이와 같이 서구 개인주의 사회에서는 자유의 보유자로서의 독립성과 자율성 및 독특성, 이성 주체로서의 합리성과 적극적인 자기주장, 그리고 완비적 실체로서의 안정성과 일관성 및 자기고양을 정신적으로 건강하고 바람직한 개인의 특성으로 보아 중시하고 추구하려 한다.

유학사상에서의 정신건강의 기준 인간의 존재의의를 사회성의 가치를 중심으로 하여 파악함으로써 개인을 사회적 관계체라고 인식하는 동아시아 집단주의 사회에서는 사회행위의 원동력을 사회관계 속의 역할과 규범 같은 상황적 속성에서 찾음으로써, 개인 사이의 연계성과 상호의존성 및 조화성을 강조하게 되고, 결과적으로 타인과 맺고 있는 관계 속의 역할 및 규범이 주의의 초점으로 떠오르게 된다. 따라서 이들은 타인과의 유사성을 사실 이상으로 과장하여 지각하고, 행위의 원인을 내적 속성보다는 역할 · 의무 · 규범이나 상황적 조건에서 찾는 상황(狀況)귀인의 양상을 두드러지게 보인다. 또한 이들은 타인과의 연계성과 조화성의 추구에 도움이 되는 통합(統合)적 정서를 권장하고, 타인과의 일체성을 추구하려는 동기가 강한 경향이 있다.

그러므로 집단주의 사회에서는 일상생활에서 타인과의 연계성과 조화성의 추구를 지향하게 되고, 타인과 잘 연계되고 상호의존적이며 원만한 관계를 유지하는 사람을 바람직하며 정신적으로 건강한 사람이라고 여겨 높이 평가하게 된다. 결과적으로 이들은 지나치게 독립성을 추구하여 사회 규범이나 남들의 의견에 동조하기를 거부하는 사람, 지나치게 독특한 사람, 다른 사람과 잘 어울리지 못하는 사람, 그리고 지나치게 자기주장이 강한 사람을 정신적으로 건강하지 못하거나 철이 없는 사람이라고 여겨 배척하게 된다.

이어서 집단의 통합과 조화를 중시하는 집단주의 사회에서는 집단 목표를 개인 목표보다 상위에 두고, 개인적 감정이나 욕구의 표출은 사회의 통합과 조화를 깨뜨릴 가능성이 있으므로 이를 드러내지 않을 것을 강조하며, 결과적으로 양보와 협동, 겸양 및 자기표현의 억제를 권장한다. 집단주의 사회의 성원들은 관계당사자들 사이의 대립을 매우 부자연스러운 것으로 받아들여서, 갈등 상황에서 양보와 중재를 통한 해결을 선호하며, 대인관계에서도 양보 · 협동 · 과묵함 · 내향성 등 자기를 통제하고 억제하는 특성들을 높이 평가한다.

그러므로 집단주의 사회에서는 자기억제를 지향하게 되고, 자기의 사적 감정이나 욕구를 잘 억누름으로써 집단의 조화와 통합에 기여하는 사람을 바람직하며 정신적으로 건강한 사람이라 여겨 높이 평가하게 된다. 이들은 어려서부터 가능한 한 다른 사람과 잘 어울리고, 자기의 감정이나 욕구를 억제하도록 훈련을 받으며, 남들과 함께 있는 장면에서는 그들의 반응에 주의를 기울이도록 요구받는다. 그 결과 이들은 자기의 사적 감정이나 욕구 또는 독특성을 있는 그대로 드러내는 것은 아직 철이 없는 탓이라고 여겨 회피한다. 이들은 자기를 있는 그대로 표출하고 적극적으로 자기주장을 하는 것은 사회의 통합에 해를 끼칠 뿐만 아니라, 장기적으로는 외톨이가 되도록 함으로써 정신건강에도 악영향을 미치게 되는 것으로 받아들이는 것이다.

게다가 개인이 다양한 상황과 관계에 의해 규정된다고 보는 집단주의 사회에서는 상황과 관계의 변이에 따른 가변성을 인정하고 강조한다. 이들은 개인의 능력과 성격은 노력하기에 따라 변화될 수 있는 과정적인 것으로 보는 경향이 강하다. 따라서 이들은 변화 과정에 초점을 맞추어 자기를 규정하려고 하며, 자기의 단점이나 부정적 특성을 찾아 고쳐 나가는 자기개선에서 자기향상의 방안을 모색한다. 그 결과 이들은 자기의 단점이나 부정적인 특성 및 감정을 무리 없이 자기개념 속에 받아들이는 경향이 강하다. 이들은 자기를 상황과 관계의 변이에 따라 다르게 규정되는 존재로서 항상 변화 과정 속에 있다고 받아들이기 때문에, 자기의 제반 측면 사이 또는 상황의 변화에 따른 특성이나 행동 및 생각 사이에 일관성이나 일치성을 추구하려는 동기는 그리 크게 나타나지 않는다.

그러므로 집단주의 사회에서는 자기의 단점이나 부정적 특성으로 인해 자기개념이 손상되는 것으로 받아들이는 경향은 개인주의 사회보다 약하다. 이들은 자기의 장점과 긍정적 특성을 적극적으로 추구하기보다는, 단점이나 부정적 특성을 찾아 고쳐 나가는 데에서 자기존중감이 높아지는 것으로 받아들이고, 이를 정신적으로 건강한 태도라고 여긴다. 이들은 정서 경험에 있어서도 수치심 같은 부정적 정서를 자기발전의 통로라고 보아 중시하며, 자기의 단점이나 잘못에 대해 수치심을 느끼지 못하는 사람은 발전이 없다고 보아 낮게 평가한다. 또한 이들은 어느 상황에서나 또 누구에게나 일관적으로 똑같이 행동하는 것은 정신적으로 미숙한 상태라고 보아 회피하고, 반대로 상황에 따라 적절하게 자기의 모습이나 행동을 변화시키는 것을 높이 평가한다.

(3) 심리치료의 목표와 과정 연구

이렇게 문화유형에 따라 정신건강과 부적응의 기준이 달라진다면, 이를 치료하기 위한 접근법도 문화적 맥락에 따라 달라져야 할 것이라는 사실은 자명한 일이다. 사실 심리치료의 여러 접근법들은 이러한 문화적 맥락에 따른 '문화화'(culturalization)의 결과였다고 볼 수 있다. 현대 심리치료적 접근법의 뿌리는 프로이트에 의해 창시된 정신분석학에 있다고 볼 수 있는데, 이에는 유태인이었던 프로이트가 받아들인 유태 문화의 가치가 반영되어 있으며, 이에 기초를 두고 미국에서 변형 발전된 다른 심리치료법들은 또 그들 나름대로 미국의 문화적 가치를 드러내고 있다.[89] 이러한 맥락에서 보면, 이상적 인간상과 부적응에 대해 서로 다른 기준을 보유하고 있는 개인주의와 집단주의 사회에서 제시하고 있는 심리치료의 목표와 그 기법은 서로 달라질 수밖에 없는 것이다.

서구심리학에서의 심리치료의 목표와 그 과정 개인주의 사회에서는 자유의 보유자, 이성 주체, 그리고 완비적 실체로서 가지는 독립성과 자율성 및 독특성, 합리성과 적극성, 그리고 안정성과 일관성을 바람직한 개인의 특성으로 본다. 따라서 독립적이지 않거나 독특하지 못한 사람, 적극적으로 솔직하게 자기표현이나 자기주장을 하지 못하는 사람, 그리고 안정적이고 긍정적인 자기상을 가지고 있지 못하거나, 태도와 행동의 일치성 및 성격 특성의 상황 간 일관성이 결여된 사람을 정신적으로 문제

---

89) Langman, 1997; Matsumoto, 2000, p. 265.

가 있는 사람이라 간주한다. 따라서 개인주의 사회에서는 '개체로서의 자기의 독립성 · 자율성 · 독특성을 인식하고, 적극적으로 자기를 주장하며, 안정적이고 일관적인 정(正)적 자기상을 보유하고 있는 사람'이 되도록 도와주는 것이 심리치료의 궁극적인 목표로 부각된다.

개인주의 사회에서는 독립적인 개인의 개체적 존재 특성을 강조하므로, 자기의 독특성과 수월성에 근거를 둔 '자기에 관한 통찰'이 심리치료를 받으면서 깨달아야 할 핵심적인 내용으로 부각된다. 또한 개인주의 사회에서는 자기의 내밀한 사적 감정과 욕구를 솔직하게 적극적으로 표출하지 못하고 억압하게 되면 심리적으로 부적응이 유발된다고 보므로, 심리치료의 과정에서 '자기의 진실한 사적 감정과 욕구가 무엇인지에 대해 항상 주의를 기울이고, 이를 정확하게 파악하여 이해할 것'을 강조한다.

게다가 개인주의 사회에서는 자기가 가지고 있는 장점의 확충을 통한 자기만족감이 행복감과 자기존중감의 근원으로 작용하므로, 자기의 단점이 불어나거나 부정적 정서 체험의 빈도가 늘어남으로써 긍정적 자기상 대신 부정적인 자기개념을 가지게 되면, 심리적 부적응이 유발된다고 본다. 그러므로 이 사회에서 확인하고 강화해야 할 자기의 측면은 '긍정적인 특성과 긍정적인 감정 경험'이다. 이러한 맥락에서 개인주의 사회에서는 자기의 사적 감정과 욕구를 억제하고 드러내지 않는 일은 심리적 부적응의 직접적인 원인으로 작용하게 된다고 본다. 그러므로 이 사회에서는 심리치료 과정에서 적극적으로 자기를 주장하고, '자기의 감정과 욕구를 효과적으로 표현할 수 있는 훈련'을 강조한다.

유학사상에서 권장되는 심리치료의 목표와 그 과정 집단주의 사회에서는 사회적 관계체, 덕성 주체, 그리고 과정적 가변체로서 타인과의 연계성과 조화성, 자기억제와 겸손성, 그리고 자기개선과 유연성을 바람직한 개인의 특성으로 본다. 따라서 집단으로부터 고립되거나 집단의 성원들과 잘 어울리지 못하는 사람, 자기의 감정이나 욕구를 억제 또는 통제하지 못하는 사람, 겸손하지 못하고 지나치게 자기주장을 하는 사람, 그리고 자기의 단점이나 부정적 측면을 부인하고 긍정적 측면만을 지나치게 추구하거나, 지나치게 일관성을 추구하는 사람을 정신적으로 문제가 있는 사람이라 간주한다. 따라서 집단주의 사회에서는 '더불어 함께 사는 존재로서의 상호의존성과 조화성을 인식하고, 될 수 있는 대로 자기의 사적 감정과 욕구를 억제하고 드러내지 않으며, 자기의 단점을 수용하고 상황에 따라 유연한 적응성을 보이는 사람'이 되도록 도와주는 것이 궁극적인 심리치료의 목표로 부각된다.

집단주의 사회에서는 대인관계 속에 있는 개인의 사회적 존재 특성을 강조하므로, 자기와 타인 사이의 유사성과 같은 '인간 일반에 관한 통찰'이 심리치료 과정에서 깨달아야 할 핵심 내용으로 부각된다. 또한 집단주의 사회에서는 자기의 사적 감정과 욕구를 솔직하게 있는 그대로 드러내게 되면 대인관계에 갈등을 유발하여 집단원들로부터 배척당하게 되므로, 심리치료의 과정에서 자기 자신의 감정과 욕구에 주의를 기울이고 이해하려 하기보다는 '관계를 맺고 있는 상대방의 감정과 요구에 주의를 기울이고 이해할 것'을 강조한다.

게다가 집단주의 사회에서는 자기의 단점을 찾아 이를 고쳐 나가는 자기개선이 행복감과 자기존중감의 근원으로 작용하므로, 자기의 장점을 찾아 확충하려 하기보다는 자기의 단점을 찾아 이를 개선함으로써 자기향상을 이루는 일이 중요해진다. 그러므로 집단주의 사회에서 확인하여야 할 자기의 측면은 장점보다는 '단점이나 부정적인 특성'이 된다. 이러한 맥락에서 집단주의 사회에서는 자기의 사적 욕구와 감정을 있는 그대로 드러내는 일은 집단 내에 갈등을 야기하고 조화를 해치게 되므로, 심리적 부적응이 유발되는 원천으로 작용한다고 본다. 그러므로 이 사회에서는 심리치료 과정에서 적극적으로 자기를 드러내는 대신, '자기를 억제하고 절제하는 극기(克己) 훈련'을 강조한다.

3) 동 · 서 이상적 인간형 연구의 특이점과 양자의 회통 필요성

지금까지 살펴본 동 · 서 이상적 인간상의 차이는 기본적으로 두 사회를 지탱해 온 사상적 배경, 곧 자유주의와 유학의 체계에서 인간의 존재의의의 출처를 무엇으로 잡고 있느냐 하는 관점의 차이로부터 연유하고 있다.

서구 사회에서는 타인과 견고한 경계를 가진 자유와 권리의 보유자로서의 독립적인 개인의 개체성에서 인간의 존재의의를 찾으려 한다. 그러므로 서구인들은 개체로서의 개인의 독립성과 자율성 및 독특성을 중시하며, 따라서 그들에게는 이렇게 타인과 서로 다른 특성들을 추구하는 것이 자기화의 핵심으로 부각된다. 이러한 맥락에서 서구인들은 개체로서의 스스로가 갖추고 있는 능력과 가능성을 최대한도로 발휘하여 실생활의 과정에서 드러내는 자기실현인을 이상적 인간상의 전형으로 받아들인다.

이에 비해 동아시아 사회에서는 가족이나 공동체를 이루어 서로 어울리며 살아가고 있는 사회적 관계체로서의 사회성에서 인간의 존재의의를 찾으려 한다. 그러므로 동아시아인들은 사회적 관계체로서의 관계당사자들 사이의 상호연계성과 의존성 및 유사성을 중시하며, 따라서 그들에게는 이렇게 타인과 어울리는 배려와 조화의 특성을 추구하는 것이 자기화의 핵심으로 부각된다. 이러한 맥락에서 동아시아인들은 개체로서의 자기에게 머물지 않고 타인과 공동체를 스스로에게 받아들여 자신의 범위를 넓혀 가는 존재확대인을 이상적 인간상의 전형이라고 인식한다.

인간의 존재의의의 출처에 대한 관점의 차이로부터 연유하는 이러한 이상적 인간상의 차이에 대한 인식은 곧바로 이러한 이상적 인간상에 도달하는 과정에 대한 이론체계와 정신건강의 기준 및 심리치료의 목표와 그 과정에 관한 이론체계의 차이로 이어진다. 서구에서는 타인과 견고한 경계를 가진 개체로서의 개인의 자기실현이 이상적 인간상의 핵심 특징으로 부각되므로, 이러한 독립성과 독특성을 신장시킬 수 있는 특성이 첨가되거나(에릭슨의 점성설) 삶의 과정이 자기실현의 욕구에 의해 주도되는 상태(매슬로의 욕구위계설)에 이르는 것이 이상적 인간이 되는 길의 핵심이라고 여긴다.

이러한 맥락에서 서구인들은 자기실현인의 특징인 독립성과 자율성 및 독특성과 이러한 특성의 적극적인 추구를 정신건강의 주요 요인으로 받아들이고, 이렇게 독립적이거나 자율적이지 못한 사람, 자기 독특성을 적극적으로 추구하지 못하는 사람을 부적응자라고 간주한다. 그러므로 서구인들은 심리치료의 과정에서 개체로서의 자기 독특성에 대한 통찰, 자기의 진실한 사적 욕구와 감정에 대한 이해, 자기의 긍정적 특성과 감정의 확인 및 적극적인 자기표현과 자기주장 훈련을 강조하는 경향을 띤다.

동아시아에서는 타인과 서로 함께 어울리며 조화롭게 살아가야 하는 관계체로서의 존재확대가 이상적 인간상의 핵심 특징으로 부각되므로, 이러한 상호연계성과 조화성을 신장시킬 수 있는 특성이 첨가되거나(공자의 연령단계설) 삶의 과정이 존재확대의 욕구(제가 및 치국 · 평천하의 욕구)에 의해 주도되는 상태(팔조목의 욕구위계설)에 이르는 것이 이상적 인간이 되는 길의 중핵이라고 여긴다.

이러한 맥락에서 동아시아인들은 존재확대인의 특징인 연계성과 조화성 및 배려성과 조화를 해칠 수 있는 사적인 욕구와 감정의 억제를 정신건강의 주요 요인으로 받아들이고, 이렇게 타인과 연계되어 조화를 이루지 못하거나 사적인 욕구와 감정을 억제하지 못하고 이를 적극적으로 추구하려는 사람을 부적응자라고 간주한다. 그러므로 동아시아인들은 심리치료의 과정에서 인간 일반의 유사성에 대한 통찰, 관계를 맺고 함께 살아가고 있는 상대방의 감정과 욕구에 대한 이해, 자기의 단점이나 부정적 감정의 확인과 개선 및 자기를 억제하고 절제하는 훈련을 강조하는 경향을 띤다.

그러나 인간은 사회관계를 떠나 혼자서 살아가고 있는 개체적 존재이기만 한 것도 아니고, 독립체로서의 사적 측면이 전혀 없이 다른 사람들에 둘러싸여 사는 사회적 존재이기만 한 것도 아니다. 그러므로 인간의 존재의의가 개체적 특성에서만 나오는 것도 아니고, 또 사회적 특성에서만 나오는 것도 아니다. 어느 사회에 살고 있던 간에 인간이란 개체성과 사회성의 어느 하나의 측면에만 의존해서 이해할 수는 없는 존재이다. 그러므로 이상적 인간형에 관한 연구 분야의 경우에도 개체성 지향의 서구심리학과 사회성 지향의 유학심리학이 통합을 이루어야 할 이론적 필요성이 도출되는 것이다.

3. 도덕실천론과 사회관계론

군자와 성인 같은 이상적 인간의 상태에 이른 사람들의 사회적인 삶의 양태를 제시하고 있는 것이 유학의 도덕실천론이다. 유학자들은 스스로가 도덕 주체라는 사실에 대한 인식과 자기수련을 통한 도덕적 완성에 그치지 않고, 이를 일상생활에서 실천하는 것이 사회적 관계체인 인간이 그 존재의의를 달성하는 일이라고 본다. 실생활에서 도덕을 실천하여 사회관계의 조화를 달성함으로써 이상적인 공동체를 이룰 수 있게 된다는 것이다. 이렇게 도덕실천론은 바람직한 사회생활의 양태란 어떠한 것인가에 대한 유학자들의 이론체계라고 볼 수 있다. 이러한 도덕실천론에서는 사회관계에서 인간이 추구해야 할 것은 무엇이며, 사회관계를 유지하기 위해 해야 할 일은 무엇인지 하는 문제에 관한 심리학적 함의를 이끌어 낼 수 있다.

1) 동 · 서의 사회관계론: 사회교환론과 관계융합론

서구인들은 여타 동물과 다른 인간의 고유특성을 합리적 계산 능력인 이성이라고 보아, 인간을 이성의 주체로 파악한다. 인간은 욕망의 주체이기도 하므로 이기적 욕구를 추구함으로써 자기이익의 최대화를 도모하려 하는데, 주어진 상황에서 할 수 있는 다양한 행동 양식 가운데 자기이익의 최대화를 꾀할 수 있는 선택지를 합리적 계산과 판단을 통해 선택하여 실행할 수 있게 되는 것은 인간이 이성의 주체이기 때문에 가능하다는 것이 서구인들의 인식이다. 그러므로 서구 사회에서의 사회관계론은 인간이 이성의 주체라는 관점을 기반으로 하여 구축되고 있다.

이에 비해 유학사상에서는 여타 동물과 다른 인간의 고유특성은 도덕성이라고 보아, 인간을 덕성의 주체라고 파악한다. 도덕성은 타인에 대한 관심과 배려의 체계로서, 사회생활의 과정에서 다른 사람을 나보다 우선적으로 고려하고 배려함으로써 조화로운 사회관계를 형성할 수 있는 원동력으로 작용한다. 그러므로 동아시아 사회에서의 사회관계론은 인간이 덕성의 주체라는 관점을 바탕으로 하여 성립된다.

서구의 사회계약설과 사회교환이론 현대 서구 사회과학계에서 "사회관계에 대한 가장 영향력 있는 관점은 다양한 사회교환이론(social exchange theory)에 의해 제공되고 있다."[90] 사회교환이론들에서는 이성적 존재인 인간이 합리적 계산과 선택을 거쳐 보상(reward)과 부담(cost)을 주고받는 교환의 과정을 중시한다.[91] 사회교환이론가들은 자기이익 최대화를 추구하는 과정에서 사람들은 이러한 목적을 달성하는 데 가장 효과적인 교환의 규범을 합리적인 계산을 통해 선택하고 발전시키게 된다고 가정한다. 자기이익의 최대화를 도모할 수 있는 최적의 교환규범에 관한 관

---

90) Taylor, Peplau, & Sears, 2003, p. 263: 이러한 교환의 관점은 그 이론들이 대두되면서부터 사회과학 전반에 걸친 연구자들의 주목을 받아 왔다. Gergen, Greenberg와 Willis(1980, pp. viii–ix)에 따르면, 교환이론의 영향을 받은 연구 영역들에는 '사회심리학'의 협동 · 경쟁 · 갈등 · 동조 · 리더십 · 도움행동 · 규범형성 · 대인매력 · 동맹형성 · 분배정의 · 친밀관계형성 · 자기제시 같은 연구, '사회학'의 조직행동 · 조직 간 관계 · 작업역할 · 행정의사결정 · 아노미 · 일탈 · 집단의사결정 · 권력배분 · 사회적 의무 같은 연구, '인류학'의 선물교환 · 교호성 · 의례활동 · 원시무역 · 원시문화의 구조 같은 연구, '정치학'의 개인 간 및 국가 간의 갈등 · 협상 · 의사결정 같은 연구, 그리고 '법학'의 형사재판제도 · 계약법 같은 연구들을 나열할 수 있을 정도로, 현대 사회과학의 거의 전 연구 분야가 망라되고 있다.

91) Brehm, 1992, p. 157; Emerson, 1992, p. 30; Shaw & Constanzo, 1982/1985, p. 90.

점의 차이가 바로 다양한 교환이론들의 차이를 낳는다고 볼 수 있다. 이러한 교환이론들 중 대표적인 것은 사회학자인 호만스(Homans, G.),[92] 그리고 심리학자인 티보(Thibaut, J.)와 켈리(Kelley, H.)[93] 및 월스터(Walster, E.), 버샤이드(Berscheid, E.)와 월스터(Walster, G.)[94]의 이론들을 들 수 있다.

이러한 사회교환이론들의 이론적 근거가 된 것은 홉스(Hobbes, T.)·로크(Locke, J.)·루소(Rousseau, J.) 같은 17~18세기 자유주의자들의 사회계약설(social contract theory)이다.[95] 이들 자유주의자들의 사회계약설이 현대 사회교환이론의 이론적 모태로 작용하였다는 사실은 사회교환이론의 기본틀을 이루는 사회구성의 기본단위에 대한 인식, 인간 존재의 기본 특성에 대한 인식, 사회관계의 목표에 대한 인식, 그리고 사회관계 유지의 규범에 대한 인식의 측면에서 양자 사이에 논리적 정합성이 있기 때문이다.

사회계약론자들은 아무런 인위적인 통제가 가해지기 이전의 자연상태(自然狀態)를 상정하고, 이러한 자연상태에서의 자연인(自然人)의 본성을 추론함으로써 이론을 시작한다. 그들은 자연상태를 완전한 자유를 누리는 자연인 사이의 이익갈등이 만연하고 있는 혼란의 상태로 규정하고, 자연인들은 이러한 혼란에서 탈피하여 제한된 범위에서나마 각자의 이익을 보장해 줄 수 있는 상황을 만들기 위해서는 각자의 자유를 어느

92) Homans, 1961, 1974.

93) Thibaut & Kelley, 1959, 1986; Kelley & Thibaut, 1978; Kelley, 1979.

94) Walster, Berscheid, & Walster, 1976; Walster, Walster, & Berscheid, 1978.

95) 사회계약설의 주요 내용에 대해서는 졸저(조긍호, 2012, pp. 291-441; 조긍호·강정인, 2012) 참조.

정도만큼씩 공정하게 양보하기로 하는 계약을 서로 맺을 수밖에 없다는 사실을 깨닫게 되는데, 이러한 계약의 결과 배태된 것이 사회 및 국가체제라고 주장한다. 이렇게 계약론자들은 인간은 자유로운 자기이익 추구자이면서 동시에 합리적으로 이익갈등을 방지하는 방안을 강구할 수 있는 이성의 주체라고 인식하며, 이러한 자유와 이성의 주체들의 공정한 교환 계약의 산물이 곧 사회체제라고 주장한다.

이러한 사회계약설에 이론적 바탕을 두고[96] 현대의 사회교환론자들은 사회구성의 기본단위를 독립적이고 평등한 자유의 주체로서의 개인이라고 본다. 교환이론가들은 사회장면에서 개인 사이의 상호작용은 서로가 서로에게 보상과 부담을 주고받는 교환의 과정으로 분석할 수 있다고 여긴다. 이렇게 사람들 사이의 상호작용을 교환의 과정으로 개념화하는 배경에는 교환당사자인 개인들이 서로 평등하고 자발적인 행위와 선택의 주체라는 관념이 놓여 있다. 곧 독립적이고 평등한 자유의 주체로서의 개인들의 자발적인 교환행동이 모든 사회행위의 근원이라는 것이다.

자유의 주체라는 사실 이외에 사회계약론자들이 인간의 기본적인 특성이라고 간주하는 또 한 가지는 인간을 이성의 주체라고 개념화한다는 사실이다. 그들은 혼란한 자연상태에서 평화로운 사회상태로 이행하는 계약을 맺게 되는 근거는 인간이 이성을 갖춘 합리적 계산자이기 때문이라는 사실에서 도출된다고 본다.[97] 인간을 이렇게 이성 능력을 갖춘 합

96) 사회계약론자들이 사회구성의 기본단위를 독립적이고 평등한 개인으로 보고 있다는 사실은 그들의 '자연인의 본성'과 '자연상태'에 대한 관점에서 직접적으로 도출된다. 이에 대해서는 졸저(조긍호, 2012, pp. 421-428; 조긍호 · 강정인, 2012, pp. 358-366) 참조.

리적 계산자라고 보는 사회계약론자들의 관점은 사회교환이론가들에 의해 그대로 답습되고 있다.[98]

사회계약론자들은 자연상태에서 사람들이 사회계약을 맺어 사회를 형성하기로 하는 근본적인 동인은 그렇게 하는 것이 자기이익을 평화롭고 안전하게 확보할 수 있는 최선의 합리적인 선택이기 때문이라고 본다.[99] 이렇게 사회계약론자들은 사회를 구성하는 모든 성원이 추구하는

---

97) 사회계약론자들은 혼란한 또는 취약한 자연상태로부터 개인의 자기이익을 보전하기 위한 장치가 바로 사회계약인데, 이는 이성에 따른 합리적 선택의 결과라고 본다. 곧 인간이 갖추고 있는 이성적 능력이 곧 사회와 국가 형성의 바탕이 되며, 이성의 합리적 계산을 통한 자기이익 추구가 인간의 사회행동의 근본적인 원동력이라는 것이다. 이에 대해서는 졸저(조긍호, 2012, pp. 421–428; 조긍호 · 강정인, 2012, pp. 358–365) 참조.

98) 호만스는 보상과 부담을 주고받는 교환의 과정에서 개인은 다양한 선택지 중 자기에게 가장 커다란 이익을 가져다주거나 최소의 부담을 안겨 줄 수 있는 선택지를 합리적으로 선택하여 행동하게 될 것이라고 본다. 이것이 그의 합리성명제이다(Homans, 1974, pp. 43–45). 티보와 켈리도 개인은 서로 의존하고 있는 선택의 장면에서 교환행동을 통해 얻을 수 있는 각자의 성과에 대한 기대치인 성과행렬(outcome matrix)을 면밀히 검토하여, 자기에게 가장 커다란 이익을 가져다줄 수 있는 선택지를 합리적인 계산을 통하여 선택하게 된다고 본다(Thibaut & Kelley, 1959, pp. 10, 13–30). 월스터 등은 한정된 자원 또는 공동작업으로 인해 얻은 성과를 분배하는 장면에서 사람들은 공정한 분배를 가장 바람직한 것으로 인식하는데, 이는 각자가 기여한 정도와 분배받는 성과의 비율을 모든 사람에게 동등하게 하는 형평 분배(equity distribution)를 통해 이루어진다고 주장한다. 이러한 형평 분배는 각자의 투입과 성과 사이의 비율에 대한 합리적인 계산을 통해 이루어진다는 것이 그들의 이론이다. 즉 합리적 계산을 통한 형평관계의 추구가 교환행동의 요체라는 것이 형평이론의 주장인 것이다(Walster et al., 1976, pp. 9–24; 1978, pp. 6–20).

99) 사회계약론자들이 보는 '자연인의 본성'의 핵심은 인간은 기본적으로 '자기이익 추구자'라는 사실에 있으며, 사회계약의 근거인 이성의 기본적인 기능도 자기이익의 확보에 있다. 졸저(조긍호, 2012, pp. 421–433; 조긍호 · 강정인, 2012, pp. 362–

자기이익의 확보와 최대화를 사회형성, 곧 사회관계의 목표라고 보고 있는 것이다. 사회관계의 목표를 자기이익의 최대화로 잡고 있는 것은 현대 교환론자들도 마찬가지이다.[100)]

자기이익의 최대화를 이렇게 사회관계의 목표로 부각시키는 입장은 전술한 바대로 인간을 평등하고 독립적인 자유의 주체이면서 동시에 이성을 통한 합리적 계산자로 개념화하는 관점으로부터 직접 도출되는 것이다. 자유의 주체로서 인간은 보상과 부담을 주고받는 교환의 과정에서 자발적이고도 능동적으로 자기의 이익에 대한 관심을 증폭시키게 될 것이고, 합리적인 이성의 주체로서 인간은 여러 선택지 가운데서 자기에게 최대로 유리한 선택지를 선택하여 행동하게 될 것이므로, 결과적으로 자기이익의 최대화가 사회관계에서 추구하는 목표로 부각될 수밖에 없는 것이다.

사회계약론들에서는 사회계약이란 계약의 당사자들이 자연상태에서 가지고 있던 무제한적인 권리를 사회에 양도하는 대신 사회로부터 안전과 평화를 보장받는 교환이 이루어지는 협정이라고 개념화한다. 이러한 사회계약은 계약자와 사회 사이의 공정교환(fair exchange)을 전제로 하고 있을 뿐만 아니라, 계약의 당사자들도 동등한 만큼씩 자기들의 권리

371) 참조.

100) 호만스가 제시하는 모든 명제의 내용을 한마디로 요약하면, 개인은 교환의 과정에서 자기이익을 최대화하기 위해 노력하며, 따라서 이것이 모든 사회관계의 목표로 부각된다는 점이다(Homans, 1974, pp. 16-45). 티보와 켈리의 상호의존성 이론도 상호작용을 하면서 서로 의존하고 있는 개인들은 상호작용을 통해 각자가 자기이익의 최대화를 도모한다는 한마디로 요약될 수 있다(Thibaut & Kelley, 1959, pp. 10, 13-30). 월스터 등의 형평이론에서는 제1명제를 "사람들은 사회관계에서 자기이익을 최대화하기 위해 노력할 것"이라고 제시함으로써, 이러한 논점을 직접적으로 표현하고 있다(Walster et al., 1976, p. 2; 1978, p. 6).

를 내놓기로 계약하는 것이므로 사회구성원 사이에서도 공정한 교환이 전제되고 있는 것이라고 볼 수 있다.[101] 교환이론들에서도 사회관계 유지의 규범을 공정한 교환에서 찾는다.[102]

이상에서 보듯이, 17~18세기 자유주의자들의 사회계약설과 이에 바탕을 두고 있는 현대 사회교환이론은 인간의 고유특성을 합리적 계산 능력인 이성이라고 보는 관점을 기반으로 하여 성립되고 있는 사회관계론이다. 이렇게 개체적 존재로서 개인의 이성을 중시하는 관점에 서면, 사람과 사람 사이에 맺는 관계에서 추구하는 목표는 각자가 이러한 관계에서 얻을 수 있는 이익의 최대화에서 찾게 된다. 자유주의자들에게 있어 "이성은 본질적으로 자기의 이익을 가장 효과적으로 추구할 수 있는 계

---

101) 혼란한 자연상태로부터 개인들이 자기이익을 보호하기 위해 서로 간에 동등한 만큼씩 자기의 자연권과 자연법 집행권 등을 양도하기로 계약하는 사회계약은 기본적으로 자기이익 추구를 위한 '공정성의 협약'을 전제로 하는 것이다. 이에 대해서는 졸저(조긍호, 2012, pp. 428-441; 조긍호 · 강정인, 2012, pp. 366-379) 참조.

102) 호만스는 자기의 기본적 사회행동이론을 분배정의의 문제에 적용하면서, "분배정의가 실현되지 않아서 어떤 사람이 불리함을 받게 될수록 분노를 느끼고, 이에 따른 정서적 행위를 하게 될 것"(Homans, 1961, p. 75)이라고 예측하고 있는데, 이는 공정한 교환이 관계 유지의 핵심 규범임을 드러내고 있는 것이다. 이러한 공정교환의 규범은 그의 제3(가치명제), 제5(공격-인정명제) 및 제6명제(합리성명제)로부터 직접 도출되는 것이다(Homans, 1974, pp. 25, 37-39, 43-45). 성과, 비교 수준, 대안적 비교 수준, 및 성과행렬 등의 개념을 통해 상호작용의 만족도와 지속의 여부를 분석하는 티보와 켈리의 이론은 결국 대인관계의 만족 여부를 공정한 교환에서 찾고자 하는 이론이라 요약할 수 있다(Thibaut & Kelley, 1959, pp. 10, 13-30). 교환이론들 가운데 공정한 교환을 사회관계 유지의 기초로 제시하는 대표적인 이론은 월스터 등의 형평이론이다. 그들은 명제 3(불형평에 대한 심리적 반응)과 명제 4(형평회복을 위한 노력)에서 이러한 논리를 직접적으로 내세우고 있다(Walster et al., 1976, p. 6; 1978, pp. 17-18).

산 능력"[103]을 본질로 하는 것이기 때문이다. 이러한 맥락에서 현대 서구 개인주의 사회에서 사회관계를 인식하는 기본틀은 모든 대인관계를 교환의 관점에서 보는 '합리적 계산자 모형'(合理的 計算者 模型)이라는 점이 쉽게 이해될 수 있다.

이 모형은 사람들은 정보 · 도움 · 보상 · 애정 들을 주고받는 교환을 통해 자기의 이익을 최대화하려는 이기적 존재라는 기본 시각에서 출발한다. 이렇게 각자가 자기이익의 최대화를 꾀하는 과정에서는 필연적으로 개인 간에 이익갈등이 빚어질 수밖에 없으므로, 이를 해소하고 원만한 관계를 유지하려면 공정한 교환이라는 규범이 필요하게 된다. 이러한 교호성(交互性, reciprocity)과 공정성(公正性, fairness)을 원칙으로 삼는 합리적 계산의 과정에 따라 사회관계를 개념화하는 것이 현대 서구 사회과학에서 제시해 온 사회관계론의 핵심인 것이다.

유학사상의 관계융합이론 유학자들은 수기를 통해 체득한 도덕성을 일상생활에서 실천하는 일이 군자와 성인이 사회적인 삶을 영위하는 기본적인 모습이라고 보며, 따라서 도덕실천론이 곧 그들의 사회관계론이 된다. 이러한 유학자들의 도덕실천론은 사회관계의 융합과 조화를 이루는 일을 사회생활의 목표라고 보는 공통성을 띠고 있다. 유학자들은 이러한 사회관계의 조화 추구라는 도덕실천의 목표는 각 관계에 내재해 있는 역할의 충실한 수행을 통하여 이루어진다고 주장한다.

이러한 유학자들의 사회관계론은 사회성을 강조하여 인간 존재를 파악하는 그들의 인간관을 그대로 반영하고 있다. 곧 인간은 개체적 특성

---

103) 노명식, 1991, p. 41.

만으로 살아가는 존재가 아니라, 태어날 때부터 다른 사람들과 맺는 관계 속에서 살아가는 존재라는 관점, 곧 인간 존재의 사회성에서 도덕 실천의 근거를 찾는 것이 유학자들의 견해인 것이다.

사회구성의 기본단위를 독립적이고 평등한 자유의 주체로서의 개인이라고 보는 서구의 관점과는 달리, 유학사상에서는 인간은 다른 사람들과 맺는 사회관계 속의 존재로서, 사회관계를 떠나서는 그 존재의의 자체가 상실되고 마는 사회적 관계체라고 본다.[104] 이렇게 인간의 사회성을 강조하여, 사회관계가 인간의 존재 특성을 규정하는 것으로 여기는 것이 바로 유학사상이다.

사회를 이루는 기본단위를 이렇게 상호 독립적이고 평등한 개인이 아니라 개인들로 이루어진 집합적 관계들이라고 보게 되면, 사회의 이해를 위해서는 그 구성단위인 관계의 속성을 이해하는 일로부터 비롯해야 한다는 관점이 나온다. 유학의 이론체계가 개인적 속성의 분석에 초점을 맞추지 않고, 오륜과 같은 관계적 속성에 치중하고 있는 것은 바로 이러한 배경에 연원이 있는 것이다.

서구에서는 인간의 고유특성을 합리적 계산 능력인 이성이라고 보아 인간을 합리적 계산에 따른 자기이익의 추구자라고 개념화하여 받아들이지만, 유학사상에서는 인간을 인간답게 만드는 속성은 여타 동물들과는 달리 인간만이 본유적으로 갖추고 있는 도덕성에서 찾을 수 있다고 여긴다. 도덕성은 다른 사람과 소속집단원에 대한 관심과 배려의 체계

---

104) 君子務本 本立而道生 孝弟也者 其爲仁之本與(『論語』, 學而 2); 人之有道也 飽食暖衣 逸居而無教 則近於禽獸 聖人有憂之 使契爲司徒 教以人倫 父子有親 君臣有義 夫婦有別 長幼有序 朋友有信(『孟子』, 滕文公上 4); 君臣父子兄弟夫婦 始則終終則始 與天地同理 與萬歲同久 夫是之謂大本(『荀子』, 王制 19-20)

인데,[105] 이러한 도덕성을 본유적으로 갖추고 있는 덕성의 주체로서 인간은 타인과 소속집단에 우선적으로 마음을 쓰는 타인/집단에의 배려자라는 것이 유학사상의 관점인 것이다.

자유의 주체이자 이성의 주체인 개인들이 보상과 부담을 주고받는 교환을 주조로 하는 삶의 과정에서 자기이익을 최대화하려는 이기적 관심을 가지고 있으며, 합리적 계산을 통해 다양한 선택지 가운데에서 자기이익을 최대로 보장해 줄 수 있는 방안에 따라 행동하게 된다고 가정하는 것이 서구인들의 관점이다. 이와는 대조적으로 유학자들은 사회적 관계체로서의 사람들이 다른 사람과 맺는 관계가 사회 구성의 기본단위가 된다고 본다. 또한 덕성의 주체로서 인간은 이러한 관계를 통해 하나의 단위로 묶여진 다른 사람에 대한 관심을 가지고 그들을 우선적으로 배려하려는 존재이기도 하다는 것이 그들의 관점이다. 이렇게 관계상대방에 대한 관심과 배려를 통해 일상생활에서 도덕성을 실천하는 것이 사회관계의 핵심이라는 도덕실천론이 유학자들이 제시하는 사회관계론이다.

이렇게 도덕적 관심에 따라 선화(善化) 가능성이 큰 존재인 사람들 사이의 관계를 사회구성의 궁극적인 단위라고 인식하는 유학사상에서는 사회관계의 목표를 이기적인 자기이익의 추구에서 찾지 않고, 조화로운 사회관계의 형성에 두는 사회관계론이 도출된다.[106] 도덕적 지향성은

---

105) 夫仁者 己欲立而立人 己欲達而達人(『論語』, 雍也 28); 惻隱之心 人皆有之 羞惡之心 人皆有之 恭敬之心 人皆有之 是非之心 人皆有之 惻隱之心 仁也 羞惡之心 義也 恭敬之心 禮也 是非之心 智也 仁義禮智非由外鑠我也 我固有之也 弗思耳矣(『孟子』, 告子上 6); 人之所以爲人者 非特以其二足而無毛也 以其有辨也 夫禽獸有父子 而無父子之親 有牝牡 而無男女之別 故人道莫不有辨(『荀子』, 非相 9-10)

106) 顔淵問仁 子曰 克己復禮爲仁 一日克己復禮 天下歸仁焉 爲仁由己 而由人乎哉 顔淵曰 請問其目 子曰 非禮勿視 非禮勿聽 非禮勿言 非禮勿動(『論語』, 顔淵 1); 大

다른 사람에 대한 관심과 그들에 대한 우선적 배려를 핵심으로 하는 것이므로, 유학사상에서는 자기보다는 관계를 맺고 있는 타인이 관심의 초점으로 부각되며, 그와 조화롭고 융합적인 관계를 맺는 것이 사회생활에서 추구하는 중심적인 일이 될 수밖에 없는 것이다.

서구에서는 상호 간의 공정한 교환을 통해 성원들 사이에 야기될 수 있는 갈등을 해소함으로써 사회관계의 유지가 가능하게 된다고 간주하고, 결과적으로 사회에서는 이러한 규범을 발전시켜서 사회화 과정을 통해 성원들에게 강요하게 된다고 본다. 이와는 대조적으로 사람들 사이의 관계를 사회구성의 궁극적인 단위라고 인식하는 유학사상에서는 사회관계의 목표를 조화로운 사회관계의 형성에 두고, 이러한 사회관계의 유지 규범을 사람들 사이의 관계에 내포되어 있는 각자의 역할(役割)을 충실히 수행하는 것에서 찾으려 한다.[107] 이렇게 다른 사람과 조화로운 관계를 형성하고 유지하기 위해서는 각자가 자기에게 부여된 역할을 충실히 수행하는 일이 핵심적으로 중요하다는 것이 유학사상의 관점이다.

舜有大焉 善與人同 舍己從人 樂取於人以爲善 自耕稼陶漁 以至爲帝 無非取於人者 取諸人以爲善 是與人爲善者也 故君子莫大乎與人爲善(『孟子』, 公孫丑上 8); 夫貴爲天子 富有天下 是人情之所同欲也 然則從人之欲 則勢不能容 物不能贍也 故先王案爲之制禮義以分之 使有貴賤之等 長幼之差 知賢愚能不能之分 皆使人載其事 而各得其宜 然後慤祿多少厚薄之稱 是夫群居和一之道也(『荀子』, 榮辱 39-40)

107) 齊景公問政於孔子 孔子對曰 君君 臣臣 父父 子子 公曰 善哉 信如君不君 臣不臣 父不父 子不子 雖有粟 吾得而食諸(『論語』, 顔淵 11); 子路曰 衛君待子而爲政 子將奚先 子曰 必也正名乎(子路 3); 欲爲君 盡君道 欲爲臣 盡臣道 二者皆法堯舜而已矣 不以舜之所以事堯事君 不敬其君者也 不以堯之所以治民治民 賊其民者也 孔子曰 道二 仁與不仁而已矣(『孟子』, 離婁上 2); 故喪祭朝聘師旅一也 貴賤殺生與奪一也 君君臣臣父父子子兄兄弟弟一也 農農士士工工商商一也(『荀子』, 王制 20); 農以力盡田 賈以察盡財 百工以巧盡械器 士大夫以上至於公侯 莫不以仁厚知能盡官職 夫是之謂至平(榮辱 40)

이상에서 보듯이, 유학사상에서는 사람과 사람 사이의 관계를 사회구성의 기본단위로 인식함으로써, 덕성의 주체로서의 사람들이 스스로에게 본유적으로 갖추어져 있는 도덕성을 기반으로 하여 이러한 관계의 융합이나 조화롭게 통일된 관계를 형성하는 것을 사회관계의 목표라고 여긴다. 그리고 이러한 관계의 융합이나 조화로운 관계는 모두 사회관계 속에 내포된 각자의 역할을 분명하게 인식하고, 이를 일상생활의 과정에서 충실하게 수행함으로써 이루어진다는 주장이 유학적 사회관계론인 관계융합론의 이론적 요체인 것이다.

2) 동 · 서 사회관계론에서 도출되는 연구의 특징과 그 차이

사회성과 도덕성의 가치를 통해 인간 존재를 이해하는 동아시아 유학사상에서는 개체성보다는 사회성에서 인간의 존재의의를 찾아 사람을 사회적 관계체라고 간주하며, 다른 동물과 다른 인간의 고유한 특성을 도덕성이라고 보아 인간을 덕성 주체라고 인식한다. 그러므로 유학사상에서는 인간의 삶의 목표를 사회관계에서 자기에게 주어진 사회적 역할을 충실히 수행함으로써 타인과 사회에 대한 관심과 배려의 책무를 다하고, 그 결과 관계상대방들과 조화로운 삶을 유지하는 일에서 찾는다. 이것이 유학의 경전들에서 도출되는 사회관계론, 곧 도덕실천론의 핵심이다.

이러한 역할심리학의 문제가 유학의 사회관계론에서 도출되는 핵심적인 연구 문제이다. 또한 이러한 역할의 인식과 실행의 문제 이외에, 이러한 사회적인 삶의 과정에서 유도되는 작업의 동기와 보상체계의 문제, 작업 성과 분배의 공정성의 문제 및 도덕성의 인식과 실천 사이의 관계의 문제들이 유학의 도덕실천론에서 부각되는 연구 주제들이다.

(1) 역할(役割)의 연구

유학의 사회관계론은 모두 관계 속에 내재하고 있는 역할의 인식과 그 수행의 문제로 집약된다. 이러한 역할의 인식과 수행은 사회관계 유지의 규범이 될 뿐만 아니라, 사회관계가 추구하는 목표인 조화의 달성을 이루는 전제이기도 하기 때문이다. 이렇게 보면, 사회관계 속에 내재한 역할의 인식과 그 수행의 문제가 유학의 사회관계론에서 도출되는 유학 심리학의 가장 중요한 연구 문제로 떠오르는 것이다.

서구심리학의 역할 연구 서구의 사회과학계에서 사회적 역할의 문제는 지금까지 사회학자들의 관심사였지 심리학자들의 관심 대상은 아니었다. 역할의 문제가 사회학자들의 관심의 표적이 되어 왔다는 사실은 사회학자가 사회학의 관점에서 정리한 '사회심리학' 교과서에서 현대 사회학적 사회심리학의 기본이론체계를 네 가지로 잡고 있는데(상징적 상호작용론, 사회교환이론, 사회비교이론, 역할이론),[108] 역할이론이 그중의 하나에 들고 있다는 사실에서 잘 드러난다.

이에 비해 심리학자가 심리학의 관점에서 정리한 '사회심리학'에서 현대 심리학적 사회심리학의 기본이론체계를 여섯 가지로 보고 있는데(동기이론, 학습이론, 인지이론, 의사결정이론, 사회교환이론, 사회문화적 관점),[109] 이 중에 역할이론은 들어 있지 않다. 이렇게 현대심리학에서 널

---

108) Rosenberg & Turner, 1992.

109) Taylor, Peplau, & Sears, 1994, 1997, 2000, 2003, 2006: 이 중 '사회교환이론'은 2000년의 10판과 2003년의 11판에서 '상호의존성이론'이라고 기술하여, 교환당사자들 사이의 상호관계에 초점을 맞추는 표현으로 바꾸고 있으며, 10판부터는 '진화사회심리학'(evolutionary social psychology)을 첨가하여, 일곱 가지 이론적 관점으로 모든 사회행동을 아울러 설명하고 있다.

리 사용되고 있는 '사회심리학'의 교과서에서는 역할의 문제가 전혀 다루어지지 않거나,[110] 기껏해야 성역할(sex role)의 관점이나[111] 의사소통 구조(communication structure)와의 관련에서[112] 간단히 언급되고 있을 뿐이다. 그러나 최근에 심리학적 사회심리학에서도 문화가 주요한 연구 주제로 등장하면서 사회적 역할(social role)의 문제가 문화비교 연구의 주된 개념틀의 하나로 제기되고 있는데,[113] 이는 이제 심리학자들도 서서히 역할의 문제에 관심을 갖기 시작했음을 시사하는 현상이라 하겠다.

지금까지 심리학자들이 역할의 문제를 도외시해 왔던 것은 '사회적 역할'이란 것이 개인의 심리적인 내용 속에 들어 있는 것이 아니라 객관적인 현실로서 제반 사회의 규정(social prescriptions) 속에 존재하는 것, 곧 개인 속에 내재하는 것이 아니라 개인 밖에 외재하는 것이라는 생각이 배경에 깔려 있었던 것이 아닌가 싶다. 그러나 유학자들에 따르면, 역할의 문제는 사회 구성 다음에 필요한 사회제도의 한 가지로 생겨나는 것이 아니라, 인간 존재가 본래부터 지닌 특성이다. 개인 존재는 역할의 연쇄망을 벗어나서는 존재할 수 없을 뿐만 아니라, 역할의 인식과 실천은 곧 도덕성의 인식 및 실천과 통하는 인간의 본질적 특성이기 때문이다.

이렇게 역할의 문제를 유학사상에서처럼 개인 존재에 내포되어 있는 존재의 근거 자체라고 봄으로써, 이를 개인의 심리 내용 속의 본유적인 개념으로 인식하게 되면, 이는 중요한 심리학적인 연구대상으로 떠오르게 될 것이다. 이러한 사실은 성역할의 문제도 제도적으로 엄격하게 구

110) Aronson, 1988; Baron & Byrne, 1997; Jones & Gerard, 1967.

111) Raven & Rubin, 1983; Taylor et al., 2003.

112) Raven & Rubin, 1983.

113) Taylor et al., 2003, pp. 10-13.

분되어 상호 불가침의 관계였던 남성의 일과 여성의 일이 사회로 진출하는 여성의 수가 급증함으로 인해 그 경계가 모호해졌고, 그 결과 성역할을 생물학적 성(sex)에 의해서가 아니라 사회문화적으로 형성된 개념(gender) 또는 각자가 받아들인 심리 내용 속의 개념으로 인식하기 시작한 이후에 본격적으로 심리학적 조명을 받기 시작한 것으로 볼 수 있다는 시사에서 그 개연성의 일단을 찾아볼 수 있을 것이다.[114)]

유학사상의 역할이론 유학의 도덕실천론에서는 사회관계의 목표를 조화로운 사회관계를 형성하는 데에서 찾고, 이는 사회관계에서 각자에게 요구되는 역할을 명확하게 인식하고 수행하는 데에서 이루어진다고 본다. 또한 일단 형성된 사회관계가 조화롭게 유지되는 데에도 각자의 역할의 충실한 수행이 전제되어 있다고 여긴다. 이렇게 유학적 도덕실천론에서는 관계 속에서 요구되는 역할의 인식과 실천이 핵심적인 연구 문제로 부각되는 것이다. 이러한 관점은 공자의 정명론(正名論)으로부터 이어져 내려오는 유학의 전통이다.

> 자로가 공자께 "위(衛)나라 군주가 선생님을 맞아들여 정사를 펴려 한다면, 선생님께서는 장차 무엇을 우선 하시렵니까?"라고 여쭈었다. 이에 대해 공자께서는 "반드시 '각자가 해야 할 역할을 분명히 하는 일'[正名]부터 시작하겠다 …… 각자가 해야 할 역할이 분명하지 못하면 말이 이치에 맞지 않고, 말이 이치에 맞지 않으면 일이 이루어지지 않는다. 일이 이루어지지 않으면 예악(禮樂)이 일어나지 못하고, 예악이 일어나지 못하면 형벌이 알맞지 못하게 되며, 형벌이 알맞지 못하게 되

114) Taylor et al., 2003, pp. 335-369.

면 백성들이 손발을 둘 곳이 없어진다. 그러므로 군자가 각자의 역할을 분명히 밝혀주면 반드시 말이 이치에 맞게 되고, 말이 이치에 맞으면 반드시 모든 일이 올바르게 행해지는 법이다. 이렇게 군자는 각자의 역할을 분명히 하는 말을 세움에 있어 조금도 구차함이 없게 할 따름인 것이다"라고 말씀하셨다.[115)]

이 인용문에서 밝히고 있듯이, 공자는 사회관계에서 각자의 역할을 분명히 하는 정명(正名)이 조화로운 사회관계를 이루어 사회생활이 제대로 이루어지게 하는 근본이라 보고 있다. 그는 정사의 근본을 묻는 제(齊)나라 경공(景公)에게 같은 생각을 "군주는 군주의 역할을 다하고 신하는 신하의 역할을 다하며, 부모는 부모의 역할을 다하고 자식은 자식의 역할을 다하는 것"이라는 한마디로 잘라 응답하고 있다.[116)] 이러한 맥락에서 순자는 "역할과 몫을 나누지 않는 것은 사람의 커다란 재앙이고, 역할과 몫을 나누는 것은 천하의 근본적인 이익"이라고 진술하여,[117)] 역할의 분명한 구분이 천하를 근본적으로 이롭게 하는 일이 된다고까지 표현하고 있는 것이다.

이렇게 각자에게 부여되어 있는 역할을 분명히 인식할 뿐만 아니라, 이를 실생활의 과정에서 충실히 수행하는 일이 조화로운 사회관계의 형성과 유지의 근간이 된다는 것이 유학자들의 주장이다. 맹자는 이를 할 일을 다하는 일, 곧 진도(盡道)라 하여, 다음과 같이 진술하고 있다.

---

115) 子路曰 衛君待子而爲政 子將奚先 子曰 必也正名乎……名不正 則言不順 言不順 則事不成 事不成 則禮樂不興 禮樂不興 則刑罰不中 刑罰不中 則民無所措手足 故君子名之必可言也 言之必可行也 君子於其言 無所苟而已矣(『論語』, 子路 3)

116) 齊景公問政於孔子 孔子對曰 君君 臣臣 父父 子子(顔淵 11)

117) 故無分者 人之大害也 有分者 天下之本利也(『荀子』, 富國 7)

> 군주다운 군주가 되려면 군주가 해야 할 일을 다 해야 하고[盡君道], 신하다운 신하가 되려면 신하가 해야 할 일을 다 해야 한다[盡臣道]. 이 두 가지는 모두 요순(堯舜)을 본받아야 한다. 신하인 순(舜)이 군주인 요(堯)를 섬겼듯이 자기 군주를 섬기지 않으면 이는 자기 군주를 공경하지 않는 것이고, 요임금이 자기 백성들을 다스렸듯이 자기 백성을 다스리지 않으면 이는 자기 백성을 해치는 것이다. 공자께서도 이미 "도는 인(仁)을 지키느냐 아니면 인을 지키지 못하느냐의 두 가지가 있을 뿐이다"라고 말씀하신 바 있다.[118]

여기서 역할 수행과 관련하여 한 가지 더 살펴보아야 할 것은 이러한 역할의 수행이 쌍무적으로 이루어져야 한다는 사실이다. 곧 부모가 자기의 역할을 다하는 것과 자식이 자기의 역할을 다하는 것이 함께 이루어져야 부모와 자식 사이에 친애함이라는 조화와 질서가 이루어지지, 어느 한쪽만의 역할 수행에 따라서는 이루어지지 않는다고 유학자들은 보고 있는 것이다. 유학자들은 서로 하나의 단위를 이루는 사람들의 쌍무적인 역할 수행을 강조하여, 예를 들면 항상 군주와 신하[君臣], 부모와 자식[父子]의 동시적이고도 쌍무적인 역할 수행을 부각시키고 있다.[119] 이러한 사실을 가리켜 순자는 "역할 수행의 길은 한쪽만 자기 역할을 수행하면 어지러워지지만, 양쪽이 모두 자기 역할을 수행하면 사회관계에 질서가 이루어지게 될 것"[120]이라 진술하고 있다. 이렇게 보면, 유학자

118) 欲爲君 盡君道 欲爲臣 盡臣道 二者皆法堯舜而已矣 不以舜之所以事堯事君 不敬其君者也 不以堯之所以治民治民 賊其民者也 孔子曰 道二 仁與不仁而已矣(『孟子』, 離婁上 2)

119) 『論語』, 顔淵 11; 『孟子』, 離婁上 2; 『荀子』, 君道 5 등.

120) 請問爲人父 曰寬惠而有禮 請問爲人子 曰敬愛而致恭 請問爲人兄 曰慈愛而見友 請

들은 교환물의 공정성이 아니라, 쌍무적인 역할 수행의 공정성을 강조하고 있었던 것이라 생각할 수 있다. 요컨대, 추구하는 공정성의 내용이 다른 것이지, 유학사상이라고 해서 공정성을 완전히 외면하는 것은 아니라는 말이다.

이 이외에 유학의 경전들에서는 역할의 종류121)와 유형,122) 역할 구분의 근거,123) 역할 수행의 효과 및 역할 수행의 점진적 확대124)의 문제들이 다루어지고 있다.

(2) 분배정의(分配正義)의 연구

한 사회가 보유하고 있는 유한한 자원이나 공동작업의 성과를 성원들에게 어떻게 배분하는 것이 정의로운가 하는 것이 분배정의(distributive justice)의 문제이다. 이때 어떠한 경우에나 받아들여지는 정의의 기준은 공정성(fairness)이다. 즉 사회 성원들에게 토지나 권력같이 일정하게 한정되어 있는 사회자원이나 공동작업의 성과를 공정하게 분배해 주는 것

問爲人弟 曰敬詘而不悖……此道也 偏立而亂 俱立而治(『荀子』, 君道 5)

121) 예를 들면, 주희(朱熹)는 오륜(五倫)을 부모–자식, 형–아우 같은 천륜에 의한 천속(天屬)의 역할 관계와 남편–아내, 군주–신하, 친구–친구 같은 타인들 사이의 결합[以人合者]의 역할 관계로 나누고 있다. 이에 대해서는 졸저(조긍호, 2021a, pp. 203–208) 참조.

122) 예를 들면, 순자는 오륜 이외의 사회관계의 역할을 귀천(貴賤)으로 대표되는 사회등급, 장유(長幼)로 대표되는 사회윤리, 그리고 지·우(智·愚)와 능·불능(能·不能)으로 대표되는 사회직분의 차이로 나누고 있다(『荀子』, 榮辱 39–40; 王制 20; 富國 5; 禮論 2 등). 이에 대해서는 졸저(조긍호, 2021a, pp. 209–211) 참조.

123) 유학자들이 제시하는 대표적인 역할 구분의 근거는 수양의 정도인 덕(德)에 따른 형평이다. 이에 대해서는 졸저(조긍호, 2021a, pp. 211–214) 참조.

124) 이에 대해서는 졸저(조긍호, 2021a, pp. 214–220) 참조.

이 바로 정의의 핵심이라는 것이다.

서구심리학의 분배정의 연구 유한한 자원이나 공동작업의 성과를 분배하는 과정에서 무엇을 공정성의 기준으로 삼을 것인가에 대해서는 역사적으로 세 가지 기준이 적용되어 왔다. 그 하나는 성원들에게 똑같이 나누어 주는 것이 공정하다는 균등 규범(equality norm)이고, 또 하나는 각자의 투입(input)이나 노력에 비례하여 분배하는 것이 공정하다는 형평 규범(equity norm)이며, 나머지 하나는 성원들의 필요에 따라 많이 필요한 사람에게 많이 분배하는 것이 공정하다는 필요 규범(need norm)이다.[125] 서구심리학에서 탐구되어 온 분배정의의 문제는 이러한 세 가지 분배원칙의 선호 조건에 관한 문제와 부정의(injustice)의 지각과 이에 대한 대처 반응의 문제로 나눌 수 있다.

공정한 분배원칙 선호 조건의 문제는 이 세 원칙을 어느 때 어떻게 적용하는 것이 정의로운가 하는 문제이다. 각 원칙을 적용하여 분배하였을 때 유발되는 긍정적 효과와 부정적 효과가 다르므로, 해당 집단이 분배를 통하여 추구하는 목표에 따라 각 원칙의 선호 조건이 달라질 것이라는 전제가 이 문제를 분석하는 기준이었다. 각 분배원칙을 적용하였을 때 얻어지는 효과는 크게 경제적 생산성 측면의 효과와 사회-정서적 유대와 관련된 측면의 효과로 나눌 수 있다.

균등원칙을 적용하면 성원들 사이에 소유나 지위의 평준화가 이루어지므로 성원들 사이의 유대감과 조화가 증진되지만, 누구나 똑같은 분배

125) Deutsch, 1974, 1975; Greenberg & Cohen, 1982; Leventhal, 1976; Mikula, 1980; Schwinger, 1980.

를 받으므로 열심히 노력하지 않음으로써 결국 집단 전체의 생산성이 저하되는 역효과가 초래된다. 형평원칙을 적용하면 노력하는 만큼 분배받는 성과의 양이 커지므로 누구나 열심히 노력하게 되어 집단 전체의 생산성이 높아지지만, 성원 사이의 차이가 커지게 되어 그들 사이의 유대감과 조화가 깨어질 우려가 높아진다. 필요원칙에 따라 분배하면 각자의 생존 또는 발전에 급박한 필요를 충족시킬 수 있으므로 각자의 복지가 증진되는 효과를 얻을 수 있지만, 성원들의 작업의욕 상실과 집단에 대한 의존성의 장기화로 인해 집단 전체의 생산성이 저하될 가능성이 커진다.

이러한 맥락에서 보면, 생산성의 제고가 목표로 부각되는 조건에서는 형평원칙을 선호하고, 성원들 사이의 유대감과 조화성의 제고가 목표로 부각되는 조건에서는 균등원칙을 선호하며, 가족관계와 같이 성원 각자의 복지 증진이 목표로 부각되는 조건에서는 필요원칙이 지배적인 분배원칙으로 선호될 가능성이 높아진다.[126] 이러한 사실은 문화유형에 따른 분배원칙 선호 양상의 차이에 관한 연구들에서도 그대로 드러나고 있다.

분배원칙의 선호가 집단의 성원들이 사회관계를 통해 추구하는 목표 또는 정의동기의 실현을 위한 노력에 따라 달라지는 것이라면, 사회를 보상과 부담을 주고받는 평등하고 독립적인 개체들로 구성되는 것이라고 인식하여, 이러한 개인들 사이에 형성되는 사회관계에서 각자가 자기의 이익을 최대로 추구하는 것을 사회관계의 목표라고 개념화하여 받아들이는 서구 개인주의 사회인들은 각자의 기여도에 따라 비례적으로 성

126) 장성수, 1987, p. 13.

과를 분배하는 형평규범을 공정한 분배원칙으로 선호할 것이라고 예측할 수 있다. 이와는 대조적으로, 타인에 대한 관심과 배려의 주체인 사람들 사이의 관계를 사회구성의 기본단위라고 인식하여, 사람들 사이에 조화로운 관계를 형성하는 것을 사회관계의 목표라고 개념화하여 받아들이는 동아시아 집단주의 사회인들은 모든 성원에게 균등하게 분배해 주는 균등규범 또는 개인의 필요에 우선적으로 관심을 기울이는 필요규범을 공정한 분배원칙으로 선호할 것이라고 예측할 수 있다.

이러한 예측은 미국인들과[127] 한국인 · 중국인 · 일본인들이[128] 공동작업 성과의 분배 장면에서 실제로 보이는 분배원칙의 선호 양상에 그대로 드러나는 것으로 밝혀지고 있다. 그러나 이러한 예측이나 연구 결과들과 완전히 일치하지는 않는 연구 결과들도 있어,[129] 문화유형에 따른 분배원칙 선호의 문제가 무 자르듯이 그렇게 간단하지만은 않은 것으로 드러나고 있다.

분배정의와 관련하여 서구심리학에서 탐구되고 있는 또 다른 문제는 월스터 등이 제시한 형평이론의 주 관심사로 다루어진 부정의(不正義)의 지각과 그에 대한 반응의 문제이다.[130] 월스터 등은 분배 과정에서 형평원칙에 맞지 않게 분배가 이루어지고 있는 것이 부정의 상태로서, 이러한 부정의 상태에서는 심리적으로나 실제적으로 형평원칙을 회복함으로써 부정의를 해소하려는 노력을 하여 정의의 회복을 도모한다고 주장한다.

127) Erez, 1997; Gerhart & Milkovich, 1992.

128) Bond, Leung, & Wan, 1982; Leung & Bond, 1984; Leung & Park, 1986.

129) Fisher & Smith, 2003; He, Chen, & Zhang, 2004.

130) Walster et al., 1976, 1978.

유학사상의 분배정의이론 유학의 분배정의이론을 살펴보기 위해서는 우선 유학자들이 그리고 있는 이상사회인 대동(大同)과 소강(小康) 사회의 모습을 살펴볼 필요가 있다. 이 중에서 대동사회는 유학이 그리고 있는 최고의 이상사회로, 아직 사유(私有)가 시작되지 않아 천하가 공공의 것인 천하위공(天下爲公)의 사회이다. 그다음이 소강사회로, 이는 사유가 시작되어 천하가 한 집안처럼 된 천하위가(天下爲家)의 사회인데, 도덕 규범과 덕에 의한 지배가 이루어져 사람들 사이에 융합과 조화가 이루어진 사회이다.

유학의 창시자들은 대동을 최고의 이상사회로 설정하기는 하였지만, 현실적으로 가능한 이상사회의 전형은 소강사회로 보고, 소강사회에서 요구되는 분배를 포함한 제반 사회 규범을 제시하고자 하였다. 공자는 급박하게 필요한 사람을 주휼(賙恤)해 주는 주급(周急)을 분배의 제일 원칙이라고 보아, 필요원칙을 기본적인 분배원칙으로 제시한다.

> 공자께서는 "군자는 궁핍하여 급하게 필요로 하는 사람을 돌보아주지[周急] 부유한 사람에게 계속 대어 주지는 않는다"라고 말씀하셨다. 원사(原思)가 공자의 가신(家臣)이 되어 공자가 곡식 구백을 봉록으로 주니 그가 사양하고 받지 않자, 공자께서는 "사양하지 말고 받아 두었다가 네 이웃과 마을의 필요한 사람에게 나누어 주거라"고 말씀하셨다.[131]

이 인용문에서 드러나듯이, 공자는 급박하게 필요한 사람에게 재물을

131) 子曰……君子周急 不繼富 原思爲之宰 與之粟九百 辭 子曰 毋 以與爾隣里鄕黨乎(『論語』, 雍也 3)

나누어 주는 주급(周急), 곧 필요 분배를 재화 분배의 기본 원칙으로 제시하면서, 자기가 그렇게 할 뿐만 아니라 남에게도 이러한 태도를 권장하고 있다. 그러나 공자가 필요 분배만을 유일한 분배양식으로 제시하고 있는 것은 아니다. 그는 사람들 사이에 조화를 이루도록 하는 균등 분배도 좋은 분배양식이라고 보았으며, 이를 사회를 안정되게 유지하는 기초라고 인식하였다.

> 나는 "나라와 집안을 거느리는 사람은 재화의 부족을 걱정하지 말고 고르지 못함을 걱정해야 하며[患不均], 가난함을 걱정하지 말고 안정되지 못함을 걱정해야 한다[患不安]"고 들었다. 대체로 균등하면 가난한 사람이 없게 되고[均無貧], 조화를 이루면 부족하지 않게 되며[和無寡], 안정되면 나라나 집안이 무너지지 않는 법이다[安無傾].[132]

이는 균등 분배가 사회관계를 조화롭게 하여 사회의 안정을 이루는 기초임을 역설한 것이다. 여기서 고르게 분배하는 균(均)이 성원들에게 똑같은 양을 분배하는 균등 분배를 말하는 것인지 아니면 각자의 필요에 상응하여 빠짐없이 골고루 분배하는 것, 즉 필요 분배를 말하는 것인지는 알 수 없다. 어느 경우이든 분명한 것은 공자는 자원 분배의 목표를 성원들 사이의 조화에 두고 있다는 사실이다.

맹자는 급박한 필요를 채워 주는 필요 분배를 보부족(補不足)이라 하여 정사의 기본이라 보고 있으며,[133] 이러한 필요 분배는 어디 가서 호

---

132) 丘也聞 有國有家者 不患寡而患不均 不患貧而患不安 蓋均無貧 和無寡 安無傾(季氏 1)

133) 春省耕而補不足 秋省斂而助不給(『孟子』, 梁惠王下 4; 告子下 7)

소할 데가 없는 곤궁한 사람들로부터 해야 된다고 하여, 다음과 같이 진술하고 있다.

늙어서 아내가 없는 남자를 홀아비[鰥]라 하고, 늙어서 남편이 없는 여자를 과부[寡]라 하며, 늙어서 자식이 없는 사람을 독거노인[獨]이라 하고, 어려서 부모가 없는 아이를 고아[孤]라 한다. 이 네 종류의 사람은 천하의 곤궁한 백성으로서 어디 가서 하소연할 데가 없는 사람들이다. 주(周)나라의 창시자인 문왕(文王)은 정사를 펴고 인(仁)을 베푸시되, 반드시 이 네 종류의 사람들에게 먼저 하셨다.[134]

이와 같이 맹자는 홀아비·과부·고아·독거노인[鰥·寡·孤·獨]같이 남에게 의지하여 살아갈 수밖에 없는 사람들이 가장 재화의 부족을 많이 느낄 것이므로, 이들의 부족분을 우선적으로 보충해 주는 일이 사회를 조화롭고 안정되게 만드는 최선의 방책이라고 여겨, 필요원칙을 공정한 분배의 핵심으로 삼고 있다.

순자도 공자나 맹자와 마찬가지로 가난하고 의지할 곳 없는 사람들의 필요를 채워 주는 일[補貧窮]을 군주가 최우선적으로 해야 할 일이라고 보고 있다.

현자를 발탁하고 독실하고 공경스러운 사람을 등용하여, 부모에 대해 효도하고 형제에게 우애롭게 하는 도리를 진작시키고, 고아와 과부 같은 의지할 데 없는 사람을 수용하며[收孤寡], 가난하고 궁핍한 사람의

134) 老而無妻曰鰥 老而無夫曰寡 老而無子曰獨 幼而無父曰孤 此四者 天下之窮民而無告者 文王發政施仁 必先斯四者(梁惠王下 5)

> 필요를 우선적으로 채워 주어야 한다[補貧窮]. 이렇게 하면 서민들이 정사에 대해 안심하게 될 것이고, 서민들이 정사에 대해 편안함을 느껴야 군자가 편안하게 지위를 보전할 수 있다 …… 그러므로 남의 군주 된 사람이 편안하고자 하면, 정사를 고르게 하고 백성들을 사랑하는 일[平政愛民]밖에 다른 도리가 없는 것이다.[135]

순자는 이렇게 의지할 데 없고 궁핍하며 불쌍한 사람들의 필요를 우선적으로 채워 준[補貧窮] 근거 위에서 사회의 자원을 성원들에게 고루 분배할 것을 강조하고 있다. 그렇게 하는 것이 어느 한쪽에 치우치지 않고 두루 모두에게 미침으로써 사회의 조화를 이룰 수 있는 분배의 요체라고 순자는 보고 있는 것이다.[136]

이와 같이 유학자들은 사회 성원들, 특히 곤궁하거나 남의 보살핌을 필요로 하는 사람들을 우선적으로 배려하여 사회관계의 융합과 조화를 최우선으로 하는 분배, 곧 필요 분배와 균등 분배를 사회를 운영하는 기본이라 보면서, 자기이익 추구를 타기하고 따라서 형평 분배를 배척하는 경향을 띠고 있다.

서구심리학에서는 교환관계에서 공정한 분배원칙이 지켜지지 않으면 부정의감을 느끼고, 이를 해결하려는 노력을 하게 된다고 본다. 즉 관계 유지의 근원인 교환의 공정성이 깨지는 것이 부정의의 원천이 된다는 것이다. 그러나 유학사상에서 관계 유지의 근원은 사람들 사이의 관계에서 각자에게 요구되는 역할의 쌍무적인 수행이다. 이러한 역할의 쌍무

135) 選賢良 擧篤敬 興孝悌 收孤寡 補貧窮 如是則庶人安政矣 庶人安政 然後君子安位……故君人者欲安 則莫若平政愛民矣(『荀子』, 王制 6-7)

136) 請問爲人君 曰 以禮分施 均徧而不偏(君道 5)

적인 수행이 이루어지지 않으면, 관계의 조화가 깨어지고 관계당사자 사이에 부정의가 유발된다는 것이다.

> 이러한 역할 수행의 도를 한쪽만 지키면 둘 사이의 관계가 혼란스럽게 되지만[偏立而亂], 양쪽이 다 지키면 두 사람 사이의 관계에 조화와 질서가 이루어지게 될 것이니[俱立而治], 쌍무적인 역할 수행의 문제는 잘 생각해 보아야 할 것이다.[137]

이렇게 관계당사자들이 사회관계에서 각자에게 요구되는 역할을 쌍무적으로 수행하지 못하여 부정의가 나타났을 때 해결하는 유일한 방안은 각자가 자기의 역할을 충실히 수행하도록 하는 일 이외에는 다른 방안이 있을 수 없다. 그렇지 못하면 둘 사이의 관계가 붕괴될 수밖에 없는 것이다.[138]

(3) 작업동기와 보상체계론의 연구

어떤 조직체이든지 구성원들의 작업동기(work motive)를 끌어올림으로써 그 조직체가 의도하고 있는 목표를 달성하거나 조직체 전체의 생산성을 높이려 한다. 이러한 방안에는 다양한 것이 있을 수 있지만, "조직원들의 행동을 자극하고 그들에게 영향을 미치는 가장 일반적인 방법은 보상체계(reward system)를 이용하는 방식이다."[139] 서구인과 동아시아인은 일에 대한 관념과 태도가 다르고, 따라서 작업동기를 높일 수 있는

---

137) 此道也 偏立而亂 俱立而治 其足以稽矣(『荀子』, 君道 5)

138) 이에 대해서는 졸저(조긍호, 2021a, pp. 280-289) 참조.

139) Jex & Britt, 2008/2011, p. 322.

방안과 선호하는 보상체계도 달라진다.

서구심리학의 작업동기와 보상체계 연구 그리스 · 로마 시대로부터 서구인들은 일(work)과 놀이(play)를 엄격하게 구분하고, 될 수 있으면 일을 피하고 놀이를 즐기려는 경향을 가지고 있었다.[140] 이렇게 서구인들은 일을 놀이보다 부정적으로 인식하기 때문에, 일을 할 때 집중력과 몰입을 느끼면서도 행복감과 일을 하고자 하는 의욕은 느끼지 못한다.[141] 이러한 결과는 서구인들이 "일에 대한 문화적 고정관념 속에서 일을 강요 · 제약 · 자유침해라 생각하기 때문이다."[142]

이렇게 서구인들은 일을 부정적으로 받아들이는 까닭에, 그들이 보상이나 작업 조건 같은 외적 환경 요인을 조작함으로써 일을 하려는 동기를 불어넣으려 시도했던 것은 당연한 결과였다. 작업동기를 증진시키기 위한 방안에 대한 초창기 연구 경향을 이끈 사람은 20세기 초엽의 테일러(Taylor, F.)였는데, 그는 이렇게 작업 단위와 시간 및 성과 연동 보상체계 같은 외적 환경 요인의 조작을 통해 작업생산성을 높이고 근로자들의 태업율을 줄일 수 있다고 보고, 이를 '과학적 경영관리'(scientific management)라 불렀다.[143] 그러나 '호손 효과'(Hawthorne effect)의 발견에 의해 작업 조건이나 성과와 연동된 보상체계만으로는 작업생산성을 향상시키는 데 한계가 있다는 사실을 인식하게 되면서, 과학적 경영관리 운동에 빨간불이 켜지기 시작하였다.[144]

---

140) Csikszentmihalyi, 1997/2003, pp. 68-70.

141) Csikszentmihalyi, 1997/2003, p. 53, 표 2.

142) Csikszentmihalyi, 1990, p. 160. (홍숙기, 1994, p. 131에서 재인용.)

143) 다카하시 노부오, 2004/2007, pp. 132-143; Taylor, 1903, 1911.

호손 효과의 발견 이후에 이 분야의 연구자들은 작업생산성은 작업환경이나 보상체계 같은 작업 외적인 조건의 조작만으로는 설명할 수 없다는 인식을 하게 되었다. 이러한 인식을 기반으로 삼고 있는 대표적인 연구로 허츠버그(Herzberg, F.)의 '2요인이론',[145] 맥그리거(McGregor, D.)의 'X−Y이론'[146] 및 데시(Deci, E.)의 '내재적 동기이론'(intrinsic motivation theory)[147]을 들 수 있다. 이들은 공통적으로 작업 외적 조건보다는 일에 대한 의욕이나 홍미 및 이를 통한 자기발전 같은 근로자 내적 요인이 자기 일에 대한 만족 수준을 높이고, 결과적으로 작업생산성을 높이는데 핵심적이라는 사실을 일깨워 주었다. 곧 서구인들이 전통적으로 인식하고 있었던 것과는 달리, 인간에게는 일을 하고자 하는 작업동기가 본유적으로 갖추어져 있다는 인식을 하게 되었던 것이다.

일의 문제는 필수적으로 보상체계의 문제와 관련되지 않을 수 없다. 인간은 일을 하고 보상을 받아서 생활하기 때문이다. 일에 대해 받는 보수는 생계의 수단일 뿐만 아니라 자존심의 근거가 되기도 하며, 또 조직에 대한 불만족을 유발하는 중요한 요인이기도 하다. 이러한 보상을 지급하는 방식에는 일의 성과에 따라 보상을 책정하는 '성과연동제'(performance-based pay system)와 조직체에 몸담아 봉사한 시간의 길이에 따라 보상을 책정하는 '연공서열제'(seniority-based pay system)의 두 가지가 있을 수 있다.

성과연동제는 조직원 각자가 조직에 기여한 정도에 따라 보상의 액수를 차등 지급하는 방식으로, 기본적으로 형평규범에 따라 봉급을 결정하

144) Mayo, 1933; Roethlisberger, 1941; Roethlisberger & Dickson, 1939.
145) Herzberg, 1966; Herzberg, Mausner, & Synderman, 1959.
146) McGregor, 1960.
147) Deci, 1971, 1975; Deci & Ryan, 1985.

는 방식이다. 이에 비해 연공서열제는 조직에 근무한 시간의 길이에 따라 봉급의 액수가 달라지므로, 누구든지 근무한 시간의 길이가 같으면 똑같은 액수를 지급받는 체제이어서, 어떻게 보면 균등규범의 성격이 강한 봉급 책정 방식이다.

대체로 공동작업의 성과를 형평규범에 따라 분배하게 되면 조직체 전체의 생산성 수준이 향상되는 효과가 유발되고, 균등규범에 따라 분배하게 되면 조직원 사이에 조화가 증진되는 효과가 유발된다는 사실이 밝혀져 왔다. 이러한 맥락에서 생각해 보면, 개인의 이익추구를 강조하는 서구 개인주의 사회에서는 성과연동제에 따라 봉급을 책정하고, 관계의 조화를 강조하는 동아시아 집단주의 사회에서는 연공서열제에 따라 봉급을 책정하는 경향이 강할 것이라고 예측할 수 있다.

실제로 개인주의 사회에서는 개인 수행의 성과, 곧 조직에 기여한 바에 따라 보상을 해 주어야 작업동기가 높아져 열심히 일하고, 그렇게 해야 조직체 내에서 자기이익의 최대화라는 사회관계의 목표를 이룰 수 있는 것으로 드러나고 있다.148) 이에 비해 집단주의 사회에서는 누구에게나 똑같은 조건인 근무연수에 따라 보상을 지급해 주어 조직체(회사)가 각자를 보호해 준다는 느낌을 가져야 작업동기가 높아져 열심히 일하고, 결과적으로 조화로운 관계 형성이라는 사회관계의 목표를 이룰 수 있는 것으로 밝혀지고 있다.149)

유학사상의 작업동기와 보상체계이론 동아시아 집단주의의 이론적 배

148) Erez, 1997; Jenkins & Lawler, 1981; Lawler, Mohrman, & Ledford, 1992; Schay, 1988.

149) Chang & Hahn, 2006; Levine, 1992; Zhou & Martocchio, 2001.

경인 유학사상에서는 누구나 자기가 할 일에 열심일 것을 강조하여 근면의 가치를 높이 드러내고 있다. 즉 유학자들은 일을 하는 것이 인간의 천성이자 본분이라고 생각하고 있었던 것이다. 공자는 스스로를 배우기를 좋아하는 사람[好學者][150]과 가르치기를 게을리하지 않는 사람[誨人不倦者][151]이라고 자평하여, 일에 대한 근면을 강조하고 있다.

그는 "어떤 일에 대해 알기만 하는 것은 좋아하는 것보다 못하고, 좋아하기만 하는 것은 즐겨 하는 것보다 못하다"[152]고 하여, 모든 일을 함에 있어서 내재적인 흥미와 즐거움을 가지고 근면하게 수행할 것을 권면하고 있다. 이러한 맥락에서 공자는 근면하게 자기가 해야 할 일을 즐겨 행해야 한다는 사실을 여러 곳에서 언급하고 있는데,[153] 그중에서 백미는 낮잠 자는 제자를 꾸짖은 다음의 내용이다.

> 재여(宰予)가 낮잠을 자자, 공자께서 "썩은 나무에는 조각을 할 수 없고, 거름흙으로 거칠게 쌓은 담장에는 흙손질을 할 수 없는 법이다. 재여에 대해서는 꾸짖을 가치도 없구나! 내가 처음에는 남에 대하여 그의 말을 듣고 그의 행실을 믿었으나, 이제는 남에 대하여 그의 말을 듣고 나서도 다시 그의 행실을 살펴보게 되었다. 나는 재여 때문에 이 버릇을 고치게 되었노라" 하고 꾸짖으셨다.[154]

---

150) 子曰 十室之邑 必有忠信如丘者焉 不如丘之好學也(『論語』, 公也長 25)

151) 子曰 若聖與仁 則吾豈敢 抑爲之不厭 誨人不倦 則可謂云爾已矣(述而 33)

152) 子曰 知之者不如好之者 好之者不如樂之者(雍也 18)

153) 子曰 默而識之 學而不厭 誨人不倦 何有於我哉(述而 2); 葉公問孔子於子路 子路不對 子曰 女奚不曰 其爲人也發憤忘食 樂而忘憂 不知老之將至云爾(述而 18); 子在川上曰 逝者如斯夫 不舍晝夜(子罕 16)

154) 宰予晝寢 子曰 朽木不可雕也 糞土之墻不可杇也 於予與何誅 子曰 始吾於人也 聽其言而信其行 今吾於人也 聽其言而觀其行 於予與改是(公冶長 9)

이렇게 자기가 할 일에 대해 내적인 즐거움을 느껴 열심히 하는 태도의 중요성에 관한 공자의 입장은 맹자와 순자에게도 그대로 이어지고 있다. 맹자는 도를 깨닫는 과정에서 가장 중요한 것은 몸과 마음을 한결같이 하여 근면하게 자기에게 주어진 일을 열심히 하는 전심치지(專心致志)를 기반으로 하여야 한다고 강조하고 있다.[155] 순자는 농부 · 상인 · 기술자 · 관리 들이 각자에게 주어진 일에 최선을 다해 열심히 하는 것이 지극한 평화[至平]에 이르는 길임을 지적하고 있다.[156]

이와 같은 유학사상의 창시자들의 일에 대한 긍정적인 태도는 역할 수행을 조화로운 사회관계 형성과 유지의 근간으로 여기고 있는 그들의 관점으로부터도 유추될 수 있는 사실이다. 유학자들의 일에 대한 이러한 긍정적인 관점은 현대 동아시아인들에게도 이어지고 있다. 서구 개인주의 사회(미국 · 영국 · 독일 · 프랑스 · 스위스 · 스웨덴)의 청소년들(18~24세)은 일을 하는 이유를 압도적으로 돈을 벌기 위한 것(71.9%)으로 보고, 사회 일원으로서의 역할 수행이나(18.1%) 자기발전(6.4%)에서 그 까닭을 찾는 사람은 극소수이나, 한국과 일본 같은 동아시아 집단주의 사회의 청소년들은 돈을 벌기 위한 목적을 드는 사람(48.5%)이 절반에도 미치지 못하고, 사회 일원으로서의 역할 수행(33.7%)이나 자기발전(16.1%)을 근로의 목적으로 보고 있는 청소년이 상당수에 이르고 있다.[157]

---

155) 徐子曰 仲尼亟稱於水曰 水哉水哉 何取於水也 孟子曰 原泉混混 不舍晝夜 盈科而後進 放乎四海 有本者如是 是之取爾(『孟子』, 離婁下 18); 孟子謂高子曰 山徑之蹊間 介然用之而成路 爲間不用 則茅塞之矣 今茅塞子之心矣(盡心下 21): 맹자의 專心致志의 중요성에 대한 강조는 졸저(조긍호, 2008, pp. 430-432; 2021b, pp. 238-239) 참조.

156) 農以力盡田 賈以察盡財 百工以巧盡械器 士大夫以上至於公侯 莫不以仁厚知能盡官職 夫是之謂至平(『荀子』, 榮辱 40)

또한 직장과 직장 이외의 생활 중 어느 곳에서 더 삶의 보람을 느끼는지 선택하게 한 물음에서 한국과 일본의 청소년은 직장을 선택한 비율이 37.2%, 직장 이외의 생활을 선택한 비율이 47.9%로서 두 선택지의 선택 비율 사이의 차이가 상대적으로 작아, 일을 하면서 느끼는 보람도 상당히 큰 것으로 인식하고 있다. 그러나 서구 사회의 청소년들은 직장에서 삶의 보람을 느낀다는 비율(23.3%)은 직장 밖에서 더 삶의 보람을 느낀다는 비율(63.1%)의 1/3 수준에 머물고 있다.[158)]

이러한 사실은 동아시아인들은 일의 의미를 긍정적인 데서 찾고, 또 일을 사회관계의 조화를 이루는 요건이라고 인식함을 시사하는 것이다. 서구 사회(미국 · 캐나다 · 영국 · 호주 · 네덜란드 · 스웨덴)의 경영자들은 '개인의 자율성이 보장되는 직업(A)'과 '개인이 부각되지 않고 성원들과 함께 일해야 하는 직업(B)' 가운데 선택하게 하면 90% 이상이 A를 선택하여 자율성의 가치를 중시하고 있으나, 동아시아 사회(일본 · 싱가포르)의 경영자들은 50% 이상이 B를 선택하여 조화성의 가치를 중시함이 드러나고 있다.[159)] 이러한 결과는 동아시아인들은 일의 사회적 가치를 중요하게 받아들이고 있음을 시사하는 것이다.

앞서 언급된 청소년 비교 연구에서 봉급 인상과 승진의 바람직한 방법에 대한 선호도에서 한국과 일본의 청소년들은 각각 46.5%와 41.9%가 연공서열제를 선택하고 능력급제를 선택한 비율은 44.4%와 38.7%이었으나, 미국과 영국의 청소년들 중 연공서열제를 선택한 비율은 각각 17.7%와 15.8%에 불과하였으나 능력급제를 선택한 비율은 무려 77.3%

---

157) 한국갤럽조사연구소, 1985, p. 153, 표 3-7-1.

158) 한국갤럽조사연구소, 1985, pp. 138-140.

159) Hampden-Turner & Trompenaars, 1993. (Nisbett, 2003, pp. 62-66에서 재인용.)

와 77.2%에 이르렀다.[160] 성과연동제보다는 연공서열제가 성원들 사이의 관계의 조화를 도모하는 데 적합한 제도라는 관점에서 보면, 이러한 결과도 동아시아인들에게 있어 일은 개인적인 가치를 가질 뿐만이 아니라 집단적이고 사회적인 가치도 갖는 것임을 의미하고 있는 것이다.

3) 동 · 서 사회관계론 연구의 특이점과 양자의 회통 필요성

동 · 서 사회관계론의 차이는 기본적으로 두 사회를 지탱해 온 사상적 배경인 자유주의와 유학의 체계에서 사회 구성의 기본단위를 무엇으로 잡느냐와 여타 동물과 다른 인간의 고유특성을 무엇이라고 보느냐 하는 관점의 차이에서부터 비롯된다.

서구 사회에서는 사회를 구성하는 기본단위를 자유와 권리의 주체로서의 독립적이고 평등한 개인이라고 보고, 인간의 고유특성을 합리적 계산 능력인 이성에서 찾는다. 이러한 기반 위에서 서구인들은 사회관계를 통해 이루고자 하는 제일의 목표는 자기이익의 최대화에 있다고 간주하고, 이러한 과정에서 유발되는 갈등은 공정한 교환의 규범을 통해 해결하려 한다. 이것이 서구의 대표적인 사회관계론인 사회교환론의 요체로, 이는 서구인들이 중시하여 추구하는 개인의 개체성과 합리성의 가치를 근간으로 하여 구축되고 있다.

이에 비해 동아시아 유학사상에서는 사회구성의 기본단위를 상호의존적이고 연계적인 사회적 관계체로서의 사람들이 맺는 관계에서 찾고, 다른 사람에 대한 관심과 배려의 체계인 도덕성이 인간의 고유특성이라

---

160) 한국갤럽조사연구소, 1985, pp. 146-148.

여긴다. 이러한 맥락에서 동아시아인들은 타인에 대한 배려를 통해 그들과 조화로운 관계를 형성하는 것을 사회관계의 목표라고 간주하고, 이러한 목표는 관계당사자들이 각 관계에 내재되어 있는 각자의 역할을 충실히 수행함으로써 사회관계가 원만히 유지될 수 있다고 여긴다. 이것이 유학적 사회관계론인 도덕실천론의 요체로, 이는 동아시아인들이 중시하여 추구하는 개인의 사회성과 도덕성의 가치를 기반으로 하여 구축되고 있다.

이러한 사회관계론의 차이에서부터 사회 및 조직심리학과 관련된 두 사회의 연구 문제와 이에 대한 접근의 양상이 달라진다. 우선 유학에서는 사회관계에 내재하고 있는 역할의 인식과 그 수행의 문제가 이 분야의 핵심적인 연구 주제로 등장하지만, 서구에서는 이러한 역할의 문제는 사회학의 주제이지 심리학의 연구 주제가 될 수 없다고 여기는 전통이 강하였다. 그러나 지난 세기의 후반부터 문화에 대한 연구에서 이 문제가 다루어지면서, 이는 심리학자들의 관심사로 부각되고 있는 실정이다.

서구 사회교환론에서는 사회생활에서 발생하는 제반 문제를 합리성과 공정성을 통해 이해하려는 특징을 띤다. 따라서 서구인들은 유한한 사회적 자원이나 공동작업의 성과를 분배하거나 일에 대한 보상을 책정할 때, 개인의 이익과 공정성을 기초로 하여 문제에 접근하려 한다. 누구나 사회관계를 통해 자기이익을 최대화하려 하고, 여기서 비롯되는 이익갈등을 공정한 교환을 통해 해결하려 한다는 것이 서구 사회관계론의 핵심 명제이기 때문이다.

그러나 동아시아 사회관계론에서는 사회생활의 제반 문제를 도덕성을 통해 이해하고 해결하려는 특징을 띤다. 도덕성이란 관계상대방에 대해 관심을 가지고 그들을 우선적으로 배려하는 타인 및 관계지향적인 심성의 체계이다. 그러므로 분배 과정이나 보상의 책정 과정에서 타인에 대한 배려와 관계의 조화 유지를 기반으로 하여 문제에 접근하려 한다. 누구나 다른 사람들과 조화로운 관계를 추구하고, 이는 나보다 관계 상대방을 우선적으로 배려함으로써 이루어진다는 것이 동아시아 사회관계론의 핵심 명제이기 때문이다.

이러한 맥락에서 성덕을 지향하고 있는 이론체계로서의 유학에서 도덕인식과 도덕실천의 문제가 중요하게 부각되는 까닭을 짐작할 수 있다. 이는 사회적 존재로서의 개인이 본유적으로 갖추고 있는 도덕성의 체계가 인간 삶의 핵심 동력이라는 사실이 유학적 사회관계론의 전제가 되어 있기 때문이다. 도덕인식과 그 실천 사이의 관계에 관한 연구는 지-행(知-行)의 선후 문제로 다루어져 왔지만, 그 선후가 어떻게 되든지 간에 핵심은 양자의 일치[知行合一]가 성덕의 근간이 되어야 한다는 사실이다. 현대 서구심리학에서도 이 문제는 태도와 행동 사이의 선후 관계에 대한 이론적 대립으로 다루어진 바 있다.[161]

이상에서 보듯이, 서구에서는 개체적 존재로서의 자기이익의 추구와 이성 주체로서의 합리성과 공정성을 축으로 하여 사회관계를 이해하려 한다. 이와는 대조적으로 동아시아 유학사상에서는 사회적 관계체로서의 조화성의 추구와 덕성 주체로서의 타인 배려성을 축으로 하여 사회관계를 이해하려 한다. 그러나 사회성과 도덕적 접근을 도외시하고 인간을 온전히 이해할 수도 없고, 또 개체성과 이성적 접근을 무시하고 인간을 제대로 이해할 수도 없다. 인간이란 개체성과 사회성의 어느 하나의

161) 이 책에서 지-행 관계에 대한 동 · 서 관점은 다음 장의 2절 4)항 "지-행 합일의 문제: 객관적 연구 방법의 도입과 세련화"에서 다루고 있다.

측면만을 가지고 있는 존재는 아닌 것이다. 그러므로 사회관계론에 관한 연구 분야의 경우에도 개체성 지향의 서구심리학과 사회성 지향의 유학심리학이 회통해야 할 논리적 필요성이 도출되는 것이다.

4. 수양론과 자기발전론

인성론에서 정위한 바와 같은 현실적인 인간이 군자론에서 설정한 바와 같은 이상적 인간상에 도달할 수 있는 방법론에 관한 이론체계가 수양론이다. 이러한 수양론은 이기적 욕구와 사적 감정의 체계를 갖추고 있어 선(善)에의 지향성을 잃어버리고 잘못을 저지르기 쉬운 인간이 어떻게 해야 이를 억제하고 스스로의 잘못을 고침으로써, 도덕적 지향성을 회복할 수 있겠는가 하는 방안을 제시하고자 하는 사색의 체계이다. 곧 수양론은 주변 환경 세계나 자기 자신을 통제함으로써 자기발전을 도모하고자 하는 이론체계인 것이다.

1) 동 · 서의 통제대상론: 환경통제론과 자기통제론

전통적으로 서구에서는 인간과 환경을 대립항으로 놓고, 환경의 자극에서 오는 영향력을 제어하는 것을 통제(統制)의 핵심이라 여겨 왔으며, 이러한 환경에 대한 통제력이 자기효능감(自己效能感)을 구성하는 중추라고 인식해 왔다. 이는 인간과 자연, 이성과 감성, 개인과 집단, 신과 악마, 선과 악 같은 이분법으로 세상사를 개념화하는, 고대 그리스 시대부터 이어져 온 서구식 사상체계가 빚어내는 필연적인 결과였다.[162]

이렇게 외부 환경의 통제를 강조하는 서구 사회와는 대조적으로, 유학 사상에서는 인간과 자연, 개인과 사회를 서로 대립하는 실체로 보지 않고, 서로가 서로를 내포하고 있어서 넓고 크게 서로 끌어안아 조화를 이루고 있는 광대화해(廣大和諧)의 존재들로 받아들였다. 인간은 모든 도덕성의 원천을 본유적으로 갖추고 있는 능동적 주체라고 유학자들은 인식한다. 따라서 모든 일의 원인은 스스로에게 갖추어져 있으므로, 통제해야 할 대상은 외부의 환경 세계가 아니라 모든 삶의 주체인 자기 자신이며, 결과적으로 자기의 이기적인 욕구와 사적인 감정을 다스리고 스스로의 잘못을 찾아 고쳐 나가는 것이 수양의 핵심이라 여겨 왔던 것이다.

서구의 환경통제론 서구 개인주의의 사상적 배경인 자유주의 체계에서는 자유의 보유자인 개인의 개체성에서 인간의 존재의의를 찾으려 한다. 그러므로 서구인들은 사회행위의 목표를 독립적인 개체로서 지닌 독특성의 확대와 자율성의 신장에서 찾는다.

이렇게 개인의 개체성을 중시하는 서구인들은 여타 동물과 다른 인간의 고유성이 합리성의 근거인 이성의 능력에 있다고 보아, 개인을 이성의 주체로 인식한다. 그들은 이러한 이성의 합리적인 계산 능력을 통해, 자기의 욕구를 적극적으로 추구함으로써 개인적 이익을 최대화하려 노력하며, 이 과정에서 자기의 사적 감정을 적극적으로 표출하려 한다. 이렇게 서구인들은 자기이익의 추구와 적극적인 자기주장을 자유의 보유자인 이성 주체의 당연한 권리라고 여겨 강조하는 것이다.

또한 서구인들은 인간이란 본래부터 완비적 실체로 태어난다고 여긴

162) White, 1993, p. 31.

다. 인간은 태어날 때부터 고정되고 안정된 능력과 여러 특성들을 갖추고 있으며, 이러한 능력과 제반 특성들은 성장하면서 거의 변화되지 않고 일관적으로 유지된다는 것이다. 이렇게 안정적 실체로 개인을 이해하므로, 자유주의자들은 안정성과 일관성을 강조하는 경향을 띠며, 개인이 보유하고 있는 내적 속성들은 일관되는 안정성을 가지는 것으로 받아들인다.

이렇게 자유주의사상에서는 개체성 · 합리성 · 실체성을 기반으로 하여 인간을 이해함으로써, 개체로서 지닌 자율성과 독특성, 자기이익 추구와 적극적인 자기주장, 그리고 사회행위와 그 원천이 되는 제반 능력의 일관성과 안정성을 강조하는 개인주의적인 삶의 태도를 중시한다. 이러한 자유주의자들의 관점으로부터 서구심리학에서 전개된 통제 관련 논의의 특징들이 자연스럽게 도출된다.

현대 서구심리학에서 전개된 통제론은 다양하지만, 환경 세계를 개인의 욕구에 합치되도록 변화시키는 것을 통제의 본질이라고 본다는 점에서는 견해가 일치하고 있다. 곧 "서구인들이 가지고 있는 통제의 개념은 기본적으로 자기의 내적 속성의 주장과 이를 위해 결과적으로 사회적 상황 같은 외적 측면을 자기에게 맞게 변화시키려는 시도라는 의미를 내포"[163]하는 것이다. 이렇게 서구인들은 자기와 환경 세계 중에서 변화시키고 통제해야 할 것은 자신이 아니라 환경 세계라고 본다. 자유의 보유자로서 개인은 자율적인 합리적 선택 능력을 갖는 존재이고, 따라서 모든 통제력의 원천이 자유의 보유자이면서 이성의 주체인 개인에게 있다고 간주하는 입장에서 보면, 이렇게 통제력의 원천을 자기에게서, 그리

163) Markus & Kitayama, 1991a, p. 228.

고 통제의 대상을 외부 환경 세계에서 찾는 것은 당연한 논리적인 귀결인 것이다.

이러한 맥락에서 보면, 서구인들에게 있어서 자기발전이란 외부 환경 세계를 이성 주체로서의 자기에게 맞추어 변화시킴으로써 스스로가 대상 세계에 미칠 수 있는 영향력을 발휘할 수 있는 유능성과 잠재력을 신장시키는 일을 말하는 것이다. 그러므로 서구인들은 적극적인 자기주장을 통한 자기고양과 스스로에게 완비적으로 갖추어져 있는 장점을 찾아 늘려 나가는 장점확충을 통해 자기발전을 도모하려는 경향성을 강하게 띠게 된다.

유학사상의 자기통제론 동아시아 집단주의의 사상적 배경인 유학의 체계에서는 인간이란 부모-자식, 형-아우 같은 사회관계 속에서 태어나서, 군-신, 장-유 및 붕-우 같은 관계 속에서 살아가는 사회적 관계체로서, 이러한 사회관계를 떠나서는 인간의 존재의의를 찾을 수 없다고 본다. 그러므로 동아시아인들은 사회행위의 목표를 관계당사자들 사이의 상호연계성과 의존성의 확대와 조화로운 사회관계의 형성에서 찾는다.

이렇게 인간 존재를 사회적 관계체로 인식하는 관점으로부터 다른 사람에 대한 관심과 배려의 체계인 도덕성을 인간의 고유특성으로 파악하는 입장이 나온다. 그리하여 유학자들은 개인을 덕성 주체로 인식하고, 다른 사람에 대한 관심과 배려를 스스로에 대한 관심과 배려보다 앞세우는 일을 중시한다. 그 결과 유학자들은 자기의 사적인 욕구나 감정의 표출과 추구는 사회관계의 조화를 해치기 쉽다고 보아, 이를 억제하고 조절하는 삶의 태도를 강조한다.

사회성과 도덕성을 근간으로 하여 인간을 파악하는 유학자들의 관점은 곧바로 인간의 가소성을 중시하는 입장으로 이어진다. 인간은 관계를 맺고 있는 다른 사람들에 대한 관심과 배려의 체계인 도덕성을 본유적으로 갖추고 있는 존재로서, 스스로에게 갖추어져 있는 도덕적 지향성을 주체적으로 자각하여 이상적 인간의 상태(군자 · 성인)에 이를 수 있는 가능체로서의 존재라는 것이 유학자들의 관점이다. 이러한 맥락에서 유학자들은 개인을 과정적 가변체로 인식하여, 삶의 과정에서 가변성과 자기개선을 강조하게 되는 것이다.

이렇게 유학사상은 사회성 · 도덕성 · 가변성을 기반으로 하여 인간을 이해함으로써, 사회적 관계체로서 지닌 연계성과 유사성, 조화성의 추구와 자기억제, 그리고 변화하는 환경 세계에 대한 유연한 적응성을 강조하는 집단주의적인 삶의 태도를 중시한다. 이러한 유학자들의 관점으로부터 유학사상에서 전개된 자기통제론, 곧 수양론의 특징들이 자연스럽게 도출된다.

이러한 맥락에서 보면, 동아시아인들에게 "통제란 고도의 자기통제와 다양한 대인관계 상황에서 자신을 효율적으로 변화시키는 효능성의 형태를 띤다. 이들에게 통제력의 주도적 행사는 기본적으로 대인관계의 조화로운 평형 상태를 해칠 가능성이 있는 개인적이고 사적인 욕구 · 목표 · 정서 같은 내적 속성으로 지향하는 내부지향적인 것이 된다."[164] 유학사상을 배경으로 하고 있는 동아시아 사회인들에게 통제란 도덕 주체로서의 자기 자신의 억제와 절제, 곧 자기통제를 의미하는 것이고, 그들에게 있어서 이러한 자기통제력은 바로 이상적 인간이 되는 원동력으로 작용하게 되는 것이다.

164) Markus & Kitayama, 1991a, p. 228.

이러한 맥락에서 보면, 동아시아인들에게 있어서 자기발전이란 도덕 주체로서의 자기를 환경 세계에 맞추어 변화시킴으로써 다른 사람들과의 관계에서 갈등의 요인을 줄이고 조화를 신장시키는 일을 말하는 것이다. 그러므로 동아시아인들은 이기적인 욕구와 사적 감정을 억제하고, 자기의 잘못과 단점을 찾아내어 고치는 자기개선을 통해 자기발전을 도모하려는 경향성을 강하게 띠게 된다.

2) 동 · 서 자기발전론에서 도출되는 연구의 특징과 그 차이

서구인과 동아시아인의 이러한 통제에 대한 인식의 차이는 그들의 인간관의 차이로부터 직접적으로 연유하는 것이다. 서구인들은 스스로를 자유의 주체라 인식하므로 모든 일에 대한 통제력의 근거를 독립적이고 자율적인 존재로서의 자신에게서 찾고, 자기 자신을 이성의 주체라 여기므로 합리적인 선택과 판단의 원동력이 자신에게 갖추어져 있다고 확신하며, 여러 가지 능력과 특성이 완비적 실체로서의 자신에게 갖추어져 있으므로 스스로에게 다양한 장점이 숨겨져 있다고 여긴다. 따라서 그들은 자기의 욕구나 감정을 숨김없이 표출하는 데서 행복감을 느끼고, 자기의 숨겨져 있는 장점을 찾아 개발하는 일에서 자기향상의 방안을 찾는다.

이와는 대조적으로 동아시아인들은 스스로를 사회적 관계체라 생각하므로 조화로운 사회관계를 형성하고 유지하는 일을 삶의 목표라 여기고, 자기 자신을 도덕성의 주체라 인식하므로 타인과 공동체에 대한 관심과 배려의 근거가 자신에게 갖추어져 있다고 확신하며, 자기 자신은 무한한 가소성을 갖춘 가변체로서 다양한 역할과 상황에 맞게 스스로를 변화시켜 관계의 조화를 이루는 일의 책임을 다해야 하는 존재라고 받아들인다. 그러므로 그들은 사회관계의 조화를 깨뜨릴 가능성이 있는 이기적 욕구와 사적 감정을 억제함으로써 만족감을 느끼고, 스스로의 단점과 잘못을 찾아 개선하는 일에서 자기향상의 방안을 찾는다.

(1) 욕구와 감정의 표출과 억제의 연구

서구 자유주의자들이나 동아시아 유학자들 모두 인간은 생물체로서의 기본적인 욕구들과 제반 감정 상태를 갖추고 있으며, 이들은 인간의 삶의 과정에서 행동을 동원하는 행동동원체계[165] 또는 압력체계[166]를 형성하여 인간 행동의 열소적(熱素的) 요인(hot factors)으로 작용한다.[167] 서구심리학에서는 이성우월주의의 관점에서 이러한 열소적 요인이 냉소적(冷素的) 요인(cold factor)인 인지보다 중요성이 떨어지는 것으로 받아들이고 있었지만, 인간 삶의 과정에서 이의 작용을 부정적으로 인식하기만 하는 것은 아니었다. 그러나 유학사상에서는 덕성우월주의의 관점에서 이러한 열소적 요인은 인간을 악으로 이끌 가능성이 있는 것으로 보아, 이의 절제와 억제를 강조하고 있다.

서구심리학의 자기조절론 앞에서 본 바와 같이, 통제를 개별성과 자율성을 성취하기 위하여 사회 상황이나 외적 제약을 변화시키는 것을 의미하는 것으로 받아들이는 서구 개인주의 사회에서는 자기의 내적 욕구·권리 및 능력의 표출과 사회적 압력에 대한 저항의 노력을 통해 개

165) Duffy, 1962.

166) Kövecses, 1990.

167) 조은경, 1994; Fiske, 1993; Fiske & Taylor, 1991; Markus & Zajonc, 1985.

인적 역량이 체험될 수밖에 없다. 따라서 이 사회에서는 자기표현의 유능성 및 외적 제약으로부터의 자유로움이 자존심과 자기효능감의 근거가 된다. 이들에게 효능감이란 "개인이 주어진 목표 획득에 필요한 행위를 조직하고 수행할 수 있는 가능성에 대한 신념"[168]이다. 곧 개인이 갖추고 있는 환경통제력에 대한 신념, 곧 스스로가 통제력의 원천이며, 이를 통해 통제해야 할 대상은 외부 환경이라는 신념이 바로 자기효능감인 것이다.

이러한 특징은 서구에서 전개된 자기조절에 관한 연구들[169]에 그대로 반영되고 있다. 이러한 이론들에서는 "개인의 욕구에 부합되도록 외부 세계를 변화시키기 위한 노력"[170]을 강조하는 입장에서 능동성 · 도전 및 저항과 극복 등 외부지향적 행동(outward behaviors)을 중시하고, 수동성 · 후퇴 및 순종 등 내부지향적 행동(inward behaviors)을 통제 불능의 상태에서 나오는 병리적 현상이라 간주해 왔던 것이다.[171]

이러한 맥락에서 현대 서구 자기조절론들에서는 통제력의 근거를 개인의 자기효능감 신념 같은 개인이 갖추고 있는 통제 관련 능력에서 찾는다. 여기서 통제 관련 신념들은 개인의 목표 추구를 방해하는 외적 요인의 영향력을 제어함으로써 목표를 지속적으로 추구하는 개인의 능력에 대한 신념을 말한다. 서구인들에게 이러한 통제 관련 신념은 성격이나 지능 같은 개인의 내적 속성의 하나로서, 개인의 '자기개념'과 함께 발달하는 것이다.[172]

---

168) Bandura, 1997, p. 3.

169) 예: Bandura, 1977, 1997; Seligman, 1975/1983 등.

170) Rothbaum, Weisz, & Snyder, 1982, p. 8.

171) Rothbaum et al., 1982; Weisz, Rothbaum, & Blackburn, 1984.

이와 같이 서구의 현대심리학에서는 “자기조절이란 개인에게도 유익하고 사회적으로도 바람직한 결과를 가져오는 어떤 행동(표적행동)과 그 행동의 실행을 방해하는 요인이 있을 때, 방해요인의 영향을 제어하고 표적행동을 실행하도록 자신을 규제하는 것”[173]이라 보고 연구를 진행해 왔다. 이러한 자기조절(self-regulation)에 관한 심리학적 연구들에서는 개인이 설정한 목표 추구 활동의 과정에서 이를 방해하는 혐오사건이나 방해요인의 영향을 제어함으로써 자기효능감을 유지하는 일이 자기조절의 핵심이라고 보아 왔다. 즉 자기조절이란 미래에 설정된 목표의 획득으로부터 오는 더 큰 욕구의 충족이나 쾌(快)를 위해 즉각적인 쾌를 추구하려는 욕구나 즉각적인 고통을 회피하려는 욕구를 제어하는 것이라는 입장이 이러한 연구들의 배경이었다. 그 결과 자기조절에 관한 기존 연구들에서는 자기효능감을 증진시키는 원천으로서 행위자 자신에게 돌아가는 보상(물질적 보상 또는 사회적 보상)을 이용하는 패러다임만을 사용하였다.[174] 말하자면, 외적 보상의 크기의 함수로서 표적행동의 유인력이 커지고, 동시에 방해요인의 제어력이 줄어들 것이라는 전제에서, 미래에 설정된 보상의 크기를 크게 함으로써 표적행동의 유인력을 높이거나 즉각적인 쾌나 고통의 방해력을 줄이는 등 외적 조건의 조작을 통해 주로 연구해 왔던 것이다.

이렇게 서구 사회에서는 통제란 “기본적으로 개인의 내적 속성을 적극적으로 주장함으로써, 결과적으로 공적인 행동과 사회 상황 같은 외적

172) Bandura, 1997, p. 164: 자기효능감의 발달에 관해서는 Bandura(1997, pp. 162-211) 참조.

173) 정영숙, 1995, p. 86.

174) 정영숙, 1994, p. 2.

측면을 변화시키려는 시도"[175]를 의미하는 것이라는 관점에서, 외부 환경을 개인에게 맞추어 변화시킴으로써 개인의 목표를 성취할 수 있는 자기효능감을 높이거나 유지하는 데에 연구의 초점을 두어 왔다고 볼 수 있다. 이들에게 효능감이란 개인이 주어진 목표 획득에 필요한 행위를 조직하고 수행할 수 있는 가능성에 대한 신념이다. 곧 개인이 갖추고 있는 환경통제력에 대한 신념, 곧 스스로가 통제력의 원천이며, 이를 통해 통제해야 할 대상은 외부 환경이라는 신념이 바로 자기효능감인 것이다. 이러한 자기효능감의 바탕 위에서 스스로가 성취해 낼 수 있는 목표를 설정하고, 이를 이루어 내기 위해 필요한 인지적인 준비(계획 · 연습 · 책략 선택 등)를 갖추며, 설정한 목표를 이루기 위해 필요한 내용과 현실 사이의 관계를 검토하여, 행위나 목표를 수정하거나 지속하는 자기점검과 평가가 상시적으로 이루어지는 과정이 곧 자기조절의 과정[176]이라는 것이 서구에서 전개된 자기조절론의 핵심이다.

유학사상의 자기억제론 앞에서 본 바와 같이, 통제를 타인과의 연계성과 관계의 조화를 성취하기 위하여 자기의 욕구나 사적 감정을 변화시키는 것을 의미하는 것으로 받아들이는 동아시아 집단주의 사회에서는, 타인에의 민감성 · 상황의 필요와 요구에의 적응 및 자기억제와 조절의 노력을 통해 개인적 역량이 체험될 수밖에 없다. 따라서 이 사회에서는 이러한 자기억제와 상황적응성 및 대인관계에서의 조화의 유지가 자존심과 효능감의 근거가 된다. 유학사상의 수양론에서는 동아시아 사회의

175) Markus & Kitayama, 1991a, p. 228.

176) Fiske & Taylor, 1991, pp. 195-211; Markus & Wurf, 1987, pp. 307-314.

이러한 특징이 잘 반영되어 있다. 곧 유학자들에게 있어서 자기통제란 사적 욕구와 감정의 조절과 억제를 의미하는 것이었다.

이와 같이 유학의 수양론에서는 모두 통제력의 근거를 도덕적 주체로서 개인이 갖추고 있는 도덕적 자각에서 찾아, 자기 자신의 욕구나 감정을 억제하는 것을 통제의 핵심이라고 보고 있다. 즉 환경 세계를 나에게 맞추어 변화시키는 대신, 자기 자신을 다른 사람이나 상황에 맞추어 변화시키는 것을 통제라고 보는 것이 유학자들의 기본 관점인 것이다. 그들은 이러한 자기통제의 목적은 자기의 사적 욕구와 감정의 절제를 통한 자기개선에 있다고 본다.

이러한 맥락에서 보면, 통제 과정에서 능동성 · 도전 및 저항과 극복 같은 '외부지향적 행동'을 중시하는 서구인들과는 달리, 동아시아인들은 수동성 · 후퇴 및 순종 같은 '내부지향적 행동'을 중시할 것이라 추론할 수 있다. 서구인들은 이러한 내부지향적인 통제 행동을 병리적 현상으로 간주하지만, 동아시아인의 관점에 서면 이는 병리적 현상이 아니라, 자기의 제한된 능력과 운 같은 외적 제약의 작용 가능성을 인정하고, 동료나 집단에 대한 의존과 연합을 형성함으로써, 무모한 개인적인 도전으로부터 오는 실패와 그로 인한 실망감과 무기력으로부터 개인을 보호하고, 심리적 안정을 얻게 하는 긍정적 기능을 갖는 적응 유형의 하나라고 볼 수 있다.

이러한 내부지향적 행동들은 "자기를 외부 세계에 합치되도록 만들고, '현실과 타협'하려는 노력"[177]에서 나오는 것이어서 전자의 '일차통제'(primary control)와 대비하여 '이차통제'(secondary control)라 부를 수

177) Rothbaum et al., 1982, p. 8.

있다. 곧 일차통제는 타인 · 대상 및 환경 조건 같은 외부의 현실을 자기에게 합치하도록 영향을 끼침으로써 보상을 얻으려 하는 서구적인 통제 행동이지만, 이차통제는 자기의 기대 · 목표 · 원망(願望) 같은 자기 내부의 속성을 외부 현실에 맞게 변화시킴으로써 보상을 얻으려 하는 동아시아적인 통제 행동인 것이다.[178)]

인성론의 사분체계론에서 보았듯이, 유학자들은 인간이 도덕적 지향성도 갖추고 있지만, 생물체로서의 생존욕구와 이기적 욕구 및 사적인 감정의 체계도 갖추고 태어난다고 본다. 이러한 사적 욕구와 감정은 인간으로서 없을 수 없는 것이지만, 이것이 지나치게 되면 여러 가지 폐단을 일으키게 된다는 데서 문제가 생긴다. 더욱이 이러한 생물체적 이기적 욕구의 충족 여부는 외적 조건에 의지하고 있다는 데서 문제는 더욱 심각해진다. 사적 감정도 외적 조건에 의해 유발되는 것으로, 다양한 폐단을 불러일으키는 원천이 되기도 한다. 이러한 욕구와 사적 감정에 휘둘리게 되면, 마음의 올바름을 얻지 못함으로써, 도덕적 지향성을 잃게 되기 쉽다. 그러므로 수양의 핵심은 이러한 욕구와 감정을 통제하는 데로 모아질 수밖에 없다는 것이 선진유학자들의 견해이다.

이러한 유학자들의 수양론은 모두 인간의 향악성(向惡性)을 억제 또는 제거하고 도덕성의 근거를 보존하는 데에 초점을 두고 있다. 유학자들은 인간의 향악성이 생물체적 이기적 욕구와 사적 감정에서 나온다는 점에 생각이 일치하고 있다. 그러므로 이들의 수양론은 모두 사적 욕구와 감정을 통제하는 일을 근간으로 하고 있으며, 이러한 맥락에서 유학자들의 수양론은 곧 자기통제론으로 연결되는 것이다.

---

178) Weisz et al., 1984, p. 956, 표 1 참조.

(2) 자기향상의 방안 연구

서구 개인주의 사회에서는 인간을 완비적 실체로 여기고, 인간이 갖추고 있는 능력이나 성격특성 같은 내적 속성들은 비교적 안정적이고 고정적이어서, 시간이나 상황에 따라 달라지지 않는 불변성을 띤다고 생각한다. 이러한 배경에서 서구인들은 자기의 독특성과 긍정성을 과대평가하여 받아들이고, 자신이 갖추고 있는 긍정적 측면을 찾아내어 늘려 나가는 일을 통해 자기향상을 도모하는 경향이 강하다.

그러나 동아시아 사회에서는 인간은 무한한 가소성을 지닌 가변체라 여기고, 인간의 능력과 성격특성은 시간과 상황의 변이에 따라 달라질 수 있는 것으로 생각한다. 이러한 맥락에서 동아시아인들은 스스로의 단점이나 잘못을 부정적으로만 보지 않고, 이를 찾아 고치는 자기개선이 자기향상의 요체가 된다고 받아들이는 경향이 강하다.

서구심리학의 자기고양과 장점확충론 인간의 존재의의를 자유의 보유자로서의 개인 존재가 갖는 개체성에서 찾으려는 개인주의 사회에서는 행위원동력으로서의 자기가 주의의 초점으로 부각되고, 결과적으로 이 사회에 살고 있는 사람들은 개인의 독립성과 자율성 및 독특성을 강조하고 삶의 과정에서 이를 추구하려 한다. 그러므로 서구인들은 자기와 타인을 평가하는 기준을 자기 자신에게서 찾음으로써 자기의 독특성을 과도하게 추구하고, 타인과 자신의 행동의 원인을 독특한 개인 내적 특성에서 찾는 경향이 확연하게 나타나며, 자부심 같은 자기중심적인 정서의 체험빈도가 높고, 개인지향적 동기의 강도가 강하다.

이어서 여타 동물과는 다른 인간의 고유특성을 이성 주체로서의 인간의 합리성에서 찾으려는 개인주의 사회에서는 통제의 대상을 환경 세계로 보아 이를 자기에게 맞추어 변화시키려 하고, 결과적으로 이 사회인들은 자기주장과 자기고양을 강조하고 추구하려 한다. 그리하여 서구인들은 경쟁과 대결을 통해 갈등을 해결하려는 경향이 높고, 자기와 타인의 행동 원인을 자기의 자존심을 고양시킬 수 있는 측면에서 찾는 자기고양의 경향이 강하며, 분노와 같이 대인관계를 해칠 가능성이 있는 감정일지라도 솔직하고도 적극적으로 표출하려 하고, 외적 환경을 변화시켜 자기에게 맞추려는 환경통제의 동기가 강하다.

그리고 인간을 행동의 원인이 되는 제반 특성을 갖추고 있는 완비적인 실체로 개념화하여 받아들이는 개인주의 사회에서는 자기향상의 방안을 개인이 갖추고 있는 다양한 장점들을 찾아 확충하는 일에서 찾게 되고, 결과적으로 이 사회인들은 시간적 상황적 변이에도 불구하고 변치 않는 안정성과 일관성을 강조하고 추구하려 한다. 이러한 맥락에서 서구인들은 개인의 성격과 능력은 상당히 안정적이어서 시간이나 개인의 노력에 따라 크게 변화하지 않는다고 인식하고, 스스로가 타고난 장점의 확충을 통해 자기발전이 이루어진다고 생각하여, 스스로의 긍정적 특성과 긍정적 감정을 중시하고 추구하는 경향이 강하다. 또한 그들은 자기 주변에서 일어나는 세상사를 대체로 일관적 안정적인 것으로 인식하고, 성취의 결과를 안정적 요소인 능력에 귀인하는 경향이 두드러지며, 일상생활에서 일관성 추구의 동기가 강하게 드러난다.

이러한 결과들에서 보듯이, 삶의 과정에서 서구인들의 관심은 대체로 독립적인 자기의 개별성과 독특성 및 수월성을 확인하고 이를 드러내는 데에 쏠려 있다. 그들은 자기와 타인의 차이를 찾아내고, 이로부터 자기만의 고유성을 확인하여 이를 적극적으로 확충함으로써, 자기에 대한 만족감을 높여 가는 데에서 '사람됨' 또는 '자기화'의 의미를 찾는다.

이와 같이 서구인들에게 있어 자기화는 자기의 독특성과 수월성을 주축으로 하는 자기만족감을 근거로 하여 이루어지는 것임을 알 수 있다. 그들은 자기완비적이고 독립적이며 자율적인 개체로서의 자기가 갖추고 있는 독특성을 찾아내고 이를 확충함으로써,[179] 점점 더 남들과 확실하게 구분되는 데에서 가치로운 존재로서의 자기의 의미를 찾으려 하는 것이다.[180] 이러한 과정에서 개인은 남들과 점점 더 견고한 경계를 가진 '독립적인 존재'가 되어 가는 것이며, 이러한 자기견고화와 자기고양을 통한 자기만족감의 추구가 서구인들이 지향하는 삶의 목표로 부각되는 것이다.

유학사상의 자기성찰과 자기개선론 동아시아 집단주의 사회에서는 사람이 다양한 상황과 관계에 의해 규정된다고 보며, 이러한 상황과 관계에 따른 역할·지위 및 책임이 사회행위의 원동력이라고 여긴다. 따라서 이러한 다양한 상황과 관계에 맞추어 스스로의 행위를 적합하게 조정할 것이 요구되므로, 상황과 관계에 따른 행위의 가변성을 인정하고 강조하게 된다. 결국 사람들 사이의 연계성의 확립이 문화적 명제로 부각되는 집단주의 사회에서는 타인에 대한 배려와 조화의 유지를 강조하게 되고, 결과적으로 긍정적인 자기상이나 자기에 대한 긍정적인 감정보다는 자기의 부정적인 측면과 부정적 감정에 더 민감하고, 또 이러한 경험을 더 쉽게 수용할 가능성이 높다.[181]

---

179) Myers, 1987.

180) Markus & Kitayama, 1991a, b.

181) 조긍호, 1999a, b, 2000; Diener & Diener 1995; Diener & Larsen, 1993; Fiske,

이와 같이 집단주의 사회에서는 자기비판과 이를 통한 자기개선의 방향으로 문화적 압력이 존재하게 되어, 자기의 부정적 측면에 주의를 기울이고 이를 정교화하게 된다. 그 결과 집단주의 사회에서 '자기화'는 집단의 기대에 비추어 보아 자기에게 결여된 것이 무엇인가를 찾아내어, 이를 수정하는 자기개선이 주축이 되며, 이러한 자기개선이 자존심의 근거가 된다.[182] 그리하여 집단주의 사회에서는 집단 내의 조화와 사회관계 속에서 자기가 차지하는 적합한 위치에 주의를 기울이게 되어, 조화를 해치거나 남에게 피해를 줄지도 모르는 부정적 측면의 확인과 개선에 힘쓰게 되므로, 이러한 노력이 곧 행복감의 바탕이 되는 것이다.[183]

동아시아 사회에서 이러한 집단주의적 행동 양식의 근거가 되어 온 유학의 욕구이론과 정서이론은 본인의 수양 수준에 따라 촉발되는 도덕적 지향 욕구와 감정을 적극 권장하고, 자기중심적인 이기적 욕구와 사적 감정은 인간을 악으로 이끌 수 있으므로 적극 억제해야 한다는 주장을 중심으로 성립되고 있다. 이러한 욕구와 감정의 통제와 조절은 자기수양의 요체로서, 자기개선과 자기향상을 이루어 군자가 되는 길에서 중핵적인 과제가 된다는 것이 유학의 경전들에서 도출되는 욕구이론과 정서이론의 핵심 내용인 것이다.

이렇게만 보면, 유학의 수양론이 인간의 억제와 통제에만 초점을 맞추고 있는 것으로 보이기 쉽다. 그러나 유학자들의 수양론을 논의할 때는

Kitayama, Markus, & Nisbett, 1998; Heine & Lehman, 1995; Kitayama & Markus, 1994, 1995; Kitayama, Markus, Matsumoto, & Norasakkunkit, 1997; Markus & Kitayama, 1994a, b.

182) Fiske et al., 1998; Kitayama et al., 1997.

183) Diener & Diener, 1995; Heine & Lehman, 1995; Kwan, Bond, & Singelis, 1997.

필히 그들이 인간의 도덕적 지향성과 도덕적 자각을 강조하고 있다는 사실을 염두에 두어야 한다. 인간은 스스로에게 갖추어져 있는 도덕적 지향성을 인식하고, 이를 일상생활에서 키워냄으로써 자기개선을 이루어, 이상적 인격(군자와 성인)의 상태에 도달할 수 있는 존재라는 것이 이들의 기본 관점인 것이다.

유학의 창시자인 공자는 이기적인 욕구와 감정을 통제한 근거[克己] 위에서 도덕적 규범 체계에 의해 자기 몸을 단속함으로써[復禮], 자기의 제반 행위가 도덕성의 체계에 비추어 어긋나지 않았는지 살펴보는 자기성찰을 수양의 가장 중요한 방안으로 제시하였다.[184] 그는 이러한 자기성찰은 사람으로서 지향해야 할 바를 익히는 배움을 전제로 하여 이루어지는 것이라고 보아, 배움을 매우 중시하였다. 배운 바를 매일 익히고 이에 비추어 자기를 돌아보면, 자기의 잘못이 드러나게 된다는 논리였던 것이다. 그리하여 자기의 잘못을 고쳐 나감으로써 같은 잘못을 두 번 다시 범하지 않게 되는 자기개선을 이루는 일이 공자가 제시하는 수양의 방법이었던 것이다.[185]

공자 이후 유학자들은 모든 일의 원천은 자기 자신이라는 인문주의(人文主義)의 입장에서 항상 모든 책임을 스스로에게서 찾고, 따라서 스스로를 통제함으로써 환경 세계와 조화를 이루며 사는 일을 지향해 왔다.[186]

---

184) 顔淵問仁 子曰 克己復禮爲仁 一日克己復禮 天下歸仁焉 爲仁由己 而由人乎哉 顔淵曰 請問其目 子曰 非禮勿視 非禮勿聽 非禮勿言 非禮勿動 顔淵曰 回雖不敏 請事斯語矣(『論語』, 顔淵 1)

185) 공자가 자기성찰과 자기개선을 수양의 방법으로 중시하였다는 사실은 『論語』에서 이 문제가 '배움'[學]과 함께 가장 자주 언급되는 주제(學而 4, 8; 里仁 7, 17; 公冶長 26; 雍也 2; 述而 2, 3, 21, 30, 33; 子罕 24; 顔淵 4; 衛靈公 29; 子張 21 등)라는 사실에서 잘 드러나고 있다.

곧 일상생활의 과정에서 항상 자기를 돌아봄으로써 자기의 잘못과 단점을 찾아내고, 이를 적극적으로 고쳐 자기개선을 이루는 일, 이것이 바로 존재확대를 통해 성덕을 이루는 길이라는 것이 유학적 수양론의 요체인 것이다.

3) 동 · 서 자기발전론 연구의 특이점과 양자의 회통 필요성

동 · 서 자기발전론의 차이는 기본적으로 두 사회를 지탱해 온 사상적 배경인 자유주의와 유학의 체계에서 인간의 통제력의 근거를 어디에서 찾을 것이냐 하는 관점과 인간 존재의 변화가능성을 어떻게 보느냐 하는 관점의 차이에서 나오는 것으로 볼 수 있다. 서구 사회에서는 인간의 존재의의를 개체적 존재 특성에서 찾으려 하므로 개체로서의 독립성과 독특성 및 자율성의 확보를 중시하며, 합리적 계산 능력인 이성의 주체로서 환경 세계를 자신에게 맞추어 변화시키는 것을 통제라 여기고, 이러한 통제력의 근거를 독립적이고 자율적인 자신에게서 찾으려 한다. 또한 서구인들은 인간은 안정되고 불변적인 능력과 특성을 갖춘 완비적 실체로서, 스스로가 갖추고 있는 장점과 긍적적 특성들을 찾아 확충하는 일에서 스스로의 자기존중감이 증진되는 것으로 여긴다.

이에 비해 동아시아 사회에서는 인간의 존재의의를 사회적 존재 특성에서 찾으려 하므로 사회적 관계체로서의 상호연계성과 의존성 및 조화로운 관계의 형성을 중시하며, 타인에 대한 관심과 배려, 곧 도덕의 주체로서 자기 자신의 이기적 욕구와 사적인 감정을 절제하고 억제하는 일을

---

186) 드 배리(de Bary, 1983/1998, p. 130)가 유학사상을 '도덕적 문화적 개인주의'라 부르는 것은 바로 이러한 점을 지적하여 말하는 것이다.

통제라 여기고, 이러한 통제력의 근거를 스스로가 본유하고 있는 도덕적 지향성에서 찾으려 한다. 또한 동아시아인들은 인간은 소인의 상태로부터 이상적 인간상인 군자로 변화할 수 있는 무한한 가소성을 갖춘 가변체로서, 일상생활의 과정에서 자기를 돌아보고 반성함으로써 자기의 단점과 잘못을 찾아 이를 고쳐 나가는 데에서 자기향상이 이루어지는 것으로 여긴다.

이와 같이 서구인들은 이성적 존재인 개인이 통제력의 주체로서, 환경세계를 자기에게 맞추어 변화시켜 자기의 이익을 최대화하려 하는데, 이는 인간의 자연스럽고도 당연한 권리라고 인식한다. 그러므로 서구인들은 개인의 욕구와 감정을 솔직하고도 적극적으로 표출하려 하고, 그 결과 외계의 환경을 자기에게 맞추어 변화시킴으로써 개인적인 목표를 이룰 수 있다고 여긴다. 또한 그들은 스스로에게 갖추어져 있는 다양한 장점과 긍정적인 특성들을 찾아 확충하는 일을 자기향상의 길이라고 여겨 추구하는 경향을 드러낸다.

이와는 대조적으로 인간을 도덕 주체로 인식하는 동아시아인들은 이기적 욕구와 사적 감정을 추구하는 것은 인간을 악으로 이끄는 일이라고 보아, 이의 적극적인 억제와 절제를 강조한다. 그뿐만 아니라 동아시아인들은 자기의 단점이나 잘못을 부정적으로 인식하지 않고, 이를 찾아 고쳐 나가는 일을 자기발전을 이루는 요체라고 여긴다. 그러므로 일상생활의 과정에서 자기의 잘못을 확인하여 자기개선을 이루려는 경향을 강하게 드러낸다.

이상에서 보듯이, 서구에서는 개체적 존재로서의 독립성과 독특성 및 자율성의 추구와 이성 주체로서의 합리적 계산 능력, 그리고 완비적 실체로서의 고정적 특성의 확충을 기반으로 하여 자기와 자기발전의 문제를 이해하려 한다. 이와는 대조적으로 동아시아 유학사상에서는 사회적 관계체로서의 연계성과 조화성의 추구와 덕성 주체로서의 타인 배려성, 그리고 무한한 가변체로서의 자기개선을 기반으로 하여 자기발전의 문제를 이해하려 한다. 그러나 서구의 관점만으로 인간을 온전히 이해할 수도 없고, 동아시아의 관점을 통해서만 인간이 제대로 이해될 수 있는 것도 아니다. 인간은 개체성과 사회성, 이성과 도덕성, 안정성과 가변성을 함께 갖추고 있는 다중적인 존재인 것이다. 그러므로 자기발전론에 관한 연구 분야의 경우에도 개체성 · 합리성 · 안정성 지향의 서구심리학과 사회성 · 도덕성 · 가변성 지향의 유학심리학이 회통할 논리적 필요성이 도출되는 것이다.

제7장 동 · 서 관점의 회통과 보편심리학

앞 장에서 '유학심리학의 체계' 시리즈의 1권에서부터 3권까지 고찰해 온 유학의 인성론 · 군자론 · 도덕실천론 · 수양론에서 도출되는 심리구성체론 · 이상적 인간형론 · 사회관계론 · 자기발전론과 관련된 심리학의 연구 문제들을 동 · 서의 관점을 대비하여 살펴보았다. 이러한 대비를 통해 분명해진 사실은 서구심리학의 주요 연구 경향과 유학의 체계에서 유도되어 나오는 각 분야에 대한 이론들은 서구 자유주의와 동아시아 유학사상에서 도출되는 인간관의 차이로부터 그대로 연역되어지고 있다는 점이었다.

서구인들은 개체성 · 합리성 · 안정성의 가치를 중시하여, 인간의 존재의의를 개체로서의 개인적 특성에서 찾으려 하고, 인간의 고유특성을 합리적 계산 능력인 이성이라 여기며, 인간은 상황과 시간의 변이에도 불구하고 거의 변하지 않는 내적 속성을 완비하여 갖추고 있는 존재라고 인식한다. 그러므로 서구인들은 일상생활의 과정에서 자유와 권리의 보유자로서의 독립성과 독특성 및 자율성을 추구하고, 이성의 주체로서 합리적 판단과 선택을 통해 자기이익을 최대화하려 하고 이러한 과정에서의 적극적인 자기주장을 당연한 권리로 여기며, 완비적 실체로서 스스로가 갖추고 있는 장점과 긍정성을 찾아 확충하는 일에서 자기발전의 원동력을 찾으려는 개인주의적인 심성과 행동 양식을 드러낸다.

이와는 대조적으로 동아시아인들은 사회성 · 도덕성 · 가변성의 가치를 중시하여, 인간의 존재의의를 개인 존재의 사회적 특성에서 찾으려 하고, 인간의 고유특성을 타인과 공동체에 대한 관심과 배려의 체계인 도덕성이라 여기며, 인간은 상황과 시간의 변이에 따라 유연하게 변화하는 가소적인 존재라고 인식한다. 그러므로 동아시아인들은 일상생활의 과정에서 사회적 관계체로서의 개인 사이의 상호연계성과 의존성 및 유사성을 추구하고, 덕성의 주체로서 타인에 대한 우선적인 배려를 통해 사회관계의 조화를 이루려 하고 이 과정에서 개인적 욕구와 감정은 관계의 조화를 깨뜨릴 위험이 다분하다고 여겨 적극적으로 억제하려 하며, 과정적 가변체로서 스스로의 단점과 잘못을 찾아 고쳐 나가는 자기개선에서 자기발전의 원동력을 찾으려는 집단주의적인 심성과 행동 양식을 드러낸다.

이러한 맥락에서 서구에서는 개인의 개체성의 견고화와 긍정성을 지향하는 심리학, 개인의 자기이익 추구와 솔직하고 적극적인 자기주장을 지향하는 심리학, 그리고 자기고양과 장점의 확충을 지향하는 심리학이 전개되어 왔다고 볼 수 있다. 이에 비해 동아시아에서는 타인과 공동체를 자신 속으로 끌어들여 개인의 존재확대를 지향하는 심리학, 사회관계의 조화를 이루기 위해 적극적인 자기억제를 지향하는 심리학, 그리고 겸양과 양보 및 자기반성과 자기개선을 지향하는 심리학이 추구될 가능성이 있는 것으로 보인다.

그러나 이 두 심리학은 모두 인간 일반을 전체적으로 이해하지 못하는 반쪽짜리 심리학으로 전락할 가능성이 다분하다. 사회성을 도외시하고 개체성에만 의지해서 인간을 이해할 수도 없지만 개체성 없이 사회성만

가지고 인간을 이해할 수도 없고, 여타 동물과 다른 인간의 고유성이 합리적 계산 능력인 이성에서만 나온다거나 타인과 공동체에의 관심과 배려의 체계인 도덕성에서만 나오는 것으로 볼 수도 없으며, 인간의 존재 양상을 고정성과 안정성에서만 찾거나 항상 가변적인 모습에서만 찾을 수도 없을 것이기 때문이다.

이러한 배경에서 인간 일반을 제대로 이해하려는 보편심리학의 구축을 위해서는 동 · 서의 인간 이해의 관점을 아우르는 통합적인 입장이 등장할 필요성이 대두된다. 이 장에서는 이 시리즈 전체의 결론으로서, 바로 이러한 동 · 서 관점의 회통(會通)을 통한 보편심리학 구축의 가능성에 대해 논의해 보기로 하겠다.

1. 동·서 인간관의 통합과 보편심리학의 연구 방향

서구와 동아시아 사회의 사상적 배경인 자유주의와 유학의 체계에서 중시하는 가치의 차이로부터 두 지역에서 인간의 존재의의, 인간의 고유 특성 및 인간의 변이가능성의 차원에서 서로 다른 관점이 도출되고, 이것이 두 사회에서 인간을 이해하는 관점의 차이를 유발한다. 그러나 제반 가치에 대한 두 지역의 중시도의 차이는 상대적인 것일 뿐 전혀 절대적인 것은 아니다. 예를 들면, 서구에서 사회성보다 개체성을 중시한다는 것은 동아시아와 비교하여 상대적으로 그렇다는 것이지, 서구에서는 개체성만을 중시하고 사회성은 전혀 무시한다는 얘기는 아닌 것이다.

인간이란 어느 한 이론이 규정하는 대로 하나의 측면만을 가지는 존재는 결코 아니다. 인간은 여러 특징들을 공유하는 복합적인 존재인 것이다. 여기에서는 이러한 맥락에서 우선 서구와 동아시아 인간관의 통합 가능성에 대해 살펴보기로 하겠다. 이러한 동·서의 인간 이해의 관점을 통합한 근거 위에서라야 복합적인 존재로서의 인간을 이해하기 위한 글자 그대로의 보편심리학을 구축할 수 있을 것이기 때문이다.

1) 인간의 존재의의의 출처: 개체성과 사회성의 통합

인간은 누구나 혼자서 태어나고, 혼자서 생존하다가, 혼자서 죽어 가는 개체적 존재이다. 누구나 다른 사람과 함께 태어나거나 다른 사람이 대신 태어나 줄 수도 없고, 다른 사람이 대신 밥을 먹거나 잠을 자 줄 수도 없으며, 함께 죽거나 대신 죽어 줄 수도 없다. 이렇게 인간은 생존과 사멸의 모든 일을 혼자서 할 수밖에 없다. 그런 점에서 인간은 누구나 철저하게 개체적 존재이다.

그러나 인간은 아버지와 어머니라는 다른 사람이 없으면 태어날 수 없고, 곡물과 채소 등 먹을 것을 생산하고 요리하는 다른 사람이 없으면 생존할 수 없으며, 함께 적의 침입을 막아낼 다른 사람이 없으면 안전을 유지할 수도 없다. 누구나 부모나 형제 및 친척들과의 관계 속에서 그들의 가족으로 태어나고, 다른 사람들과의 관계 속에서 그들의 친구나 동료 및 동반자로서 살다가, 다른 사람들과의 관계 속에서 그들의 부모나 형제 및 동료로서 죽어 간다. 이러한 다른 사람과의 관계가 없으면, 인간의 삶 자체가 불가능하다. 그런 점에서 인간은 철두철미 사회적 존재이다.

이렇게 인간은 개체적 존재이면서 동시에 사회적인 존재이다. 서구인들은 인간의 이러한 상호배타적인 이중적 속성, 곧 개체성과 사회성 가운데 개체성을 중시하여, 이로부터 인간의 존재의의를 도출하려 한다.

그러므로 서구인들은 인간을 자유와 권리의 주체라고 보아, 개인의 독립성과 독특성 및 자율성 같은 개체적 특성을 중시하는 경향을 띤다. 이에 비해 동아시아인들은 개체성보다 사회성을 중시하여, 여기에서 인간의 존재의의를 찾으려는 경향을 띤다. 그러므로 동아시아인들은 인간을 사회적 관계체라고 보아, 관계상대자들과의 상호연계성과 의존성 및 조화성과 같은 관계적 특성을 중시하는 경향이 강하다.

그러나 그렇다고 해서 서구인들이 인간의 사회성을 전혀 도외시하는 것은 아니고, 또 동아시아인이라고 해서 개인의 개체성을 완전히 무시하는 것도 아니다. 현대 서구의 이상적 인간상에 관한 연구에서 성숙성격자의 다섯 가지 특징 가운데 하나를 '따뜻한 대인관계'로 잡고 있다는 사실[1]이나, 에릭슨의 성격발달단계에서 신뢰감(영아기의 발달과업)과 친밀감(성인 초기의 발달과업)의 발달을 중시하고 있다는 점, 매슬로의 욕구위계 가운데 세 번째 단계를 소속과 사랑의 욕구로 설정하고 있다는 점,[2] 그리고 현대 성격이론 가운데 가장 많은 지지를 받고 있는 '5대 요인 모형'(Big-Five model)[3]에서 우호성(agreeableness) 요인을 제2요인으로 잡고 있다는 사실[4] 들에서, 서구의 성격이론가들이 그들의 이론 구성에서

---

1) 김성태, 1976, p. 27; 1984, pp. 208-211; 1989, pp. 285-287: 제6장의 "서구의 이상적 인간상" 논의 중 김성태의 연구 내용(주 65) 참조.

2) 에릭슨과 매슬로의 이론에 대해서는 제6장의 "서구심리학의 이상적 성격발달 연구" 항목 참조.

3) 민경환, 2002, p. 51; 홍숙기, 2005, p. 61; McAdams, 2001, p. 305.

4) Costa & McCrae, 1992; Goldberg, 1990: 이는 다양한 성격특성어들이나 성격특성 반대쌍(예: 좋다-나쁘다)에 대한 자기평정의 자료를 요인분석한 결과에 기초하여, 인간의 성격이 '외향성(extroversion) · 우호성(agreeableness) · 성실성(conscientiousness) · 정서 안정성(emotional stability) · 체험 개방성(openness to experience)'의 다섯 가지 거대 요인으로 구성되어 있다고 보는 이론이다. 이 중에서 우호성은 상냥함 · 친

인간의 사회성을 도외시하고 있는 것은 아니라는 사실을 분명히 볼 수 있다.

또한 유학의 이론체계에서도 인간의 개체적 존재 특성을 무시하고 있지는 않다는 많은 사례들을 찾아볼 수 있다. 공자는 이상적 인간에 대한 자로(子路)와의 문답에서 군자에 대해 '수기이경(修己以敬)-수기이안인(修己以安人)-수기이안백성(修己以安百姓)'의 순서로 응답하여, 자기의 개인적 인격을 닦는 수기(修己)를 이상적 인격체가 되는 일의 핵심으로 제시하고 있다.[5] 또한 욕구위계를 설정한 『대학』의 팔조목에서 '격물(格物)-치지(致知)-성의(誠意)-정심(正心)-수신(修身)'까지는 개체로서의 지적 인격적 완성의 지향을 가장 기본적인 위계의 욕구로 설정하고 있음을 의미하는 것이다.[6]

이러한 예시들에서 보듯이, 유학자들은 이상적 인격체가 되는 과정은 수기 곧 개체로서의 인격의 수양을 기초로 하여야 함을 강조하고 있다.[7] 이렇게 유학자들은 모든 일의 원천은 자기 자신이라는 관점에서 항상 모

절성·신뢰성·이타성·겸손성·온유함 등 대인관계의 호의성을 드러내는 특성들의 집합이다.

5) 子路問君子 子曰 修己以敬 曰 如斯而已乎 曰 修己以安人 曰 如斯而已乎 曰 修己以安百姓 修己以安百姓 堯舜其猶病諸(『論語』, 憲問 45)

6) 古之欲明明德於天下者 先治其國 欲治其國者 先齊其家 欲齊其家者 先修其身 欲修其身者 先正其心 欲正其心者 先誠其意 欲誠其意者 先致其知 致知在格物 物格而后知至 知至而后意誠 意誠而后心正 心正而后身修 身修而后家齊 家齊而后國治 國治而后天下平(『大學』, 經)

7) 공자는 "옛날의 배우는 사람들은 자기 인격을 닦는 공부를 하였는데, 오늘날의 배우는 사람들은 남에게 보이기 위한 공부를 하고 있구나!"(子曰 古之學者爲己 今之學者爲人, 『論語』, 憲問 25)라고 탄식하면서, 유학의 본령은 자기 인격을 닦는 학문, 곧 '위기지학'(爲己之學)에 있음을 강조하고 있다.

든 책임을 스스로에게서 찾고, 따라서 스스로의 인격을 닦음으로써 다른 사람들과 조화를 이루며 사는 일을 지향해 왔던 것이다. 이러한 맥락에서 드 배리(de Bary, Wm.)는 유학사상을 "도덕적 문화적 개인주의"라 부르고 있는데,[8] 이는 유학이 개체성의 충실화를 사회성의 발현만큼 중시하고 있음을 드러내고 있다는 논의이다.

이상에서 보듯이, 서구에서 전개된 이론들이라고 해서 인간의 사회적 존재 특성을 모두 도외시하고 있는 것은 아니고, 유학의 이론들이라고 해서 모두 인간의 개체적 존재 특성을 무시하고 있는 것도 아니다. 인간이란 개체적 존재이기도 하고 또 사회적 존재이기도 하므로, 인간을 제대로 이해하기 위해서는 개체성에 대한 관심과 사회성에 대한 관심을 모두 그 이론체계 속에 포괄하여야 할 것이다. 이것이 바로 동 · 서의 이론적 회통일 것이고, 이를 통해서라야 글자 그대로의 보편심리학이 구축될 수 있을 것이다.[9]

2) 인간의 고유특성: 이성과 도덕성의 통합

인간은 음식 · 물 · 수면 · 이성(異性) 등을 추구하는 생존의 욕구를 갖추고 있는 동물 가족의 일원이다. 이러한 대상을 적절한 시간 안에 획득하여 욕구를 충족시키면 생명을 유지하고 살아남지만, 그렇지 못하면 생존의 대열에서 낙오하고 만다. 또한 사람들은 이러한 욕구 충족의 대상을 획득하면 기쁨과 행복감을 느끼고, 오랜 시간 동안 이를 얻지 못하거

8) de Bary, 1983/1998, pp. 96, 130.

9) 이러한 논의는 졸저(조긍호, 2021a, pp. 147-162; 2021b, pp. 455-510) 참조.

나 이를 남에게 빼앗기면 슬픔과 분노 또는 우울감을 느낀다. 그러므로 인간은 삶의 과정에서 상당히 많은 시간과 에너지를 들여 이러한 생존 욕구의 충족을 위해 노력한다. 이러한 점에서 인간은 다른 동물들이나 마찬가지로 분명히 생물체적 존재이다.

이렇게 욕구적 존재라는 점에서 인간은 동물군(動物群)에 속하지만, 그러나 인간은 문명(文明)을 구축하고 이를 누리고 사는 문화적 존재라는 점에서 여타 동물과는 다르다. 문화적 존재로서의 인간을 여타 동물과 다르게 만드는 이러한 인간의 고유특성에는 다양한 것이 있겠지만, 가장 중요한 것은 이성(理性)과 도덕성(道德性)을 들 수 있다.

서구인들은 욕구와 감정의 지배에서 오는 서로 간의 이익갈등 상황으로부터 벗어나 사람들을 평화로운 공존 상태로 이끄는 것은 합리적 판단과 선택의 능력인 이성이 인간에게 갖추어져 있기 때문이라고 여긴다. 즉 여타 동물과 다른 인간의 고유특성은 이성이며, 인간이 이렇게 이성의 주체라는 사실에서 문화적 존재로서의 인간의 특성이 나온다는 것이다. 이에 비해 동아시아인들은 인간이 욕구와 감정의 지배에서 벗어나 조화로운 사회관계를 형성할 수 있게 만드는 것은 다른 사람과 공동체에 대해 관심을 가지고 그들을 우선적으로 배려할 수 있는 심성의 체계인 도덕성이 인간에게 갖추어져 있기 때문이라고 여긴다. 즉 여타 동물은 갖추고 있지 못한 인간의 고유특성은 도덕성이며, 인간이 이렇게 덕성의 주체라는 사실에서 인간의 인간다운 면모가 나온다는 것이다.

그러나 동아시아인들만 도덕성을 인간의 고유특성으로 여기는 것은 아니다. 이는 서구인들도 마찬가지이다. 종교란 도덕적 가치 또는 삶의 도덕적 원칙에 대한 신념체계인데, 기독교는 380년 테오도시우스 대제의 로마 국교화 선언 이후 지난 1,700년에 가까운 세월 동안 서구 사회를 압도적으로 지배해 온 도덕적 체계였으며, 서구 사회에서 벌어진 상당히 많은 전쟁이 종교적인 대립에 그 근원이 있었다는 사실에 비추어 보면, 서구인들의 삶에서 도덕의 문제가 얼마나 강력한 힘을 발휘해 왔는지 알 수 있다. 현대의 유명한 도덕철학자인 샌델(Sandel, M.)은 20세기 중반 이후 미국인들의 정치적 선택(대통령 선거)의 핵심 모티프(motif)는 도덕적 가치의 문제였다고 진술하고 있는데,[10] 이러한 사실도 도덕성의 문제나 도덕성의 중시가 서구와는 관계없는 동아시아만의 현상은 절대로 아님을 시사하고 있다.

다만 서구의 전통적인 사상체계와 현대 서구심리학에서는 도덕성을 인간에게 본유적인 심성의 요소라고 파악하지 않고, 이성적 추론의 결과(의무론과 인지발달이론)이거나 정념적 경험의 결과(정념론과 정신역동이론) 또는 학습의 결과(공리주의와 행동주의이론)라고 하여, 심성의 부속체계라고 여길 뿐인 것이다.[11] 그러나 그렇다고 해서 서구인들이 도덕의 문제가 인간 삶에 미치는 영향이 적다거나 미미하다고 여기는 것은 아니다.

또한 인간의 이성을 통한 합리적 인식 능력을 서구인들만이 인간의 고유특성으로 보고 중시하는 것은 아니다. 유학사상에서도 인식 능력의 선천성을 인정하고, 이를 여타 동물과는 다른 인간의 고유특성의 하나라고 인정한다. 맹자와 순자는 인식 능력의 선천성을 강조하여 제시하고,[12] 이러한 인식 능력의 주관기관은 욕구와 감정의 주관기관인 이목

10) Sandel, 2005/2010, pp. 7-13.

11) 서구 철학과 이에 영향을 받은 현대 서구심리학의 도덕성이론에 대해서는 졸저(조긍호, 2017a, pp. 551-571; 2017b, pp. 204-266) 참조.

12) 孟子曰 人之所不學而能者 其良能也 所不慮而知者 其良知也 孩提之童 無不知愛其

지관(耳目之官)이 아니라 도덕성의 주관기관인 마음[心]이라 하여,[13] 인식 능력의 인간 고유성을 강조하고 있다. 다만 유학자들은 도덕성이 사회적 존재로서의 인간을 특징짓는 중심적인 심성의 요소라고 볼 뿐이지, 인식 능력이 인간에게 고유한 특성이 아니라고 주장하는 것은 아닌 것이다.[14]

이상에서 보듯이, 서구에서 전개된 이론들이라고 해서 인간의 도덕성을 모두 도외시하는 것도 아니고, 유학의 이론들이라고 해서 모두 인간의 인식 능력을 무시하는 것도 아니다. 인간이란 도덕적 존재이기도 하고 또 이성적 존재이기도 하므로, 인간을 제대로 이해하기 위해서는 도덕성에 대한 관심과 합리적 이성에 대한 관심을 모두 그 이론체계 속에 포괄하여야 할 것이다. 이렇게 하는 것이 바로 동 · 서의 이론적 회통이 되는 것이고, 이를 통해서라야 글자 그대로의 보편심리학이 구축될 수 있을 것이다.

3) 인간의 존재 양상과 변이가능성: 안정성과 가변성의 통합

서구인들은 인간이 갖추고 있는 여러 가지 내적 속성들은 대체로 고정

親也 無不知敬其兄也(『孟子』, 盡心上 15); 所以知之在人者 謂之知 知有所合 謂之知(『荀子』, 正名 3); 人生而有知 知而有志……心生而有知 知而有異(解蔽 12); 然而塗之人也 皆有可以知仁義法正之質……今塗之人者 皆內可以知父子之義 外可以知君臣之正 然則其可以知之質……其在塗之人明矣(性惡 13-14)

13) 心之官則思 思則得之 不思則不得也(『孟子』, 告子上 15); 心有徵知……然而徵知必將待天官之當簿其類 然後可也(『荀子』, 正名 8); 人何以知道 曰 心……人生而有知 知而有志 志也者臧也(解蔽 12)

14) 유학자들의 인식 능력의 본유성과 인간의 고유성에 대해서는 졸저(조긍호, 2017a, pp. 400-487) 참조.

적으로 부여받은 것이어서, 태어난 이후에 거의 달라지지 않는다고 인식한다. 즉 서구인들은 인간이란 완비된 실체(實體)로 태어나기 때문에, 개인의 행동이나 진로 등을 좌우하는 성격이나 능력 같은 요인들은 일관적이고 안정적으로 유지된다고 간주한다. 그러므로 이들은 외부 대상에 대해 가지고 있는 여러 의견이나 태도 사이, 이들 의견 및 태도와 행동의 사이, 그리고 여러 대상에 대한 제반 행동들 사이에 일관성과 안정성을 유지하려는 특징을 강하게 드러내며, 자기발전이란 스스로가 갖추고 있는 안정적인 장점을 찾아내어 늘려 나가는 장점확충을 통해 이루어질 수 있는 것으로 여긴다.

그러나 유학사상에서는 인간의 변화가능성을 강조하고 중시한다. 유학자들은 인간의 도덕적 능동성과 주체성의 근거를 인간 존재의 가변성에서 찾는다. 미성숙한 소인의 상태로 태어나지만, 다른 사람과 사회까지도 자기 자신 속에 품어 성숙한 군자로 변화하여 나아갈 수 있는 무한한 가능성에서 인간의 능동성과 주체성의 모습을 찾을 수 있다고 보는 것이 바로 유학사상인 것이다. 그러므로 동아시아인들은 스스로의 단점과 잘못을 반성하고 고쳐 나가는 자기개선을 자기발전의 방안이라 여겨 높이 평가한다.

이러한 차이는 인간의 존재 양상을 고정성과 안정성에서 찾느냐 아니면 유연성과 가변성에서 찾느냐 하는 관점의 차이에서 도출되는 것이다. 그러나 인간의 존재 양상이 고정성과 가변성의 어느 하나의 관점에서만 설정되는 것인가? 양자가 모두 인간의 존재 양상을 드러내는 것으로는 볼 수 없는가?

서구인들은 인간의 인지 능력과 성격이 고정적이고 안정적인 계기(繼起, sequence)와 순서를 갖는 불변적인 패턴에 따라 발달한다는 이론을 제시하여, 인간 존재의 고정성과 안정성을 강조하여 왔다. 피아제(Piaget, J.)는 인간의 인지 능력이 도식(圖式, schema)적 사고의 출현 양상에 따라 '감각운동기(sensory-motor stage)−전(前)조작기(pre-operational stage)−구체적 조작기(concrete operational stage)−형식적 조작기(formal operational stage)'의 고정적이고 불변적인 순서에 따라 발달한다고 보아,[15] 인지 능력의 고정성과 안정성을 제시하고 있다. 프로이트(Freud, S.)는 인간의 성격이 성적 욕구의 발현 양상에 따라 '구강기(oral stage)−항문기(anal stage)−남근기(phallic stage)−잠복기(latent stage)−생식기(genital stage)'의 불변적인 순서로 발달한다고 보아,[16] 성격발달의 불변적 순서 이론을 제시하고 있다.

이들 이론가들은 인간의 인지 능력과 성격이 계기적 순서(sequential order)에 따라 불변적인 패턴을 가지고 발달한다고 보아 인간의 고정적 존재 양상을 강조하고 있기는 하지만, 서구인들이 인간의 지적 능력이나 성격의 불변성에 관한 논리를 항상 따르는 것은 아니다. 니스벳(Nisbett, R.)은 과학적 사고나 철학적 사고의 근간인 논리적 추론 능력도 학습에 의해 달라질 수 있음을 밝혀,[17] 합리적 이성적 인지 능력의 가변성을 실증해 보이고 있다. 이렇게 서구인들은 이론 구성, 특히 발달의 이론 구성 측면에서는 계기적 순서의 고정적 불변성을 중심으로 하여 인간 존재의 고정성과 안정성의 측면을 강조하고 있으나, 구체적인 내용과 총체적인 결과의 개인차를 염두에 두고는 인간 존재의 가변성에 생각이 미치고 있는 것이다.

---

15) Piaget, 1936.

16) Freud, 1920.

17) Nisbett, 2015, pp. 6−23.

이러한 경향은 동아시아 유학사상에서도 마찬가지이다. 유학자들이라고 해서 항상 인간의 가변성을 강조하는 것이 아니라, 그들도 성격이나 욕구의 발달 같은 측면에서는 고정적 안정성을 인정하고 있는 것이다. 예를 들면, 공자는 스스로의 경험을 중심으로 하여 이상적 인격체에 도달하는 단계를 '지학(志學)-이립(而立)-불혹(不惑)-지명(知命)-이순(耳順)-종심(從心)'의 여섯 가지 고정된 단계로 제시하고 있으며,[18] 맹자는 이를 '선인(善人)-신인(信人)-미인(美人)-대인(大人)-성인(聖人)'의 다섯 단계로 제시하고 있다.[19] 또한『대학』경(經)에서는 인간 욕구의 구조를 '격물(格物)-치지(致知)-성의(誠意)-정심(正心)-수신(修身)-제가(齊家)-치국(治國)-평천하(平天下)'의 고정된 팔조목(八條目) 위계로 설정하고 있다.[20]

이러한 사실에 기초해서 보면, 양의 동·서를 막론하고 성격 또는 인지 발달의 이론을 구성하는 측면에서는 안정적인 구조를 선호하는 입장에서 인간의 변이가능성을 고정성과 불변성을 중심으로 파악하고 있으나, 성격이나 제반 능력의 실제적이고 총체적인 발현의 측면에서는 분명하게 드러나는 개인차에 기반을 두고 가변성을 주축으로 하여 인간의 존

18) 吾十有五而志于學 三十而立 四十而不惑 五十而知天命 六十而耳順 七十而從心所欲 不踰矩(『論語』, 爲政 4)

19) 可欲之謂善 有諸己之謂信 充實之謂美 充實而光輝之謂大 大而化之之謂聖 聖而不可知之之謂神(『孟子』, 盡心下 25): 이 인용문 중의 신인(神人)에 대해 주희(朱熹)는『맹자집주(孟子集註)』에서 정자(程子)의 말을 인용하여 "성불가지(聖不可知)란 성의 지극히 묘함을 사람이 추측할 수 없다는 말이지 성인의 위에 또 한 등급의 신인이 있다는 말은 아니다"(程子曰 聖不可知 謂聖之至妙 人所不能測 非聖人之上又有一等神人也)라고 기술함으로써, 맹자의 입장을 '선-신-미-대-성'(善·信·美·大·聖)의 다섯 단계론으로 정리하고 있다.

20)『大學』, 經.

재 양상을 정리하는 경향을 띤다고 할 수 있을 것이다.

이상에서 보듯이, 서구에서 전개된 이론들이라고 해서 인간의 존재 양상을 고정적 불변성만을 중심으로 해서 바라보는 것도 아니고, 유학의 이론들이라고 해서 고정성과 안정성을 도외시하고 인간의 존재 양상을 가변적으로만 이해하려는 것도 아니다. 인간을 이해하기 위해서는 인간 존재의 고정적 측면을 무시할 수도 없고, 또 가변적 측면을 도외시할 수도 없는 것이다. 동 · 서의 이론적 회통을 위해서는 이 두 측면을 모두 고려해야 할 것이고, 이를 통해서라야 글자 그대로의 보편심리학이 구축될 수 있을 것이다.

4) 보편심리학 연구의 방향

앞에서 인간의 존재의의의 출처, 인간의 고유특성 및 인간의 존재 양상의 세 차원에서 서구 사회와 동아시아 사회에서 중시하는 가치의 통합이 가능하다는 사실을 논의하였다. 즉 인간은 개체적 존재이자 사회적 존재이기도 하므로, 인간의 존재의의는 개체성과 사회성 모두에서 연유하는 것으로 볼 수 있었다. 또한 여타 동물과 다른 인간의 고유특성은 합리적 판단과 선택의 근거인 이성과 다른 사람에 대한 관심과 배려의 체계인 도덕성 모두에서 찾을 수 있었다. 그리고 인간은 안정되고 고정된 속성을 갖춘 실체이기도 하고 또한 상황이나 시간에 따라 가변적인 과정적 존재이기도 하다는 사실이 분명하다.

이러한 맥락에서 보면, 이 세 차원에서 어느 일방의 가치를 중심으로 하는 인간관을 기반으로 삼고 있는 현대 서구심리학과 동아시아 유학의 이론체계는 인간 일반을 이해하는 보편심리학의 체계가 되지 못하고, 그 자체 서구나 동아시아의 토착심리학일 수밖에 없는 한계를 지니고 있다. 이러한 사실은 현대 서구심리학과 해당 문제에 대해 이끌어 낸 유학의 이론체계를 살펴본 앞 장의 대비에서 분명히 드러나고 있다. 이러한 기존의 동 · 서의 심리학적 연구는 인간 일반의 보편적인 연구를 위한 심리학으로는 크게 부족하다. 따라서 새로운 보편심리학을 구축하기 위해서는 동 · 서의 인간 이해의 관점을 통합한 새로운 연구의 자세가 요구된다고 볼 수 있다.

(1) 개체중심적 연구와 사회지향적 연구의 회통

서구인들은 인간의 개체적 존재 특성을 중시하여, 인간의 존재의의가 개체성에서 나오는 것으로 여긴다. 그러므로 그들은 심리학의 연구에서 강한 개체중심적인 경향을 보인다. 그들은 동기 · 정서 · 인지 등 기본심성의 연구에서 개인중심적인 동기 · 정서 · 인지의 요소에 초점을 맞추고 있을 뿐만 아니라, 개체로서의 자기실현인을 이상적 인간상으로 설정함으로써 개체중심성을 부적응의 판단 및 치료의 기준으로 삼는 경향을 보인다.

또한 서구인들은 사회 구성의 기본단위를 개인으로 잡고 사회관계의 목표를 자기이익의 최대화에서 찾음으로써 철저하게 개체중심적인 사회관계론을 전개하며, 인간을 모든 행위원동력을 완비하여 갖추고 있는 존재라고 여김으로써 자기고양과 장점의 확충에서 자기발전의 근거를 찾으려 한다.

이와는 대조적으로 동아시아 유학사상에서는 인간의 사회적 존재 특성을 중시하여, 인간의 존재의의가 사회성에서 나오는 것으로 여기며, 결과적으로 유학의 체계에서 도출되는 심리학 이론들은 강한 사회지향적인 경향을 띤다. 유학자들은 인간 심성에 관한 사분체계론의 관점에서 도덕성을 중심으로 하는 사회지향적인 심리구성체론을 전개한다. 따라서 그들의 동기와 정서 및 인지 이론들에서는 도덕성과 이들 심성 요소들과의 관계를 중심으로 하는 사회지향성이 두드러진다. 유학자들은 타인과 공동체를 자기 존재 안으로 끌어들여 자기확대를 이루는 존재확대인을 이상적 인간상으로 설정함으로써 사회지향성을 부적응의 판단 및 치료의 기준으로 삼는 경향을 보인다.

또한 유학자들은 사회 구성의 기본단위를 대인관계로 잡고 사회관계의 목표를 조화로운 관계의 형성과 유지에서 찾음으로써 철저하게 사회지향적인 사회관계론을 전개하며, 인간을 가변적인 과정적 존재라고 여김으로써 자기억제 및 잘못의 반성과 개선에서 자기발전의 근거를 찾으려 한다.

이와 같이 현대 서구심리학의 연구는 강한 개인중심적인 경향을 띠고 있으며, 각각의 영역에 대한 유학의 이론들은 도덕성을 중심으로 하는 강한 사회지향적인 경향을 띠고 있다. 이는 각각 개체성과 사회성을 중심으로 하여 인간의 존재의의를 도출하려는 서구와 동아시아의 인간관의 배경으로부터 연유하는 필연적인 결과였다.

그러나 앞에서 살펴보았듯이 인간이란 개체적 존재이자 사회적 존재로서, 그 존재의의가 개체성과 사회성의 어느 일방에 의해서만 도출되는 존재는 아니다. 인간의 존재의의는 개체적 존재로서의 개체성과 사회적 존재로서의 사회성의 통합에서 나오는 것으로 보아야 한다. 그러므로 양의 동 · 서를 막론하고 어느 시대 어느 사회에서나 보편적으로 적용되는 인간에 대한 이해를 위해서는 서구적 관점(개인중심성)에 의한 연구와 동아시아적 관점(사회지향성)에 의한 연구가 서로를 각자의 연구 속에 받아들여 회통할 필요성이 대두된다.

(2) 이성중심적 연구와 덕성중심적 연구의 회통

서구인들은 여타 동물과 다른 인간의 고유특성을 합리적 계산 능력인 이성에서 찾아, 인간을 이성의 주체라고 개념화하여 받아들인다. 그뿐만 아니라 그들은 인간의 심성을 구성하는 세 요소(욕구 · 감성 · 이성) 사이의 관계를 이성을 중심으로 하여 바라보는 이성우월주의의 경향을 띠어, 욕구와 감성 같은 심성 요소들은 이성에 의해 지배되는 것이 바람직하다고 여긴다. 그러므로 현대 서구심리학에서 동기와 감정의 연구들에서는 인지가 이들 요소에 미치는 영향에 관한 연구가 중요하게 다루어진다. 그들은 인간을 인간답게 만드는 핵심은 합리성의 근거인 이성이라고 여기므로, 스스로에 대한 합리적 이해와 이렇게 하여 설정한 목표의 추구와 달성을 이상적 인간상의 전형으로 간주하여, 적극적인 자기표출과 자기주장을 자연인의 권리로 받아들이고 중시한다.

그러므로 서구인들은 사회관계에서 자기이익을 적극적으로 추구하는 일을 당연하게 여기고, 이러한 이익 추구 과정에서 겪게 되는 갈등을 합리적 계산을 거친 공정한 교환을 통해 해결하려는 경향을 보인다. 또한 그들은 스스로가 환경세계를 자기 자신에게 맞추어 변화시키는 통제력을 갖추고 있다고 생각하고, 이러한 환경통제력이 자기효능감의 원천이라고 받아들여 이를 확충하려 노력한다. 이와 같이 서구인들의 사회생활을 지배하는 행동 원리는 합리성과 공정성 및 환경통제력인 것이다.

이와는 대조적으로 동아시아 유학사상에서는 여타 동물과 다른 인간의 고유특성을 도덕성이라고 보아, 인간은 덕성의 주체로서 다른 사람과 공동체에 대해 관심을 가지고 그들을 우선적으로 배려함으로써 조화로운 사회생활을 영위하는 일을 인간다운 삶의 요체라고 여긴다. 이렇게 동아시아인들은 인간 심성의 구성 요소를 사분체계론(도덕성·지성·감성·욕구)에 따라 개념화하고, 이들 사이의 관계를 덕성우월주의의 관점에 따라 이해하여, 도덕성이 심성의 나머지 요소들을 지배하는 것이 바람직하다고 간주한다. 그들은 인간다운 인간이 되는 요체는 타인에 대한 배려성의 근거인 도덕성에 있다고 여기므로, 타인을 자신 속에 받아들여 자신의 일부라고 간주하는 존재확대를 이상적 인간상의 전형이라 간주한다.

이러한 맥락에서 동아시아인들은 조화로운 사회관계를 형성하고 유지하는 일을 사회관계의 목표라고 여겨, 이러한 조화를 깨뜨릴 가능성이 있는 이기적인 욕구와 사적 감정을 드러내지 않고 가능한 한 억제하는 일을 바람직한 것으로 받아들이고, 자기에게 부여된 역할과 의무를 충실히 수행함으로써 사회생활의 과정에서 있을 수 있는 갈등을 해소하고 조화로운 관계를 유지할 수 있다고 생각한다. 또한 그들은 자기 자신의 이기적 욕구와 사적 감정을 억제하는 일을 통제력의 원천이라고 간주하고, 이러한 자기통제력이 자기효능감의 원천이라고 받아들여 이를 확충하려 노력한다. 이와 같이 동아시아인들의 사회생활을 지배하는 행동 원리는 배려성과 조화성 및 자기통제력인 것이다.

이와 같이 현대 서구심리학의 연구는 강한 이성중심주의의 경향을 띠고 있으며, 각각의 영역에 대한 유학의 이론들은 강한 덕성중심주의의 경향을 띠고 있다. 이는 각각 합리성과 조화성을 중심으로 하여 인간의 고유특성을 이해하려는 서구와 동아시아의 인간관의 배경으로부터 연유하는 필연적인 결과였다.

그러나 앞에서 살펴보았듯이 인간이란 이성적 존재이자 도덕적 존재로서, 그 고유특성이 합리적 이성과 배려적 도덕성의 어느 일방에 의해서만 이해될 수 있는 존재는 아니다. 인간의 고유특성은 이성의 결과인 합리적 사고와 도덕성의 결과인 타인 배려의 통합에서 나오는 것으로 보아야 한다. 그러므로 양의 동 · 서를 막론하고 어느 시대 어느 사회에서나 보편적으로 적용되는 인간에 대한 이해를 위해서는 서구적 관점(합리적 이성)에 의한 연구와 동아시아적 관점(배려적 덕성)에 의한 연구가 서로를 각자의 연구 속에 받아들임으로써, 양자의 관점을 하나로 통합할 필요성이 대두된다.

(3) 안정중심적 연구와 가변성지향적 연구의 회통

서구인들은 인간은 제반 행위의 원동력인 내적 속성(성격 · 능력 · 욕구 · 의도 등)을 본유적으로 갖추고 있는 완비적 실체라고 개념화하여 받아들이기 때문에, 인간은 시간과 상황의 변화에도 불구하고 불변적 안정성을 띠는 존재라고 인식한다. 이렇게 인간은 외적 요인이 변화한다고 해서 그리 크게 달라지지 않는 안정적 불변성을 갖춘 실체이므로 스스로에 대한 주권을 갖추고 있고, 이런 점에서 누구나 평등하고 존엄한 존재라는 것이다.

따라서 서구인들은 개인의 내적 속성 사이, 외적 행동 사이, 그리고 내적 속성과 외적 행동 사이에는 어떠한 경우에도 안정적이고 불변적인 일관성이 존재하는 것으로 파악하는 경향을 보인다. 그 결과 그들은 안정성과 일관성을 추구하는 심리와 행동의 특징이 강하게 나타나며, 자신이 완비하여 갖추고 있는 장점들을 찾아 늘려 나가는 데에서 자기발전의 원동력을 찾으려 한다. 이렇게 스스로의 장점을 찾아 늘려 나가려 하므로 서구인들은 자기고양의 경향성을 강하게 드러내고, 결과적으로 과도하게 긍정적인 자기상을 추구하는 심리와 행동을 보인다.

이와는 대조적으로 동아시아 유학사상은 성덕(成德)을 지향하는 체계로서, 인간이란 배움과 가르침을 통해 누구나 덕을 이룰 수 있는 무한한 가변성을 갖추고 있는 존재라고 파악하는 입장을 바탕으로 하여 성립한다. 인간은 선인(先人)이나 도를 이룬 사람들의 가르침을 따라 배움으로써 현재의 불완전한 소인(小人)의 상태에서 장차 이상적인 군자(君子)의 상태로 변화될 수 있는 가변체적 존재이며, 인간의 삶은 이러한 궁극적인 성덕의 상태를 지향해 가는 과정이라고 유학자들은 본다. 곧 개인은 가변적이고 과정적인 존재이지 절대로 불변적이고 고정적인 존재는 아니라는 것이다.

따라서 동아시아인들은 개인이 갖추고 있는 생물체적 이기적 욕구와 사적 감정은 스스로를 악으로 이끄는 작용을 한다고 보아, 성덕을 지향하는 과정에서 적극적으로 억제하려는 경향을 보인다. 또한 그들은 일상생활의 과정에서 스스로의 단점과 잘못을 찾아 반성하고 이를 고쳐나가는 자기개선이 자기발전을 이루는 원동력이 된다고 보아 적극 추구한다. 이러한 자기억제와 자기개선은 성덕을 이루어 군자가 되는 첩경이라는 것이다.

이와 같이 현대 서구심리학의 연구는 강한 안정중심적인 경향을 띠고 있으며, 각각의 영역에 대한 유학의 이론들은 강한 가변성 지향적인 경향을 띠고 있다. 이는 각각 완비적 실체성과 가변적 과정성을 중심으로 하여 인간의 존재 양상을 이해하려는 서구와 동아시아의 인간관의 배경으로부터 연유하는 필연적인 결과였다.

그러나 앞에서 살펴보았듯이 인간이란 안정적 존재이자 가변적 존재로서, 그 존재 양상이 안정적 고정성과 가변적 과정성의 어느 일방에 의

해서만 이해될 수 있는 존재는 아니다. 인간에게는 끊임없이 변화하는 측면도 있고, 항상 안정되고 고정적인 측면도 있는 법이다. 그러므로 서구나 동아시아를 막론하고 어느 시대 어느 사회에서나 보편적으로 적용되는 인간에 대한 이해를 위해서는 서구적 관점(고정적 안정성)에 의한 연구와 동아시아적 관점(가변적 과정성)에 의한 연구가 서로를 각자의 연구 속에 받아들임으로써, 양자의 관점을 하나로 통합할 필요성이 대두되는 것이다.

2. 동·서 관점의 회통가능성: 몇 가지 예시

지금까지 현대 서구심리학의 연구 경향과 동아시아 유학사상에서 도출되는 심리학 관련 이론들은 두 지역인들이 서로 다른 가치를 중시하는 데에서 연유하는 인간관의 차이 때문에 서로 다른 측면을 중시해 왔으며, 따라서 양자가 서로를 포괄하지 못하는 각각의 토착심리학을 전개할 수밖에 없었다는 사실을 논의하였다. 그러므로 이 양자를 포괄하는 보편심리학을 구축하기 위해서는 서구인들과 동아시아인들이 상대방이 중시하는 인간 파악의 관점을 그들의 인간관 속에 포괄하는 가치의 통합을 이루는 일밖에 다른 방안을 찾을 수 없다는 사실을 살펴보았다.

이제 이러한 동 · 서 관점의 회통(會通)을 위한 몇 가지 있을 수 있는 예시를 들어봄으로써, 보편심리학의 가능성에 대해 논의해 보기로 하겠다. 이들은 기존의 연구 관행에 물들지 않은 연구 태도의 중립화와 통합, 기존 연구 내용의 이론적 확장, 동 · 서 연구 관점의 보완과 통합, 객관적 연구 방법의 도입과 세련화 및 새로운 연구 문제의 발굴이라는 주제로 나누어 살펴볼 수 있다.

1) 문화와 자기 관련 연구: 연구 태도의 중립화와 통합

스스로에 대해 긍정적인 자기관을 추구하는 경향은 어느 사회의 누구에게나 나타나는 인간 일반의 강력한 동기이다.21) 긍정적 자기평가를 위한 욕구가 인간의 보편적인 동기라는 점은 자기의 문제를 심리학의 연구 문제로 끌어올린 윌리엄 제임스22) 이래 많은 학자들이 거듭 제시하고 밝혀 온 사실이다.23) 이러한 긍정적 자기평가 욕구는 해당 사회의 문화적 명제(cultural mandate)를 달성하는 데에서 충족되는 것임이 많은 문화비교 연구의 결과들에서 밝혀지고 있다.24) 즉 문화유형에 따라 소속 성원들이 따를 것으로 가정하는 문화적 명제가 달라지는데, 소속 사회의 문화적 명제를 충족시키는 일이 자기존중감(自己尊重感, 自尊感, self-esteem)의 근거가 된다는 것이다. 그러므로 나도 살만한 가치가 있는 사람이라는 느낌, 곧 자기존중감의 근원은 문화유형에 따라서 달라지게 된다.

서구인들은 인간의 존재의의를 개인으로서의 개체성에서 찾음으로써, 자유와 권리의 주체로서의 개인의 독립성과 자율성 및 독특성을 추

---

21) Matsumoto, 2000, p. 63.

22) James, 1890/2005a, Vol. 1, pp. 525-722.

23) Brown, 1998; Heine, Lehman, Markus, & Kitayama, 1999; Sedikides, Gaertner, & Toguchi, 2003; Sedikides & Skowronski, 2000, 2002.

24) 조긍호, 2002; Fiske et al., 1998; Heine et al., 1999; Kitayama, Markus, & Kurokawa, 1994; Kitayama, Markus, & Lieberman, 1995; Kitayama et al., 1997; Kunda, 2000; Markus & Kitayama, 1991a, b, 1994a, b; Matsumoto, 2000; Sedikides et al., 2003.

구하는 일을 가치롭게 여긴다. 그러므로 그들에게 있어서는 긍정적인 자기상을 간직하고, 남들보다 나은 자기의 특출성과 수월성을 실증해 보임으로써 스스로가 가치로운 사람이라고 인식하고자 하는 경향이 두드러진다. 이렇게 개인의 독립성과 독특성을 중시하는 개인주의 사회의 문화적 명제는 자율성과 개별성의 추구이다. 따라서 개인주의 사회에서는 자기의 내적 욕구, 권리 및 능력의 표출과 사회적 압력에 대한 저항의 노력을 통해 개인적 역량과 주도성이 체험되므로, 결과적으로 독특성과 수월성, 자기표현의 유능성 및 외적 제약으로부터의 자유로움이 자기존중감의 근거가 된다.

이와는 대조적으로 동아시아인들은 인간의 존재의의를 사회적 존재로서의 사회성에서 찾음으로써, 사회적 관계체로서의 서로 간의 상호연계성과 의존성 및 조화성을 추구하는 일을 가치롭게 여긴다. 그들에게 있어서는 관계상대방에 대해 관심을 가지고 그들을 배려함으로써, 그들로부터 받아들여지는 일이 자기가치감의 요인으로 중요해진다. 이렇게 개인 사이의 상호의존성을 중시하는 집단주의 사회에서의 문화적 명제는 상호연계성, 사회 통합 및 대인 간 조화의 추구이다. 따라서 집단주의 사회에서는 타인에의 민감성, 상황의 필요와 요구에의 적응 및 자기억제와 조절의 노력을 통해 개인적 역량과 주도성이 체험되므로, 결과적으로 이러한 자기억제와 상황적응성 및 대인관계에서의 조화의 유지가 자기존중감의 근거가 된다.

이러한 맥락에서 초기의 문화비교 연구들에서는 서구 개인주의 사회인들은 동아시아 집단주의 사회인들보다 스스로를 독특한 사람이라고 인식하는 경향이 강할 뿐만 아니라 자기존중감의 수준도 높다고 보고, 이러한 결과를 지속적으로 밝혀내었다. 그러나 최근 연구들에서는 서구인들이 동아시아인들보다 모든 특성과 능력의 영역에서 스스로를 독특하다고 평가하는 것도 아니고, 또 서구인들의 자기존중감의 수준이 동아시아인들보다 항상 높게 검출되는 것도 아닐 것이라는 가능성이 밝혀지고 있다.

이러한 연구 결과들을 통해 이제 문화비교 연구자들은 제반 문화차의 현상을 이해하기 위해서는 서구중심성이나 동아시아중심성 같은 어느 하나의 관점에만 매몰되지 말고, 더욱 심층적이고도 중립적인 태도에 바탕을 두고 객관적으로 현상을 이해하려는 자세를 통해 문제에 접근할 필요가 있다는 사실을 인식하게 되었다. 문화 사이의 차이는 우열의 문제가 아니라 그냥 다양성의 문제일 뿐이라는 인식을 바탕으로 하여 문화차의 문제를 이렇게 성숙한 자세로 바라보려 노력하는 것, 이것이 동 · 서의 접근이 회통하는 방안의 하나가 될 수 있을 것이다.[25]

(1) 문화와 허구적 독특성의 지각

문화비교의 초기 연구들에서는 일관되게 서구인들은 자신의 능력과 긍정적인 특성의 독특성을 사실 이상으로 과장하여 지각하는 '허구적 독특성 지각'(false uniqueness perception)의 경향을 강하게 보인다는 사실을 밝혀왔다.[26] 한 예로, 미국 대학생들을 대상으로 한 어떤 연구에서는 그들 가운데 자기의 지도력이 평균 이상이라고 생각하는 학생은 70%에 이르고, 60%의 학생들은 남들과 잘 어울리는 능력이 상위 10% 안에 든

25) 이 항목의 논의는 졸저(조긍호, 2021b, pp. 19-34) 참조. 여기서는 필요한 경우 원문의 내용을 그대로 따온 곳도 있음을 밝혀 둔다.

26) Goethals, Messick, & Allison, 1991; Marks, 1984; Mullen & Riordan, 1988; Snyder & Fromkin, 1980; Tesser, 1988.

다고 보고 있으며, 심지어 자기의 사교성이 상위 1% 안에 든다고 생각하는 학생도 25%에 이른다는 사실을 보고하여, 이러한 허구적 독특성 지각 경향이 개인주의 사회의 전형적인 특징임을 밝혀내고 있다.[27)]

일본의 대학생과 미국의 대학생,[28)] 일본의 대학생과 캐나다 대학생,[29)] 한국의 대학생과 미국의 대학생[30)]을 비교한 연구에서 미국과 캐나다 대학생들은 강한 허구적 독특성 지각 경향을 보이고 있으나, 일본과 한국의 대학생들은 그러한 경향을 드러내지 않는 것으로 밝혀지고 있다. 이러한 결과들은 자기의 독특성을 과장하여 지각하는 허구적 독특성 지각 경향은 개인주의 사회의 특징일 뿐, 집단주의 사회에서는 나타나지 않는다는 사실을 시사하고 있다는 것이 이러한 결과들에 대한 전통적인 해석 양식이었다.

그러나 윌리엄 제임스가 주장하고 있듯이 자기존중감의 추구 욕구가 보편적인 인간의 동기이고, 자기존중감의 근거가 문화적 명제에 달려 있다면, 문화에 따라 긍정적 자기평가의 통로가 달라질 것이라는 사실은 필연적인 결과이다. 어느 사회에서든지 자기에 대한 긍정적 평가인 자기존중감은 자기의 탁월성에 대한 긍정적 평가를 기초로 하는 것이다.[31)] 따라서 자기존중감은 해당 문화에서 중시하는 성향 또는 특성의 인식을 바탕으로 한다.

---

27) Myers, 1987.

28) Markus & Kitayama, 1991b.

29) Heine & Lehman, 1997.

30) 박혜경, 2011.

31) Brown, 1998; Heine et al., 1999; Kunda, 2000; Maehr, 1974; Maehr & Nicholls, 1980; Markus & Kitayama, 1991a, b, 1994a, b; Matsumoto, 2000; Sedikides et al., 2003.

개인주의 사회인들은 개인주의적 성향(자율성 · 독립성 · 독창성 · 자립성 · 개별성 · 독특성 등)이 집단주의적 성향(호의성 · 타협성 · 협동성 · 충성심 · 참을성 · 자기희생 등)보다 개인적으로 더 중요하다고 평가하며, 또한 집단주의적 성향보다는 개인주의적 성향의 탁월성에 의해 더 자기존중감이 높아지는 것으로 보고 있는 데 반해, 집단주의 사회인들은 정반대의 결과를 보인다는 사실은 이러한 논의의 타당성을 입증하고 있다.[32)]

이러한 배경에서 보면, 자기의 독특성과 수월성을 사실 이상으로 과장하여 지각하는 허구적 독특성 효과가 개인주의 사회만의 고유한 특징이라기보다는 두 문화에서 중시하는 특성의 유형에 따라 달라질 것이라 추론할 수 있다. 즉 개인주의 사회에서 중시하는 능력과 독립적 성향에 대한 허구적 독특성의 지각 경향은 집단주의 사회보다는 개인주의 사회에서 더 강하겠지만, 집단주의 사회에서 중시하는 상호의존적 성향에 대한 허구적 독특성의 지각 경향은 개인주의 사회보다는 집단주의 사회에서 더 강하게 나타날 가능성이 있는 것이다.

필자는 우리나라 고등학생(연구 1)과 대학생(연구 2)들을 개인중심성향자와 집단중심성향자로 나누고, 이들에게 세 개씩의 '능력'(지적 능력 · 기억력 · 운동능력), '개체성 특성'(독립성 · 자립성 · 자기주장성), '배려성 특성'(동정심 · 온정성 · 타인이해심)을 제시해 준 다음, '같은 학교 학생들 중 이들 각각의 특성에서 자기보다 우수하다고 생각되는 비율'을 추정하도록 하였다.[33)] 그 결과 개인주의 사회에서 중시하는 능력과 개체성 특성

32) Sedikides et al., 2003.

33) 이러한 연구들에서는 같은 배경을 가진 집단의 학생들 중에서 무선적으로 선별하여 여러 특성에서 자기의 상대적 위치를 추정하도록 했을 때 이론적으로 기대되는 추정치는 50%일 것이므로, 이보다 낮은 추정치를 보일수록 자기를 허구적으로

에서는 개인중심성향자(능력: 34~35%; 개체성 특성: 29~31%)가 집단중심성향자(능력: 39~47%; 개체성 특성: 44~45%)보다 스스로의 독특성을 과대평가하였으나, 집단주의 사회에서 중시하는 배려성 특성에서는 집단중심성향자(24~31%)가 개인중심성향자(36~39%)보다 스스로의 독특성을 과대평가함이 확인되었다.[34)]

물론 이 연구에서도 전반적으로 개인중심성향자(모두 34%)가 집단중심성향자(36~41%)보다 독특성 지각 경향이 큰 것으로 검출되어, 허구적 독특성 지각 경향이 개인주의 사회의 특징임이 드러나고 있기는 하다. 그러나 해당 사회의 문화적 명제와 일치하는 경우 독특성 지각 경향이 높아진다는 이러한 결과는 문화에 따라 자기평가 기준에 차이가 있음을 시사하는 것이다. 즉 개인주의 사회에서는 제반 능력과 독립적이고 자율적인 개체적 특성의 보유가 대인평가의 기준이 되므로 능력과 독립성 및 자립성의 탁월함이 자기존중감의 근원으로 작용하지만, 집단주의 사회에서는 대인관계에서의 배려와 조화추구적 특성의 보유가 대인평가의 기준이 되므로 이러한 배려성 · 조화성의 우월함이 자기존중감의 근원으로 작용하게 되는 것이다.

독특하게 지각함을 나타내는 것이라고 전제한다. 물론 각 응답자 개개인에게, 특히 우수한 능력이나 특성의 소유자에게 이러한 독특성 과대지각 경향은 사실을 있는 그대로 반영하는 것일 수도 있다. 그러나 같은 배경의 많은 학생들(예: 우리 학교 학생들)과 비교하여 자기의 상대적 위치를 추정하게 하는 것이므로, 무선적으로 선발된 집단의 이론적인 기대추정치는 50%일 것이라는 점에서, 자기의 상대적 위치에 대한 추정치가 50%보다 낮아질수록 허구적 독특성 지각 경향이 높아지는 것이라 볼 수 있다(Heine & Lehman, 1995, 1997; Kunda, 2000; Markus & Kitayama, 1991b; Matsumoto, 2000).

34) 조긍호, 2002.

(2) 문화와 자기존중감의 근원

앞에서 보았듯이 문화비교의 초기 연구자들은 자기의 탁월성을 과장하는 허구적 독특성 지각 경향이 개인주의 문화에서만 나타나는 현상이라는 사실을 밝히고자 해 왔는데, 이러한 생각의 배경에는 긍정적인 자기평가를 통해 자기존중감의 고양을 도모하는 경향은 개인주의 문화의 특징일 뿐이라는 견해가 깔려 있었다고 생각할 수 있다.[35] 실제로 서구에서 이루어진 자기존중감 연구들을 개관하여 보면, 이들 연구에서는 사용된 척도에 관계없이 서구인들의 자기존중감의 평균 또는 중앙치가 이론적 중간점보다 상위에 편포되어 있음이 밝혀지고 있다.[36] 그뿐만 아니라 '자기존중감 척도'(Self-Esteem Scale: SES) 점수들을 사후종합분석(meta-analysis)해 본 어떤 연구에서 유럽계 캐나다인은 이론적 중간점보다 상위에 편포하며, 중간점 이하인 사람은 7% 미만임에 비해,[37] 일본인의 사후종합분석에서는 이론적 중간점을 중심으로 정상분포하고 있다는 사실이 드러나고 있다.[38]

이러한 결과들은 서구인의 자기존중감 수준이 전반적으로 동아시아인의 그것보다 높음을 나타내는 것이다. 그러나 이러한 연구들은 중대한 실제적 및 이론적인 문제점을 안고 있는 것으로 보인다. 우선 생각해 볼 수 있는 것은 긍정적인 자기평가의 욕구가 과연 개인주의 사회에서만

---

35) Heine at al., 1999; Kanagawa, Cross, & Markus, 2001; Kunda, 2000; Markus & Kitayama, 1991a; Matsumoto, 2000.

36) Baumeister, Tice, & Hutton, 1989.

37) Heine et al., 1999, p. 776, 그림 1.

38) Heine et al., 1999, p. 777, 그림 2: 같은 결과가 Diener & Diener (1995)의 분석에서도 나타나고 있다.

작용하는 것인가 하는 점이다. 앞에서도 언급하였듯이, 윌리엄 제임스 이래 많은 학자들은 이러한 긍정적 자기평가를 위한 욕구가 인간의 가장 강력하고도 보편적인 동기의 하나일 뿐만 아니라, 심지어는 인간의 진화 과정에서 사회적 수용과 거부의 단서로서의 역할을 해 온 중요한 진화적 이점을 가지는 특성이어서[39] "인류의 진화사(進化史)까지로 그 출현을 추적해 볼 수 있는 동기"[40]라고 보고 있다. 이러한 관점에서 보면, 개인주의 사회일수록 자기존중감 수준이 높다는 결과들은 이들 연구에서 사용된 척도가 서구의 개인주의 사회에서 중시하는 측면을 더 잘 반영하기 때문일 가능성이 있는 것이다.[41]

이러한 연구들에서 주로 사용된 척도는 로젠버그(Rosenberg, M.)의 '자기존중감 척도'(Self-Esteem Scale: SES) 10문항인데,[42] 이는 대체로 "나는 내가 좋은 특성을 많이 가지고 있다고 생각한다", "나는 나 자신에 대해 좋은 태도를 가지고 있다", "전반적으로 나는 나 자신에 대해 만족한다", "나는 최소한 남들과 같은 기준에서 가치로운 사람이라고 생각한다" 등과 같이 개인주의 문화에서 중시하는 적극적인 자기주장 및 자기고양적 편향의 측면을 드러내는 문항들로 구성되어 있어,[43] 자기억제를 강조하는 집단주의 문화에서도 똑같이 적용되기 어려운 점이 있다.

하이네(Heine, S.)와 레만(Lehman, D.)은 유럽계 캐나다인, 아시아계 캐나다인, 일본인의 세 집단에서 로젠버그의 자기존중감 척도(SES)와 싱겔

---

39) Leary & Baumeister, 2000.

40) Sedikides et al., 2003, p. 62; Sedikides & Skowronski, 2000, 2002.

41) Baumeister et al., 1989; Diener & Diener, 1995; Heine et al., 1999.

42) Rosenberg, 1965.

43) 조긍호, 1993, 1996a, b, 1997, 1999a, 2000, 2002; Heine et al., 1999; Markus & Kitayama, 1991a, b, 1994a, b; Triandis, 1989, 1990, 1995.

리스(Singelis, T.)의 '독립성/의존성 척도'(Independence/Interdependence Scale)[44] 간의 상관을 내어본 결과, SES와 독립성(개인주의적 가치) 간에는 세 집단 모두 유의미한($p<0.001$) 정(正)적 상관을 보이나(각각 $r=0.42, 0.43, 0.33$), SES와 의존성(집단주의적 가치) 간에는 부(負)적 상관(각각 $r=-0.18$, $p<0.001$; $r=-0.14$, $p<0.01$; $r=-0.08$, $p>0.05$)을 보이고 있음을 밝혀내었다.[45] 이는 자기존중감을 측정하는 척도로 가장 많이 사용되고 있는 로젠버그의 자기존중감 척도(SES)가 개인주의적 가치를 민감하게 반영함을 나타내는 결과이다.

이러한 배경에서 어떤 연구자들은 "자기와 관련된 좋은 느낌의 근원은 문화에 따라 아주 달라서, 이를 '자기존중감'이라고 불러야 할지에 대해 의문을 가지게 된다"[46]고 보고 있으며, 또 다른 연구자들은 "자기존중이란 일차적으로 서구의 현상으로, 자기존중감의 개념은 자기만족(self-satisfaction) 또는 문화적 명제의 충족을 반영할 수 있는 용어로 대치될 필요가 있음"[47]을 역설하고 있기도 하다. 같은 맥락에서 개인주의 사회뿐만 아니라 집단주의 사회의 긍정적 자기평가 또는 자기존중감을 포괄할 수 있는 새로운 개념화가 필요하다면서, 그 방편으로 자기존중감과 대조되는 '관계존중감'(relationship esteem)의 개념을 제시하는 학자들도 있다.[48]

이러한 맥락에서 보면, 집단주의자들의 자기존중감 수준이 개인주의

44) Singelis, 1994.

45) Heine & Lehman, 1997.

46) Fiske et al., 1998, p. 930.

47) Markus & Kitayama, 1991a, p. 230.

48) Heine et al., 1999, p. 786.

자들의 그것보다 낮게 나온 것은 사용된 척도의 편파성에 기인한 것이지, 사실을 반영한 것이 아닐 가능성이 높다. 따라서 문화 집단 간 자기존중감 수준의 차이를 같은 기준에서 비교해 보기 위해서는 각 문화 집단의 자기존중감의 근원의 차이를 반영한 새로운 측정 척도를 개발하는 데 우선적인 관심을 기울여야 할 것이다.

(3) 자기연속성과 통일성의 연구

자기 또는 자아의 문제는 태도에 대한 연구와 함께 현대 사회심리학에서 가장 활발하게 연구가 이루어진 주제였다.[49] 태도의 연구가 20세기 초 · 중반의 사회심리학의 중심 주제였다면,[50] 자기의 연구는 1970년대 이후의 20세기 후반부터 시작하여[51] 21세기 초반에 이르기까지 사회심리학의 핵심 연구 주제가 되어 온 것이다.[52]

자기의 연구를 심리학 연구의 중심 무대에 올려놓은 사람은 미국심리학의 창시자인 윌리엄 제임스였다. 그는 자기의 내용을 '인식적 자기'(I)

49) 태도의 개념이 사회심리학의 가장 중심적인 개념이라고 언명했던 G. W. Allport (1935, 1968)는 1943년의 논문에서 "우리는 분명히 자아심리학(ego-psychology)의 연구가 앞으로 크게 꽃피우리라고 예측할 수 있다"(Allport, 1943, p. 451)고 진술하여, '자기'가 '태도'와 함께 사회심리학의 핵심 개념이라는 사실을 명백히 하고 있다. Baumeister(1998, p. 681)도 1974년부터 1993년까지 20년 사이에 심리학계에서 발표된 자기 관련 연구의 수는 31,550편으로, 같은 기간에 발표된 태도 관련 연구물과 비슷한 양이라는 Ashmore와 Jussim(1998)을 인용하여 같은 의견을 피력하면서, "앞으로 다가올 21세기를 전망해 보면, 자기에 대한 연구는 21세기에도 계속 사회심리학의 중심 연구 주제가 될 것임이 분명하다"고 진술하고 있다.

50) Allport, 1935, 1968.

51) Baumeister, 1998, p. 681.

52) Swann & Bosson, 2010, p. 589.

와 '경험적 자기'(me)로 나누고, 경험적 자기를 물질적 자기(material self), 사회적 자기(social self) 및 정신적 자기(spiritual self)의 세 가지로 나누어, 자기에 대한 세 측면의 경험적 내용으로 잡고 있다.[53] 이에 비해 인식적 자기는 순수 자아(pure ego) 또는 순수 자기(pure self)로서,[54] 이는 자기에 대한 경험적 내용이 아니라 스스로의 개인적 정체감(sense of personal identity)[55]에 대한 개인적 통일성(personal unity)을 가져오는 내적 원리(inner principle)이다.[56] 이렇게 제임스는 경험적 자기의 내용은 수시로 변할 수 있지만, 그럼에도 불구하고 순수 자기가 있기 때문에 스스로의 인식에 통일성이 유지된다고 여겨, 순수 자기에 의한 자기통일성을 자기 연구의 핵심 주제로 설정하고 있다.

그러나 스스로의 존재에 연속성과 통일성을 부여하는 원천으로서의 순수 자기를 심리학 연구의 중심 무대에 올려놓으려는 제임스의 기획은 "실증주의의 지도 아래 명백한 경험적 준거체(empirical referents)가 부족한 개념은 연구 대상으로부터 배제하려는 주류심리학에 의해 반세기 이상의 기간 동안 철저히 무시되고 사그라져 갔다."[57] 그러다가 1960년대

---

53) '물질적 자기'는 육체와 의복 등 물질적 측면의 자기를 말하고(James, 1890, pp. 292-293; 정양은, 2005a, 『심리학의 원리 1』, pp. 527-529), '사회적 자기'는 명성이나 명예 또는 불명예 같은 동료들로부터 얻는 인정을 말하며(pp. 293-296; pp. 529-532), '정신적 자기'는 스스로에 대한 반성(reflection)을 거쳐 얻게 되는 능력(예: 지능)이나 성격특성(예: 자율성) 등 스스로의 정신능력 또는 정신적 소질에 대한 인식을 말한다(pp. 296-302; pp. 532-543).

54) '인식적 자기'를 James (1890)는 '순수 자아'(pure ego, p. 292, p. 329; 정양은, 2005a, p. 527, p. 588) 또는 '순수 자기'(pure self, p. 342; p. 608)라 부르고 있다.

55) James, 1890, p. 330. (정양은, 2005a, p. 589.)

56) James, 1890, p. 342. (정양은, 2005a, p. 608.)

57) Swann & Bosson, 2010, p. 589.

후반에 이르러 인지혁명에 이은 정보처리과정에 관한 연구 경향의 득세로 인해, 개인의 스스로에 대한 인지적 표상(cognitive representation)의 결과 갖추어지는 스스로에 대한 지식체계인 자기개념(self-concept) 또는 자기도식(self-schema)이 자신과 타인에 대한 정보를 인식하고 조직화하며 기억하는 과정에서 통합적이고도 일관되는 영향을 미친다는 사실이 밝혀짐으로써, 자기의 문제는 제임스의 기획과 함께 사회심리학의 중심 무대에 돌아왔다. 게다가 1980년대에 사회심리학자들이 사회행동에 미치는 동기의 영향에 관심을 기울이기 시작하면서,[58] 자기가 갖는 스스로의 행동에 대한 선택 · 수행 · 점검 및 조절의 집행기능(executive function)에 관심을 쏟게 되어,[59] 자기에 관한 심리학적 연구는 제임스의 기획으로 복귀하였다.[60]

이후 사회심리학에서의 자기에 관한 연구는 매우 다양한 방향으로 전개되어, 그 내용을 간략하게 정리한다는 것은 매우 어려운 일이다.[61] 그러나 이들 연구들은 자기의 내용에 대한 반성적 표상(reflexive representations)에 관한 연구, 자기에 대한 정서적 반응과 평가에 관한 연구, 그리고 자기발전을 위한 동기 과정에 관한 연구들로 나누어 볼 수 있다.

자기의 내용에 관한 연구들은 자기에 대한 반성적 표상을 통해 성격특

---

58) Pittman, 1998, p. 549.

59) Baumeister, 1998, pp. 680-681.

60) Swann과 Bosson (2010, pp. 589-591)은 『사회심리학 편람』(*The Handbook of Social Psychology*, 5th ed.)에 실린 "Self and Identity"라는 개관논문에서 1970년대 이후의 이러한 경향을 "자기에 대한 신(新) 제임스적인 기획"(neo-Jamesian visions of self)이라 부르고 있다.

61) Baumeister (1998, p. 681)는 이러한 사실을 지적하여 "자기에 관한 연구들을 뒤쫓아 요약하여 정리한다는 것은 마치 소방전에서 쏟아지는 물줄기로부터 물 한 컵을 받아 마시려는 것처럼 어려운 일"이라 표현하고 있다.

성, 능력, 여러 대상에 대한 의견과 태도, 타인들의 나에 대한 반응과 인정 등 스스로의 제반 측면에 대한 지식을 확인해 내는 연구들로부터 비롯된다. 개인이 스스로에 대해 갖추고 있는 표상의 내용은 자기지식(self-knowledge), 자기개념, 자기도식 등 다양한 용어로 불린다. 이러한 연구들에서는 자기에 관한 지식 내용이 여러 가지 복합적인 측면의 표상 구조를 가진다는 사실과 이들 사이의 관계 및 이러한 자기 관련 지식체계가 자신과 타인에 대한 정보의 처리 및 기억 과정에 미치는 영향 등에 관하여 인지적 차원의 분석이 이루어졌다.

이러한 인지적 차원의 연구들은 제임스의 '경험적 자기'의 분류와 맥을 같이하는 것으로, 기본적으로 자기에 대한 질료(質料, substance)적 측면의 연구라 볼 수 있다. 현대심리학이 인간의 심성을 구성하는 질료를 구명하려는 노력에서 출발했다는 역사적 사실에 입각해서 보면,[62] 경험적 자기의 내용을 확인하려는 인지적 차원의 연구들이 자기 연구의 시발점이 되고 있다는 사실은 당연한 일이다. 그러나 자기를 구성하는 인지적 내용이 해명된다고 해서 곧바로 자기가 갖는 시간적인 연속성과 통일성에 대한 이해가 이루어지는 것은 아니다. 그러므로 자기의 내용에 대

---

62) 정양은 (1970/2005b, pp. 186-189); 정양은 (2005b, p. 186)은 이러한 사실을 지적하여 "서양 사상에서 가장 오랜 전통을 유지한 것이 Mind는 어떤 질료(質料, substance)로 구성되고 있다는 생각이다. 따라서 Mind를 구성하고 있는 질료를 해명하는 것이 심리학의 가장 근본적인 과제였다. 서양 사상에서 발전한 심리학은 따라서 이 Mind의 질료를 밝혀보려는 것이 학문적인 시발이었다. 그리하여 Mind의 질료를 Idea, Image, Impression 또는 Reflexion 등이라고 생각하는 사상이 발전되었다"라고 진술하고 있다. 이러한 관점에서 보면, 자기에 관한 연구가 그 개념을 구성하는 반성적 표상체(자기지식 · 자기도식 · 자기개념 등)들의 확인에서부터 시작되고 있다는 사실은 심리학사적 관점에서 지극히 타당한 전개과정이었다고 할 수 있다.

한 인지적 차원의 연구는 자기의 연속성과 통일성에 관한 연구, 곧 제임스의 기획으로 완전히 복귀한 것이라고 볼 수는 없다.

연속성과 통일성은 인지적 내용과는 달리 감정적으로 느껴지는 정서 반응일 뿐만 아니라, 이를 지향하는 동기적인 속성을 띠는 것이다.[63] 이렇게 보면, 자기에 관한 정서적 반응과 동기적 행동의 연구에서 진정한 자기의 연구에 대한 제임스의 기획이 드러나는 것으로 생각할 수 있다. 곧 자기표상의 문제는 자기에 대한 질료적 인식의 문제일 뿐이므로 제임스가 제안한 의미에서의 자기에 관한 연구의 중심이 되기 어렵고, 독립체로서의 긍정적 자기평가와 자기제시를 지향하는 정서적 반응에 대한 연구와 자유체로서 갖는 자기 관련 행동과 목표의 선택 · 점검 및 조절의 동기적 측면에 관한 연구가 자기 연구의 핵심이 된다고 볼 수 있는 것이다.[64]

이렇게 자기의 질료적 구성의 문제보다는 그 연속성과 통일성의 문제가 자기 연구의 핵심이 되어야 한다는 제임스의 기획은 역설적이게도 동아시아의 철학적 전통에 기초를 둔 자기에 관한 이해에 잘 드러나 있다.

63) 정양은 (1976/2005b, pp. 209-213); 정양은 (2005b, p. 210)은 Husserl이 인간 심성의 근본이라고 제기하는 "(삶의) 원초적인 가능성은 인간 심성 자체에 속하는 본유적인 것이며, Self에 속하는 것"이라면서, "William James가 Self의 개념을 분류함에 있어서 순수아(純粹我, pure Ego)를 독립시켰는데, 그의 순수아가 이 본유적인 가능성을 지적한 것이라 해석할 수 있을 것 같다. 이 순수아에 속하는 본유적인 가능성은 인간으로 하여금 행동을 하게 하는 원동력이 될 수 있다. 가능성의 존재란 그 가능성을 실천한다는 의미를 함축할 수 있다. 즉 '할 수 있다'는 사실은 하려고 하는 동기를 자아내게 된다"고 지적하여, 연속성과 통일성을 지향하는 동기적 속성에서 James가 제시하는 순수아의 진정한 모습을 찾을 수 있다고 진술하고 있다.

64) 이상과 같은 서구심리학에서의 자기에 관한 연구의 흐름은 졸저(조긍호, 2021b, pp. 95-101)의 내용에 약간의 첨삭을 거쳐 옮겨 왔다.

정양은은 "서양 사상이 현상이나 표상 또는 상상과 같은 인간 외(外)적 사물에 관심을 가진 데 반해, 동양 사상은 인간이 자성(自省)하여 모든 것의 중심이라 간주하는 아(我) 또는 자아(自我)라고 불리워지는 현상적 문제에 관심이 있는 것 같다"면서, "이 심성 내에 있는 모든 인간 외적, 즉 이방적(異邦的, moi-etranger) 존재들을 제거한 다음에 남는 것을 자아(自我) 또는 아(我, Self)라 부르며, 따라서 이 Self를 밝히는 것이 심리학의 본령(本領)이라 생각하는 것이 동양적 사상"이라 보았다. 이렇게 "서양심리학은 인식론에서 제기되는 문제를 실증적으로 설명하려는 데서 출발했으므로 인식과 관계되지 않은 문제는 심리학의 영역에서 중요하지 않았고, 따라서 Self의 문제도 심리학의 문제로서의 중요성을 지니지 못했다"[65]는 것이다.

이러한 맥락에서 정양은은 통일성과 연속성을 갖는 제반 심적 기능의 원초적 가능성이 바로 인간 심성에 본유적인 Self에 속하는 기능이라 보고, 윌리엄 제임스의 순수아(純粹我)는 바로 이 본유적인 가능성을 지적한 것이라 해석할 수 있다면서 "이 순수아에 속하는 본유적인 가능성은 인간으로 하여금 행동을 하게 하는 원동력"이라 하여,[66] 자기의 인지적 질료적 구조의 문제보다는 그 연속성과 통일성을 탐구하고자 하는 제임스의 기획은 동양 사상의 자아관과 상통하는 측면이 있음을 지적하고 있다.

유학사상에서 자기를 가리키는 대표적 개념인 아(我)는 연속성과 통일성을 갖는 인격 전체로서의 자기를 가리키고,[67] 기(己)도 다른 사람[人]

65) 정양은, 1976/2005b, p. 209.

66) 정양은, 1976/2005b, p. 210.

67) 예를 들면, "인(仁)이 멀리 있는가? (그렇지 않다.) 내가 인을 바라기만 하면, 인이

과 대비되는 통일적 인격체로서의 자기를 가리키는 용어로 사용되고 있다[68]는 사실은 유학자들이 자기를 통일성과 연속성을 가지는 행위 원동자(原動者)로 인식하고 있다는 관점을 잘 드러내고 있다. 즉 자아 또는 자기는 인간 심성의 제반 가능성을 총괄하는 주체적 작용자라는 것이 유학의 관점인 것이다.

이상의 논의를 바탕으로 해서 살펴보면, 윌리엄 제임스가 자기 연구의 요체로 여긴 자기의 연속성과 통일성의 문제는 동아시아 유학자들이 자기가 갖는 인간 심리의 핵심적인 기능으로 간주해 온 것이었음을 알 수 있다. 그러므로 이러한 양자의 관점과 태도의 통합이 앞으로의 자기에

곧 이에 이르게 된다"(仁遠乎哉 我欲仁 斯仁至矣, 『論語』, 述而 29), "나는 배우기를 싫어하지 않고, 가르치기를 게을리하지 않았다"(我學不厭而敎不倦也, 『孟子』, 公孫丑上, 2), "인의예지(仁義禮智)는 밖으로부터 나에게 녹아들어온 것이 아니다. 내가 본래부터 갖추고 있었던 것이다"(仁義禮智非由外鑠我也 我固有之也, 告子上 6), "무릇 마음과 뜻이 닦이고, 덕행이 두터우며, 아는 것과 생각이 밝고, 오늘날에 태어났으면서도 옛날의 도에 뜻을 두고 이루려 하는 것, 이것은 모두 나에게 갖추어져 있는 바이다"(若夫心意脩 德行厚 知慮明 生於今而志乎古 則是其在我者也, 『荀子』, 天論 28) 같은 데에서 아(我)는 모두 인격 전체로서의 자기를 의미하는 용어로 쓰이고 있다.

68) 예를 들면, "남이 나를 알아주지 않는 것을 걱정하지 말라"(不患人之不己知, 『論語』, 學而 16, 憲問 32), "내가 서고자 하면 남을 먼저 세워 주고, 내가 이루고자 하면 남이 먼저 이루게 해 주어라"(己欲立而立人 己欲達而達人, 雍也 28), "내가 바라지 않는 일을 남에게 베풀지 말라"(己所不欲 勿施於人, 顔淵 2, 衛靈公 23), "행동하고 나서 원하는 효과를 얻지 못하거든, 그 책임을 모두 자기에게 돌이켜 찾아보아야 한다"(行有不得者 皆反求諸己, 『孟子』, 離婁上 4), "도대체 자기가 잘못을 저질러놓고 남에게 책임을 돌리는 일은 사정에 어둡고 어리석은 일이 아니겠는가?"(失之己 反之人 豈不迂乎哉, 『荀子』, 榮辱 25), "지혜로운 사람은 남으로 하여금 나를 알도록 만들고, 어진 사람은 남으로 하여금 나를 사랑하도록 만든다"(知者使人知己 仁者使人愛己, 子道 17) 같은 데에서 기(己)는 남[人]과 대비되는 통일적 인격체로서의 자기 자신을 가리키는 용어로 사용되고 있다.

관한 연구의 지향점이 될 수 있을 것이며, 그것이 동 · 서 자기 연구의 회통을 이루는 하나의 방안이 될 수 있을 것이다.

2) 문화와 동기 연구: 기존 연구 내용의 이론적 확장

동기 또는 욕구는 설정된 어떤 목표를 추구하는 행동을 촉발(initiation)하여 상당한 정도의 강도(intensity)를 지니고 이 행동을 지속(persistence)하도록 유도하는 유기체 내적인 추동력을 말한다. 이렇게 유기체 내적인 힘에 의해 촉발된 욕구 또는 동기를 가장 잘 충족시켜 줄 수 있는 목표 대상을 선택하여 추구하는 활동이 곧 동기 행동으로, 따라서 이러한 동기 또는 욕구 행동의 가장 큰 특징은 목표지향성과 선택성이다. 이때 추구하는 목표의 종류에 따라 동기 또는 욕구의 종류가 나뉜다.

서구심리학에서는 인간이 갖추고 있는 다양한 욕구들을 생물체적 존재로서 갖추고 있는 배고픔 · 목마름 · 성욕 등 생리적인 욕구, 개체적 존재로서 건전한 발달을 추구하는 과정에 개재하는 자율성 · 극복 · 역능 등의 심리적인 동기 및 사회적 존재로서 사회생활 과정에서 습득하는 성취 · 친화 · 권력 추구 등의 사회적 동기로 나누어 고찰한다.[69] 이 가운데 앞의 두 가지는 인간에게 본유적으로 갖추어져 있는 동기이고, 맨 마지막의 사회적 동기는 학습 과정을 통하여 습득된 동기라는 것이 서구심리학자들의 일반적인 의견이다.

이 동기들 가운데 생리적 동기들은 신체적 결핍 상태(배고픔 · 목마름 · 졸림 · 추움 · 성적 갈망 등)로부터 유발되는 것으로, 기본적으로 반응적

69) Reeve, 2005, p. 103, Figure 5.1.

(reactive)인 성격의 욕구들이다. 이에 비해 심리적 동기들은 그 자체 흥미(interest)와 즐거움(enjoyment)을 가져다주는 것으로, 환경 속에서의 자기발전을 위한 지향적(proactive) 추구의 원동력이 되는 욕구들이다. 따라서 이는 결핍에 대한 반응으로 나타나는, 그래서 선천적으로 고정적인 생리적 동기나, 후천적으로 습득된 가치를 추구하는, 그래서 사회화 과정에 따라 그 내용이 달라지는 사회적 동기들과는 질적으로 다른 성격의 동기이다.[70)]

유학사상에서는 생물체적 생존 욕구, 자기이익을 추구하고자 하는 이기적 욕구, 사회관계에서 남을 이기고자 하는 경쟁 욕구 및 도덕적 존재로서 타인을 배려하고 선을 실행하고자 하는 도덕적 지향성의 욕구가 인간에게 본유적으로 갖추어져 있는 것으로 간주한다. 성리학의 동기이론인 인심도심설에서는 앞의 세 가지를 인심(人心)이라 하고, 맨 뒤의 도덕적 지향성 욕구를 도심(道心)이라 한다.

이 가운데 인심에 속하는 앞의 세 가지는 그 충족 조건이 외적 상황에 달려 있어서[在外者] 인간을 악으로 이끌기 쉬운 욕구들로, 적극적으로 억제하여야 한다. 그러나 인간은 생물체적 존재이자 개체적 존재로서 이러한 욕구가 없을 수는 없으므로, 그 크기를 줄이거나 추구의 방안을 절제하거나 도덕적으로 통제해야 한다는 것이 유학자들의 의견이다.[71)] 이에 비해 도덕적 지향성의 욕구는 그 충족 조건이 스스로의 수양의 정도에 달려 있어서[在己者] 인간의 선화(善化)와 인격적 성숙의 지표가 되

---

70) Reeve, 2005, pp. 102-103.

71) 맹자는 이를 과욕(寡欲), 순자는 절욕(節欲), 성리학자들은 알인욕(遏人欲)이라 표현하고 있다. 유학의 욕구이론에 대해서는 졸저(조긍호, 2017a, pp. 258-334) 참조.

는 욕구들로, 적극적으로 권장하여야 한다는 것이다.

이상에서 보듯이 서구심리학의 동기이론과 유학의 욕구이론에서 설정하는 동기와 욕구의 종류는 대체로 비슷하다. 그러나 양자가 중시하는 내용에는 큰 차이를 보이고 있다. 서구심리학에서는 자기발전의 근원을 개체적 존재로서 갖추고 있는 심리적 동기에서 찾지만, 유학의 이론에서는 자기발전의 근원을 사회적 존재로서 갖추고 있는 도덕적 욕구에서 찾는다. 그렇다면 서구인들은 사회관계에 대한 관심에서 나오는 동기는 전혀 배제하는가? 또 동아시아인들은 개체로서의 자기발전을 위한 욕구에는 전혀 관심이 없는가? 그렇지는 않을 것이다. 서구인에게도 사회관계에 대한 관심에서 연유하는 동기가 있을 것이고, 동아시아인에게도 자기발전을 위한 욕구가 있을 것이다. 이렇게 양자의 이론을 비교함으로써 각자에게 부족한 부분을 상대방에게서 차용함으로써 이론적 확장을 이루는 것, 이것은 동 · 서가 회통하는 또 하나의 방안이 될 수 있을 것이다.

(1) 문화와 근본 동기

서구심리학의 동기이론에서 자기발전을 지향하는 심리적 동기들은 "개체로서의 개인의 복지를 증진시키려는 동기와 개인을 더 큰 사회공동체에 통합시키려는 동기의 두 유형으로 나뉜다."[72] 여기서 전자는 "개인을 직접적인 공동체로부터 분리하고, 사회 환경 내의 타인과는 독립적으로 또는 타인의 희생을 통해서라도 개인적 이득을 확보하려는 행동과 관

72) Geen, 1995a, p. 6: 이 항목은 졸저(조긍호, 2021b, pp. 461-465)의 내용에 약간의 첨삭을 거쳐 옮겨 왔다.

련된 동기"이고, 후자는 "개인을 타인과 밀접하게 이끌고, 개인과 사회 환경 사이의 공동체감을 촉진시키는 행동을 산출하는 동기"이다.[73]

베이칸(Bakan, D.)은 이 두 종류의 동기는 인간 실존의 두 가지 근본적인 양식(two fundamental modalities of human existence)을 반영하는 것이라 보고, 전자를 개인으로서의 유기체의 존재에 해당하는 '주도성'(agency)의 동기, 후자를 각 개인을 구성 부분으로 하는 더 큰 유기체에 개인이 참여하는 '유대성'(communion)의 동기라 부르고 있다.[74] 자기주장(assertiveness) · 독립(independance) · 성취(achievement) · 권력(power) · 지배성(dominance)의 욕구들이 주도성과 연결되는 동기들이고, 친화(affiliation) · 친밀(intimacy) · 애착(attachment) · 공감(empathy) · 이타성(altruism) · 사회적 용인(approval)의 욕구들이 유대성과 연결되는 동기들이다.[75]

이러한 두 종류의 동기는 개인주의와 집단주의 사이의 근본적인 차이에 상응하는 것이다. 곧 주도성 동기들은 개인을 타인이나 집단보다 앞세우며, 개인의 자율성과 독립성을 추구하는 동기라는 점에서 개인주의 문화에서 중시하는 동기들이고, 유대성 동기들은 개인보다 타인이나 집단에 대한 관심을 앞세우며, 집단에 대한 소속을 지향하는 동기라는 점에서 집단주의 문화에서 중시하는 동기들이다.[76] 이렇게 개체지향의 주도성 동기와 관계지향의 유대성 동기가 각각 개인주의와 집단주의 사회의 지배적인 동기가 되는 까닭은 이 두 동기가 각각 두 문화유형의 문화

73) Geen, 1995a, p. 249.
74) Bakan, 1966, p. 15.
75) Geen, 1995a, p. 249.
76) Wiggins, 1992.

적 명제와 일치하기 때문이다.

마커스(Markus, H.)와 기타야마(Kitayama, S.)에 따르면, 개인주의 사회의 문화적 명제는 독립성과 개별성의 유지에 있으므로, 이 사회에서는 개체적 존재 특성을 드러내는 동기를 바람직한 것으로 경험하게 되고, 결국 강한 개체지향의 욕구를 갖게 된다. 이와는 대조적으로 집단주의 사회의 문화적 명제는 연계성 · 사회통합 · 대인 간 조화의 추구이기 때문에, 사회관계적 특성을 드러내는 동기들은 이 사회의 성원들에게 전형적으로 바람직한 것으로 경험되며, 따라서 집단주의 사회의 성원들은 타인 및 집단과 맺는 관계지향의 욕구들을 강하게 갖게 된다.[77]

집단주의 사회의 문화적 명제와 합치하는 이러한 관계지향 동기를 '사회포괄 욕구'(need for social inclusion) 또는 '소속 욕구'(need to belong)라 부르기도 하는데, 이들 연구자들은 이러한 관계지향의 욕구들은 타인 존재에 의해 유발되는 평가우려 · 사회불안 · 인상관리 같은 여러 가지 사회행동의 근거라고 보아, 이를 다양한 사회적 동기의 배경이 되는 근본 동기(meta-motivation)로 보고 있다.[78]

---

77) Markus & Kitayama, 1991a, p. 240.

78) Baumeister & Leary, 1995; Geen, 1991, pp. 393-394; 1995a, pp. 249-251; 1995b, pp. 52-54; Geen & Shea, 1997, pp. 40-42; 이들은 이러한 사회포괄 욕구를 근본 동기로 보는 까닭을 '공포관리이론'(terror management theory: Greenberg, Pyszczynski, & Solomon, 1986; Solomon, Greenberg, & Pyszczynski, 1991)에서 찾고 있다. 이 이론에 따르면, 사회로 대표되는 인간의 문화는 개인의 취약성(vulnerability)과 죽음의 운명(personal mortality)에 직면하는 완충장치(buffer)를 제공한다는 것이다. 곧 사회는 각자가 자기에게 부여된 역할을 실연할 수 있는 배경 또는 문화적 연극(cultural drama)을 제공하는데, 이의 성공적 수행은 사회에의 통합과 사회적 자원의 확보 · 사회적 수용 · 자존감의 유지를 통해 삶에 의미를 부여하고, 개인이 경험하는 실존적 공포[죽음의 공포와 죽음 후의 무화(無化) 공포; Batson과 Ventis (1982)는 이를 인간의 가장 보편적이고도 심각한 심리적 문제

이러한 소속 욕구에서 나오는 타인에 대한 배려는 개인의 정체감 수준을 개인적 자기(personal self)에서 관계적 자기(relational self)나 집단적 자기(collevtive self)로 이동시키는 배경이 된다.[79] 집단주의 사회는 상호의존적 자기관이 특징인 사회이다. 상호의존적 자기관은 관계적 자기나 집단적 자기로 스스로를 동일시하는 것이다. 이렇게 보면, 소속 욕구가 바로 이러한 상호의존적 자기관을 갖게 하는 배경이라고 볼 수 있다. 그러므로 사회포괄 욕구나 소속 욕구는 어느 문화권에서나 나타나는 보편적인 동기이기는 하지만,[80] 개인주의 문화권보다는 집단주의 문화권에서 더 두드러지는 동기인 것이다.

여기서 그 이름을 무어라 부르든지 간에 유대성 동기(사회포괄 욕구, 소속 욕구)는 동아시아 집단주의 사회에서 중시하는 동기로, 사회관계를 맺고 있는 다른 사람에 대한 관심과 배려에서 유발되는 것이라는 점에서 도덕적 지향성의 동기라 볼 수 있다. 이렇게 보면, 서구인들도 동아시아인들과 마찬가지로 도덕적 동기를 그들의 이론 속에 포괄하고 있는 셈이다. 또한 서구의 주도성의 동기 범주 속에 유학의 욕구이론에서 사회적

라고 보았는데, Schumaker (1997)는 이러한 실존적 공포가 보편적인 종교 동기의 근거라 주장한다]를 제거해 준다는 것이다. 반면, 문화적 연극에 따른 역할 수행의 실패는 사회의 배척을 가져오고, 결과적으로 실존적 공포에 대한 사회적 완충장치가 상실되게 만든다. 따라서 사람은 실존적 공포를 관리하기 위해 문화적 연극 속에서 주어진 역할을 수행하려는 동기를 갖게 되고, 이것이 사회포괄 욕구로 나타난다는 것이다. 이러한 공포관리이론은 죽음의 공포를 강조하면, 자기 문화의 세계관과 동일시하고 이를 옹호하는 행동이 두드러지게 나타난다는 연구 결과들(예: Arndt, Greenberg, Solomon, Pyszczynski, & Simon, 1997; Greenberg, Pyszczynski, Solomon, Rosenblatt, Veeder, Kirkland, & Lyon, 1990)로 입증되고 있다.

79) Brewer & Gardner, 1996.

80) Baumeister & Leary, 1995.

경쟁 욕구라고 부르는 성취 · 권력 · 지배성의 욕구들이 포함되고 있다는 사실은 동아시아 유학의 이론도 서구의 심리적 동기를 포괄하는 방향으로 이론적 확장을 이룰 가능성이 있음을 시사하고 있는 것이다.

(2) 문화와 작업동기

서구인들은 그리스 · 로마 시대부터 일과 놀이를 엄격하게 구분하여, 일은 하지 않을수록 좋고 놀이는 많이 할수록 더 많은 행복감을 가져오는 요인이 된다고 여기는 전통을 형성하여 왔다.[81] 이렇게 서구인들은 일을 놀이보다 부정적으로 인식하기 때문에, 일을 할 때 집중력과 몰입을 느끼면서도 행복감이나 일을 하고자 하는 의욕은 느끼지 못한다.[82] 그렇기 때문에 전통적으로 서구 사회에서는 작업자들의 작업동기(work motive)를 끌어올려 작업생산성을 높이기 위해서는 일을 통해 얻는 보상을 크게 할 수밖에 없는 것으로 인식하여 왔던 것이다.[83]

이러한 배경에서 조직체를 구성하는 성원들의 작업동기를 높임으로써 조직의 생산성을 높이기 위한 방안에 대한 연구가 작업 외적 조건의 조작에 관한 연구로부터 시작된 까닭을 찾아볼 수 있다.[84] 이러한 연구

---

81) Csikszentmihalyi, 1997/2003, pp. 68-70.

82) 홍숙기, 1994, p. 131; Csikszentmihalyi, 1990, p. 160; Csikszentmihalyi, 1997/2003, p. 53, 표 2.

83) 이 항목의 내용은 졸저(조긍호, 2012, pp. 919-952; 2021a, pp. 291-340) 참조.

84) 서구 사회에서 19세기 중반 이후 제국주의적 침탈이 본격적으로 진행되면서 조직의 작업생산성을 획기적으로 높일 사회적 필요가 대두되자, 작업생산성의 제고를 작업동기의 증진으로부터 모색하기 위한 연구들이 이루어지기 시작하였다. 이러한 연구의 기선을 잡은 것은 한창 신흥 산업강대국으로 발돋움을 하고 있던 미국의 산업계였다(Burns, Lerner, & Meacham, 1984/2003, Vol. 4, pp. 1003-1014).

의 입안자는 테일러(Taylor, F.)였는데, 그는 일과 놀이를 철저히 구분하는 서구의 전통적인 입장에서 사람들은 본래 일하기를 싫어하고 즐거운 놀이에 탐닉하는 경향이 있다고 보았다.[85] 그러므로 종업원들의 태업을 줄이고 그들에게 일을 시키기 위해서는 일하는 환경을 최적화하고, 이를 통해 늘어난 일의 성과에 대해서는 충분한 보상을 해 주어야 한다는 것이 그의 생각이었다.[86] 그는 이러한 전제에서 종업원들의 태업을 줄여 작업생산성을 향상시키기 위해서는 작업조건의 과학적 분석을 통해 최적의 작업환경을 제공해 줌으로써 작업생산성을 높이고, 이어서 향상된 작업성과에 따라 보상을 지급하는 체제로 변화시키면 문제가 해결될 것이라고 보았다.

이것이 유명한 '과학적 경영관리'(scientific management)의 기법이다. 말하자면, 이 계열 연구들의 배경에는 어떤 조직체이든지 그 작업생산성은 작업환경이나 작업조건 및 성과와 연동된 보상체계 같은 작업 외적 요인에 따라 달라질 뿐이라는 전제가 깔려 있었던 것이다. 그러나 호손 효과(Hawthorne effect)의 발견에 의해, 작업 조건이나 성과와 연동된 보상체계만으로는 작업생산성을 향상시키는 데 한계가 있다는 사실을 인식하게 되면서 과학적 경영관리 운동에 빨간불이 켜지기 시작하였다.[87]

호손 효과의 발견 이후에 이 분야의 연구자들은 작업생산성은 작업환경이나 보상체계 같은 작업 외적인 조건의 조작만으로는 설명할 수 없다는 인식을 하게 되었다.[88] 이들은 공통적으로 작업 외적 조건보다는 일

85) 다카하시 노부오, 2004/2007, pp. 132-143; Taylor, 1903, ch. 2.

86) Taylor, 1903, 1911.

87) Mayo, 1933; Roethlisberger, 1941; Roethlisberger & Dickson, 1939.

88) 이러한 인식을 기반으로 삼고 있는 대표적인 연구로 허츠버그의 '2요인이론'(Herzberg,

에 대한 의욕이나 흥미 및 이를 통한 자기발전 같은 근로자 내적 요인이 자기 일에 대한 만족 수준을 높이고 결과적으로 작업생산성을 높이는데 핵심적이라는 사실을 일깨워 주었다. 곧 서구인들이 전통적으로 인식하고 있었던 것과는 달리, 인간에게는 일을 하고자 하는 작업동기가 본유적으로 갖추어져 있다는 인식을 하게 되었던 것이다.

동아시아 집단주의의 이론적 배경인 유학사상에서는 일을 하는 것이 인간의 천성이자 본분이라고 생각하고, 누구나 자기가 할 일에 열심일 것을 강조하여 근면의 가치를 높이 드러내고 있다. 공자는 "어떤 일에 대해 알기만 하는 것은 좋아하는 것보다 못하고, 좋아하기만 하는 것은 즐겨 하는 것보다 못하다"[89]고 하여, 모든 일을 함에 있어서 내재적인 흥미와 즐거움을 가지고 근면하게 수행할 것을 권면하고 있으며, 이러한 태도는 이후의 유학자들에게 이어지고 있다.

이와 같은 유학자들의 일에 대한 긍정적인 태도는 현대 동아시아인들에게도 이어지고 있다. 서구 개인주의 사회의 청소년들은 일을 하는 이유를 압도적으로 돈을 벌기 위한 것(71.9%)으로 보고 있으나, 동아시아 집단주의 사회의 청소년들은 돈을 벌기 위한 목적을 드는 사람(48.5%)이 절반에도 미치지 못하고, 사회 일원으로서의 역할 수행(33.7%)이나 자기발전(16.1%)을 근로의 목적으로 보고 있는 청소년이 상당수에 이른다는 사실은 이러한 관점을 잘 드러내 주고 있다.[90] 이러한 결과는 동아시아인들은 일의 의미를 긍정적인 데서 찾고 또 일을 사회관계의 조화를 이

1966; Herzberg et al., 1959), 맥그리거의 'X-Y이론'(McGregor, 1960) 및 데시의 '내재적 동기이론'(Deci, 1971, 1975; Deci & Ryan, 1985)을 들 수 있다.

89) 子曰 知之者不如好之者 好之者不如樂之者(『論語』, 雍也 18)

90) 한국갤럽조사연구소, 1985, p. 153, 표 3-7-1.

루는 요건이라고 인식하여, 일의 사회적 가치를 중요하게 받아들이고 있음을 시사하는 것이다.

이상에서 고찰한 바에 따르면, 서구인들은 전통적으로 인간에게 작업동기가 갖추어져 있다는 관점을 받아들이지 않았으나, 20세기 중반 이후 이를 받아들이는 쪽으로 이론적 방향 선회를 함으로써, 작업동기의 본유성을 강조하는 동아시아 유학사상의 관점을 받아들이는 경향을 띠고 있음을 알 수 있다. 조직심리학의 최근 연구들의 결과에 따르면, 앞으로의 이 분야의 연구에서는 이러한 경향이 더욱 심화될 것으로 예측되는데,[91] 이는 동 · 서 관점의 회통을 거쳐 연구 내용이 이론적으로 확장되는 좋은 예가 될 것이다.

3) 이상적 인간형과 정신건강 연구: 연구 관점의 보완과 통합

서구인들은 인간의 존재의의를 개체성에서 찾으려 하므로, 자유의 주체로서 갖추고 있는 개체적인 능력과 특성 및 잠재력을 일상생활의 과정을 통해 최대로 발휘하는 자기실현인을 이상적 인간상으로 설정하고 추구한다. 이에 비해 동아시아인들은 인간의 존재의의를 사회성에서 찾으려 하므로, 사회적 관계체로서 다른 사람과 공동체에 대한 관심과 배려를 통해 타인들과 조화로운 관계를 형성함으로써, 타인을 자신 속에 받아들여 스스로의 범위를 넓혀 가는 존재확대인을 이상적 인간상으로 설정하고 추구한다.

이렇게 동아시아인이 설정하고 추구하는 이상적 인간상에게는 서구

91) Jex & Britt, 2008/2011, pp. 301-311.

인의 이상적 인간상보다 더 넓은 관심과 주의의 폭이 요구된다. 즉 서구인의 개체중심성에서 벗어나 더 넓은 사회지향성을 추구하는 것이 동아시아의 이상적 인간상인 것이다. 이러한 이상적 인간상에 관한 논의는 그대로 두 사회에서의 정신건강과 부적응의 기준의 차이를 유발하고, 이러한 부적응을 치료하는 심리치료 과정에서 강조하는 양상도 달라질 것임은 쉽게 추론할 수 있다. 그러나 두 사회의 이상적 인간상과 정신건강 및 심리치료 문제를 보는 연구 관점이 보완적으로 통합될 수 없는 것은 아니다. 이러한 서구의 개체중심성과 동아시아의 사회지향성이라는 서로 다른 관점의 보완과 통합은 동 · 서의 회통에 대한 또 다른 가능성을 열 수 있을 것이다.

(1) 이상적 인간상 연구

서구인들은 개체중심적인 인간관의 바탕 위에서 이상적 인간상을 개체로서의 자기실현에서 찾는 것으로 알려져 있다. 한 예로 매슬로의 욕구위계설에서는 욕구위계의 맨 마지막 단계를 자기실현의 욕구로 설정하고, 개인의 행동과 삶이 전적으로 자기실현을 지향하는 상태를 인간 삶의 최종 목표 상태로 설정하고 있는 것이다.[92] 그 외의 이상적 인간형에 관한 많은 연구들에서도 자기실현인을 이상적 인간상의 전형으로 제시하고 있다.[93]

그러나 서구의 이상적 인간상의 특징이 자기실현에만 국한되는 것은 아니다. 김성태는 서구심리학에서 제시된 이상적 인간상에 관한 이론들

---

92) Maslow, 1954, p. 260; 1970, p. 46.

93) 예를 들면, Jung (이부영, 2002, pp. 29-30)과 Rogers (1951, p. 487; 1963, p. 2)도 인간에게 최고의 동기 상태로 자기실현 경향성이 갖추어 있다고 주장하였다.

에서 이상적 인간상의 특징으로 기술되고 있는 52가지의 특성을 찾아내고, 이들을 그 유사성에 따라 군집분석하여 이들이 5가지 군집으로 묶임을 밝혀내었다.[94] 이들은 주체성 · 자기수용 · 자기통일 · 문제중심성 · 따뜻한 대인관계의 다섯 가지인데, 이 중에서 주체성(자기 자신의 능력과 잠재력에 대한 인식) · 자기수용(자기를 둘러싸고 있는 현실에 대한 인식과 이의 수용) · 자기통일(자기의 진로와 인생 목표의 객관적 정립) · 문제중심성(일상생활에서 자기의 가능성을 실현하려는 문제중심적인 일 처리와 성취 지향)의 네 가지는 개체로서 존재하는 개인의 정체성 확립 및 성취와 관련이 깊은 특징들이어서, 자기실현의 바탕이 되는 특성들이라고 볼 수 있다.

그러나 '따뜻한 대인관계'는 "사랑, 이해와 수용적 태도로 타인과의 따뜻한 관계를 유지"[95]하는 특징을 가리킨다. 이는 개체중심성에서 벗어나서 다른 사람에 대해 관심을 가지고 그들을 수용하는 타인지향성을 드러내는 특징이다. 이렇게 보면 서구인들도 전적으로 개체중심성에만 근거를 두고 이상적 인간상을 설정하는 것은 아님을 알 수 있다.

동아시아 유학사상의 대표적인 이상적 인간상은 군자(君子)이다. 공자는 제자인 자로(子路)와의 문답에서 군자의 상태에 대해 '자기를 닦음으로써 삼가는 사람'[修己以敬], '자기를 닦음으로써 사람들을 편안하게 해 주는 사람'[修己以安人], '자기를 닦음으로써 온 천하 사람들을 편안하게 해 주는 사람'[修己以安百姓]의 순서로 응답한 다음, 맨 마지막의 "수기이안백성(修己以安百姓)의 상태는 요(堯)나 순(舜) 같은 성인도 오히려 어렵게 여긴 경지"라고 제시하고 있다.[96]

---

94) 김성태가 개관하고 있는 이론가들에 대해서는 제6장의 주 65 참조.

95) 김성태, 1976, p. 27.

96) 子路問君子 子曰 修己以敬 曰 如斯而已乎 曰 修己以安人 曰 如斯而已乎 曰 修己

여기서 '수기이경'(修己以敬)은 자기 인격의 수양을 말하는 것으로, 서구의 '자기실현'의 상태를 표현한 것으로 볼 수 있다. '수기이안인'(修己以安人)은 자기수양을 이룬 후에 다른 사람들과 조화로운 사회관계를 맺고 살아가는 상태를 말하는 것으로, 서구의 '따뜻한 대인관계'의 특징을 드러내는 것으로 볼 수 있다. 이 두 가지 특징을 보면, 서구인과 동아시아인이 같은 관점에서 이상적 인간상을 설정하려 하였음을 알 수 있다. 그러나 유학의 군자는 이 이외에 사회적 책무를 자임(自任)하여 수행하는 일 곧 '수기이안백성'으로까지 확대된 인간상으로 그려지고 있다는 데에 그 중점이 있다. 유학자들은 군자의 이 세 가지 상태는 '수기이경 → 수기이안인 → 수기이안백성'으로 점진적인 확장을 거쳐 나아가게 되는 것으로 여긴다.

이상에서 보듯이, 서구와 동아시아 사회의 이상적 인간상의 특징론 사이에는 서로 다른 측면만 있는 것이 아니라, 서로 유사한 측면도 있음을 알 수 있다. 바로 이러한 유사점을 바탕으로 하여 양자의 관점을 보완적으로 통합하여 이론화하는 것이 동 · 서의 회통을 이루는 하나의 방안이 될 수 있을 것이다.

(2) 정신건강과 심리치료 연구

이렇게 이상적 인간상을 개념화하는 양식이 달라지면, 정신건강과 부적응을 규정하는 기준이 달라질 것임은 자명한 사실이다. 인간의 존재의의를 이성의 주체인 개인의 개체성에서 찾으려는 서구인들은 아무래도 독립성 · 독특성 · 자율성 · 합리성 · 자기이익 추구 · 자기주장 · 장점

以安百姓 修己以安百姓 堯舜其猶病諸(『論語』, 憲問 45)

확충 등을 정신건강의 기준으로 삼는 경향이 강하다. 이에 비해 인간의 존재의의를 덕성의 주체인 개인의 사회성에서 찾으려는 동아시아인들은 상호연계성 · 의존성 · 유사성 · 배려성 · 조화성 · 자기억제 · 자기개선 등을 정신건강의 기준으로 삼는 경향이 크다.

이렇게 문화에 따라 정신건강의 기준이 달라지면, 그에 따라 부적응의 기준과 심리치료의 접근법이 달라지게 마련이다. 사실 심리치료의 여러 접근법들은 이러한 문화적 맥락에 따른 '문화화'(culturalization)의 결과였다고 볼 수 있다. 현대 심리치료적 접근법의 뿌리는 프로이트에 의해 창시된 정신분석학에 있다고 볼 수 있는데, 이에는 유태인이었던 프로이트가 받아들인 유태 문화의 가치가 반영되어 있으며,[97] 이에 기초를 두고 미국에서 변형 발전된 다른 심리치료법들은 또 그들 나름대로 미국의 문화적 가치를 드러내고 있는 것이다. 다음 진술은 이러한 사실을 잘 드러내고 있다.

> 심리치료의 뿌리와 그 발달의 역사를 검토하면서, 어떤 학자들은 현대 심리치료의 기초인 정신분석학은 유태인의 문화적 맥락 내에서 특수하게 발전된 것이며, 이는 유태인의 신비주의와 여러 가지 측면에서 공통성을 보유하고 있다는 사실을 지적하여 왔다. 사실 행동적 접근이나 인본적 접근 같은 다른 심리치료 접근법의 발달은 전통적인 정신분석학이 미국 문화와 사회에 '문화화'한 결과라 간주될 수 있다. 이렇게 보면, 심리치료는 문화적 산물이어서, 문화적 맥락을 반영할 뿐만 아니라 재생산하고 있다고 생각할 수 있다 …… 이러한 의미에서 심리치료는 결코 탈가치적인 것이 될 수는 없다. 왜냐하면 모든 심리치료는

---

97) Langman, 1997.

> 특정 문화 맥락에 구속되어 있으며, 문화란 필연적으로 도덕적 가치체계와 연관되어 있는 것이기 때문이다.[98]

이러한 관점에서 보면, 이상적 인간상과 부적응에 대해 서로 다른 기준을 보유하고 있는 서구 개인주의와 동아시아 집단주의 사회에서 제시하고 있는 심리치료의 목표와 그 기법은 서로 달라질 수밖에 없는 것이다.

그럼에도 불구하고 현재 동아시아 사회, 특히 한국에서 일반적으로 통용되고 있는 심리치료의 기법들은 대체로 서구의 그것을 그대로 받아들이고 있는 실정이다. 한국과 미국의 대학생 및 상담수련생들에게 아시아적 가치(집단주의적 가치) 검사와 서구적 가치(개인주의적 가치) 검사를 실시해 본 결과에서 보면,[99] 한국의 임상 및 상담심리학계에서 서구중심적 연구와 훈련의 경향이 얼마나 강고하게 지속되고 있는지를 잘 드러내 준다.

이 연구에서는 아시아적 가치 수준에서 한국(평균 3.91)과 미국(3.89)의 대학생들은 아무런 차이를 보이고 있지 않으나, 상담수련자들의 아시아적 가치 수준은 한국(3.59)의 경우가 오히려 미국(3.81)보다 낮은 것으로 조사되었다. 이는 아시아적 가치 수준에서 미국의 대학생과 상담수련자 사이에는 아무런 차이가 없으나, 한국에서는 상담수련자의 아시아적 가치 수준이 대학생들의 그것보다 유의미하게 낮음을 의미하는 결과이다. 이에 비해 서구적 가치 수준에서 한국의 대학생들(4.69)은 미국의 대학생들(5.21)보다 유의미하게 낮은 경향을 보이는데, 상담수련생들의 서구적 가치 수준은 한국(4.89)이나 미국(4.80) 사이에 아무런 차이가 없

98) Matsumoto, 2000, p. 265.

99) Yon, 2012.

다. 즉 미국인들의 서구적 가치 수준은 대학생들이 상담수련자보다 유의미하게 높지만, 한국에서는 상담수련자들의 서구적 가치 수준이 일반 대학생보다 높은 경향을 보이고 있는 것이다.

한국의 경우, 아시아적 가치(집단주의적 가치) 수준에서는 대학생일반이 상담수련자들보다 높으나, 서구적 가치(개인주의적 가치) 수준에서는 상담수련자들이 대학생일반보다 높아, 한국의 상담교육 또는 상담활동은 미국보다도 더욱 개인주의적 모형에 의존하고 있음을 의미하는 것으로 보인다. 이러한 결과는 아직까지도 한국의 심리학계에서는 서구식 교육과 훈련이 주를 이루고 있으며, 따라서 한국의 심리학계, 특히 정신건강과 심리치료 분야에서는 아직 서구의존적이거나 서구중심적인 연구와 훈련의 경향이 지배적이라는 사실을 암시해 준다.

그러나 우리나라의 정신건강과 심리치료 분야 연구자들이 모두 서구의 경향을 맹목적으로 답습하고 있었던 것만은 아니다.[100] 현대 한국 문화의 원류인 성리학체계의 적응심리학적 함의 연구, 성리학체계의 일반 행동모형화 작업 및 불교 사상에 기반을 둔 동아시아 심리치료 모형의 정립 등에 관한 작업이 1970년대부터 지속적으로 이루어지고 있는데, 이는 매우 다행한 일이다. 앞으로 이 분야, 특히 동아시아 심리치료 모형의 정립 작업이 결실을 맺게 되면, 동 · 서 관점의 통합과 보완을 통해 동 · 서의 회통이 이루어지는 귀한 계기가 될 것이다.

100) 이 항목의 진술은 졸저(조긍호, 2019, pp. 399-458; 2021a, pp. 100-110)의 내용을 기반으로 구성하였다.

4) 지-행 합일의 문제: 객관적 연구 방법의 도입과 세련화

유학은 도덕인식과 도덕실천의 합일, 곧 지행합일(知行合一)을 통해 성덕(成德)을 도모하고자 하는 이론체계이다. 이는 도덕인식이 이루어진 다음에 제대로 도덕실천이 이루어지는 것이냐[先知後行] 아니면 도덕실천의 근거 위에서 명확한 도덕인식이 이루어지는 것이냐[先行後知] 하는 문제를 중심으로 논의가 이루어져 왔다. 『대학』을 교육의 교재로 중시하는 선진유학자들은 대체로 선지후행(先知後行)의 관점을 취하고, 『소학』을 중시하는 성리학자들은 대체로 선행후지(先行後知)의 관점을 취한다. 그러나 양자 모두 지행합일을 성덕의 기초로 중시한다는 관점에서는 일치된 견해를 보이고 있다. 현대 서구의 사회심리학에서 이 문제는 태도(態度, attitude)와 행동 사이의 선후 관계의 문제로 전개되어 왔다.[101]

유학사상에서의 선지후행과 선행후지의 문제 지-행의 관계에 대해 유학자들은 그 합일에 대해 공통적으로 강조하고 있을 뿐, 그 선후 문제가 그들의 핵심 관심사였다고는 보기 힘들다. 그러나 공자 · 맹자 · 순자 같은 선진유학자들은 대체로 '선지후행'의 관점을 드러내고 있다.

공자는 글을 널리 배우고, 예로써 몸을 단속하는 '박문약례'(博文約禮)를 교육의 방법으로 제시하고 있는데,[102] 여기서 글을 널리 배우는 박문은 도덕인식의 방안이고, 예로써 몸을 단속하는 약례는 도덕실천의 방안임을 생각해 보면, 공자는 '선지후행'에 무게를 두고 있었다고 할 수 있을

---

101) 현대 서구 사회심리학에서의 태도-행동 관계에 관한 연구는 졸저(조긍호, 2012, pp. 697-708; 2017a, pp. 537-551; 2021a, pp. 375-390) 참조.

102) 子曰 君子博學於文 約之以禮 亦可以弗畔矣夫(『論語』, 雍也 25; 顔淵 15)

것이다.

맹자도 "널리 배우고 상세히 가르침은 장차 돌이켜 몸을 단속하기 위해서이다"[103]라고 진술하여 같은 관점을 드러내고 있다. 그는 이러한 '선지후행'의 관점을 다음과 같이 직접 밝히기도 하였다.

> 군자가 올바른 방법으로 깊이 탐구하여 나아가는 것은 스스로 깨달아 얻고자 하는 것이다. 스스로 깨달아 도를 얻으면 이에 처하는 것이 안정되고, 그렇게 되면 도를 활용하는 데 더욱 깊이가 있게 된다. 이렇게 도를 활용하는 데 깊이가 있게 되면, 자기의 좌우 가까이에서 항상 그 근원을 파악하게 된다. 그러므로 군자는 도를 깨달아 스스로 얻고자 하는 것이다.[104]

순자도 "군자는 널리 배우고[博學], 배운 바를 매일 자기 몸에 참험하여 살펴보아야 한다[參己]. 그렇게 되면 도덕인식이 밝아지고[知明] 행실에 잘못이 없게 된다[行無過]"[105]고 하여 '선지후행'의 입장을 피력하고 있는데, 이러한 입장은 다음 진술문에 그대로 드러나고 있다.

---

103) 孟子曰 博學而詳說之 將以反說約也(『孟子』, 離婁下 15): 필자는 여기서의 約을 『論語』, 雍也 25; 子罕 10; 顔淵 15의 예를 따라 約禮의 約으로 풀이하였다.

104) 君子深造之以道 欲其自得之也 自得之 則居之安 居之安 則資之深 資之深 則取之左右逢其原 故君子欲其自得之也(『孟子』, 離婁下 14)

105) 君子博學 而日參省乎己 則智明而行無過矣(『荀子』, 勸學 2): 王先謙의 『荀子集解』에 인용된 兪樾은 본문 중 省乎 두 글자는 본래는 없었던 것으로, 후대인들이 參을 三으로 읽어 『論語』 學而 4장의 吾日三省吾身에 의거해서 잘못 첨가한 것으로 보고 있다. 따라서 그는 參을 驗의 뜻으로 보아, 參己를 "자기에게 참험하여 살펴본다" 또는 "자기에게 비추어 살펴본다"의 의미로 풀이하고 있다. 또한 그는 智도 知의 오자로 보아 智明을 知明으로 풀이하고 있다. 여기서는 이러한 兪說을 따랐다.

> 그러므로 마음으로 도를 인식하지 않을 수 없다. 마음으로 도를 인식하지 못하면, 올바른 도를 옳은 것으로 여겨 선택하지 못하게 되고 그 대신 도가 아닌 것을 옳다고 여겨 선택하게 된다. 모든 일을 마음대로 처리할 수 있다고 해도, 자기가 옳다고 여기지 않는 것을 지키려 하고, 옳다고 여기는 것을 하지 않으려 할 사람은 아무도 없을 것이다 …… 마음으로 도를 밝게 인식한[知道] 다음에라야 도를 옳은 것으로 여겨 선택하게 되고[可道], 도를 옳은 것으로 여겨 선택한 후에야 비로소 도를 지킴으로써[守道] 도 아닌 것을 하지 않을 수 있게[禁非道] 되는 것이다.[106]

이렇게 선진유학자들이 '선지후행'의 관점에 기울어져 있음에 반해, 성리학자들은 인간관계에서 해야 할 일[所當然]을 익히는 도덕실천을 왜 그런 일을 해야 하는지 하는 까닭[所以然]을 배우는 도덕인식보다 앞세우는 '선행후지'의 관점에 기울어져 있었다고 볼 수 있다.[107] 이러한 관점은 성리학자들이 『소학』을 교육의 제1교재로서 중시하고 있다는 점에서 잘 드러난다.[108]

---

106) 故心不可以不知道 心不知道 則不可道 而可非道 人孰欲得恣 而守其所不可 以禁其所可……心知道 然後可道 可道然後能守道 以禁非道(解蔽 10-11)

107) 天下之物 必各有所以然之故 與所當然之則 所謂理也 朱子曰 所當然之則 如君之仁臣之敬 所以然之故 如君何故用仁 臣何故用敬云云 皆天理使之然(『退溪全書 二』, 書, 論所當然所以然是事是理 4); 小學是事 如事君事父兄等事 大學是發明此事之理 就上面講究委曲所以事君事親等事是如何(『小學』, 小學集註 總論)

108) 『소학(小學)』은 성리학(性理學)의 집대성자인 주희(朱熹)가 제자인 유청지(劉淸之)와 함께 아동들이 일상생활에서 실행해야 할 행실과 대인관계에서 실천할 내용들을 기존의 유학 경전들에서 가려내어 하나의 책으로 편찬한 유학 최고의 아동교육서이다. 『소학』의 등장 이후 성리학자들은 8세부터 『소학』을 배운 다음에, 이를 기초로 하여 15세 이후에 『대학』·『논어』·『맹자』·『중용』의 사서(四

주희는 "옛날의 가르침은 『소학』이 있고 『대학』이 있었는데, 그 도는 하나일 뿐이었다. 『소학』은 일상생활에서 실천해야 하는 일로서 군주를 섬기고 부모와 형을 섬기는 등의 일이고, 『대학』은 곧 이러한 일들의 이치를 밝히는 것으로서 그 실천한 위로 나아가 군주를 섬기고 부모를 섬기는 것 같은 일의 까닭이 무엇인지를 강구하여 곡진하게 하고자 하는 것"109)이라고 하여, 『소학』을 통해 자기 몸 가까이에서 도를 실천하게 하고, 이어서 『대학』을 통해 도의 인식에 이르게 한 것임을 밝히고 있다.

여기서 한 가지 짚고 넘어갈 것은 성리학자들은 도의 인식보다 도의 실천이 우선되어야 한다고 여기고 있다는 사실이다. 그들은 『소학』의 교육을 통해 아동들로 하여금 자기 몸 가까이에서부터 일상적 도를 실천하도록 한 뒤에, 『대학』의 교육을 통해 도의 명확한 인식에 도달해야 하는 것으로 보고 있다. 즉 도의 인식보다 이의 실천이 우선되어야 한다고 성리학자들은 간주한다. "『소학』의 도란 물 뿌리고 쓸며, 응하고 대답하며, 나가고 물러나는 예절로부터 비롯하여, 어버이를 사랑하고 어른을 공경하며, 스승을 존경하고 벗과 친애하는 데로 나아가는데, 이는 모두 몸을 닦고[修身] 집안을 가지런히 하며[齊家] 나라를 다스리고[治國] 천하를 평안히 하는[平天下] 일의 근본이 되기 때문"110)에, 도의 인식보다 자

書)를 이 순서로 공부할 것을 권장하고 있다(先讀小學 於事親敬兄忠君弟長隆師親友之道 一一詳玩而力行之 次讀大學 · 論語 · 孟子 · 中庸……次讀詩經 · 禮經 · 書經 · 易經 · 春秋……五書五經 循環熟讀 理會不已 使義理日明, 『栗谷全書 二』, 擊蒙要訣, 讀書章 84-85).

109) 古之敎者 有小學 有大學 其道則一而已 小學是事 如事君事父兄等事 大學是發明此事之理 就上面講究委曲所以事君事親等事如何(『小學』, 小學集註 總論)

110) 古者小學 敎人以灑掃應對進退之節 愛親敬長隆師親友之道 皆所以爲修身齊家治國平天下之本(『小學』, 小學書題)

기 몸 가까이에서부터 도를 실천하는 것이 우선되어야 할 일이라는 관점이 성리학자들의 입장인 것이다. 곧 성리학자들은 '선행후지'를 공부의 순서로 강조하고 있는 것이다.

선진유학자들과 성리학자들이 이렇게 도덕인식과 도덕실천 사이의 선후 관계를 다르게 설정하고 있기는 하지만, 이 양자가 하나로 어우러지는 '지행합일'(知行合一)이 성덕에 이르는 핵심임을 간과하고 있는 것은 아니다. 이러한 사실을 퇴계는 다음과 같이 진술하고 있다.

> 내가 가만히 살펴보건대, 지(知)와 행(行) 두 가지는 마치 차의 두 바퀴나 새의 두 날개와 같아서, 서로 선후(先後)가 되고 서로 경중(輕重)이 되는 것이다. 성현의 말씀에는 '먼저 깨닫고 나서 나중에 행해야 할 것'[先知而後行者]도 있고 …… '먼저 행하고 나서 나중에 깨달아야 할 것'[先行而後知者]도 있는 법이다 …… 이러한 것들은 너무 많아 이루 다 열거할 수 없을 정도이다. 그러나 먼저 깨달을 것이라고 해서 그것을 완전히 깨달은 다음에라야 비로소 행해야 하는 것이 아니고, 먼저 행해야 할 것이라고 해서 그것을 완전히 행하고 난 다음에라야 비로소 깨닫게 되는 것도 아니다. 이치를 처음 깨닫기 시작할 때부터 완전한 깨달음에 이르러 그칠 때까지, 그리고 처음 행하기 시작할 때부터 그칠 곳을 알아 그만둘 때까지, 지와 행은 항상 서로 의뢰하고 함께 나아가야 하는 것이다.[111]

111) 竊意知行二者 如兩輪兩翼 互爲先後 相爲輕重 故聖賢之言 有先知而後行者……有先行而後知者……似此甚多 不可勝擧 然先知者 非盡知而後始行也 先行者 非盡行而後始知也 自始知至知至至之 始行至知終終之 貫徹相資而互進也(『退溪全書 一』, 書, 答李剛而問目 521)

태도와 행동의 선후 문제 태도의 문제는 현대 사회심리학의 가장 중심적인 연구 주제였다.[112] 태도에 관한 연구가 그렇게 오랫동안 사회심리학자들의 관심을 끌어온 배경에는 이것이 개인의 사회행동을 유발하는 원동자(原動者)라는 생각이 놓여 있다. 즉 어떤 대상에 대한 개인의 행동은 그가 그 대상에 대해 가지고 있는 태도의 함수로 이해할 수 있다는 것이다. 이러한 관점은 태도에 대한 정의(定義) 자체에서 연유한다. 태도에 관한 연구를 사회심리학의 핵심 문제로 끌어올린 고든 올포트(Allport, G.)에 따르면 "태도란 해당 대상과 상황에 관련된 개인의 반응에 직접적이거나 역동적인 영향을 미치는 심적이고 생리적인 준비 상태로서 경험을 통해 형성된 것"[113]이다.

이러한 태도는 인지적 요소인 신념(belief), 감정적 요소인 평가(evaluation) 및 행동적 요소인 의도(behavioral intention)로 구성되어 있다는 것이 태도 연구자들의 공통된 의견이다. 즉 태도는 대상에 대한 신념에 기초한 호 · 불호(好 · 不好) 또는 찬성 · 반대의 평가로서, 그 대상에 대한 개인의 행동 의도를 유발하는 내적인 상태라는 것이다. 따라서 개인이 내적으로 가지고 있는 태도가 경험을 통해 먼저 형성되고, 이어서 이와 일치되

112) Murphy, Murphy와 Newcomb (1937, p. 889)은 일찍이 사회심리학에서의 실험연구들을 다룬 첫 교과서에서 "아마도 사회심리학의 전체 영역 내에서 태도만큼 거의 중심적인 위치를 차지해 온 단일개념은 없을 것"이라 진술하고 있으며, Jones (1998, p. 27)도 시대에 따라 연구 주제가 달라지기는 하였지만 "태도의 연구는 사회심리학과 거의 동의어로 여겨져 왔을 정도였다"고 기술하고 있다. 이렇게 "태도에 관한 연구는 사회심리학의 최초의 관심사였을 뿐만 아니라 계속 사회심리학의 심장부에 가장 가까이 머물러 있었으며"(Myers, 2010. p. 124), "사회심리학 및 사회과학계 전체에서 태도의 개념만큼 그렇게 오랫동안 보편적인 영향력을 끼쳐 온 개념도 없을 것이다."(Fabrigar & Wegener, 2010, p. 177)

113) Allport, 1935, p. 810.

는 행동을 그 대상에 대해 실행하게 된다는 것이 태도 연구자들의 기본 전제였다. 이렇게 보면 전통적으로 태도의 개념 속에는 '선지후행'의 관점이 스며들어 있었다고 생각할 수 있다.

이러한 관점의 대표적인 이론이 페스팅거(Festinger, L.)의 '인지부조화 이론'(cognitive dissonance theory)이다.[114] 이 이론의 요점은 사람들은 자신이 가지고 있는 인지 내용들 사이에 균형과 일관성을 유지하려는 경향성을 가지고 있는데, 인지 내용들 사이에 균형과 일관성이 깨져 부조화(dissonance) 상태가 조성되면 개인 내에 불쾌한 긴장이 유발되어, 이를 해소하고 균형 상태 곧 조화 상태로 되돌아가려는 동기가 생성되고, 결국은 그에 상응하는 행동을 취하게 된다는 것이다.

이 이론은 '부조화 → 불쾌한 긴장 유발 → 부조화 해소 동기 생성 → 부조화 해소 행동 수행'이라는 일련의 계열을 상정한다는 점에서, 기본적으로 동기이론 계열에 속한다. 그러므로 부조화의 크기가 클수록 이를 해소하려는 동기도 커지고, 결과적으로 그러한 행동의 강도도 강해진다고 예측한다. 인지부조화이론에 관한 연구들은 다양한 부조화 상황(선택 결정 상황, 태도-행동 불일치 상황, 신념과 일치하지 않는 정보를 접한 상황 등)에서 부조화의 크기에 따라 과연 이를 해소하려는 행동의 크기가 달라지는지를 검증하는 패러다임을 주축으로 하여 진행되었는데, 이렇게 이 이론은 '내적인 태도 → 행동 유발'이라는 전제에서 출발하는 이론이어서, '선지후행설'의 논지를 충실하게 따르고 있다.

이에 비해 일단의 연구자들은 이러한 '태도 → 행동'의 관점과는 달리, 자기가 특정 대상에 대해 하는 행동을 관찰한 후 이를 기초로 자신이 그

114) Festinger, 1957.

대상에 대해 어떤 태도를 가지고 있는지를 추론하게 되는 경우도 있다고 주장한다. 즉 '태도 → 행동'이 아니라 '행동 → 태도'의 공식이 성립할 수도 있다는 것이다. 이들은 '선행후지'의 관점에서 태도를 이해하려 한다고 생각할 수 있다.

이러한 관점을 제시하는 대표적인 학자가 벰(Bem, D.)인데, 그는 이러한 입장을 '자기지각이론'(self-perception theory)으로 체계화하고 있다.115) 이 이론의 요점은 사람들은 다른 사람의 행동을 관찰해서 그 사람의 태도와 감정 및 성격특성이나 능력에 대한 지식을 형성하듯이, 자기 자신에 대한 지식(특정 대상에 대한 태도나 감정 및 자신의 성격특성이나 능력 등)도 자신의 행동을 관찰하고 이에 대한 추론을 통해 얻어지게 된다는 것이다. 특히 이런 지식을 낳게 되는 내적인 단서가 약하거나 애매할 때, 그리고 자신의 행동의 원인을 설명하기 곤란할 때 사람들은 제삼자와 같은 처지에 놓이게 됨으로써, 자신의 내적 상태(태도·감정·성격·능력 등)를 자신의 행동으로부터 추론할 수밖에 없게 될 것이라는 주장이 이 이론의 골자이다.

이 이론은 스스로가 어떤 대상에 대해 가지고 있는 생각이나 태도가 분명하지 않을 때, 사람들은 그 대상에 대해 스스로가 어떤 행동을 하는지를 관찰해서 그 행동과 일치하는 생각이나 태도를 추론하게 된다고 주장한다. 곧 '대상에 대한 행동 관찰 → 행동과 일치되는 태도 추론'을 통해 대상에 대한 스스로의 태도를 인식하게 되는 '선행후지'의 과정에 따라 대상에 대한 지식(태도)을 형성하게 된다는 것이다.

이러한 두 이론의 대립은 각 진영에서 실증적 자료들을 제시하면서 전

115) Bem, 1967, 1972.

개되어 왔으며,[116] 최근에는 양자의 관점을 통합하려는 시도가 이루어지기도 하였다.[117] 이렇게 인식과 실천의 문제에서 인식이 선행되고 그 결과로서 실행이 이루어지느냐(선지후행) 아니면 행동이 선행하고 이에 대한 추론을 통해 인식이 이루어지느냐(선행후지) 하는 문제는 현대심리학의 연구 문제로도 손색이 없는 주제인 것이다.

앞에서 선진유학자들과 성리학자들의 이론적 대립에 관한 논의를 보면서, 많은 독자들이 아마도 '지−행'의 관계를 '선지후행'으로 보든 아니면 '선행후지'로 보든 간에, "그런 공리공론(空理空論)이 도대체 인간에 대한 실증적 이해를 도모하는 심리학의 연구와 무슨 관련이 있다는 말인가?"라는 의구심을 가졌을 것이다. 그러나 실증적 연구라고 해서 그 배경에 놓여 있는 지도적 이론의 배경이 없이 진공관 속에서 이루어지는 것은 아니다. 페스팅거와 벰의 이론적 대립은 이러한 사실을 웅변적으로 대변해 주고 있다. 그러므로 얼핏 보기에 공리공론 같아 보이는 유학사상의 이론적 논점들도 현대심리학의 연구 논점과 잘 통합될 수 있으며, 이러한 객관적 연구 방법의 도입과 세련화를 통해 동 · 서의 이론적 관점이 회통하는 결과가 이루어질 수 있을 것이다.

---

116) 예: Festinger & Carlsmith, 1959; Salancik & Conway, 1975; Taylor, 1998 등

117) Myers (2010, p. 151)는 "인지부조화이론은 인간이 분명하게 규정된 태도와 반대되는 행동을 한 경우에 성공적으로 적용된다. 그러한 경우에 인간은 긴장을 느끼고, 따라서 그러한 긴장을 해소하기 위해서 기존 태도를 조정하게 된다. 그러므로 인지부조화이론은 태도변화(attitude change)를 잘 설명하는 이론이다. 반면에 개인의 태도가 잘 형성되어 있지 않은 장면에서는 자기지각이론이 잘 적용된다. 그러므로 자기지각이론은 태도형성(attitude formation)을 잘 설명하는 이론이다. 인간은 행동하고 이에 대해 추론하면서, 그의 미래 행동을 지도할 태도를 발전시키는 것이다"라고 진술하여, 두 이론의 통합적 관점을 제시하고 있다.

5) 도덕성의 본유성과 통합성 연구: 새로운 연구 문제의 발굴

동 · 서 심리학의 대비에서 가장 차이가 크고 또 관심의 핵심이 되는 주제는 도덕성의 본유성과 통합성에 관한 문제이다. 서구에서는 심리구성체에 관한 삼분체계론에 기반하여 인간의 심성은 욕구 · 감성 · 이성의 세 요소로 구성되어 있다고 여기며, 이 세 체계 가운데서도 이성의 요소가 중심이라는 이성우월주의의 관점을 견지하여 왔다. 그 결과 서구인들은 도덕성은 인지 능력 발달의 부산물(의무론과 인지발달이론)이거나 정념의 결과(정념론과 정신역동이론) 또는 학습된 행동 습관(공리론과 학습이론)일 뿐 선천적으로 본유적인 심성의 체계는 아니며, 따라서 도덕성이란 인지나 감정 또는 행동 습관이라는 단일 체계로 환원하여 이해할 수 있다고 인식하여 왔다.

서구의 이러한 부차체계론 및 단일체계론적 도덕성 이해와는 달리, 유학사상에서는 심리구성체에 관한 사분체계론에 입각하여 인간의 심성은 욕구 · 감성 · 지성 · 도덕성의 네 요소로 구성되어 있다고 인식하며, 이 네 체계 사이의 관계도 덕성우월주의에 따라 도덕성의 요소를 중심으로 해서 파악하여 왔다. 즉 도덕성은 태어날 때부터 인간에게 갖추어져 있는 본유적인 심리구성체일 뿐만 아니라, 도덕적 지향성으로 작용하여 욕구 · 감성 · 지성을 지배하는 영향력을 그 자체 속에 포괄하고 있는 통합성을 갖는 체계라는 것이 도덕성을 파악하는 유학사상의 관점이었다.

좀처럼 융합되지 않을 것 같던 이러한 동 · 서의 차이는 최근 서구심리학에서 영유아 발달심리학의 방법론이 확장 및 변화하고, 영장류학과 진화심리학이 발달하면서, 그리고 사회심리학에서의 본격적인 도덕성 연구들이 등장하면서, 서구심리학에서도 도덕성에 관한 새로운 연구 결과들이 쏟아져 나오자 상황은 달라졌다. 이러한 결과들을 통하여 서구인들도 도덕성의 본유성과 통합성에 대해 확신을 가지기 시작하였던 것이다. 이러한 연구들이 보여 주고 있는 새로운 연구 문제의 발굴 양상은 동 · 서 관점의 회통이 이루어지는 매우 훌륭한 예시의 하나라 할 수 있을 것이다.

(1) 도덕성의 본유성 연구

진화론(進化論)은 기본적으로 생명체들의 이기성(利己性)을 전제로 한다. 이러한 진화론이 부딪친 가장 풀기 어려운 수수께끼 가운데 하나는 자기 생존 기회를 희생하면서까지 동종의 타 개체를 돕는 이타행동의 문제였다.[118] 이타행동은 모든 생명체의 자기보존을 위한 이기성과는 역행되는 행동이기 때문이다.[119]

이타행동의 문제는 곧 도덕성의 문제라고 볼 수 있는데, 이는 최근 영유아발달 과정에 대한 연구와 유전적으로 현생 인류(Homo Sapience)와 가장 근연종(近緣種)인 고릴라 · 침팬지 · 오랑우탄 · 보노보 같은 영장류 유인원(類人猿, Great Apes)의 이타행동에 대한 영장류학자들의 연구 및 인간 종의 사회성 발달에 관한 진화심리학자들의 연구, 그리고 다양한 상황에서의 진화 기제에 관한 연구들을 통해 도덕성의 본유성에 관한 탐구로 접근되고 있다.[120]

---

118) Cronin, 1991/2016, p. 23.

119) 표준적으로 진화심리학자들에게 "이타행동(altruism)은 행위자는 적합성 부담(fitness cost)을 지면서 수혜자는 이득을 보는 상호작용을 지칭하는 것"(Kurland & Gaulin, 2005, p. 448)으로 받아들여진다. 곧 자기의 번식적 이기성은 포기하면서, 타 개체에게 이득을 주는 행위가 이타행동인 것이다.

120) 이 항목은 졸저(조긍호, 2017a, pp. 590-600; 2017b, 383-424; 2021b, pp. 465-

영유아의 선(善)에 대한 선호 전통적으로 아동의 도덕성 발달에 관한 연구들에서는 피아제와 콜버그를 따라 인간의 도덕성은 언어 습득 이후 시기의 인지발달의 부산물로 출현하고 발달하는 것으로 받아들여져 왔으나, 언어 습득이나 복잡한 행동 발달 이전 시기의 영유아의 특정 행동(예: 응시하기, 손을 뻗치기 등)을 종속측정치로 삼아 연구를 진행한 최근의 발달 연구들에서는 생후 3~4개월의 영아에게서도 도덕성과 사회성의 양상이 관찰되고 있다. 이러한 연구들을 통해서 언어가 학습되기 이전의 영유아들도 이미 타인에 대한 관심을 가지고 있으며, 또한 선(善)에 대한 선호와 악(惡)에 대한 처벌 의지를 갖추고 있음이 밝혀져, 도덕성이 인간에게 본유적으로 갖추어져 있다는 사실에 대한 증거들이 쌓이고 있는 것이다.

생후 1년이 채 되지 않은 영아들도 애매한 상황에 부딪쳤을 때 타인의 해석을 이용하여 자신의 해석을 구성하는 '사회적 참조'(social referencing)의 현상을 보인다. 만 1세 경에 즈음하여 나타나는 이러한 영아의 사회적 참조 행동은 이 나이 또래의 영유아도 애매한 상황에 처하면 타인의 행동을 참조하며, 그들의 반응에 따라 자신의 행동을 조정한다는 점을 함의한다.[121] 유아의 인지발달 수준을 고려한다면, 이 시기의 영아들이 이러한 사회적 참조 행동을 보인다는 것은, 사람들이 타인에 대한 사회적 정보를 추구하여 세상에 대한 지식을 구성하는 행동은 태어날 때부터 갖추어져 있는 것으로 볼 수 있음을 의미한다. 또한 영유아들은 갓 태어

---

481)를 참조하였으며, 특히 마지막의 인용서에 약간의 첨삭을 거쳐 대체로 옮겨 왔다.

121) 김근영, 2014; Vaillant-Molina & Bahrick, 2012; Walden, Kim, McCoy, & Karrass, 2007.

났을 때부터 타인의 고통에 대한 정서 반응(예: 따라 울기, 우는 아이 달래기, 곤경에 빠진 아이 도와주기 등)을 보인다는 사실도 관찰되었다.[122] 도덕성이란 타인에 대한 관심으로부터 비롯된다는 사실을 생각해 보면, 이러한 결과는 도덕성의 인간 본유성을 시사하는 증거가 된다.

생후 6개월 된 영아들은 제삼자가 언덕을 올라가는 것을 도와주는 인형과 방해하는 인형을 보여 준 다음 선택하게 했을 때, 전자에게 더 많이 손을 뻗쳐 가지려고 하는 선호 행동을 보였으며,[123] 이러한 경향은 심지어 생후 3개월 된 영아들에게서도 관찰되었다.[124] 또한 생후 5개월 된 영아들도 제삼자를 돕는 인형이 보상받는 경우를 제삼자를 방해하는 인형이 보상받는 경우보다 더 좋아하였으며, 남을 돕는 인형이 받은 보상과 방해한 인형이 받은 보상 중에서 골라 가지게 하면 후자의 것을 빼앗아 가지려 하였다.[125] 이렇게 선한 행동을 하는 대상을 그렇지 않은 대상보다 더 선호하거나, 규칙준수자를 보상해 주고 규칙위반자를 처벌하려는 경향이 매우 어렸을 때부터 관찰된다는 결과들은 인간에게 도덕성이 태어날 때부터 갖추어져 있다는 사실을 시사한다.

이렇게 언어 습득 이전의 매우 어렸을 때부터 다른 사람으로부터 세상에 대한 정보를 얻으려 하고, 타인들의 상태에 대해 관심을 보이며, 더욱이 착한 행동을 하는 사람을 그렇지 않은 사람보다 선호할 뿐만 아니라, 규칙준수자를 보상하고 규칙위반자를 처벌하려는 행동을 보인다는 사실은 도덕성의 인간 본유성에 대한 훌륭한 증거라고 볼 수 있다. 곧 인간

---

122) Warneken & Tomasello, 2009a.

123) Hamlin, Wynn, & Bloom, 2007.

124) Hamlin & Wynn, 2011; Hamlin, Wynn, & Bloom, 2010.

125) Hamlin, 2012, 2013: Hamlin, Wynn, Bloom, & Mahajan, 2011.

은 태어나면서부터 자신에 대한 관심과 자기이익 추구의 경향(개체성 지향)뿐만 아니라, 타인에 대한 관심과 배려의 경향(사회성 지향)도 갖추고 있다는 것이다.

영장류의 자발적 도움행동 고릴라 · 침팬지 · 오랑우탄 · 보노보 같은 유인원 중에서도 침팬지는 인류와 가장 가까운 근연종으로, 유전부호(genetic code)의 96%를 공유할 정도로 양자 사이의 유사성은 매우 크다.[126] 양자 사이의 이러한 유전적 유사성은 행동적 측면에서 다양한 유사성을 산출하고 있는데, 이러한 행동적 유사성이 가장 잘 드러나는 분야가 이타행동의 영역이다.[127] 이러한 배경에서 침팬지와 인간 유아 사이의 이타행동의 관련성에 관한 문제는 최근 이삼십 년 동안 영장류학자들의 많은 관심을 끌어온 주제였다. 이러한 연구들은 대체로 타 개체의 목표추구 행동에 대한 의도적이고 자발적인 도움(helping) 행동의 장면에서 이루어져 왔다.[128]

생후 14개월 된 영아들은 처음 만난 어떤 어른이 양손 가득 물건을 나르다가 한 개를 사고로 떨어뜨리면 다가가서 그것을 집어 주며, 양손 가득 물건을 들고 옷장 문을 열려고 하면 다가가서 문을 열어 주었다. 이런 도움행동은 아무런 물질적 보상이나 칭찬이 없어도 자발적으로 나타났다. 그런데 어른이 들고 있던 물건을 우연히 떨어뜨리는 것이 아니라 일부러 집어던지거나 또는 옷장 문을 열려고 하는 것이 아니라 다른 일을 하다가 우연히 옷장에 부딪치는 통제조건에서는 이런 자발적인 도움행

126) Varki & Nelson, 2007.

127) McCullough & Tabak, 2010, p. 263.

128) Tomasello, 2009; Warneken & Tomasello, 2009a, b.

동이 나타나지 않았다. 곧 통제조건의 영아들은 떨어뜨린 물건을 집어 주거나 옷장 문을 열어 주지 않았던 것이다.[129)]

이러한 자발적 도움행동은 인간 영아에게서 뿐만 아니라 침팬지에게서도 나타나는 것으로 밝혀져, 도덕성의 인간 본유성에 관한 추론에 무게를 더해 주고 있다. 어떤 연구에서는 동물원에서 인간이 기른 침팬지의 행동을 관찰해 보았다. 이 침팬지는 사람이 물건을 잔뜩 가지고 가다가 우연히 하나가 떨어지는데도 두 손이 꽉 차 있어 떨어진 물건을 집어 올릴 수 없는 것을 보면, 그에게 다가가서 이 물건을 집어 주었다. 이 침팬지는 인간 영아와 마찬가지로 물건을 가지고 가던 사람이 의도적으로 떨어뜨린 물건은 집어 주지 않았다.[130)] 동물원에서 큰 침팬지에게서 나타나는 이러한 자발적인 도움행동은 자연상태에서 자란 침팬지(자연상태에서 자기 엄마가 기른 침팬지)에게서도 관찰되고 있다.[131)]

이러한 결과들은 침팬지 같은 유인원들도 타 개체에 대해 관심을 가지고 그들이 곤경에 처해 있는 것을 목도하면, 아무런 보상이 없어도 자발적으로 타 개체들을 도와주는 도덕성을 본유하고 있다는 사실을 시사하고 있다. 이러한 연구들로부터 타 개체에 대해 관심을 가지고 그들을 배려하는 사회적 지향성은 인간만이 아니라 거의 모든 영장류의 본유적인 특성이라고 추론할 수 있는 것이다.

인간 종의 집단생활과 대뇌 발달 현생 인류를 특징짓는 가장 중요한 특징 중의 하나는 유난히 커다란 뇌(腦, brain)를 가지고 있다는 사실이

129) Warneken & Tomasello, 2006, 2007.

130) Warneken & Tomasello, 2006.

131) Warneken, Hare, Melis, Hanus, & Tomasello, 2007.

다. 인간의 뇌의 무게는 성인의 경우 약 1,300그램이다. 뇌의 기능과 관련하여 뇌의 절대적인 크기보다 중요한 것은 뇌 크기와 신체 크기 사이의 비율, 곧 '대뇌화(encephalization) 지수'이다. 인간의 대뇌화 지수는 8에 가까운데, 뇌에 들어 있는 뉴런의 총 개수에서 인간(약 115억 개)과 비슷한 범고래(grampus, 약 110억 개)의 대뇌화 지수보다 50% 이상 더 높으며, 인간과 가장 근연종인 침팬지의 대뇌화 지수보다 약 2배 이상이나 된다.

게다가 진화 과정에서 가장 최근에 발달되어 고등정신기능과 사회성을 담당하는 영역인 신피질(neocortex)만을 대상으로 할 경우, 뇌의 나머지 부분에 대한 신피질의 상대적 크기를 가리키는 '신피질 비율'(neocortex ratio)은 인류를 비롯한 영장류의 경우 다른 동물들과는 비교할 수 없을 정도로 높아진다.[132] 이러한 사실은 영장류의 대뇌화 지수가 다른 동물보다 높은 까닭은 전적으로 영장류에게서 신피질이 매우 진화했기 때문임을 의미하는 것이다. 즉 영장류, 그중에서도 특히 인류가 그렇게 큰 뇌를 가지게 된 것은 신피질의 비약적인 발달 때문인 것이다.

인간의 경우 뇌는 몸의 전체 용적에서 약 2%의 비중을 차지할 뿐이다. 그러나 뇌가 신진대사를 위하여 사용하는 에너지는 인간이 사용하는 전체 에너지의 20%에 이른다. 물론 뇌가 활발히 활동할 때의 에너지 소비 비율은 이보다 훨씬 높아진다.[133] 인류를 비롯한 영장류가 이렇게 커다랗고 소비적인 뇌를 가지게 된 것은 그것이 생존과 번식에 중요한 문제를 해결하는 데 기여하는 바가 있었기 때문에 선택된 진화적인 해결책이

---

132) Lieberman, 2013/2015, p. 51, 그림 2-4 참조.

133) 태아기의 뇌는 전체 신진대사의 60%까지 소비하며, 이 비율은 생후 1년까지 유지되다가 아동기에 20% 수준으로 점차 감소하는 것으로 알려져 있다(Aiello, Bates, & Joffe, 2001; Leonard & Robertson, 1992).

었을 것이다.

이 수수께끼를 풀기 위해 고인류학자(古人類學者)이자 진화인류학자인 던바(Dunbar, R.)는 '사회적 뇌 가설'(social brain hypothesis)을 제시하고 있다.[134] 이 가설은 영장류, 그중에서도 특히 인류의 신피질이 커진 이유는 이것이 큰 집단을 이루어 많은 동료들과 서로 협력하면서 살아감으로써 사회성이 증진되는 데 도움을 주었기 때문이라고 주장한다. 그는 원숭이류와 영장류 및 호모속으로부터 현생 인류에 이를수록 대뇌의 크기, 특히 신피질의 크기가 커지며, 또한 사회집단의 크기도 이에 비례하여 커지고 있다는 사실을 발견하였다.[135]

이렇게 사회적 뇌 가설에 따르면, 진사회성(eusociality) 동물인 영장류는 다른 포유류들과는 달리 사회집단을 형성하여 삶을 유지하는 특징을 보이는데, 영장류로부터 고인류를 거쳐 현생 인류에 이르는 진화 과정에서는 사회집단의 크기가 커지는 데 따라 대뇌의 크기가 정비례하여 커지게 되었다는 것이다. 열대 우림 속의 나무 위에서 생활하던 대형 유인원과 갈라져 광활한 육상으로 내려와 살게 되면서, 우리의 원시조상인 호모속은 포식동물의 위협에 직접 노출되었고, 포식동물로부터의 보호를 위해 더 큰 집단을 형성하여 살게 되었을 가능성이 높다.[136] 집단생활이란 기본적으로 집단 성원들에 대한 관심과 배려를 요구하므로, 집단의 크기가 커지면 자연히 관심을 기울여야 할 대상이 많아지게 되고, 그 인지적 수요를 감당하기 위해 결과적으로 대뇌의 크기가 커질 수밖에 없었다고 볼 수 있다는 것이다.[137]

134) Dunbar, 1993, 1998, 2008, 2011, 2014/2015.

135) Dunbar, 1992; Sawaguchi, 1988; Schoenemann, 2006.

136) Hill & Dunbar, 1998.

던바는 각 영장류의 종별로 각각의 신피질 비율을 토대로 효과적이고 응집력 있는 사회집단의 최대 크기를 계산해 내었다. 그 결과 침팬지에게 있어 가장 효과적인 사회집단의 최대 크기는 50 정도인데 반해, 인간의 사회집단의 최대 크기는 150 정도로 나타났다. 이렇게 계산된 150을 '던바의 수'(Dunbar's number)라고 하는데, 이는 사람들이 대략 150명 정도의 가족 및 친구들과 서로 동질감을 느끼고 우정을 주고받는 관계를 이루어 살고 있음을 말하는 것이다.[138)]

이러한 사회적 뇌 가설의 설명 양식이 시사하는 것은 인간에게 있어 집단적인 사회생활은 종 특유의 본성적인 삶의 양식이라는 사실이다. 호모속의 원시 조상들이 수상(樹上)생활을 하는 침팬지로부터 갈라져 나와 육상생활과 이족보행(二足步行)을 하게 되면서 그 이전보다 포식동물의 위협을 더 많이 느끼게 되었고, 이러한 위험에 대처하기 위하여 집단의 크기를 늘릴 수밖에 없었다는 것이 사회적 뇌 가설의 전제이다. 그 결과 함께 생활하는 사회집단의 크기가 커지면서, 타 개체에 대한 관심과 배려를 원활히 하여야 하는 데서 나오는 인지적 과부하(cognitive over-load)가 문제로 등장하게 되었고, 이를 해결하기 위해 진화적으로 선택한 해결책이 바로 고등정신 기능과 사회성의 기능을 담당하는 신피질을 발달시킴으로써, 뇌의 크기를 키울 수밖에 없었다는 것이다. 이러한 관점에서 보면, 타인에의 관심과 배려는 집단생활을 하는 영장류 특히 인류의 본유적인 특성이고, 따라서 인류에게 있어서 도덕성은 원초부터 갖추어져 있는 본성임이 분명한 것이다.

---

137) Gamble, Gowlett, & Dunbar, 2014/2016, p. 38.

138) Dunbar, 2008.

이타성의 진화 기제 진화생물학자와 진화심리학자들의 최근 핵심적인 관심사는 이러한 실험과 관찰을 통해 밝혀진 이타행동의 진화 기제를 밝혀 보려는 것이다. 진화란 자연선택(natural selection)의 원리에 의한 이기적 투쟁의 결과라는 진화론의 기본 명제에 비추어 보면, 얼핏 보기에 이타행동은 자연선택의 법칙에 어긋나는 것처럼 보인다. 곧 진화란 진화의 단위[139]가 가진 '포괄적합도'(inclusive fitness)를 높임으로써 이루어지는데, 이타행동에 의해 자손을 낳기 전에 죽기라도 한다면 자기 유전자를 후대에 전달할 수 없으므로, 이타행동은 진화 과정에서 선택되지 못하고 도태될 수밖에 없을 것이기 때문이다. 그러나 이타행동이 진사회성 곤충이나 인간을 비롯한 영장류의 특징적인 행동이라는 사실은 어떻게 설명할 수 있는가?

현대진화론에서 이러한 문제는 '포괄적합도'의 개념으로 접근한다.[140] 여기서 "포괄적합도는 어떤 개체가 지닌 번식성공도(번식적합도)에다가 그 개체의 행동이 유전적 친족의 번식 성공에 미치는 효과를 더한 것이다."[141] 유전자 중심의 관점에서 보면, 포괄적합도를 높이는 일이라면 유전자 운반체로서의 개체를 희생해서라도 친족의 생식성공도를 높임으로써 유전자의 복제 성공을 가져오는 방안을 생각할 수 있고, 이것이 바로 이타행동이라는 것이다. 이렇게 보면 이타행동은 자연선택의 원리

139) 진화의 단위 문제는 매우 복잡한 문제인데, 복제되어 후대에 전달되는 자기복제자(replicator)를 무엇으로 보느냐의 문제로 정리할 수 있다. Darwin (1859)의 고전진화론에서는 자기복제되는 진화의 단위를 개체(organism)라고 보지만, 1960년대 이후, 특히 Williams (1966) 이후의 현대진화론에서는 복제되는 진화의 단위를 유전자(gene)라고 본다.

140) Hamilton, 1964.

141) Buss, 2012/2012, p. 44.

속에 자연스럽게 통합된다는 것이 현대진화론의 관점이다. 즉 이타행동을 통해 시혜자는 부담(cost)을 지게 되지만, 수혜자는 이득(benefit)을 얻게 되는데, 양자 사이의 근연도(近緣度) 등 특정 확률이 '이득 대비 부담 비율'(cost-to-benefit-ratio: c/b)보다 커지면, 이타행동이 포괄적합도를 높이는 유리한 행동 양식으로 부각된다는 것이다.

타 개체에게 이익을 가져오는 이타행동은 친족 사이,[142] 직접 접촉하고 있는 동일 집단의 성원들 사이,[143] 직접 접촉하고 있지 않은 동일 집단의 성원들 사이,[144] 집단 수준[145]에서 나타나는데, 현대진화론에서는 이들 각 수준에서 타 개체를 자기보다 우선적으로 배려하는 이타행동이 나타나는 기제를 설명하기 위한 이론이 각각 다르게 제시되고 있다.[146]

---

142) 아무런 유전적 연관성이 없는 개체보다는 유전적 연관성이 깊은 친족(kin)에 대한 이타행동이 훨씬 자주 그리고 강하게 나타난다. 곤경에 빠진 친척을 돕는 행동이 타 성원에 대한 이타행동보다 커지는 것은 친족은 나의 유전자를 공유하고 있으므로, 친족을 돕는 것은 나의 유전자가 후세에 전수될 수 있는 가능성이 높아지기 때문이다(Hamilton, 1964).

143) 직접 자주 접촉하고 있을 뿐만 아니라 앞으로의 상호작용에 대한 기대도 매우 높은 성원들에 대한 이타행동은 그렇지 않은 성원에 대한 이타행동보다 크게 나타나는데, 이렇게 직접 접촉하고 있는 집단의 구성원에 대한 이타행동은 직접적 교호성(direct reciprocity)의 개념으로 설명할 수 있다(Trivers, 1971).

144) 직접 접촉하지 못하는 성원일지라도 그가 동일 집단의 성원이라는 사실을 알게 되면, 타 집단의 성원에 대해서보다 더 잘 도와주는 경향이 있다. 이러한 간접적 교호성(indirect reciprocity)이 이타행동을 증진시키는 까닭은 곤경에 빠진 동일 집단의 낯선 개체를 도와주면 시혜자라는 명성(reputation)을 얻게 되고, 이러한 명성은 시혜자가 비슷한 곤경에 빠졌을 때 모르는 개체로부터 도움을 받을 확률을 높이게 되므로 이타행동이 늘어난다는 것이 간접적 교호성 이론의 골자이다(Nowak & Sigmund, 1998).

145) 집단 사이의 경쟁을 통해 협력자가 많은 집단이 수혜자만 있는 집단보다 더 번영하게 되어, 이타행동이 늘어나는 경향이 있다(Wilson & Wilson, 2007).

146) Nowak, 2006.

이타행동을 이렇게 시혜자의 부담과 수혜자의 이득 사이의 비율로 계산해서 이해하는 관점에 따라 분석하게 되면, 시혜자의 이타행동은 장기적으로는 자기에게 번식적 이득을 가져오게 되는 것이므로, 이타행동도 결국 이기적인 관점으로 환원해서 이해하는 것이 아니냐는 반론이 나올 수 있다. 그러나 타인이 자기의 도움을 받고 이득을 얻는 것을 보면서 얻는 즐거움을 도움행동으로 인해 사회적 인정이나 물질적 보상과 같은 자기이익을 누림으로써 얻는 쾌락과 같은 것으로 볼 수는 없다.[147] 더욱이 곤경에 빠진 사람이 얻는 복지를 보면서 가지는 즐거움은 내적 동기에 따른 쾌락(intrinsic pleasure)이고, 따라서 본질적으로 이타적인 성격의 것이다. 그뿐만 아니라 이타행동을 수행하는 것이 본질적으로 내적인 자기보상을 가져오는 것이라면, 이타행동을 유발하는 심리적 기제는 그 자체 생물학적으로 갖추어져 있는 본유성을 갖는 것이라 해석할 수 있는 것이다.[148]

이러한 연구들을 통해 현대 영유아발달 심리학자들, 영장류학 연구자들, 인간의 대뇌발달 연구자들 및 진화의 기제에 관한 연구자들은 도덕성은 영장류, 특히 인간에게 있어서 태어날 때부터 갖추어져 있는 본유적인 심리구성체라는 사실을 분명히 확인할 수 있었다. 이는 부차요소설의 관점에서 도덕성의 인간 본유성을 부인해 온 전통적인 서구 철학 및 심리학의 관점과는 상반되는 결과로서, 2,500여 년 전부터 도덕성의 인간 본유성을 주장해 온 유학사상의 관점과 상통하는 것이다. 이러한

---

147) Batson, 2010; Batson, Dyck, Brandt, Batson, Powell, McMaster, & Griffitt, 1988.
148) de Waal, 2007; Warneken & Tomasello, 2009b, p. 456, 각주 1.

새로운 추세의 연구 결과들은 동 · 서의 이론적 관점의 회통을 통한 새로운 연구 문제의 발굴이 가지는 보편심리학을 구축하는 방법론으로서의 가치를 잘 드러내 주고 있다.

(2) 도덕성의 통합성 연구

전통적으로 서구심리학에서는 삼분체계론의 관점에서 도덕성은 인간의 기본적인 심리구성체인 인지나 정서의 부속체계 또는 특정한 방향으로 행동하는 습관체계일 뿐이라고 인식하는 도덕성의 존재 근거에 대한 부속체계설을 주장하여 왔다. 이러한 맥락에서 서구심리학에서는 도덕의 속성에 대해 도덕성이란 그 태동 근거가 되는 심성 요소 한 차원의 속성으로 이해할 수 있다는 단일차원설을 통해 이해하려 한다.

인지발달이론에서는 인지 능력의 속성, 곧 도덕적 판단의 속성을 통해 도덕성이 드러나는 것이라 여긴다. 정신역동이론에서는 부모에 대한 애증이라는 감정의 속성, 곧 적개심과 같은 정서적 반응을 통해 도덕성이 가지는 속성을 이해하려 한다. 학습이론가들은 자극과 반응 및 그 사이에 개재하는 강화의 속성을 통해 기계적으로 도덕성의 문제에 접근하려 한다.

이렇게 도덕의 근거에 대한 부속체계설의 바탕에서 단일차원설을 통해 도덕의 속성에 접근하려는 전통적인 서구심리학의 관점과는 달리, 유학사상에서는 도덕성의 존재 근거에 대한 본유설과 인간 심성 요소들 사이의 관계에 대한 덕성우월주의의 근거 위에서 도덕의 속성에 대한 통합설의 논지를 전개한다.

공자는 일이관지론(一以貫之論)을 통해 이후 유학사상에 일관되는 통합설의 단초를 열고 있다. 공자가 제자인 증자(曾子)에게 "나의 도는 하나의 이치로 꿰뚫어져 있다"고 말씀하시자, 증자는 하나로 꿰뚫는 이치를 자기를 다하는 '충'(忠)과 자기를 미루어 다른 사람에게 미치게 하는 '서'(恕)라고 해석한다.[149] 여기서 자기를 다하는 '충'은 도덕인식을 말하는 것이고, 남에게까지 미루어 가는 '서'는 도덕실천을 말하는 것이다. 공자가 말하는 도덕인식은 스스로가 도덕 주체라는 사실을 깨닫는 일을 의미하는 것이고, 도덕실천은 삶의 모든 측면을 도덕성을 통해 조율하는 일로 요약할 수 있다.[150] 이렇게 공자는 인지 · 정서 · 동기 같은 모든 심적 활동이 도덕성에 의해 통제되는 일을 '일이관지'(一以貫之)라 표현하여, 도덕성은 그 자체 속에 인지 · 정서 · 욕구의 속성을 통합하고 있다는 통합설의 논지를 전개하고 있다.

이러한 공자의 통합설을 맹자는 본유적인 도덕성[四端]의 확충론(擴充論)[151]으로 잇고 있으며, 순자는 도덕성에 의해 나머지 심성 요소들의 통합을 이루어 다른 심리 요소들을 부리는 경지에 도달하게 된다는 역물론(役物論)을 전개하여,[152] 공자의 통합설을 이어받고 있다.

---

149) 子曰 參乎 吾道一以貫之 曾子曰 唯 子出 門人問曰 何謂也 曾子曰 夫子之道 忠恕而已矣(『論語』, 里仁 15)

150) 顔淵問仁 子曰 克己復禮爲仁 一日克己復禮 天下歸仁焉 爲仁由己 而由人乎哉 顔淵曰 請問其目 子曰 非禮勿視 非禮勿聽 非禮勿言 非禮勿動 顔淵曰 回雖不敏 請事斯語矣(顔淵 1)

151) 無惻隱之心 非人也 無羞惡之心 非人也 無辭讓之心 非人也 無是非之心 非人也 惻隱之心 仁之端也 羞惡之心 義之端也 辭讓之心 禮之端也 是非之心 智之端也 人之有是四端也 猶其有四體也……凡有四端於我者 知皆擴而充之矣 若火之始然 泉之始達 苟能充之 足以保四海 苟不充之 不足以事父母(『孟子』, 公孫丑上 6)

152) 志意脩則驕富貴矣 道義重則輕王公矣 內省則外物輕矣 傳曰 君子役物 小人役於物 此之謂矣 身勞而心安爲之 利少而義多爲之 事亂君而通 不如事窮君而順焉 故良農不爲水旱不耕 良賈不爲折閱不市 士君子不爲貧窮怠乎道(『荀子』, 修身 29-30)

유학자들이 제시하는 이러한 도덕의 통합설은 다분히 당위론에 머무르고 있다는 한계를 지니고 있다. 유학의 경전, 특히 선진유학의 경전 속에는 도덕인식과 도덕적 욕구 및 도덕적 감정의 근거가 도덕성 속에 내포되어 있다는 사실에 대한 이론적 근거가 부족할 뿐만 아니라, 실증적 증거도 거의 찾아볼 수 없다. 그러므로 도덕심리학의 연구에서 이러한 유학자들의 이론적 입장에만 근거하여 도덕성의 속성의 문제에 접근하기는 힘들다.

그러나 최근에 도덕성의 속성과 그들 사이의 관계에 대한 현대 과학적 접근을 시도하고 있는 연구들이 많이 이루어지고 있다. 서구의 사회심리학자들과 문화인류학자들에 의해 전개되고 있는 이러한 연구들은 이론적으로는 유학사상의 도덕 통합설에 대한 실증적인 검증을 하고 있는 것으로 볼 수 있다.[153]

도덕성의 다차원성이론 전통적으로 인지발달론자들은 도덕성을 정의(justice)의 단일원칙에 따라 개념화하고,[154] 도덕성의 문제를 정의라는 단일차원의 인지적 추론과 판단의 문제로 환원하여 이해하려는 전통을 형성하였다. 그러다가 1980년대에 들어서면서 정의는 남성들이 중시하는 가치일 뿐이라는 관점에서, 여성들의 도덕성을 포괄하기 위해 정의와 더불어 배려(caring)의 원칙도 포함하고자 하는 관점이 대두되었다.[155] 한편 일부의 인류학자들은 이러한 도덕원칙들이 서구 개인주의 사회의 도덕 판단 양상을 반영할 뿐, 문화보편적인 도덕원칙이 될 수는

---

153) 이 항목은 졸저(조긍호, 2017b, pp. 430-458)를 기반으로 하여 재구성하였다.
154) 예: Piaget, 1932/1965; Kohlberg, 1969.
155) Gilligan, 1982.

없다고 보았다.[156)]

이렇게 도덕성에 관한 심리학적 연구들과 인류학적 연구들을 통해 도덕성이 단일 차원의 속성으로 구성되어 있는 것이 아니라, 다차원의 속성 또는 내용으로 구성되어 있다는 사실이 밝혀져 왔다. 이러한 방향의 연구들 중 대표적인 것은 사회심리학자인 하이트(Haidt, J.)의 연구이다.

하이트를 중심으로 한 일군의 사회심리학자들[157)]은 인류학, 심리학 및 진화심리학의 연구들을 포괄적으로 개관하여, 진화적인 근거를 갖는 문화보편적인 도덕기반(moral foundation)을 찾아내려 하였다. 그 결과 도덕 판단이 다섯 가지 기반(배려/위해, 공정/부정, 충성/배신, 권위/전복, 고결성/타락)을 기초로 하여 이루어진다는 '도덕기반이론'을 제시하였다.[158)]

여기서 배려/위해(care/harm) 기반은 누군가의 고통을 덜어 주는 일은 옳은 것으로, 잔인한 행동은 옳지 않은 것으로 판단하도록 작용한다. 공정/부정(fairness/cheating) 기반은 공정하게 주고받는 반응은 옳은 행동

---

156) Shweder, Much, Mahapatra, & Park, 1997.

157) Graham, Haidt, Koleva, Motyl, Iyer, Wojcik, & Ditto, 2012; Haidt, 2012; Haidt & Graham, 2007; Haidt & Joseph, 2004, 2007; Haidt & Kesebir, 2010.

158) Haidt와 Joseph (2004)는 이 분야를 개척한 첫 논문에서 네 가지 도덕기반을 제시하고, 거기에 고통(suffering), 위계(hierarchy), 호혜성(reciprocity), 순수(purity)라는 명칭을 부여하였다(p. 59의 표 1). 물론 이 논문에서도 여러 가지 기반이 더 있을 수 있다는 가능성을 언급했고, 제5의 기반의 유력한 후보가 '집단충성심'(group loyalty)임을 지적하였다(p. 63의 주 15). Haidt 등은 2005년부터는 계속 여기서와 같은 5차원 도덕기반을 제시해 왔는데, 최근(Haidt, 2012, pp. 170-176)에는 이에 자유/압제(liberty/oppression)를 포괄하여 6차원 기반이론을 제시하고 있다. 이는 독재와 지배에의 반발로 자유를 추구하려는 도덕의 기반을 말한다. 그러나 이는 최근에 추가된 것이어서 아직 논리적 정교화가 부족한 면이 있고, 지금까지의 이론이 5차원 도덕기반 이론을 중심으로 전개되고 있었으므로, 여기에서도 5차원 도덕기반을 중심으로 논의를 전개하기로 한다.

으로, 교환의 공정성을 깨뜨리거나 상대방을 속이는 반응은 나쁜 행동으로 판단한다. 충성/배신(loyalty/betrayal) 기반은 소속 집단에 충실히 봉사하는 행동은 옳은 것으로, 집단에 해를 끼치거나 배반하는 행동은 나쁜 것으로 판단한다. 권위/전복(authority/subversion) 기반은 위계 질서를 준수하는 행동은 옳은 것으로, 위계에 도전하거나 이를 깨뜨리는 행동은 나쁜 것으로 상정한다. 고결성/타락(sanctity/degradation) 기반은 고귀함과 깨끗함 및 신성을 지향하는 반응은 옳은 것으로, 더러움과 오염 및 신성모독을 가져오는 반응은 나쁜 것으로 받아들인다.

이들 다섯 가지 기반은 정도의 차이는 있지만 누구나 관심을 갖는 판단 규범이고, 자동적인 감정적 평가를 수반하며, 문화적으로 널리 분포하고 있음이 밝혀지고 있다. 또한 최근의 많은 진화생물학과 진화심리학의 연구 결과들에 따르면, 인간은 이 다섯 가지 차원을 유발하는 문제 상황에 대해 생득적인 준비성(innate preparedness)을 갖추고 있을 뿐만 아니라, 이들은 환경세계에 대해서도 지대한 적응적 가치를 가지고 있음이 밝혀지고 있다. 또한 이들 도덕기반은 인류의 원시 조상 때부터 지속적으로 부딪쳐 온 문제들을 인식하고 수용하며 이에 적응하는 과정에서 갖추게 된 본유적인 인식단위(module)와 밀접하게 연결되어 있다.[159]

이렇게 이들 다섯 가지는 모두 원시 상황에서부터 지속적으로 작용해 온 적응기제들로, 오늘날에도 다양한 현상에 대한 옳고 그름의 반응을 이끌어 내는 도덕적 반응의 실질적인 차원으로 작용하고 있기 때문에, 도덕성의 기반(moral foundation)이라고 볼 수 있다는 것이 도덕기반이론의 골자이다.[160]

---

159) Haidt & Joseph, 2004, pp. 59-61.

이 다섯 가지 도덕기반 중 앞의 두 가지(공정과 배려)는 개인의 안녕과 권리 및 자율성을 강조하는 '개별화 기반'(individualizing foundations)이고, 뒤의 세 가지(충성, 권위, 고결성)는 집단의 결속을 위한 의무와 자기조절을 강조하는 '결속 기반'(binding foundations)이다.[161] 이렇게 보면, 자율성의 원리를 중심으로 하여 도덕 판단 능력이 발달해 간다고 보는 서구 인지발달론자들의 도덕 판단에 관한 전통적인 연구들은 도덕성에 관한 개별화 기반에만 초점을 맞추어 연구를 진행해 왔다고 볼 수 있다.

이러한 각 차원의 도덕기반은 도덕적 상황에서 나타나는 정서, 도덕 판단, 행동 및 덕성을 모두 아우른다는 것이 하이트를 비롯한 이 이론 주창자들의 주장이다. 도덕기반의 복합성(pluralism)[162]에 대한 도덕기반 이론의 이러한 관점은, 도덕성이 인지적 판단이나 도덕적 감정 등 어느 하나의 심성 차원에만 국한되는 것이 아니라, 통합성을 갖는 심리구성체라는 사실을 전제로 하여 성립되고 있는 것이다.

도덕 판단의 직관주의 모형 하이트는 5차원 도덕기반이론 이외에 도덕 판단에 대한 '사회적 직관주의 모형'(social intuitionist model)을 제시하였다.[163] 이 모형은 도덕적 문제 상황에 접했을 때 이에 대한 추론과 해석 같은 인지적 반응이 선행되어 도덕 판단이 이루어지는 것이 아니라, 당혹감이나 불쾌감과 같은 정서적 반응이 선행되고, 그에 대한 인지적 합리화 과정이 따르게 된다고 주장한다. 즉 도덕 판단의 과정에서는 도덕

160) Graham, Haidt et al., 2012, pp. 36-40.

161) Graham, Haidt, & Nosek, 2009.

162) Graham, Haidt et al., 2012, pp. 4, 12-14.

163) Haidt, 2001, 2007, 2012; Haidt & Bjorklund, 2008; Haidt & Kesebir, 2010.

판단에 대해 합리주의 모형(rationalist model)을 따르는 인지발달이론가들이 주장하듯이, 인지적 추론이 선행되고 이에 의해 도덕 판단이 이루어지는 것이 아니라, 정서 반응이 선행되고 이에 따라 나머지 과정(도덕 판단과 도덕 추론)이 영향을 받게 된다는 것이다.[164)]

그는 이러한 주장을 검증하기 위해 '도덕적인 당혹감'(moral dumbfounding)을 유발하는 문제 상황을 제시하고 이에 대한 판단을 하게 한 다음, 그 까닭을 계속 추궁하는 방법으로 직관적 판단 모형을 검증하였다.[165)] 이러한 문제에 대해 사람들은 단호하게 어떤 판단을 제시한다(예: 오누이끼리 성관계를 가진 일은 나쁜 일이다). 그러나 왜 그렇게 생각하는지를 추궁하면, 대부분의 사람들은 문제 상황에 제시되어 있는 것과는 반대되는 이유를 들어 자신의 판단을 옹호하려 한다(예: 근친상간으로 임신을 하면 유전적 결함을 가진 아이가 태어날 테니까; 정서적인 위해를 입을 테니까; 다른 사람들이 알게 되면 따돌림을 당할 테니까 등). 그러나 그럴 때마다 문제 상

---

164) Haidt (2001)는 도덕 판단에 대한 직관주의 모형의 주장을 편 첫 논문에 "정서적인 몸통과 그 합리적인 꼬리"(the emotional dog and its rational tail)라는 은유적인 제목을 붙여, 이러한 주장의 설득력을 높이려 시도하였다.

165) 이들은 하이트의 선행연구(Haidt, Koller, & Dias, 1993)를 위해 작성했던 짧은 이야기(무해한 금기 위반 사례)를 기초로 한 것이다. 이러한 문제 상황의 한 가지 예는 다음과 같다: "대학생인 줄리와 마크는 오누이인데, 여름방학을 맞이하여 함께 프랑스를 여행하는 중이다. 어느 날 밤 그들은 해변 근처의 오두막에 함께 머물게 되었는데, 그들은 자기들이 성관계를 가진다면 재미있을 뿐만 아니라, 최소한 서로에게 새로운 경험이 될 것이라고 여겼다. 임신을 방지하기 위해 줄리는 피임약을 복용하였고, 마크는 콘돔을 사용하였다. 그들은 성관계를 즐겼지만, 두 번 다시 함께 성관계를 갖지 않기로 결정하였다. 그들은 그날 밤 일을 아무도 모르는 둘만의 특별한 비밀로 하기로 했는데, 이로 인해 그들은 서로 더 가까워진 것을 느끼게 되었다. 당신은 이 일을 어떻게 생각하는가? 그들이 성관계를 가진 것은 괜찮은 일인가?"

황에 제시되어 있는 반대 증거를 제시해 주면서(예: 철저히 피임 조치를 취하여 임신할 리가 없다; 그들은 이를 즐기고, 이후에 정서적으로 더 가까워졌다; 둘만의 비밀로 하기로 굳게 약속하였으므로 다른 사람에게 알려질 리가 없다 등) 응답자가 내린 판단의 근거를 계속 추궁하면, 응답자들은 필경 "모르겠어요. 그 이유를 설명할 수가 없네요. 그러나 그들의 행동이 잘못인 것은 분명하잖아요?"라는 응답을 하게 마련이다.

이러한 결과들에 대해 직관주의 모형에서는 인지발달이론 같은 합리주의 모형에서 주장하듯이 도덕적 추론이 이루어진 다음, 이에 기초를 두고 도덕적 판단을 하게 되는 것이 아니라는 사실을 입증해 주고 있다고 해석한다. 그 대신 도덕적 문제 상황에 부딪치면 우선 직관적인 감정 반응(예: 도덕적 당혹감, 불쾌감 등)이 나타나고, 이어서 이러한 감정 반응에 기초를 둔 도덕 판단이 이루어진 후, 자기의 판단에 대한 합리적인 추론이 이루어지게 된다는 것이다. 즉 도덕적 문제 상황에서는 합리적 추론 모형에서 전제하듯이 '도덕적 추론 → 도덕 판단'을 거치는 것이 아니라, '직관적 감정 평가 → 도덕 판단 → 도덕적 추론'의 과정을 거쳐 도덕적 문제 상황에 대처한다는 것이 직관주의 모형의 주장인 것이다.

이러한 결과들에서 밝혀지고 있는 사실은 도덕적 문제에 놓이게 되면, 합리적인 인지적 추론에 따른 판단만을 하게 되는 것이 아니라, 감정적 반응과 인지적 반응이 나타나 함께 작용한다는 사실이다. 이때 대부분의 경우에는 감정적 반응이 우선적으로 나타나고, 인지적 판단과 추론은 이러한 감정적 반응이 주도하는 방향으로 가닥을 잡는다는 것이 도덕 판단에 대한 직관주의 모형의 주장이다.

이러한 직관주의 모형은 합리주의 모형과는 달리 도덕의 통합성을 전제로 삼고 있는 관점을 취하고 있다. 즉 도덕적 문제 상황에 부딪치면 우선 감정적 반응이 선행되어 나타난 다음, 이러한 감정적 반응에 일치하는 도덕 판단이 이루어지며, 그 후에 이러한 도덕 판단을 합리화하는 방향의 도덕적 추론이 이루어진다는 것이다. 이러한 이론들에서는 도덕의 문제는 감정과 인지의 측면이 모두 개재하는 복합적인 것이어서, 이 두 영역이 통합되어야 접근할 수 있는 문제 영역이라는 사실이 분명히 드러나고 있다. 이렇게 도덕성의 통합성은 여러 실증적인 연구들을 통해 확증되고 있는 분명한 사실인 것이다.

이러한 방향의 연구들(다양한 도덕 기반의 존재에 관한 실증 연구와 직관적 감정 반응이 도덕 판단에 선행한다는 실증 자료들)은 앞에서 살펴본 도덕의 인간 본유성에 관한 연구들과 함께 도덕심리학 연구의 새 지평(地平)을 열고 있을 뿐만 아니라, 새로운 연구 문제의 발굴을 통해 동・서의 학문적 회통이 이루어지고 있는 흔치 않은 사례가 되고 있다.

3. 결론: 과연 보편심리학의 구축은 가능한가

전통적으로 심리학자들의 관심은 공간적으로는 현대심리학이 태동되고 그 연구가 주로 이루어진 서구 사회에 집중되고, 시간적으로는 심리학의 연구가 폭발적으로 이루어진 20세기 중・후반 이후의 현대에 집중되어 왔던 것이 사실이다. 그러니까 종래까지의 전통적인 심리학은 20세기 중・후반의 서구 사회에 초점을 맞춘 서구중심주의의 시각에서 연구가 진행되어 왔던 것이다.

이러한 서구중심주의의 시각은 20세기 중・후반에 서구인을 대상으로 이루어진 연구를 통해 밝혀진 인간의 심성과 행동의 원리들은 어느 시대 어느 사회의 누구에게나 적용되는 보편적인 원리일 것이라는 가정, 곧 보편주의(universalism)를 기반으로 하고 있었다. 즉 20세기 중 · 후반에 서구인을 대상으로 한 연구들이 바로 보편심리학을 구성할 것이라는 믿음이 종래까지의 심리학 연구의 기본적인 자세를 이루고 있었던 것이다.

그러나 지난 세기의 말엽에 접어들면서부터 심리학자들의 조망은 20세기 중 · 후반의 서구 사회라는 좁은 관점에서 벗어나 시 · 공간적으로 크게 확대되었다. 이러한 심리학적 관심의 공간적인 조망 확대는 1980년대 이후 폭발적으로 전개되고 있는 문화차 연구가 이끌고 있으며, 시간적인 조망 확대는 20세기 중반에 들어서면서 본격화된 현대진화론의 영향으로 1980～1990년대 이후 등장한 진화심리학에 의해 주도되고 있다.[166)]

심리학적 조망의 공간적 확대 조류를 이끌고 있는 문화차 연구의 결과들에 따르면, 종래까지 서구심리학에서 보편적인 인간 행동의 원리라고 받아들여져 온 많은 것들[167)]이 실상은 서구인, 특히 미국 백인이 가지고 있는 고도의 개인중심적인 인간관에 기초한 문화특수적인 것일 뿐, 예컨대 동아시아인 같이 관계중심적인 인간관을 가지고 있는 문화권에도 일반적으로 적용되는 원리는 아니라는 사실이 밝혀지고 있다.[168)] 이러한

---

166) *The Handbook of Social Psychology*의 제4판[Gilbert, Fiske, & Lindzey (Eds.), 1998]의 제2권 말미에 "떠오르는 연구 조망"(Emerging Perspectives)으로 "사회심리학의 문화적 기반"(The Cultural Matrix of Social Psychology by Fiske, Kitayama, Markus, & Nisbett, 1998, pp. 915-981)과 "진화사회심리학"(Evolutionary Social Psychology by Buss & Kenrick, 1998, pp. 982-1026)을 들고 있다는 사실은 이러한 논의의 타당성을 입증해 주고 있다.

167) 예: 인간의 인지 능력은 구체적인 추론 양식에서 추상적인 추론 양식으로 발달해 간다는 피아제의 인지 능력의 발달 원리.

168) 예: Miller, 1984; Heine, 2012.

결과들은 기존 서구심리학의 보편성에 회의를 갖게 하기에 충분한 것으로, 이러한 문화차 연구를 통해 기존의 심리학은 서구, 특히 미국의 문화 특수적인 심리학일 뿐이라는 인식이 확산되었던 것이다. 그 결과 서구 사회라는 좁은 공간에 갇혀 있던 심리학자들의 관심이 세계 곳곳의 비(非)서구 사회로 열리는 공간적 확대가 이루어짐으로써, 이제 심리학자들은 공간적으로 서구와 비서구를 아우르는 조망을 희구하고 있다.

심리학적 관심의 시간적인 확대를 주도하고 있는 진화심리학은 현재의 인간이 갖추고 있는 제반 심성과 그 작용 및 이타성 같은 사회행동의 근거를 인간 종(種)의 진화 과정에서 찾아보려는 작업이 주류를 이루고 있다. 즉 현생 인류의 신체적 유전적 특징이 원시 조상 때부터 지속적으로 부딪치는 문제 상황에 적응해 온 과정의 산물이듯이, 현대인의 심리적 특성과 사회행동의 특징도 원시 조상 때부터 지속적으로 경험해 온 적응 과정의 산물이라는 것이 진화심리학의 기본 전제인 것이다.[169] 이렇게 진화심리학은 심리학 연구의 시간적 조망을 지구상에 인간 종이 등장했을 때부터로 넓힘으로써, 심리학의 연구 관심을 20세기 중반 이후의 현재뿐만 아니라 먼 과거로까지 확대하고 있다. 이러한 진화심리학을 통하여 이제 심리학자들은 시간적으로 현재와 과거를 아우르는 조망을 요구하게 된 것이다.

이러한 연구의 조망 확대를 통하여 심리학자들은 이제 문화구속성과 역사구속성이 인간 삶의 기반이라는 사실을 확실히 깨닫게 되었다. 현대 서구심리학이 보편심리학이 아닌 서구라는 지역의 토착심리학일 뿐이라는 사실을 명백히 알게 되었을 뿐만 아니라, 현대인이 갖추고 있는

169) Buss, 2012/2012, pp. 77-127 참조.

많은 심성과 행동의 내용들이 단순한 학습과 경험의 산물이 아니라 먼 조상 때부터 진화적으로 물려받은 특징일지도 모른다는 사실도 분명히 인식하게 되었던 것이다.

필자는 이 '유학심리학의 체계' 시리즈를 통하여, 유학의 인성론 · 군자론 · 도덕실천론 · 수양론으로부터 서구심리학과는 다른 심리구성체론 · 이상적 인간형론 · 사회관계론 · 자기발전론의 연구 문제들을 도출하고, 이를 바탕으로 하여 유학심리학의 체계를 구성하고자 노력해 왔다. 지금까지 보아 왔듯이, 각 문제 영역에 대한 유학심리학의 체계는 서구심리학의 그것과는 상당히 다른 것이었다. 서구심리학이 서구의 철학적 배경에 기반을 둔 개체중심적인 인간관을 바탕으로 하여 성립되고 있는 것이듯이, 이러한 유학심리학도 유학사상에 기반을 둔 관계중심적인 인간관을 토대로 하여 성립되고 있는 것이다. 이렇게 보면, 유학심리학의 내용도 서구심리학과 마찬가지로 또 하나의 토착심리학이 될 수밖에 없을 것이다.

이 시리즈의 결론에 해당하는 이 마지막 장에서 필자는 서구심리학과 유학심리학의 회통을 위한 몇 가지 예를 제시함으로써, 양자를 통합하는 보편심리학을 구축하기 위한 방안으로 삼으려 하였다. 이제 여기에서는 과연 이러한 시도를 통해 보편심리학의 구축이라는 목표에 다가갈 수 있을까 하는 문제를 21세기 초반의 인간 삶의 양식 변화의 문제와 더불어서 생각해 보기로 하겠다.

1) 유학사상과 동아시아 집단주의 문화

유학은 춘추 시대 공자에 의해 창시되어 전한(前漢, B.C. 206~8) 초기에 관학(官學)으로 떠받들여져 온 이래, 2,000여 년 동안 동아시아 사회를 지배해 온 사상체계이다. 우리나라에서도 유학은 고려 광종(光宗, 재위 949~975)의 과거제(科擧制) 실시 이후 관리 등용의 근거로 활용되다가, 조선(朝鮮, 1392~1910)의 건국 이후에는 명실 공히 국가 경영의 최고 이념으로 숭상되었다.

그러나 "나라가 일제에 패망하자 그 책임이 조선 500여 년 동안 지배 이념이었던 유학에 돌려졌다. 유학은 타도되어야 하며, 그 대안으로 서구의 과학 기술과 제도는 물론 종교와 가치관까지도 받아들여야 한다고 주장"[170]하는 철저한 유학배척론이 등장하였다. 20세기 초반 유학의 배척 운동이 벌어진 것은 중국의 사정도 마찬가지였다. 그러다가 곧 다시 개신 운동이 이어지면서, 유학은 다시 동아시아 사회를 이해하기 위한 중요한 사상체계의 위치를 되찾게 되었다.[171]

이러한 유학은 사회성 · 도덕성 · 가변성의 가치를 축으로 하여 인간을 이해하려 함으로써, 사람들 사이의 상호연계성 · 의존성 · 배려성 · 조화성 · 겸손성 · 자기억제 · 자기개선을 중시하고 추구하는 심성과 행동 양식을 낳아, 동아시아 사회에 집단주의 문화가 꽃피우게 만드는 사상적 배경이 되었다.

---

170) 최영진, 2000, p. 31.

171) 동아시아 사회에서의 유학사상의 역사적 전개 과정에 대해서는 졸저(조긍호, 2007a, pp. 34-52; 2012, pp. 83-108; 2017a, pp. 80-99) 참조.

(1) 현대 동아시아 사회에서의 유학의 위상

조선이 멸망한 1910년 이후부터 우리나라는 더 이상 유학을 관학이나 국교로 떠받드는 나라가 아니다. 이제 유학은 수많은 사상체계 또는 종교 중의 하나일 뿐이다. 이러한 사실은 20세기 후반에 한국인의 종교 관련 신념과 행동을 심층적으로 분석한 어떤 연구 조사에서 현대 한국인 가운데 자신을 유교인이라고 응답한 사람은 전체의 0.5%에 지나지 않아, 자신을 개신교인(26.25%), 불교인(19.25%), 천주교인(5.0%)이라고 응답한 사람과는 비교할 수조차 없을 만큼 적었다는 결과에서 잘 드러나고 있다.[172)]

그럼에도 불구하고 아직도 "한국인의 절대 다수는 유교의 실천 성원"[173)]이다. 이 조사의 대상자들은 스스로를 유교인이라고 생각하지는 않을지라도, 일반적 신념 내지 사상(효제충신 · 삼강오륜 · 인의예지 · 수신제가 같은 유교의 핵심 사상에 대한 확신), 일상생활의 기본 실천(조상의 제사, 부모에의 효도)과 일반적 관행(부계 가통, 동성동본 혼인 반대, 성묘와 시제, 3년상, 폐백, 어른 공경), 그리고 집단 행사에 참여하는 일(가족이나 문중 행사, 종친회나 족보 사업)에서는 일정한 정도 이상으로 유교적 신념을 지닐 뿐만 아니라, 유교적 행동과 태도 및 습관을 보이고 있는 것으로 조사되었다. 조사 결과 확인된 불교인의 100%, 개신교인의 76.6%, 천주교인의 90%, 무종교인(47.25%)의 96.8% 등 전체 조사대상자 중 91.7%가 그 신념이나 행동 · 습관으로 보아 유교도라고 볼 수 있다는 것이다.

이렇게 한국인은 외현적으로 밝히는 종교에 대한 자기 확인의 반응과

---

172) 윤이흠 · 박무익 · 허남린, 1985.

173) 윤이흠 외, 1985, p. 370.

는 상관없이, 실제로는 "유교적 가치관과 행습들이 다른 종교 신도들에게 대단히 강하게 침투해 들어가 있다."[174] 곧 한국 사회에서 "유교는 …… 독립된 자기보존 조직(maintaining organization)으로서는 존재하지 않으면서도, 한국인의 심정적 확신과 내면적 가치관의 근거를 이루고 있음"이 확실하다. "한마디로 한국인은 절대 다수가 유교라는 연성(軟性) 가치 집단의 성원이어서, 유교적 가치관은 현재 한국 사회의 정신적 가치관의 기초를 이루고 있음"[175]이 분명한 것이다.

뚜 웨이밍(Tu, Wei-Ming, 杜維明)은 이렇게 유교권 사람들의 의식구조 속에 공통적인 가치관과 행동 또는 사유방식으로 자리 잡은 유교 문화의 영향을 '마음의 유교적 습성들'(the Confucian habits of the heart)[176]이라 부르고 있다. 이러한 마음의 유교적 습성들은 중국 · 홍콩 · 대만 · 일본 · 한국 같은 동아시아 국가의 대학생들이 강한 '유교적 역동성'(Confucian dynamism)의 가치를 가지게 하는 원동력이 되고 있다.[177]

---

174) 고병익, 1996, p. 294.

175) 윤이흠 외, 1985, p. 358.

176) Tu, Wei-Ming, 1996, p. 66.

177) Bond를 중심으로 한 연구자들(Chinese Culture Connection, 1987)은 22개국의 대학생을 대상으로 중국인에게 기본적인 가치 문항 40개로 구성된 '중국적 가치 검사'(Chinese Value Survey)를 실시하고, Hofstede와 같은 생태학적 요인 분석(개인별 점수가 아니라 국가별 점수를 원점수로 하여 분석)을 진행했다. 그 결과 호프스테드가 밝혀낸 네 차원 가운데 세 차원(권력거리 · 개인주의 · 남성성; 이 연구에서 '불확실성 회피' 차원은 검출되지 않음)과 함께 국가 간 차이를 드러내는 또 다른 가치 차원이 나타났는데, 이는 '인내심, 지위와 서열 존중, 근면, 절약, 검소, 염치, 체면 유지, 전통 존중, 인사 치레와 은혜 갚기' 같은 유교적 가치를 반영하는 차원이었다. 그들은 이를 '유교적 역동성'이라 명명하고, Hofstede의 연구에서 밝혀진 가치 차원과 관련지어 여러 관계를 분석하고 있다. 이 척도에서 강한 유교적 역동성의 가치를 보유하고 있는 나라들은 중국(118점, 1위) · 홍콩

이러한 사실들에 터해서 보면, 동아시아 사회에서 지배적인 집단주의 문화의 사상적 배경은 아직까지 동아시아인이 보유하고 있는 마음의 유교적 습성들에서 찾을 수 있다는 점이 확실해진다. 유교적 역동성의 가치 차원에서 분명하게 드러나는 이러한 마음의 유교적 습성들을 트리안디스(Triandis, H.)는 '집단주의적인 습성 구조'(collectivistic structure of habits)[178]라 부르고 있는데, 이렇게 동아시아인이 드러내는 전형적인 신념 · 가치 · 태도 · 행동의 배후에는 아직도 이 사회에 역동적으로 영향을 미치고 있는 유학사상이 놓여 있는 것이다.

동아시아, 그중에서도 한국에 강하게 남아 있는 유교적 습성과 가치관은 1970~1980년대의 급속한 경제 발전과 1990년대의 정치 발전을 통해 "경제 성장과 민주화라는 두 가지 프로젝트를 이루어 낸"[179] 배경이 되었거나, 또는 그 결과 생긴 자부심에 근원을 둔 '우리 것 찾기 운동'에 반영되어 있기도 하다. 최영진은 1996~2000년 사이의 기간 동안 국내 일간지에 게재된 유교 관련 기사를 분석한 결과 "유교가 결코 박물관의 박제품이 아니라, 우리 사회에 살아 있는 역동적 기제임을 확인할 수 있었다"[180]고 보고하고 있다.

이상에서 보아 왔듯이, 중국인 · 한국인 · 일본인 같은 동아시아인들

(96점, 2위) · 대만(87점, 3위) · 일본(80점, 4위) · 한국(75점, 5위) 같은 동아시아의 유교권 국가들이고, 미국(29점, 17위) · 영국(25점, 18위) · 캐나다(23점, 20위) 같은 서구의 국가들은 그 반대쪽의 가치를 지닌 것으로 밝혀지고 있다. 이 연구에서도 '마음의 유교적 습성들'이 여전히 동아시아인의 행동과 사유의 근간을 이루고 있음이 드러나고 있는 것이다.

178) Triandis, 1995, p. 67.

179) 최영진, 2000, p. 31.

180) 최영진, 2000, p. 24.

에게 유학사상은 과거의 체계가 아니라, 아직도 살아남아 있는 현실의 체계이고, 이것이 동아시아 사회에서 유학이 차지하는 현재적 위상이다. 한 사회의 전통은 그 사회에 살고 있는 사람들이 그것을 잘 이해하고 있던 그렇지 못하던 간에 살아 있는 현실의 일부로서, 이러한 전통과의 교섭은 인간의 삶의 과정에서 피할 수 없는 운명과도 같은 것이라고 볼 수 있다. 한마디로 전통 사상은 현대인의 삶과 행동 및 사유 속에 녹아들어서 현대인들이 그것을 인식하든 그렇지 못하든 간에 그들에게 영향을 미치고 있는 것이다. 이러한 전통 사상 가운데 "동아시아인의 생활과 의식구조의 뼈대"[181]를 이루어 온 것은 바로 유학사상이었다. 곧 "유학의 전통은 아직도 한국인은 물론이요, 동아시아인들 모두의 삶의 방식, 인생관과 가치관을 지배하고 있다 해도 과언이 아닌 것이다."[182]

(2) 아시아적 가치 논의

1990년대에 들어서면서 동아시아 공동체, 동아시아의 문화와 문명, 동아시아의 위상과 역할 같은 주제를 둘러싼 이른바 '동아시아 담론'이 활발하게 진행되었다. 이들은 동아시아의 정체성 추구, 동아시아의 경제적 성취에 대한 설명의 모색, 그리고 서구중심적인 세계 체제의 확산에 맞서서 자위적 공동체를 형성하려는 동아시아 사회들의 욕구와 자신감이 빚어낸 담론이었다. 곧 "동아시아 담론의 요체는 한국 · 중국 · 일본의 문화적 동질성과 역사적 필연성, 그리고 공동체 형성의 당위성에 대한 담론으로 수렴된다."[183] 이 시기에 동아시아 사회 안팎에서 전개된

181) 이광세, 1998, p. 41.

182) 길희성, 1998, p. 3.

183) 김광억, 1998, p. 6.

'아시아적 가치'(Asian values) 논의는 이러한 동아시아 담론의 가장 핵심적인 부류였다.[184)]

이러한 아시아적 가치 논의가 등장한 배경은 정치 · 경제 · 사회적으로 다양하지만, 가장 중요한 것은 역시 1970~1980년대에 일본을 비롯한 한국 · 대만 · 홍콩 · 싱가포르의 4소룡(四小龍, four small dragons) 등 동아시아 유교권 국가들에서 이루어진 눈부신 경제 성장을 들 수 있다. 1960년에 일본과 동아시아의 국민총생산 누계는 전 세계의 4%에 지나지 않았지만, 1990년대 중반 이 지역 국가들의 국민총생산 누계는 전 세계의 24%에 이르고 있다. 이제 동아시아는 그 경제적 비중만으로도 자기 목소리를 내면서 일정한 역할을 할 수 있을 정도로 성장하여, 세계 무대에 등장했던 것이다.[185)] 이와 같이 "1990년대 아시아적 가치론을 촉발시킨 가장 중요한 구체적 사건은 무엇보다도 서구의 경제 침체 및 사회주의권의 붕괴에 대비된 동아시아의 급속한 경제 성장"이라고 볼 수 있으며, "아시아의 경제 성장에 따른 힘의 부상을 견제할 필요성에 따라 ……인권 공세를 강화"하기 시작한 "미국과 동아시아 정치지도자들의 공방"[186)]도 이 논의의 부상에 일정한 몫을 담당했던 것으로 보인다.

이러한 배경에서 대두된 아시아적 가치 논의는 세 가지 문제를 중심으로 전개되었는데, 여기서는 그 가운데 핵심인 '아시아적 발전 모형 논의'

---

184) 이 항목은 졸저(조긍호, 2007a, pp. 465-477)의 내용에 약간의 첨삭을 거쳐 구성하였다.

185) 이렇게 동아시아가 눈부신 경제 발전을 이루던 시기에 서구는 경제적으로 침체하고 있었다. 참고로 1960년 미국 · 캐나다 · 멕시코를 포함한 북미의 국민총생산 누계는 전 세계의 37%에 이르렀지만, 1990년대 중반에는 24%로 떨어져 동아시아 지역 국가들과 같은 수준이 되었다(Mahbubani, 1995, pp. 100-101).

186) 강정인, 2002, p. 229.

를 중심으로 살펴보기로 하겠다.[187] "베버(Weber, M.)는 서구의 자본주의 정신이 프로테스탄트 윤리에 의하여 발전한 것으로 보았으며, 아시아에서는 그러한 기독교적 윤리 체계의 결여로 인하여 자본주의가 발전하지 못했다는 해석을 제공하였다." 베버로 대표되는 이러한 동아시아 정체론은 "서구적인 것 이외에서는 발전이나 성장이란 어휘의 실천은 불가능한 것"[188]으로 믿게 하였는데, 이러한 동아시아 정체론자들에게 1970~1980년대에 비약적으로 이루어진 일본을 비롯한 한국 · 대만 · 홍콩 · 싱가포르(4소룡)의 눈부신 경제 성장은 그 자체로 신선한 충격이었다.

서구의 학자들에게 이러한 현실은 지적(知的)인 도전이었는데, "동아시아의 경제 기적을 설명하기 위하여 허만 칸(Kahn, H.)이나 에즈라 포겔(Vogel, E.) 같은 학자들은 '아시아적 발전 모델'이라는 개념을 도입했고, 이들은 일본과 아시아의 네 마리 작은 용들이 모두 유교문화권에 속한다는 점에 착안하여, 유교적 가치가 이 지역 경제 발전의 원동력이 되었다는 해석을 이끌어 내었다. 곧 유교 문화에 내재한 강한 리더십, 검약과 절제 의식, 높은 교육열, 가족주의적 인간관계, 협동과 근면 등의 문

187) 이승환, 1999, pp. 313-317; 2000, pp. 198-202; 전제국, 1999, pp. 195-211: 나머지는 말레이시아의 마하티르 총리, 싱가포르의 리콴유 수상 및 한국의 박정희 대통령 같은 아시아 정치지도자가 제시하고 있는 '아시아적 민주주의 논의'와 뚜 웨이밍, 로저 에임스(Ames, R.) 및 데이비드 홀(Hall, D.) 같은 학자들이 제시하고 있는 '아시아적 공동체주의 논의'이다. 이 가운데 전자는 서구식 민주주의 정치체제가 아시아의 상황에는 맞지 않는다고 강변하여 자기들의 독재체제를 옹호 내지 변명하기 위한 주장이고, 후자는 서구 산업사회가 부딪치고 있는 가치관의 상실, 인간소외, 정신건강의 악화, 범죄의 만연 같은 문화적 위기를 극복할 대안을 유교적 가치에서 찾고자 하는 것으로, 아시아를 이상향으로만 그리고 있다는 점에서 그리 큰 호응을 받지 못한 주장이다.

188) 김광억, 1998, pp. 11, 5. (각각 두 인용문의 출현 페이지임)

화적 요인이 이 지역 경제 발전의 원동력이 되었다는 것이다."[189] 이 시기 서구의 학자들은 서구 사회가 지속적인 경제 침체에서 벗어날 수 있는 방안을 이러한 아시아적 발전 모형에서 찾아보려 시도하기도 하였다.

그러나 아시아가 경제 위기에 봉착하게 된 1990년대 후반부터 이러한 논의는 정반대의 방향으로 급선회하게 되었다. "오랫동안 동아시아의 성공을 설명하는 데 사용되었던 '아시아적 가치'는 이제 아시아의 경제 위기를 설명하는 데 이용되기 시작하였다 …… 아시아의 경제 위기는 동양 특유의 인간관계를 바탕으로 하는 '정실 자본주의'(crony capitalism)가 시장에 대한 정부의 과도한 개입과 '도덕적 해이'(moral hazard)를 조장함으로써 초래되었다"[190]는 주장이 제시되었던 것이다. 이러한 논의의 주창자들은 "아시아가 경제 위기에 빠지게 된 것은 정부-기업 간의 공생관계에 기초한 동아시아 발전 모델의 내재적 한계에서 비롯되었으며, 이것은 '아시아적 가치의 허구성'을 입증하는 것이라고 단정하였다. 이들에 의하면, 아시아 금융 위기의 직접적인 원인은 족벌주의적 기업 운영과 가산제(家産制)적 자본주의, 국가 개입주의적 경제 운영과 정부-기업-은행 간의 부패적 삼각 동맹, 폐쇄적 정책 결정과 권위주의적 정치 구조, 금융 거래의 불투명성 등에 있지만, 이 모든 것의 뿌리 원인은 아시아적 가치에서 비롯되었다는 것이다."[191]

이렇게 "한때는 아시아의 경제 기적을 설명하기 위해 동원되었던 '아시아적 가치'의 개념이 이제는 정반대로 경제 위기를 몰고 온 주범으로 지목"[192]되고 있다. 하지만 불과 몇 년 뒤, 한국과 말레이시아가 그런대

---

189) 이승환, 1999, p. 314; 2000, pp. 198-199.

190) 함재봉, 2000, pp. 88-89.

191) 전제국, 1999, p. 29.

로 경제 위기에서 벗어나는 기미가 보이자, 사람들은 또다시 '아시아적 가치' 덕분이라고 말한다. 이렇게 "이 지역의 경제의 저발전/급속한 경제 발전/경제 위기/경제 위기의 극복 — 이 모든 복합적이고 반전적(反轉的)인 사태들은 모두 '아시아적 가치'라는 마법의 주문 한마디로 설명된다."[193] 이러한 사실은 많은 사람들이 아시아적 가치론이 갖는 허구성을 주장하는 근거가 되고 있다.[194]

이러한 아시아적 가치 논의에 대한 비판은 다양하게 제시되어 왔다. 첫째는 아시아라는 지역의 범위가 넓고, 또 이 지역인의 삶의 배경이 되고 있는 종교나 철학도 이슬람교 · 유태교 · 불교 · 힌두교 · 기독교 · 유학 · 도교 · 신도 등 다양하므로, 아시아적 가치가 포괄하는 내용이 불확실하다는 비판이다. 둘째는 이 논의는 경제 · 정치 · 사회의 문제들이 다른 변인들은 제외하고 오로지 문화적 가치에 의해 좌우된다는 문화결정론에 빠져 있다는 비판이다. 셋째는 이 논의는 문화적 가치를 고정 불변하는 실체로 파악하는 오류를 범하고 있다는 비판이다. 넷째는 이 논의는 그 제안자들의 특정한 맥락과 의도에 따라 만들어진 고안물일 뿐, 객관적 사실을 있는 그대로 가리키는 중립적인 개념이 아니라고 비판한다.

이러한 비판들에는 각각 어느 정도 근거가 있는 것이 사실이다. 그러나 각각의 비판에 대한 반론 또한 있을 수 있다. 첫 번째 비판에 대해서는 지역은 동아시아라고 축소하고, 내용은 유학적 가치로 세분화하여 '동아시아의 유학적 가치'로 구체화하여 대응할 수 있다. 두 번째와 세 번째 비판에 대해서는 이후의 연구 전개 과정에서 인간 삶의 가변성에 대한

192) 이승환, 1999, p. 315.

193) 이승환, 2000, p. 198.

194) 예: 김광억, 1998; 박동천, 2002; 이승환, 1999, 2000; 전제국, 1999.

분명한 인식을 가지고 문제에 접근함으로써, 결정론적 오류에서 벗어나도록 노력하는 것밖에는 다른 도리가 없을 듯하다. 실제로 현대심리학의 문화비교 연구들에서는 이러한 결정론적 오류에서 벗어나려는 다양한 시도들을 하고 있다. 마지막 비판은 이 논의의 발화자(發話者)들은 서구의 학자들로, 그들이 서구중심주의에 입각해 마치 오리엔탈리즘(orientalism) 논의와 마찬가지로 아시아의 타자성(논의의 주류인 서구와 '다른 아시아' 또는 '대립되는 아시아'라는 인식)을 고착시켜 아시아를 계속 세계사의 주변부에 묶어 놓으려는 시도에서 논의를 출범시켰다고 보는 음모론적 시각에서 연유하는 것인데, 이러한 비판에 참여하는 것 자체가 학문적 종속을 심화시키는 비주체적인 행위가 될 수도 있다.[195]

아시아적 가치 논의 같은 담론에서, 특히 이에 대한 비판론에 직면해서 문화 현상과 그 배경에 관심을 둔 심리학도로서 가져야 할 바람직한 태도는 이 문제(아시아적 가치)가 가지는 심리적 실체를 분명하게 하여, 이에 집중하는 일이다. 앞에서 '아시아적 가치'는 너무 포괄적이어서 그 실체를 파악하기 힘듦으로 '동아시아의 유학적 가치'라고 축소 구체화하는 방안에 대해 언급하였다. 한국인 · 중국인 · 일본인은 그 넓고 다양한 '아시아인'으로 스스로를 동일시하기는 힘들지만, 같은 유교문화권에 속한 역사적 경험이 있는 만큼 '동아시아인'으로 스스로를 동일시하기는 쉬울 것이다. 또한 현대 문화비교 연구들에 따르면, 동아시아인(한국인 · 중국인 · 일본인)들은 인지 · 정서 · 동기 등 제반 영역에서 서구 개인주의자들과는 다른 집단주의적인 행동 경향을 보인다는 사실이 밝혀져 왔다.[196] 필자의 분석에 따르면, 인지 · 정서 · 동기 등 제반 영역에서 나타

---

195) 함재봉, 2000, pp. 108-109.

나는 이러한 집단주의적인 행동 경향들은 유학사상에서 도출되는 인지 · 정서 · 동기 이론에서 논리적으로 예측되는 것들이었다.[197] 이러한 사실은 유학적 가치가 현대 동아시아인들의 심성과 행동의 근원이 되고 있음을 의미하는 것이다.

이렇게 보면, '동아시아의 유교적 가치'는 한국 · 중국 · 일본 같은 동아시아 유교권 국가에 살고 있는 사람들에게는 분명한 실재성을 가지는 심리적 실체라고 할 수 있다. 이러한 맥락에서 보면, 아시아적 가치는 더 이상 허구개념이 아니다. 심리학적으로 동아시아의 유교적 가치는 분명히 현재에도 작동하고 있는 현실의 체계인 것이다.

(3) 한국의 문화는 아직도 집단주의적인가

지금까지 한국 · 중국 · 일본 같은 동아시아 국가를 집단주의라는 하나의 커다란 우산으로 묶고, 이들의 공통적인 심성과 행동 특징을 서구 개인주의 문화권과 비교하여 고찰해 보았다. 이렇게 문화에 거대한 우산을 씌워 대범주로 분류하는 '구조적 정의'를 채택하면,[198] 하나의 명칭으로 전체 사회를 특징짓는 과일반화의 위험을 안게 된다. 곧 한 문화유형 속에 살고 있는 수많은 개인들의 차이뿐만 아니라, 이러한 대범주에

---

196) 필자(조긍호, 2003; 2006, pp. 57–84; 2012, pp. 143–285; 2021b, pp. 5–78)는 서구 개인주의와 동아시아 집단주의 사회인들의 인지 · 정서 · 동기 행동의 차이에 관한 문화비교 연구의 결과들을 계속 추적 정리하였다.

197) 필자(조긍호, 2007a, b)는 동아시아인의 인지 · 정서 · 동기 영역의 심성과 행동은 유학사상에서 도출되는 인지 · 정서 · 동기 영역의 이론들과 논리적인 정합성을 가지고 있다는 사실을 밝혀내고 있다.

198) Berry, Poortinga, Segall, & Dasen, 1992, pp. 165–170; Kroeber & Kluckhohn, 1952, p. 181; Matsumoto, 2000, pp. 18–19.

속한 국가나 사회들의 차이를 무시하고 획일화함으로써, 이들의 전반적인 공통 특성만을 고려하는 위험을 안게 되는 것이다. 이러한 맥락에서 우선적으로 고려해 보아야 할 두 가지 문제점이 도출된다. 그 하나는 한국의 문화는 이웃 중국이나 일본의 문화와 과연 아무런 차이를 보이지 않는가 하는 점이고, 한국인은 누구나가 다 집단주의자인가 하는 점이다.[199]

한국의 문화가 유학사상이라는 같은 이념적 배경을 공유하고 있는 중국이나 일본의 문화와 아무런 차이를 보이지 않는가 하는 문제에 대해서는 두 가지 측면에서 고찰해 볼 수 있다. 우선 호프스테드(Hofstede, G.)가 제시한 문화비교의 네 차원 중 한국 · 일본 · 중국은 강한 '집단주의'의 경향성을 띤다는 공통점이 있다. '권력거리'(power distance) 차원에서도 세 나라는 비슷하게 비교대상이 된 53개 문화권 중 중간 정도에 위치하고 있다. 그러나 '남성성 · 불확실성 회피' 차원에서는 세 나라 사이에 커다란 차이를 보이는 것으로 밝혀지고 있다.

'남성성' 차원에서 일본은 53개 문화권 가운데 1위를 차지하여 강한 남성적 문화의 보유국으로 밝혀지고 있는데 반해, 한국과 중국은 상당히 여성적 문화에 속하는 것으로 드러나고 있다. 이는 일본은 무사(武士) 문화의 전통이 강하고, 한국과 중국은 문민(文民) 문화의 전통이 강함을 알려 주는 결과이다.[200] 또한 '불확실성 회피' 차원에서도 일본과 한국은

---

199) 이 항목은 졸저(조긍호, 2021a, pp. 147-153)의 내용에 약간의 첨삭을 거쳐 옮겨 왔다.

200) 이러한 까닭은 여러 가지를 생각해 볼 수 있겠으나, 중요한 요인으로 중국에서는 한 무제(武帝) 이후 2,000여 년 동안, 그리고 한국에서는 고려 광종 이후 1,000여 년 동안 과거제를 통해 국가를 경영하는 관리들을 선발하여 국가의 운영이 문사들에 의해 이루어져 왔으나, 일본에서는 19세기 중엽 에도(江戶)막부 말기까지

그 경향이 매우 강한 경향을 보이고 있지만, 중국은 53개 문화권 가운데 중간 정도의 경향을 보이고 있는 것으로 드러나고 있다.[201] 이러한 결과에 비추어 보면, 한국 · 중국 · 일본의 동아시아 삼국은 집단주의 문화를 보유하고 있다는 공통점이 있지만, 남성성과 불확실성 회피의 차원에서는 커다란 차이를 보이는 문화를 보유하고 있는 것이다.

그렇다면 한 · 중 · 일 삼국의 집단주의는 같은 성격을 갖는 것으로 볼 수 있는가? 이 문제와 관련해서 생각해 보아야 할 것은 집단주의와 개인주의의 '수직성-수평성' 차원의 분류이다.[202] 여기서 수직적 유형은 불평등을 수용하고 위계질서를 강조하는 반면, 수평적 유형은 평등과 동등성을 강조한다. 따라서 '수직적 개인주의자'(vertical individualist: VI)는 경쟁적이며 남들을 이기는 것을 중시하고, '수평적 개인주의자'(horizontal individualist: HI)는 개인의 독립성과 자율성을 중시한다. 반면 '수직적 집단주의자'(vertical collectivist: VC)는 집단과 가족을 개인보다 우선시하고, '수평적 집단주의자'(horizontal collectivist: HC)는 평등한 동료들 사이의 동료애와 협동을 중시한다.[203]

국가의 경영이 쇼군(將軍)을 정점으로 하는 무사들에 의해 이루어져 왔다는 사실을 들 수 있을 것이다.

201) Hofstede, 1991/1995, p. 52, 표 2.1; p. 87, 표 3.1; p. 128, 표 4.1; p. 169, 표 5.1 참조.

202) 집단주의와 개인주의를 수직 · 수평 차원으로 나누어, 네 종류로 분석한 논의는 Singelis, Triandis, Bhawuk, & Gelfand (1995), Triandis (1995, pp. 44-48), Triandis & Gelfand (1998) 참조.

203) Triandis (1995, pp. 44-48, 89-90)는 미국은 40%의 HI와 30%의 VI로 이루어진 개인주의 사회이고, 영국은 20%의 HI와 50%의 VI로 이루어진 개인주의 사회인 반면, 일본은 25%의 HC와 50%의 VC로 이루어진 집단주의 사회이고, 중국은 30%의 HC와 40%의 VC로 이루어진 집단주의 사회로 보고 있다. 이 책에서 한국

앞에서 일본은 강한 남성적 문화의 보유국이지만, 한국과 중국은 여성성이 높은 문화의 보유국임을 고찰하였다. 이러한 맥락에서 보면, 일본은 수직적 집단주의의 경향이 강하고, 한국과 중국, 특히 남성성 차원에서 53개 문화권 중 41위를 보여 강한 여성적 문화를 보유하고 있는 한국은 수평적 집단주의 문화를 보유하고 있을 가능성이 높다. 즉 동아시아 삼국은 집단주의라는 같은 범주에 묶일 수 있기는 하지만, 구체적인 장면에서 드러나는 색깔은 상당히 다를 가능성이 있는 것이다.

다음으로 고찰해 볼 것은 한국인은 누구나가 다 강한 집단주의의 성향을 보유하고 있는가 하는 문제이다. 문화차에 관한 논의를 할 때는 '생태학적 오류'(ecological fallacy)의 함정에 빠지지 않도록 조심해야 한다.[204] 생태학적 오류란 집단 수준에서 밝혀진 차이를 해당 집단의 모든 개인에게 일반화하여 해석하는 오류를 말한다.[205] 예를 들면, 미국 사회가 개인주의적이고 한국 사회가 집단주의적이라고 해서, 모든 미국인이 모든 한국인보다 더 개인주의적이라거나 모든 한국인이 모든 미국인보다 더 집단주의적이라고 해석하는 것이 생태학적 오류이다.

문화차는 문화 사이의 상대적인 문제일 뿐이지 한 문화 안의 모든 사람에게 덧씌워지는 우산 같은 것이 아니다. 한국의 문화가 국가 또는 사회 수준의 분석에서 집단주의의 성향을 보유하고 있다고 해서, 한국인이 누구나 서구와 같은 개인주의 문화권의 성원들보다 더 집단주의적이거나, 한국인이 개인주의적인 특징을 전혀 가지고 있지 않은 것은 아니라

의 결과는 제시되지 않고 있는데, 한국은 아마도 일본이나 중국보다 HC의 비율이 더 높은 집단주의 사회일 가능성이 높다.

204) Hofstede, 1980, pp. 23-25.

205) Smith, Bond, & Kagitcibasi, 2006, p. 43.

는 말이다. 즉 어느 한 사회의 문화가 집단주의 또는 개인주의라고 해서, 그 사회의 성원들이 모두 집단주의자 또는 개인주의자는 아니며, 한 개인은 집단주의의 성향과 개인주의의 성향을 모두 보유하고 있는 것이다. 다만 개인주의 성향의 보유자보다 집단주의 성향의 보유자가 더 많다면 그 사회의 문화는 개인주의보다 집단주의의 특징을 띄게 될 뿐이다.[206)]

한 사회의 성원들의 문화성향을 이렇게 다르게 하는 요인들은 다양하지만, 대표적인 것으로 연령, 교육 수준, 거주 지역, 경제적 풍요 및 아동 양육 양식 같은 요인들을 들 수 있다. 곧 연령이 낮을수록, 고등교육을 받았을수록, 도시에 거주할수록, 경제적으로 풍요로울수록, 그리고 부모가 아동 양육 과정에서 독립성을 강조했을수록 개인중심성향이 강하고, 반면에 연령이 높아지거나, 교육 수준이 낮거나, 농촌에 거주하거나, 가난하거나, 아동 양육 과정에서 의존성을 강조했을수록 집단중심성향이 강한 것이다. 이러한 사실은 집단주의 사회나 개인주의 사회 어디에도 개인중심성향자와 집단중심성향자가 혼재해 있음을 의미하는 것이다.

한국에서도 교육 수준이 높고, 도시에 거주하는 젊은 사람들은 집단주의의 경향보다 개인주의의 경향을 강하게 보이는 것이 사실이다. 따라서 이들만을 놓고 보면, 한국이 아직까지도 집단주의 문화가 지배하는 사회인지 의심이 간다. 그러나 문화비교 연구의 결과들은 대부분 미국 · 캐나다 · 호주 · 영국 · 네덜란드 같은 서구의 대학생들과 한국 · 중국 · 일본의 같은 연령층의 대학생들의 비교 연구에서 확인된 것이었다. 한국의 젊은이들은 같은 한국 사회에 살고 있는 나이든 사람들의 눈으로

206) Bond & Smith, 1996; Schwartz, 2004; Smith et al., 2006, pp. 38–54; Triandis, 1995, pp. 5–6, 35–36, 62–68; 이 문제에 관해서는 졸저(조긍호, 2003, pp. 10–113; 2007a, pp. 440–445) 참조.

보면 지극히 개인주의적인 것 같지만, 같은 연령층의 서구의 젊은이들과 비교해 보면 아직도 지극히 집단주의적인 경향을 강하게 보이고 있는 것이다. 문화차는 문화집단 간의 차이의 문제이지, 같은 사회 내의 세대차를 말하는 것은 아닌 것이다.

하지만 급속하게 변화하고 있는 한국과 같은 사회에서 '문화이중성'(文化二重性)의 문제는 심각하게 고려해야 할 중요한 과제이다. 문화이중성이란 "명시적 공식적 규범과 암묵적 비공식적 행동의 불일치"[207]를 말하는 것인데, 급격한 사회변화로 인한 큰 세대차로 말미암아 문화의 이중구조가 심화될 가능성이 높기 때문이다. 고연령 세대일수록 명시적 규범(예: 법과 규칙)과 암묵적 행동 원리(예: 유교적 신념과 선호) 사이에 괴리가 큰 이중성을 보이게 되어, 현대 사회의 급격한 변화에 적응하는 데 어려움을 겪을 가능성이 커진다. 이러한 이중성의 근원은 급속한 근대화 과정에서 겉으로 드러나는 규범적 측면만 근대화되고, 내면에는 아직도 유교적 전통이 강하게 남아 있는 데에 있을 수 있다. 한국 사회의 바람직한 발전을 위해서 뿐만 아니라, 인간의 삶에 미치는 문화의 영향을 분명히 이해하기 위해서도 이러한 문화이중성의 문제에 대한 해결책을 찾는 일이 시급히 요청되는 것으로 보인다.

2) 생활 양식의 변화와 문화다중성의 확산

20세기 초 · 중반까지만 해도 대부분의 사람들은 태어난 고장이나 나라를 거의 벗어나지 못하고, 전통적인 사회 규범이나 생활 양식에 맞추

207) 나은영 · 민경환, 1998, p. 75.

어 삶을 영위할 뿐이었다. 그러므로 해당 사회의 문화적 가치와 내용에 일방적으로 영향을 받아 자라나고 사회화되어, 해당 사회의 문화적 명제를 그대로 받아들일 뿐이었다. 당시만 해도 다른 나라에 가 보거나 다른 나라 사람들을 접촉할 기회가 거의 없으므로, 다른 나라의 문화나 행동 양식은 글자 그대로 이국적(異國的)인 것일 수밖에 없었다.

그러나 과학기술의 발전으로 인해 교통수단의 발달이 급격히 이루어져서, 외국인과 외국 문화에 접촉할 기회가 획기적으로 늘어나게 되었다. 게다가 산업혁명으로 인한 경제적인 풍요는 교육 수준의 향상과 인구의 대도시 집중을 몰고 와, 핵가족화의 경향을 부추겼을 뿐만 아니라, 근대적인 생활 양식의 전파를 부채질하게 되었다. 그뿐만 아니라 20세기 후반에 들어서면서는 컴퓨터 기술의 발달로 인해 정보기술상의 혁명이 진행됨으로써, 이제 세계는 이웃이나 다름없는 참으로 '작은 세계'(small world)로 변질되어, 예전과 같은 고립되고 분절된 상황은 더 이상 찾아볼 수 없게 되었다.

이러한 생활 양식의 변화는 인간 삶의 내·외면의 제반 양상을 송두리째 흔들고 있다. 오늘날의 사람들은 불과 몇십 년 전의 사람들과는 그야말로 뿌리부터 온통 다른 삶을 살아가고 있는 것이다. 이러한 삶의 양식의 변화는 문화적인 측면에서 어떠한 변화를 가져오는가? 이러한 외적인 변화에도 불구하고 기존의 문화 내용과 관행은 그대로 유지될 것인가?[208)]

208) 이 항목은 졸저(조긍호, 2021a, pp. 154-156; 2021b, pp. 498-503)의 내용에 약간의 첨삭을 거쳐 옮겨 왔다.

(1) 근대화 · 도시화 · 핵가족화와 개인중심성향의 증가

한 사회의 성원들의 문화성향을 다르게 하는 요인들은 다양하지만, 대표적인 것으로 연령, 교육 수준, 거주 지역, 경제적 풍요, 아동 양육 방식 및 핵가족화 같은 요인들을 들 수 있다. 곧 연령이 낮을수록,[209] 고등교육을 받았을수록,[210] 도시에 거주할수록,[211] 경제적으로 풍요로울수록,[212] 그리고 부모가 아동 양육 과정에서 독립성을 강조하고, 핵가족화한 가정에서 자랐을수록[213] 개인중심성향이 강하고, 반면에 연령이 높아지거나, 교육 수준이 낮거나, 농촌에 거주하거나, 가난하거나, 아동 양육 과정에서 의존성을 강조했을수록 집단중심성향이 강한 것이다.[214] 한국에서도 젊은 세대일수록 기성세대에 비해,[215] 고등교육을 받은 사

---

209) Gudykunst, 1993; Triandis, Bontempo, Villareal, Asai, & Lucca, 1988.

210) Triandis, 1995, p. 66.

211) Kagitcibasi, 1996; Triandis, 1990.

212) Hofstede, 1980, 1991; Triandis, 1990, 1995.

213) Adamopoulos & Bontempo, 1984; Markus & Kitayama, 1991a, b.

214) 도시화, 고등교육 및 경제적 풍요 같은 요인이 개인주의와 관련이 깊다는 생각(Hofstede, 1980, 1991; Triandis, 1990, 1995)은 개인주의와 근대화(modernization)가 관련이 깊다는 가정을 그럴 듯하게 보이도록 한다(Bond, 1994; Kagitcibasi, 1997). 이러한 관점을 Hofstede (1991/1995)는 "근대화는 개인주의화와 상응된다"(p. 74)고 표현하고 있다. 이러한 입장에서 간주하는 근대화는 대체로 도시화와 서구화 및 경제 성장을 의미하는 것이었는데(Kagitcibasi, 1997; Marsella & Choi, 1994), 근대화가 곧 서구화와 도시화를 유도하는 것만은 아니고(Kagitcibaci, 1996; Marsella & Choi, 1994; Sinha & Tripathi, 1994), 또한 근대화와 개인주의화가 곧 경제발전의 원동력이라는 사실의 근거가 희박하다는 사실이 밝혀짐으로써(Schwartz, 1994), 근대성이 곧 개인중심성향과 일치한다는 등식은 성립할 수 없는 것으로 드러나고 있다(Bond, 1994; Kagitcibasi, 1997; Marsella & Choi, 1994; Schwartz, 1994). 이에 관해서는 졸저(조긍호, 2003, pp. 110-113, 주 5) 참조.

215) 김의철, 1997; 한규석 · 신수진, 1999; Han & Ahn, 1990.

람일수록 교육 수준이 낮은 사람에 비해,[216] 그리고 도시인일수록 농촌 지역에 거주하는 사람에 비해[217] 개인중심성향이 강한 것으로 드러나고 있다. 이러한 사실은 집단주의 사회나 개인주의 사회 어디에도 개인중심성향자와 집단중심성향자가 혼재해 있음을 의미하는 것이다.

이렇게 한국에서도 교육 수준이 높고, 도시에 거주하는 젊은 사람들은 집단주의의 경향보다 개인주의의 경향을 강하게 보이는 것이 사실이다. 따라서 이들만을 놓고 보면, 한국이 아직까지도 집단주의 문화가 지배하는 사회인지 의심이 간다. 한국의 젊은이들은 같은 한국 사회에 살고 있는 나이든 사람들의 눈으로 보면, 지극히 개인주의적인 것으로 보인다. 그러나 이들도 같은 연령층의 서구의 젊은이들과 비교해 보면, 아직도 상당히 집단주의적인 경향을 보이고 있다.

이렇게 우리나라와 같이 동아시아 유교권 국가에서도 근대화 · 도시화 · 핵가족화의 세례를 받고 자란 젊은 세대들은 서구 문화에 대해서뿐만 아니라 서구적 제 가치에 대해서도 개방적인 것이 사실이다. 그러므로 이들은 이전 세대에 비해 서구적 가치의 지향 수준과 동아시아적 가치의 지향 수준이 모두 높은 경향을 보일 가능성이 있다. 따라서 이들은 나이든 세대가 보이는 것과 같은 전통문화에의 고착 현상에서는 비교적 자유로울 가능성이 높다.

(2) 세계화와 문화교류의 증가

20세기 중엽 이후 밀어닥치기 시작한 세계화(globalization)의 물결이

---

216) 나은영 · 민경환, 1998; 나은영 · 차재호, 1999; 차재호 · 정지원, 1993; 한규석 · 신수진, 1999; Han & Ahn, 1990.

217) 장성수 · 이수원 · 정진곤, 1990.

전 지구를 휩쓸고 있다. 처음에 경제 영역에서 시작된 세계화의 추세는 "1990년대 초부터 몇 가지 우호적 조건과 합류하면서, 단순히 경제 영역을 넘어 구체적 모습을 갖추기 시작했다. 그 직접적인 계기는 컴퓨터 · 인터넷 같은 정보 기술상의 혁명, 냉전의 종언, 우루과이 라운드에서의 무역 자유화 타결과 세계무역기구(WTO) 설립이다."[218] 특히 세계무역기구가 출범한 1995년 이래 이러한 세계화의 물결은 전 지구적인 화두가 되고 있다.

그러나 '세계화'라는 개념은 대단히 혼란스러운 것이어서, 이것이 과연 무엇을 의미하는지에 관해서는 아직 논란이 끊이지 않고 있다. 많은 학자들이 세계화의 개념 정립을 위해 노력해 왔는데, 이들은 서로 중복되는 다섯 가지 의미체계로 요약할 수 있다.[219] 첫째는 국가들 사이의 국경을 가로지르는 관계의 증대, 곧 국제화의 의미로 사용되는 세계화이다. 둘째는 개방된 세계 경제를 창출하기 위해 국가 간의 물적, 인적 요소의 이동을 제약하는 정부의 규제가 제거되는 과정, 곧 자유화의 의미로 사용되는 세계화이다. 셋째는 다양한 사물과 경험이 전 세계의 모든 사람에게 확산되는 보편화 과정을 지칭하는 세계화이다. 넷째는 이전에 존재하던 문화나 지방적 자율성을 파괴하면서, 근대적 사회구조가 전 세계로 확산되는 서구화 또는 근대화의 의미로 사용되는 세계화이다. 그리고 다섯째는 사회 공간이 더 이상 영토적 장소의 관점에서 파악되지 않고, 지리의 재편성이 일어나는 탈영토화의 의미로 쓰이는 세계화이다.

이렇게 세계화는 국제화 · 자유화 · 보편화 · 서구화 · 탈영토화라는 다

---

218) 강정인, 2002, p. 219.

219) 강정인, 2002, pp. 217-219; Scholte, 2000, pp. 15-17.

양한 층위의 의미를 가지는 복잡한 개념이지만, 보통 경제 · 사회 · 문화 같은 인간 삶의 여러 영역에서 이루어지는 개방화라는 의미로 받아들이고 있다. 국제화는 국가 간 경계의 개방을, 자유화는 경제 활동에 대한 정부의 규제를 철폐하는 경제 개방을, 보편화는 삶을 지배하는 가치의 개방을, 서구화는 비서구 지역에서 진행되고 있는 서구의 문물과 제도에 대한 개방을, 그리고 탈영토화는 공간적 제약을 허물어뜨리는 개방을 의미하는 것이라 해석할 수 있다.

이러한 세계화는 정보화와 함께 20세기 후반부터 본격적으로 전개되어, "개인과 개인, 집단과 집단, 국가와 국가, 문명과 문명 간의 시간적 간격과 공간적 경계를 해체하고 있다."[220] 이러한 세계화 · 정보화라는 전 지구적 격변이 가져오게 될 문화적 효과에 대한 논의는 경제 선진국의 문화(서구, 특히 미국 문화)로 합일될 것이라는 견해, 서로 다른 문화 사이의 차이로 인해 문화 사이의 충돌이 격화될 것이라는 입장, 또는 상대방 문화의 장점 수용으로 인해 혼융화될 것이라는 주장 등 다양한 관점이 있을 수 있다.[221] 그러나 어떤 관점이 타당하던 간에 세계화를 통한 교류 확대로 인해 문화다양성에 대한 인식이 확대될 것임은 분명한 사실이다.

(3) 문화차는 숙명인가

문화차는 문화 집단 사이의 상대적인 차이를 반영할 뿐이지, 해당 사회의 모든 사람에게 일률적으로 적용되는 차이는 아니다. 동아시아인보

220) 강정인, 2002, p. 211.

221) 강정인, 2002, pp. 225-227; Holton, 1998, pp. 167-180; Nisbett, 2003, pp. 219-229.

다 더 집단주의적인 서구인도 있을 수 있고, 서구인보다 더 개인주의적인 동아시아인도 있을 수 있다. 그러므로 문화비교 연구의 결과는 상대주의적으로 받아들여야 한다. 문화비교 연구에서 밝혀진 모든 차이는 분명 서구와 동아시아의 절대적인 차이를 반영하는 것은 아닌 것이다.[222)]

아무리 상대적인 차이라 할지라도, 실제적인 자료를 통해 나타나는 이러한 두 문화 사이의 차이는 앞으로도 계속 지속될 것인가? 심리학적인 연구 결과들은 서로 다른 문화가 대립하는 장면에서 서로 섞이게 되면, 두 문화가 중간의 어느 지점에서 통합을 이룰 것이라는 사실을 시사해 준다.[223)] 상대방의 문화에 접촉하여 그 사회에서 살게 되면, 비록 그 기간이 짧을지라도 상대 문화의 사고방식을 받아들여 세상사를 인식하는 경향이 증가하게 된다는 결과[224)]나 서구에 이주한 동아시아인들은 전형적인 서구인과 동아시아인의 중간적인 사고방식을 보인다는 결과들[225)]은 이러한 통합설을 지지하는 증거라 볼 수 있다.

오늘날 전 지구를 휩쓸고 있는 세계화가 진행됨에 따라 서구와 동아시아는 서로를 잘 알게 되고, 상대방의 문화를 고유문화 속에 받아들이고 있다. 이미 동아시아의 교육은 그 체제와 내용 면에서 서구 교육체제와 내용을 답습하고 있으며, 동아시아에서 교육을 받은 학생들의 가치관과 행동은 서구 학생들의 그것과 매우 유사하다.[226)] 동아시아의 교육열은

---

222) 이 항목은 졸저(조긍호, 2021a, pp. 154–156)의 내용에 약간의 첨삭을 거쳐 옮겨왔다.

223) Nisbett, 2003.

224) Kitayama, Duffy, Kawamura, & Larsen, 2002.

225) Heine & Lehman, 1997; Nisbett, 2003; Peng & Knowles, 2003 등.

226) Nisbett, 2003; Peng, Nisbett, & Wong, 1997 등.

세계 최고 수준이어서 2010년대에 한·중·일 삼국의 고등학교 진학률은 80~99%, 대학교 진학률은 50~80%에 이르고 있다. 그러므로 동아시아인들, 특히 동아시아의 젊은이들은 서구의 문화에 대해 잘 알고, 심지어 익숙해 있기까지 하다.

서구에서도 동아시아 문화에 대한 이해와 동경은 이제 무시할 수 없는 추세로 자리 잡고 있다. 동아시아의 음식·종교·의술 및 건강법에 관해 서구인들은 열광하고 있으며, 서구의 지나친 개인주의가 인간소외를 초래한다고 믿게 된 많은 서구인이 이제 동양적인 공동체를 통하여 사회적 문제를 해결하려 노력하고 있다.227)

이러한 상황에 근거해서 보면, 서구와 동아시아의 많은 사람이 이제 이중문화적(bicultural)이며, 이러한 경향은 세계화에 따라 문화 사이의 접촉이 늘어나면서 더욱 심해질 것으로 보인다. 이러한 이중문화자(二重文化者)들은 두 문화의 중간에 해당하는 가치나 신념을 가지고 있을 뿐만 아니라, 특정 상황에 따라 유연하게 둘 중 하나를 선별하여 사용한다.

역사적 경험에 의해 전형적인 이중문화자가 된 홍콩인들은 백악관이나 자유의 여신상 같은 서구의 이미지에 노출되어 서구 문화에 점화(點火, priming)되면 타인의 행동 원인을 서구식으로 귀인하고, 천안문이나 만리장성 같은 중국의 이미지에 노출되어 동아시아 문화에 점화되면 동아시아식으로 귀인한다.228) 최근 연구들에서는 서구와 동아시아의 대학생들에게 다양한 방식으로(예: 문장 속에서 각각 일인칭 복수 단어 — we, our, us — 와 일인칭 단수 단어 — I, my, me — 에 괄호를 치게 함) 집단주의성

---

227) Nisbett, 2003.

228) Hong, Chiu, & Kung, 1997.

향과 개인주의성향을 점화시키면, 각각 점화된 문화의 가치관이나 자기관 또는 행동 양식을 보임이 확인되고 있다.[229)]

이러한 맥락에서 서구인과 동아시아인이 개념화하는 자기화와 사람됨의 차이는 절대로 두 문화권 사람들에게 어쩔 수 없는 숙명은 아니라고 볼 수 있다. 현대 사회에 살고 있는 사람들은 모두 어느 정도 이중문화자들이다. 그러므로 서구인이라고 해서 언제나 '자기개체성의 견고화와 자기고양'을 기초로 하여 자기화하려 하지는 않고, 동아시아인이라고 해서 언제나 '상호연계성의 확대와 자기개선'을 축으로 하여 자기화하려 하지는 않는다. 그러한 경향이 서구와 동아시아에서 일반적으로 나타나는 것이기는 하지만, 처하게 되는 상황에 따라 서구식 자기화가 두드러지기도 하고(예: 토론회에서 경쟁하는 상황), 동아시아식 자기화가 두드러지기도 하는 것이다(예: 국가 간 운동경기에서 자기 나라를 응원하는 상황). 인간은 본질적으로 개체적 존재이면서 사회적 존재인 때문이다.

이상에서 보듯이, 문화는 삶의 가치관과 행동 양식의 형성에 매우 중요한 영향을 끼치지만, 그러나 이러한 문화의 영향은 숙명적이어서 그 영향에서 벗어날 수 없는 것은 결코 아니다. 개인의 경험과 사고의 범위가 늘어나고 다른 사회의 사람들과의 접촉이 늘어날수록, 기존의 것과는 다른 사고방식과 행동 양식에 익숙한 이중문화자가 된다. 변화의 속도가 빠른 현대 사회에 살고 있는 젊은 연령층에서 이러한 경향은 더욱 심해지고 있는데, 이들이 우리 사회의 앞날을 책임질 세대라는 점에서 이러한 문화이중성의 문제에 대해 현명하게 대처하는 일이 중요하다는 사

---

229) Hong, Morris, Chiu, & Benet-Martinez, 2000; Kühnen, Hannover, & Schubert, 2001; Lee, Aaker, & Gardner, 2000 등.

실은 아무리 강조해도 지나치지 않을 것이다.

3) 문화의 혼융화: 동 · 서 접근의 회통

앞에서 보았듯이, 문화에 거대한 우산(예: 개인주의 · 집단주의)을 씌워 대범주로 분류하는 구조적 정의를 채택하면, "하나의 명칭으로 전체 사회를 특징짓는"[230] 과일반화의 위험을 안게 된다. 곧 한 문화유형 속에 살고 있는 수많은 개인들의 차이뿐만 아니라, 이러한 대범주에 속한 국가나 사회들의 차이를 무시하고 획일화함으로써, 이들의 전반적인 공통 특성만을 고려하는 위험을 안게 되는 것이다. "사람은 누구나 어떤 측면에서 보든지 (a) 모든 다른 사람과 유사하기도 하고, (b) 특정 집단의 사람들과 유사하기도 하며, 또 (c) 아무하고도 유사하지 않기도 하다."[231] 여기서 (a)는 여타 동물들과는 다른 인간 일반의 공통적인 특징을, (b)는 특정 사회 집단 또는 국가 같은 문화유형에 속한 사람들 사이의 유사성을, 그리고 (c)는 개인마다 지닌 독특성을 의미하는 것이다. 말하자면, (a)는 인간과 여타 동물 사이의 차이를, (b)는 문화유형 사이의 차이를, 그리고 (c)는 개인차를 나타낸다. 문화에 대한 구조적 정의에서는 이 가운데 (b)의 측면만을 강조할 뿐, (a)와 (c)의 차이는 무시하는 경향이 있는 것이다.

인간의 실제 삶은 이 세 가지의 차이, 그중에서도 특히 (b)의 문화차와 (c)의 개인차에 근거해서 이루어지는 것이다. 그러나 대도시화와 세계화

230) Berry et al., 1992, p. 183.

231) Kluckhohn & Murray, 1948, p. 35.

로 인한 문화교류 양상의 확산으로 인해 개인중심성향이 증가하고 있는 상황에서 소속 문화가 개인의 실제 삶에 미치는 영향은 점차 작아질 수밖에 없는 것이 현재의 추세이다. 이러한 상황에서 문화교류 양상의 확산이 인간의 문화적 삶에 어떠한 효과를 미칠 것인지 하는 문제가 중요하게 대두될 수밖에 없다. 세계화로 인한 문화교류의 확산이 몰고 올 문화적 효과에 대한 논의는 '동질화(homogenization)·양극화(polarization)·혼융화(hybridization)'의 세 가지로 정리할 수 있다.[232]

여기서 '동질화' 명제는 세계화에 따라 전 세계의 문화가 서구 특히 미국 문화에 동화되어, 서구 문화 곧 미국 문화로 균질화될 것이라는 관점이다. 이러한 동질화 현상은 미국 기업이 전 세계 문화와 정보 산업을 장악함으로 말미암아 심화될 터인데, "미국의 문화 지배는 단순히 문화와 정보 산업을 장악하는 데 그치지 않고, 근대적 사회 조직의 특징에까지 확산됨으로 인해, 미국식 문화 관행이 영토적 경계를 넘어, 그리고 단순한 경제 영역을 넘어 삶의 모든 영역으로 확산되고 있다"[233]는 데서 단적으로 드러나고 있다. 전 세계 어디에서나 사람들은 청바지를 입고, 나이키 신발을 신으며, 코카콜라와 스타벅스 커피를 마시고, 맥도날드 햄버거를 먹으며, 미국 음악을 듣고, 미국 영화에 열광한다. 이렇게 세계화를 통해 전 세계 국가의 문화가 미국 문화로 수렴될 것이라고 보는 견해

232) 이 분류의 영어 원어는 Holton(1998, pp. 167-180)의 용어이다. 이를 강정인(2002, pp. 225-227)은 동질화·양극화·혼융화라고 번역하여 사용하고 있다. Nisbett(2003, pp. 219-229)은 사고양식의 동·서 차이가 겪게 될 미래상을 예측하면서, 똑같은 분류를 각각 서구화(westernization)·차이확산(continued divergence)·수렴(covergence)이라 표현하고 있다. 세계화로 인한 이러한 문화적 효과에 관한 논의는 졸저(조긍호, 2007a, pp. 453-465) 참조.

233) 강정인, 2002, p. 226.

가 동질화 명제인 것이다.

'양극화' 명제는 세계화가 진행되면서 서로 다른 문화 사이의 차이가 더욱 두드러져 양극화되고, 문명 사이의 갈등이 심화되어, 결국 문명 사이의 충돌로 이어질 것이라는 관점이다. 이러한 양극화 명제의 주창자들은 "국가 사이의 차이는 여전히 엄청나서, 미래에 발생하게 될 국제 사회의 갈등은 거의 대부분 과거처럼 경제적이거나 정치적인 문제 때문이 아니라, 문화적 차이에서 비롯될 것이라고 주장한다. 또한 이들은 이슬람, 동아시아(특히 중국) 및 서구는 전혀 다른 문화적 배경을 가지고 있으며, 동아시아의 경제 발전과 이슬람의 인구 증가로 말미암아 서구의 영향력은 상대적으로 쇠퇴할 것이라고 주장한다."[234] 이 견해의 주창자들은 동아시아 · 이슬람 및 서구라는 대표적 문명들이 가치관과 세계관에서 서로 좁혀질 수 없을 정도로 사이가 벌어져 있기 때문에, 세계화와 더불어 문화 간 차이가 더 심해질 것이라고 주장한다.[235]

'혼융화' 명제는 세계화가 진행되어 서로의 문화에 대해 잘 이해하게 됨으로 말미암아, 상대방 문화의 장점을 수용하여 자신들의 문화 내용과 결합함으로써, 문화의 혼융 현상이 나타날 것이라는 관점이다. 이 견해는 문화적 차이가 수렴되어, 동 · 서의 접근이 이루어질 것이라고 주장한다. 이러한 동 · 서의 접근은 "단순히 동아시아가 서구화되는 것에만 기초하여 이루어지는 것이 아니라, 서구도 동아시아화하여 사회구조와 가치관에서 동 · 서가 혼융(blending)을 이루는 것에 바탕을 두고 이루어지게 될 것"[236]이라고 혼융화론자들은 주장한다.

234) Nisbett, 2003, p. 222.

235) 예: Huntington, 1996/1997.

236) Nisbett, 2003, p. 224.

세계화로 인한 문화교류의 증가가 몰고 올 문화적 효과는 과연 이 세 가지 가운데 어느 쪽으로 기울어질 것인가? 1990년대 이후 수행된 많은 문화비교 연구들에서는 이 중 혼융화가 가장 가능성 있는 선택지라는 사실이 밝혀지고 있다.[237] 이러한 연구들을 몇 가지만 예로 들어 보기로 하자.

일본인과 일본계 캐나다인 및 유럽계 캐나다인에게 자기 독특성 지각 경향을 조사한 어떤 연구에서는 유럽계 캐나다인은 강한 허구적 독특성 지각 경향을 보이고 있으나, 일본인은 그러한 경향을 전혀 보이지 않음에 반해, 일본계 캐나다인은 이 두 집단의 중간적인 반응 경향을 보이고 있음이 밝혀졌다.[238] 이 연구에서 일본계 캐나다인은 자기의 원문화(집단주의적인 일본 문화)와 이주문화(개인주의적인 캐나다 문화)에 모두 익숙하므로 그 중간적인 반응 경향을 보이고 있는 것으로, 문화교류에 의한 문화혼융화의 경향을 보이고 있음을 시사하는 것이다.

같은 연구자들은 외국 여행 경험이 전혀 없는 일본인(집단 1), 외국(서구 국가) 여행 경험이 있는 일본인(집단 2), 최근 캐나다에 이민 온 아시아인(집단 3), 캐나다에 이민 온 지 몇 년 된 아시아인(집단 4), 아시아계 캐나다인 2세(집단 5), 아시아계 캐나다인 3세(집단 6), 유럽계 캐나다인(집단 7)의 일곱 집단(집단 1에서 집단 7로 갈수록 캐나다 문화와의 접촉 경험이 높아짐)에게 로젠버그의 '자기존중감 척도'를 실시하여, 각 집단의 자기존중감 수준을 비교해 보았다. 이 연구는 개인주의자들의 자기존중감 수준이 집단주의자들의 그것보다 높게 나타나는 현상을 검증하기 위한

237) Nisbett, 2003, pp. 224-229.

238) Heine & Lehman, 1997.

것이었는데, 이 연구에서는 집단 1에서 집단 7로 올라갈수록 자기존중감 수준이 거의 직선적으로 높아지고 있었다.[239] 이러한 결과는 다른 문화와의 접촉 경험이 늘어날수록 문화혼융화 현상이 나타남을 보여 주고 있는 것이다.

이 이외에도 홍콩인[240]이나 아시아계 미국인[241] 같이 이중문화 경험이 풍부한 사람에게 아시아적 경험을 상기시키는 그림을 보여 주면 아시아인 같이 반응하고, 서구적 경험을 상기시키는 그림을 보여 주면 서구인 같이 반응하는 경향이 있음이 발견되었다. 이를 점화 효과(priming effect)라 하는데, 이는 이중문화 경험자들이 일상적으로 경험하는 사건이다.

이러한 점화 효과는 딱히 홍콩인이나 이민자 같이 이중문화경험자에게서만 나타나는 것은 아니다. 대학생들에게 주어진 문장 내의 일인칭 단수단어들(I, me, mine)에 동그라미를 치게 하거나 일인칭 복수단어들(we, us, our)에 동그라미를 치게 하면, 각각 개인주의적이고 독립적인 지향을 갖거나 상호의존적이고 집단주의적인 지향을 갖게 되어, 전자는 '숨은 그림 찾기' 과제에서 장(場)독립적인 반응 패턴(개인주의 사회의 특징)을 보이고, 후자는 장의존적인 반응 패턴(집단주의 사회의 특징)을 보임이 밝혀졌다.[242] 이는 개인의 사회적 존재 양식이 사고방식과 밀접하게 관련되어 있다는 사실을 극적으로 보여 주는 것으로, 어떤 의미에서 현

---

239) Heine et al., 1999, p. 777의 Figure 3: 이 연구에서 흥미 있는 결과는 집단1과 집단 2 간에도 유의미한 차이가 나타나고 있다는 사실이었다. 이 두 집단의 차이는 단지 서구 국가에 여행한 경험이 있느냐의 여부였는데, 이는 단시간에 걸친 여행 경험도 타 문화에 대한 수용도를 높인다는 사실을 드러내는 결과이다.

240) Hong et al., 1997.

241) Peng & Knowles, 2003.

242) Kühnen & Oyserman, 2002. (Nisbett, 2003, pp. 228-229에서 재인용.)

대 세계에 살고 있는 사람은 누구나 어느 정도 이중문화적임을 드러내는 결과이다. 그리하여 사람들은 누구나 어떤 경우에는 동아시아인처럼 행동하고, 어떤 경우에는 서구인처럼 행동하는 것이다.

이러한 맥락에서 니스벳은 동아시아와 서구의 문화가 서로의 문화를 수용하여 중간의 어디쯤에서 수렴될 것이라는 혼융화 명제가 문화차의 미래에 대한 가장 타당한 견해라고 보고 있다. 그는 이러한 견해를 "마치 여러 재료들이 각각의 속성은 그대로 지니면서도 서로 어우러져 하나의 통일된 요리를 만들어 내듯이, 동아시아와 서구가 각각의 사회적 및 인지적 지향점을 유지하면서도 하나로 변형되어 혼융된 전체를 이루게 될 것"243)이라 표현하고 있다.

이러한 동아시아와 서구 문화의 혼융화가 바로 필자가 이 시리즈에서 계속 논의해 온 동 · 서 관점의 회통이 지향하는 바이다. 이렇게 동 · 서의 회통을 통해 동아시아 문화와 서구 문화가 혼융화하는 지점에서 구축될 심리학, 그것이 바로 필자가 지속적으로 꿈꾸어 온 그대로의 보편심리학이 될 수 있을 것이다.

앞에서 동아시아인은 아직까지도 강한 마음의 유교적 습성들을 간직하고 있어서, 삶의 실제 과정에서 서구인과 다양한 차이를 보인다는 사실을 살펴보았다. 그러나 세계화와 정보화의 확산으로 인해 동아시아인이나 서구인이나, 특히 젊은 세대들은 타 문화의 내용에 대한 이해가 상당한 정도로 깊어져 있어서, 어느 정도 문화이중자가 되어 있음도 살펴보았다. 앞에서 논의한 문화비교에 관한 연구 결과들에 따르면, 이러한 문화

243) Nisbett, 2003, p. 229.

이중성은 동 · 서 문화의 혼융화의 방향으로 통합될 가능성이 가장 크다.

이 마지막 장의 2절에서는 바로 이러한 동 · 서의 회통(會通)이 가능한 몇 가지 예시들을 살펴보았다. 이들은 문화와 자기 관련 연구의 예에서 드러나듯 '연구 태도의 중립화와 통합'의 가능성, 문화와 동기 연구에서 드러나듯 '기존 연구 내용의 이론적 확장'의 가능성, 이상적 인간형과 정신건강 연구에서 드러나듯 '연구 관점의 보완과 통합'의 가능성, 지-행 합일의 문제에서 드러나듯 '객관적 연구 방법의 도입과 세련화'의 가능성, 그리고 도덕성의 본유성과 통합성 연구에서 드러나듯 '새로운 연구 문제 발굴'의 가능성 들이었다. 이러한 동 · 서의 관점과 내용 및 방법론의 회통을 통해 서구심리학의 개체중심적 · 이성중심적 · 안정중심적 연구와 동아시아 유학심리학의 사회지향적 · 덕성지향적 · 가변성지향적 연구가 글자 그대로의 보편심리학으로 통합될 수 있을 것이라는 주장이 필자가 이 '유학심리학의 체계' 시리즈를 통해 줄기차게 추구해 온 바이다.

참고문헌

유학경전 관련 자료

大東文化研究院 刊 (1971). 栗谷全書 (1~2권). 서울: 성균관대학교출판부.
大東文化研究院 刊 (1971). 退溪全書 (1~5권). 서울: 성균관대학교출판부.
民族文化推進會 編 (1976). 국역 퇴계집 (수정판). 서울: 경인문화사.
民族文化推進會 編 (1997). 국역 율곡집 (중판). 서울: 솔.
服部宇之吉 編 (1889). 漢文大系 卷一 (四書). 東京: 富山房. 1972.
服部宇之吉 編 (1893). 漢文大系 卷十五 (荀子). 東京: 富山房. 1972.
成百曉 譯註 (1997). 論語集註. 서울: 傳統文化研究會.
成百曉 譯註 (1998). 大學・中庸集註. 서울: 傳統文化研究會.
成百曉 譯註 (1999). 孟子集註. 서울: 傳統文化研究會.
楊倞. 荀子注. (服部宇之吉 編, 漢文大系 卷十五. 東京: 富山房. 1972.)
王夢鷗 註譯 (1969). 禮記今註今譯. 臺北: 臺灣商務印書館.
王先謙. 荀子集解. (服部宇之吉 編, 漢文大系 卷十五. 東京: 富山房. 1972.)
李相玉 譯著 (1993). 禮記 (上・中・下). 서울: 명문당.
李珥. 小學集註. (成百曉 역주. 小學集註. 서울: 전통문화연구회. 1993.)
張基槿 譯 (1980). 孟子新譯. 서울: 汎潮社.
鄭長澈 譯解 (1992). 荀子 (惠園東洋古典 19). 서울: 惠園出版社.
趙岐. 孟子章句. (服部宇之吉 編, 漢文大系 卷一. 東京: 富山房. 1972.)
朱熹. 論語集註. (京城書籍組合 編, 原本備旨 論語集註. 서울: 太山文化社. 1984.)
朱熹. 孟子集註. (京城書籍組合 編, 原本備旨 孟子集註. 서울: 太山文化社. 1984.)
朱熹. 大學集註. (京城書籍組合 編, 原本備旨 大學・中庸. 서울: 太山文化社. 1984.)
朱熹. 中庸集註. (京城書籍組合 編, 原本備旨 大學・中庸. 서울: 太山文化社. 1984.)

朱熹 · 劉淸之. 小學. 윤호창 역 (2009). 小學. 서울: 홍익출판사.
焦循. 孟子正義. (服部宇之吉 編, 漢文大系 卷一. 東京: 富山房. 1972.)
何晏. 論語集解. (服部宇之吉 編, 漢文大系 卷一. 東京: 富山房. 1972.)

Harvard-Yenching Institute (1940). 論語引得. HYI Sinological Index Series, Supplement 16. Cambridge, MA: Harvard University Press.
Harvard-Yenching Institute (1940). 孟子引得. HYI Sinological Index Series, Supplement 17. Cambridge, MA: Harvard University Press.
Harvard-Yenching Institute (1950). 荀子引得. HYI Sinological Index Series, Supplement 22. Cambridge, MA: Harvard University Press.

심리학 및 기타 관련 자료

강정인 (2002). 세계화 · 정보화와 동아문명의 정체성: 서구중심주의와 아시아적 가치. 한국정치외교사논총, 24(2), 211-238.
고병익 (1996). 동아시아의 전통과 변용. 서울: 문학과 지성사.
권덕주 (1998). 대학 해제. 김시준 역해, 대학 · 중용 (혜원동양고전 3, pp. 8-35). 서울: 혜원출판사.
금장태 (2001). 『聖學十圖』와 퇴계 철학의 구조. 서울: 서울대학교출판부.
길희성 (1998). 철학과 철학사: 해석학적 동양철학의 길. 한국철학회 1998년도 춘계 학술 발표회 주제 논문.
김광억 (1998). 동아시아 담론의 문화적 의미. 정신문화연구, 21권 1호 (통권 70호), 3-25.
김근영 (2014). 사회적 참조. 서강대학교, 미간행 원고.
김성태 (1976). 성숙인격론. 서울: 고려대학교출판부.
김성태 (1984). 발달심리학 (전정판). 서울: 법문사.
김성태 (1989). 경과 주의 (증보판). 서울: 고려대학교출판부.
김승혜 (1990). 원시유교. 서울: 민음사.
김의철 (1997). 한국 청소년의 가치체계. 한국정신문화연구원 편, 한국 청소년 문화: 심리-사회적 형성요인. 경기: 한국정신문화연구원.

김진 (2013). 콜버그의 도덕발달. 울산: 울산대학교출판부.

김호권 (1969). 도덕성의 발달과 교육. 정원식 편, 정의의 교육 (pp. 211-234). 서울: 배영사.

나은영 · 민경환 (1998). 한국문화의 이중성과 세대차의 근원에 관한 이론적 고찰 및 기존 자료 재해석. 한국심리학회지: 사회문제, 4(1), 75-93.

나은영 · 차재호 (1999). 1970년대와 1990년대 간의 한국인의 가치관 변화와 세대차 증감. 한국심리학회지: 사회 및 성격, 13(2), 37-60.

노명식 (1991). 자유주의의 원리와 역사: 그 비판적 연구. 서울: 민음사.

다카하시 노부오 (高橋伸生) (2004). 성과주의의 허상. 정경진 역 (2007). 서울: 오즈컨설팅.

牟宗三 (1979). 名家與荀子. 臺北: 學生書局.

蒙培元 (1990). 中國心性論. 臺北: 學生書局. 이상선 역 (1996). 중국심성론. 서울: 법인문화사.

민경환 (2002). 성격심리학. 서울: 법문사.

박동천 (2002). 아시아적 가치라는 개념. 서강대학교 사회과학연구소 편, 세계화 · 정보화와 동아문명의 미래 (pp. 61-73). 2002년 서강대학교 사회과학연구소 연구 성과 발표회 자료집.

박재주 (2003). 서양의 도덕교육 사상: 소크라테스에서 레비나스까지. 서울: 청계.

박혜경 (2011). 허위 독특성 편향의 문화차: 문화와 자기고양에 대한 재고. 한국심리학회지: 사회 및 성격, 25(2), 127-142.

小島毅 (2004). 朱子學と陽明學. 東京: 放送大學出版會. 신현승 역 (2004). 사대부의 시대: 주자학과 양명학 새롭게 읽기. 서울: 동아시아.

신동은 (2002). 소학의 실천교육 원리와 현대적 의의. 연세대학교, 미간행 박사학위논문.

윤사순 (1992). 머리말: 민족과 사상. 민족과 사상 연구회 편, 사단칠정론: 민족과 사상 1 (pp. 5-9). 서울: 서광사.

윤사순 (1997). 한국 유학 사상사론. 서울: 예문서원.

윤이흠 · 박무익 · 허남린 (1985). 종교인구조사의 방법론 개발과 한국인의 종교성향. 장병길 교수 은퇴기념논총 발간위원회 편, 한국 종교의 이해 (pp.

343−371). 서울: 집문당.
이광세 (1998). 동양과 서양: 두 지평선의 융합. 서울: 길.
이부영 (2002). 자기와 자기실현: 하나의 경지, 하나가 되는 길 (분석심리학의 탐구 3). 서울: 한길사.
이상익 (2001). 유가 사회철학 연구. 서울: 심산문화.
이수원 (1984). 한국인의 인간관계 구조와 정. 교육논총 (한양대학교 교육문제연구소), 1, 95~125.
이승환 (1999). "아시아적 가치"의 담론학적 분석. 이승환 외, 아시아적 가치 (pp. 313−336). 서울: 전통과 현대.
이승환 (2000). "아시아적 가치" 논쟁과 유교 문화의 미래. 퇴계학, 11, 197−226.
이진숙 (1960/1993). 프로이드. 서울: 중앙적성출판부.
장성수 (1987). 집단응집성이 분배원칙 선호에 미치는 영향. 서울대학교, 미간행 박사학위논문.
장성수 · 이수원 · 정진곤 (1990). 한국인의 인간관계에 나타난 분배정의에 관한 연구. 교육논총 (한양대학교 교육문제연구소), 3, 217−265.
전제국 (1999). "아시아적 가치" 관련 동서 논쟁의 재조명. 한국과 국제정치 (극동문제연구소), 15권 1호 (봄 · 여름), 187−219.
정양은 (1970). 감정론의 비교연구: 사회적 감정을 중심으로. 한국심리학회지, 1(3), 77−90. (정양은 편, 이인 정양은 선생 심리학논문집. pp. 185−201. 두륜회. 2005b.)
정양은 (1976). 심리구조이론의 동 · 서 비교. 한국심리학회지, 2(2), 68−79. (정양은 편, 이인 정양은 선생 심리학논문집. pp. 202−213. 두륜회. 2005b.)
정양은 (1986). 심리적 사실에 관한 동서 비교. 사회심리학 연구, 3(1), 1−16. (정양은 편, 이인 정양은 선생 심리학논문집. pp. 214−224. 두륜회. 2005b.)
정영숙 (1994). 어머니에 대한 배려가 자기통제에 미치는 효과. 서울대학교, 미간행 박사학위논문.
정영숙 (1995). 두 유형의 사회적 기대가 자기통제에 미치는 효과. 한국심리학회지: 사회, 9(1), 85−97.
정옥분 · 곽경화 (2003). 배려지향적 도덕성과 정의지향적 도덕성. 서울: 집문당.

조긍호 (1993). 대인평가의 문화간 차이: 대인평가 이원모형의 확대 시론. 한국심리학회지: 사회, 7(1), 124-149.

조긍호 (1995). 순자에 나타난 심리학적 함의 (II): 인성론을 중심으로. 한국심리학회지: 사회, 9(1), 1-25.

조긍호 (1996a). 문화유형과 타인이해 양상의 차이. 한국심리학회지: 일반, 15(1), 104-139.

조긍호 (1996b). 삶의 질과 주관적 안녕: 비교 문화적 고찰. 사회과학연구 (서강대학교 사회과학연구소), 5, 229-283.

조긍호 (1997). 문화유형과 정서의 차이: 한국인의 정서 이해를 위한 시론. 심리과학 (서울대학교 심리과학연구소), 6(2), 1-43.

조긍호 (1998). 유학심리학: 맹자 · 순자 편. 서울: 나남출판.

조긍호 (1999a). 문화유형에 따른 동기의 차이. 한국심리학회지: 사회 및 성격, 13(2), 233-273.

조긍호 (1999b). 선진유학에서 도출되는 심리학의 문제. 최상진 · 윤호균 · 한덕웅 · 조긍호 · 이수원. 동양심리학: 서구심리학에 대한 대안 모색 (pp. 31-161). 서울: 지식산업사.

조긍호 (2000). 문화유형과 동기의 차이: 한국인의 동기 이해를 위한 시론. 한국심리학회지: 사회 및 성격, 14(2), 83-122.

조긍호 (2002). 문화성향과 허구적 독특성 지각 경향. 한국심리학회지: 사회 및 성격, 16(1), 91-111.

조긍호 (2003). 한국인 이해의 개념틀. 서울: 나남출판.

조긍호 (2006). 이상적 인간형론의 동 · 서 비교: 새로운 심리학의 가능성 탐색 Ⅰ. 서울: 지식산업사.

조긍호 (2007a). 동아시아 집단주의의 유학사상적 배경: 심리학적 접근. 서울: 지식산업사.

조긍호 (2007b). 동아시아 집단주의와 유학사상: 그 관련성의 심리학적 탐색. 한국심리학회지: 사회 및 성격, 21(4), 21-53.

조긍호 (2008). 선진유학사상의 심리학적 함의. 서울: 서강대학교출판부.

조긍호 (2012). 사회관계론의 동 · 서 비교: 새로운 심리학의 가능성 탐색 Ⅱ. 서

울: 서강대학교출판부.

조긍호 (2017a). 유학심리학의 체계 I: 유학사상과 인간 심리의 기본구성체. 서울: 서강대학교출판부.

조긍호 (2017b). 심리구성체론의 동·서 비교: 새로운 심리학의 가능성 탐색 III – 도덕심리학의 새 지평. 서울: 서강대학교출판부.

조긍호 (2019). 문화, 유학사상, 그리고 심리학. 서울: 학지사.

조긍호 (2021a). 유학심리학의 체계 II: 사회적 존재로서의 인간의 삶. 서울: 학지사.

조긍호 (2021b). 자기발전론의 동·서 비교: 새로운 심리학의 가능성 탐색 IV. 서울: 서강대학교출판부.

조긍호·강정인 (2012). 사회계약론 연구. 서울: 서강대학교출판부.

조은경 (1994). 사회심리학의 최근 동향: 동기와 정서의 복귀. 한국심리학회 편, 심리학 연구의 최근 동향: '94 (pp. 39–82). 서울: 한국심리학회.

조은경 (1995). 정서적 균형과 삶의 질. 한국심리학회 편, 삶의 질의 심리학 (pp. 25–43). 서울: 한국심리학회.

차재호·정지원 (1993). 현대 한국 사회에서의 집합주의. 한국심리학회지: 사회, 7(1), 150–163.

蔡錦昌 (1989). 荀子思想之本色. 臺北: 唐山出版社.

蔡仁厚 (1984). 孔孟荀哲學. 臺北: 學生書局.

최영진 (2000). 90년대 한국사회의 유교담론 분석. 성균관대학교 유학·동양학부 편, 동아시아의 유교문화와 미래적 전망 (pp. 20–32). 서울: 성균관대학교 유학·동양학부.

馮友蘭 (1948). *A short history of Chinese philosophy*. 臺北: 雙葉書店. 정인재 역 (1977). 중국철학사. 서울: 형설출판사.

한국갤럽조사연구소 (1985). 한국과 세계 청소년의 의식. 서울: 한국갤럽조사연구소.

한규석·신수진 (1999). 한국인의 선호가치 변화: 수직적 집단주의에서 수평적 개인주의로. 한국심리학회지: 사회 및 성격, 13(2), 293–310.

한덕웅 (1994). 퇴계심리학. 서울: 성균관대학교출판부.

한덕웅 (1999). 한국 유학의 심리학. 최상진·윤호균·한덕웅·조긍호·이수원. 동양심리학 (pp. 163–286). 서울: 지식산업사.

한덕웅 (2000). 대인관계에서 4단7정 정서의 경험. 한국심리학회지: 사회 및 성격, 14(2), 145–166.

한덕웅 (2003). 한국유학심리학: 한국유학의 심리학설과 유교문화에 관한 심리학적 접근. 서울: 시그마프레스.

함재봉 (2000). 유교 · 자본주의 · 민주주의. 서울: 전통과 현대.

홍숙기 (1994). 일과 사랑의 심리학. 서울: 나남.

홍숙기 (2004). 성격심리 (상, 수정판). 서울: 박영사.

홍숙기 (2005). 성격심리 (하, 개정판). 서울: 박영사.

黃公偉 (1974). 孔孟荀哲學證義. 臺北: 幼獅書店.

Adamopoulos, J., & Bontempo, R. (1984). A note on the relationship between socialization practice and artistic preference. *Cross-Cultural Psychology Bulletin, 18*, 4–7.

Aiello, L. C., Bates, N., & Joffe, T. (2001). In defence of the expensive tissue hypothesis. *Evolutionary anatomy of the primate cerebral cortex* (pp. 57–78). Cambridge, UK: Cambridge University Press.

Allport, G. W. (1935). Attitudes. In C. Murchinson (Ed.), *A handbook of social psychology* (pp. 798–844). Worchester, MA: Clark University Press.

Allport, G. W. (1943). The ego in contemporary psychology. *Psychological Review, 50*, 451–478.

Allport, G. W. (1968). The historical background of modern social psychology. In G. Lindzey & E. Aronson (Eds.), *The handbook of social psychology* (2nd ed., Vol. 1, pp. 1–80). Reading, MA: Addison-Wesley.

Arndt, J., Greenberg, J., Solomon, S., Pyszczynski, T., & Simon, L. (1997). Suppression, accessibility of death-related thoughts and cultural worldview defense: Exploring the psychodynamics of terror management. *Journal of Personality and Social Psychology, 73*, 5–18.

Aron, A., & Aron, E. N. (1986). *Love and the expansion of self: Understanding attraction and satisfaction*. New York: Hemisphere.

Aronson, E. (1988). *Social animal* (2nd ed.). New York: Freeman. 윤진 · 최상진 역 (1990). 사회심리학. 서울: 탐구당.

Arrington, R. L. (1998). *Western ethics: An historical introduction*. Blackwell Publishers. 김성호 역 (2003). 서양 윤리학사. 경기: 서광사.

Ashmore, R. D., & Jussim, L. (1998). Toward a second century of the scientific analysis of self and identity. In R. Ashmore & L. Jussim (Eds.), *Self and identity: Fundamental issues*. New York: Oxford University Press.

Bakan, D. (1966). *The duality of human existence*. San Francisco, CA: Jossey-Bass.

Bandura, A. (1977). Self-efficacy: Toward a unifying theory of behavioral change. *Psychological Review, 84*, 191–215.

Bandura, A. (1986). *Social foundations of thought and action: A social cognitive theory*. Englewood Cliffs, NJ: Prentice-Hall.

Bandura, A. (1997). *Self-efficacy: The exercise of control*. New York: Freeman.

Bard, P. (1934). On emotional expression after decortication with some remarks on certain theoretical views. *Psychological Review, 41*, 309–329.

Baron, R. A., & Byrne, D. (1997). *Social psychology* (8th ed.). Boston, MA: Allyn & Bacon.

Batson, C. D. (2010). Empathy-induced altruistic motivation. In M. Mikulincer & P. R. Shaver (Eds.), *Prosocial motives, emotions, and behavior: The better angels of our nature* (pp. 15–34). Washington, DC: American Psychological Association.

Batson, C. D., Dyck, J. L., Brandt, J. R., Batson, J. G., Powell, A. L., McMaster, M. R., & Griffitt, C. (1988). Five studies testing two new egoistic alternatives to the empathy-altruism hypothesis. *Journal of Personality and Social Psychology, 55*, 52–77.

Batson, C. D., & Ventis, W. L. (1982). *The religious experience: A social-psychological perspective.* New York: Oxford University Press.

Baumeister, R. F. (1998). The self. In D. T. Gilbert, S. T. Fiske, & G. Lindzey (Eds.), *The handbook of social psychology* (4th ed., Vol. 1, pp. 680–740). Boston, MA: McGraw-Hill.

Baumeister, R. F., & Leary, M. R. (1995). The need to belong: Desire for interpersonal attachments as a fundamental human motivation. *Psychological Bulletin, 117*, 497–529.

Baumeister, R. F., Tice, D. M., & Hutton, D. G. (1989). Self-presentational motivations and personality differences in self-esteem. *Journal of Personality, 57*, 547–579.

Bem, D. J. (1967). Self-perception: An alternative interpretation of cognitive dissonance phenomena. *Psychological Review, 74*, 183–200.

Bem, D. J. (1972). Self-perception theory. In L. Berkowitz (Ed.), *Advances in experimental social psychology* (Vol. 6, pp. 1–62). New York: Academic Press.

Berry, J. W., Poortinga, Y. H., Segall, M. H., & Dasen, P. R. (1992). *Cross-cultural psychology: Research and applications.* New York: Cambridge University Press.

Bond, M. H. (1994). Into the heart of collectivism: A personal and scientific journey. In U. Kim, H. C. Triandis, C, Kagitcibasi, S. C. Choi, & G. Yoon (Eds.), *Individualism and collectivism: Theory, method, and applications* (pp. 66–76). Thousand Oaks, CA: Sage.

Bond, M. H., Leung, K., & Wan, K. C. (1982). The social impact of self-effacing attributions: The Chinese case. *Journal of Social Psychology, 118*, 157–166.

Bond, M. H., & Smith, P. B. (1996). Culture and conformity: A meta-analysis of studies using Asch's (1952b, 1956) line judgement task. *Psychological Bulletin, 119*, 111–131.

Bordt, M. (1999). *Platon*. Freiburg: Verlag Herder. 한석환 역 (2003). 철학자 플라톤. 서울: 이학사.

Brehm, S. S. (1992). *Intimate relationship* (2nd ed.). New York: McGraw-Hill.

Brewer, M. B., & Gardner, W. (1996). Who is this "we"? Levels of collective identity and self representations. *Journal of Personality and Social Psychology, 71*, 83–93.

Brown, J. D. (1998). *The self*. Boston, MA: McGraw-Hill.

Burns, E. M., Lerner, R. E., & Meacham, S. (1984). *Western civilizations* (10th ed.). New York: Norton. 박상익 역 (2003). 서양문명의 역사 I~IV. 서울: 소나무.

Buss, D. (2012). *Evolutionary psychology: The new science of the mind* (4th ed.). Pearson Education, Inc. 이충호 역 (2012). 진화심리학: 마음과 행동을 탐구하는 새로운 과학. 서울: 웅진지식하우스.

Buss, D. M., & Kenrick, D. T. (1998). Evolutionary social psychology. In D. T. Gilbert, S. T. Fiske, & G. Lindzey (Eds.), *The handbook of social psychology* (4th ed., Vol. 2, pp. 982–1026). Boston, MA: McGraw-Hill.

Cannon, W. B. (1927). The James-Lange theory of emotion. *American Journal of Psychology, 39*, 106–124.

Chang, E., & Hahn, J. (2006). Does pay-for-performance enhance perceived distributive justice for collective employees? *Personnel Review, 35*, 397–412.

Chinese Culture Connection (1987). Chinese values and the search for culture-free dimensions of culture. *Journal of Cross-Cultural Psychology, 18*, 143–164.

Costa, P. T., Jr., & McCrae, R. R. (1992). *NEO–PI–R professional manual*. Odessa, FL: Psychological Assessment Resources.

Cronin, H. (1991). *The ant and the peacock: Altruism and sexual selection from Darwin to today*. Cambridge, UK: Cambridge University Press. 홍승효 역 (2016). 개미와 공작: 협동과 성의 진화를 둘러싼 다윈주의 최대의 논쟁. 서울: 사이언스북스.

Csikszentmihalyi, M. (1990). *Flow: The psychology of optimal experience*. New York: Harper Perenial.

Csikszentmihalyi, M. (1997). *Finding Flow*. New York: Brokman, Inc. 이희재 역 (2003). 몰입의 즐거움. 서울: 해냄.

Damasio, A. R. (1994). *Descartes' error: Emotion, reason, and the human brain*. New York: G. P. Putnam.

Damasio, A. R. (1999). *The feeling of what happens*. New York: Harcourt Brace.

Darwin, C. (1859). *On the origin of the species*. London: Murray.

Darwin, C. (1872). *The expression of the emotions in man and animals* (3rd ed.). New York: Oxford University Press. 최원재 역 (1999). 인간과 동물의 감정표현에 대하여. 서울: 서해문집.

de Bary, Wm. T. (1983). *The liberal tradition in China*. Hong Kong: The Chinese University of Hong Kong Press. 표정훈 역 (1998). 중국의 '자유' 전통. 서울: 이산.

Deci, E. L. (1971). The effects of externally mediated rewards on intrinsic motivation. *Journal of Personality and Social Psychology, 18*, 105–115.

Deci, E. L. (1975). *Intrinsic motivation*. New York: Plenum.

Deci, E. L., & Ryan, R. M. (1985). *Intrinsic motivation and self-determination in human behavior*. New York: Plenum.

Detre, J. A., & Floyd, T. F. (2001). Functional MRI and its applications to the clinical neurosciences. *Neuroscientist, 7*, 64–79.

Deutsch, M. (1974). *Awakening the sense of injustice: Myth, reality and ideal*. Toronto: Holt, Rinehart & Winston.

Deutsch, M. (1975). Equity, equality and need: What determines which value will be used as the basis of distributive justice? *Journal of Social Issues, 31*, 137–149.

de Waal, F. (2007). With the little help from a friend. *PLoS Biology, 5*, 1405–1408.

Diener, E., & Diener, M. (1995). Cross-cultural correlates of life satisfaction and self-esteem. *Journal of Personalty and Social Psychology, 68*, 653–663.

Diener, E., & Larsen, R. J. (1993). The experience of emotional well-being. In M. Lewis & J. M. Haviland (Eds.), *Handbook of emotion* (pp. 405–415). New York: Guilford.

Duffy, E. (1962). *Activation and behavior*. New York: Wiley.

Dunbar, R. I. (1992). Neocortex size as a constraint on group size in primates. *Journal of Human Evolution, 22*, 469–493.

Dunbar, R. I. (1993). Coevolution of neocortex size, group size and language in humans. *Behavioral and Brain Sciences, 16*, 681–735.

Dunbar, R. I. (1998). The social brain hypothesis. *Evolutionary Anthropology, 6*, 178–190.

Dunbar, R. I. (2008). Mind the gap: or why humans aren't just great apes. *Proceedings of the British Academy, 154*, 403–423.

Dunbar, R. I. (2011). Evolutionary basis of the social brain. In J. Docety & J. Cacioppo (Eds.), *Oxford handbook of social neuroscience* (pp. 28–38). Oxford, UK: Oxford University Press.

Dunbar, R. I. (2014). *Human evolution*. London: Penguin Books. 김학영 역 (2015). 멸종하거나 진화하거나. 서울: 반니.

Eisenberg, N., Fabes, R. A., & Spinard, T. L. (2006). Prosocial development. In W. Damon & R. M. Lerner (Series Eds.) & N. Eisenberg (Vol. Ed.), *Handbook of child psychology: Social, emotional, and personality development* (6th ed., Vol. 3., pp. 646–718). New York: John Wiley

& Sons.

Emerson, R. M. (1992). Social exchange theory. In M. Rosenberg & R. H. Turner (Eds.), *Social psychology: Sociological perspectives* (pp. 30–65). New Brunswick, NJ: Transaction Publishers.

Erez, M. (1997). A culture-based model of work motivation. In P. C. Early & M. Erez (Eds.), *New perspectives on international industrial/organizational psychology* (pp. 293–242). San Francisco, CA: The New Lexingron Press.

Erikson, E. H. (1959). Growth and crisis on the healthy personality. *Psychological Issues, 1*, 50–100.

Erikson, E. H. (1963). *Childhood and society* (2nd ed.). New York: Norton. 윤진 · 김인경 역(1988). 아동기와 사회: 인간발달 8단계 이론. 서울: 중앙적성출판사.

Fabrigar, L. R., & Wegener, D. T. (2010). Attitude structure. In R. F. Baumeister & E. J. Finkel (Eds.), *Advanced social psychology: The state of the science* (pp. 177–216). New York: Oxford University Press.

Festinger, L. (1957). *A theory of cognitive dissonance*. Stanford, CA: Stanford University Press.

Festinger, L., & Carlsmith, J. M. (1959). Cognitive consequences of forced compliance. *Journal of Abnormal and Social Psychology, 58*, 203–210.

Fisher, R., & Smith, P. B. (2003). Reward allocation and culture: A meta-analysis. *Journal of Cross-Cultural Psychology, 34*, 251–268.

Fiske, A. P., Kitayama, S., Markus, H. R., & Nisbett, R. E. (1998). The cultural matrix of social psychology. In D. T. Gilbert, S. T. Fiske, & G. Lindzey (Eds.), *The handbook of social psychology* (4th ed., Vol. 2, pp. 915–981). Boston, MA: McGraw-Hill.

Fiske, S. T. (1993). Social cognition and social perception. *Annual Review of*

Psychology, 44, 155–194.

Fiske, S. T., & Taylor, S. E. (1991). *Social cognition* (2nd ed.). New York: McGraw-Hill.

Franken, P. E. (1998). *Human motivation* (4th ed.). Pacific Grove, CA: Brooks/Cole.

Freud, S. (1920). *A general introduction to psychoanalysis*. New York: Washington Square Press. (Trans. by J. Riviere in 1965.)

Freud, S. (1933). *New introductory lectures on psychoanalysis*. New York: Washington Square Press. (Trans. by W. J. H. Sproutt.)

Gamble, C., Gowlett, J., & Dunbar, R. (2014). *Thinking big: How the evolution of social life shaped the human mind*. London, UK: Thames & Hudson Ltd. 이달리 역 (2016). 사회성: 두뇌 진화의 비밀을 푸는 열쇠. 서울: 처음북스.

Geen, R. G. (1991). Social motivation. *Annual Review of Psychology, 42*, 377–399.

Geen, R. G. (1995a). *Human motivation: A social psychological approach*. Pacific Grove, CA: Brooks/Cole.

Geen, R. G. (1995b). Social motivation. In B. Parkinson & A. M. Colman (Eds.), *Emotion and motivation* (pp. 38–57). London: Longman.

Geen, R. G., & Shea, J. D. (1997). Social motivation and culture. In D. Munro, J. F. Schumaker, & S. T. Carr (Eds.), *Motivation and culture* (pp. 33–48). New York: Routledge.

Gergen, K. J., Greenberg, M. S., & Willis, R. H. (1980). Introduction. In K. J. Gergen, M. S. Greenberg, & R. H. Willis (Eds.), *Social exchange: Advances in theory and research* (pp. vii–xi). New York: Plenum.

Gerhart, B., & Milkovich, G. T. (1992). Employee compensation: Research and practice. In M. D. Dunnette & L. M. Hough (Eds.), *Handbook of industrial and organizational psychology* (2nd ed., Vol. 3, pp. 481–570). Palo Alto, CA: Consulting Psychologists Press.

Gilbert, D. T., Fiske, S. T., & Lindzey, G. (Eds.), (1998). *The handbook of social psychology* (4th ed.). Boston, MA: McGraw-Hill.

Gilligan, C. (1982). *In a different voice: Psychological theory and woman's development.* Cambridge, MA: Harvard University Press.

Goethals, G. R., Messick, D. M., & Allison, S. T. (1991). The uniqueness bias: Studies of constructive social comparison. In J. Suls & T. A. Wills (Eds.), *Social comparison: Contemporary theory and research.* Hillsdale, NJ: Erlbaum.

Goldberg, L. R. (1990). An alternative "description of personality": The big five factor structure. *Journal of Personality and Social Psychology, 59*, 1216–1229.

Graham, J., Haidt, J., Koleva, S., Motyl, M., Iyer, R., Wojcik, S. P., & Ditto, P. H. (2012). Moral foundation theory: The pragmatic validity of moral pluralism. *Advances in Experimental Social Psychology, 47*, 55–130.

Graham, J., Haidt, J., & Nosek, B. A. (2009). Liberals and conservatives rely on different sets of moral foundations. *Journal of Personality and Social Psychology, 96*, 1029–1046.

Greenberg, J., & Cohen, R. L. (1982). Why justice?: Normative and instrumental interpretations. In J. Greenberg & R. L. Cohen (Eds.), *Equity and justice in social behavior* (pp. 437–469). New York: Academic Press.

Greenberg, J., Pyszczynski, T., & Solomon, S. (1986). The causes and consequences of a need for self-esteem: A terror management theory. In R. F. Baumeister (Ed.), *Public self and private self* (pp. 189–212). New York: Springer.

Greenberg, J., Pyszczynski, T., Solomon, S., Rosenblatt, A., Veeder, M., Kirkland, S., & Lyon, D. (1990). Evidence for terror management theory II: The effects of mortality salience on reactions to those who threaten or bolster the cultural worldview. *Journal of Personality and*

Social Psychology, 58, 308–318.

Gudykunst, W. B. (Ed.), (1993). *Communication in Japan and the United States*. Albany, NY: State University of New York Press.

Guthrie, W. K. C. (1960). *The Greek philosophers: From Thales to Aristotle*. New York: Harper & Row. 박종현 역 (2003). 희랍 철학 입문: 탈레스에서 아리스토텔레스까지. 서울: 서광사.

Haidt, J. (2001). The emotional dog and its rational tail: A social intutionist approach to moral judgment. *Psychological Review, 108*, 814–834.

Haidt, J. (2007). The new synthesis in moral psychology. *Science, 316*, 998–1002.

Haidt, J. (2012). *The righteous mind: Why good people are devided by politics and religion*. New York: Pantheon Books. 왕수민 역 (2014). 바른 마음: 나의 옳음과 그들의 옳음은 왜 다른가. 서울: 웅진지식하우스.

Haidt, J., & Bjorkland, F. (2008). Social intuitionist answer six questions about social psychology. In W. Sinnott-Armstrong (Ed.), *Moral psychology: The cognitive science of morality* (Vol 2, pp. 181–217). Cambridge, MA: The MIT Press.

Haidt, J., & Graham, J. (2007). When morality opposes justice: Conservatives have moral intuitions that liberals may not recognize. *Social Justice Research, 20*, 98–116.

Haidt, J., & Joseph, C. (2004). Intuitive ethics: How innately prepared intuitions generate culturally variable virtues. *Daedalus*, fall, 55–66.

Haidt, J., & Joseph, C. (2007). The moral mind: How 5 sets of innate moral intuitions guide the development of many culture-specific virtues, and perhaps even modules. In P. Carruthers, S. Laurence, & S. Stich (Eds.), *The innate mind* (Vol. 3, pp. 367–391). New York: Oxford.

Haidt, J., & Kesebir, S. (2010). Morality. In S. T. Fiske, D. Gilbert, & G. Lindsey (Eds.), *Handbook of social psychology* (5rh ed., Vol. 2, pp. 797–832). Hoboken, NJ: John Wiley & Sons.

Haidt, J., Koller, S. H., & Dias, M. G. (1993). Affect, culture, and morality, or is it wrong to eat your dog? *Journal of Personality and Social Psychology, 65*, 613–628.

Hall, C. S., & Lindzey, G. (1978). *Theories of personality* (3rd ed.). New York: Wiley. 이상로 · 이관용 역 (1987). 성격의 이론. 서울: 중앙적성출판부.

Hamilton, W. D. (1964). The genetical evolution of social behavior, I ~ II. *Journal of Theoretical Biology, 7*, 1–52.

Hamlin, J. K. (2012). *When antisocial others are good: Data from 5-and 3-month-olds*. Unpublished manuscript, University of British Columbia.

Hamlin, J. K. (2013). Moral judgment and action in preverbal infants and toddlers: Evidence for innate moral core. *Current Directions in Psychological Science, 22*, 186–193.

Hamlin, J, K., & Wynn, K. (2011). Young infants prefer prosocial to antisocial others. *Cognitive Development, 26*, 30–39.

Hamlin, J. K., Wynn, K., & Bloom, P. (2007). Social evaluation by preverbal infants. *Nature, 450*, 557–559.

Hamlin, J. K., Wynn, K., & Bloom, P. (2010). Three-month-olds show a negativity bias in their social evaluations. *Developmental Science, 13*, 923–929.

Hamlin, J. K., Wynn, K., Bloom, P., & Mahajan, N. (2011). How infants and toddlers react to antisocial others. *Proceedings of the National Academy of Sciences, 108* (50), 19931–19936.

Hampden-Turner, C., & Trompenaars, A. (1993). *The seven cultures of capitalism: Value systems for creating wealth in the United States, Japan, Germany, France, Britain, Sweden, and the Netherlands*. New York: Doubleday.

Han, S. Y., & Ahn, C. Y. (1990). Collectivism and its relationships to age, education, mode of marriage, and living in Koreans. 한국심리학회지:

사회, 5(1), 116−128.

Harrė, R. (Ed.) (1986). *The social construction of emotions.* Oxford, UK: Blackwell.

He, W., Chen, C. C., & Zhang, L. H. (2004). Reward allocation preferences of Chinese employees in the new millenium: The effects of ownership reform, collectivism and goal priority. *Organization Science, 15,* 221−231.

Heine, S, J. (2012). *Cultural psychology* (2nd ed.). New York: W. W. Norton.

Heine, S. J., & Lehman, D. R. (1995). Cultural variation in unrealistic optimism: Does the West feel more invulnerable than the East? *Journal of Personality and Social Psychology, 68,* 595−607.

Heine, S. J., & Lehman, D. R. (1997). The cultural construction of self-enhancement: An examination of group-serving biases. *Journal of Personality and Social Psychology, 72,* 1268-1283.

Heine, S. J., Lehman, D. R., Markus, H. R., & Kitayama, S. (1999). Is there a universal need for positive self-regard? *Psychological Review, 106,* 766−794.

Herzberg, F. (1966). *Work and the nature of man.* London: Staples Press.

Herzberg, F., Mausner, B., & Synderman, B. B. (1959). *The motivation to work.* New York: Wiley.

Hilgard, E. R. (1980). The trilogy of mind: Cognition, affection, and conation. *Journal of the History of the Behavioral Sciences, 16,* 107−117.

Hill, R. A., & Dunbar, R. I. (1998). An evaluation of the roles of predation rate and predation risk as selective pressures on primate grouping behavior. *Behavior, 135,* 411−430.

Hjelle, L. A., & Ziegler, D. J. (1981). *Personality theories: Basic assumption, research, and applications* (2nd ed.). New York: MaGraw-Hill. 이훈구 역 (1983). 성격심리학. 서울: 법문사.

Hofstede, G. (1980). *Culture's consequences: International differences in work-related values*. Beverly Hills, CA: Sage.

Hofstede, G. (1991). *Cultures and organizations: Software of the mind*. London: McGraw-Hill. 차재호 · 나은영 역 (1995). 세계의 문화와 조직. 서울: 학지사.

Holton, R. J. (1998). *Globalization and the nation-state*. London: Macmillan.

Homans, G. C. (1961). *Social behavior: Its elementary forms*. New York: Harcourt, Brace, Jovanovich.

Homans, G. C. (1974). *Social behavior: Its elementary forms* (rev. ed.). New York: Harcourt, Brace, Jovanovich.

Hong, Y., Chiu, C., & Kung, T. M. (1997). Bringing culture out in front: Effects of cultural meaning system activation on social cognition. In K. Leung, U. Kim, S. Yamaguchi, & Y. Kashiman (Eds.), *Progress in Asian social psychology* (Vol. 1, pp. 139–150). Singapore: Wiley.

Hong, Y., Morris, M. W., Chiu, C., & Benet-Martinez, V. (2000). Multicultural minds: A dynamic constructivist approach to culture and cognition. *American Psychologist, 55*, 705–720.

Huntington, S. P. (1996). *The clash of civilizations and the remaking of world order*. New York: Simon & Schuster. 이희재 역 (1997). 문명의 충돌. 서울: 김영사.

James, W. (1884). What is an emotion? *Mind, 9*, 188–205.

James, W. (1890). *The principles of psychology* (Vols. 1–2). New York: Dover. 정양은 역 (2005a). 심리학의 원리 1~3. 서울: 아카넷.

James, W. (1894). The physical basis of emotion. *Psychological Review, 1*, 516–529.

Jenkins, G. D., Jr., & Lawler, E. E. III. (1981). Impact of employee participation in pay plan development. *Organizational Behavior and Human Performance, 28*, 111–128.

Jex, S. M., & Britt, T. W. (2008). *Organizational psychology: A scientist-*

practitioner approach (2nd ed.). New York: John Wiley & Sons. 박영석 · 서용원 · 이주일 · 장재윤 역 (2011). 조직심리학. 서울: 시그마프레스.

Jones, E. E. (1998). Major developments in five decades of social psychology. In D. T. Gilbert, S. T. Fiske, & G. Lindzey (Eds.), *The handbook of social psychology* (4th ed., Vol. 1, pp. 3–57). Boston, MA: McGraw-Hill.

Jones, E. E., & Gerard, H. B. (1967). *Foundations of social psychology*. New York: Wiley.

Kagitcibasi, C. (1996). *Family and human development across cultures: A view from the other side*. Hillsdale, NJ: Erlbaum.

Kagitcibasi, C. (1997). Individualism and collectivism. In J. W. Berry, M. H. Segall, & C. Kagitcibasi (Eds.), *Handbook of cross-cultural psychology* (2nd ed., Vol. 3, pp. 1-49). Boston, MA: Allyn & Bacon.

Kalat, J. W., & Shiota, M. N. (2007). *Emotion*. Australia: Thomson. 민경환 · 이옥경 · 김지현 · 김민희 · 김수안 역 (2007). 정서심리학. 서울: 시그마프레스.

Kanagawa, C., Cross, S., & Markus, H. (2001). "Who am I?": The cultural psychology of the conceptual self. *Personality and Social Psychology Bulletin, 27*, 90–103.

Kelley, H. H. (1979). *Personal relationships: Their structure and processes*. Hillsdale, NJ: Erlbaum.

Kelley, H. H., & Thibaut, J. W. (1978). *Interpersonal relations: A theory of interdependence*. New York: Wiley.

Kitayama, S., Duffy, S., Kawamura, T., & Larsen, J. T. (2002). Perceiving an object in its context in different cultures: A cultural look at the New Look. *Psychological Science, 14*, 201–206.

Kitayama, S., & Markus, H. R. (1994). Introduction to cultural psychology and emotion research. In S. Kitayama & H. R. Markus (Eds.), *Emotion and culture: Empirical investigations of mutual influence* (pp. 1–19). Washington, DC: American Psychological Association.

Kitayama, S., & Markus, H. R. (1995). Construal of self as cultural frame: Implications for internationlizing psychology. In N. R. Goldberger & J. B. Veroff (Eds.), *The culture and psychology reader* (pp. 366–383). New York: New York University Press.

Kitayama, S., Markus, H. R., & Kurokawa, M. (1994). *Cultural views of self and emotional experience: Does the nature of good feelings depend on culture?* Unpublished manuscript, Kyoto University, Kyoto, Japan.

Kitayama, S., Markus, H. R., & Lieberman, C. (1995). The collective construction of self-esteem: Implications for culture, self and emotion. In J. Russel, J. Fernandez-Dols, T. Manstead, & J. Wellenkamp (Eds.), *Everyday conceptions of emotion: An introduction to the psychology, anthropology, and linguistics of emotions* (pp. 523–550). Dordrecht, Netherlands: Kluwer.

Kitayama, S., Markus, H. R., Matsumoto, H., & Norasakkunkit, V. (1997). Individual and collective processes of self-esteem management: Self-enhancement in the United States and self-criticism in Japan. *Journal of Personality and Social Psychology, 72*, 1245–1267.

Kluckhohn, C., & Murray, H. A. (1948). *Personality in nature, society and culture*. New York: Knoff.

Kohlberg, L. (1969). Stage and sequence: The cognitive-developmental approach to socialization. In D. A. Goslin (Ed.), *Handbook of socialization theory and research* (pp. 347–480). Chicago, IL: Rand McNally.

Kohlberg, L. (1981). *Essays on moral development: The philosophy of moral development* (Vol. 1). San Francisco, CA: Harper & Row.

Kohlberg, L. (1984). *Essays on moral development: The psychology of moral development* (Vol. 2). San Francisco, CA: Harper & Row.

Kohlberg, L. (1986). A current statement on some theoretical issues. In S.

Modgil & C. Modgil (Eds.), *Lawrence Kohlberg: Consensus and controversy* (pp. 485–546). Philadelphia, PN: Falmer Press.

Kövecses, Z. (1990). *Emotion concepts.* New York: Springer.

Kroeber, A. L., & Kluckhohn, C. (1952). *Culture: A critical review of concepts and definitions.* Cambridge, MA: Peabody Museum, Vol. 47, No. 1.

Kühnen, U., Hannover, B., & Schubert, B. (2001). The semantic-procedural interface model of the self: The role of self-knowledge for contxt-dependent versus context-independent modes of thinking. *Journal Personality and Social Psychology, 80*, 397–409.

Kühnen, U., & Oyserman, D. (2002). Thinking about the self influences thinking in general: Cognitive consequences of salient self-concept. Unpublished manuscript, University of Michigan, Ann Arbor, MI.

Kunda, Z. (2000). *Social cognition: Making sense of people.* Cambridge, MA: MIT Press.

Kurland, J. A., & Gaulin, S. J. C. (2005). Cooperation and conflict among kin. In D. Buss (Ed.), *The handbook of evolutionary psychology* (pp. 447–482). Hoboken, NJ: John Wiley & Sons.

Kurtines, W. M., & Gerwitz, J. (Eds.). (1991). *Moral behavior and development: Advances in theory, research and application.* Hillsdale, NJ: Erlbaum.

Kurtines, W. M., & Gerwitz, J. L. (1995). *Moral development: An introduction.* Boston, MA: Allyn & Bacon. 문용린 역 (2004). 도덕성의 발달과 심리. 서울: 학지사.

Kwan, V. S. Y., Bond, M. H., & Singelis, T. M. (1997). Pancultural explanation for life satisfaction: Adding relationship harmony to self-esteem. *Journal of Personality and Social Psychology, 73*, 1038–1051.

Lange, C. G. (1922). The emotions: A psychological study. (I. A. Haupt, Trans.) In C. G. Lange & W. James, *The emotions* (pp. 33–90). Baltimore, MD: Williams & Wilkins. (Original work published in 1885)

Langman, P. F. (1997). White culture, Jewish culture, and the origins of psychotherapy. *Psychotherapy, 34,* 207–218.

Lapsley, D. K. (1999). *Moral psychology.* Westview Press. 문용린 역 (2000). 도덕심리학. 서울: 중앙적성출판사.

Lawler, E. E., III, Mohrman, S. A., & Ledford, G. E., Jr. (1992). *Employee involvement and total quality management: Practices and results in Fortune 1,000 companies.* San Francisco, CA: Jossey-Bass.

Lazarus, R. S. (1982). Thoughts on the relations between emotion and cognition. *American Psychologist, 37,* 1019–1024.

Lazarus, R. S. (1984). On the primacy of cognition. *American Psychologist, 39,* 124–129.

Lazarus, R. S. (1991). *Emotion and adaptation.* New York: Oxford University Press.

Lazarus, R. S., & Lazarus, B. N. (1994). *Passion and reason: Making sense of our emotions.* New York: Oxford University Press. 정영목 역 (1997). 감정과 이성. 서울: 문예출판사.

Leary, M. R., & Baumeister, R. F. (2000). The nature and function of self-esteem: Sociometer theory. In M. Zanna (Ed.), *Advances in experimental social psychology* (Vol. 32, pp. 1–62). San Diego, CA: Academic Press.

LeDoux, J. E. (1996). *The emotional brain.* New York: Simon & Schuster.

Lee, A. Y., Aaker, J. L., & Gardner, W. (2000). The pleasures and pains of distinct self-construals: The role of interdependence in regulatory focus. *Journal of Personality and Social Psychology, 78,* 1122–1134.

Leonard, W. R., & Robertson, M. L. (1992). Nutritional requirements and human evolution: A bioenergetics model. *American Journal of Human Biology, 4,* 179–195.

Leung, K., & Bond, M. H. (1984). The impact of cultural collectivism on reward allocation. *Journal of Personality and Social Psychology, 47,* 793–804.

Leung, K., & Park, H. J. (1986). Effects of interactional goal on choice of allocation rules: A cross-national study. *Organizational Behavior and Human Decision Processes, 37*, 111–120.

Leventhal, G. S. (1976). The distribution of rewards and resources in groups and organizations. In L. Berkowitz & E. Walster (Eds.), *Advances in experimental social psychology* (Vol. 9, pp. 91–131). New York: Academic Press.

Levine, D. I. (1992). What do wage buy? *Administrative Science Quarterly, 38*, 462–483.

Levy, R. I. (1984). The emotions in comparative perspective. In K. R. Scherer & P. Ekman (Eds.), *Approaches to emotion* (pp. 397–412). Hillsdale, NJ: Erlbaum.

Levy, R. I. (1990). *Mesocosm: Hinduism and the organization of a traditional Newar city of Nepal*. Berkeley, CA: University of California Press.

Lieberman, M. D. (2013). *Social*. Brockman, Inc. 최호영 역 (2015). 사회적 뇌: 인류 성공의 비밀. 서울: 시공사.

MacIntyre, A. (1998). *A short history of ethics*. 김민철 역 (2004). 윤리의 역사, 도덕의 이론. 서울: 철학과 현실사.

Maehr, M. (1974). Culture and achievement motivation. *American Psychologist, 29*, 887–896.

Maehr, M., & Nicholls, J. (1980). Culture and achievement motivation: A second look. In N. Warren (Ed.), *Studies in cross-cultural psychology* (Vol. 2, pp. 221–267). New York: Academic Press.

Mahbubani, K. (1995). The Pacific way. *Foreign Affairs. 74:* 1 (Jan./Feb.), 100–111.

Mandler, G. (2007). *A history of modern experimental psychology: From James and Wundt to cognitive science*. Cambridge, MA: The MIT Press.

Marks, G. (1984). Thinking one's abilities are unique and one's opinions are common. *Personality and Social Psychology Bulletin, 10*, 203–208.

Markus, H. R., & Kitayama, S. (1991a). Culture and the self: Implications for cognition, emotion, and motivation. *Psychological Review, 98*, 224–253.

Markus, H. R., & Kitayama, S. (1991b). Cultural variation in the self-concept. In J. Strauss & G. R. Goethals (Eds.), *The self: Interdisciplinary approaches* (pp. 18–48). New York: Springer.

Markus, H. R., & Kitayama, S. (1994a). A collective fear of the collective: Implications for selves and theories of selves. *Personality and Social Psychology Bulletin, 20*, 568–579.

Markus, H. R., & Kitayama, S. (1994b). The cultural construction of self and emotion: Implications for social behavior. In S. Kitayama & H. R. Markus (Eds.), *Emotion and culture: Empirical investigations of mutual influence* (pp. 89–130). Washington, DC: American Psychological Association.

Markus, H. R., & Wurf, E. (1987). The dynamic self-concept: A social psychological perspective. *Annual Review of Psychology, 38*, 299–377.

Markus, H. R., & Zajonc, R. B. (1985). The cognitive perspective in social psychology. In G. Lindzey & E. Aronson (Eds.), *Handbook of social psychology* (3rd ed., Vol. 1, pp. 137–230). New York: Random House.

Marsella, A. J., & Choi, S. C. (1994). Psychological aspects of modernization and economic development in East Asian Nations. *Psychologia, 36*, 201–213.

Maslow, A. H. (1954). *Motivation and personality.* New York: Happer & Row. (2nd ed. in 1970.)

Maslow, A. H. (1970). *Motivation and personality* (2nd ed.). New York: Harper & Row.

Maslow, A. H. (1971). *The farther reaches of human nature*. New York: Viking.

Matsumoto, D. (2000). *Culture and psychology: People around the world* (2nd ed.). Belmont, CA: Wadsworth.

Mayo, E. (1933). *The human problems of an industrial civilization*. New York: Macmillan.

McAdams, D. P. (2001). *The person: An integrated introduction to personlity psychology* (3rd ed.). Orlando, FL: Harcourt College Publishers.

McCullough, M. E., & Tabak, B. A. (2010). Prosocial behavior. In R. F. Baumeister & E. J. Finkel (Eds.), *Advanced social psychology: The state of the science* (pp. 263–302). New York: Oxfoed University Press.

McGregor, D. (1960). *The human side of enterprise*. New York: McGraw-Hill.

Mikula, G. (1980). Introduction: Main issues in the psychological research on justice. In G. Mikula (Ed.), *Justice and social interactions* (pp. 13–23). New York: Springer-Verlag.

Miller, J. G. (1984). Culture and the development of everyday social explanation. *Journal of Personality and Social Psychology, 46*, 961–978.

Mullen, B., & Riordan, C. A. (1988). Self-serving attributions in naturalistic setting: A mata-analytic review. *Journal of Appled Social Psychology, 18*, 3–22.

Murphy, G., Murphy, L. B., & Newcomb, T. M. (1937). *Experimental social psychology* (rev. ed.). New York: Harper.

Myers, D. G. (1987). *Social psychology* (2nd ed.). New York : McGraw-Hill.

Myers, D. G. (2010). *Social psychology* (10th ed.). New York : McGraw-Hill.

Nisbett, R. E. (2003). *The geography of thought: How Asians and Westerners think differently…and why*. New York: Free Press.

Nisbett, R. E. (2015). *Mindware: Tools for smart thinking*. New York: Brockman, Inc. 이창신 역 (2016). 마인드웨어: 생각은 어떻게 작동되는

가. 경기: 김영사.

Nowak, M. A. (2006). Five rules for the evolution of cooperation. *Science, 314*, 1560-1563.

Nowak, M. A., & Sigmund, K. (1998). Evolution of indirect reciprocity by image scoring. *Nature, 393*, 573-577.

Oatley, K. (1993). Social construction in emotions. In M. Lewis & J. M. Haviland (Eds.), *Handbook of emotions* (pp. 341-352). New York: Guilford.

Oatley, K., Keltner, D., & Jenkins, J. M. (2006). *Understanding emotions* (2nd ed.). Cambridge, MA: Blackwell.

Parkinson, B., & Colman, A. M. (1995). Introduction. In B. Parkinson & A. W. Colman (Eds.), *Emotion and motivation* (pp. xi-xvi). London: Longman.

Peng, K., & Knowles, E. (2003). Culture, ethnicity and the attribution of physical causality. *Personality and Social Psychology Bulletin, 29*, 1272-1284.

Peng, K., Nisbett, R. E., & Wong, N. (1997). Validity problems of cross-cultural value comparison and possible solutions. *Psychological Methods, 2*, 329-341.

Petri, H. L. (1996). *Motivation: Theory, research, and applications* (4th ed.). Pacific Grove, CA: Brooks/Cole.

Phares, E. J. (1984). *Introduction to personality*. Glenview, IL: Scott, Foresman & Co. 홍숙기 역 (1989). 성격심리학. 서울: 박영사.

Piaget, J. (1926). *The language and thought of the child*. New York: Harcourt Brace.

Piaget, J. (1932). *The moral judgement of the child*. New York: Free Press. (Trans. by M. Gabain in 1965.)

Piaget, J. (1936). *The origins of intelligence in children*. New York: International University Press. (Trans. by M. Cook in 1974.)

Pittman, T. S. (1998). Motivation. In D. T. Gilbert, S. T. Fiske, & G. Lindzey

(Eds.), *The handbook of social psychology* (4th ed., Vol. 1, pp. 549–590). Boston, MA: McGraw-Hill.

Raven, B. H., & Rubin, J. Z. (1983). *Social psychology* (2nd ed.). New York: Wiley.

Reeve, J. (2005). *Understanding motivation and emotion* (4th ed.). Hoboken, NJ: Wiley.

Roethlisberger, F. J. (1941). *Management and morale*. Cambridge, MA: Harvard University Press.

Roethlisberger, F. J., & Dickson, W. J. (1939). *Management and the worker*. Cambridge, MA: Harvard University Press.

Rogers, C. R. (1951). *Client-centered therapy: Its current practice, implications, and theory*. Boston, MA: Houghton Mifflin.

Rogers, C. R. (1963). The actualizing tendency in relation to "motives" and to consciousness. In M. R. Jones (Ed.), *Nebraska symposium on motivation* (pp. 1–24). Lincoln, NB: University of Nebraska Press.

Rosenberg, M. (1965). *Society and the adolescent self-esteem*. Princeton, NJ: Princeton University Press.

Rosenberg, M., & Turner, R. H. (Eds.) (1992). *Social psychology: Sociological perspectives*. New Brunswick, NJ: Transaction Publishers.

Rothbaum, F., Weisz, J. R., & Snyder, S. S. (1982). Changing the world and changing the self: A two-process model of perceived control. *Journal of Personality and Social Psychology, 42*, 5–37.

Russell, B. (1959). *Wisdom of the West: A historical survey of Western philosophy in its social and political setting*. London: Crescent Books. 이명수 · 곽강제 역 (2003). 서양의 지혜: 그림과 함께 보는 서양철학사. 서울: 서광사.

Russell, J. A. (1994). Is there a universal recognition of emotion from facial expression? A review of the cross-cultural studies. *Psychological Bulletin, 115*, 102–141.

Russell, J. A. (1997). Reading emotions from and into faces: Resurrecting a dimensional-contextual perspective. In J. A. Russell & J. M. Fernández-Dols (Eds.), *The psychology of facial expression* (pp. 295–320). Cambridge, England: Cambridge University Press.

Russell, J. A. (2003). Core affect and the psychological construction of emotion. *Psychological Review, 110*, 145–172.

Salancik, G. R., & Conway, M. (1975). Attitude inferences from salient and relevant cognitive content about behavior. *Journal of Personality and Social Psychology, 32*, 829–840.

Sandel, M. J. (2005). *Public philosophy: Essays on morality in politics.* Boston, MA: Harvard University Press. 안진환 · 이수경 역 (2010). 마이클 샌델: 왜 도덕인가? 서울: 한국경제신문.

Santrock, J. W. (1975). Moral structure: Interrelations of moral judgment, affect, and behavior. *Journal of Genetic Psychology, 127*, 201–213.

Sawaguchi, T. (1988). Correlations of cerebral indices for 'extra' cortical parts and ecological variables in primates. *Brain, Behavior, and Evolution, 32*, 129–140.

Schachter, S., & Singer, J. (1962). Cognitive, social, and physiological determinants of emotional states. *Psychological Review, 69*, 379–399.

Schay, B. W. (1988). Effects of performance-contingent pay on employee performance. *Public Personnel Management, 17*, 237–250.

Schoenemann, P. T. (2006). Evolution of the size and functional areas of the human brain. *Annual Review of Anthropology, 35*, 379–406.

Scholte, J. A. (2000). *Globalization: A critical introduction.* New York: St. Martin's Press.

Schumaker, J. F. (1997). Religious motivation across cultures. In D. Munro, J. F. Schumaker, & S. C. Carr (Eds.), *Motivation and culture* (pp. 193–208). New York: Routledge.

Schwartz, S. H. (1994). Beyond individualism-collectivism: New cultural dimensions of values. In U. Kim, H. C. Triandis, C. Kagitcibasi, S. C. Choi, & G. Yoon (Eds.), *Individualism and collectivism: Theory, method, and applications* (pp. 85–119). Thousand Oaks, CA: Sage.

Schwartz, S. H. (2004). Mapping and interpreting cultural difference around the world. In H. Vinken, J. Soeters, & P. Ester (Eds.), *Comparing cultures: Dimensions of culture in a comparative perspective* (pp. 43–73). Leiden, NL: Brill.

Schwinger, T. (1980). Just allocation of goods: Decisions among three principles. In G. Mikula (Ed.), *Justice and social interactions* (pp. 95–125). New York: Springer-Verlag.

Sedikides, C., Gaertner, L., & Toguchi, Y. (2003). Pancultural self-enhancement. *Journal of Personality and Social Psychology, 84*, 60–79.

Sedikides, C., & Skowronski, J. J. (2000). On the evolutionary functions of the symbolic self: The emergence of self-evaluation motives. In A. Tesser, R. Felson, & J. Suls (Eds.), *Psychological perspectives on self and identity* (pp. 91–117). Washington, DC: American Psychological Association.

Sedikides, C., & Skowronski, J. J. (2002). Evolution of the self: Issues and prospects. In M. R. Reary & J. P. Tangney (Eds.), *Handbook of self and identity* (pp. 594–609). New York: Guilford.

Seligman, M. E. P. (1975). *Helplessness: On depression, development, and death.* San Francisco, CA: Freeman. 윤진 · 조긍호 역 (1983). 무기력의 심리. 서울: 탐구당.

Shaw, M. E., & Constanzo, P. R. (1982). *Theories of social psychology* (2nd ed.). New York: McGraw-Hill. 홍대식 역 (1985). 사회심리학이론. 서울: 박영사.

Shweder, R. A., Much, N. C., Mahapatra, M., & Park, L. (1997). The "big three" of morality (autonomy, community, divinity), and the "big three" explanations of suffering. In A. Brandt & P. Rozin (Eds.),

Morality and health (pp. 119–169). New York: Routlege.

Singelis, T. M. (1994). The measurement of independent and interdependent self-construals. *Personality and Social Psychology Bulletin, 20*, 580–591.

Singelis, T. M., Triandis, H. C., Bhawuk, D. D., & Gelfand, M. (1995). Horizontal and vertical dimensions of individualism and collectivism: A theoretical and measurement refinement. *Cross-Cultural Research, 29*, 240–275.

Sinha, D., & Tripathi, R. C. (1994). Individualism in a collectivist culture: A case of coexistence of opposites. In U. Kim, H. C. Triandis, C. Kagitcibasi, S. C. Choi, & G. Yoon (Eds.), *Individualism and collectivism: Theory, method, and applications* (pp. 123–136). Thousand Oaks, CA: Sage.

Skinner, B. F. (1938). *The behavior of organisms: An experimental analysis.* New York: Appleton-Century-Crofts.

Smith, P. B., Bond, M. H., & Kagitcibasi, C. (2006). *Understanding social psychology: Living and working in a changing world.* London: Sage.

Snyder, C. R., & Fromkin, H. L. (1980). *Uniqueness: The human pursuit of difference.* New York: Plenum.

Solomon, S., Greenberg, J., & Pyszczynski, T. (1991). A terror management theory of social behavior: The psychological functions of self-esteem and cultural worldviews. In M. P. Zanna (Ed.), *Advances in experimental social psychology* (Vol. 24, pp. 91–159). New York: Academic Press.

Swann, W. B., Jr., & Bosson, J. K. (2010). Self and identity. In S. T. Fiske, D. T. Gilbert, & G. Lindzey (Eds.), *Handbook of social psychology* (5th ed., Vol. 1, pp. 589–628). Hoboken, NJ: John Wiley & Sons.

Taylor, F. W. (1903). *Shop management.* New York: Harper & Bros.

Taylor, F. W. (1911). *The principle of scientific management.* New York: Harper & Bros. (Reissued in 1967 by W. W. Norton & Co., New York)

Taylor, S. E. (1998). The social being in social psychology. In D. T. Gillbert, S. T. Fiske, & G. Lindzey (Eds.), *The handbook of social psychology* (4th ed., Vol. 1, pp. 58–95). Boston, MA: McGraw-Hill.

Taylor, S. E., Peplau, L. A., & Sears, D. O. (1994). *Social psychology* (8th ed.). Englewood Cliffs, NJ: Prentice-Hall.

Taylor, S. E., Peplau, L. A., & Sears, D. O. (1997). *Social psychology* (9th ed.). Upper Saddle River, NJ: Prentice-Hall.

Taylor, S. E., Peplau, L. A., & Sears, D. O. (2000). *Social psychology* (10th ed.). Upper Saddle River, NJ: Prentice-Hall.

Taylor, S. E., Peplau, L. A., & Sears, D. O. (2003). *Social psychology* (11th ed.). Upper Saddle River, NJ: Prentice-Hall.

Taylor, S. E., Peplau, L. A., & Sears, D. O. (2006). *Social psychology* (12th ed.). Upper Saddle River, NJ: Prentice-Hall.

Tesser, A. (1988). Toward a self-evaluation maintenance model of social behavior. In L. Berkowitz (Ed.), *Advances in experimental social psychology* (Vol. 21, pp. 181–227). San Diego, CA: Academic Press.

Thibaut, J. W., & Kelley, H. H. (1959). *The social psychology of groups.* New York: Wiley.

Thibaut, J. W., & Kelley, H. H. (1986). *The social psychology of groups: With a new introduction by the authors* (Transaction ed.). New Brunswick, NJ: Transaction Books.

Tomasello, M. (2009). *Why we cooperate?* Cambridge, MA: The MIT Press. 허준석 역 (2011). 이기적 원숭이와 이타적 인간: 인간은 왜 협력하는가? 서울: 이음.

Triandis, H. C. (1989). The self and social behavior in differing cultural contexts. *Psychological Review, 96*, 506–520.

Triandis, H. C. (1990). Cross-cultural studies of individualism and collectivism. In J. J. Berman (Ed.), *Cross-cultural perspectives: Nebraska symposium on motivation, 1989* (pp. 41–133). Lincoln, NB: University of Nebraska

Press.

Triandis, H. C. (1995). *Individualism and collectivism*. Boulder, CO: Westview.

Triandis, H. C., Bontempo, R., Villareal, M. J., Asai, M., & Lucca, N. (1988). Individualism and collectivism: Cross-cultural perspectives on self-ingroup relationships. *Journal of Personality and Social Psychology, 54*, 323–338.

Triandis, H. C., & Gelfand, M. J. (1998). Converging measurement of horizontal and vertical individualism and collectivism. *Journal of Personality and Social Psychology, 74*, 118–128.

Trivers, R. (1971). The evolution of reciprocal altruism. *Quarterly Review of Biology, 46*, 35–57.

Tu, Wei-Ming (1996). *Confucian tradition in East Asian modernity*. Cambridge, MA: Harvard University Press.

Vaillant-Molina, M., & Bahrick, L. E. (2012). The role of intersensory redundancy in the emergence of social referencing in 5½–month–old infants. *Developmental Psychology, 48*, 1–9.

Varki, A., & Nelson, D. L. (2007). Genomic comparisons of humans and chimpanzees. *Annual Review of Anthropology, 36*, 191–209.

Walden, T. A., Kim, G., McCoy, C., & Karrass, J. (2007). Do you believe in magic? Infants' social looking during violations of expectations. *Developmental Science, 10*, 654–663.

Walster, E. E., Berscheid, E., & Walster, G. W. (1976). New directions in equity research. In L. Berkowitz & E. Walster (Eds.), *Advances in experimental social psychology* (Vol. 9, pp. 1–42). New York: Academic Press.

Walster, E. E., Walster, G. W., & Berscheid, E. (1978). *Equity: Theory and research*. Boston, MA: Allyn & Bacon.

Warburton, N. (1995). *Philosophy: The basics*. Routledge. 최희봉 역 (2003). 철학의 주요 문제에 대한 논쟁. 서울: 간디서원.

Warneken, F., Hare, B., Melis, A. P., Hanus, D., & Tomasello, M. (2007). Spontaneous altruism by chimpanzees and children. *PLoS Biology, 5*, 1414–1420.

Warneken, F., & Tomasello, M. (2006). Altruistic helping in human infants and young chimpanzees. *Science, 311*, 1301–1303.

Warneken, F., & Tomasello, M. (2007). Helping and cooperation at 14 months of age. *Infancy, 11*, 271–294.

Warneken, F., & Tomasello, M. (2009a). Varieties of altruism in children and chimpanzees. *Trends in Cognitive Science, 13*, 397–402.

Warneken, F., & Tomasello, M. (2009b). The roots of human altruism. *British Journal of Psychology, 100*, 455–471.

Watson, D. C., & Tellegan, A. (1985). Toward a consensual structure of mood. *Psychological Bulletin, 98*, 219–235.

Watson, J. B. (1913). Psychology as the behaviorist views it. *Psychological Review, 20*, 158–177.

Weiner, B. (1974). *Cognitive views of human motivation*. New York: Academic Press.

Weiner, B. (1986). *An attributional theory of emotion and motivation*. New York: Springer.

Weiner, B. (1991). Metaphors in motivation and attribution. *American Psychologist*, 46, 921–930.

Weisz, J. R., Rothbaum, F. M., & Blackburn, T. C. (1984). Standing out and standing in: The psychology of control in America and Japan. *American Psychologist, 39*, 955–969.

Wesley, F. (1972). History of psychology. In H. J. Eysenck, W. Arnold, & R. Meili (Eds.), *Encyclopedia of psychology* (Vol. 2, pp. 57–63). London: Search Press.

White, G. M. (1993). Emotions inside out: The anthropology of affect. In M. Lewis & J. M. Haviland (Eds.), *Handbook of emotions* (pp. 29–39).

New York: Guilford.

White, G. M. (1994). Affecting culture: Emotion and morality in everyday life. In S. Kitayama & H. R. Markus (Eds.), *Emotion and culture: Empirical studies of mutural influence* (pp. 219–239). Washington, DC: American Psychological Association.

Wiggins, J. S. (1992). Agency and communion as conceptual coordinates for the understanding and measurement of interpersonal behavior. In W. M. Grove & D. Cicchetti (Eds.), *Thinking clearly about psychology* (pp. 89–113). Minneapolis, MN: University of Minnesota Press.

Williams, G. C. (1966). *Adaptation and natural selection*. Princeton, NJ: Princeton University Press.

Wilson, D. S., & Wilson, E. O. (2007). Rethinking the theoretical foundation of sociobiology. *Quarterly Review of Biology, 82*, 327–348.

Yon, K. J. (2012). *College students' and counselor trainees' perceptions of psychologically healthy person: A comparative study on cultural values between the United States and South Korea*. Doctoral Dissertation, The University of Minnesota.

Zajonc, R. B. (1980). Feeling and thinking: Preferences need no inferences. *American Psychologist, 35*, 151–175.

Zajonc, R. B. (1984). On the primacy of affect. *American Psychologist, 39*, 117–123.

Zajonc, R. B. (1998). Emotion. In D. T. Gilbert, S. T. Fiske, & G. Lindzey (Eds.), *The handbook of social psychology* (4th ed., Vol. 1, pp. 591–632). Boston, MA: McGraw-Hill.

Zhou, J., & Martocchio, J. J. (2001). Chinese and American managers' compensation award decisions: A comparative policy-capturing study. *Personnel Psychology, 54*, 115–145.

찾아보기

인명

강정인 … 340, 341, 342, 344, 484, 498, 499, 504
걸(桀)왕(夏) … 51, 116, 234
경공(景公, 齊) … 33, 353
고병익 … 481
고죽군(孤竹君) … 51
공도자(公都子) … 144, 162
공자(孔子) … 26, 30, 31, 32, 33, 34, 36, 38, 39, 40, 42, 43, 44, 45, 46, 49, 50, 52, 53, 54, 55, 56, 57, 62, 64, 68, 69, 72, 83, 84~88, 90, 91, 94, 95, 96, 97, 99, 105, 116, 118, 121, 129, 134, 136, 139, 140, 141, 142, 144, 145, 146, 152, 153, 156, 157, 158, 159, 160, 168, 169, 170, 171~175, 176, 179, 182, 183, 191, 192~196, 202, 203, 210, 217~219, 227, 228~230, 232, 238, 240, 241~244, 246, 258, 259, 263, 264, 265, 271, 278, 279, 284, 285, 313, 314, 321, 322, 323, 337, 352, 353, 359, 360, 361, 367, 368, 389, 390, 398, 405, 438, 441, 446, 467, 468, 479
곽경화 … 300
광종(光宗, 高麗) … 479, 490
권덕주 … 52
금장태 … 204, 205
길희성 … 483
김광억 … 483, 485, 487
김근영 … 457
김성태 … 105, 108, 209, 290, 309, 310, 319, 397, 440, 441
김승혜 … 62, 63, 159
김의철 … 496
김진 … 299
김호권 … 302

나은영 … 494, 497
노명식 … 40, 278, 345

다카하시 노부오(高橋伸生) … 364, 437

리콴유(李光耀) … 485

맹자(孟子) … 30, 32, 33, 34, 36, 38, 39, 40, 46, 51, 54, 55, 62, 64, 66, 72, 85, 88~91, 94, 96, 97, 98, 99, 116, 118, 121, 129, 141, 142, 143, 144, 149, 151, 153, 154, 155, 162, 168, 169, 170, 175~178, 179, 182, 183, 191, 196~199, 202, 203, 220~222, 228, 230~231, 232, 244~247, 252,

265, 279, 284, 285, 314, 323, 354, 361, 368, 401, 405, 431, 446, 447, 468
牟宗三 … 91
夢培元 … 150, 230
무(武)왕(周) … 44, 45, 51
무제(武帝, 漢) … 490
문(文)왕(周) … 45, 55, 361
민경환 … 318, 320, 397, 494, 497

박동천 … 487
박무익 … 480
박재주 … 297, 299
박정희 … 485
박혜경 … 417
백이(伯夷) … 51, 54, 55, 314

사마우(司馬牛) … 229
사씨(謝氏, 程頤의 제자) … 106
서자(徐子) … 90
선조(宣祖, 朝鮮) … 204, 205, 252
설(契) … 31
성왕(成王, 周) … 45
성혼(成渾, 호 牛溪) … 82
세계무역기구(WTO) … 498
小島毅 … 52
숙제(叔齊) … 51
순(舜) … 44, 50, 55, 57, 94, 109, 119, 146, 198, 199, 354, 441
순자(荀子) … 30, 32, 34, 36, 39, 40, 46, 54, 62, 63, 64, 66, 67, 72, 84, 91~94, 95, 97, 99, 116, 118, 121, 130, 131, 137, 141, 142, 146, 152, 153, 162, 168, 169, 170, 179~183, 222~224, 228, 231~234, 247~251, 279, 284, 285, 323, 353, 355, 362, 368, 401, 431, 446, 447, 468
신동은 … 82
신수진 … 496, 497

안회(顔回, 안연 顔淵) … 55, 86, 144, 145, 158, 159, 171, 192, 242
애공(哀公, 魯) … 86, 242
楊倞 … 33, 181
王念孫 … 202
王夢鷗 … 45
王先謙 … 33, 201, 202, 447
왕수인(王守仁, 호 陽明) … 52, 99
요(堯) … 44, 50, 57, 94, 119, 146, 234, 354, 441
우(禹) … 44, 45, 55, 109, 116
원사(原思) … 360
유월(兪樾) … 63, 201, 447
유청지(劉淸之) … 73, 448
유하혜(柳下惠) … 51, 54, 55, 314
육구연(陸九淵, 호 象山) … 99
윤사순 … 109, 290
윤씨(尹氏, 程頤의 제자) … 106
윤이흠 … 480, 481
이광세 … 483
이부영 … 311, 440
이상익 … 45
이수원 … 290, 497
이승환 … 485, 486, 487
이윤(伊尹) … 51, 54, 55, 314
이이(李珥, 호 栗谷) … 73, 74, 79, 101, 102, 103, 104, 105, 107, 109, 110, 142, 148, 151, 187, 188, 204, 205, 206, 207, 208, 209, 211, 212, 224, 225, 236, 254, 255, 256, 262, 285, 290
이진숙 … 300
이황(李滉, 호 退溪) … 82, 100, 101, 102, 103, 104, 107, 131, 138, 142,

147, 148, 151, 186, 188, 204, 206, 207, 208, 209, 211, 224, 236, 252, 253, 254, 256, 257, 258, 264, 265, 285, 290, 291, 450

자공(子貢) … 57, 134, 218, 243
자로(子路, 중유 仲由) … 34, 49, 50, 105, 244, 313, 323, 352, 398, 441
자산(子産) … 56, 57
자양(子襄) … 196
자하(子夏, 상 商) … 95, 244
장성수 … 357, 497
장재(張載, 호 橫渠) … 98
재여(宰予) … 87, 88, 367
전제국 … 485, 486, 487
정복심(程復心) … 252
정양은 … 149, 151, 236, 237, 276, 277, 278, 290, 424, 426, 427, 428
정영숙 … 381
정옥분 … 300
정이(程頤, 호 伊川) … 52, 98, 99, 103, 104, 105, 106, 155, 252, 257, 405
정인재 … 99
정지원 … 497
정진곤 … 497
정호(程顥, 호 明道) … 52, 98, 99, 103, 104, 155, 252, 405
조긍호 … 28, 36, 45, 52, 54, 64, 75, 92, 116, 121, 145, 156, 161, 164, 165, 168, 170, 181, 184, 216, 261, 274, 275, 277, 284, 289, 290, 295, 296, 303, 309, 319, 321, 323, 326, 340, 341, 342, 344, 355, 363, 368, 387, 399, 401, 402, 414, 416, 419, 421, 427, 431, 432, 436, 445, 446, 456, 469, 479, 484, 489, 490, 493, 495, 496, 500, 504
趙岐 … 155, 198
조은경 … 288, 379
주공(周公) … 45
주돈이(周敦頤, 호 濂溪) … 98
주(紂)왕(殷) … 51
주희(朱熹) … 30, 31, 52, 73, 74, 78, 80, 81, 82, 98, 99, 103, 104, 106, 109, 150, 155, 176, 198, 204, 252, 265, 290, 355, 405, 448, 449
증자(曾子, 曾參) … 158, 193, 196, 210, 467, 468
직(稷) … 55
陳柏 … 209
진 사패(陳 司敗) … 242

차재호 … 497
蔡錦昌 … 91
蔡仁厚 … 91, 249
초순(焦循) … 198, 246
최영진 … 479, 482

탕(湯) … 44, 45, 51

馮友蘭 … 99

한국갤럽조사연구소 … 369, 370, 438
한규석 … 496, 497
한덕웅 … 102, 108, 110, 209, 226, 235, 236, 290
함재봉 … 486, 488
허남린 … 480
혁추(奕秋) … 96
홍숙기 … 300, 320, 364, 397, 436
黃公偉 … 92

Aaker, J. L. … 502
Adamopoulos, J. … 496

Adler, A. … 310
Ahn, C. Y. … 496, 497
Aiello, L. C. … 461
Allison, S. T. … 416
Allport, G. W. … 310, 423, 451
Ames, R. … 485
Aristoteles … 277, 279
Arndt, J. … 435
Aron, A. … 316
Aron, E. N. … 316
Aronson, E. … 351
Arrington, R. L. … 297, 299, 301
Asai, M. … 496
Ashmore, R. D. … 423

Bahrick, L. E. … 457
Bakan, D. … 433
Bandura, A. … 302, 380, 381
Bard, P. … 287
Baron, R. A. … 351
Bates, N. … 461
Batson, C. D. … 434, 466
Batson, J. G. … 466
Baumeister, R. F. … 420, 421, 423, 425, 434, 435
Bem, D. J. … 453
Bentham, J. … 36, 296, 300, 301
Benet-Martinez, V. … 502
Berry, J. W. … 489, 503
Berscheid, E. … 340
Bhawuk, D. D. … 491
Bjorklaund, F. … 472
Blackburn, T. C. … 380
Bloom, P. … 458
Bond, M. H. … 358, 388, 481, 492, 493, 496
Bontempo, R. … 496
Bordt, M. … 278, 297
Bosson, J. K. … 423, 424, 425
Brandt, J. R. … 466
Brehm, S. S. … 339
Brewer, M. B. … 435
Britt, T. W. … 363, 439
Brown, J. D. … 414, 417
Burns, E. M. … 436
Buss, D. … 464, 476, 477
Byrne, D. … 351

Cannon, W. B. … 287
Carlsmith, J. M. … 454
Chang, E. … 366
Chen, C. C. … 358
Chinese Culture Connection … 481
Chiu, C. … 501, 502
Choi, S. C. … 496
Cohen, R. L. … 356
Colman, A. M. … 276, 291
Constanzo, P. R. … 339
Conway, M. … 454
Costa, P. T. Jr. … 397
Cronin, H. … 456
Cross, S. … 420
Csikszentmihalyi, M. … 364, 436

Damasio, A. R. … 287
Darwin, C. … 287, 288, 464
Dasen, P. R. … 489
de Bary, Wm. T. … 83, 390, 399
Deci, E. L. … 365, 438
Descartes, R. … 288
Detre, J. A. … 287
Deutsch, M. … 356
de Waal, E. … 466
Dias, M. G. … 473

Dickson, W. J. … 365, 437
Diener, E. … 388, 420, 421
Diener, M. … 388, 420, 421
Ditto, P. H. … 470
Duffy, E. … 379
Duffy, S. … 500
Dunbar, R. … 462, 463
Dyck, J. L. … 466

Eisenberg, N. … 300
Elkin, H. … 310
Emerson, R. M. … 339
Erez, M. … 358, 366
Erikson, E. H. … 310, 311, 316, 317, 318, 319, 322, 336, 397

Fabes, R. A. … 300
Fabrigar, L. R. … 451
Festinger, L. … 452, 454
Fisher, R. … 358
Fiske, A. P. … 388, 414, 422, 476
Fiske, S. T. … 293, 382, 476
Floyd, T. F. … 287
Franken, P. E. … 283
Freud, S. … 36, 296, 299, 300, 332, 404, 443
Fromkin, H. L. … 416
Fromm, E. … 310

Gaertner, L. … 414
Gamble, C. … 463
Gardner, W. … 435, 502
Gaulin, S. J. C. … 456
Geen, R. G. … 282, 432, 433
Gelfand, M. … 491
Gerard, H. B. … 351
Gergen, K. J. … 339
Gerhart, B. … 358
Gerwitz, J. … 298, 299, 300, 302
Gilbert, D. T. … 476
Gilligan, C. … 469
Goethals, G. R. … 416
Goldberg, L. R. … 397
Gowlett, J. … 463
Graham, J. … 470, 472
Greenberg, J. … 356, 434, 435
Greenberg, M. S. … 339
Griffitt, C. … 466
Gudykunst, W. B. … 496
Guthrie, W. K. C. … 297

Hahn, J. … 366
Haidt, J. … 297, 470, 471, 472, 473
Hall, C. S. … 300
Hall, D. … 485
Hamilton, W. D. … 464, 465
Hamlin, J. K. … 458
Hampden-Turner, C. … 369
Han, S. Y. … 496, 497
Hannover, B. … 502
Hanus, D. … 460
Hare, B. … 460
Harré, R. … 288
Harvard-Yenching Institute … 42
He, W. … 358
Heine, S. J. … 388, 414, 417, 419, 420, 421, 422, 476, 500, 507
Heinz … 298
Herzberg, F. … 365, 437, 438
Hilgard, E. R. … 276, 278, 291
Hill, R. A. … 462
Hjelle, L. A. … 300, 318, 320
Hobbes, T. … 340
Hofstede, G. … 481, 490, 491, 492, 496

Holton, R. J. … 499, 504
Homans, G. C. … 340, 342, 343, 344
Hong, Y. … 501, 502, 507
Hume, D. … 36, 296, 299, 301
Huntington, S. P. … 505
Hutton, D. G. … 420

Iyer, R. … 470

James, W. … 286, 287, 414, 417, 421, 423, 424, 425, 426, 427, 428
Jenkins, G. D., Jr. … 366
Jenkins, J. M. … 286
Jex, S. M. … 363, 439
Joffe, T. … 461
Jones, E. E. … 351, 451
Joseph, C. … 470, 471
Jung, C. G. … 310, 440
Jussim, L. … 423

Kagitcibasi, C. … 492, 496
Kahn, H. … 485
Kalat, J. W. … 286, 287
Kanagawa, C. … 420
Kant, I. … 36, 276, 296, 297, 299
Karrass, J. … 457
Kawamura, T. … 500
Kelley, H. H. … 340, 342, 343, 344
Keltner, D. … 286
Kenrick, D. T. … 476
Kesebir, S. … 297, 470, 472
Kim, G. … 457
Kirkland, S. … 435
Kitayama, S. … 309, 375, 377, 382, 387, 388, 414, 417, 419, 420, 421, 422, 434, 476, 496, 500
Kluckhohn, C. … 489, 503
Knowles, E. … 500, 507
Kohlberg, L. … 36, 296, 298, 457, 469
Kövecses, Z. … 379
Koleva, S. … 470
Koller, S. H. … 473
Kroeber, A. L. … 489
Kühnen, U. … 502, 507
Kunda, Z. … 414, 417, 419, 420
Kung, T. M. … 501
Kurland, J. A. … 456
Kurokawa, M. … 414
Kurtines, W. M. … 298, 299, 300, 302
Kwan, V. S. Y. … 388

Lange, C. G. … 287
Langman, P. F. … 332, 443
Lapsley, D. K. … 298, 299
Larsen, R. J. … 387, 500
Lawler, E. E., III. … 366
Lawton, T. … 310
Lazarus, B. N. … 286, 288
Lazarus, R. S. … 278, 286, 288
Leary, M. R. … 421, 434, 435
LeDoux, J. E. … 286
Lee, A. Y. … 502
Ledford, G. E., Jr. … 366
Lehman, D. R. … 388, 414, 417, 419, 421, 422, 500
Leonard, W. R. … 461
Lerner, R. E. … 436
Leung, K. … 358
Leventhal, G. S. … 356
Levine, D. I. … 366
Levy, R. I. … 288
Lieberman, C. … 414, 461
Lindzey, G. … 300, 476
Locke, J. … 340

Lucca, N. ··· 496
Lyon, D. ··· 435

MacIntyre, A. ··· 297, 299, 301
Maehr, M. ··· 417
Mahajan, N. ··· 458
Mahapatra, M. ··· 470
Mahathir, M. ··· 485
Mahbubani, K. ··· 484
Mandler, G. ··· 278, 291
Marks, G. ··· 416
Markus, H. R. ··· 292, 309, 375, 377, 379, 382, 387, 388, 414, 417, 419, 420, 421, 422, 434, 476, 496
Marsella, A. J. ··· 496
Martocchio, J. J. ··· 366
Maslow, A. H. ··· 310, 317, 319, 320, 321, 323, 324, 336, 397, 440
Matsumoto, D. ··· 332, 414, 417, 419, 420, 444, 489
Matsumoto, H. ··· 388
Mausner, B. ··· 365
Mayo, E. ··· 365, 437
McAdams, D. P. ··· 318, 397
McCoy, C. ··· 457
McCrae, R. R. ··· 397
McCullough, M E. ··· 459
McGregor, D. ··· 365, 438
Meacham, S. ··· 436
Melis, A. P. ··· 460
Messick, D. M. ··· 416
Mill, J. S. ··· 36
Mikula, G. ··· 356
Milkovich, G. T. ··· 358
Miller, J. G. ··· 476
Mohrman, S. A. ··· 366
Morris, M. W. ··· 502
Motyl, M. ··· 470
Much, N. C. ··· 470
Mullen, B. ··· 416
Murphy, G. ··· 451
Murphy, L. B. ··· 451
Murray, H. A. ··· 503
Myers, D. G. ··· 387, 417, 451, 454

Nelson, D. L. ··· 459
Newcomb, T. M. ··· 451
Nicholls, J. ··· 417
Nisbett, R. E. ··· 369, 388, 404, 476, 499, 500, 501, 504, 505, 507, 508
Norasakkunkit, V. ··· 388
Nosek, B. A. ··· 472
Nowak, M. A. ··· 465, 466

Oatley, K. ··· 286, 288
Oyserman, D. ··· 507

Park, H. J. ··· 358
Park, L. ··· 470
Parkinson, B. ··· 276, 291
Peng, K. ··· 500, 507
Peplau, L. A. ··· 339, 350
Petri, H, L. ··· 281, 283
Phares, E. J. ··· 300
Piaget, J. ··· 36, 296, 297, 298, 404, 457, 469
Pittman, T. S. ··· 284, 425
Platon ··· 276, 277, 278, 287
Poortinga, Y. H. ··· 489
Powell, A. L. ··· 466
Pyszczynski, T. ··· 434, 435

Raven, B. H. ··· 351
Reeve, J. ··· 281, 283, 286, 430, 431

Riesman, D. ··· 310
Riordan, C. A. ··· 416
Robertson, M. L. ··· 461
Roethlisberger, F. J. ··· 365, 437
Rogers, C. R. ··· 310, 440
Rosenberg, M. ··· 350, 421, 422, 506
Rosenblatt, A. ··· 435
Rothbaum, F. ··· 380, 383
Rousseau, J. ··· 340
Rubin, J. Z. ··· 351
Russell, B. ··· 277, 278
Russell, J. A. ··· 287
Ryan, R. M. ··· 365, 438

Salancik, G. R. ··· 454
Sandel, M. J. ··· 401
Santrock, J. W. ··· 300
Sawaguchi, T. ··· 462
Schachter, S. ··· 287
Schay, B. W. ··· 366
Schoenemann, P. T. ··· 462
Scholte, J. A. ··· 498
Schubert, B. ··· 502
Schumaker, J. F. ··· 435
Schwartz, S. H. ··· 493, 496
Schwinger, T. ··· 356
Sears, D. O. ··· 339, 350
Sedikides, C. ··· 414, 417, 418, 421
Seeman, J. ··· 310
Segall, M. H. ··· 489
Seligman, M. E. P. ··· 380
Shaw, M. E. ··· 339
Shiota, M. N. ··· 286, 287
Shweder, R. A. ··· 470
Sigmund, K. ··· 465
Simon, L. ··· 435
Singelis, T. M. ··· 388, 422, 491
Singer, J. ··· 287
Sinha, D. ··· 496
Skinner, B. F. ··· 302
Skowronski, J. J. ··· 414, 421
Smith, P. B. ··· 358, 492, 493
Snyder, C. R. ··· 416
Snyder, S. S. ··· 380
Soloman, S. ··· 435
Spinard, T. L. ··· 300
Swann, W. B., Jr. ··· 423, 424, 425
Synderman, B. B. ··· 365

Tabak, B. A. ··· 459
Taylor, F. W. ··· 364, 437
Taylor, S. E. ··· 293, 339, 350, 351, 352, 379, 382, 454
Tellegan, A. ··· 287
Tesser, A. ··· 416
Thibaut, J. W. ··· 340, 342, 343, 344
Tice, D. M. ··· 420
Toguchi, Y. ··· 414
Tomasello, M. ··· 458, 459, 460, 466
Triandis, H. C. ··· 482, 491, 493, 496
Tripathi, R. C. ··· 496
Trivers, R. ··· 465
Trompenaars, A. ··· 369
Tu, Wei-Ming(杜維明) ··· 481
Turner, R. H. ··· 350

Vaillant-Molina, M. ··· 457
Varki, A. ··· 459
Veeder, M. ··· 435
Ventis, W. L. ··· 434
Villareal, M. J. ··· 496
Vogel, E. ··· 485

Walden, T. A. ··· 457

Walster, E. E. … 340, 342, 343, 344, 358
Walster, G. W. … 340
Wan, K. … 358
Warburton, N. … 297
Warneken, F. … 458, 459, 460, 466
Watson, D. C. … 287
Watson, J. B. … 302
Weber, M. … 485
Wegener, D. T. … 451
Weiner, B. … 278, 283
Weisz, J. R. … 380, 384
Wesley, F. … 277
White, G. M. … 288, 374
Wiggins, J. S. … 433
Williams, G. C. … 464
Willis, R. H. … 339
Wilson, D. S. … 465
Wilson, E. O. … 465
Wojcik, S. P. … 470
Wong, N. … 500
Wurf, E. … 382
Wynn, K. … 458

Yon, K. J. … 444

Zajonc, R. B. … 288, 292, 379
Zhang, L. H. … 358
Zhou, J. … 366
Ziegler, D. L. … 300, 318, 320

내 용

가능성(변이—, 발전—) … 29, 42, 46, 60, 61, 66, 71, 94, 95, 164, 165, 189, 245, 262, 305, 310, 311, 315, 319, 335, 390, 395, 402~406
가능체(무한한 —, 가변체) … 29, 42, 46, 59, 71, 79, 84, 112, 200, 261, 267, 274, 311, 312, 326, 334, 377, 378, 385, 392, 394, 412
가능태(可能態, potentiality) … 249
가도(可道) → 도(道)
가르침[教] … 44, 46, 47, 62, 71, 72, 73, 83, 92, 191, 192, 412~413
 —의 요체 … 75~76
가변성 … 25, 28, 29, 41~47, 48, 57, 59, 60, 71, 73, 94, 95, 167, 261, 266, 267, 268, 274, 308, 315, 326, 331, 377, 387~390, 392, 394, 395, 402~406, 411~413, 479, 487, 509
가변적 과정적 존재 … 25, 47, 71, 261, 267, 311, 377, 394, 408, 412
가변체 → 가능체
가소성(可塑性) … 46, 267, 274, 312, 315, 377, 378, 385, 391, 394
가족(대가족, —관계) … 29, 31, 32, 58, 83, 306, 318, 335, 485
가치(—관) … 25, 26, 28, 59, 60, 65, 68, 70, 73, 201, 273, 300, 308, 326, 329, 332, 413, 415, 443~445, 479, 481, 482, 483, 495, 502, 505
 아시아적 — … 483~489
 유학적 — … 28, 480~489
 자유주의적 — … 28

각성 … 110, 208, 286
갈등(이익갈등) … 330, 340, 341, 345, 348, 386, 400, 409, 505
영적 — … 277
감각 … 153, 291, 301
—기관 … 152, 162, 163, 164, 177, 220, 221, 292, 294, 304, 402
감각혼 → 영혼
감성 … 36, 165, 276, 278, 288, 296, 409, 455
감정(—체계, 사적 —) … 26, 32, 40, 41, 62, 64, 65, 73, 86, 88, 101, 102, 113, 114, 115, 120~123, 132~138, 156, 161, 163, 164, 167, 169, 170~183, 203, 213, 232, 241, 242, 251, 259, 260, 262, 263, 264, 280, 288, 294, 299, 309, 312, 379, 384, 386, 409, 467
— 반응 … 121, 300, 302
— 주체 … 213
강화 … 301~302, 467
개과론(改過論) … 241~251
개념형성[名] … 153, 295
개방성(체험—) … 397
개방화 … 497~499
개인주의 → 문화 유형
개인중심적 인간관 → 인간관
개인(개체)중심주의(지향성) … 226, 274, 275, 407~409, 433~436, 440~445, 459, 509
개인차 … 405, 503
개체성(개별성, 개체) … 27, 28, 29, 30, 35, 36, 47, 48, 50, 54, 57, 58, 60, 61, 116, 260, 261, 266, 273, 274, 276, 304, 305~307, 308, 309, 310, 313, 319, 326, 333, 335, 337, 345, 349, 372, 373, 374, 375, 379, 385~387, 390, 392, 393, 396~399, 406, 407~409, 414, 415, 418, 434, 439~445, 502
— 견고화 … 261, 309, 387, 394, 502
거경(居敬) → 경(敬)
거욕(去欲) → 욕(欲)
건전 성격 … 310
격물(格物) → 팔조목(八條目)
결과(행동 결과) … 301
—론 … 36, 296, 301~302
결정론 … 274, 275, 488
결정적 시기 … 317
겸권(兼權) … 232
겸양(겸손) … 40, 45, 330, 334, 394, 479
경(敬) … 77, 82, 100~112, 197, 206, 207, 208, 212, 226, 235, 236, 253, 257, 258
— 공부(— 工夫) … 106
거—(居—) … 100~112, 203~212, 226, 235, 236, 237, 257, 290
거—론 … 26, 71~112
불용일물(不容一物) … 106, 108, 208, 209, 257, 258
상성성법(常惺惺法) … 106, 108, 110, 208, 209, 257, 258
정제엄숙(整齊嚴肅) … 106, 108, 110, 208, 209, 257, 258
주일무적(主一無適) … 106, 108, 208, 209, 257, 258, 290
주—(主—) … 111
지—(持—) … 107, 206, 207, 253
경건 … 74
경신(敬身) → 소학
경장(敬長) … 32, 155, 156
경쟁 … 44, 45, 118, 228, 327, 386
경제 성장 … 483~489

경험론(경험주의) … 36, 296, 299, 301, 302
—적 준거체 … 424
계구(戒懼) … 251, 258, 264
계기(繼起, sequence) … 403~404
계몽주의(계몽사상) … 278, 288
계산 능력 … 40, 260, 267, 273, 338, 344, 345, 346, 374, 390, 393, 395, 409
계약 → 사회계약
고려(高麗) … 99, 479, 490
고유성(고유특성) … 25, 27, 29, 35, 36, 40, 41, 58, 113, 139~143, 260, 261, 267, 273, 274, 308, 311, 338, 339, 344, 346, 349, 370, 374, 376, 385, 393, 394, 395, 399~402, 406, 409~411
고정성 … 48, 267, 395, 402~406
고통 … 301~302, 458
공감(共感) … 299
공경(恭敬) … 154, 155, 197, 203, 207, 354
—지심(—之心) → 사단
공동작업 … 342, 356
공동체 … 57, 261, 265, 267, 301, 335, 338, 394, 409, 432, 433, 439, 483, 501
공리주의(功利主義) … 36, 296, 300~302, 401, 455
최대 다수의 최대 행복 … 301
공부(工夫) … 78, 83~98, 100, 204, 206, 208, 211, 253, 259, 264, 450
—론(—論) … 26, 71~112
—의 목표 … 100, 102
—의 자세 … 73~98
공손성 … 74
공정 분배 → 분배
공정성 … 344, 345, 349, 355, 356~363, 372, 373, 409~411
공통성 … 345
공포감 … 300
공포관리이론 … 434~435
과거제(科擧制) … 479, 490
과대평가 … 385~387
과묵함 … 330
과욕(寡欲) → 욕(欲)
과학적 경영관리 … 364~366, 437~439
과학기술 … 495
관계(사회—, 인간—, 대인—) … 29, 30, 31, 32, 33, 35, 41, 43, 44, 51, 54, 57, 58, 60, 62, 65, 69, 73, 75, 77, 83, 114, 116, 117, 138, 139, 149, 151, 167, 168, 173, 197, 235, 236, 237, 264, 266, 274, 276, 285, 303, 306, 311, 312, 313, 314, 315, 316, 329, 330, 331, 334, 337, 338, 339, 344, 345, 346, 347, 348, 349, 350, 352, 353, 354, 368, 372, 373, 376, 377, 379, 382~384, 387~390, 391, 392, 394, 408, 409~411, 412~413, 439~445, 485
— 완성 … 313
— 융합(— 융합론) … 29, 33, 34, 338~349
—존중감 … 422
—중심적 인간관 → 인간관
—지향 … 30, 226, 372, 432~436
—지향 욕구 → 욕구
—체(關係體, 사회적 —) … 25, 29, 30, 34, 50, 58, 61, 112, 261, 266, 267, 274, 276, 303, 304, 311, 312, 315, 316, 326, 329, 334, 335, 336, 338, 346, 347, 349, 371, 373, 376, 377, 379, 391,

392, 394, 397, 415, 439
관심 → 타인에 대한 관심
관찰 … 301
관학(官學, 國學) … 100, 271, 479, 480
교육 … 44, 45, 46, 60, 67, 69, 71, 72, 73, 76, 78, 79, 81, 94, 245, 322, 446, 495, 500~501
—론 … 46, 72, 73, 244
—목표 … 74, 75, 80
—열 … 485, 500
가정— … 76
성인— … 81
아동(유아)— … 73~83, 84, 448
학교 — … 76
교호성(交互性, reciprocity) … 345, 465
교환(사회교환) … 339, 341, 342, 343, 345, 348
—이론 → 사회교환이론
—규범(—원칙) … 339
공정— … 341, 343, 344, 345, 348, 371, 372, 409
구방심(求放心) … 89, 90
구저기(求諸己) … 192~196
국제화 … 497~499
국학(國學) → 관학
군신(君臣) … 31, 32, 33, 125
군신유의(君臣有義) → 오륜(五倫)
군자(君子) … 25, 26, 29, 30, 42, 43, 44, 46, 47~61, 62, 68, 71, 72, 73, 83, 88, 89, 91, 94, 95, 102, 105, 118, 119, 127, 135, 136, 137, 138, 147, 149, 157, 160, 161, 167, 169, 172, 173, 174, 180, 190, 191, 194, 195, 198, 200, 201, 202, 214, 215, 217, 230, 233, 234, 238, 243, 244, 245, 247, 250, 256, 258, 260, 261, 264, 268, 294, 295, 311~316, 321~326, 338, 345, 353, 359, 377, 389, 391, 398, 403, 412, 440~445, 447
—론(—論) … 25, 47~61, 73, 84, 213, 214, 228, 229, 268, 271, 272, 275, 281, 307~337, 373, 393, 478
—삼락(君子三樂) … 72
군주(君主) … 33, 45, 75, 130, 142, 143, 162, 163, 204, 205, 206, 242, 352, 353, 354
군집분석(群集分析) … 310, 441
궁리(窮理) … 102, 103, 104, 105, 107, 108, 109, 110, 206, 207
권력거리(power distance) … 490~494
권리 … 27, 273, 343, 370, 374, 391, 393, 397, 409, 414, 415
귀인(歸因) … 294
상황— … 329
성향— … 327
규범(도덕 —, 사회 —) … 32, 95, 121, 148, 149, 158, 202, 217, 238, 259, 289, 297, 298, 299, 300, 303, 327, 329, 359, 389, 494
그리스 시대 … 297, 364, 373, 436
극기(克己) … 62, 144, 158, 169, 170~183, 185, 219, 255, 263, 285, 335, 389
—론(—論) … 171~175
—복례(—復禮) … 158, 263
극복 … 380, 383
근대화 … 494, 496~497, 498~499
근면성 … 318, 367~370, 438~439, 485
근본배양(根本培養) … 82, 83
금비도(禁非道) → 도(道)
근연도(近緣度) … 465
근연종(近緣種) … 456, 459, 461
긍정성 … 385~387, 393, 394, 412, 416~

419
기(氣) … 262, 290
—발이이승지(—發而理乘之) … 290
기능적 자기공명영상(磁氣共鳴映像, fMRI) … 287
기독교 … 400, 480, 485
기억[志, 識] … 153, 291
기여도 … 357~358
기질(氣質) … 251, 254, 255, 256
—지성(—之性) … 252, 253, 254, 255, 256, 257
기품(氣稟) … 253
긴장감소 … 320
깨끗함 … 51, 54, 314

남근기(phallic period) → 정신역동이론
남북조(南北朝) … 99
남성성(masculinity, 남성적 가치) … 490~494
남송(南宋) … 73, 198, 209
낭만주의 … 288
내면화(내재화, 내면성) … 63, 298, 300
내부지향적 행동(inward behavior) … 380, 383, 384
내재적 동기이론(intrinsic motivation theory) … 365~366, 438
내적 속성(특성, 성향) … 27, 29, 260, 273, 274, 308, 309, 326, 329, 375, 380~382, 385, 386, 393, 411~413, 415
내적 요인 … 365~367
내적 원리 … 424
내집단 … 35, 41
내향성 … 330
냉소적(冷素的) 요인 … 291, 379
노(魯) … 51
노력 … 71, 90, 91, 94, 97, 110, 126, 147, 175, 181, 200, 215, 228, 233, 242, 247, 249, 250, 255, 256, 267, 314, 315, 331, 356, 357, 386, 388, 415
논리 … 297
놀이(play) … 364~370, 436~439
뇌전도(腦電圖, EEG) … 286~287
능동성 … 178, 380, 383, 403
능동적 주체자 … 374
능력 … 29, 36, 91, 233, 260, 308, 310, 326, 328, 331, 335, 375, 385, 386, 403~404, 415, 439

다양성 … 416, 499
다욕(多欲) → 욕(欲)
단일차원설(단일체계론) … 296~303, 455~475
단점(잘못) 확인(—수용) … 26, 29, 47, 62, 66, 73, 88, 167, 168, 169, 190~212, 214, 240~256, 261, 312, 331, 334, 335, 378, 379, 385, 390, 391, 394, 412
당위론(當爲論) … 469, 483
당혹감 … 473~474
도덕적인 —(moral dumbfounding) … 473~474
대뇌(뇌) … 292, 460~463
— 발달 … 460~463, 466
—화 지수 … 461~463
사회적 — 가설 … 462~463
대동(大同)사회 … 44, 45, 359
대본(大本) … 31
대유(大儒) … 48
대인(大人) … 48, 162
대인(對人)평가 … 295
대장부(大丈夫) … 48

덕불고(德不孤) … 103
덕성 주체 (도덕 주체) … 25, 29, 40, 41, 42, 43, 50, 54, 58, 59, 60, 64, 71, 88, 90, 91, 95, 96, 97, 108, 112, 113, 114, 139~143, 153, 155, 163, 167, 168, 169, 178, 194, 199, 203, 206, 213, 214, 239, 244, 261, 267, 274, 280, 294, 311, 313, 314, 315, 325, 334, 338, 339, 347, 349, 372, 377, 378, 379, 383, 391, 392, 394, 409~411, 442~445, 468
덕성중심주의(덕성우월론) … 58, 145, 147, 148, 150, 151, 152, 156~161, 164, 165, 278~280, 281, 285, 291, 293, 294, 295, 303, 304, 305, 379, 409~411, 455, 467
덕윤리론(virtue ethics) … 297
덕조(德操) … 223
던바의 수(Dunbar's number) … 463
도(道, 도리) … 30, 32, 33, 52, 61, 69, 74, 77, 83, 88, 89, 90, 102, 104, 107, 108, 117, 137, 156, 172, 174, 206, 207, 211, 222, 227, 228, 244, 290, 447, 448, 467
가—(可—) … 448
금비—(禁非—) … 448
명—(明—) … 63, 64
수—(守—) … 448
지—(知—) … 448
찰—(察—, 知—察) … 63
체—(體—) … 63
체—론(體—論) … 168, 170
행—(行—, 知—行) … 63
도교 … 100, 186
도덕(덕, 덕성, 도덕성) … 25, 28, 29, 35~41, 42, 44, 47, 48, 52, 56, 57, 58, 59, 60, 61, 63, 65, 66, 67, 68, 71, 73, 82, 83, 84, 90, 102, 103, 107, 108, 109, 111, 113, 114, 115, 118, 123, 138~165, 167, 168, 169, 189, 194, 199, 202, 212, 213, 216, 219, 222, 230, 231, 233, 244, 245, 246, 251, 256, 261, 262, 263, 266, 267, 268, 271, 274, 276, 278, 279, 280, 281, 293, 294, 295~307, 308, 311, 315, 326, 339, 345, 346, 347, 348, 349, 351, 371, 372, 373, 374, 377, 384, 389, 391, 392, 394, 395, 399~402, 406, 408, 409~411, 442~445, 455~474, 479
—감정(—감) … 299
—감정론 … 299~300
—기준(—원칙, —법칙) … 42, 43, 297, 298
—명령 … 297
—실천 … 41, 74, 77~78, 79, 81, 84, 88, 94, 102, 103, 104, 105, 110~112, 118, 144, 151~156, 157, 158, 160, 161, 162, 167, 171, 190, 206, 280, 294, 338, 345, 349, 351, 372, 446~454, 468
—실천론 … 60, 271, 275, 281, 338~373, 393, 478
—심리학 … 272, 280, 295~307, 469
—의 다차원성이론 … 469~472
—의 주체적 자각 … 190, 383~385, 389
— 의지 … 293
—이론 … 36, 295~305
—인식 … 41, 81, 82, 94, 102, 103, 104, 105, 108~110, 151~156, 157, 159, 160, 161, 167, 171,

206, 294, 338, 349, 351, 372, 383, 446~454, 468
—의 본유성 … 36, 38, 39, 66, 83, 84, 113, 114, 116, 118, 139~143, 147, 153, 154, 155, 159, 160, 279, 294, 302, 303~307, 402, 455~475
—의 통합성 … 145, 156~161, 303~305, 455~475
— 주체 → 덕성 주체
— 지향성 … 103, 114
— 확충론 … 468
도덕기반(moral foundation)이론 … 470~472
결속 기반 … 472
개별화 기반 … 472
고결성/타락 … 470~472
공정/부정 … 470~472
권위/전복 … 470~472
배려/위해 … 470~472
충성/배신 … 470~472
도덕성 발달 … 297~299
도덕적인 수준 … 297~299
전도덕적인 수준 … 297~299
도덕적 욕구(동기) → 욕구
도덕적 문화적 개인주의 … 390, 399
도덕적 문제 … 297~299
도덕적 비교 판단 … 297~298
도덕적 곤경 상황 … 298~299
도덕적 주체성 … 41, 275
도덕적 지향성 … 65, 119, 128, 132, 134, 135, 136, 138~165, 168, 170, 176, 177, 190, 194, 213, 215, 217, 219, 239, 240, 259, 289, 304, 305~307, 347, 373, 377, 384, 389, 391, 455~475, 509
배려의 도덕성 … 469
정의의 도덕성 … 469
도덕 판단 … 297~299, 467, 472~474
— 능력 … 297~299
자율적 — … 297~299
타율적 — … 297~299
인습 이전 수준 … 298~299
인습 수준 … 298~299
인습 이후 수준 … 298~299
—의 직관주의모형 … 472~474
도시화 … 496~497
도식(圖式) … 404
도심(道心) … 100, 101, 109, 110, 111, 112, 119, 120, 128, 131, 142, 146, 147, 183~189, 224~227, 235~237, 239, 240, 251, 284~285, 431
—주재론(一主宰論) … 224~227
도욕(道欲) → 욕(欲)
도움행동 … 459~460, 464~467
도전 … 380, 383
독립성 … 27, 35, 260, 273, 308, 309, 318, 326, 327, 329, 330, 332, 333, 335, 336, 341, 343, 346, 370, 385~387, 390, 391, 393, 397, 414, 415, 418, 433, 434, 442~445, 491
—의존성 척도 … 422
독립체 … 337
독창성 → 창조성
독특성 … 27, 35, 113, 260, 273, 308, 309, 319, 326, 327, 329, 330, 332, 333, 335, 336, 374, 375, 385~387, 390, 391, 393, 397, 414, 415, 416~419, 420~423, 442~445, 503, 506
허구적 — … 416~419, 420, 506
동기 … 115, 116, 278, 280, 281~285, 291, 292, 409, 430~439
—심리학 … 280, 281~285
—이론 … 115~120, 350

—위계설 → 욕구위계설
—활성화 … 105~108, 110~112, 167, 209, 236, 253, 257, 281, 282
결핍— … 320
근본 — … 432~436
내재적 — … 365, 466
도덕적 — … 325
성장— … 320
역능 — … 283
유대성 — … 433~436
자율성 — … 283
작업— … 272, 349, 364~370, 436~439
정의— … 357~358
존재— … 320
주도성 — … 433~436
탐색 — … 283
동등성 … 491~492
동료애 … 491
동일시 → 정신역동이론
동조 … 327, 330
따뜻한 대인관계 … 309~311, 319, 397, 441, 442
따라 울기 … 458

로마 시대 … 364, 436
리(理) … 99, 147, 188, 290
—발이기수지(—發而氣隨之) … 290
명—(明—) … 111
존천—(存天—) … 26, 100, 101, 102, 168, 203~212, 214, 226, 227, 235, 251, 252, 253, 256, 257, 259, 264, 265
천—(天—) … 42, 100, 111, 131, 235

마음[心, 마음속] … 79, 85, 86, 89, 90, 91, 93, 97, 104, 107, 108, 109, 119, 129, 137, 150, 152, 161, 162, 163, 168, 169, 175, 176, 177, 179, 182, 186, 193, 202, 207, 208, 210, 212, 220, 221, 224, 250, 251, 258, 259, 262, 266, 288, 294, 304, 402, 448
—가짐 … 77~78, 79, 81, 103, 105, 108, 110, 140, 149, 167, 209, 211, 251, 257
—의 유교적 습성들 … 481, 482, 508
만족도 … 344, 364~366, 378
관계— … 312
자기— … 309, 333, 387, 422
면강(勉强) … 255
명(命) → 천명
명도(明道) → 도(道)
명륜(明倫) → 소학
명명덕(明明德) → 삼강령(三綱領)
목표 … 35, 47~61, 95, 102, 108, 134, 236, 281, 282, 311, 327, 330, 363, 379~382, 430
— 선택성 … 281, 282, 430
— 설정 … 47~61, 236, 282, 311, 379~382, 430
— 수행 활동(목표 추구 활동) … 110, 282, 459
—지향성 … 281, 282, 430
인생 — … 310
몸 … 288
—가짐 … 56, 77~78, 79, 80, 81, 82, 83, 104, 105, 108, 110, 167, 180, 208, 209, 210, 251, 257
무욕(無欲) → 욕(欲)
무의식 … 288
무한한 가능체 → 가능체
문명 … 400, 505
— 충돌 … 505

문제중심성 … 309~311, 441
문제해결 … 291, 292
문화 … 283, 284, 332, 351, 371, 388, 414~439, 489~494, 499~509
—구속성 … 284, 477
—비교심리학(문화비교연구) … 351, 414~439, 476, 488, 499~509
—특수성 … 476~478
무사(武士) — … 490
문민(文民) — … 490
문화교류 … 497~499, 503~509
문화교류의 효과 … 499, 503~509
동질화 … 499, 504~508
양극화 … 499, 504~508
혼융화 … 499, 500~502, 503~509
문화성향 … 418~419, 493~494
개인중심성향 … 418~419, 493~494, 496~497, 501~502, 504
집단중심성향 … 418~419, 493~494, 501~502
문화유형(문화권) … 284, 332, 358, 414~439, 489, 503
개인주의 … 40, 260, 261, 273, 278, 309, 311, 326~329, 332~333, 358, 369, 375, 379~382, 385~387, 394, 414~439, 469, 489~494, 499~509
집단주의 … 35, 41, 61, 261, 274, 275, 312, 316, 326, 329~332, 334~335, 358, 367, 369, 376, 377, 382~384, 387~390, 394, 414~439, 479~494, 499~509
집단주의적인 습성 구조 … 482
문화이중성(문화다중성) … 494~502, 503~509
문화적 명제(압력) … 388, 414~439, 495
문화 통합 … 500
문화화(culturalization) … 332, 443~445
미국 … 332, 436, 443, 477, 504
미래지향(미래성) … 275

박문약례(博文約禮) … 446
박문(博文) … 446
약례(約禮) … 446
박학(博學) … 201, 447
반구저기(反求諸己) … 62, 196~199
반신(反身) … 63, 196
발달 … 36
—과업 … 318
— 과정 … 26, 68
—심리학 … 293, 455
발생위계설 … 279
방법론 … 25, 26, 28, 60, 61~70, 213, 237, 262, 268, 271, 285, 373, 455
방해력 … 380~383
방해요인 … 380~383
배려(배려성) … 25, 29, 32, 34, 35, 36, 39, 40, 41, 50, 54, 59, 60, 61, 114, 132, 149, 150, 214, 230, 261, 267, 274, 276, 278, 285, 294, 303, 311, 312, 318, 336, 337, 339, 346, 347, 348, 349, 371, 372, 376, 377, 388~390, 392, 394, 409~411, 415, 435, 439~445, 459, 479
—의 도덕성 → 도덕적 지향성
—자 … 347
배움[學] … 44, 46, 47, 60, 62, 71, 72, 73, 74, 78, 83, 84, 85, 89, 90, 91, 92, 93, 94, 95, 96, 97, 100~105, 106, 161, 167, 191, 192, 200, 201, 207, 212, 250, 389, 412~413
—의 목표 … 88
—의 의지 … 76, 78
—의 자세 … 76, 78, 79, 83, 84, 87,

91, 92, 94~98
배척감 … 300
법(법도) … 41, 45, 92, 248
변(辨, 변별력) … 39, 66, 140
변별[異] … 153
변혹(辨惑) … 154
보부족(補不足) … 361~363
보빈궁(補貧窮) … 362~363
보상(reward) … 298, 301, 339, 341, 342, 343, 347, 357, 364~370, 379~382, 436~439, 460
보상체계 … 271, 349, 364~370, 436~439
성과연동제 … 364~370
연공서열제 … 364~370
보편성(보편적 원리) … 299, 476~478
보편화 … 498~499
보편주의 … 476~478
복례(復禮) … 62, 144, 159, 171, 219, 263, 389
—론(—論) … 217~219
복지 … 356~358
본성 … 90, 104, 108, 109, 115, 117, 120, 125, 138, 142, 144, 147, 152, 155, 156, 160, 200, 204, 210, 221, 245, 247, 249, 250, 251, 252, 253, 254, 259, 262, 264, 271, 275, 281, 283, 299, 314, 320, 340, 342
—회복(復性, —론) … 247, 251~256, 259, 264, 265
본심 … 245
본연지성(本然之性) … 252, 253, 254, 255, 256, 257
부끄러움 → 치(恥)
부담(cost) … 339, 341, 342, 343, 347, 358, 464~467
부동심(不動心, 四十不動心) … 251, 264, 265
부모 … 33, 37, 58, 75, 77, 134, 140, 245, 266, 353, 354
부부(夫婦) … 31, 32, 33, 75
부부유별(夫婦有別) → 오륜(五倫)
부성(부정적 특성 · 감정) 수용 … 312, 331, 335, 387~390
부속체계(하위체계) … 36, 165, 278, 280, 282, 287, 291, 296~303, 305, 401, 455~475
부자(父子) … 31, 32, 33, 39, 125
부자유친(父子有親) → 오륜(五倫)
부적응 … 307, 316, 328, 329, 440, 442~445
부정의(injustice) … 356, 359, 363
부지런함 … 87, 88, 90, 91, 94, 96, 97
분배 … 342, 349, 356~363, 372
—원칙(—규범) … 356~363
—정의 … 272, 344, 356~363
공정 — … 342, 349
균등 — … 356~363, 366~367
필요 — … 356~363, 366~367
형평 — … 342, 356~363, 366~367
분석 … 301
분화적 정서 → 정서
불교 … 99, 100, 186, 445, 480
불수의(不隨意) … 288
불이과(不貳過) … 86, 87, 192, 241~244
불천노(不遷怒) … 86, 192, 242
불초(不肖) … 49
불평등 … 491~492
불혹(不惑) → 연령단계론
불확실성 회피(uncertainty avoidance) … 490~494
불환론(不患論) … 228~230
붕우(朋友, 친구) … 32, 33, 75, 266
붕우유신(朋友有信) → 오륜(五倫)

비교 수준 … 344
대안적 — … 344
비합리성 … 288

사(士) … 92, 323
사고(사고양식, 사고방식, 사유방식) … 83, 288, 292, 297, 481, 500
사단(四端) … 37, 66, 101, 120~123, 134, 136~138, 141, 143, 144, 148~151, 164, 183~189, 215, 227, 230, 235~237, 239, 240, 245, 252, 253, 289~291
—설(一說) … 38, 143, 279
—칠정설(一七情說) … 121, 123, 149, 183~189, 235, 237, 239, 289
공경지심(恭敬之心) … 38, 39, 128, 139, 140
사양지심(辭讓之心) … 37, 39, 122, 140, 141, 143, 148~151, 230, 279, 289
수오지심(羞惡之心) … 37, 38, 122, 128, 134, 139, 140, 141, 143, 148~151, 230, 279, 289
시비지심(是非之心) … 37, 38, 122, 140, 141, 143, 148~151, 230, 279, 289
측은지심(惻隱之心) … 37, 38, 39, 122, 128, 134, 135, 139, 140, 141, 143, 148~151, 230, 279, 289
사람됨 … 26, 105, 387, 502
사문난적(斯文亂賊) … 100
사물론(四勿論) … 145
사분체계(사분체계론) … 58, 164, 165, 213, 276~280, 293, 295, 303, 304, 305~307, 384, 408, 410, 455
사서(四書) … 74
사소룡(四小龍) … 484, 485
사양지심(辭讓之心) → 사단(四端)
사욕(私欲) … 32
사유(私有) … 44, 45, 359
사적 감정 → 감정
사회계약 … 340, 342, 343, 344
—설(一說) … 339~345
사회과학 … 339, 345, 350
사회관계론 … 272, 275, 338~373, 393, 407, 408, 478
사회관계의 목표 … 340, 343, 344, 345, 347, 348, 352, 358, 371, 374, 376, 407, 408
사회관계의 유지규범 … 340, 344, 348, 350, 371
사회교환이론(교환이론) … 338~349, 350
사회구성의 기본단위 … 29, 32, 33, 75, 306, 316, 340, 341, 346, 347, 348, 349, 370, 371, 407, 408
사회 규정 … 351
사회등급 … 355
사회문화적 관점(사회문화이론) … 350
사회변혁(변화) … 300
사회비교이론 … 350
사회성(사회적 특성) … 25, 28, 29, 30~35, 36, 47, 48, 57, 58, 59, 60, 73, 167, 261, 266, 267, 268, 274, 278, 303, 304, 305~307, 308, 311, 315, 326, 329, 335, 337, 345, 346, 349, 371, 373, 377, 391, 392, 394, 396~399, 406, 407~409, 415, 439~445, 456, 457~459, 460~463, 479
진—(eusociality) … 462~463, 464
사회심리학 … 272, 293, 294, 350~355, 371, 423, 425, 451~454, 455, 469~474
사회윤리 … 355

사회 인지 → 인지
사회적 관계체 → 관계체
사회적 압력(외적 제약) … 380, 415
사회적 참조(social referencing) … 457~459
사회정의 → 정의
사회제도 … 351
사회중심성 … 59, 167, 407~409
사회지향성 … 54, 61, 71, 275, 440~445, 459, 460, 509
사회지향 정서 → 정서
사회직분 … 355
사회집단의 크기 … 462~463
사회학 … 340, 350, 371
사회화 … 348
사후종합분석(meta-analysis) … 420
산업혁명 … 300, 495
삶(—의 과정) … 25, 29, 41, 58, 69, 72, 73, 76, 78, 113, 114, 120, 130, 145, 160, 174, 176, 220, 271, 272, 294, 303, 307, 308, 311, 312, 326, 337, 347, 385, 387, 478
—의 목표(이상) … 23~268, 271, 272, 280, 294, 307, 320, 321, 349, 387, 440
—의 양식(생활양식) … 27, 41, 59, 273, 274, 338, 463, 483, 494~503
—의 의미 … 58
—의 자세(태도) … 60, 147, 174, 231, 244, 251, 262
—의 철학(—의 이념) … 35
삼강령(三綱領) … 52
명명덕(明明德) … 52, 53, 54, 325
지어지선(止於至善) … 52, 53, 325
친민(親民) … 52, 53, 54, 325
삼대(三代) 시대 … 44, 78
삼분체계(삼분체계론) … 276~280, 291, 295, 296, 305~307, 455, 467
삼인행(三人行) … 240
상징적 상호작용론 … 350
상호의존성(의존성) … 58, 226, 261, 274, 311, 312, 318, 329, 330, 334, 336, 357, 376, 390, 394, 397, 415, 418, 442~445, 479
—이론 … 343
상호작용 … 341, 343, 344
상황 … 55, 56, 123~138, 228, 230, 235, 328, 329, 331, 379~384, 387~390
생물체(생명체) … 114, 146, 157, 283, 284, 379, 400, 456
생물체적(생리적, 생존) 욕구 → 욕구
생산성 … 310, 318, 356~358, 364~370, 436~439
생존 … 30, 40, 456
생태학적 요인 분석 … 481
생태학적 오류 … 492~494
서구중심성(서구중심주의) … 416, 445, 475~478, 483, 488
서구화 … 498~499
선(善) … 44, 66, 93, 113, 114, 118, 119, 122, 143, 144, 146, 188, 201, 226, 239, 241, 245, 291, 301
—단(—端) … 94
—성(—性) … 81, 119, 138, 170, 206, 239, 245, 258
—악혼재(—惡混在) … 137, 188, 225, 253, 290, 291
—의지(—意志) … 297
—화(—化) … 166, 431
순—(純—) … 101, 188, 225, 240, 253, 254, 255, 256, 257, 259, 290
완—(完—) … 66
지—(至—) … 53

선진유학(先秦儒學) → 유학
선택성 … 281
선호 … 458
　— 조건 … 356~358
　선(善)에 대한 — … 457~459
성(性) … 99, 125, 150, 180~181, 199, 200, 247, 248, 249, 250
　—선(—善) … 144
　—선설(—善說) … 66, 245
　—설(—說) … 144
　—정론(—情論) … 99
　—품(—品) … 252
　복—(復—) → 본성회복
　지—론(知—論) … 220~222
성격 … 29, 260, 308, 317, 326, 328, 331, 380, 385, 386, 403~404
　—심리학 … 272, 309, 316, 397
　—발달 … 280, 316~326, 404
성과(outcome) … 342, 344, 349, 356, 372
　—행렬(— matrix) … 342, 344
성덕(成德) … 62, 71, 73, 120, 145, 152, 153, 159, 160, 165, 216, 227, 237, 279, 294, 307, 372, 412, 446
성리학(性理學) → 신유학
성숙성 … 54, 59, 68, 71, 310, 431
성숙 성격(성숙 인격) … 310, 397
성숙체(成熟體) … 54
성실성 … 397
성역할(sex role) → 역할
성위지분(性僞之分) … 180~181, 199, 200, 247
성위지합(性僞之合) … 180~181, 200, 247, 249, 250
성의(誠意) → 팔조목(八條目)
성인(成人) … 48
성인(聖人) … 46~61, 62, 85, 91, 92, 93, 94, 95, 102, 103, 119, 125, 138, 146, 180, 190, 198, 199, 200, 204, 206, 212, 234, 247, 249, 258, 261, 294, 311~316, 321~326, 338, 345, 377, 389
　—론(—論) … 321~326
　성지시(聖之時) … 54, 55
　성지임(聖之任) … 51, 54, 314
　성지청(聖之淸) … 51, 53, 54, 314
　성지화(聖之和) … 51, 54, 314
성취 … 310
성학(聖學) … 100, 102, 103, 204, 206, 212, 235
세계화 … 497~499, 501~502, 503~509
세대차 … 494
세영(勢榮) … 125, 137, 182
세욕(勢辱) … 136, 182
소강(小康)사회 … 44, 45, 359
소당(所當) … 188
소당연(所當然) … 448
소부당(所不當) … 188
소불욕(所不欲) … 185, 221, 223
소불위(所不爲) … 185, 221, 223
소속 욕구 → 욕구
소욕(所欲) … 185, 221, 223
소위(所爲) … 185, 221, 223
소이연(所以然) … 448
소인(小人) … 29, 41, 42, 43, 44, 47, 49, 50, 54, 59, 60, 61, 67, 71, 83, 95, 127, 130, 133, 136, 137, 160, 162, 167, 169, 194, 214, 243, 244, 250, 260, 261, 268, 311, 391, 403, 412
소적(所積) … 91~94, 95, 97
소학(小學) … 73~83
　경신(敬身) … 74, 77~83
　명륜(明倫) … 74, 75~76, 77, 78, 83
　입교(立敎) … 74, 76, 78~83, 84

속성 → 내적 속성
속이론(速已論) … 244~247
솔직성 … 327
송(宋) … 98, 105, 204, 205
수기(修己) … 56, 57, 62, 314, 323, 345, 398
—론(一論) … 62, 168, 169
—이경(一以敬) … 50, 52, 53, 56, 62, 105, 238, 264, 313, 323, 325, 398, 441, 442
—이안백성(一以安百姓) … 50, 52, 53, 54, 56, 57, 62, 238, 264, 313, 314, 323, 325, 398, 441, 442
—이안인(一以安人) … 50, 52, 53, 54, 56, 62, 238, 264, 313, 323, 325, 398, 441, 442
—치인(一治人) … 81, 204, 206
수도(守道) → 도(道)
수동성(결정론적 —) … 275, 380, 383
수분론(守分論) … 34
수신(修身) → 팔조목(八條目)
수양(修養, 수련, 자기수양) … 25, 28, 42, 43, 44, 47, 50, 53, 57, 60, 62, 63, 64, 65, 66, 67, 68, 69, 70, 71~112, 113~165, 167~212, 213~268, 313, 314, 315, 322, 325, 338, 398, 442
—론(一論) … 23~268, 271, 272, 275, 281, 373~392, 393, 478
—서(一書) … 83
—의 가능성 … 26, 113~165
—의 목표(지향) … 68~70, 114, 213~268
—의 방법(방안) … 28, 73, 167~212, 213~268
—의 성과 … 26, 213~268
—의 자세 … 26, 28, 71~112
—의 필요성 … 26, 113~165
유학적 — … 28
수오지심(羞惡之心) → 사단(四端)
수용(사회적 —, 타인의 —) … 118
수월성(탁월성) … 309, 327, 333, 387, 415, 416~423
수의(隨意) … 288
수직성—수평성 … 491~492
수혜자 … 465, 466
순수함 … 51, 54
순종 … 380, 383
숭덕(崇德) … 62, 64, 153
쉬지 않음 … 93, 94
스승 … 41, 67, 76, 92, 240
습관(습성) … 81, 253, 274, 280, 292, 302, 455, 467, 480
— 형성(一화) … 81
습여지장(習與智長) … 80, 81, 82
승화(도덕적 —) … 26, 64~65, 68~70, 111, 112, 115, 165, 169, 190, 214~239, 240, 251, 259, 260, 262, 263, 264, 265, 266, 272, 325
욕구 — … 26, 115
정서 — … 26, 115
시민혁명 … 300
시비지심(是非之心) → 사단(四端)
시습(時習) … 84~88, 96
시혜자 … 465, 466
신(信, 신뢰, 신임) … 45, 203, 218, 233, 318, 319, 397
신념(belief) … 451~454, 480
신독(愼獨) … 251, 264
신유학(新儒學) → 유학
신진대사 … 461
신체 변화 … 286, 287
신피질(neocortex) … 461~463
— 비율 … 461, 463

신하 … 33, 75, 353, 354
실증주의 … 424
실지기(失之己) … 199~203
실체(實體, 실체성) … 46, 260, 267, 273, 308, 326, 328, 332, 375, 406, 411~413
고정적 — … 46, 260, 267
심리적 — … 488, 489
완비적 — … 260, 273, 308, 326, 329, 332, 376, 378, 385~387, 390, 392, 393, 403, 411~413
심(心) … 99, 153
—학(—學) … 99, 100, 186
방—(放—) … 89, 115, 169
본—(本—) … 53
선—(善—) … 81, 169
실—(失—) … 89, 115, 169
양—(養—) … 176
심리 … 271
—구성체 … 58, 147, 152, 154, 164, 165, 271, 275, 276, 277, 282, 283, 291, 292, 293, 304, 305~307, 455, 466, 467, 472
—구성체론 … 58, 271, 275~307, 393, 408, 478
—주의 … 299, 301
심리-사회적 위기 … 317, 318
심리치료 … 316, 332~335, 440, 442~445
심리학(심리학체계) … 23~268, 269~509
동·서 — … 269~509
미국— … 286
보편— … 269~509
서구— … 272, 274, 275, 276, 280, 282~284, 286~289, 292~293, 295, 296~303, 305~307, 317~321, 326~329, 350~352, 362, 364~367, 375, 379~382, 385~387, 392, 393, 407, 410, 412, 413, 430, 432, 455, 467, 476~478
실험— … 291, 413
토착— … 407, 478
현대— … 215, 271, 274, 277, 278, 280, 281, 283, 291, 293, 295, 350, 475
심성(心性) … 39, 40, 42, 58, 145, 151, 156, 161, 162, 164, 165, 271, 273, 274, 275, 276, 278, 279, 280, 281, 282, 295, 296, 302, 304, 394, 455, 479, 489
—론(—학) … 285
심적 조절 → 자기조절
쌍무성(쌍무적 역할 수행) … 354, 355

아시아적 발전 모형 … 483~489
악(惡) … 113, 114~138, 182, 188, 203, 213, 215, 231, 239, 250, 253, 259, 301
향—성(向—性, 향— 가능성) … 64, 65, 113, 114~138, 165, 169~189, 190, 213, 214, 215, 231, 239, 250, 259, 384
안전 욕구 → 욕구
안정성 … 27, 28, 169, 267, 273, 308, 309, 328, 329, 332, 333, 375, 385~387, 392, 393, 395, 402~406, 411~413, 509
알인욕(遏人欲) → 인욕
압력체계 … 379
양능(良能) … 154, 155, 156
양명학(陽明學) … 99, 100
양보 … 41, 330, 341, 343, 394
양지(良知) … 82, 154, 155, 156

언어(— 습득) … 292, 457~459
에도 막부(江戶幕府)(에도 시대) … 490~491
엑스-와이이론(X-Y theory) … 365~367, 438
역량 … 380, 382, 415
역물론(役物論) … 468
역사구속성 … 477
역할(직분, —수행) … 33, 34, 35, 69, 118, 146, 152, 275, 310, 322, 329, 345, 348, 349, 350~355, 363, 369, 371, 379, 387~390, 409~411, 435
성—(sex role) … 351, 352
—론(—이론) … 34, 350~355
—심리학 … 271, 349, 350~355
—의 연쇄망 … 351
—·의무·배려의 복합체 … 35
역행(力行) … 102, 104, 105, 206
연계성 … 35, 261, 274, 311, 312, 315, 316, 329, 330, 334, 336, 337, 371, 376, 377, 387~390, 391, 392, 394, 397, 415, 442~445, 479, 502
연령단계론 … 26, 68, 69, 217, 238, 259, 263, 264, 319, 321~326, 337
불혹(不惑) … 68, 69, 264, 321~323, 405
이립(而立) … 68, 321~323, 405
이순(耳順) … 68, 69, 321~323, 405
종심(從心) … 25, 68, 69, 219, 238, 252, 259, 264, 265, 321~323, 405
종심론(從心論) … 217~224, 321~323, 405
지명(知命, 知天命) … 68, 69, 321~323, 405
지학(志學, 志于學) … 68, 69, 321~323, 405
열소(熱素)적 요인 … 291, 379, 380
열정 … 277
영양혼 → 영혼
영유아(—발달) … 455, 456, 457~459
—심리학 … 455, 466
영장류 … 456, 459~460, 461~463, 466
— 유인원(類人猿) … 456, 459~460
—학 … 455, 456, 459~460, 466
영적 갈등 → 갈등
영혼 … 277
—삼분설(— 위계설) … 277
감각혼 … 277
영양혼 … 277
이성혼 … 277
예(禮), 예의(禮義) → 인의예지(仁義禮智)
예론(禮論) … 224
오관(五官) → 감각기관
오(5)대 요인 모형 … 397
오륜(五倫) … 33, 74, 75, 76, 77, 346, 355
군신유의(君臣有義) … 31, 33
부부유별(夫婦有別) … 31, 33
부자유친(父子有親) … 31, 33
붕우유신(朋友有信) … 31, 33
장유유서(長幼有序) … 31, 33
—설(—說) … 33
오리엔탈리즘(orientalism) … 488
오서(五書) … 74
오이디푸스 복합(Oedipus complex) → 정신역동이론
완비성 → 자기완비성
왕천하(王天下) … 46
외부지향적 행동(outward behaviors) … 380, 383
외적 조건(환경 조건) → 환경 조건
외향성 … 327, 397
욕(欲) … 115, 176
거—(去—) … 185

과―(寡―) … 62, 169, 170～183, 184, 185, 220, 285, 431
과―론(寡―論) … 175～178
다―(多―) … 179, 184, 185
도―(道―) … 63, 170, 179～183, 185, 222～224
도―론(道―論) … 222～224
무―(無―) … 185
절―(節―) … 63, 169, 170～183, 185, 222, 285, 431
절―론(節―論) … 179～183
욕구(―체계) … 41, 58, 59, 64, 111, 113, 115～120, 123～132, 146～148, 156, 157, 164, 165, 167, 170～183, 213, 214～239, 251, 259, 271, 276, 278, 280, 281～285, 296, 299, 327, 379, 409, 430～439, 455
개체지향 ― … 434～436
관계지향 ― … 434～436
도덕적 ―(도덕적 지향성 ―) … 101, 102, 110, 111, 115～120, 123～132, 161, 164, 172, 179, 183～189, 214～239, 284, 285, 431
사회적 경쟁 ― … 115～120, 123～132, 173, 179, 214～239, 263, 283, 284, 285, 430
생물체적 ―(생존 ―) … 40, 41, 59, 64, 65, 101, 110, 111, 113, 114, 115～120, 123～132, 157, 160, 161, 164, 165, 169, 170～189, 191, 194, 203, 214～239, 251, 259, 260, 262, 263, 280, 283, 284, 285, 294, 318, 319, 384, 385, 400, 412, 430, 431
소속 ― … 319, 397, 433, 434～436
심리적 ― … 283, 430, 431
안전― … 319
이기적 ― … 41, 42, 59, 62, 63, 64, 65, 73, 86, 87, 88, 100, 101, 102, 109, 110, 111, 113, 114, 115～120, 123～132, 157, 160, 161, 164, 165, 169, 170～189, 191, 194, 203, 214～239, 251, 259, 260, 262, 263, 280, 284, 285, 294, 312, 338, 384, 388, 412, 431
자기실현― … 283, 319～321, 440
자존감― … 319
타인지향 ― … 115
―심리학 … 271, 275, 281～285
― 이론 … 115～120, 123～132, 169～189, 214～239, 281～285
―위계(동기위계) … 317～326, 336, 337, 398, 440
― 조절(― 억제, ― 절제) … 26, 32, 41, 167, 168, 169, 170～183, 191, 214～239, 241, 242, 251, 262, 263, 264, 285, 312
― 주체 … 213, 338
욕망 … 277, 338
우리 것 찾기 운동 … 482
우애(우호성, 호의성) … 30, 31, 397, 418
원동력(행위―) … 34, 35, 113, 232, 260, 261, 273, 281, 308, 326, 328, 329, 339, 378, 387, 393, 394, 407, 411～413
원초아(原初我, id) → 정신역동이론
위(衛) … 352
위(僞, 人爲) … 180～181, 199, 200, 247, 248, 249, 250
위계질서 … 491～492
위기지학(爲己之學) … 398
유개념(類槪念) … 120～121
유교개신운동(유교개신론) → 유학

유교문화권 → 유학
유교적 역동성의 가치 → 유학
유기체(— 요인) … 281, 286, 301, 430
유능성 … 376, 380, 415
유대감(사회정서적 —) … 356~358
유사성 … 35, 274, 310, 311, 312, 329, 334, 336, 337, 377, 394, 442~445, 459, 503
유연성 … 275, 334, 403
유인력(유인가, 유인물) … 380~381
유전부호 … 459
유전자(gene) … 464
— 복제 … 464
— 운반체 … 464
유학(儒學, 유학사상) … 25, 26, 27~70, 71~112, 113~165, 167~212, 271, 272, 284~285, 289~291, 293~295, 296, 303~307, 311~316, 321~326, 329~332, 334~335, 338, 339, 345~349, 352~355, 359~363, 366~370, 382~384, 387~390, 393, 395, 410, 412, 413, 428~429, 446~454, 467~469, 479~494
선진—(先秦—) … 26, 62, 63, 64, 72, 81, 83~98, 99, 115, 116, 119, 120, 123, 131, 141, 152, 153, 167, 169, 170~183, 184, 185, 191~203, 217~224, 227~234, 235, 241~251, 257, 265, 284, 285, 290, 446~450
신—(新—, 性理學) … 26, 73, 79, 81, 98~112, 119, 121, 127, 131, 132, 138, 142, 146, 147, 148, 167, 168, 169, 183~189, 203~212, 214, 224~227, 235~237, 251~256, 257, 265, 284, 285, 289, 290, 446~450
—배척 운동(유학배척론) … 479
—사상의 인간관 → 인간관
—심리학 … 271, 275, 280, 281, 305~307, 350, 392, 478
—적 가치 → 가치
—개신 운동(유교개신론) … 479
유교문화권 … 481, 485, 488
유교적 역동성의 가치 … 481, 482
윤리학 … 99
은(殷) … 44, 51, 78
은혜 … 56
의(義) → 인의예지(仁義禮智)
의도(intention, 의지) … 260, 309, 451~454
의무(의무감) … 35, 45, 275, 297, 329, 410
—론(deontology) … 36, 296, 297, 302, 401, 455
의사결정이론 … 350
의사소통 … 351
의식(—구조) … 288
의영(義榮) … 126, 137, 231~234
의욕(義辱) … 137, 231~234
의영 · 의욕론 … 231~234
의존성 → 상호의존성
이(利) … 117, 119, 147
이기론(理氣論) … 99
이기성(利己性) … 50, 54, 131, 347, 456, 464
번식적 — … 456
이기적 욕구 → 욕구
이기적 투쟁 … 464
이득 대비 부담 비율(cost-to-benefit ratio) … 465
이립(而立) → 연령단계론
이목지관(耳目之官) → 감각기관
이분법 … 288, 289, 290, 373

이상적(理想的) 모형 … 60
이상적(理想的) 인간형(— 인간상) … 25, 28, 29, 42, 47, 48, 49~61, 84, 95, 100, 102, 138, 190, 200, 213, 216, 219, 260, 266, 271, 307~337, 373, 377, 389, 397, 410, 439~445
—론 … 48, 272, 275, 307~337, 393, 478
이성(理性) … 27, 29, 35, 36, 40, 48, 260, 267, 273, 276, 277, 281, 287, 288, 296, 297, 299, 308, 326, 338, 339, 341, 342, 344, 346, 372, 375, 385~387, 390, 392, 393, 395, 399~402, 406, 409~411, 442~445, 455, 509
—적 추론 … 297, 299, 401
—주의 … 36, 296~299, 302
—중심주의(—우월주의) … 276~278, 280, 281, 282, 296, 305, 379, 409~411, 455
— 주체 … 27, 40, 260, 273, 308, 326, 327, 329, 332, 338, 339, 341, 343, 347, 372, 374, 375, 376, 378, 385~387, 390, 391, 393, 400, 409~411, 442~445
—혼 → 영혼
이순(耳順) → 연령단계론
2요인이론(two-factor theory) … 364~366, 437~438
이익(profit, 이득) … 464~466
번식적 — … 466
이차 통제 → 통제
이타성(利他性, 이타행동) … 456, 459~460, 464~467
이해[徵知] … 152
인(仁), 인의(仁義) → 인의예지(仁義禮智)
인간관(인간파악의 관점) … 25, 28, 315, 326, 345, 395~413
개인(개체)중심적 — … 395~413, 440, 476~478
관계중심적 — … 395~413, 476~478
유학사상의 — … 25, 26, 28~47, 57~61, 167, 266~268, 345, 393, 395~413
자유주의의 — … 393, 395~413
인간론(인간학) … 47, 61, 65, 166, 201, 247, 260
인간소외 … 501
인간중심주의 … 273
인격(도덕적 —) … 25, 26, 42, 43, 53, 56, 57, 64, 66, 69, 83, 100, 102, 138, 216, 244, 264, 313, 314, 398, 399
—주의 … 83
—체 … 46, 47, 50, 53, 59, 180, 200, 247, 315, 389, 398, 405, 429
인공지능(AI) … 293
인도(人道) … 33, 63, 168, 248
—론(—論) … 33
인류학 … 469, 470
인륜(人倫) … 31, 32, 67, 74, 76, 129, 130
인문(人文)정신(인문주의) … 389
인생관 … 68, 310, 483
인생 단계 … 318
인성(人性) … 147, 155, 157, 160, 161, 239
—론(—論) … 60, 61, 62, 84, 95, 113, 164, 165, 213, 268, 271, 275~307, 373, 384, 393, 478
인식(— 작용, — 결과) … 151~156, 165, 280, 291, 292, 299
—능력(—체계) → 인지능력

—단위(module) … 471
인심(人心) … 89, 100, 101, 109, 110, 111, 112, 119, 120, 127, 128, 131, 147, 148, 183~189, 224~227, 235~237, 251, 284~285, 431
—도심설(人心道心說) … 115, 119, 131, 183~189, 239, 284~285, 431
인욕(人欲) … 111, 131
알—(遏—) … 26, 100, 101, 102, 168, 170, 183~189, 203, 204, 214, 226, 235, 251, 264, 265, 285, 431
인의예지(仁義禮智) … 32, 38, 63, 119, 141, 148, 151, 152, 187, 254, 429
예(禮) … 32, 37, 38, 45, 62, 63, 92, 95, 125, 134, 140, 145, 159, 160, 168, 170, 171, 197, 198, 220, 222, 223, 290
예의(禮義) … 74, 180, 248, 249
의(義) … 32, 37, 38, 39, 42, 45, 56, 66, 89, 119, 125, 140, 141, 146, 154, 160, 176, 245
인(仁) … 30, 31, 32, 36, 37, 38, 39, 45, 55, 57, 84, 89, 119, 125, 139, 140, 141, 145, 154, 157, 158, 159, 160, 171, 196, 197, 219, 245, 279, 354
인의(仁義) … 45, 55, 90, 148, 222, 228, 313
지(智) … 32, 37, 38, 125, 139, 197
인정(仁政) … 118, 146
인정(認定, 사회적 —) … 117
인지(認知) … 58, 152, 213, 271, 278, 280, 281, 282, 284, 287, 288, 289, 291~295, 302, 303, 309, 379, 409, 425~429, 467
사회— … 293, 294, 295
— 능력(지적 능력) … 36, 151~156, 297~299, 302, 404, 455, 467, 476
—발달 … 280, 297~299, 455, 457, 476
—발달이론 … 36, 280, 296, 297, 302, 303, 401, 455, 467, 469
—심리학 … 272, 280, 291~295, 305
—우월주의(—우월론, —중심주의) … 284, 288, 291, 292, 294
—이론 … 350
—적 과부하 … 463
—적 추론 → 이성적 추론
—혁명 … 282, 289, 291, 425
인지부조화이론 … 452~454
부조화 해소 동기 … 452
부조화 해소 행동 … 452
부조화 상태 … 452
불쾌한 긴장 … 452
인화(人和) … 54
일(work) … 364~370, 436~439
일관성 … 27, 273, 309, 328, 329, 331, 332, 333, 334, 375, 386~387, 403, 411~413
일이관지론(一以貫之論) … 279, 467~468
일차 통제 → 통제
일 처리 … 173
일체화(일체성) … 61, 114, 265, 329
입교(立教) → 소학

자강불식(自彊不息) … 94~98
자기(self) … 121, 123~138, 148, 293, 385, 414~430
개인적 — … 435
경험적 —(me) … 424, 426
관계적 — … 435

물질적 ―(mateial ―) … 424
사회적 ―(social ―) … 424
순수 ―(pure self) … 424, 427
인식적 ―(I) … 423
정신적 ―(spiritual ―) … 424
집단적 ―(collertive ―) … 435
자기개념(self-concept) … 260, 328, 329, 331, 333, 380, 425, 426
자기개선 … 26, 29, 43, 47, 60, 64, 66~70, 86, 87, 112, 167, 168, 169, 189~212, 214, 229, 233, 235, 239~259, 260, 261, 262, 263, 265, 266, 272, 275, 312, 313, 314, 315, 331, 334, 378, 383, 385, 387~390, 391, 392, 394, 403, 408, 412~413, 443~445, 479, 502
자기객관화 … 69, 310, 322
자기견고화 → 개체견고화
자기관 → 자기상
자기 관련 연구 … 414~430
자기고양 … 261, 273, 309, 327, 329, 376, 386~387, 394, 407, 411~413, 502
자기도식 … 425, 426
자기동일성 … 311, 318
자기몰입 … 29, 41, 44, 47, 54, 58, 59, 61, 67, 71, 167, 268
자기반성(自反) … 60, 64, 66, 68, 85, 86, 189~212, 239~259, 260, 262, 266, 394, 408
자기발전 … 47, 68, 165, 168, 190, 192, 196~199, 241, 261, 312, 331, 368, 373, 376, 378, 392, 393, 403, 407, 411~413, 431, 432
―론 … 23~268, 272, 275, 373~392, 478
자기보존 … 456
자기비판(self-criticism) … 388~390
자기상(자기관) … 328, 332, 333, 388, 411~413, 414~430, 435, 502
자기성찰(自省) … 26, 47, 60, 64, 66~68, 69, 70, 112, 114, 168, 169, 189~212, 214, 239~259, 260, 265, 266, 272, 387~390
자기수련 → 수양
자기수양 → 수양
자기수용 … 309~311, 441
자기실현(―인) … 28, 260, 283, 307~337, 407~409, 439~445
― 욕구 → 욕구
자기억제 … 26, 29, 41, 62, 63, 64~65, 66, 70, 86, 87, 114, 158, 168, 169~212, 213~239, 240, 241, 257, 259, 260, 265, 266, 272, 274, 312, 313, 314, 315, 330, 334, 335, 337, 377, 379~384, 391, 394, 412~413, 415, 443~445, 479
자기연속성 … 423~430
자기완비성(자기완비체) … 27, 309
자기완성 … 315
자기은폐 … 40
자기이익(사적 이익) … 27, 29, 40, 41, 43, 60, 67, 117, 157, 214, 273, 308, 309, 338, 342, 343, 344, 372, 375, 394, 409
― 최대화 … 40, 338, 339, 343, 344, 345, 347, 358, 371, 375, 391, 393, 407
― 추구 … 341, 342, 346, 375, 394, 409, 442~445, 459
자기인식 … 314
자기점검 … 379~382
자기조절(self-regulation) … 108, 110, 167, 209, 235~239, 380~382

—론 … 235~237, 380~382
자기존중감(self-esteem, 자존감) … 331, 333, 334, 366, 380, 382, 385~387, 388, 390, 414~430, 506~507
— 욕구 → 욕구
— 척도 … 421~423, 506
자기주장 … 27, 41, 273, 308, 309, 327, 328, 329, 330, 331, 332, 333, 334, 336, 375, 385~387, 393, 394, 409~411, 442~445
자기중심성 … 41, 43, 44, 47, 50, 54, 59, 71, 83, 226, 227, 260, 261, 262, 263~265, 266, 267, 298, 310
자기지각이론 … 453~454
자기지속성 … 311
자기지향성 … 101, 386
자기지향 정서 → 정서
자기통일성 … 309~311, 423~430, 441
자기통정 … 318
자기통제, 자기통제론 → 통제
자기평가 … 414~430
자기표현(자기표출) … 327, 332, 336, 379~384, 409~411, 415
자기향상 … 27, 47, 215, 261, 313, 320, 328, 331, 334, 379, 385~390, 391
자기화(self-making) … 261, 309, 312, 335, 336, 387, 388, 502
자기효능감 → 효능감
자기희생 … 418
자득(自得) … 88~91, 95, 96, 97, 244
자립심(자립성) … 418
자발성 … 162, 327, 341
자본주의 … 485, 486
자부심 … 386
자식 … 33, 34, 140, 353, 354
자아(自我, ego) → 정신역동이론
자연권(자연법) … 344
자연상태 … 340, 342, 343, 344
자연선택(natural selection) … 464~467
자연인 … 340, 342, 409
자원(사회적 —) … 118, 342, 356, 371
자유 … 27, 273, 308, 340, 341, 370, 393, 414, 415
—의 보유자(—의 주체) … 27, 260, 273, 308, 326, 329, 332, 335, 341, 343, 346, 347, 370, 375, 376, 378, 385, 393, 397, 414, 439
—자재 … 56
자유주의(liberalism) … 27, 28, 29, 267, 273, 278, 308, 316, 326, 335, 340, 344, 370, 374, 375, 379, 390, 395
—의 인간관 → 인간관
자유화 … 498~499
자율성 … 27, 35, 165, 273, 308, 309, 318, 326, 327, 329, 332, 333, 335, 374, 375, 378, 379, 385, 390, 391, 393, 397, 414, 415, 418, 433, 491
자임(自任) … 25, 44, 50, 54, 57, 58, 60, 264, 314, 315, 316, 325, 442
자주성 … 310
자책(自責) … 243
작업동기 → 동기
잠재가능성(잠재력) … 28, 260, 310, 320, 376, 439
장(場) 독립성－의존성 … 507~508
장유(長幼) … 32, 33, 75
장유유서(長幼有序) → 오륜(五倫)
장점확충 … 260, 261, 309, 328, 333, 334, 376, 385~387, 391, 393, 394, 403, 407, 411~413, 442~445
재기자(在己者, 在我者) … 65, 124~138, 147, 148, 150, 162, 183, 215, 216, 221, 227, 228, 233, 234, 431
재외자(在外者, 在天者) … 65, 124~

138, 147, 148, 150, 162, 175, 178, 182, 183, 215, 216, 227, 228, 233, 234, 431
저항(—권) … 380, 383, 415
적극성 … 327, 329, 332, 333, 336
적소성대(積小成大) … 93
적응성(상황—) … 268, 275, 286, 334, 377, 382~384, 415
적합도(fitness) … 464~467
— 부담(— cost) … 456
번식—(reproductive —) … 464
포괄—(inclusive —) … 464~467
전국(戰國) 시대 … 271
전한(前漢) … 271, 479
절욕(節欲) → 욕(欲)
전심일지(專心一志) … 93
전심치지(專心致志) … 88~91, 96, 98, 368
점성설(漸成說) … 317~326, 336
점진성(점진적 확대론) … 263~265, 323
점화(點火) … 501~502, 507~508
— 효과 … 507
정(情) … 120~121, 142, 150, 248
—감(—感) … 150, 230, 231
—성(—性) … 120~121
—욕(—欲) … 120~121
성—(性—) … 120~121
천—(天—) … 120~121, 232
정(鄭) … 56
정념(情念, passion) … 299, 401, 455
—론(—論) … 36, 296, 299~300, 302, 401, 455
정당화 … 299
정돈 … 108, 167, 209, 257
정명(正名) … 34, 352, 353
—론(—論) … 33, 352
정보처리 … 293, 425
정보화 … 495, 497~499, 508
정서 … 58, 120~123, 148~151, 164, 215, 227~239, 271, 278, 280, 281, 286~291, 292, 303, 326, 467
기본 — … 287
분화적 — … 327
사회지향 —(사회적 —, 도덕적 —) … 161, 165, 227~239
자아지향 —(자기중심적 —) … 64, 101, 115, 120~123, 132~138, 148~151, 157, 161, 169, 174~175, 177~178, 182~189, 192, 215, 216, 227~239, 259, 289~291, 385
타인 · 규범지향 —(타인 · 규범중심적 —) … 101, 102, 115, 120~123, 132~138, 148~151, 164, 165, 183~189, 215, 216, 227~239, 289~291
통합적 — … 329
—심리학 … 271, 280, 305
— 안정 … 43, 68, 322, 397
—이론 … 120~124, 149~152, 163, 169~189, 215, 227~239, 286~291
— 재인 … 287
— 체험 … 286, 287
— 표출 … 286, 287
정신건강 … 316, 326~332, 439~445
—심리학 … 272
정신역동이론(정신분석학) … 280, 296, 299~300, 302, 303, 332, 401, 443, 455, 467
원초아(id) … 299~300
자아(ego) … 299~300
초자아(super-ego) … 299~300
구강기 … 404

남근기 … 300, 404
생식기 … 404
항문기 … 404
잠복기 … 404
오이디푸스 복합(Oedipus complex) … 300
엘렉트라 복합(Electra complex) … 300
동일시(동성부모 동일시) … 300
정심(正心) → 팔조목(八條目)
정안례(情安禮) … 63, 64
정언명법(categorical imperative) … 297
정의(正義, 사회—) … 356~363, 469
— 원리 … 469
—의 도덕성 → 도덕적 지향성
정일(精一) … 109, 251, 254, 264
정주학(程朱學) … 204
정체성(자기정체성, 정체감) … 68, 310~311, 318, 319, 322, 423~430, 435, 441, 483
정치(政治, 政事) … 33, 34, 69, 72, 218, 322, 352, 353
정확성 … 287
제(齊) … 353
제가(齊家) → 팔조목(八條目)
제약 → 사회적 압력
제자(弟子) … 76
조망 확대 … 475~478
공간적 — … 476~477
시간적 — … 476, 477~478
조선(朝鮮) … 73, 99, 100, 102, 111, 142, 204, 479, 480
조작(操作) … 297~298, 404
감각운동기 … 298, 404
구체적 —기 … 298, 404
전—기 … 298, 404
형식적 —기 … 298, 404
조직심리학 … 272, 293, 371
조직체 … 364~370, 436~439
조화성(조화) … 25, 29, 33, 34, 35, 41, 43, 44, 51, 53, 54, 57, 60, 65, 69, 75, 114, 136, 138, 139, 167, 168, 175, 180, 247, 264, 274, 285, 312, 313, 314, 315, 316, 320, 322, 325, 329, 330, 334, 336, 337, 338, 339, 345, 346, 348, 349, 350, 352, 353, 354, 357~359, 360~363, 368, 371, 372, 373, 374, 376, 377, 379, 382~384, 387~390, 391, 392, 394, 397, 399, 409~411, 415, 439~445, 479
존심(存心) … 63, 198, 246
—론(—論) … 168, 169
존양(存養) … 212, 253
존엄(—성) … 273, 411
존재 … 27, 29, 30, 32, 34, 35, 58, 59, 71, 73, 79, 95, 112, 144, 165, 167, 181, 190, 237, 266, 274, 303, 345
— 근거 … 351, 352
— 양상 … 402~406
—의의 … 25, 27, 29, 30, 35, 58, 69, 260, 261, 266, 273, 274, 276, 303, 308, 311, 315, 316, 326, 329, 335, 336, 337, 338, 346, 349, 374, 376, 385, 391, 393, 394, 395, 396~399, 406, 414, 415, 439, 442, 443
—확대(—인) … 25, 30, 35, 41, 44, 47, 48, 49, 50, 53, 54~70, 73, 114, 165, 167, 168, 169, 214, 217, 237~239, 257~268, 307~337, 394, 407~409, 410, 439~445
개체적 — … 25, 30~35, 47, 50, 60, 266, 268, 345, 396~399, 414, 502

도덕적 — … 25, 30, 35~41, 48, 50, 60, 61, 213, 214, 267, 268
독립적 — … 387
문화적 — … 400
미성숙한 — … 25, 30, 41~47, 48, 50, 60, 61, 268
복합적 — … 395~413
분리된 — … 309
생물체적 — … 25, 30, 35~41, 48, 50, 60, 267, 268, 400
사회적 — … 25, 29, 30~35, 48, 50, 60, 61, 117, 266, 267, 268, 272, 346, 396~399, 415, 502
성숙한 — … 25, 30, 41~47, 48, 50, 60, 61, 268
실체적 — … 27
욕구적 — … 60, 61
이기적 — … 345
조화로운 — … 312
존천리(存天理) → 리(理)
종(種) … 288
인간 — … 456, 460~463, 477
종심(從心) → 연령단계론
주(周) … 45, 78
주급(周急) … 359~363
주도성 … 178, 190, 318, 327, 415
주의 … 167, 209, 211, 236, 253, 330, 333, 334
—의 초점 … 326, 329, 348, 385
—집중 … 105~110, 167, 209, 236, 257, 258
주자학(朱子學) … 99
주조습속(注錯習俗) … 181, 249
주체성 … 41, 159, 275, 309~311, 315, 403, 441
주휼(賙恤) … 359~363
준비성 … 471
중도(中道, 中) … 109, 225, 254, 265
중용(中庸) … 55, 232
중재 … 330
지(智) → 인의예지(仁義禮智)
지(知) … 91, 151
지각 … 291
지능 … 250, 380
지덕(至德) … 53
지명(知命, 知天命) → 연령단계론
지명(知明) … 201, 447
지성(知性) … 220~222, 278
— 주체(인식 주체) … 91, 213
지식 … 69, 79, 157, 291, 292
지어지선(止於至善) → 삼강령(三綱領)
지인(至人) … 48
지적 인식능력 → 인지능력
지천(知天) … 221
지평(至平) … 368
지학(志學, 志于學) → 연령단계론
지-행(知-行) 관계 … 372, 373, 446~454
선지후행(先知後行) … 446~454
선행후지(先行後知) … 446~454
지행합일(知行合一) … 62, 272, 372, 373, 446~454
직분 → 역할
진(秦) … 99, 285
진(陳) … 242
진도(盡道) … 353
—론(—論) … 34
진보 … 273
진심(盡心) … 63, 221
진화 … 288, 421, 461, 462, 464~467, 478
— 기제 … 456, 464~467
—의 단위 … 464
—생물학 … 464, 471

—심리학 … 350, 455, 456, 464, 470, 471, 476~478
—적 근거 … 470~472
진화론 … 456, 464~467, 476~478
고전 — … 464
현대 — … 464, 465, 476
질료 … 426
질서 … 33, 34, 75, 180, 285, 354
집단생활 … 460~463
집단주의 → 문화 유형
집대성(集大成) … 55
집행기능 … 425

차별성 … 141
찰도(察道) → 도(道)
참기(參己) … 199~203, 447
참을성 … 418
참조대상 … 121, 132, 149, 178, 230, 289
창조성(독창성) … 310, 418
책임(책무, 사회적 —) … 24, 43, 44, 50, 51, 54, 57, 58, 60, 69, 191~203, 239, 240, 257, 264, 310, 314, 315, 316, 322, 325, 349, 379, 387~390, 442
—의 자기 귀인 … 43, 53, 191~203, 239~259
처벌 … 298, 301
악(惡)에 대한 — … 457~459
처지 … 55, 56
천군(天君) … 164
천관(天官) … 164
천명(天命, 命) … 68, 86, 124, 125, 126, 153, 202, 242
천정(天情) → 정(情)
천하위가(天下爲家) … 45, 359
천하위공(天下爲公) … 44, 45, 359
천형진성(踐形盡性) … 108, 208
철없음 … 330
청(淸) … 198
체도(體道) → 도(道)
초자아(超自我, super-ego) → 정신역동 이론
추론(인지적 —) … 297, 404, 453, 469~475
춘추(春秋) 시대 … 51, 56, 271, 479
충서(忠恕) … 62, 158, 196, 198, 468
충성심 … 128, 142, 418
측은지심(惻隱之心) → 오륜(五倫)
치국(治國) → 팔조목(八條目)
치(恥, 부끄러움, 수치심) … 97, 134, 135, 227~234, 260, 261, 331
불가무—론(不可無一論) … 230~231
유—론(有一論) … 227~234
치지(致知) → 팔조목(八條目)
친구 → 붕우
친민(親民) → 삼강령(三綱領)
친밀감 … 318, 319, 397
친애 … 53, 140, 157
친족선택(kin selection) … 465
친친(親親) … 32, 154, 155
칠정(七情) … 64, 101, 120~123, 136~138, 149~151, 164, 174, 177, 182, 183~189, 215, 227, 235~237, 252, 253, 289~291
칠포사(七包四) … 291
침팬지 … 456, 459~460, 461, 463

컴퓨터 … 293, 495, 498
— 의사(computer simulation) … 293
쾌(쾌락, —추구) … 116, 301~302, 380~383, 466

—주의(hedonism) … 301~302

타인에 대한 관심 … 29, 32, 34, 35, 39, 40, 41, 50, 51, 59, 60, 61, 114, 132, 149, 150, 230, 261, 267, 274, 276, 285, 294, 303, 311, 314, 339, 346, 347, 348, 349, 372, 377, 394, 409~411, 415, 433, 439~445, 458, 459
타인에 대한 민감성 … 382~384, 415
타인지향성(타인중심성) … 50, 54, 61, 71, 101, 167, 262, 263~265, 266, 267, 441~445
타인지향 정서 → 정서
타자성 … 488
타협성 … 418
탁월성 → 수월성
탈영토화 … 498~499
태교(胎教) … 76
태도(態度) … 423, 446, 451~454, 480
—변화 … 454
—형성 … 454
태도-행동 관계 … 451~454
통일(통일성, 통합성) … 294, 310
통제 … 65, 129, 130, 145, 146, 153, 157, 159, 160, 161~165, 169~189, 189~212, 213, 214~239, 259, 287, 288, 306, 373, 374, 375, 377, 379~390
이차— … 384
일차— … 384
자기— … 161~165, 168, 169~189, 190~212, 322, 377, 378, 382~384, 409~411
자기—론 … 167, 374~378, 382~384
환경— … 327, 376, 380, 386~387, 409~411
환경—론 … 374~378
— 가능성 … 172, 217, 219, 288
— 능력 … 380
—력 … 145, 161~165, 217, 227, 299, 374, 376, 377, 378, 380~382, 382~384, 390, 391, 409~411
— 불능성 … 288
—의 대상 … 168, 170, 327, 374~378
통찰 … 333, 334, 336, 337
통치이념 … 72
통합(—성) … 145, 149, 156~161, 247, 304, 330, 331
통합적 정서 → 정서
투입(input, 투입량) … 342, 356

판단[辨, 도덕 —] … 153, 154
팔조목(八條目) … 53, 321~326, 337, 405
격물(格物) … 109, 324~325, 398, 405
성의(誠意) … 324~325, 398, 405
수신(修身) … 324~325, 398, 405, 449
정심(正心) … 324~325, 398, 405
제가(齊家) … 324~325, 337, 398, 405, 449
치국(治國) … 53, 324~325, 337, 398, 405, 449
치지(致知) … 103, 104, 109, 110, 324~325, 337, 398, 405
평천하(平天下) … 53, 324~325, 398, 405, 449
평가(evaluation) … 451~454
평등(—성) … 273, 341, 343, 346, 370, 411, 491~492
평준화 … 356~358

평화 … 33, 34, 35, 44, 45, 343
표상(表象) … 425~430
표적행동 … 379~384
필요 … 356, 359~363

하(夏) … 44, 45, 51, 78
하위체계 → 부속체계
학문 … 204, 205, 251
학불염(學不厭) … 85, 86, 95
학습 … 36, 82, 274, 280, 283, 291, 292, 301~302, 401, 404, 455
— 원리 … 301~302
—이론 … 36, 280, 296, 301~302, 350, 455, 467
한(漢) … 490
함양(涵養) … 100, 195, 204, 210, 215, 231, 264
합리성(合理性) … 27, 28, 260, 273, 288, 308, 326, 329, 332, 342, 344, 371, 372, 374, 375, 392, 393, 409~411, 442~445
합리적 계산 … 276, 338, 339, 342, 345, 346, 347, 375, 392, 409
—자 … 341, 342, 343, 345
합리적 선택 … 27, 29, 35, 40, 267, 273, 308, 338, 339, 342, 375, 378, 393, 400
합리적 판단 … 27, 29, 35, 40, 267, 273, 276, 308, 338, 378, 393, 400
합리주의 모형 … 473~474
합리화 … 474~475
해폐(解蔽) … 295
핵가족화 … 496~497
행도(行道) → 도(道)
행동 … 40, 42, 81, 207, 236, 244, 246, 257, 271, 273, 274, 275, 280, 301~302, 446, 451~454, 480, 489
—거지 … 77, 80, 81, 105, 209, 211
—동원체계 … 291, 379
—목록 … 301
— 양식 … 40, 41, 266, 308, 394, 479, 481, 502
행동주의 … 36, 296, 301~303, 401
행무과(行無過) … 201, 202, 250, 447
행복(행복감) … 260, 301, 308, 309, 333, 334, 364, 379, 388, 436
행실 … 74, 76, 80, 88
행위원동력 → 원동력
향악성(向惡性) → 악
현대심리학 → 심리학
현생 인류(Homo Sapience) … 456, 460~463, 477
현실(—세계) … 260, 311, 351
현실인식(객관적 현실 파악) … 310, 311
현실태(現實態, actuality) … 250
현인(賢人, 현자 賢者) … 48, 250
혈기(血氣) … 108, 173
혐오 … 299, 381
협동(협동심) … 330, 485, 491
형식주의(formalism) … 297
형이상학 … 99, 186, 276
형제(兄弟) … 31, 32, 58, 266
형평규범 → 분배
형평 … 342, 344, 355, 359
—이론 … 342, 343, 344, 358
— 회복 … 344, 358
호손 효과(Hawthorne effect) … 365, 437
호의성 → 우애
호학(好學, 一者) … 45, 72, 84~88, 95, 191, 192, 241, 242, 367
화성기위(化性起僞) … 181, 248, 249, 250
화성론(化性論) … 247~251
화여심성(化與心成) … 80, 81, 82
환경 자극(외적 조건) … 65, 123~138,

147, 148, 152, 173, 174, 228, 238, 274, 283, 289, 292, 327, 364~367, 379~384, 386, 436~439
환경통제, 환경통제력 → 통제
환류(feedback) … 236
환원주의(환원론) … 274
기계론적 — … 274, 275
회인불권(誨人不倦, 一者) … 45, 72, 85, 86, 87, 191, 367
회통(會通, 동 · 서의 —) … 269~509
기존 연구 내용의 이론적 확장 … 413, 430~439, 509
객관적 연구 방법의 도입과 세련화 … 413, 446~454, 509
새로운 연구 문제의 발굴 … 413, 455~475, 509
연구 관점의 보완과 통합 … 413, 439~445, 509
연구 태도의 중립화와 통합 … 413, 414~430, 509
효과의 법칙 … 301~302
효능감(효능성, efficacy) … 377, 379~382, 383~385
자기—(self-efficacy) … 373, 379~382, 409~411
효도(효성) … 30, 31, 74, 128, 142
후퇴 … 380, 383
후한(後漢) … 155, 198

고전 문헌

《論語》
學而(제1)
1장 … 46, 48, 72, 87, 96, 133, 149, 150, 174, 195
2장 … 30, 48, 149, 346
4장 … 63, 67, 193, 201, 389
7장 … 48
8장 … 48, 67, 243, 389
13장 … 149, 228
14장 … 48, 85, 86, 149, 150, 172, 191
15장 … 134, 149, 173
16장 … 195, 429
爲政(제2)
3장 … 149, 228
4장 … 68, 217, 238, 259, 263, 265, 322, 405
12장 … 48
13장 … 48, 229
14장 … 42, 43, 48, 49
15장 … 84
八佾(제3)
7장 … 48
20장 … 149
24장 … 48
里仁(제4)
2장 … 149
3장 … 149
5장 … 48, 117, 158, 160, 173
6장 … 149, 160
7장 … 243, 389

9장 … 149, 228
10장 … 48
11장 … 42, 48, 49
12장 … 129, 136
14장 … 195, 229
15장 … 62, 158, 279, 303, 468
16장 … 42, 48, 49, 160
17장 … 48, 194, 244, 389
22장 … 149, 228, 229
24장 … 48
公冶長(제5)
2장 … 48
5장 … 149
6장 … 149
9장 … 88, 146, 367
10장 … 129
13장 … 244
14장 … 85, 149, 228
15장 … 48, 56
24장 … 149, 228
25장 … 136, 367
26장 … 243, 389
27장 … 45, 72, 84, 85, 149, 191
雍也(제6)
2장 … 85, 86, 149, 192, 242, 389
3장 … 48, 359
9장 … 149
10장 … 149
11장 … 42, 48, 49
16장 … 48
18장 … 149, 367, 438
21장 … 149
24장 … 48
25장 … 48, 446, 447
26장 … 149
28장 … 32, 38, 39, 49, 57, 140, 146, 219, 279, 347, 429
述而(제7)
1장 … 84, 149
2장 … 72, 84, 86, 95, 193, 367, 389
3장 … 67, 84, 161, 192, 229, 241, 389
10장 … 149
11장 … 149, 172
14장 … 48
15장 … 149, 173
18장 … 84, 87, 149, 367
19장 … 84, 149
21장 … 240, 389
25장 … 48, 49
29장 … 36, 119, 140, 146, 279, 429
30장 … 48, 242, 389
32장 … 48, 84, 193
33장 … 45, 49, 72, 84, 85, 96, 191, 367, 389
36장 … 42, 43, 48, 49, 136, 229
泰伯(제8)
2장 … 48
4장 … 48
6장 … 48
10장 … 149
13장 … 85, 149, 173, 228
子罕(제9)
6장 … 48, 49
10장 … 447
13장 … 48
16장 … 88, 91, 367
17장 … 146, 149, 218
23장 … 149
24장 … 67, 243, 389
26장 … 146, 228
鄕黨(제10)
6장 … 48
先進(제11)
1장 … 48

3장 … 149
6장 … 85, 149
12장 … 149
20장 … 48
25장 … 48
顔淵(제12)
1장 … 32, 38, 62, 125, 139, 145, 158, 159, 171, 219, 223, 255, 263, 279, 304, 347, 389, 468
2장 … 31, 39, 146, 429
4장 … 48, 157, 228, 229, 389
5장 … 48, 65, 124, 147, 172
7장 … 218
8장 … 48
10장 … 62, 129, 153
11장 … 34, 348, 353
15장 … 446, 447
16장 … 42, 48, 49
19장 … 42, 48, 49, 146
20장 … 149
22장 … 32, 39
24장 … 48
子路(제13)
2장 … 48
3장 … 34, 48, 348, 353
4장 … 120, 149
8장 … 173
15장 … 149
16장 … 149
17장 … 129, 173
20장 … 149, 228
23장 … 42, 43, 48, 49
24장 … 149
25장 … 42, 48, 49, 149
26장 … 42, 43, 48, 49, 136, 229
憲問(제14)
1장 … 149, 228
2장 … 219
6장 … 48
7장 … 42, 48, 49
8장 … 98
11장 … 173
13장 … 48, 173
14장 … 149
24장 … 42, 48, 49
25장 … 398
28장 … 48
29장 … 48, 149, 228, 229
30장 … 48, 193
32장 … 229, 429
39장 … 48
44장 … 149
45장 … 48, 50, 105, 238, 264, 313, 323, 398, 442
衛靈公(제15)
1장 … 42, 48, 49
6장 … 48
8장 … 173
9장 … 146
12장 … 146, 149, 218
13장 … 48
16장 … 149
17장 … 48
18장 … 48, 195, 229
19장 … 48
20장 … 42, 43, 48, 49, 194
21장 … 48, 149, 229
22장 … 48
23장 … 32, 39, 62, 146, 160, 279, 429
27장 … 149
29장 … 243, 389
30장 … 84

31장 … 48, 146, 157, 173, 174, 229
32장 … 157
33장 … 42, 48, 49
36장 … 48
37장 … 146, 173
季氏(제16)
1장 … 48, 360
5장 … 149
6장 … 48
7장 … 48, 173
8장 … 42, 48, 49
10장 … 48
13장 … 48
陽貨(제17)
1장 … 149
2장 … 94
4장 … 42, 43, 48, 49
5장 … 149
7장 … 48
8장 … 85, 149
15장 … 65, 127, 129, 147
16장 … 149
21장 … 48, 149
23장 … 42, 48, 49
24장 … 48
微子(제18)
7장 … 48, 129
10장 … 48
子張(제19)
3장 … 48, 149, 228
4장 … 48
5장 … 85, 86, 95, 149
7장 … 48
8장 … 244
9장 … 48
10장 … 48
12장 … 48, 49
19장 … 120, 149
20장 … 48
21장 … 48, 243, 390
22장 … 48
25장 … 48
堯日(제20)
1장 … 149, 184, 218
2장 … 48, 136, 146, 229
3장 … 48

《孟子》
梁惠王上
1장 … 65, 129, 146
2장 … 48, 149
3장 … 149
5장 … 149
7장 … 48, 49, 129, 221
梁惠王下
1장 … 149
3장 … 149
4장 … 48, 149, 360
5장 … 146, 149, 361
9장 … 146
10장 … 149
11장 … 149
12장 … 146
14장 … 49
15장 … 49
16장 … 48
公孫丑上
1장 … 48, 129
2장 … 49, 51, 85, 149, 191, 196, 265, 429
3장 … 149
4장 … 48, 149, 199
5장 … 48, 149
6장 … 37, 39, 66, 94, 134, 141, 143,

149, 150, 151, 245, 279, 468
7장 … 149
8장 … 49, 149, 244, 348
9장 … 49, 51
公孫丑下
1장 … 49
2장 … 51, 149
3장 … 49
7장 … 49, 149
8장 … 149
9장 … 49, 246
11장 … 149
12장 … 42, 149
13장 … 49
滕文公上
2장 … 42, 49, 149
3장 … 49, 129, 149, 221
4장 … 31, 42, 48, 49, 120, 346
滕文公下
1장 … 42
2장 … 48, 56
3장 … 49
4장 … 49
5장 … 42, 49, 149
7장 … 49
8장 … 49, 247
9장 … 49, 51, 146, 149
離婁上
1장 … 42, 49
2장 … 34, 49, 146, 348, 354
3장 … 149
4장 … 62, 67, 197, 429
7장 … 48, 149
8장 … 149, 199
9장 … 89, 146, 149
12장 … 149
13장 … 51
16장 … 133, 150
18장 … 49, 178
20장 … 48
22장 … 149
26장 … 49
27장 … 32, 149
28장 … 149
離婁下
1장 … 49, 55
2장 … 49, 149
6장 … 48
7장 … 48, 49, 149
8장 … 185, 221
9장 … 89
11장 … 48
12장 … 48, 89
14장 … 49, 89, 244, 447
15장 … 447
17장 … 48
18장 … 49, 91, 120, 149, 368
19장 … 49, 146
20장 … 48, 149
22장 … 42, 49
24장 … 42
25장 … 245
27장 … 49, 146, 149
28장 … 49, 67, 198, 246
29장 … 55, 149
30장 … 149
33장 … 49
萬章上
1장 … 130, 149
2장 … 49
4장 … 49
6장 … 48, 49, 51
7장 … 49, 51, 56, 149
8장 … 149

9장 … 48, 149
萬章下
1장 … 49, 51, 55, 314
3장 … 48
4장 … 49
5장 … 149
6장 … 48, 49, 149
7장 … 42, 48, 49, 149
告子上
4장 … 149
6장 … 38, 39, 49, 66, 120, 140, 144, 149, 150, 245, 279, 347, 429
7장 … 49, 117, 147, 149, 153
8장 … 49, 89, 120, 146, 149
9장 … 90, 96
10장 … 48, 49, 146, 177, 220
11장 … 89
12장 … 49, 89, 178
14장 … 42, 48, 49
15장 … 42, 48, 130, 153, 163, 177, 185, 221, 305, 402
16장 … 146, 149
17장 … 222
告子下
1장 … 146
2장 … 94
3장 … 42
4장 … 130, 146, 149
5장 … 149
6장 … 48, 49, 51, 55
7장 … 48, 360
8장 … 149
13장 … 149
14장 … 149
15장 … 98, 149
盡心上
1장 … 63, 90, 153, 221
3장 … 126, 147, 176
4장 … 63, 67, 149, 196, 199
6장 … 231
7장 … 149, 228, 231
8장 … 149
9장 … 149
13장 … 49
15장 … 155, 295, 402
17장 … 185, 222
19장 … 48, 149
20장 … 46, 49, 72, 149
21장 … 49, 118, 119, 146, 149
22장 … 51
23장 … 49
24장 … 49, 91
27장 … 129
28장 … 51
30장 … 162
31장 … 48, 51, 149
32장 … 49
33장 … 48, 90
35장 … 149, 220
37장 … 49
38장 … 49
40장 … 49
41장 … 49
43장 … 49
45장 … 49
46장 … 48
盡心下
4장 … 149
11장 … 149
12장 … 48
15장 … 49, 51
18장 … 49
20장 … 48
21장 … 91, 368

23장 … 149
24장 … 48, 49, 65, 125, 126, 146, 147, 149, 153
25장 … 49, 144, 323, 405
27장 … 49
29장 … 49
32장 … 49
33장 … 49
34장 … 48
35장 … 62, 176, 184
37장 … 49, 149
38장 … 49, 51

《荀子》

勸學(제1)
p. 1 … 46, 72, 93
p. 2 … 63, 67, 201, 250, 447
p. 4 … 84, 149
pp. 8−9 … 94
p. 9 … 97
p. 12 … 46, 93, 323
p. 21 … 145, 223
p. 22 … 48

修身(제2)
p. 22 … 67
pp. 22−23 … 202
p. 29 … 180
pp. 29−30 … 468
p. 30 … 149
p. 33 … 146
p. 35 … 97
pp. 36−37 … 63
p. 40 … 146, 180, 183

不苟(제3)
p. 4 … 133, 150, 180
p. 17 … 130, 182, 185, 232

榮辱(제4)
p. 25 … 130, 146, 181, 203, 429
pp. 29−30 … 250
p. 31 … 116
pp. 31−32 … 95
p. 32 … 41, 67
p. 37 … 180
p. 39 … 117, 180
pp. 39−40 … 348
p. 40 … 348, 368

非相(제5)
pp. 8−9 … 116
pp. 9−10 … 39, 40, 66, 140, 154, 279, 304, 347

非十二子(제6)
p. 36 … 135, 149, 150, 233
p. 38 … 149
p. 39 … 149

儒效(제8)
p. 1 … 48
p. 4 … 48
pp. 9−10 … 33, 154
p. 11 … 149
p. 19 … 180
p. 27 … 48
p. 28 … 48
p. 32 … 48
p. 34 … 92
p. 35 … 181, 249
p. 36 … 92, 95, 180, 247
p. 37 … 118
p. 38 … 48

王制(제9)
pp. 6−7 … 362
p. 7 … 180
pp. 19−20 … 31, 346
p. 20 … 37, 40, 66, 141, 279, 304, 348

富國(제10)
p. 2 … 65, 130, 181
p. 7 … 353
王霸(제11)
pp. 5–6 … 131
p. 11 … 146
p. 33 … 131
君道(제12)
p. 4 … 146
p. 5 … 34, 354, 355, 362, 363
pp. 6–7 … 54
p. 9 … 146
p. 21 … 146
議兵(제15)
p. 15 … 250
彊國(제16)
p. 6 … 149
p. 7 … 180
p. 8 … 146
p. 20 … 146
天論(제17)
p. 23 … 48
p. 24 … 232
pp. 24–25 … 153, 164, 305
p. 25 … 185, 223
p. 28 … 429
pp. 28–29 … 127, 148, 162, 202
p. 29 … 130, 223
p. 37 … 183
正論(제18)
p. 6 … 92
pp. 28–29 … 126, 148
p. 29 … 65, 125
pp. 29–30 … 137, 182, 234
p. 32 … 180
禮論(제19)
p. 1 … 224
p. 5 … 146
p. 13 … 223, 248
p. 14 … 92
p. 20 … 149
p. 24 … 200, 247
pp. 24–25 … 154
樂論(제20)
p. 7 … 130, 181, 223
解蔽(제21)
p. 1 … 130, 181
p. 3 … 137
p. 10 … 223
pp. 10–11 … 448
pp. 10–15 … 153
pp. 11–13 … 63
p. 12 … 402
p. 14 … 48
pp. 14–15 … 164, 305
pp. 21–22 … 48
p. 26 … 323
正名(제22)
p. 2 … 199, 232
p. 3 … 295, 402
pp. 6–8 … 153
p. 8 … 402
pp. 19–20 … 63, 222
pp. 19–22 … 180, 185
p. 24 … 222
p. 25 … 130, 181
pp. 26–27 … 130, 181, 185
pp. 27–28 … 224
性惡(제23)
pp. 2–3 … 95
pp. 6–7 … 248
pp. 7–8 … 146
pp. 13–14 … 95, 402
p. 14 … 92, 93, 247

p. 15 … 130, 181
p. 18 … 146
成相(제25)
p. 5 … 48
p. 9 … 48
大略(제27)
p. 20 … 119, 130, 146
p. 21 … 149
p. 22 … 149
宥坐(제28)
p. 8 … 97, 149, 228
子道(제29)
p. 17 … 429
法行(제30)
p. 20 … 149
pp. 21–22 … 67, 203

《禮記》
禮運(제7)
p. 290 … 44, 45
p. 301 … 121, 146
學記(제18)
p. 477 … 146

《大學章句》
大學章句 序 … 79
經 … 52, 324, 398, 405
傳
2장 … 95

《中庸章句》
序 … 109

《小學》
小學書題 … 80, 449
小學題辭 … 74, 80
小學集註 總論 … 79, 82, 448, 449
小學集註總目 … 76, 78
立教 序 … 76
明倫 序 … 75
敬身 序 … 77
小學集註跋 … 83

《退溪全書》
1卷
p. 185 … 103, 104
pp. 185–186 … 102, 206
p. 186 … 104
p. 196 … 204
p. 197 … 107, 207
p. 203 … 102, 106, 207, 208, 236, 257
p. 205 … 252, 253, 290
pp. 205–206 … 254
p. 208 … 102, 107, 128, 142, 147, 148, 187, 204, 208, 225, 252, 257, 258, 259, 265
p. 210 … 102, 207, 211, 236
pp. 210–211 … 212
p. 211 … 212
p. 406 … 137, 138, 149, 151, 188, 236
p. 412 … 138, 188, 236
p. 521 … 450
2卷
p. 4 … 448
p. 94 … 111
p. 226 … 101, 184
p. 259 … 101, 111, 131, 148, 184, 186, 204, 224, 235, 251
p. 307 … 131
p. 368 … 82
4卷
p. 175 … 102, 107, 208, 258
p. 212 … 253

《栗谷全書》

1卷

p. 84 … 104
p. 192 … 101, 112, 226
p. 197 … 263
p. 198 … 291
p. 199 … 101, 151, 184, 188, 291
p. 282 … 65, 128, 142, 148, 225
pp. 282–283 … 112, 225
p. 283 … 102
pp. 418–419 … 205
p. 422 … 206
p. 431 … 102, 103, 206, 207, 236
pp. 433–434 … 103, 110
p. 434 … 209, 211, 212
p. 449 … 254
p. 452 … 254
p. 453 … 148, 187, 225
p. 465 … 255
p. 466 … 255
p. 467 … 65, 131, 186, 255
p. 468 … 255, 256
p. 469 … 131, 186
p. 476 … 107, 111, 209, 258
p. 477 … 108, 208

2卷

pp. 84–85 … 74, 449
p. 231 … 148
p. 232 … 101, 187, 251
p. 240 … 105
p. 255 … 105

저자 소개

조긍호(趙兢鎬, Cho Geung-Ho)

1948년 경기도 양평에서 태어나, 서울대학교 문리과대학 심리학과를 거쳐, 동 대학원에서 문학박사학위를 받았다. 전남대학교와 서강대학교 심리학과 교수를 지내고, 현재 서강대학교 명예교수로 있다. 한국 사회 및 성격심리학회 회장과 한국심리학회 회장을 역임하였으며, "대한민국학술원상"(1999년), "서강학술상"(1999년), "한국심리학회 학술상"(2008년), "과학기술 우수논문상"(2010년), "한국심리학회 공로상"(2014년)을 수상하였다. 서구와 동아시아 사회의 문화차와 그 사상적 배경에 관심을 가지고 있으며, 특히 동아시아인의 특징적인 심리와 행동의 근원을 유학의 고전에서 찾아 그 심리학적 의미를 천착하는 작업에 몰두하고 있다. 저서로는 『불평등사상의 연구』(1992년, 김영한 등 5인 공저, 서강대학교출판부), 『유학심리학: 맹자 · 순자 편』(1998년, 나남출판, 대한민국학술원상 수상 저서), 『동양심리학: 서구심리학에 대한 대안 모색』(1999년, 최상진 등 5인 공저, 지식산업사), 『한국인 이해의 개념틀』(2003년, 나남출판), 『이상적 인간형론의 동 · 서 비교: 새로운 심리학의 가능성 탐색 I』(2006년, 지식산업사), 『동아시아 집단주의의 유학사상적 배경: 심리학적 접근』(2007년, 지식산업사), 『선진유학사상의 심리학적 함의』(2008년, 서강대학교출판부), 『사회관계론의 동 · 서 비교: 새로운 심리학의 가능성 탐색 II』(2012년, 서강대학교출판부), 『사회계약론 연구: 홉스 · 로크 · 루소를 중심으로』(2012년, 강정인과 공저, 서강대학교출판부), 『유학심리학의 체계 I: 유학사상과 인간 심리의 기본구성체』(2017년, 서강대학교출판부), 『심리구성체론의 동 · 서 비교: 새로운 심리학의 가능성 탐색 III — 도덕심리학의 새 지평』(2017년, 서강대학교출판부), 『문화, 유학사상, 그리고 심리학』(2019년, 학지사, 대한민국학술원 선정 기초학문 분야 우수도서), 『유학심리학의 체계 II: 사회적 존재로서의 인간의 삶』(2021년, 학지사), 『자기발전론의 동 · 서 비교: 새로운 심리학의 가능성 탐색 IV』(2021년, 서강대학교출판부) 등이 있으며, 논문으로는 「동아시아 집단주의와 유학사상: 그 관련성의 심리학적 탐색」(2007년, 한국심리학회지: 사회 및 성격, 21권 4호, 한국심리학회 학술상 수상 논문), 「문화성향과 분노통제: 분노수준과 공감의 매개효과를 중심으로」(2009년, 김지연 · 최경순과 공저, 『한국심리학회지: 사회 및 성격』, 23권 1호, 과학기술 우수논문상 수상 논문) 등 90여 편이 있다.

유학심리학의 체계 III

– 인간 삶의 목표 추구와 보편심리학의 꿈 –

Confucian Psychology and Its System III:
A Dream for the Universal Psychology

2021년 9월 10일 1판 1쇄 인쇄
2021년 9월 20일 1판 1쇄 발행

지은이 • 조긍호
펴낸이 • 김진환
펴낸곳 • (주) 학지사
04031 서울특별시 마포구 양화로 15길 20 마인드월드빌딩
대표전화 • 02)330-5114 팩스 • 02)324-2345
등록번호 • 제313-2006-000265호

홈페이지 • http://www.hakjisa.co.kr
페이스북 • https://www.facebook.com/hakjisa

ISBN 978-89-997-2506-7 93180

정가 23,000원